Karl-Wilhelm Weeber
Alltag im Alten Rom

Alltag im Alten Rom

Das Leben in der Stadt

Ein Lexikon von Karl-Wilhelm Weeber

Albatros

Originalausgabe: © Patmos Verlag GmbH & Co. KG, Düsseldorf, 1995
Paperbackausgabe: © Patmos Verlag GmbH & Co. KG, Düsseldorf, 2001

Bibliographische Information der Deutschen Nationalbibliothek
Die Deutsche Nationalbibliothek verzeichnet diese Publikation
in der Deutschen Nationalbibliographie;
detaillierte bibliographische Daten sind im Internet über
http://dnb.d-nb.de abrufbar.

4., verbesserte Auflage der Paperbackausgabe, 2011

© Bibliographisches Institut GmbH, Dudenstraße 6,
68167 Mannheim, 2011
Albatros Verlag, Mannheim
Alle Rechte vorbehalten.
Umschlaggestaltung: butenschoendesign.de
Umschlagmotiv: © Massimo Listri / Corbis: Detail of Bacchus,
Silenus and Satyrs
Druck: CPI Moravia Books s. r. o., Bměnská 1024, 69123 Pohořelice
Printed in Czech Republic
ISBN 978-3-538-07623-5
www.albatros-verlag.de

Inhalt

Vorwort 7

Lexikonteil 9

Abkürzungen
    Autoren und Werke 421
    Zeitschriften und Reihen 424

Bibliographie 426

Bildnachweis 431

Register
    Register der lateinischen Sachbegriffe 433
    Register der deutschen Sachbegriffe 439

Vorwort

Cicero, der seinen politischen Gegner vor dem Senat oder der Volksversammlung mit rhetorischer Brillanz attackiert, Seneca, der mit aphoristischen Aperçus für eine philosophisch begründete Lebensweise wirbt, Caesar, der sein strategisches Genie mit kongenialer schriftstellerischer Begabung propagiert, der Alte Cato schließlich, der mit seinem *ceterum censeo* das imperiale Rom zu verkörpern scheint – das sind Gestalten, die man mit dem antiken Rom verbindet; Chiffren auch für bedeutende kulturelle Leistungen und politische wie geistesgeschichtliche Grundlagen einer gemeinsamen europäischen Tradition, deren Bewußtsein für den angestrebten Integrationsprozeß Europas und seine Standortbestimmung im globalen Kontext vielleicht doch wichtiger sein könnte als die soundsovielte Novellierung der Vereinheitlichungsrichtlinie XY in Sachen Bier oder Bananen. Die alltagsgeschichtliche Konzeption dieses Lexikons wendet sich, das dürfte durch dieses Bekenntnis deutlich geworden sein, nicht gegen die Betonung des Bedeutenden, «Hohen» und zweifelsfrei überzeitlich Wirkenden bei der Beschäftigung mit der (nicht nur römischen) Antike. Ohne die Berücksichtigung des gleichsam profanen Fundaments, auf dem sich die strahlenden Säulen der griechisch-römischen Zivilisation erheben, droht allerdings die Gefahr, daß dieser ganze Bau manch einem hohl, fassadenhaft, ja unwirklich erscheint. Ein Teil dieses Fundaments ist der Alltag – und zwar nicht nur der der Oberschicht, sondern auch der der kleinen Leute, der Bauern und Lohnarbeiter, Sklaven und Freigelassenen, der Marktfrauen und Handwerker, Unterhaltungskünstler und Dirnen. Sie alle haben die römische Zivilisation mitgeprägt, und auch von ihnen soll, soweit es die stark auf die gesellschaftlichen Eliten zugeschnittenen Quellen erlauben, in den rund 220 Artikeln dieses kulturgeschichtlichen Lexikons die Rede sein.
Dabei wird – hoffentlich – deutlich werden, daß der Alltag keineswegs so grau war, wie es die Redensart suggeriert – wenn wir die feine Dame beim Einkaufsbummel in Luxusboutiquen beobachten, einen Blick in die verrußten Hinterzimmer von Kneipen werfen, in denen vom Wein erhitzte Gäste verbotenem Glücksspiel frönen, Generationenkonflikte belauschen, die trotz der strengen «väterlichen Gewalt» *(patria potestas)* auch in römischen Familien Spannungen verursachten, die Aspekte sozialer Sicherung bei Krankheit, Arbeitslosigkeit und anderen Lebensrisiken betrachten, Männern und Frauen bei ihrer Arbeit zusehen und sie bei ihren Freizeitbeschäftigungen erleben, dem verliebten jungen Mann beim Schreiben eines Liebesbriefes über die Schulter sehen, den

wohlsituierten Geschäftsmann als Tourist nach Ägypten begleiten, in der Hauptstadt-Zeitung blättern, die Sexualmoral der Römer unter die Lupe nehmen oder in einer Zahnarztpraxis mit dabei sind. Die Liste der Schauplätze und Situationen ließe sich mühelos verlängern, doch sollte sich ein Vorwort gewissermaßen auf eine thematische Appetizer-Rolle beschränken.

Die Auswahl der Stichwörter wird Wünsche offenlassen und Kritik an der einen oder anderen Akzentsetzung auslösen. Manche Entscheidung wurde hier von der Quellensituation diktiert – so vor allem der Schwerpunkt auf den stadtrömischen Verhältnissen –, anderswo spiegelt die Aufnahme eines Stichwortes ein besonderes Interesse des Verfassers an bestimmten Fragestellungen und Anfragen an die römische Antike wider. Es wurde allerdings – bei allen persönlichen Neugierde-«Hobbys» und der damit verbundenen Freude am Schreiben dieses Buches – angestrebt, über die zentralen Bereiche des zivilen Alltagslebens der Römer ausführlich zu informieren. Den zeitlichen Schwerpunkt der Darstellung bilden in der Regel die ersten beiden nachchristlichen Jahrhunderte; für diese Zeit fließen die Quellen am reichlichsten.

Die Darstellung richtet sich an die Freunde der Antike, an ein breites, historisch interessiertes Publikum und an Bildungsreisende, die gleichsam einen Blick hinter die von den imposanten Ruinen Roms, Ostias oder Pompejis gebildeten Kulissen werfen möchten, aber auch an die professionellen Antike-Vermittler in Schule und Hochschule. Von der großen Zahl der eingearbeiteten Quellenzitate erhofft sich der Verfasser größere Anschaulichkeit und Authentizität; sie bekunden aber auch seine Liebe zu und seinen Respekt vor der antiken Literatur. Das gilt besonders für die von der Darstellung abgesetzten Originalzitate, die Einblick in die Lebendigkeit, Vielseitigkeit und Aktualität der römischen Literatur geben sollen. Wenn sie hier und da auf eine eingehendere Lektüre eines lateinischen Autors neugierig machen könnten, wäre ein wichtiges Anliegen des Buches erreicht: Für die Einsicht zu werben, daß die große Literatur und die nur scheinbar banale Alltagswelt des antiken Rom keine Gegenpole bilden, sondern sich komplementär zueinander verhalten.

Beschäftigung mit dem Altertum bedeutet einerseits, den Wurzeln einer durchaus noch wirksamen Tradition nachzugehen, andererseits aber auch, sich auf multikulturelles Denken in der Vertikale der Geschichte einzulassen. Wenn das konkret an Gegenständen der alltäglichen Lebenswelt einer Zivilisation geschieht, die von uns zugleich entfernt und uns doch auch nah ist, so läßt uns das die Römer nicht nur «erfahrbarer» und ihre Welt anschaulicher werden, sondern es birgt auch ein nicht zu unterschätzendes Bildungspotential, dessen Aneignung zudem Spaß macht. Es stünde vermutlich besser um das Ansehen und die Akzeptanz altsprachlichen Schulunterrichts, wenn seine Vermittler sich dieser Dimension von Antike-Betrachtung etwas stärker zuwendeten und manche Didaktiker über der nützlichen und notwendigen, aber nicht zum Selbstzweck taugenden Methodenreflexion das Nachdenken über Bildungsinhalte und -gehalte nicht vernachlässigten.

A

Abendessen

Übersetzt man das italienische *cena* mit «A.», so ist das korrekt – jedenfalls wenn man den Abend sich etwas weiter in die Nacht hinein erstrecken läßt, als das in Mitteleuropa üblich ist. Gibt man dagegen das lateinische *cena* mit «A.» wieder, so nimmt man zumindest erhebliche Mißverständnisse in Kauf. Zwar konnte sich die *cena* in Gesellschaft bis in den Abend ziehen und in ein → Trinkgelage übergehen, doch war das nicht der Normalfall. Vielmehr begann diese Hauptmahlzeit der Römer zur 9. oder spätestens 10. Stunde, also je nach Jahreszeit am (frühen) Nachmittag zwischen 14 und 16 Uhr (Cic. fam. IX 26, 1; Mart. IV 8, 6; VII 51, 11).

Fische und Gemüse als «marktfrische» Zutaten für ein Abendessen. Mosaik aus Tormarancia.

Wie lange die *cena* dauerte, welche Speisen sie umfaßte und wie aufwendig sie sich gestaltete, richtete sich nicht nur nach individuellen Vorlieben und den jeweiligen Umständen, sondern vor allem nach der gesellschaftlichen Stellung. Bis etwa zum Ende der Republik waren üppige A. in allen Schichten der Bevölkerung eher die Ausnahme. Man begnügte sich meist mit der traditionellen *puls*, einem Mehlbrei, und Gemüse *(holus)*, bei dem der preiswerte Kohl eine wichtige Rolle spielte (Hor. epist. I 17, 13 ff.; Plin. NH XVIII 83; Juv. XI 77 ff.). Für den Großteil der Bevölkerung änderte sich auch später an diesen → Grundnahrungsmitteln und damit an den frugalen Verhältnissen am Eßtisch nichts; wenn überhaupt, dann konnte man sich Fleisch nur als Festtagsbraten leisten (Juv. a. a. O.). Viele mußten sogar darauf verzichten, in ihren eigenen engen Wohnungen selbst zu kochen, und nahmen ihr A. an → Imbißständen oder in billigen Gasthäusern ein. Als → Nachtisch kam bei einfachen Leuten vor allem → Obst in Frage, als Getränk zum Essen war fast überall → Wein üblich.

In der Mittel- und Oberschicht bürgerte sich dagegen in der Kaiserzeit ein Dreigang-Menü *(tria fercula)* als *cena* ein, bei dem der mittlere Gang in verschiedene Abschnitte mit «Unter»-Gängen zerfallen konnte. Als Vorspeise, die einen gewissermaßen auf den Geschmack bringen sollte *(gustus; gustatio)*, erfreuten sich rohe Salate, Gemüse und Pilze, aber auch Krustentiere und Fisch in pikanter → Sauce großer Beliebtheit – nicht zu vergessen weich gekochte Eier, die den geradezu sprichwörtlichen Auftakt eines römischen A. bildeten (Hor. sat. I 3, 6 f. mit dem Porphyrio-Komm.). Als Aperitif trank man gern das milde *mulsum*, den mit Honig versetzten Wein, der auf (fast) nüchternen Magen bekömmlicher war und «die Därme erst einmal vor dem Essen durchspülte» (Hor. sat. II 4, 26 f.). Deshalb nannte man die Vorspeise auch *promulsis*.

Schwankender Vorspeisen-Appetit
Auf das Vorgericht brauchst du deine Hoffnung nicht zu setzen; das habe ich mir ganz abgewöhnt; denn früher verdarb ich mir jedesmal den Appetit mit deinen Ölsardinen und lucanischen Würstchen (...). Du aber bleibe nur bei deinem alten Frischkäsepudding! Cicero in einem Brief an Paetus, Anfang Juli 46 v. Chr. (fam. IX 16, 8 f.)

Schade, daß ich nicht in deine Gegend habe kommen können! Du hättest an mir nämlich nicht einen Gast, sondern einen Hausgenossen gehabt. Und was für einen Mann! Nicht den, den du gewöhnlich schon mit dem Vorgericht fertigmachtest. Ich falle mit einem wahren Heißhunger über die Eier her, und so geht es weiter bis zum Kalbsbraten! (...) Also mach' dich auf etwas gefaßt: Du hast es mit einem Vielfraß zu tun, der sich nachgerade auskennt – du weißt doch, wie maßlos die Spätlerner sind!
Cicero an Paetus, Anfang August 46 v. Chr. (fam. IX 20, 1 f.)

Auf die Vorspeise folgte die eigentliche *cena*, die je nach Anlaß und Anzahl der Gäste mehr oder weniger opulent ausfiel. Besonders üppig war sie, wenn ein regelrechtes → Gastmahl (*convivium*) einer eingeladenen und nach bestimmten Kriterien ausgewählten Gästeschar stattfand. Blieb man im Familienkreise oder zog einige gute Freunde und Bekannte zu einem eher informellen A. hinzu, so begnügte man sich mit «bürgerlicher» Kost, die aus warmen Fleisch- oder Fischgerichten, kalten Platten mit Wurst und Schinken, Gemüse und Hülsenfrüchten bzw. einer Auswahl davon bestand. Wie diese Zutaten des Hauptgangs bzw. der Hauptgänge im einzelnen verarbeitet und miteinander kombiniert wurden, lassen u. a. die überlieferten → Kochrezepte des Apicius erkennen. Ein aus Obst oder Backwerk bestehender → Nachtisch (*mensae secundae*) stand am Ende der *cena*. Auch pikante Speisen wurden zum Dessert gereicht – besonders dann, wenn der während des Essens schon einigermaßen gelöschte Wein-Durst für ein sich anschließendes → Trinkgelage (*comissatio*) wieder «erneuert» werden sollte.
Im folgenden eine Übersicht über einige als «einfach» geschilderte *cenae* – wobei freilich zu berücksichtigen ist, daß es sich in der Regel doch um A. mit Gästen handelte:
1. Vorspeisen: Lattich, Porree, Thunfisch mit Eierhäckseln
    Hauptgang: Grüner Kohl, Würstchen auf weißer Mehlsoße,
    Bohnen mit Speck
    Nachtisch: Getrocknete Trauben, Birnen, Kastanien (Mart. V 78)
2. Vorspeisen: Malven, Gartenkräuter, Lattich, Schnittlauch, Minze,
    geschnittene Eier auf Stöcker (Fisch); Sau-Euter in Thunfisch-Sauce
    Hauptgang: Zicklein mit Bohnen, Kohl, Hähnchen, Schinken
    Nachtisch: Obst (Mart. IX 48)

3. Vorspeisen: Lattich, Lauch, gedörrter Thunfisch, Eier mit Rautenlaub, hartgekochte Eier, Käse, Oliven
Hauptgang: Fisch, Muscheln, Sau-Euter, zahmes und wildes Geflügel
Nachtisch: nicht genannt (Mart. XI 52)
4. Vorspeise: Salat, drei Schnecken, zwei Eier pro Person
Hauptgang: Speltgraupenbrei
Nachtisch: Oliven, Mangold, Gurken, Zwiebeln «und tausenderlei leckere Dinge» (Plin. ep. I 15)
5. Vorspeise: Spargel, Eier
Hauptgang: Zicklein
Nachtisch: Trauben, Birnen, Äpfel (Juv. XI 65 ff.)
6. Vorspeise: Schinken, Gemüse
Hauptgang: Zicklein, Huhn
Nachtisch: Trauben, Nüsse, Feigen (Hor. sat. II 2, 116 ff.)

Schalentiere und Vögel als Bestandteile einer üppigen *cena*; im Vordergrund kostbares Silbergeschirr. Malerei aus Herculaneum.

Die Grenzen zwischen einem u. U. ausdrücklich als «bescheiden» charakterisierten A. und einem manchmal tagelang vorbereiteten Schlemmermahl waren fließend. Das trifft auch auf die geistigen Genüsse – oder das, was der Gastgeber darunter verstand – zu, die eine *cena* begleiteten. Sicher ist indes, daß man in gehobenen Kreisen, ob in einfachem, ob in aufwendigem Rahmen, gern zusammen tafelte und sich dabei angeregt unterhielt, Neuigkeiten austauschte und soziale Kontakte zu den Nachbarn pflegte. So erklärt es sich, daß sich die *cena* auch bei Leuten, die frugale Kost vorzogen, bis zu drei Stunden hinziehen konnte – bei einem 78jährigen Spurinna (Plin. ep. III 1, 9 f.) ebenso wie – zumindest in Ciceros Vorstellung – bei einem anderen rüstigen Greis, der indes ungleich bekannter war. Auch wenn seine «Begierde nach Speise und Trank fast völlig verschwunden war», «habe ich auf meinem sabinischen Gut Tag für Tag mit meinen Nachbarn eine vollbesetzte Tafel, die wir mit möglichst wechselvollen Gesprächen bis tief in die Nacht ausdehnen». Der greise «Nachtschwärmer» war kein Geringerer als der Alte Cato (Cic. de sen. 46).

QQ: Cic de sen. 45 f.; fam. IX 16; 20; Hor. sat. II 2; II 4; II 8; Ov. Met. VIII 637 ff.; Mart. V 78; X 48; XI 52; XII 19; Plin. ep. I 15; III 1, 9 f.; Juv. XI 56 ff.; Macrob. Sat. III 13, 12.

Lit.: Weeber, Luxus I 15 ff.; E. Stein-Hölkeskamp, Das röm. Gastmahl, München 2005; K. Dunbabin, The Roman banquet. Images of conviviality, Cambridge 2003; Neumeister, Das antike Rom 170 ff.; Dosi-Schnell, A tavola, bes. 221 ff.; E. Salza, L'arte del convito della Roma antica, Rom 1983; Balsdon, Life and leisure 32 ff.; Marquardt, Privatleben I 297 ff., DS, Art. *coena*; → Art. «Tischsitten».

Abfallbeseitigung

Wie die A. in römischen Städten funktionierte, ist in den Quellen nicht konkret überliefert. Lediglich die Rechtsgrundlagen sind einigermaßen klar. In

Rom oblag es den Ädilen, über die Reinhaltung des öffentlichen Verkehrsraums zu wachen. Dafür konnten sie sich auf zwei untergeordnete Behörden stützen, deren Verantwortlichkeit für *viis... purgandis* («Reinigung der Straßen») ausdrücklich in der Amtsbezeichnung erschien (CIL I² 593, Z. 50). Ihre Haupttätigkeit dürfte darin bestanden haben, den Zustand von Straßen und Plätzen zu kontrollieren und pflichtvergessene Hausbesitzer zur Reinigung ihrer Straßenfront anzuhalten; dazu waren die Anlieger gesetzlich verpflichtet. Wenn jemand dieser Auflage nicht nachkam, konnte die Behörde einen privaten Unternehmer mit den notwendigen Arbeiten beauftragen und dem Hausbesitzer die Kosten in Rechnung stellen (CIL I² 593, Z. 32 ff.). Wohin der aufgesammelte Unrat gebracht und wie er weggeschafft wurde, ist unklar. Die Fracht der in der *lex Iulia municipalis* aus dem Jahre 45 v. Chr. – unserer Hauptquelle – erwähnten «Müllwagen» (*plostra... stercoris exportandi caussa*, Z. 67) läßt sich nicht einwandfrei ermitteln: Ob da Exkremente oder «Abfall» aus der Stadt geschafft wurden, hängt von der umstrittenen Deutung von *stercus* ab (i. a. schon die «Ausscheidung von Menschen und Tieren», mitunter aber umfassender gebraucht wie z. B. in CIL III 1966, wo *stercus ponere* mit *cacare* und *miare* gereiht wird). Von einer regulären A. im Sinne heutiger Müllabfuhr kann allerdings auf keinen Fall die Rede sein.

Der Großteil des Unrats wurde wohl über die Kanalisation weggespült, über die fast alle größeren Städte verfügten. Eine so ausgezeichnete wie in Pompeji, wo zahlreiche Privathäuser an die öffentliche Kanalisation angeschlossen waren, gab es allerdings in Rom nicht. Zwar stellten die berühmte *cloaca maxima* sowie sechs weitere große Abwässerkanäle ein durchaus leistungsfähiges System dar – Plinius rühmt es als «großartigstes Werk von allen» (NH XXXVI 104) –, und es wurde auch regelmäßig gewartet und repariert, damit die Ausdünstungen die Luft nicht verpesteten oder es bei Blockaden nicht zu Gebäude- und Straßenschäden kam (Dig. XLIII 23, 2), doch waren in der Hauptstadt offenbar nur wenige Hausabflüsse und Latrinen daran angeschlossen. Daß man Abfall auch ganz bewußt in Kanalisationsöffnungen entsorgt hat, liegt nahe – und es wird durch die makabre Nachricht bestätigt, daß erbitterte Soldaten die Leiche des von ihnen ermordeten Kaisers Elagabal im Jahre 222 n. Chr. in eine Kanalöffnung zu werfen versuchten, die sich aber als zu klein erwies (Hist. Aug. Elag. 17, 1).

Vieles blieb bei der A. ohne Zweifel dem Zufall überlassen – und das heißt auch streunenden Hunden und Raubvögeln, die sich über den organischen Abfall auf den Plätzen und Straßen Roms hermachten. Ob sich das hygienisch-sanitäre Bild so düster und deprimierend darstellte, wie es Scobie (s. u.) zeichnet, darf bezweifelt werden – jedenfalls für all die gepflasterten Bereiche in der Innenstadt Roms. Auf der anderen Seite ist wohl schon mit einer nicht unerheblichen Menge an Dreck und Abfällen zu rechnen – und das nicht nur zu Zeiten, wenn Tiber-Hochwasser zu einem ekelhaften Rückstau und Wiederauftauchen von Tierhäuten, Aas und anderem in der Kanalisation verschwundenem Müll führte (Plin. NH XXXVI 105). Und gewiß darf man auch nicht ohne weiteres aus den relativ scharfen gesetzlichen Bestimmungen zur A. auf die Wirklichkeit rückschließen. Die sah oft genug so aus, wie Juvenal sie – satirisch überspitzt, aber keineswegs ohne Realitätsbezug – schildert: Man solle, warnt er, nachts nicht aus dem Hause gehen, ohne sein Testament gemacht zu haben: «Es drohen dir der Tode so viele, wie sich wachende Fenster in der Nacht öffnen»; denn viele Leute «entsorgten» ihren Müll einfach durch einen gezielten Wurf aus dem Fenster: «Bete darum und heg den bescheidenen Wunsch nur im Herzen, daß sie zufrieden, herab nur den breiten Nachttopf zu schütten» (Juv. III 273 ff.).

QQ: Plaut. Stich. 325 ff.; Plin. NH XXXVI 104 f.; Juv. III 273 ff.; Dig. XLIII 10 und 23; CIL I² 593 *(lex Iulia municipalis)*.

Lit.: G. E. Thüry, Müll und Marmorsäulen, Mainz 2001; A. Scobie, Slums, sanitation and mortality in the Roman world, Klio 48 (1986), 399 ff.; Homo, Rome impériale 361 ff.; R. Pöhlmann, Die Überbevölkerung antiker Großstädte, Leipzig 1884, 118 ff.

Abtreibung

«Warum durchwühlt ihr euer Inneres mit gewaltsam eingeführten spitzen Waffen und gebt Ungeborenen gräßliches Gift», empört sich Ovid über seine Geliebte Corinna, die nach einer A. mit dem Tode ringt (am. II 14, 27 f.; vgl. II 13, 1 f.). Die Argumente, die er gegen eine A. anführt, sind die in der – von Männern geprägten – Literatur üblichen: Gefahr für den Fortbestand der Menschheit, Gefahr für die Gesundheit und das Leben der Frau, weibliche Eitelkeit als nicht akzeptabler Grund für eine A. («damit der Leib keine häßlichen Runzeln aufweise...»; am. II 14, 7). Individuelle oder soziale Notlagen, die eine Frau zu diesem gefährlichen Mittel der → Empfängnisverhütung greifen ließen, werden auch in anderen Quellen nicht diskutiert – wohl auch deshalb, weil sich die Entrüstung fast ausschließlich gegen Frauen der Oberschicht wendet, die eine Schwangerschaft aus egoistischen Gründen gewaltsam abbrachen (vgl. Juv. II 32 f.).

Aus strafrechtlicher Sicht war die A. kein Verbrechen gegenüber dem werdenden Leben; der Fötus *(nasciturus)* war nach römischer Rechtsauffassung kein Mensch (Dig. XXV 4, 1, 1; XXXV 2, 9, 1). Die A. blieb daher in republikanischer Zeit straflos, zumal man im Altertum die Grenzen zwischen «nachträglicher» Verhütung und A. vielfach als fließend ansah (Hopkins, Contraception 184 ff.). Erst mit einem um 200 n. Chr. erlassenen Reskript wurde erstmals eine gesetzliche Sanktion festgelegt: Verbannung auf Zeit für eine Frau, die gegen den Willen ihres Mannes abgetrieben hatte – als Strafe dafür, daß sie ihm sein → Ehe-Recht auf das Gebären legitimer Nachkommen verwehrte (Dig. XLVII 11, 4). Härter bestraft wurde die Beihilfe zur A.: «Giftmischer(innen)» und «Engelmacher(innen)» waren mit Zwangsarbeit im Bergwerk bzw. Verbannung bedroht, wenn ihre Assistenz zum Tode der Frau führte (Dig. XLVIII 19, 38, 5).

Die Verschärfung der Strafvorschriften dürfte kaum abschreckende Wirkung gehabt haben; auch in der Kaiserzeit blieb die A. ein vielpraktiziertes Mittel der «Familienplanung», wobei freilich der Umfang im dunkeln bleibt. Die wichtigsten Methoden der A. waren die Einnahme starker Abführ- und → Brechmittel sowie anderer mehr oder minder wirksamer Tränke und chirurgische Eingriffe mit Metallsonden, daneben allgemeine «mechanische» Mittel wie heftige Bewegungen oder das Heben schwerer Lasten und örtliche Anwendungen wie «Spezial»-Bäder in bzw. Einläufe von bestimmten Mixturen, die den Abort herbeiführten oder herbeiführen sollten (Soran. I 64 f.). Manche Frauen trieben allein ab, die Mehrzahl scheint sich aber an einen Menschen ihres Vertrauens oder einschlägig erfahrene Helfer gewandt zu haben, um sich ein orales Abortivum zu besorgen (Ov. Her. XI 37 ff.) oder um den Eingriff vornehmen zu lassen. Hilfesuchende Frauen mußten dabei nicht zwangsläufig an einen Kurpfuscher geraten: Da der hippokratische Eid («auch werde ich nie einer Frau ein Abtreibungsmittel geben») «nur» eine moralische Verpflichtung war, brauchte sich kein → Arzt strikt an ihn zu halten. Tatsächlich wurde die A. im medizinischen Schrifttum des Altertums relativ offen diskutiert, und es fanden sich auch verantwortungsbewußte Ärzte, die unter bestimmten Bedingungen bereit waren, eine A. selbst vorzunehmen.

QQ: Ov. am. II 13 f.; fast. I 621 ff.; Her. XI 37 ff.; Juv. II 23 f.; VI 595 ff.; Sen. ad Helv. 16, 1; Tac. Ann. XIV 63, 1; Soran. Gynaik. I 60 ff.; Amm. Marc. XVI 10, 18 f.; Dig. XXV 4, 1, 1; XLVIII 8, 8; 19, 38 f.

Lit.: K. Kapparis, Abortion in the ancient world, London 2001; A. Rousselle, Der Körper und die Politik, in: G. Duby/M. Perrot (Hg.), Geschichte der Frauen, 338 ff.; M.-K. Gamel, Non sine caede: Abortion politics and poetics in Ovid's *Amores*, Helios 16, 1989, 183 ff.; K. Hopkins, Contraception in the Roman Empire, in: A. K. Siems (Hg.), Sexualität und Erotik in der Antike, Darmstadt 1988, 169 ff.; D. Gourevitch, Le mal d'être femme. La femme et la médecine à Rome, Paris 1984, 206 ff.; E. Nardi, Procurato aborto nel mondo antico, Mailand 1971; E. Nardi, Aborto e omicidio nella civiltà classica, ANRW II 13 (1980), 366 ff.; W. A. Krenkel, Der Abortus in der Antike, Naturalia non turpia 47 ff.

Alkoholismus

Das einzige berauschende Getränk, das die Römer kannten, war der → Wein. Angesichts seiner Verbreitung als Grundnahrungs- und Beliebtheit als Genußmittel blieb es nicht aus, daß manche Menschen alkoholkrank wurden. Verläßliche Quellenbelege über die Häufigkeit von A. in der römischen Gesellschaft liegen nicht vor. Man unterschied aber sehr wohl zwischen dem vorübergehenden Zustand der Trunkenheit *(ebrietas)* und der chronischen Trunksucht *(ebriositas;* Adj. *ebriosus;* Cic. Tusc. IV 27). Zu den negativen Seiten häufigen Weingenusses zählt Plinius auch die Abhängigkeit: Der Wein sei «ein Erzeugnis, das so geeignet ist, den Verstand des Menschen zu verwirren und Wahnsinn zu erregen, die Ursache von tausenderlei Verbrechen, mit soviel Sinnenreiz, *daß ein großer Teil der Menschen keinen anderen Wert im Leben kennt*» (NH XIV 137). Als Anzeichen für A. galten das gewohnheitsmäßige Trinken ungemischten Weines (Mart. IV 89) und der Weingenuß auf nüchternen Magen (Sen. ep. 122, 6); seine körperlich und psychisch ruinösen Folgen waren bekannt (Plin. NH XIV 142). In der politischen Auseinandersetzung gehör-

Weinkrug in Gestalt einer trunkenen Alten, die mit ängstlichem Klammergriff ihr ein und alles, die Weinflasche, festhält.

te der Vorwurf der Trunksucht zum polemischen Arsenal – falls Indizien für seine Richtigkeit vorlagen. Als prominente Alkoholiker galten u. a. Marc Anton (Sen. ep. 83, 25; Cic. Phil. II 42. 62), der sich in einer Schmähschrift gegen Oktavian zu seiner Trunksucht bekannt zu haben scheint (Titel: *de sua ebrietate*, Plin. NH XIV 148), Ciceros Sohn Marcus (DC XLVI 18, 5) und der Kaiser Tiberius: Seinen Namen Tiberius Claudius Nero verballhornten seine Soldaten wegen seiner Vorliebe für ungemischten Wein *(merum)* zu Biberius Caldius Mero («Säufer puren Glühweins»; Suet. Tib. 42, 1). Selbst der sonst so charakterstarke Stoiker Cato Uticensis war für seine «Trinkfestigkeit» an oder jenseits der Schwelle des A. bekannt (Mart. II 89, 2; Plut. Cato min. 6; Plin. ep. III 12, 3).

«Alter Säufer»: Brecht über den Jüngeren Cato
Der kleine, dickliche Mann, von dem ganz Rom weiß, daß er ein Säufer ist, der schon vormittags seine fünf Flaschen Rotwein intus hat... B. Brecht, Die Geschäfte des Herrn Julius Caesar unter 22. 10. 91.

QQ: Sen. ep. 83; Plin. NH XIV 137 ff.

Lit.: J. H. D'Arms, Heavy drinking and drunkenness in the Roman world, in: O. Murray (Hg.), In vino veritas, Rom 1995, 304 ff.; E. M. Jellinek, Drinkers and alcoholics in ancient Rome, Journal of Studies on Alcohol 37, 1976, 1719 ff.

Alltagsgespräch

Auch wenn viele Darstellungen des Altertums ein anderes Bild suggerieren – die Unterhaltungen der Römer kreisten keineswegs stets um Philosophie und Rhetorik, Politik und Poesie. Selbst im Kreise der Gebildeten wurden die bei → Gastmahl und Trinkgelage (idealtypisch) üblichen gehobenen Unterhaltungen nicht selten durch leichte, humorvolle und durchaus auch schlüpfrige Gesprächskost überlagert. Erst recht war das bei A. in der Öffentlichkeit, aber auch in der häuslichen «Konversation» der Fall. Worüber unterhielten sich die Römer dann? Beliebte Gegenstände von A. waren Personen. Man unterhielt sich über ihre Schwächen und Vorzüge, verglich sie mit anderen und nahm verbal an fremden Angelegenheiten lebhaften Anteil (Epikt. Diss. III 16, 4). Das konnten gemeinsame Bekannte sein, vor allem aber galt das Gespräch prominenten Persönlichkeiten. → Klatsch und Tratsch gaben solchen Unterhaltungen gleichermaßen Nährstoff und Würze. Daß bei den Unterhaltungen über Dritte auch deren Äußeres und eventuelle körperliche Gebrechen sowie Sexuelles nicht ausgespart wurden, legen Martials Epigramme nahe, die nicht selten wie eine pointiert in poetische Form gegossene Verdichtung von Gegenständen des hauptstädtischen A. wirken.

Ein unerschöpflicher Gegenstand des A. in der Hauptstadt waren die Schauspiele. Gerade erlebte oder in freudiger Spannung erwartete Vorstellungen in Arena, Circus und Theater boten ähnlich «abwechslungsreichen» Stoff wie heutzutage Gespräche über Sportereignisse und Fernsehsendungen. Besonders den Stars von Bühne, Rennbahn und Kampfplatz galt das Interesse: Sicherlich überspitzt, aber in der Tendenz wohl zutreffend beklagt Tacitus «die Vorliebe für Schauspieler und die Leidenschaft für Gladiatoren und Pferde (...): Wie wenige wird man noch finden, die zu Hause über anderes sprechen? Welche anderen Gespräche junger Leute hören wir, wenn wir einmal die Hörsäle betreten haben?» (dial. 29, 3; vgl. Epikt. man. 33, 2). Die Leistungen der Idole und ihre Siegesserien waren ebenso Tagesgespräch (Mart. X 53) wie die mitunter nicht so gute «Tagesform» eines berühmten Pantomimen (Hor. sat. II 6, 72). Und natürlich gab es tausenderlei Variationen des Spekulierens darüber, ob wohl beim nächsten Gladiatorenkampf «der Thraker Gallina dem Syrer ebenbürtig» sein werde (Hor. sat. II 6, 44)...

Abgrenzung vom Trivialen:
Konversationsthemen im Maecenas-Kreis
So entspinnt sich denn die Unterhaltung, nicht über Landhäuser und Stadtpaläste anderer Leute, auch nicht über Herrn Lepos' Erfolge und Mißerfolge im Ballett; nein, wir besprechen, was uns näher angeht, was wir, um nicht Schaden zu nehmen, verstehen müssen: Ob Reichtum, ob Tugend das Menschenglück begründet, ob wir Freundschaft nur aus Vorteil schließen oder um uns sittlich zu fördern; dazu die Frage nach dem Wesen des Guten und dem höchsten Gut. Horaz, Satiren II 6, 69 ff.

Ein weiteres triviales Thema war – natürlich! – auch bei den Römern das Wetter. Daß «der Winter uns menschlich behandelt hat» oder «wie bösartig der Frühling gewesen ist», daß «die Morgenkühle schon recht empfindlich wird und, wer sich nicht vorsieht, sich etwas holen kann» – solche und ähnliche Floskeln und Feststellungen waren fester Bestandteil des *small talk* (Sen. ep. 23, 1; Hor. sat. II 6, 45), aber sie hatten wie heutzutage auch ihre psychologisch gute Seite: Sie stellten häufig den Kommunikationsbereitschaft signalisierenden Aufhänger für ein Gespräch dar, das sich dann allmählich auch «wichtigen Fragen zuwenden» konnte (Sen. ep. 67, 1).

QQ: Hor. sat. II 6, 40 ff.; Sen. ep. 23, 1; 67, 1; Mart. III 63; Petr. 45, 4 ff.; Tac. Dial. 21, 1; 29, 3 ff.; Amm. Marc. XIV 7, 25 f.

Lit.: G. Achard, La communication à Rome, Paris 1994, 227 ff.; W. Kroll, Die Kultur der ciceronischen Zeit, Leipzig 1933, 74 ff.; Friedländer, Sittengeschichte I 262 f.

Analphabetismus

Es gibt nur sehr wenige Quellen, die (vage) Rückschlüsse auf den Alphabetisierungsgrad der römischen Gesellschaft zulassen. Da es keine Schulpflicht und kein öffentliches Bildungssystem gab, der Besuch einer Grund-→ Schule also kostenpflichtige Privatsache war, dürfte der Prozentsatz der Analphabeten in den unteren sozialen Schichten beträchtlich gewesen sein. Allerdings dürfte eine deutliche Mehrheit der Bevölkerung über Kenntnisse im Lesen, Schreiben und Rechnen verfügt haben. Die Vielzahl der → Graffiti, Aufschriften auf Haushaltsgegenständen und der – nicht selten freilich höchst fehlerhaften – Inschriften spricht jedenfalls dafür. Viele Menschen gehörten sicher zur Kategorie derer, die im griechischen Sprachraum *bradeos graphontes* («langsam Schreibende»; «Mühsamschreiber») genannt wurden. Unterschiede zwischen den Geschlechtern lassen sich in dieser Frage nicht nachweisen. Zwar wurden Mädchen viel seltener auf weiterführende Schulen geschickt als Jungen, für den Elementarunterricht galt das jedoch nicht. In Rom ist schon für die Mitte des 5. Jh.s v. Chr. eine Mädchenschule am Forum bezeugt, die die schöne, übrigens aus plebejischem Hause stammende Verginia besuchte (Liv. III 44, 6; Anachronismus allerdings denkbar). Deutlich höher als in den Städten wird der Grad des A. auf dem Lande gewesen sein. Zu behutsamen Aussagen rät aber auch hier ein ausdrückliches Quellenzeugnis: Varros Rinderhirt, sicher ein ganz einfacher Mann, konnte die Abhandlung über Viehzucht lesen, die sein Herr für ihn verfaßt hatte (r. r. II 5, 18).

Ein verläßlicher Gradmesser für den Alphabetisierungsgrad einer Bevölkerung ist i. a. die Armee. Für die römischen Truppen gibt es indes nur einen einzigen einschlägigen Beleg, dessen Aussagekraft freilich strittig ist, weil er schon in die Zeit des Niedergangs des Imperiums (Ende 4. Jh.) fällt: Darin rät der Militärschriftsteller Vegetius den Rekrutierungsoffizieren, sie sollten bei der Besetzung von Stellen, die mit der Militärverwaltung zu tun hätten, nicht nur Körpergröße, Kraft und geistige Flexibilität der Bewerber überprüfen, «sondern *bei manchen* auch die Kenntnis des Alphabets und die Erfahrung im Rechnen und in der Buchführung» (res mil. II 19).

Lit.: K. Vössing, Geschichte der röm. Schule, Gymn. 110, 2003, 478 ff.; M. Beard, Literacy in the Roman world, Ann Arbor 1991; H Blanck, Das Buch in der Antike, München 1992, 29 ff.; W. V. Harris, Ancient literacy, Cambridge Mass./London 1989; ders., L'analfabetismo... nel mondo romano, Quad. di storia 27 (1988), 5 ff.; R. P. Duncan Jones, Abrundung von Altersangaben, Analphabetentum und soziale Differenzierung im Imperium Romanum, in: Schneider, Sozial- und Wirtschaftsgeschichte 1981, 396 ff.

Arbeit

Ob er gerade beim Pflügen war oder einen Graben aushob, wußte man später nicht mehr so genau; sicher war, daß ihn der Ruf bei der Feldarbeit ereilte: In allerhöchster Not hatte man sich in Rom darauf geeinigt, L. Quinctius Cincinnatus zum Dictator im Krieg gegen die Aequer (458 v. Chr.) zu berufen. Die Gesandten trafen ihn auf dem Acker an, und Cincinnatus begab sich von dort aus unverzüglich in die Stadt. Nach sechzehn Tagen war die Mission des Feldherrn erfolgreich beendet. Cincinnatus legte die Dictatur nieder und kehrte auf seinen Bauernhof zurück (Liv. III 26, 6 ff.).

Rund 150 Jahre später: Cnaeus Flavius wird in Rom zum kurulischen Ädil gewählt – ein angesehenes Amt, gewiß, aber weder im Rang noch von den Kompetenzen her mit dem Ausnahmeamt des Dictators vergleichbar. Der Beamte, der die Sitzung leitet, versagt indes dem Gewählten die Anerkennung. Seine Begründung: Cn. Flavius sei professioneller Schreiber *(scriba)*, und diese Tätigkeit zieme sich für einen Ädil nicht. Man findet schließlich einen Kompromiß: Cn. Flavius verspricht hoch und heilig, seinen Beruf nicht weiter auszuüben; diese Versicherung ebnet ihm den Weg in das angestrebte Amt (Liv. IX 46, 1 ff.; Gell. I 9).

Der Schiffsbauer P. Longidienus legt letzte Hand an. Auf Grabsteinen wird die Arbeit des Verstorbenen häufig dargestellt. Grabrelief aus Ravenna.

Zwei politische Karrieren im frühen Rom – beide Erzählungen haben die A. des Kandidaten als Ausgangspunkt, aber nur eine führt dahin zurück, während das «*happy end*» der zweiten nur mühsam dadurch zustande kommt, daß der Bewerber seiner A. geradezu abschwört. Ein Kleinbauer als höchster, von keinem Kollegen kontrollierter Beamter des römischen Staates – das ist in Ordnung; ein «Intellektueller», zumindest der Vertreter eines geistigen Berufes als einer von mehreren Beamten an der Spitze der (noch kleinstädtischen) → Polizei-Behörde – das ist untragbar. Wie erklärt sich diese Diskrepanz?

Sie liegt in der von der römischen Aristokratie geprägten Wertewelt begründet, die als ehrenhafte A. – neben der Tätigkeit des Politikers und des Kriegers – traditionell nur die selbständige A. in der Landwirtschaft anerkannte. Die ökonomische Basis der adligen Führungsschicht war jahrhundertelang der (Groß-)Grundbesitz gewesen, dessen Verwaltung und Beaufsichtigung als die eines Mannes von Rang würdige A. galt. Da man wußte, daß man den Aufstieg Roms vor allem den zahllosen Bauern-Kriegern verdankte, die ihren selbst bewirtschafteten Hof verließen, wenn es galt, ins Feld zu ziehen, und die nach absolviertem Kriegsdienst (sofern sie ihn überlebt hatten) dorthin zurückkehrten, war auch der Kleinbauer gesellschaftlich anerkannt. Eine Reihe von Lichtgestalten der frühen römischen Geschichte gehörte, das Beispiel des Cincinnatus illustriert es, diesem Stand an, und die römische Geschichtsschreibung hat alles getan, um diesen Typus des ebenso hart für sein Stück Land wie für den Ruhm des Vaterlandes arbeitenden Landmannes herauszustellen und zu feiern. Es ist kein Zufall, daß eine Reihe von Abhandlungen über die A. im agrarischen Bereich überliefert ist (Cato, Varro, Columella): die Tätigkeit dort war aller Ehren wert und wurde durch solche Handbücher propagiert. Die literarisch kostbarste Variante dieser Lehrschriften ist Vergils didaktische Dichtung über das Landleben, die Georgica – ein Werk, das sich freilich keineswegs an die Bauern wendet, sondern ihre A. idealisierend als Grundlage echten «Römertums» rühmt. Die harte A. des sich abschuftenden Bauern – Vorbildfigur ist der korykische Greis, der noch im hohen Alter mit der widerspenstigen Natur ringt, dem aber auch aus dem Ertrag dieser A. Zufriedenheit und Erfüllung erwachsen (georg. IV 116 ff.) – wird dabei in realistischer Ambivalenz nachgezeichnet: *labor omnia vicit improbus,* heißt die sentenziöse Zuspitzung dieser Beurteilung. «Die Arbeit hat zwar alles gemeistert», aber sie ist halt «unselig», «übermäßig» (georg. I 145 f.).

Was aber war dann so anstößig an der A. des Cn. Flavius? Es war die Tatsache, daß es sich dabei um ein *negotium sordidum* handelte, eine «schmutzige», «niedere» Berufstätigkeit – «schmutzig» deshalb, weil Flavius nicht sein eigener Herr, sondern von Aufträgen und Anweisungen seiner Kunden abhängig war. Lohn-A. war in den Augen der aristokratischen Führungsschicht etwas Unwürdiges, Handarbeit gar das «Allerletzte». All denen, die für ihren Lebensunterhalt darauf angewiesen waren, wurde die volle Verachtung der Begüterten – als Rentiers mit Einkommen aus Grundbesitz und Kapitalvermögen größtenteils Angehörige einer *leisure class* – zuteil. Der *locus classicus* dieser Einschätzung von A. ist die berühmt-berüchtigte Passage aus Ciceros *de officiis* («Über die Pflichten»).

Vom Elend der Handarbeit – und ihrer Beurteilung
Nunmehr noch ein Wort über die verschiedenen Erwerbszweige. Zu der Frage, welche dem freien Manne angemessen sind, welche dagegen als schmutzig zu bezeichnen sind, gilt als herkömmlich etwa Folgendes: Erstens werden alle diejenigen Gewerbe als verpönt angesehen, die, wie das der Zöllner und Wucherer, nur darauf hinauslaufen, sich bei den Mitmenschen verhaßt zu machen. Als unedel und unsauber gilt ferner der Erwerb aller ungelernten Tagelöhner, deren Dienstleistungen man bezahlt, eine berufliche Ausbildung haben sie ja nicht genossen. Was sie als Lohn bekommen, ist ein Handgeld für ihren Dienst. Zu den schmutzigen Geschäften rechnet man auch die Zwischenhändler, die, was sie vom Großhändler kaufen, sofort wieder verkaufen. Sie würden gar nichts verdienen, wenn sie sich nicht ganz auf Lügerei verlegten. Es gibt wahrhaftig nichts Schändlicheres als Unehrlichkeit. Alle Handwerker fallen auch unter die unsaubere Zunft, was kann schon eine Werkstatt Edles an sich haben? Am allerwenigsten kann man sich einverstanden erklären mit Berufen, die nur sinnlichen Genüssen dienen:
«Heringsbändiger, Fleischer, Köche, Hühnermäster, Fischer», wie Terenz sagt. Meinetwegen nehme man noch dazu die Quacksalber, Tänzer und das ganze Würfelspiel. Diejenigen Berufszweige aber, welche eine tiefere Vorbildung verlangen und wesentlich dem Nutzen aller dienen, wie die Heilkunde, die Baukunst, der Unterricht in den edlen Wissenschaften, sind anständig für jeden, der dazu berufen ist. Der Kleinhandel aber ist zu den unsauberen Geschäften zu rechnen, während der kapitalkräftige Großhandel, der die Verbrauchsgüter aus aller Welt heranschafft und sie ehrlich den Massen zugute kommen läßt, durchaus untadelhaft ist. Man wird ihn mit vollem Recht sogar loben können, wenn er sein Schäfchen im trockenen hat und zufrieden mit dem, was er erwarb – wie das nicht selten der Fall ist –, sich von Übersee in den Hafen und von da unmittelbar auf seine ländlichen Besitzungen zurückzieht. Von allen Erwerbsarten ist Landwirtschaft die beste, die ergiebigste und angenehmste, die des freien Mannes würdigste. Cicero, de officiis I 150 f.

Ähnliche, mitunter noch drastischere Urteile zum «Unwert» körperlicher, abhängiger A. finden sich in großer Zahl in der lateinischen und griechischen Literatur auch noch der Kaiserzeit (darunter besonders laut auch die Stimme des Spötters und sonst häufigen «Querdenkers» Lukian; vgl. Somn. 9 ff.). Sie alle sind Ausdruck einer «Denkströmung, die ... alle jene ins Unterdeck der Geschichte verbannt hat, deren Arbeit das Schiff überhaupt erst in Fahrt brachte» (J.-P. Morel in: A. Giardina [Hg.], Mensch der röm. Antike 242). In der Tat ist diese überheblich-geringschätzige «Theorie» der A. die eine, ihre Bedeutung im Alltag der meisten Menschen eine andere Sache.
Von einer kleinen Oberschicht abgesehen, stand A. für jeden männlichen Rö-

mer im Zentrum seines Lebens. Das traf ebenso auf viele Frauen zu, die keineswegs nur → Hausarbeit versahen, sondern in nicht unerheblichem Umfang auch im Dienstleistungsbereich und in sozialen Berufen tätig waren (→ Frauenarbeit). Die manchmal noch anzutreffende Vorstellung, daß hauptsächlich Sklaven gearbeitet und die Freien sich durch diese Ausbeutung unfreier Arbeitskraft ein arbeits- und sorgenfreies Leben «gegönnt» hätten, ist abwegig: Freie und unfreie A. fand in allen Erwerbsbereichen neben- und miteinander statt.

Das trifft auch und gerade auf dem Agrarsektor zu, auf dem die ganz überwiegende Mehrheit der Römer tätig war. Da gab es nicht nur die riesigen Latifundien, auf denen unter Aufsicht eines Managers (*vilicus*) Sklaven in großer Zahl schufteten, und die kleinen, von einer freien Bauernfamilie mit ein paar Sklaven bewirtschafteten Höfe (die freilich schon in Vergils Zeit in vielen Regionen keineswegs mehr so charakteristisch für die Agrarstruktur waren, wie es die Eloge auf diesen «ehrbaren» Stand der Kleinbauern suggeriert), sondern auch ein nicht zu unterschätzendes Potential an freien Lohnarbeitern (*mercennarii*), die in langfristigen Stellungen oder als Saisonarbeiter auf Tageslohn-Basis auf den Feldern, in den Weinbergen und auch als Hirten (Suet. Caes. 42, 1) arbeiteten. Die Anwerbung solcher freien Landarbeiter, aber auch ihre dauerhafte Beschäftigung war schon zu Catos Zeiten üblich (r. r. 4; 13, 1). Auch Unternehmer, die den Bauern manchmal die gesamte Oliven- oder Weinernte abkauften und eigene Arbeitskräfte dafür einsetzten, dürften dafür häufig freie Saisonarbeiter verpflichtet haben (Cato r. r. 144 ff.).

Bei besonders schwerer und riskanter Land-A. empfiehlt Varro den Einsatz von Lohnkräften z. T. in Akkord-A.; gleichzeitig ist für ihn selbstverständlich, daß «aller Ackerbau von Sklaven, Freien oder beiden Gruppen gemeinsam betrieben wird» (r. r. I 17, 2 f.). Columella wendet sich zwar in seinem ausführlichen Fachbuch über die Landwirtschaft hauptsächlich an Großgrundbesitzer, die ihren Hof durch eine unfreie *familia rustica* bewirtschaften lassen, aber auch in dieser Produktionsform griff man, wenn viel Arbeit gleichzeitig anfiel, auf angeworbene Erntearbeiter zurück (r. r. III 21, 10). Die Bedingungen der → Arbeitsverträge wurden wegen des Überschusses an Arbeitskräften in der Regel von den Unternehmern diktiert;

Vom Feldarbeiter zum Stadtrat im afrikanischen Mactaris – Fleiß und Konsumverzicht als Grundlagen einer ungewöhnlichen Karriere

Stammend aus armem Haus, ein kleiner Mann nur mein Vater,
    der weder Censor war und auch kein Häuschen besaß.
Seit auf der Welt ich bin, verdient' als Bauer mein Brot ich:
    Ruhe gab's nicht für das Feld, niemals gab's Ruhe für mich.
Immer, sooft das Jahr die reifen Saaten gespendet,
    war ich der Erste stets, der auch geschnitten den Halm.
Hatte der Schnitter Schar den Weg zum Acker genommen,
    war nun Cirta das Ziel, war's der numidische Zeus,
ging ich den andern voran und stand zuerst auf dem Felde;
    eng geschlossen mir folgt' hinter dem Rücken der Trupp.
Unter der Sonne Brand schnitt ich die Ernten, ein Dutzend,
    und auf Grund meines Tuns ward ich zum Führer gemacht.
Und wir führten die Schar der Feldarbeiter elf Jahre
    und vom numidischen Feld schnitt das Getreid unsre Hand.
Dieser Fleiß, der Verzicht auf Genuß, sie schafften mir Mittel,
    machten zum Hausherrn mich, es ward ein Landhaus erworben
und das Haus, es bequemt jeglichem Wunsche sich an.
Unser Leben ließ auch die Frucht der Ehre uns reifen,
    in der Bewerber Schar stand da geschrieben ich selbst.
Und vom Stadtrat gewählt bin ich im Stadtrat gesessen,
    Bauernbub, der ich war, ward ich nun Censor, ich selbst.

CIL VIII 11824 (Ü.: H. Geist)

immerhin wurde bei gefährlichen Jobs wie z. B. der Weinlese in großer Höhe (bei an Bäumen hochrankenden Reben) vereinbart, daß der Weingutbesitzer bei einem tödlichen Arbeitsunfall seines «Angestellten» die Bestattungskosten übernahm (Plin. NH XIV 11).

Auch in den Manufakturen, in den Bergwerken, in den Handwerksbetrieben, auf dem Bau, im Kleinhandel und im Dienstleistungsbereich arbeiteten Freie und Sklaven Hand in Hand. Ungelernte Arbeitskräfte verdienten sich ihren bescheidenen Lohn (→ Preise und Löhne) vor allem als Handlanger im Straßen- und Hochbau *(operarii)*. In Zeiten guter Baukonjunktur wie unter dem Principat des Augustus und überhaupt in der frühen Kaiserzeit dürfte die → Arbeitslosigkeit relativ niedrig gewesen sein, in den Wintermonaten stieg sie üblicherweise an. Daß im Straßenbau und beim Bau öffentlicher Gebäude wie Tempel (Suet. Vesp. 18), Thermen und Theater, aber auch im privaten Wohnungsbau (Cic. Att. XIV 3, 1) zahllose freie Lohnarbeiter dazu beigetragen haben, jene Bauten «hochzuziehen», deren z. T. imposante Ruinen wir noch nach 2000 Jahren bewundern, sollte moderne Betrachter eigentlich vor der «römischen» Geringschätzung der A. feien – und doch lebt sie einfach durch die Ausklammerung der normalen Arbeitswelt in vielen historischen Darstellungen gewissermaßen fort.

Maurer bei der Arbeit. Wandgemälde aus dem Grab des Trebius Iustus in Rom.

Ein weiterer Wirtschaftsbereich, in dem viele Ungelernte ihren Lebensunterhalt verdienten, war das Transportwesen, das ja bei dem geringen Technisierungsgrad der Antike viel personalintensiver war und viel mehr «Knochenarbeit» erforderte als in der Neuzeit. So kam der Tätigkeit des Lastenträgers vor allem in Häfen – aber nicht nur dort – große Bedeutung zu. Mietträger zur Beförderung schwerer Lasten anzuheuern war gang und gäbe. Den allerwenigsten von ihnen gelang ein so atemberaubender Aufstieg wie dem Pompejus Diogenes im Roman des Petron: Er «hat heute seine 800 000 in der Tasche», nachdem er «kürzlich noch auf seinem Buckel Holz geschleppt hat» (38, 7; vgl. 46, 8). Immerhin fehlte es manchen nicht an gesundem Selbstbewußtsein: So fährt der Lastenträger Korax, nach Einschätzung seines Auftraggebers ein «arbeitsscheuer Geselle» *(detractor ministerii)*, seine aufs Tempo drückenden «Arbeitgeber» an: «Was ist los? Als Mensch habe ich Dienst genommen, nicht als Gaul. Und ich bin nicht weniger ein freier Mann als ihr, mag mich mein Vater auch als armen Schlucker hinterlassen haben!» (Petr. 117, 11 f.).

Ein zentraler Bereich der römischen Arbeitswelt war natürlich auch das → Handwerk, das eine große Palette z. T. sehr spezialisierter Berufe umfaßte. Die

Struktur dieses Wirtschaftszweiges wies ebenfalls große Unterschiede auf: Sie reichte vom selbständigen Schuster oder Schmied, der seinen Einmannbetrieb in einer zugleich als Verkaufsraum dienenden Werkstatt führte, bis zur Großbäckerei oder Töpfermanufaktur mit ein paar oder auch einigen Dutzend freien und unfreien Angestellten. So sehr sie die A. dieser qualifizierten Handwerker auch verachten mochte, so sehr schätzte die vornehme Welt doch gerade die eleganten, kostbaren Spitzenprodukte dieser Ateliers wie → Schmuck, Haushaltsgegenstände und → Kleidung. Auch das trug zu einem Selbstbewußtsein gerade der freien Handwerker bei, das nicht nur in Berufsvereinigungen *(collegia)* mit eigenen Schutzgottheiten und Festen (→ Arbeitszeit) Ausdruck fand, sondern sich auch auf zahlreichen Grabsteinen manifestierte: Dort finden sich vielfach Darstellungen aus der Arbeitswelt, die typische → Werkzeuge, Arbeitsgänge und -abläufe sowie ansehnliche Produkte ihrer A. zeigen – Indizien einer fast schwejkhaft anmutenden «Gegenstrategie», die den Stolz auf die geleistete A. als Teil eines eigenen Wertesystems der «offiziellen» Ideologie der «schmutzigen Handarbeit» mit listigem Trotz anschaulich entgegenstellt. Und als wäre es noch nicht eindeutig genug, den Schiffsbauer P. Longidienus vor einem fertiggestellten, aufgebockten Schiff abzubilden, wird er außerdem noch selbst eifrig beim Glätten einer Spante gezeigt mit dem liebevollen inschriftlichen Zusatz *P. Longidienus P. f. ad onus properat* – «P. Longidienus, Sohn des Publius, ist fleißig bei der Arbeit» (CIL XI 139). Wobei Arbeit offenbar ganz bewußt als *onus*, «Last», «Bürde», bezeichnet wird; ein Begriff, mit dem Cicero, Plinius und andere vielbeschäftigte Männer der Oberschicht über ihre vielfältigen Verpflichtungen stöhnten.

QQ: Plaut. Curc. 480 ff.; Cato r. r. 4; 13, 1; 144 f.; Varro r. r. I 17, 2 f.; Cic. off. I 150 f.; Flacc. 18; Brut.257; Colum. III 21, 10; Liv. VIII 20, 4; Verg. georg. IV 116 ff.; Sen. ep. mor. 88; 90, 19 ff.; Petr. 117, 11 f.; Plin. ep. IX 37, 3; Luk. Somn. 9 ff.; Suet. Caes. 42, 2; Vesp. 18; Gell. I 12, 5; VII 9, 4; CIL II 5181 (Bergbauordnung von *metallum Vipascense*); VIII 11824; Bildquellen: G.Zimmer, Römische Berufsdarstellungen, Berlin 1982; Quellensammlung: f.Meijer/O. van Nijf (Hg.), Trade, transport and society in the ancient world, London/New York 1992.

Lit.: E. D. Augenti, Il lavoro schiavile a Roma, Rom 2008; Scheidel, Cambridge economic history 543 ff.; A. MacMahon/J. Price (Hg.), Roman working lives and urban living, Oxford 2005; H. Scholten, Die Bewertung körperlicher Arbeit in der Antike, Anc. Soc. 33, 2003, 1 ff.; C. Möller, Die *mercenarii* in der röm. Arbeitswelt, ZRG 110, 193, 296 ff.; H.J. Drexhage, Zum Selbstverständnis arbeitender Menschen im Imperium Romanum, Humanist. Bildung 14, 1990, 7 ff.; St. Mrozek, Lohnarbeit im klassischen Altertum, Bonn 1989; A. Rieche/H. J. Schalles, Colonia Ulpia Traiana. Arbeit: Handwerk und Berufe in der röm. Stadt, Köln 1987; de Martino, Wirtschaftsgeschichte 189 ff.; Autorengruppe der Martin-Luther-Univ. Halle-Wittenberg, Die Arbeitswelt der Antike, Leipzig 1983; P. A. Brunt, Free labor and public works at Rome, JRS 70 (1980), 81 ff.; P. D. A. Garnsey (Hg.), Non-slave labour in the Graeco-Roman world, Cambridge 1980; J. K. Evans, Plebs rustica, AmJAncHist 5 (1980), 18 ff; 134 ff; D. Lau, Der lateinische Begriff *labor*, Diss. München 1975; D. Nörr, Zur sozialen und rechtlichen Bewertung der freien Arbeit in Rom, ZSav82 (1965), 65 ff.

Arbeitslosigkeit

Das Stichwort «A.» sucht man in den gängigen Antike-Lexika, aber auch in den Sachregistern von Standardwerken zur Sozial- und Wirtschaftsgeschichte vergebens. Gab es die Sache nicht, oder richtet sich das Interesse der Altertumswissenschaftler zu wenig auf die Arbeitswelt und die Lebensbedingungen des «kleinen Mannes»? Beide Fragen sind strikt zu verneinen, die zweite zumindest im Hinblick auf die intensive sozialgeschichtliche Forschung der letzten Jahrzehnte. Die wichtigste Ursache für das Manko ist vielmehr die einschlägige Quellen-Situation: Sie ist schlicht desolat. Trotzdem lassen sich mit Hilfe der wenigen verfügbaren Informationen ein paar allgemeine Feststellungen treffen.

Die wichtigste: A. ist in der römischen Welt stets ein nicht unerhebliches Phänomen im Lebensalltag der Unterschichten gewesen; das Ausmaß war je nach Zeit, Raum und wirtschaftlicher Konjunktur, vor allem der Investitionstätigkeit der öffentlichen Hand auf dem Bausektor, unterschiedlich. Lohnarbeiter *(mercennarii; operarii)* mußten stets mit vorübergehender A. rechnen; das Prinzip des *hire and fire* wurde ihnen gegenüber mit schonungsloser Selbstverständlichkeit praktiziert: Vielfach wurden sie nur für tageweise Einsätze angeheuert bzw. nach der Fertigstellung eines Bauwerkes ganz «natürlich» entlassen. Auf dem Lande wurden Saisonarbeiter für die Ernte und die Weinlese rekrutiert (Colum. III 21, 10); für die übrige Zeit des Jahres mußten sie sich mit anderen Gelegenheitsarbeiten über Wasser halten. Von A. bedroht waren besonders diejenigen, «die nichts gelernt haben»: Diesen häufig Erwerbslosen gegenüber konnten sich selbst Fischer, die sich in der Komödie von anderen als «notorische Hungerleider» beschimpfen lassen mußten, als «reich» fühlen; denn «diese Haken und Angelruten hier geben uns unseren Erwerb und das tägliche Brot» (Plaut. Rud. 290 ff.).

Zu einem steilen Anstieg der A. müssen die Agrarkrise des 2. Jh. v. Chr. und die damit verbundene Landflucht geführt haben. Verarmte Kleinbauern, die sich gegen die Konkurrenz der Großgrundbesitzer nicht mehr behaupten konnten, drängten damals in großer Zahl nach Rom. Die Bevölkerungszahl der Hauptstadt stieg enorm an – das schuf zwar neue Arbeitsplätze, brachte aber auch zusätzliche A. mit sich (App. b. c. I 7).

Die Reformbemühungen der Gracchen waren die politische Antwort auf eine Verelendung großer Teile der Plebs, die eine ihrer Ursachen in der damals weitverbreiteten A. und Unterbeschäftigung gehabt haben dürfte (Boren, Wirtschaftskrise 96 f.).

Man konnte die A. relativ vornehm – und auch ein bißchen verächtlich – *urbanum otium* («Nichtstun in der Stadt») nennen. Wenn man dieses *otium* indes mit Sallust als von vielen gegenüber der «wenig lohnenden Landarbeit» *(ingratus labor)* favorisierte Lebensform bewertet, zu der private und öffentliche Spenden einen Anreiz geboten hätten (Cat. 37, 7; vgl. Varro r. r. II pr. 3), so verwechselt man Ursache und Wirkung. Die Vorstellung von einem riesigen Heer arbeitsloser (weil arbeitsscheuer, fauler) Plebejer in Rom, die sich durch öffentliche → Sozialleistungen hätten alimentieren lassen, ist schon lange als historisches Märchen entlarvt. Umgekehrt verhielt es sich: Zumindest in der Zeit der ausgehenden Republik waren die kostenlosen monatlichen Getreiderationen und andere Sachspenden privater, auf Popularitätsgewinn bedachter «Wohltäter» eine für viele Menschen notwendige soziale Stützungsleistung, die die Unregelmäßigkeit und Ungewißheit eigenständiger Erwerbstätigkeit etwas ausglich. Kaum nötig zu erwähnen, daß man irgendwelche Formen spezieller Arbeitslosen-Unterstützung durch staatliche Kassen oder organisierte Zuwendungen von privater Seite nicht kannte. Die Vorstellung gar einer Versicherung gegen A. (und andere Lebensrisiken wie Krankheit, Invalidität usw.) lag gänzlich außerhalb des Denkhorizontes der Antike.

In der frühen Kaiserzeit wird die A. vergleichsweise niedrig gewesen sein: die rege Bautätigkeit im gesamten Imperium brachte viele Arbeiter in Lohn und Brot (Ov. ars am. III 120 ff.). Eine programmatische Bekämpfung der A. durch den Staat ist freilich allenfalls in Ansätzen zu erkennen. Die wichtigste Maßnahme, um sozialen Sprengstoff abzubauen, war die Gründung von Kolonien, in denen die Siedler ein Stück Land zur Bewirtschaftung erhielten. Als Mittel «aktiver Arbeitsmarktpolitik» ist vielleicht auch Caesars Anordnung zu verstehen, daß alle Viehzüchter unter ihren Hirten mindestens ein Drittel Freigeborene einzustellen hatten (Suet. Caes. 42, 2). Aus Sorge um den sonst drohenden Verlust von Arbeitsplätzen für die stadtrömische Plebs soll Vespasian auf die Anwendung einer technischen Neuerung beim Tempelbau verzichtet haben: Das arme Volk *(plebicula)* müsse doch auch etwas verdienen können, gab er dem Erfinder zu bedenken (Suet. Vesp. 18).

Auch wenn in der Spätantike in einzelnen Bereichen wie dem Bergbau Arbeitskräftemangel herrschte, bestanden doch typische Formen struktureller A. fort – so z. B. A. im Baugewerbe während der Wintermonate (PG 83, 660 B; vgl. Dio Chrys. VII 18) oder A. der vornehmlich als Arbeitskraftreserve dienenden Saisonarbeiter auf dem Lande sowie der hinter jedem Gelegenheitsjob herjagenden Tagelöhner ohne → Berufsausbildung, jener «Armen, für die es gewiß nicht leicht ist, in den Städten Arbeit zu finden» (Dio Chrys. VII 105). Die haben sich im übrigen, wie man dem Schweigen der Quellen entnehmen muß, nie über eine «Konkurrenz» durch die unfreie Arbeit beschwert oder diese gar als vermeintliche Ursache von A. unter den Freien beklagt. Womit sie recht hatten: Die moderne Forschung hat keinen Beweis für einen generellen Verdrängungswettbewerb zwischen Sklaven- und freier Arbeit erbracht. Die – grundsätzlich vielleicht naheliegende – These, A. hätte durch eine Zurückdrängung der unfreien Arbeit reduziert werden können, hat sich nicht erhärten lassen – auch weil «wir... keinerlei Anhaltspunkte haben, um die Effektivität, die Produktivität oder die Rentabilität verschiedener Formen der Arbeit in der Antike miteinander zu vergleichen» (M. I. Finley, Die Sklaverei in der Antike, München 1981, 109).

QQ: Plaut: Rud. 29 ff.; Cato r. r. 4; Sall. Cat. 37,7; Colum. III 21, 10; Din Chrys. VII 18; 105; Suet. Vesp. 18; App. b. c. 17; Plut. Tib. Cracch. 7 ff.

Lit.: St. Mrozek, Lohnarbeit im klassischen Altertum, Bonn 1989; H. W. Pleket, Labor and unemployment in the Roman Empire, in: I. Weiler (Hg.), Soziale Randgruppen und Außenseiter im Altertum, Graz 1988, 267 ff.; M. Treggiari, Urban Labour in Rome, in: P. Garnsey (Hg.), Non-slave Labour in the Greco-Roman world, Cambridge 1980; P. A. Brunt, Free labour and public work at Rome, JRS 70 (1980), 95 ff.; L. Casson, Unemployment, the building trade and Suetonius, Vesp. 18, Bull. American Soc. of Papyrol. 15 (1978) 43 ff.; H. C. Boren, Die Rolle der Stadt Rom in der Wirtschaftskrise der Gracchenzeit, in: H. Schneider (Hg.), Zur Sozial- und Wirtschaftsgeschichte der spätrömischen Republik, Darmstadt 1976, 79 ff.; G. Bodei-Giglioni, Lavori pubblici e occupazione nell'antichità classica, Bologna 1974.

Arbeitsvertrag

Viele Arbeitsverhältnisse wurden durch einen schriftlichen A. geregelt. Der lateinische Rechtsterminus *locatio conductio operarum* zeigt das Wesen des A. auf: Das Bereitstellen, Sich-Verdingen auf der einen und das Mit-Sich-Führen, In-Anspruch-Nehmen von Dienstleistungen auf der anderen Seite. Im A. wurden Leistung und Gegenleistung geregelt, also Entgelt in Form von Geld und Sachleistungen wie z. B. Verpflegung, Arbeitszeit, Dauer des Arbeitsverhältnisses, freie Tage und Konventionalstrafen für eigenmächtiges Fernbleiben von der Arbeit bzw. für verspätete Lohnzahlung (in der Regel wohl jeweils das Doppelte eines Tagesverdienstes). Das Krankheitsrisiko trug der Arbeitnehmer, ohne daß es eine → Krankenversicherung gegeben hätte. Beide Seiten konnten im Streitfall ein privatrechtliches Gerichtsverfahren anstrengen. Bei unfreien Arbeitnehmern war der Sklavenbesitzer der Vertragspartner des Unternehmers *(conductor)*. Das Pendant zum A. in der → Berufsausbildung war der Ausbildungsvertrag. In den *erhaltenen* Arbeits- und Ausbildungsverträgen erscheinen die Arbeitsbedingungen vergleichsweise erträglich; verallgemeinernde Rückschlüsse daraus auf andere Beschäftigungsverhältnisse (mit oder ohne schriftlichen A.) lassen sich nicht ohne weiteres ziehen.

QQ: J. Hengstl, Arbeitsverhältnisse freier Personen in den hellenistischen Papyri bis Diokletian, Bonn 1972 (Material und Kommentierung); Riccobono, FIRA III Nr. 150 (sog. Siebenbürger Wachstafeln: Arbeitsverträge aus dakischen Goldbergwerken); Dig. XIX 2.

Lit.: H. Kloft, Arbeit und Arbeitsverträge in der griech.-röm. Welt, Saec. 35 (1984), 213 ff.; M. Kaser, Röm. Privatrecht, I, München 1971, 563 ff.; A. Berger, A labor contract of A. D. 164, Class. Ph. 43 (1948), 231 ff.

Arbeitszeit

Klientenbegrüßung in der ersten und zweiten Stunde des Tages, Gerichtstermine in der dritten, mancherlei Geschäfte bis zur fünften Stunde, → Mittagspause in der sechsten, Feierabend zur siebten Stunde, danach ein Besuch in den Thermen, die Hauptmahlzeit zur zehnten Stunde und dann ein literarischer Ausklang des Tages mit seinen Gedichten – so schildert Martial einen typischen Tagesablauf (IV 8). Gerichtet ist dieses Gedicht indes an einen Bediensteten des Hofes, der direkten Zugang zum Kaiser hat. Obwohl dieser Adressatenbezug so evident ist, hat man das Epigramm des öfteren zur Bestimmung der täglichen A. «der» Römer herangezogen. Über die A. wohlhabender Kreise sagt es sicher eine Menge aus: Man stand früh auf, um sich den – oftmals als lästig empfundenen – Pflichten gegenüber den → Klienten zu stellen und seinen weiteren gesellschaftlichen Verpflichtungen nachzukommen; nach rund sechs (römischen, also im Sommer längeren, im Winter kürzeren) → Stunden war der Arbeitstag am Mittag zu Ende (Sen. tranqu. 17, 7), und man stimmte sich allmählich auf die → Freizeit ein, um sich in horazisch-epikureischem Sinne einen ordentlichen «Teil vom vollen Tag zu sichern» (Hor. c. I 20 f.). Auf *workaholics* wie Cicero und den Älteren Plinius traf das natürlich nicht zu (Cic. Planc. 66; leg. I 9; Plin. ep. III 5, 7 ff.), aber für die Mehr-

Das Gros der Erwerbstätigen konnte indes von diesen Arbeits- und Lebensbedingungen nur träumen. Zumal auf dem Lande, wo die große Mehrheit der Menschen beschäftigt war, dauerte die A. im Prinzip so lange, wie die Sonne am Himmel stand. Große Unterschiede zwischen freien und unfreien Arbeitskräften sind kaum anzunehmen, da es für keine der beiden Gruppen irgendeine Sozial- bzw. Arbeitsschutz-Gesetzgebung gab. Ebensowenig existierten gewerkschaftsähnliche Organisationen, die auf verbindliche A.-Regelungen hätten drängen können. Die einzige allgemeine, juristisch verbindliche Regelung «garantierte» allen Erwerbstätigen «ausreichend Zeit» zum Essen, zur Beschaffung von Nahrung und zur Körperpflege (Dig. XXXVIII 1, 50) – eine, freundlich formuliert, sehr flexibel interpretier- und handhabbare A.-Schutzbestimmung.

Arbeitszeit-Ideal – von wenigen erreicht

Sechs Stunden Arbeit genügen; die folgenden Stunden des Tages rufen mit deutlicher Schrift «Lebe!» den Sterblichen zu. [ζῆθι, «lebe», enthält die Buchstaben-Ziffern ζ = 7; η = 8; θ = 9, ι = 10 mit Anspielung auf die Nachmittagsstunden]

Anthologia Palatina X 43

Arbeitszeiten für unfreie Landarbeiter – Ratschläge für den Gutsverwalter

So soll der Verwalter als erster von allen aufstehen und die Knechte, die nie zur Arbeit drängen, ... frühzeitig aufs Feld führen ... Denn es hängt viel davon ab, ob die Landarbeiter gleich bei Tagesanbruch ans Werk gehen und nicht bummelnd, langweilig und unlustig ausmarschieren. (...) Wenn dann die Abenddämmerung hereinbricht, soll er niemanden hinter sich zurücklassen.

Columella, De re rustica XI 1, 14 ff.

Lohnarbeiter hatten die Möglichkeit, im Arbeitsvertrag einige freie, in der Regel unbezahlte Tage auszuhandeln, die tägliche A. dürfte aber, wie Ausbildungsverträge aus Ägypten zeigen, mit den hellen Stunden des Tages identisch gewesen sein (P. Oxy. IV 725, 12; XIV 1647, 18 ff.).

Auch in der Stadt dauerte die A. der meisten Arbeitnehmer und der kleinen Selbständigen bis zum späten Nachmittag. Die Geschäfte waren bis zum Einbruch der Dunkelheit geöffnet (Mart. IX 59, 21; Petr. 12, 1), und wenn Martial darüber stöhnt, daß die Hämmer der Schmiede die Bewohner Roms «den ganzen Tag lang» mit ihrem → Lärm terrorisierten (*negant vitam*; XII 57, 4 ff.), so ist das ein deutliches Indiz für die allgemein übliche A. Daß es in der Stadt für den einen oder anderen bei der Gestaltung seiner A. größere «Freiräume» als auf dem Lande gegeben hat, ist allerdings zu vermuten. Die großen Thermen öffneten zur Mittagszeit ihre Pforten (Hist. Aug. Hadr. 22, 7; Mart. X 48, 3), der dann einsetzende Besucherandrang läßt sich als Beleg dafür werten, daß nicht nur Angehörige der Oberschicht eine kürzere – oder jedenfalls flexiblere – A. hatten. Selbst manche Hausklaven konnten sich ihre A. so einteilen, daß sie ab und an Zeit für solchen «Müßiggang» (Col. I 8, 2) fanden. Das polemische Zerrbild indes kritiklos zu übernehmen, das Ammianus Marcellinus im 4. Jh. von der angeblich «müßigen und faulen» stadtrömischen Plebs zeichnet, in deren Leben Arbeit so gut wie gar nicht vorkomme (XXVIII 4, 28 ff.; XIV 7, 25), widerspräche, auch wenn konkrete Informationen spärlich sind, dem Tenor der restlichen Überlieferung ganz und gar – und das trifft auch auf die Frage der Jahres-A. zu, die unter dem Stichwort → Werktage behandelt wird.

Auf die Nacht dehnte sich die A. – nicht zuletzt wegen der gravierenden → Beleuchtungs-Probleme – nur bei wenigen aus. Einer, der seinen außergewöhnlichen nächtlichen Arbeitseinsatz «verewigt» hat, war der pompejanische Werbemaler Aemilius Celer: Er versah eine seiner Arbeiten mit dem Zusatz *scr(ipsit) sing(ulus) ad luna(m);* «er schrieb dies allein beim Mondenschein» (CIL IV 3884).

QQ: Col. r. r. XI 1, 14 ff.; Mart. IV 8; XII 57; Petr. 12, 1; Dig. XXXVIII 1, 50.

Lit.: Weeber, Panem et circenses 166 ff.; de Martino, Wirtschaftsgeschichte 189 ff.; K. Nicolai, Feiertage und Werktage..., Saec. 14 (1963), 194ff.

Arzt

Dem Älteren Plinius zufolge nahm das Unheil unter dem Konsulat des L. Aemilius und des M. Livius seinen Lauf. Man zählte das 535. Jahr der Stadt, nach christlicher Rechnung das Jahr 219 v. Chr. Damals kam der erste griechische A. nach Rom, ein gewisser Archagathos von der Peloponnes. Er fand freundliche Aufnahme. Mehr noch: Man kaufte ihm eine Praxis auf Staatskosten. Dort war er zunächst mit großem Erfolg tätig. Schon bald aber soll er sich durch übermäßige «Brutalität» beim «Schneiden und Brennen» unbeliebt gemacht haben; seitdem hieß er im Volksmund *carnifex,* «der Henker» oder, noch anschaulicher, «der Fleischmacher» (Plin. NH XXIX 12 f.).

Den Opfern, die sich diesem «Schlächter» anvertrauten, geschah es ganz recht, meinte der Alte Cato. So würden sie für ihre unverzeihliche Leichtgläubigkeit bestraft, daß die griechischen Ä. ihnen helfen könnten oder wollten. Sein schlichtes Credo war: Aus Rache für die Eroberung von Hellas durch die Römer hätten sich die griechischen Ä. verschworen, «alle Barbaren durch ihre Medizin zu töten». Daß sie dafür auch noch stolze Honorare kassierten, sei eine besondere Perfidie; auf diese Weise werde jeder Verdacht gegen die Verschwörer zerstreut (Plin. NH XXIX 14).

Die *casa del chirurgo,* eines der durch Instrumenten-Funde identifizierbaren Arzthäuser von Pompeji.

Man weiß, wie die Sache ausging. Cato konnte sich mit seiner verwegenen Konspirationstheorie nicht durchsetzen. Im Gegenteil. Die Zahl der Ä., die sich sozusagen im Gefolge des Archagathos in Rom niederließen, stieg rasch an. Die griechische Heilkunde nahm, nachdem der erste «Feind» die Mauer überwunden hatte, die Festung Rom im Sturm. Der einzige Erfolg, den Cato mit seinen Verdächtigungen und Warnungen hatte, war das Mißtrauen gegenüber der «neuartigen», jedenfalls fremdländischen Heilkunst, das auch noch Jahrhunderte später die nationalrömischen Ressentiments mancher Zeitgenossen gegenüber Ä. aus dem Osten prägte.

Es waren freilich nur wenige, die sich die altrömische Medizin zurückwünschten. Sie war tatsächlich ohne Ä. ausgekommen – eine Hausväter-Medizin *(medicina domestica)*, die der *pater familias* verwaltete und nach alten Hausrezepten anwendete. Er stützte sich dabei auf einige wenige «erprobte» Mittel, unter denen Wolle, Öl und Wein besonders hoch im Kurs standen. Den Kohl nicht zu vergessen! Cato schwört auf ihn als Allheilmittel – eine Speise von höchstem Gesundheitswert und äußerlich als Umschlag, Spülung und Schnupfenarznei bestens zu gebrauchen. Selbst den Urin eines passionierten Kohl-Essers preist er noch als vielseitig verwendbares Heilmittel (r. r. 157, 10 f.). Bei Brüchen und Verrenkungen nahm Cato dagegen zu einem anderen Heilverfahren Zuflucht: der magischen Formel. Gemeinsam mit der Kraft eines grünen Schilfrohres werde die Beschwörung *motas uaeta daries dardaries asiadarides una te pes* schon alles wieder richten, lehrte er – vorausgesetzt, man vergesse ein täglich gesungenes *huat haut haut istasis tarsis ardannabon* nicht (1. 1. 160).

Auch wenn die Traditionalisten es nicht wahrhaben wollten – gegen die hochentwickelte, wissenschaftliche Medizin der Griechen stand diese schlichte, mit → Zaubersprüchen angereicherte römische Naturheilkunde auf verlorenem Posten. Tatsächlich blieb die Medizin viele Jahrhunderte über in Rom eine Domäne griechischer und anderer ausländischer Ä. Caesar und Augustus betrieben eine aktive Niederlassungs-Förderung, der eine durch großzügige Verleihung des Bürgerrechts an fremde Ä., der andere dadurch, daß er sie von Ausweisungen ausdrücklich verschone (Suet. Iul. 42, 1; Aug. 42, 3). Ein Großteil der Ä. stammte aus kleinen Verhältnissen, der Anteil von Freigelassenen und Sklaven an der Ärzteschaft war hoch. Der A., der sich ja für seine Tätigkeit honorieren ließ – was man in vornehmen Kreisen ausgesprochen unfein fand (Plin. NH XXIX 16 f.) –, zählte zu den → Handwerkern. Es verwundert daher nicht, daß manche Adlige begabte Sklaven zu Ä. ausbilden ließen und sie dann als Leib- und Familien-Ä. im eigenen Hause einsetzten; auf deren Dienste hatten sie auch nach einer eventuellen Freilassung noch Anspruch (Dig. XXXVIII 1, 25 f.).

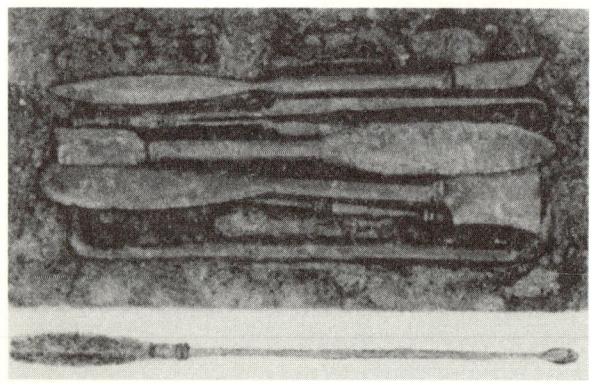

Das im bayerischen Wehringen gefundene Arztgrab aus dem 3. Jh. n. Chr. Dem Toten waren Gegenstände aus seiner ärztlichen Praxis beigegeben, u. a. Heber, Wundhaken, Skalpelle und eine Pinzette.

«Ausbildung» war freilich ein sehr dehnbarer Begriff. Mindest-Qualifikationsnormen für das Können eines A. gab es ebensowenig wie eine staatliche Approbation oder Aufsicht. A. war im Prinzip jeder, der sich so nannte. Die vielen negativen Urteile über die Ä. beruhen auf dem großen Anteil von Scharlatanen und Quacksalbern, die ohne theoretisches Wissen und praktische Ausbildung eine «Praxis» aufmachten. Wenn Galen noch im 2. Jh. n. Chr. klagt, daß die meisten seiner A.-«Kollegen» nicht einmal richtig lesen könnten (XIX 9), so läßt das tief blicken; ebenso die vollmundige Behauptung des in neronischer Zeit wirkenden, sehr erfolgreichen A. Thessalus, er könne binnen eines halben Jahres tüchtige Mediziner ausbilden. Daß sich unter diesen Umständen Köche, Schuster, Walker und Weber in kurzer Zeit zu Ä. «umschulen» ließen (Gal. I 83; X 5 und 19) und ihr Glück in einem besser dotierten Beruf versuchten, ist nicht erstaunlich. Das Berufsrisiko dieser «Ä.» trugen ihre Patienten; eine makabre Variante des *trial and error*-Prinzips, die Plinius so kommentiert: «Die Ärzte lernen aus unseren Gefahren und stellen mit dem Tod Versuche an; nur der Arzt hat völlige Straflosigkeit, wenn er einen Menschen zu Tode gebracht hat» (NH XXIX 18). Zwar wurden mitunter Haftungsprozesse gegen Ä. angestrengt (Plin. NH XXIX 22), doch war gerade bei den unqualifizierten Glücksrittern des Gewerbes wenig zu holen: Wer wenig Erfolg hatte, hatte auch keinen großen Patientenstamm und konnte von den üppigen Einkommen der Spitzen-Ä. nur träumen.

Dem von Ä.-Kritikern wie Plinius und Satirikern wie Martial geprägten Negativ-Image des A.-Berufes steht aber auch eine Vielzahl an Berichten über tüchtige, verantwortungsbewußte Mediziner gegenüber. Das waren Männer (Frauen spielten in diesem Beruf eine untergeordnete Rolle; s. → Frauenarbeit), die sich sowohl an den im Hippokratischen Eid festgelegten ethischen Grundsätzen orientierten als auch auf der Grundlage einer fundierten Ausbildung praktizierten. Die erhielt man durch theoretisches Studium der wissenschaftlichen Literatur – überliefert sind u. a. das umfangreiche Corpus der Schriften des Hippokrates und anderer Ä. (5./4. Jh. v. Chr.), die Schriften Galens (2. Jh. n. Chr.), die gynäkologischen Abhandlungen des Soranos (1./2. Jh. n. Chr.), das pharmakologische Werk des Dioskurides (1. Jh. n. Chr.) und die acht in lateinischer Sprache verfaßten Bücher *de medicina* des medizinischen Laien Celsus (1. Jh. n. Chr.) –, vor allem aber durch langjährige, in der Praxis gewonnene Erfahrung. Eine Art Medizin-Studium gab es nicht. Wer ehrgeizig war, ging bei einem berühmten A. in die Lehre. Zur Aus- und Weiterbildung dürften auch die öffentlichen Vorlesungen und Disputationen beigetra-

---

Vorsicht: Arzt!

Jüngst war er Arzt, und jetzt ist Leichenträger Diaulus,
legt er jetzt Leichen aufs Bett, tut er, was früher der Arzt.

Martial, Epigramme I 47

Charidem, du weißt es und läßt deine Frau mit dem Arzte trotzdem liebeln. Du willst, daß ohne Fieber du stirbst.

Martial, Epigramme VI 31

Einer ganz seltenen und höchst sittsamen Frau, deren Tod, verursacht während meiner Abwesenheit durch Nachlässigkeit der Ärzte, tiefbetrübt ich beklage...

Aus der Grabinschrift der Aurelia Deccia; CIL III 3355

Unschuldige Seele! Ihn haben die Ärzte operiert und umgebracht.

Aus der Grabinschrift des Euhelpistus, ILS 9441

gen haben, die ab und zu im Rahmen der Auseinandersetzung verschiedener Mediziner-Schulen stattfanden.

Der normale Ausbildungsgang war indes, daß man sich als «Student» einem etablierten A. anschloß, ihm in seiner Praxis assistierte und ihn bei Hausbesuchen begleitete. In den großen Städten bestanden auch Chancen, sich zu spezialisieren und als → Facharzt niederzulassen. Auch hier war *learning by doing* das wichtigste Ausbildungsprinzip. Daß die Koryphäen unter den Ä. den größten Zulauf an Schülern hatten, verwundert nicht. Den Schwarm von Assistenten, der einen solchen A. umgab, empfanden Patienten mitunter als erhebliche Belästigung und Belastung. Martial hat diesen Aspekt der A.-Ausbildung auf den satirischen Punkt gebracht.

Krankheitsursache: Hausbesuch

Ich war krank, doch du, von hundert Schülern begleitet,
  bist auf der Stelle sofort, Symmachus, zu mir geeilt.
Hundert Hände, sie haben, vom Nord erstarrt, mich betastet:
  hatte kein Fieber, doch jetzt, Symmachus, hab ich's gewiß.

Martial, Epigramme V 9

Da die Tätigkeit als A. ein recht einträgliches Gewerbe war (Plin. NH XXIX 17), war die → medizinische Versorgung der Bürger zumindest in den Städten gut (wenn man das reine Zahlenverhältnis zwischen Ä. und Patienten zugrunde legt). Die vorhin erwähnten Hausbesuche galten aber nur einem Teil der Patienten: den wohlhabenden und denen, die bettlägrig waren. Die meisten Bürger konsultierten den A. wohl in seinem Sprechzimmer. Die A.-Praxen *(tabernae medicae)* unterschieden sich baulich nicht von anderen Häusern; archäologisch lassen sie sich nur durch Funde medizinischen Instrumentariums nachweisen. Das Mobiliar der Praxis war eher spärlich; ein paar Truhen und Kästen für Instrumente, Medikamente, Tücher und Bandagen, Gefäße für Wasser, Öl und Wein sowie zwei Stühle oder Schemel für den A. und den Patienten und meist wohl auch eine Liege. Manchmal befand sich neben dem Behandlungszimmer noch eine Art Lazarettraum, in dem frisch operierte Patienten einige Tage zur Beobachtung und Pflege blieben. Eine stationäre Unterbringung in → Krankenhäusern gab es im zivilen Alltag der Städte nicht. Bei der Behandlung wurde der A. häufig von Assistenten unterstützt, die ihm die notwendigen Instrumente reichten oder den Patienten während eines operativen Eingriffs festhielten. Betäubungsmittel waren durchaus gebräuchlich (Plin. NH XXXVI 56), ihre Dosierung dürfte jedoch nicht unproblematisch gewesen sein. Notwendig waren sie indes allemal; die römischen Chirurgen waren beim «Brennen und Schneiden» nicht zimperlich, wie Seneca, durchaus kein Ä.-Gegner, anschaulich beschreibt. In einem Atemzug mit Katastrophen wie Brand, Einsturz und Schiffbruch führt er das «Metzeln der Ärzte» an, «wenn sie Knochen bei lebendigem Leibe herausoperieren und tief in die Eingeweide die Hände versenken...» (cons. Marc. 22, 3). Im Bereich der «Inneren Medizin» galt der Aderlaß als wichtigstes Allround-Mittel (Cels. II 10, 1 ff.). Medikamente stellte der A. in der Regel selbst her. Der Beruf des Apothekers war, auch wenn die Pharmakologie hoch entwickelt war, nicht bekannt. Auch die Arznei-«Psychologie» wurde übrigens schon berücksichtigt.

Der kluge A. sah zu, daß seine Medikamente angenehm parfümiert waren und ihre Farbe nicht abstoßend wirkte (Plut. Mor. 54 e).

Auf Einzelheiten der Diagnostik und auf Therapiemethoden kann in dieser Darstellung nicht eingegangen werden; auch nicht auf die Effizienz der Heilkunst römischer Ä. Fest steht, daß sie – auch damals – sehr unterschiedlich war, was angesichts der ungewöhnlichen Bandbreite der Qualifikationen nicht erstaunt. Erfolgreiche Ä., das wird in der Überlieferung deutlich, konnten sehr viel Geld verdienen. Jahreseinkommen von mehreren hunderttausend Sesterzen waren für Spitzenverdiener nichts Außergewöhnliches, und die Vermögen, die diese Mediziner im Laufe ihrer Karriere anhäuften, gingen in die Millionen (Plin. NH XXVI 4; XXIX 7 ff.; CIL XI 5400). Aus Dankbarkeit und als «Erfolgsprämie» legten reiche Patienten mitunter noch ein freiwilliges «Ehrengeschenk» obenauf – das *honorarium,* aus dem sich dann das nicht mehr ganz so freiwillige A.-«Honorar» entwickelt hat. Die römischen Ä., das bestätigen auch unverdächtige Zeugen wie Galen, hatten einen ausgeprägten Sinn für das Materielle; bei nicht wenigen führte diese von den Kritikern als «Habsucht» gebrandmarkte Einstellung zu bedenklichen Praktiken. So zog man eine Krankheit auch schon einmal absichtlich in die Länge, um sie ordentlich «auszulasten», oder man ließ sich Billig-Arznei zu völlig überhöhten Preisen bezahlen (Medic. Plin. pr.). Daß man Ä. nicht unnötig in Versuchung führen sollte, war eine fast sprichwörtliche Binsenweisheit: «Schlecht dient sich, wer den Arzt als Erben einsetzt», warnt der Mimendichter Publilius Syrus (M 24).

Arzt vor seinem Bücherschrank. Er ist in das Lesen einer Papyrusrolle vertieft. Auf dem Schrank steht ein geöffnetes Instrumentenetui. Marmorsarkophag aus dem 4. Jh. n. Chr.

QQ: Cato r. r. 156 ff.; Cic. off. I 151; Phaedr. I 14; Celsus, De medicina; Plin. mai. NH XX 78 ff.; XXVI 3f; XXIX 1 ff.; Mart. I 30; 47; V 9; VI 31; VIII 74; X 56; XI 71; Sen. ben. VI 15 f.; Tac. Ann. XII 67, 2; Plin. min. ep. VII 1; VIII 1; Juv. XIII 120 ff.; AP XI 112 ff.; Auszüge aus dem umfangreichen medizinischen Fachschrifttum: W. Müri (Hg.), Der Arzt im Altertum, München/Zürich ⁵1986; J. Kollesch / D. Nickel, Antike Heilkunst. Ausgewählte Texte aus den medizin. Schriften der Griechen und Römer, Stuttgart 1994; Grabinschriften: Auswahl bei H. Geist (Hg.), Röm. Grabinschriften, München 1969, 102 ff.; Nr. 261 ff.; weitere epigraph. Quellen bei Korpela (s. u.) 155 ff.

Lit.: H. Achner, Ärzte in der Antike, Mainz 2009; K.-H. Leven (Hg.), Antike Medizin. Ein Lexikon, München 2005; E. Künzl, Medizin in der Antike, Mainz 2002; E. Künzl – H. Engelmann, Römische Ärztinnen und Juristinnen, AW H. 5, 1997, 375 ff.; V. Nutton, Roman medicine: tradition, confrontation, assimilation, ANRW II 37,1 (1993), 49 ff.; A. Krug, Heilkunst und Heilkult. Medizin in der Antike, München ²1993; H. Matthäus, Der Arzt in römischer Zeit, 2 Bde, Aalen 1987/89; R. Jackson, Doctors and diseases in the Roman Empire, London 1988; J. Korpela, Das Medizinpersonal im antiken Rom. Eine sozialgeschichtl. Untersuchung, Helsinki 1987; F. Kudlien, Die Stellung des Arztes in der römischen Gesellschaft, Stuttgart 1986; H. Eschebach, Die Arzthäuser in Pompeji, AW 15 (Sonder-Nr.), 1984; H. M. Koelbing, Arzt und Patient in der antiken Welt, Zürich / München 1977; G. Harig / J. Kollesch, Arzt, Kranker und Krankenpfleger in der griech.-röm. Antike…, Helikon 13/14 (1973), 256 ff.; J. Scarborough, Roman medicine, London 1969; Friedländer, Sittengeschichte I 190 ff.

Außenseiter

In der Gladiatorenkaserne von Pompeji stießen die Ausgräber auf die Skelette von 63 Menschen, die an den tödlichen Schwefeldämpfen des Vesuvausbruchs erstickt waren. Eines der Opfer wies kostbaren Schmuck als Angehörige der Oberschicht aus: Einer vornehmen Bürgerin der Stadt war das verschwiegene Rendezvous mit einem Gladiator zum Verhängnis geworden. Diese Deutung des archäologischen Befundes legt eine Reihe von Nachrichten nahe, die die von den Profis des Bluthandwerks ausgehende Faszination auf Teile der Damenwelt illustrieren. Sie reichen von Graffiti, die Gladiatoren als «späte Medizin der Nacht- und Morgenpüppchen» oder als *suspirium puellarum* («einen, der Mädchen zum Seufzen bringt»; CIL IV 4353; 4356) umschwärmen, bis zu der von Juvenal «gefeierten» Senatoren-Gattin Eppia, die ihren Mann und ihre weinenden Kinder im Stich läßt, um mit einem Gladiator durchzubrennen (VI 82 ff.).

Natürlich waren solche Verhältnisse Mesalliancen, wie man sie sich schlimmer nicht vorstellen konnte: Zwischen der Dame aus den führenden gesellschaftlichen Kreisen und dem zutiefst verachteten Gladiator, der durch sein Gewerbe aus der bürgerlichen Gesellschaft völlig herausfiel – *gladiator* war ein übles → Schimpfwort –, lagen Welten. Daß gerade diese Diskrepanz die eigentliche Ursache des erotischen Knisterns war, darf man sicher annehmen – die Tabu-Verletzung sozusagen als amouröser Mehrwert. Das Phänomen läßt sich indes verallgemeinern: Es ist nur eine extreme Erscheinungsform der Haßliebe und des Hin- und Hergerissenseins zwischen Abscheu und Bewunderung, die das Verhältnis der römischen Gesellschaft zu diesen A. bestimmte. Man jubelte ihnen in der Arena zu, ließ sich von ihnen unterhalten und spornte sie sogar zur Grausamkeit an (Tert. spect. 21, 4); aber zugleich waren sie der Inbegriff von *infamia* («Schande»; «Verlust an bürgerlicher Respektierbarkeit»; Quint. decl. 302; CIL I² 104 ff.). Wer sich freiwillig bei einem – ebenfalls übel beleumundeten – *lanista* (Inhaber einer Gladiatorenschule) als Fechter verdingte, verlor alle Standesrechte als Ritter oder Senator und wurde faktisch während der Dauer seiner Verpflichtung zu einem Sklaven, der es hinnehmen mußte, sich «mit Ruten schlagen, mit Feuer brennen und mit Eisen töten zu lassen» – ein klarer Verzicht auf seinen Status als römischer Bürger (Sen. ep. 37, 1 f.; Petr. 117, 5).

Gladiatoren waren gewissermaßen auf zweifache Weise A. der Gesellschaft. Zum einen fielen sie unter die Kategorie derer, die der Mißbilligung der Gesellschaft unterlagen, weil dieselbe Gesellschaft ihnen das «Recht» zum Töten und Verwunden einräumte. Zu dieser Gruppe gehörten auch die Henker, die schon von ihrer Bezeichnung her stigmatisiert wurden: *carnifex*, «der Fleischmacher», ist alles andere als eine wohlwollende Beschreibung ihrer Tätigkeit; bezeichnenderweise wurde sie auch gern als Schimpfwort verwendet – übrigens makabrerweise vor allem gegenüber Sklaven, aus deren Reihen wohl die meisten Opfer dieses verachteten Berufsstandes kamen. Die Ausgrenzung der Henker vollzog sich auch räumlich: sie mußten außerhalb der Stadt wohnen und konnten nicht auf eine ehrenvolle → Bestattung hoffen (Cic. Rab. 15; Fest. ep. p. 64).

Zum anderen zählten Gladiatoren zu all den A., die ihren guten Ruf durch Unterhaltungsauftritte vor den Augen aller ruinierten. Dieser Verlust an *pudor* («Schamgefühl») kreidete das von der Oberschicht geprägte Moralempfinden vor allem den Akteuren der Bühne, den Schauspielern und Pantomi-

Grabrelief eines Gladiators aus dem 3. Jh. n. Chr. Die Siegeskränze weisen auf eine erfolgreiche Karriere hin, auf die er und seine Anhänger trotz der gesellschaftlichen Außenseiterstellung der Arenakämpfer stolz waren. Die «Lebensleistung» des Verstorbenen wird trotzig-selbstbewusst auf dem Gedenkstein illustriert.

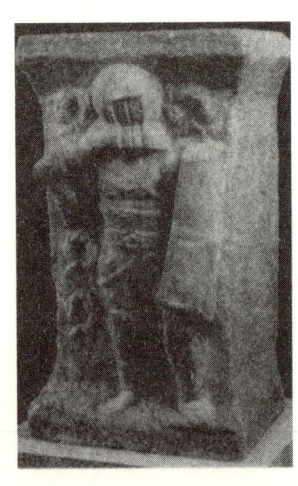

men-Darstellern *(histriones, mimi, pantomimi)*, an. Faszination und Furcht führten zu einer ambivalenten Einstellung, die sich in ebenso merkwürdigen wie typischen Inkonsequenzen zeigte: Die Spitzenkönner der Bühne genossen hohe gesellschaftliche Anerkennung und verkehrten z. T. sogar am Kaiserhofe (Suet. Cal. 55, 1; Tac. Ann. XI 4, 1 f.); das Gros der Darsteller dagegen galt als verdorbenes, schamloses «Pack», das sich für keine seichte, anzügliche Szene zu schade sei und das Publikum verderbe (Ov. ars am. II 497 ff.; Juv. VI 63 ff.). Manch einer sah darin eine «Erregung öffentlichen Ärgernisses», ja eine Gefährdung von Ordnung und Sicherheit – und diese Furcht vor den suspekten A. auf der Bühne führte mehrfach zu regelrechten Ausweisungen der Schauspieler aus Rom oder sogar aus ganz Italien (Tac. Ann. IV 14, 3; XIII 25, 4; Plin. Pan. 46, 1 ff.).

Besonders tief saßen die Vorbehalte gegenüber Frauen, die sich auf der Bühne «zur Schau stellten». Für manchen «ordentlichen» Hausvater stand das auf einer Stufe mit Prostitution. Die einfachen Leute hatten da weniger Berührungsängste (Val. Max. II 10, 8; Sen. ep. 97, 8), doch wurde die gesellschaftliche Ächtung der *mimae* den moralischen Normen der Oberschicht entsprechend ausdrücklich im Gesetz festgeschrieben: So durften Männer senatorischen Standes solche «niedrigen und verworfenen Subjekte» nicht heiraten (Dig. XXIII 2, 44). «Eine Person, die auf der Bühne auftritt, ist ehrlos *(infamis)*», sagte der Praetor klipp und klar (Dig. III 2, 2, 5). Daß die «richtigen» Prostituierten (→ Prostitution) und die Strichjungen *(pueri meritorii)* ebenfalls zu den gesellschaftlich geächteten Randgruppen zählten, versteht sich in diesem «Klima» von selbst – was bekanntlich keineswegs ausschloß, daß ihre Dienstleistungen mit großer Selbstverständlichkeit und großem Vergnügen von einem beileibe nicht unerheblichen Teil der «ehrbaren» Gesellschaft in Anspruch genommen wurden.

An den Rand der Gesellschaft gedrängt waren auch alle jene, die die Sicherheit der Gemeinschaft durch kriminelle Handlungen gefährdeten. Auf dem Lande waren das vor allem die gefürchteten Banditen *(latrones)*, die die Bevölkerung und die Reisenden in schwach besiedelten Regionen durch Überfälle terrorisierten und damit die →Innere Sicherheit aushöhlten (Epikt. diss. IV 1, 92 ff.).

Als kriminelle Elemente verdächtigt wurden vielfach auch die professionellen → Wahrsager, sofern sie nicht, wie Auguren und Haruspices («Vogelflugbeobachter» und «Eingeweidebeschauer»), in die staatliche Zukunftserforschung eingebunden waren. Okkulte Riten und undurchschaubare magische Operationen übten auf der einen Seite große Anziehungskraft aus, auf der anderen erweckten sie Mißtrauen und Furcht. Niemand konnte sich vor den Manipulationen und Scharlatanerien dieser A. sicher wähnen; gleichwohl bestand in der römischen Gesellschaft ein überaus lebhaftes Interesse an allen Formen der Zukunftsbefragung. Im politischen Raum waren Magier und Astrologen in der Kaiserzeit besonders suspekt, weil sie mit ganz konkreten Prophezeiungen – etwa über das Schicksal des Kaisers und seiner Familie – für Unruhe und Instabilität sorgen konnten. Die Reaktion der Mächtigen auf solche potentiell subversiven Machenschaften war hart: In politischen Krisenzeiten wurden diese «Störenfriede» schlicht ausgewiesen (z. B. Tac. Ann. II 32, 2; XII 52) – was sie indes nicht daran hinderte, nach kurzer Zeit wieder in die lukrative Hauptstadt «einzusickern» und mit ihrem «Nimbus» als verfolgte Randgruppe gute Geschäfte zu machen (Juv. VI 542 ff.).

Als intellektuelles Pendant zur undurchsichtigen Zunft der Wahrsager wurden von vielen die Philosophen mißtrauisch beäugt. Auch sie mußten von Zeit zu Zeit im Zuge individueller oder kollektiver Verfolgungsmaßnahmen mit Vertreibung und Exilierung rechnen (Plin. ep. III 11, 2). Dabei fielen die Stoiker als im Erscheinungsbild meist angepaßte Gruppe in der Bevölkerung kaum als A. auf, gefürchtet waren sie indes vor allem im 1. Jh. n. Chr. von manchen Kaisern als subversive Kräfte, die gegen die neue Regierungsform des Prinzipats offen oder verdeckt opponierten (DC LXV 13, 1). «Tyrannei haßt Weisheit», bringt Epiktet den gelegentlich aufbrechenden Konflikt zwischen Macht und Geist auf den Punkt (diss. I 29, 10 f.), und tatsächlich waren es Autokraten wie Caligula, Nero und Domitian, die sogar blutige Unterdrückungsmaßnahmen gegen Philosophen durchführen ließen. Nero verstand es dabei am besten, sich die allgemeinen Vorurteile gegen die als zänkisch, eitel und überheblich geltenden «Weisen» zunutze zu machen: Er lud Vertreter verschiedener Philosophenschulen mitunter sozusagen als Abendunterhaltung ein, «um sich an dem Widerstreit der entgegengesetzten Meinungen zu ergötzen». Wobei seine «Gäste» gar nicht merkten, wie lächerlich sie sich machten (und damit ihr A.-Stigma selbst verstärkten): «Es gab Leute, die den Wunsch hatten, mit ernstem Gesichtsausdruck während der Belustigungen des Hofes auf sich aufmerksam zu machen», kommentiert Tacitus kopfschüttelnd (Ann. XIV 16, 2).

Eine Philosophen-Gruppe legte es freilich darauf an, als radikale A. aufzutreten und um jeden Preis aufzufallen: die Kyniker als «Jünger» des «hündischen» Tonnen-Philosophen Diogenes. Sie gaben sich schon rein äußerlich als Bürgerschreck und Aussteiger zu erkennen: überzeugte Bettler, die in schäbigem Mantel, mit ungekämmtem → Bart und Haar, barfüßig und mit Wanderstock und Ranzen als ebenso auffallenden wie typischen Erkennungsmerkmalen umherzogen und das einfache Leben predigten – häufig verdreckte, ungewaschene (Ael. Arist. Hier. Log. I 59) «Typen», die ihren Nonkonformismus regelrecht zur Schau trugen. Sie wollten anecken, und sie eckten an. Die Mehrheit der Bevölkerung lehnte sie ab, weil sie sich durch den provokanten Lebensstil der Kyniker verunsichert fühlte. Andere ließen sich von diesen radikalen A. in Bann schlagen: sie scharten sich auf Straßen und Plätzen, vor Kneipen und Sporthallen um sie und hatten ihren Spaß an dem rhetorischen Unterhaltungswert dieser seltsamen Heiligen, der durch gelegentliche clowneske Einlagen noch gesteigert wurde (Dio Chrys. 32, 9; 86 f.). In größeren Städten wie

Kynischer Philosoph. Die Außenseiterrolle wird demonstrativ durch Bedürfnislosigkeit und Ungepflegtheit zur Schau gestellt. Statue aus dem 3. Jh. n. Chr.

Rom, Athen, Korinth oder Alexandria umlagerten ganze Menschentrauben diese «Typen», die überall, wo sie auftraten, rasch zum Mittelpunkt einer vorübergehenden *«street-corner-society»* (Weiler, Soziale Randgruppen 178) wurden. Es konnte nicht ausbleiben, daß eine solche Randgruppe mit ihren unappetitlichen Clochard-Manieren zur Zielscheibe derben Spottes wurde (Mart. IV 53; AP XI 153 ff.), aber immerhin signalisieren diese satirischen Angriffe und die vielen ablehnend-empörten Stimmen und (Vor-)Urteile, daß den Kynikern die Provokation gelungen ist. Sie haben nachdrücklich auf sich und ihre Lehre aufmerksam gemacht. Das Schicksal totgeschwiegener A. ist sicher bedeutend bitterer.

QQ: Tac. Ann. IV 14, 3; XII 52; XIV 14, 3; Plin. Pan. 46; ep. III 11; Mart. IV 53; Juv. III 77 f.; 153 ff.; VI 107 ff.; 542 ff.; Dio Chrys. 32, 9; 86 f.; Suet. Nero 39, 3; Dom. 10, 3; DC LXV 12 f.; Tert. spect. 22; Paul. sent. V 21, 1 ff.; AP XI 153 ff.; Dig. III 2, 2, 5; XXIII 2, 44; CIL I² 593, 94 ff.

Lit.: G. Horsmann, Die Wagenlenker der röm. Kaiserzeit, Stuttgart 1998; M. Th. Fögen, Die Enteignung der Wahrsager, Frankfurt/M. 1997; H. Leppin, Histrionen. Untersuchungen zur sozialen Stellung von Bühnenkünstlern, Bonn 1992; P. Zanker, Die trunkene Alte, Frankfurt 1989; I. Weiler (Hg.); Soziale Randgruppen und Außenseiter im Altertum, Graz 1988; R. MacMullen, Enemies of the Roman order, Cambridge 1966; D. R. Dudley, A history of cynicism, London 1937, ND Hildesheim 1967.

Automat

Die Idee des A. als von einem Mechaniker für einen bestimmten Arbeitsvorgang programmierten und insofern selbsttätigen Geräts war dem Altertum nicht fremd. Die Konstruktion von A. beschränkte sich aber überwiegend auf den repräsentativen (z. B. bewegliche Bildnisse in einem Festzug; Athen. 198 f.) und spielerischen Bereich (mechanisches Puppentheater; s. Zitat). Da sie nicht anwendungsorientiert war und der Produktion nicht nutzbar gemacht wurde, kam den A. im Alltag kaum Bedeutung zu. Einige Dutzend A. bzw. automatenartiger Vorrichtungen beschreibt der alexandrinische Mechaniker Heron (1. Jh. n. Chr.) in seinen Werken *Pneumatika* und *Automatopoietike*, darunter einen Münz-A. vor einem Tempel, der beim Einwurf eines Geldstücks eine bestimmte Menge Weihwasser für rituelle Waschungen spendet (Pneum. I 21).

Griechen bei der Ausbesserung der Schiffe – Szenen aus einem Puppentheater
Die Figuren bewegten sich, indem die einen sägten, die anderen mit Beilen zimmerten, andere hämmerten, wieder andere mit großen und kleinen Bohrern arbeiteten... Heron, Autom. 22, 4

QQ: Heron Alex., Opera I, griech.-dt. hg. von W. Schmidt, Leipzig 1899, Neudruck 1976.

Lit.: Oleson, Handbook of engineering 785 ff.; Schneider, Technikgeschichte 201 ff.; Landels, Technik 244 ff.

B

Bäckerei

Die Geschäfte, die frühmorgens als erste aufmachen, sind in der Regel B. Das war im römischen Altertum nicht anders. Und auch ein Großteil der frühen Klientel, die die Läden der Bäcker «stürmte», ist noch der gleiche, wie Martials «Weck-Appell» zu entnehmen ist: «Auf nun! Der Bäcker verkauft schon an die Knaben das Frühstück, / und die Schar mit dem Kamm kündet rings krähend den Tag» (XIV 223). Tatsächlich waren die Bäcker schon früh auf den Beinen; ihre Arbeitszeit begann bereits in der Nacht (Mart. XII 57, 5). Die professionell betriebene B. war indes ein für römische Verhältnisse junges Gewerbe. Bis etwa ins 2. Jh. v. Chr. hinein soll es in Rom keine selbständigen Bäcker gegeben haben; erst im Zuge der zunehmenden Verstädterung machten B. auf; vorher «buken die Römer ihr Brot selbst, und zwar war das die Aufgabe der Frauen» (Plin. NH XVIII 108; vgl. aber Plaut. Asin. 200) – oder der Sklaven, muß man ergänzen. Denn in den wohlhabenden Haushalten wurden auch noch in späterer Zeit unfreie Bäcker beschäftigt, die z. T. für teures Geld erworben wurden (Gell. XV 19). Wie sehr das Backen von → Brot ursprünglich Sklavenarbeit war, zeigt sich noch an der lateinischen Berufsbezeichnung des Bäckers: *pistor* ist eigentlich der «Stampfer», derjenige, der das Getreide im Mörser stampft bzw. es in der berüchtigten, von Sklaven als Strafarbeit verabscheuten Mühle *(pistrinum)* mahlt.

Mögen auch manche B. sich auf das Backen von Brot, Gebäck und → Kuchen beschränkt haben, so war doch die Mehrzahl der Bäcker zugleich als Müller tätig. Ein Gang durch die Ruinen Pompejis zeigt das sehr deutlich: Man begegnet überall im Stadtgebiet Getreidemühlen, die einer B. angegliedert waren. Rund 40 solcher Betriebe, die i. a. über drei bis vier Mühlen verfügten, sind in Pompeji nachgewiesen. Für Rom bezeugen die Regionalverzeichnisse des 4. Jh. etwa 250 B. Mit der Zeit war die Bedeutung der B. dadurch gestiegen, daß sie etwa ab dem Jahre 270 den früheren Beziehern des unentgeltlichen staatlichen Getreides ihren Anspruch gewissermaßen direkt in Brot auszahlten. Die Verteilung erfolgte, da-

Backofen und Getreidemühlen einer pompejanischen Bäckerei.

mit gar nicht erst ein Verdacht auf Bevorzugung oder andere Unregelmäßigkeiten aufkam, auf den Stufen der B. oder eines staatlichen Ausgabe-«Zentrums» – daher die Bezeichnung *panis gradilis* («Stufenbrot») für dieses im staatlichen Auftrag ausgegebene Brot (Cod. Theod. XV 17, 2 ff.). Da der Preis des → Grundnahrungsmittels Brot eine politisch äußerst sensible Angelegenheit war, wurde die Preisgestaltung der Bäckerzunft *(corpus pistorum)* vom Staat beaufsichtigt.

Nicht alle B. verkauften ihre Produkte selbst; etliche waren eine Art Brotfabrik, die Kaufleute und Händler belieferten und deshalb – wie eine große Zahl pompejanischer B. – kein eigenes Ladenlokal hatten. Auf der anderen Seite wurden Brot und andere Backwaren auch auf Märkten und Straßen von «fliegenden» Bäckern angeboten: Die lautstarken, aufdringlichen «Werbekampagnen», mit denen die Zuckerbäcker *(pistores dulciarii* oder *crustularii)* ihre mit süßen oder würzigen Zutaten wie Honig, Milch, Öl, Wein, Mohn und Sesam hergestellten Backwaren anpriesen, empfand Seneca einst als eine von mehreren ausgesprochen enervierenden Lärmquellen (ep. 56, 2).

Das Sozialprestige der Bäcker, die vielfach → Freigelassene waren, war nicht sehr hoch (Suet. Aug. 4, 2; Amm. Marc. XXVII 3, 2). Das irritierte einen M. Vergilius Eurysaces aber in keiner Weise in seinem Berufsstolz, den er mit seinem auffälligen Grabmal (ca. 30 v. Chr.) direkt an der Porta Maggiore in Rom dokumentierte. Nicht nur ist das Grab selbst originellerweise in der Form eines Backofens erbaut (andere deuten den Baukörper allerdings anders), der Relieffries unter dem Dachgesims bildet zudem noch die wichtigsten Arbeitsgänge ab, die in der B. des Eurysaces anfielen: Vom Abwiegen des Getreides über das Waschen, Sieben und Mahlen, das Sortieren des Mehls, das Kneten des Teiges bis zum Backen und schließlich Abwiegen des fertigen Brotes. Und selbst die im Inneren des Grabes aufgestellte Urne des Bäckermeisters und sei-

Honiggetränktes Backwerk im Angebot: die Zuckerbäcker

Kuchen in tausend Formen wird hier diese Hand dir gestalten.
Müht sich für diese allein sparend die Biene doch ab.

Martial XIV 222

Arbeitsabläufe in einer Großbäckerei: oben in der Mitte Mahlen des Getreides, links oben Sieben des Mehls, unten von rechts nach links Kneten des Teigs, Formen der Brote und Backen. Reliefs vom Grabmal des M. Vergilius Eurysaces an der Porta Maggiore in Rom.

ner Frau hielt noch die Berufsehre hoch: sie ist als Backtrog *(panarium)* gestaltet.

QQ: Plin. NH XVIII 107 f.; Mart. XIV 222 f.; Cod. Theod. XIV 3; Bildquellen bei Zimmer, Berufsdarstellungen.

Lit.: Dobbins, World of Pompeii 460 ff.; Dosi-Schnell, A tavola 139 ff.; Zimmer, Berufsdarstellungen; B. Mayeske, Bakeries, bakers and bread at Pompeii, Diss. Univ. of Maryland 1972; A. Hug, Art. «Pistor», RE XX (1950) 1821 ff.

Badekleidung

Weder in privaten Bädern noch in öffentlichen → Thermen war es üblich, B. zu tragen. Man legte die Straßenkleidung beim Eintritt in eine Badeanstalt im Apodyterium (Auskleideraum) ab und behielt allenfalls eine Tunica an, wenn man sich zunächst mit → Ballspiel u. ä. beschäftigen wollte. Gebadet wurde in der Regel nackt; auch beim – in den großen Thermen eigentlich nicht erlaubten, aber häufig praktizierten – gemeinschaftlichen Baden von Männern und Frauen. Nur wenige trugen im Bad einen Lendenschurz; sie fielen damit auf und mußten mit Spott rechnen (Mart. III 87; VII 35; XI 75). Der Bikini war zwar bekannt, wie Mosaikdarstellungen aus Piazza Armerina (Sizilien) zeigen (allerdings der einzige Beleg!), er diente aber nicht als B., sondern als weibliche Sportkleidung.

Lit.: Yegül, Bathing 27 ff.; Fagan, Bathing 24 ff.; E. W. Merten, Bäder und Badegepflogenheiten in der Darstellung der Historia Augusta, Bonn 1983.

Baden

Was die Körperhygiene ihrer Altvorderen durch B. anging, so stand für viele Römer in der Kaiserzeit fest: In dieser Hinsicht waren die sonst so bewunderten Vorfahren «ausgesprochene Ferkel» gewesen *(immundissimi)* – «zwar wusch man sich täglich die Arme und Beine, die ja bei der Landarbeit den ganzen Schmutz abbekommen hatten, ein Vollbad aber nahm man nur an Markttagen», also jeden neunten Tag. Was allerdings dem Moralisten Seneca willkommener Anlaß war, die körperliche Unreinheit der Ahnen der – viel schlimmeren! – moralischen Unsauberkeit seiner sich zivilisatorisch so überlegen dünkenden Zeitgenossen entgegenzustellen: «Seit der Erfindung der piekfeinen Bäder sind die Menschen dreckiger geworden» (ep. 86, 12).

Auch die antithetische Pointe ändert indes nichts daran: Lange Zeit stand das B. bei den Römern nicht hoch im Kurs. Selbst in den wenigen Privathäusern, in denen es einen Waschraum *(lavatrina)* gab, luden die Umstände nicht sehr zum B. ein: Die Waschhäuser lagen gleich neben der Küche, waren ungemütlich, zugig und kühl, das Wasser selbst war häufig genug trübe, bei starkem Regen sogar schlammig – kein Vergleich mit den behaglichen Badehäusern reicher Römer in der Kaiserzeit, in denen man «von der Badewanne hinausschauen kann auf Felder und Meere» (Sen. ep. 86, 6 ff.; Varro LL IX 68). Das Gros der römischen Bevölkerung konnte indes selbst von den schlichten Ba-

Eintrittsmarke, die zum Besuch der Badeanstalt des Germanus berechtigte.

dewannen der frühen Privatbäder *(balnea; balneae)* nur träumen. Da waren mitunter die Verhältnisse auf dem Lande möglicherweise sogar besser als in der Stadt: Auf vielen großen Landgütern gab es Gesindebäder für die Sklaven (eindeutig belegt allerdings erst für das 1. Jh.; Colum. I 6, 19 f.), die freilich auch nicht überall täglich, sondern nur an Festtagen für Vollbäder zur Verfügung standen, «denn ein häufiger Gebrauch schadet der Körperkraft» (Colum. a. a. O.). In den Sommermonaten war natürlich Gelegenheit zum B. in Flüssen und Seen, und jedenfalls die jungen Männer in der Hauptstadt nahmen dann zumal nach schweißtreibendem Training auf dem Marsfeld gern ein Bad im Tiber (Hor. c. III 12, 9 f.; Cic. Cael. 36).

Die eigentliche Wende hin zur berühmten üppigen römischen Badekultur vollzog sich im späten 2. und im 1. Jh. v. Chr. Wohl durch den Anfangserfolg der ersten öffentlichen Badeanstalten beflügelt, investierten immer mehr Unternehmer ihr Kapital in die aufstrebende «Branche» der *balnea meritoria* («Mietbäder»), die vielfach von einem Pächter *(conductor)* betrieben wurden. Der Eintrittspreis *(balneaticum)* war mit einem *quadrans*, einem Viertel-As, als dem gängigen, wenngleich nicht überall einheitlichen Eintrittsgeld, sehr niedrig; Kinder durften vielerorts umsonst baden, während Frauen z. T. etwas mehr bezahlen mußten (Juv. II 152; VI 447). Römer aller Schichten konnten sich damit den «Luxus» des häufigen B. leisten, und die Popularität steigerte die Nachfrage nach weiteren Badeanstalten. In rund einem Jahrhundert stieg deren Zahl in Rom auf 170 im Jahre 33 v. Chr.; einige Jahrzehnte später spricht Plinius bereits von einer «unendlichen Zahl» von *balnea*, und die Regionalverzeichnisse des 4. Jh. registrieren Zahlen knapp unter der Tausendergrenze (*Curiosum:* 858; *Notitia:* 956; Plin. NH XXXVI 121). Mit der Zahl der kommerziell betriebenen *balnea* nahm auch der Konkurrenzdruck zu, der zu einer immer aufwendigeren baulichen Ausgestaltung und Ausschmückung führte. Zum Standard gehörten ein Auskleideraum *(apodyterium)*, ein Kaltbad *(frigidarium)*, ein Becken mit lauwarmem Wasser *(tepidarium)* und das Heißbad *(caldarium)* mit einer oder mehreren Wannen mit heißem Wasser. Auch Schwitzbäder *(laconica; sudatoria)* und Räume für gymnastische Übungen gehörten zur Grundausstattung eines Bades, und diese Ansprüche setzten sich überall im Imperium durch – in den Garnisonen der Legionäre nicht weniger als auf dem «flachen» Land, wo die Betreiber ihre Etablissements bisweilen mit blumiger Werbesprache anpriesen.

Männer- und Frauenbäder wurden häufig in einem Baukomplex, aber voneinander getrennt angelegt. Anderswo wurden unterschiedliche Badezeiten für Männer und Frauen eingerichtet (CIL II Suppl. 5181, 11 ff.). Gemeinschaftsbäder *(balnea mixta)* galten – auch weil man meist keine → Badekleidung trug – als anstößig, doch setzten sich nicht wenige Frauen darüber hin-

Baden nach städtischer Art...

In praediis C. Legianni Veri balineum. More urbico lava(tur). Omnia commoda praestantur.

Badeanstalt auf dem Gut des C. Legiannus Verus: Es wird nach städtischer Art gebadet. Alle Annehmlichkeiten werden geboten.

Reklame-Inschrift, CIL XIV 4015

weg (Quint. V 9, 14; Ov. ars am. III 629 f.; Mart. III 72; VII 35), und auch staatliche Verbote blieben da vielfach wirkungslos (Hist. Aug. Hadr. 18, 10; Marc. Aur. 23, 8 f.).

Die Beliebtheit des B. als Freizeitvergnügen weit über die rein hygienische Funktion hinaus wurde auch dadurch gesteigert, daß wohlhabende Bürger, Politiker und Honoratioren als Sponsoren auftraten, die die laufenden Kosten und Eintrittsgelder übernahmen oder ganze Bäder stifteten, um sich bei der Bevölkerung beliebt zu machen. Höhepunkt dieser Entwicklung waren die prunkvollen Badepaläste, die einige Kaiser in der Hauptstadt bauen ließen – riesige, mit allem Prunk geschmückte Thermenanlagen, die sich zu wahren Unterhaltungs- und Kommunikationszentren entwickelten, in die Tag für Tag Tausende von Römern strömten. Die Thermen wurden so – wie die kleineren *balnea* – zum Inbegriff ebenso preiswerter wie abwechslungsreicher → Freizeitaktivitäten auch für den «kleinen Mann». Die Badekultur der römischen Kaiserzeit war so gesehen kein exklusives Sonntagsvergnügen, sondern ein Alltagsphänomen. Eine Chiffre geradezu für Lebensqualität, wie das hübsche, als Grabspruch dienende «Bekenntnis» eines Römers zeigt: *balnea vina Venus corrumpunt corpora nostra; set vitam faciunt: b.v.V.;* «die Bäder, die Weine, die Liebe – sie ruinieren unseren Körper; aber sie machen das Leben aus – die Bäder, die Weine, die Liebe» (CIL VI 15258) – wobei alle drei «Ingredienzien» sich in und nahe den Bädern finden ließen: Fliegende Händler, Garköche und Getränkeverkäufer boten dort ihre Waren ebenso an wie Dirnen ihre spezifischen Dienste …

Die meisten Badeanstalten, zumal die großen Thermen, waren nur am Nachmittag geöffnet; bei Einbruch der Dunkelheit wurden sie i.a. geschlossen (Vitr.

Mann, der mit Handtuch und Bade-Accessoires zum Bad geht. Grabplastik aus Trier, 3. Jh. n. Chr.

Aufrißzeichnung der Stabianer Thermen in Pompeji: 1 Haupteingang, 2 Westeingang, 3 Umkleideraum, 4 «Boccia»-Bahn, 5 Büro des Bademeisters, 6 Eingang zum Nordteil, 7 öffentliche Toiletten, 8 Wasserreservoir und Tretmühle, 9 flaches Badebecken, 10 Schwimmbecken, 11–15 die Männerbäder, 16 Heizraum, 17 Heißwassertank, 18 Warmwassertank, 19 Kaltwassertank, 20 Hauptofen, 21 Ofenfeuer, 22 Warteraum für die Diener, 23–28 die Frauenbäder.

V 10, 1). Nächtliches B. in öffentlichen Bädern war, auch wenn es einige Belege dafür gibt, sicher die Ausnahme; ebenso vormittägliches B., das gelegentlich erwähnt wird (Juv. XI 204). Eine übliche Öffnungszeit scheint die achte → Stunde, also der frühe Nachmittag, gewesen zu sein (Hist. Aug. Hadr. 22). Im idealtypischen Tagesablauf eines wohlhabenden Römers lag das tägliche Bad zwischen der → Mittagspause und der Hauptmahlzeit *(cena)* am Nachmittag (s. → Abendessen).

Die Verweildauer im Bad war natürlich unterschiedlich lang, doch nutzten viele Besucher das reiche → Sport-, Kultur- und «soziale» Angebot (u. a. das beliebte → Ballspiel; CIL VI 9797), um sich mehrere Stunden im Bad aufzuhalten. Zum B. gehörte auch eine mehr oder weniger intensive Körperpflege, die u. a. in ausgiebigem Salben, Massieren, → Enthaaren sowie dem Frisieren und Schminken nach dem Bad bestand. Wer wenig Zeit hatte oder sich nur rasch erfrischen wollte, absolvierte sein Bad im «Schnelldurchgang» (Petr. 28) – doch widersprach solche Hektik geradezu dem *genius loci*, der mit vielfältigen Zerstreuungen zum Verweilen einlud. Der Andrang dürfte stets groß gewesen sein, und das je nach Schwerpunktsetzung vergnügliche oder nützliche Treiben im Bad war recht turbulent – für Konzentration suchende Philosophen freilich ein Greuel, wie Senecas anschauliches Stimmungsbild erkennen läßt.

Philosophie in der Badeanstalt – und unten tobt das Leben

Sieh nur, von allen Seiten umdröhnt mich Lärm unterschiedlichster Art; ich wohne nämlich direkt über einer Badeanlage. Stelle dir nun alle Arten von Geräuschen vor, die dich dazu bringen können, deine Ohren zu hassen: Hier trainieren Kraftprotze und schwingen ihre mit Blei beschwerten Hände. Während sie sich abmühen oder jedenfalls so tun, als mühten sie sich ab, höre ich Stöhnen, jedesmal wenn sie den angehaltenen Atem wieder ausstoßen, Zischlaute und ganz gepreßtes Atmen. Dort treffe ich akustisch auf einen Faulpelz, der sich mit gewöhnlichem Einsalben zufriedengibt, und da höre ich dann das Klatschen der Hand, die auf die Schultern schlägt; je nachdem, ob sie flach oder hohl aufschlägt, ändert sich das Geräusch.

Wenn dann aber ein Ballspieler unvermutet hinzukommt und anfängt, die Bälle zu zählen, ist's um mich geschehen. Denk dir noch einen Streithammel dazu und einen ertappten Dieb und einen, der sich im Bade selbst gern singen hört, denk dir auch die noch hinzu, die mit gewaltigem Klatschen des aufspritzenden Wassers ins Schwimmbecken springen. Bei denen ist, wenn schon nichts anderes, dann wenigstens die Stimme echt. Stell dir aber daneben noch einen Achselhaarausrupfer vor, der unablässig seine dünne, schrille Stimme ertönen läßt, um auf sich aufmerksam zu machen, und der erst dann still ist, wenn er einen hat, dem er die Haare auszupft – wobei er dann den anderen zwingt, an seiner Stelle loszuschreien. Und dann noch die unterschiedlichsten Ausrufe der Getränkeanbieter, der Wurstverkäufer, der Zuckerbäcker und aller Betreiber von Garküchen: Jeder preist seine Ware in seiner persönlichen, auffallenden Stimmlage an! Seneca, epistulae morales 56, 1 f.

Die großen Thermen und auch viele der kleineren *balnea* waren Vorläufer moderner «Spaß»- und «Freizeitbäder», in denen B. und Körperhygiene nur noch einen Teil der Attraktivität ausmach(t)en. Und wenn dieses → Freizeit-Angebot vor allem von der großen Masse der Bevölkerung wahrgenommen wurde, so hatten natürlich auch wohlhabende Privatleute ihre eigenen «Swimmingpools» – wobei dieser moderne Begriff ein arges *understatement* darstellt: Mit den «engen, kleinen, nach altväterlicher Art völlig finsteren Privatbädern» der Frühzeit (Sen. ep. 86, 4) hatten die luxuriösen *balnea* in den Villen der Reichen nur noch den Namen gemeinsam. Sie verfügten über alle Einrichtungen und Annehmlichkeiten der öffentlichen Bäder, mitunter sogar über eine noch größere Pracht an ebenso teurer wie künstlerisch wertvoller Ausstattung – so wie das berühmte Bad des Claudius Etruscus, von dem Martial lapidar feststellt: «Hast du nicht in Etruscus' Bad gebadet, Oppianus, so stirbst du ungebadet!» (VI 42, 1 f.; vgl. Stat. silv. I 5).

QQ: Cic. Qu. fr. III 1, 2; Vitr. V 10; Colum. I 6, 19 f.; Ov. ars am. III 639; Sen. ep. mor. 56, 1 f.; 86, 4 ff.; Mart. II 14; III 51; 72; VI 42; VII 34 f.; XII 82; XIV 163; Plin. ep. II 17, 11 f.; III 1, 8; V 6, 25 ff.; X 23 f.; Petr. 28; Gal. X 708; Juv. VI 419 ff.; Luk. Hippias sive balneum; Stat. silv. I 5; Hist. Aug. Hadr. 17 f.; CIL II Suppl. 5181; VI 9797; Bildquellen: s. Sek.-Lit.

Lit.: Yegül, Bathing; Weeber, Baden, spielen, lachen 10 ff.; König, Vita Romana 197 ff.; Fagan, Bathing; M. Weber, Antike Badekultur, München 1996; E. Brödner, Die römischen Thermen und das antike Badewesen, Darmstadt ²1992; J. I. Nielsen, Thermae et balnea, The architecture and cultural history of Roman public baths, 2 Bde., Aarhus 1991; W. Heinz, Römische Thermen. Badewesen und Badekultur im Römischen Reich, München 1983; H. Eschebach, Die Stabianer Thermen in Pompeji, 1979; D. Krencker / H. Krüger, Die Trierer Kaiserthermen, Augsburg 1929.

Ballspiel

Das B. war bei jung und alt populär. Es galt als typische Freizeitbeschäftigung, die den Streß des Alltags abbauen half (Cic. Arch. 13; Sen. ep. 104, 33; als Ausgleich für geistige Anspannung: Hor. sat. I 6, 122 ff.). Aus medizinisch-heilgymnastischer Sicht galt das B. als gesund (Gal. parv. pil. 2). Noch der 78jährige Spurinna hielt sich durch tägliches B. fit (Plin. ep. III 1, 8). Zu häufiges B. wurde dagegen wie → Würfelspiel und ständiges Sonnenbaden als Indiz für Faulenzertum gewertet (Sen. brev. vit. 13, 1); Kritik an der «Zeitvergeudung» von Studenten durch B. übt Libanios (or. 1, 22).

Man betrieb das B. in Rom vor allem auf dem Marsfeld, dem ausgedehntesten Sportgelände der Hauptstadt, auf Straßen und freien Plätzen, privaten Sportplätzen innerhalb großer Villenanlagen (Plin. ep. II 17, 12; V 6, 27) und vor allem in den Thermen. Wer dorthin Zeit mitbrachte, spielte vor dem → Bade Ball (Mart. XIV 163; Petr. 27), zumal er dort stets auf Mitspieler und Balljungen stieß.

Es gab mindestens fünf bis sechs unterschiedliche Balltypen, die sich durch Größe und Gewicht unterschieden (Mart. XIV 45 ff.). Der kleinste war die *pila*, ein fester, mit Haaren oder Federn gestopfter, mit farbigen Lappen benähter Ball, der größte der mit Luft gefüllte, weiche *follis*, eine aufgeblasene Schweins- oder Rindsblase.

Formen des B. waren das Einzelspiel (Hochwerfen; heftiges Werfen des Balles auf den Boden oder vor eine Wand), das Spiel in kleinen Gruppen (am verbreitetsten der *trigon*, bei dem drei Spieler ein Dreieck bildeten und sich den Ball in nicht festgelegter Reihenfolge zuwarfen, zuprellten oder zuschlugen; gezählt wurden von Assistenten oder Sklaven wohl die fallengelassenen Bälle; Mart. XII 82, 1–6; Sen. ep. 56, 1) sowie Spiele in großen Mannschaften, deren Regeln aber unklar sind (Faust- und Schlagballspiele, möglicherweise auch eine Art Rugby; Sen. ep. 80, 3). Das beliebte *harpastum* war eine Art Neckballspiel, bei dem es auf das Täuschen des Gegners beim Zuwerfen ankam; bei einer Variante mußte ein im Kreise der Mitspielenden stehender Spieler versuchen, den Ball abzufangen (Sid. Apoll. ep. 5, 17). Daß man auch im «Verein» unter Anleitung eines Trainers spielte, zeigt die schriftliche Einteilung von «Funktionen» (Spieler, Balljungen, Zähler) in einer pompejanischen Mauerinschrift (CIL IV 1905; dazu Harris, Sport 96).

B. war überwiegend eine Domäne der Männer; Mosaiken aus Piazza Armerina zeigen aber auch ballspielende junge Frauen.

QQ: Hor. sat. I 6, 122ff.; Sen. brev. vit. 13, 1; Mart. VII 32; X 86; XII 82; XIV 45ff.; Petr. 27; Galen, De parvae pilae exercitu; Dig. IX 2, 11; CIL IV 1903; VI 9797.

Lit.: Thuillier, Sport 89ff.; Weiler, Sport 265ff.; G. Lukas, Der Sport im alten Rom, Berlin (Ost) 1982, 88ff.; Harris, Sport 75ff.; H. J. Leon, Ball playing at Rome, TAPhA 77 (1946), 320ff.; E. Wegner, Das Ballspiel der Römer, Diss. Rostock 1938.

Bank

Ein ausgeprägtes Bankenwesen wie heute gab es im antiken Rom nicht. Man kann allenfalls von rudimentären Formen sprechen: Wertpapiere, eine regelrechte Organisation von Krediten und Giroverkehr waren unbekannt.

Der römische Bankier hieß *argentarius* («Silberwechsler»), *nummularius* («Münzenzähler» bzw. «-überprüfer») oder *coactor* («Eintreiber»). Sein Gewerbebetrieb bestand aus einem einfachen Tisch oder einem kleinen Ladenlokal. In Rom lagen die *tabernae* der Bankiers am Ostrand des Forum Romanum, um das Forum herum auf anderen Einkaufs- und Handelsplätzen im Stadtgebiet (u. a. Forum Boarium; dort hat sich der «Bogen der Geldwechsler und Gewerbetreibenden» aus dem Jahre 203/4 erhalten). Auch für die italischen Landstädte und die Provinzen sind Bankiers inschriftlich bezeugt.

Geschäftsbereiche waren der Geld-Umtausch (→ Geld verschiedener Staaten; unterschiedliche Emissionen; Umtausch von Eigen-Prägungen vor allem der östlichen Provinzen sowie das Wechseln von Gold- und Silbermünzen in Scheidemünzen) und die Prüfung von Münzen auf Echtheit, richtiges Gewicht und Kursfähigkeit durch *nummularii*, die sich aus ursprünglich wohl Angestellten von *argentarii* zu selbständigen Bankiers entwickelten. Die vom Münzprüfer – z. B. durch Gehörprobe (Mart. XII 57, 7) – als echt anerkannten Münzen kamen in einen Sack, der mit einer Art Siegelmarke (*tessera* aus Knochen oder Elfenbein), Datum, Namen des Kontrolleurs und der B. sowie der Beglaubi-

Der Geldwechsler-Bogen am Forum Boarium in Rom, von den Bankiers *(argentarii)* und den Kaufleuten der Gegend zu Ehren der kaiserlichen Familie zu Anfang des 3. Jh. gestiftet.

gung *spect.* oder *sp.* = *spectavit* («hat begutachtet») gekennzeichnet wurde.

Früh schon (4. Jh. v. Chr.) kam auch das Depositgeschäft hinzu: die zinslose Einlage von Geldern zur Sicherheit, zur Auszahlung an Dritte (mündliche oder briefliche Zahlungsanweisung mit Legitimation des Empfängers z. B. durch einen Siegelring) und als Grundlage für Kreditbriefe bzw. Akkreditive. Geldeinlagen als Zinsdarlehen kamen selten vor; die römische B. hatte nicht den Zweck, Ersparnisse zur Finanzierung fremder Investitionen zu sammeln. Das Kreditgeschäft aus dem eigenen Vermögen des Bankiers bestand in der Gewährung von Zinsdarlehen und im Vorstrecken von Kaufsummen bei Auktionen. Über diese «Zwischenfinanzierung» informieren sehr gut die Quittungsstäfelchen aus dem Archiv des Bankiers L. Caecilius Iucundus aus Pompeji: Er schoß als Handelsbankier *(coactor)* dem Käufer bei der Versteigerung eines Esels, eines Sklaven oder eines Baumwollballens den Kaufpreis vor und erhielt 1% der Summe als Maklergebühr. In Rom war die Vermittlungsprovision vielleicht höher als in der Provinz.

Viele Betreiber von B. waren → Freigelassene, manche übten den Beruf des Bankiers nur als Nebentätigkeit aus. B. mußten ein Rechnungsbuch *(codex rationum)* führen, das in Rom auf Verlangen des *praetor urbanus* vorzulegen war. Eine nennenswerte staatliche Kontrolle des Gewerbes wurde aber nicht ausgeübt (gesetzliche Vorschriften für *argentarii* in Dig. II 13); ein Zulassungsverfahren für die Eröffnung einer B. gab es nicht. Darlehen gegen Zinsen wurden in Rom in größerem Umfang von Privatleuten ausgeliehen als von B.

Ein römischer Bankier in seinem «Geschäft»: Er steht hinter der Theke, auf der Münzen liegen. Um auf sich aufmerksam zu machen, klimperten *argentarii* häufig mit dem Geld. Sarkophag aus dem 4. Jh. n. Chr.

Lit.: J. Andreau, La banque et les affaires dans le monde Romain, Paris 2001; R. Bogaert, Les opérations des banques de l'Egypte romaine, Anc. Soc. 30, 2000, 135 ff.; Kloft, Wirtschaft der griech.-röm. Welt 241 ff.; S. Balbi De Caro, La banca a Roma, Rom 1989 (mit Abb.); J. Andreau, La vie financière dans le monde romain: les métiers de manieurs d'argent, Rom 1987; de Martino, Wirtschaftsgeschichte 174 ff.; zu Caecilius Iucundus: Etienne, Pompeji 172 ff.

Bart

Das berüchtigte Blutbad, das die gallischen Eroberer im Jahre 387 v. Chr. unter den Senatoren Roms angerichtet haben, soll seinen Ausgang von der Neugier eines Galliers genommen haben, der einen der wie Götterbilder dasitzenden Senatoren am B. *(barba)* streichelte – eine Verletzung seiner Würde, die der Römer mit einem Schlag ahndete, der wiederum den Zorn des «Barbaren» erregte (Liv. V 41, 9). Rund 100 Jahre später hätte sich die Szene so nicht ereignen können – dank eines grundlegenden Wechsels in der B.-Mode der Römer. Hatten sich nämlich die meisten Männer bis zum Ende des 4. Jh. v. Chr.

ihr Haupthaar und ihren B. struppig (*horrida;* Cic. Cael. 33) wachsen lassen, so sollte das 3. Jh. v. Chr. zum «Triumph des Rasiermessers» (Paoli 132) werden, nachdem der erste → Friseur *(tonsor)* im Jahre 300 seine Barbierstube in Rom aufgemacht hatte (Varro r. r. II 11, 10). Danach setzte sich rasch das regelmäßige Scheren des B. meist beim Friseur – mit Hilfe von Rasiermesser *(novacula)* und Pinzette (*volsella;* Mart. VIII 47) – durch.

Das erste Scheren des B. fand im Alter von etwa zwanzig Jahren statt; nach griechischer Sitte wurde diese *depositio barbae* («Ablegen des Bartes») als Fest gefeiert und der erste Bart den Göttern geopfert; wer – wie Nero oder Trimalchio – viel von sich hielt, bewahrte ihn in einer goldenen Dose auf (Suet. Nero 12, 4; Petr. 29, 8). Das «Bartfest» scheint in allen sozialen Schichten gefeiert worden zu sein (Petr. 74, 1 über einen Sklaven). Man ließ sich danach nicht unbedingt jeden Tag rasieren; manch einer trug ein Bärtchen *(barbula)*, das aber regelmäßig gepflegt wurde (Ov. ars am. 1 518). Sobald sich graue Haare zeigten, gingen die meisten Römer zur täglichen Rasur über: Im Alter von 40 lag die Jugend hinter einem (Gell. III 4). Sah man Männer mit ungepflegtem, langem B. (*barba pro-* bzw. *demissa*) auf der Straße, so ließen sie sich einer von drei Kategorien zuordnen: Männer, die auf ihr Äußeres wenig gaben bzw. aufgrund ihrer niedrigen sozialen Stellung geben konnten (Mart. XII 59, 4 f. über einen «struppigen Bauern»), demonstrativ Trauer, Bestürzung und Unglück Signalisierende – so ließ sich Augustus aus Betroffenheit über die katastrophale Niederlage des Varus in Germanien monatelang Haare und Bart wachsen (Suet. Aug. 23, 2) – sowie (vor allem kynische und stoische) Philosophen, die als Zeichen von Weisheit, Nonkonformität und Geringschätzung alles Materiellen traditionell einen Vollbart trugen. Daß *barba non facit philosophum* («der Bart noch keinen Philosophen macht»), geht auf diese Sitte zurück, ohne daß die Sentenz für die Antike selbst belegt wäre (vgl. aber Gell. IX 2, 5).

Einen Gegentrend in Sachen B.-Mode löste der Kaiser Hadrian (117–138) aus. Sein Voll-B., den er zur Überdeckung von Narben oder Muttermalen trug (Hist. Aug. Hadr. 26), wurde von vielen als neues Vorbild akzeptiert – jedenfalls von den meisten seiner Nachfolger solange, bis der bartlose Konstantin entschlossen zur früheren Mode zurückkehrte. Das Gros der Römer dürfte sich seinen kaiserlichen B.-«Vorträgern» angeschlossen haben, doch blieb für individuelle «Abweichungen» in der Kaiserzeit ebenso wie in der Republik durchaus Raum. Denn auch in der «bartlosen» Zeit des 1. Jh. dürfte sich manch ein

Der Bart als Qualifikationsmerkmal für einen Philosophie-Professor?

In dem fiktiven Dialog «Der Eunuch» läßt Lukian zwei Aspiranten auf eine gut bezahlte Philosophie-Professur vor Gericht streiten: «Worüber die Richter vor allem zu entscheiden hatten, war: Ob ein Eunuch eine Professur für Philosophie bekleiden und sich um einen so ausgeschriebenen öffentlichen Lehrstuhl bewerben könne. Diokles behauptete, zu einem Philosophen zähle auch das Äußerliche (...), hauptsächlich ein großer, langer Bart, der dem Lehrer bei den Schülern den gehörigen Respekt verschaffe (...). Bagoas glaubte diesem Vorwurf durch einen sehr witzigen Einfall zu begegnen, indem er sagte: «Wenn die Philosophen nach der Länge ihres Bartes gewürdigt werden sollten, so hätte ein Ziegenbock den besten Anspruch auf die vakante Stelle.»

Lukian, Der Eunuch oder: Der Philosoph ohne Geschlecht 9 ff.

Antoninus Pius, römischer Kaiser, folgt in Sachen Bart dem «Trend» seines Vorgängers Hadrian. München, Glyptothek.

Zeitgenosse dem Mode-Diktat und damit auch Stümpern unter den Barbieren vom Schlage des «gemeingefährlichen» Antiochus entzogen haben; Martials Seufzer zum Trotz: «Ach, von allen den Wesen ist nur der Bock doch vernünftig: Er behält seinen Bart, meidet Antiochus so» (XI 84, 18f.).

QQ: Varro r. r. II 11, 10; Mart. VIII 52; Plin. NH VII 211; Gell. III 4; IX 2; Petr. 29, 8; 74, 1; Luk. Eun. 9ff.; Hist. Aug. Hadr. 26; Cens. I 10.

Lit.: P. Zanker, Die Maske des Sokrates. Das Bild des Intellektuellen in der antiken Kunst, München 1995, 206 ff.; Paoli, Leben 131 ff.; Marquardt, Privatleben II 598 ff.

Begrüßung

Bei der Begegnung auf der Straße bestand die B. *(salutatio)* von Bekannten in einem einfachen *salve* oder *(h)ave* mit oder ohne Namensnennung. Die Erwiderung war i. a. *salve (ave) et tu* («sei auch du gegrüßt!»). Blieb man stehen und wechselte einige Worte miteinander, so war *quid agis?* («wie geht's?»; «was machst du so?») eine beliebte Floskel (Mart. II 67; Hor. sat. I 9, 3 ff.). Als B.-Geste kannte man das Ausstrecken der Hand schon in einiger Entfernung und das Heben des rechten Zeigefingers *(digitus salutaris,* «Grußfinger»; Suet. Aug. 80); der Händedruck war zunächst nicht alltäglich, sondern beschränkte sich auf besondere Situationen wie Wiedersehen nach langer Abwesenheit, oder er war Ausdruck besonderer Nähe (Plaut. Aul. 114 ff.). In der Kaiserzeit wurde er üblicher, damals setzte sich – v. a. in der Oberschicht – auch der → Kuß, z. T. mit Umarmung, als konventioneller Akt der B. durch. Die Verneigung vor dem anderen kannte man nicht; sie wurde als eines Freien für unwürdig angesehen. Beamte waren von den Passanten zu grüßen, der Kopf mußte dabei entblößt werden; mit einer Erwiderung des Grußes war nicht zu rechnen. Eine besondere Form der B. war die zu den Pflichten eines → Klienten zählende *salutatio* des Patrons in dessen Haus. Sie nahm die ersten beiden Stunden des Tages in Anspruch; viele Klienten mußten noch in der Dunkelheit aufbrechen, um sich rechtzeitig beim ersten Licht im *vestibulum* einzufinden (Mart. IV 8; XII 68; Juv. V 19 ff.). Dort herrschte z. T. großes Gedränge, man stritt sich oft um den Vortritt (Sen. ep. 84, 12). Die Grußformel war ein schlichtes *(h)ave,* oft mit dem Zusatz *domine* oder sogar *rex* («Herr», «König»; Mart. II 68). Das Verhalten der Patrone war oft herablassend; viele erwiderten den Gruß nicht einmal. Nicht selten wurden die versammelten Klienten auch abgewiesen. Im ganzen herrschte bei dieser *salutatio matutina* eine in vielerlei Hinsicht unwürdige Atmosphäre (ausführlich dazu Friedländer). Besser behandelt – und z. T. in spezielle Besucherzimmer geführt (Plin. NH XV 38) – wurden allerdings Freunde und hochgestellte Persönlichkeiten, die sich aus Höflichkeit oder wegen eines Anliegens zur morgendlichen B. eingefunden hatten.

Gruß-Pflicht: Die Klage eines Klienten

Soll ich dich, starr vor Kälte, in aller Herrgottsfrühe begrüßen, soll ich durch dicksten Straßendreck hinter deiner Sänfte gehen? Martial III 36, 3 f.

QQ: Plaut. Aul. 114 ff.; Hor. Sat. I 9, 3 ff.; Sen. brev. vit. 14, 4; tranqu. an. 12, 6; Mart. XII 68.

Lit.: F. Goldbeck, Salutationes. Die Morgenbegrüßungen in Rom …, Berlin 2010; Hug, Art. «salutatio», RE I A (1920) 2060 ff.; Marquardt, Privatleben I 259 f.; Friedländer, Sittengeschichte I 228 ff.; 240 ff.

Behinderte

Körperlich B. gehörten zum Straßenbild der römischen Städte. Über ihre Lebensumstände berichten die Quellen wenig. Die meisten dürften sich bemüht haben, so gut es ging, am beruflichen und gesellschaftlichen Leben teilzunehmen und sich der Öffentlichkeit zu «stellen»; manche fristeten ihr Dasein als → Bettler. Als erhebliche Integrationsbarrieren stellten sich – Reflex einer allgemein verbreiteten Ablehnung des Unvollkommenen – vor allem Religion und Medizin dar. Die → Ärzte legten ihre Zurückhaltung, sich mit chronischen Krankheiten zu beschäftigen, erst im Laufe der Kaiserzeit allmählich ab; im religiösen Bereich galten Defekte – z. B. bei der Eingeweideschau – eher als etwas Bedrohliches, nach Möglichkeit Abzuwehrendes. Der stark kriegsversehrte Prätor M. Sergius (er ließ sich eine Eisenhand fertigen; Plin. NH VII 104 f.; dazu G. Winkler, Ein antiker Götz von Berlichingen, IAu 3, 1981, 21 ff.) konnte seine Teilnahme an offiziellen Opfern nur gegen großen Widerstand seiner Amtskollegen durchsetzen.

B. waren Gegenstand von Spott und literarischer Satire. Auch im politischen Kampf wurden körperliche Gebrechen des Gegners zu seiner Diskreditierung genutzt. Über die Gehbehinderung des toten Kaisers Claudius (Suet. Claud. 2, 1) spottet Seneca ohne Skrupel (Apok. 5, 3); daß man auch über weniger prominente B. im Alltag herzog, zeigen u. a. die Epigramme Martials und die einschlägigen → Witze in der Sammlung des Philogelos. Andererseits zeigt sich ein Stück Normalität und Akzeptanz von B. in der Häufigkeit von Beinamen zumal bekannter Adliger, die auf eine körperliche Behinderung hinweisen (ohne daß der individuelle Träger tatsächlich in der Weise behindert sein mußte): Caecus (blind), Plautus (Plattfuß), Crassus (dick), Calvus (Glatzkopf), vergleichbar auch der Familienname Claudius (lahm). Daß man körperliche Gebrechen im engen Verwandtschaftskreis durch Kosenamen verniedlichte, bezeugt Horaz: «Seinen schielenden Sohn nennt der Vater ‹Blinzler›..., ‹Humpelchen› den, der sich auf verwachsenen Knöcheln kaum halten kann» (sat. I 3, 44 ff.).

Eine staatliche Sozialpolitik zugunsten von B. gab es nicht, ebensowenig offizielle Initiativen für eine stärkere gesellschaftliche Eingliederung. Respekt wurde allerdings den Kriegsinvaliden *(causarii)* zuteil; materiell waren sie bei vorzeitiger Entlassung den normalen Veteranen gleichgestellt.

Lit.: P. Garland, The eye of the beholder. Deformity and disability in the Graeco-Roman world, Ithaca 1995; H. Grassl, Behinderte in der Antike, in: H. Kloft (Hg.), Sozialmaßnahmen und Fürsorge. Zur Eigenart antiker Sozialpolitik, Graz/Horn 1988, 35 ff.; zur Verspottung von Behinderungen: G. Fink, Schimpf und Schande, Zürich/München ²1991, 113 ff. mit einschlägigen Quellen.

Beleuchtung

Die Berichte über die von Zeit zu Zeit inszenierten prachtvollen Illuminationen anläßlich bedeutender Feste, außergewöhnlicher Nacht-Veranstaltungen im Circus und Amphitheater und ähnlicher spektakulärer Veranstaltungen

(Übersicht bei Friedländer) dürfen nicht darüber hinwegtäuschen: Die alltägliche B. der Wohnungen bei Nacht war eher dürftig. Selbst wo ausreichende finanzielle Mittel und der Wille zu einer «herrschaftlichen» B. repräsentativer Räume vorhanden waren, setzte die relativ starke Rußentwicklung der Öl- bzw. Talg-→Lampen *(lucernae)* als wichtigstes B.-Mittel diesem Wunsch enge Grenzen. Neben den Lampen dienten vor allem → Kerzen *(candelae)* der B. der Räume, in geringerem Umfang Fackeln *(taedae; faces)* und außergewöhnliche Leuchtgeräte wie Pechpfannen (CIL II 3664). Außerhalb des Hauses verwendete man – auch bei Fahrten mit dem → Wagen und auf Schiffen – → Laternen, in denen Kerzen oder Lampen brannten. Daß all diese *instrumenta nocturni luminis* («Mittel nächtlichen Lichts») die Finsternis der Nacht wirklich nachhaltig aufhellten, wie Apuleius formuliert (Met. IV 19, 3), war nur bei einem sehr «üppigen» Einsatz zu erreichen. Arme Nachtschwärmer konnten davon nur träumen: Da es keine → Straßenbeleuchtung gab, waren sie oft genug auf die einzige natürliche Lichtquelle angewiesen: den Mondschein (Juv. III 286).

Q: Apul. Met. IV 19, 3.

Lit.: W. Radt, Lampen und Beleuchtung in der Antike, AW 1986, H. 1, 40 ff.; Friedländer, Sittengeschichte II 15 f.

Berufsausbildung

Eine vom Staat gesteuerte oder von Berufsverbänden beaufsichtigte, genormte B. gab es nicht; die Lehrlinge *(discipuli; discentes)* wurden in den Betrieben nach dem Ermessen der privaten Eigentümer ausgebildet. Je nach Schwierigkeitsgrad des Handwerks lag die Ausbildungszeit zwischen 1 und 5 Jahren; die Lehrlinge traten i. a. vermutlich spätestens mit 14 Jahren in die B. ein und erhielten am Ende wohl ein schriftliches Zeugnis von ihrem Meister *(magister)*. Das Erlernen des Berufs geschah weitgehend durch Nachahmung und Einübung wichtiger Handgriffe und Arbeitsgänge. Berufsanfänger wurden behutsam in ihre Tätigkeit eingeführt, damit sie keinen Schaden anrichteten; so wurde in der B. zum → Friseur mancherorts zunächst nur mit stumpfen Schermessern geübt (Petr. 94, 14). Auch wenn die Quellen über Inhalte, Ablauf und Organisation der B. weitgehend schweigen, wurde der Lehrling doch im allgemeinen Bewußtsein vom Angelernten und Lehrherrn deutlich unterschieden. So erscheinen erstmals bei Plautus Köche mit ihren Lehrlingen *(discipuli;* Aul. 409; Pseud. 865; 887). In Pompeji schaltet sich ein *Saturninus cum discentes* (!) («S. mit seine *(sic)* Lehrlinge», CIL IV 275) in den Kommunalwahlkampf ein; weitere inschriftliche Belege nennen Auszubildende in allen möglichen Berufen, vom Kellermeister über den Schuster bis zum Ziegelei-Arbeiter (RE IX, 1916, 1493 f.).

Aus dem römischen Ägypten hat sich auf Papyri eine Reihe schriftlicher Ausbildungsverträge erhalten, wie sie wohl auch in anderen Teilen des Reiches üblich waren. Sie wurden in der Regel vom Vater oder bei unfreien Lehrlingen von ihrem Eigentümer mit dem Lehrherrn abgeschlossen und enthielten Bestimmungen über Arbeitszeit, Entlohnung, Verpflegung, Bekleidung, Umfang und Art der B. sowie Konventionalstrafen bei Vertragsverstößen («Wenn aber Ptolemaios den Jungen nicht gründlich ausbildet, soll er den gleichen Straffolgen unterliegen...», P. Oxy. II 275). Auffällig an den überlieferten Ausbildungsverträgen sind Arbeitsschutzklauseln bis hin zum bezahlten Urlaubsanspruch (für die Sklavin in einer Weberei 18 Tage; BGU XIV 1647); ob das der allgemeinen Praxis entsprach, muß offen bleiben. Jedenfalls erhielten die in der B. Stehenden für ihre Arbeit i. a. Ausbildungsbeihilfen des Betriebs in Form von Lohn, Beköstigung und Kleidung; ein Lehrgeld an den Ausbilder wurde nur in Ausnahmefällen gezahlt. Fehlverhalten des Lehrlings wie «Schwänzen» wurde u. a. durch Nacharbeiten bestraft; die leichte körperliche Züchtigung des Auszubildenden war als «pädagogische» Maßnahme erlaubt, vor Brutalitäten seines *magister* war der Lehrling zumindest *de iure* geschützt (Dig. IX 2, 5, 3; XIX 2, 13, 4 f.).

Lit.: H. Schulz-Falkenthal, Zur Lehrlingsausbildung in der römischen Antike, Klio 54, 1972, 193–212; H. Thierfelder, Unbekannte antike Welt, Gütersloh 1963, 38 ff. (Abdruck einiger Ausbildungsverträge).

Bestattung

«Wo war er denn damals, der verhaßte Rivale, als der Tod schon nach dir griff», fährt der Liebesdichter Properz seine treulose Cynthia an – damals, als «ich für deine Genesung betete ... und wir Freunde mit Tränen dein Krankenlager umstanden?» (II 10, 25 ff.). Mit seinem verzweifelten Appell erinnert Properz an die im Angesicht des Todes übliche Situation am Krankenbett. Lag jemand im Sterben, so wurden die nächsten Angehörigen herbeigerufen, um dem Todkranken in seiner letzten Stunde beizustehen. Mit einem Abschiedskuß nahm die nächststehende Person gewissermaßen den Geist auf, der den Sterbenden mit seinem letzten Hauch verließ (Sen. cons. Marc. 3, 2; Verg. Aen. IV 684 f.); dann drückte sie dem Toten die Augen zu. Das Wehklagen um den Toten begann mit einem mehrfachen Rufen seines Namens *(conclamatio)*, das wohl auch als Vergewisserung gegen einen «bloßen» Scheintod diente (Serv. ad Aen. VI 218). Der Tote wurde dann gewaschen, mit seinem besten Gewand – bei

Bestattungszug *(pompa funebris)* für eine vornehme Persönlichkeit, die auf einem aufwendig dekorierten Totenbett aufgebahrt ist. Zum Zug gehören Klageweiber, Hornisten und Flötenspieler. Sarkophag aus Amiternum, Ende 1. Jh. v. Chr.

freien Bürgern: der *toga* – bekleidet und auf eine Totenbahre *(lectus; lectica funebris)* gebettet. Bei einfachen Leuten und Kindern fand die B. *(funus)* unmittelbar danach statt. Die Armen wurden im Scheine von Fackeln in nächtlicher Stille beerdigt oder verbrannt (Fest. ep. 368.17) – ein *plebeium funus* («Volks-B.»), bei dem jeder Pomp fehlte und nur die nächsten Angehörigen dem Toten das letzte Geleit gaben (Prop. II 13, 19 ff.).

Anders in wohlhabenden Kreisen. Da wurde ein B.-Unternehmer *(libitinarius)* mit der Herrichtung des Leichnams beauftragt, der nach einer ausgiebigen Salbung durch besondere Fachkräfte *(pollinctores,* «Salber») bis zu sieben Tagen im Atrium des Hauses aufgebahrt wurde (Serv. ad Aen. V 64). Neben dem Totenbett brannten Lampen, der Leichnam wurde mit Blumen, Laub und Kränzen bedeckt. Die griechische Sitte, dem Toten eine Münze als Fährgeld für Charon unter die Zunge zu legen, war weitverbreitet. Sie wird durch literarische Quellen (Juv. III 267), aber auch durch archäologische Funde bezeugt. Die Bestatter übernahmen auch die Meldung für das Sterberegister, das im Tempel der Libitina geführt wurde (Suet. Nero 39, 1; Liv. XL 19, 3). Das Trauerhaus wurde durch Tannenzweige oder Zypressen vor der Tür kenntlich gemacht (Serv. ad Aen. III. 64).

Todesanzeigen waren nicht üblich. Als Ersatz dafür diente bei Sterbefällen in den führenden gesellschaftlichen Kreisen die Bekanntmachung des bevorstehenden Leichenzuges *(pompa funebris)* durch einen Herold. Nach einer althergebrachten Formel verkündete er den Tod des Bürgers XY und lud zur Teilnahme am Trauerzug ein. Der wurde mit großem Aufwand von einem *dissignator* («Ordner»; «Leichenmarschall») organisiert. Er führte vom Hause des Verstorbenen zum Forum oder einem anderen Ort, an dem die Gedenkrede gehalten wurde. Die Ordnung des Trauerzuges folgte einem genau vorgegebenen Zeremoniell. An der Spitze gingen Musikanten; Flötisten und Hornbläser ließen bald verhaltene, traurige Melodien erklingen, bald holten sie zu einem Fortissimo aus, das die Bedeutung des Verstorbenen in Erinnerung rief (Petr. 78, 6). Es folgten gemietete Klagefrauen *(praeficae;* Varro LL VII 70), die abwechselnd Klagelaute ausstießen und Loblieder auf den Toten (oder die Tote) sangen *(neniae)*. Wem dieses traditionelle Element des Leichenzuges nicht reichte, konnte die unendliche Trauer, die «alle» erfaßt hatte, zusätzlich offenbar noch durch «Mietlinge» dokumentieren, «die für Geld beim Leichenbegängnis weinen und sich in Wort und Gebärde fast lei-

Aufbahrung eines vornehmen Verstorbenen in seinem Hause. Die Haltung der Angehörigen drückt Trauer und Niedergeschlagenheit aus. Szene vom Grabmal der Haterier, 1. Jh. n. Chr.

Geiz war sein Markenzeichen – auch noch im Tode

Selbst bei des Kaisers Begräbnis fragte der Oberpantomime Favor, der Vespasians Maske trug und, wie es Brauch ist, seine Gesten und Reden nachahmte, vor allen Leuten die Prokuratoren, wieviel das Begräbnis und der Leichenzug kosteten. Als diese ihm antworteten, zehn Millionen Sesterze, rief er aus, sie sollten ihm hunderttausend Sesterze geben und ihn dann seinetwegen in den Tiber werfen. Sueton, Vespasian 19, 2

Marmorstatue eines Mannes aus augusteischer Zeit, der die Büsten zweier Ahnen trägt.

denschaftlicher geben als die Trauernden in ihrem Herzeleid» (Hor. ars poet. 431 ff.). Es folgten Tänzer und Schauspieler, die den Toten imitierten, wobei einer von ihnen häufig seine Maske trug – eine anschauliche Erinnerung an die Persönlichkeit des Verstorbenen, bei der auch derbe Scherze erlaubt waren.

Es schlossen sich hohe Wagen an, auf denen Personen saßen, die die Wachsmasken der Ahnen trugen. Diese gewöhnlich in Schränken des Atriums aufbewahrten *imagines* («Bilder») wurden für den Leichenzug herausgenommen: Die Vorfahren sollten den gerade Verstorbenen gewissermaßen ins Familiengrab geleiten – eine eindrucksvolle Dokumentation von Tradition und Bedeutung der berühmten Adelshäuser, die ihre Wirkung auf jüngere Familienmitglieder nicht verfehlte (Plb. VI 53, 6). Daß sich der Verstorbene des Anspruches und Ruhms seiner Familie würdig erwiesen habe, wurde durch Tafeln illustriert, die seine Titel und Leistungen in Bild und Sprache rühmten (Tac. Ann. I 8, 4). Die Träger dieser Schilder gingen dem eigentlichen Leichenwagen unmittelbar voran; üblicher war aber eine häufig prächtig geschmückte Totenbahre *(feretrum),* die von nahen Angehörigen getragen wurde. Der Totenbahre folgten die engsten Hinterbliebenen in dunkler Trauerkleidung, die Frau und die Töchter mit aufgelöstem Haar, in vielen Fällen wehklagend und vor Schmerz die Brust sich schlagend (Petr. III, 2; das Zerkratzen der Wangen als weiterer Ausdruck von Trauer war schon vom Zwölftafelgesetz verboten worden; tab. X 4). Den Schluß des Zuges bildeten andere Trauergäste, wobei manche *pompae funebres* von beachtlicher Länge waren und zu erheblichen Verkehrsproblemen in der ohnehin chronisch verstopften Innenstadt Roms beitrugen (Hor. Sat. I 6, 42 f.).

Ihren ersten Höhepunkt erreichten die B.-Festlichkeiten auf dem Forum. Dort hielt der Zug vor der Rednertribüne an, und ein enger Verwandter hielt die Trauerrede *(laudatio funebris)* auf den oder – viel seltener – die Verstorbene(n). Diese Gelegenheit zur Selbstdarstellung ließen sich die führenden Familien nicht entgehen: Der Ruhm des Toten wurde ganz selbstverständlich in die «Erfolgsgeschichte» seines Geschlechts integriert. Auch ausländische Betrachter konnten sich der Faszination dieser Trauer- und Ruhmesreden kaum entziehen (Plb. VI 54, 1 ff.); und da fiel es nicht weiter auf, wenn Schönfärberei und Geschichtsklitterung den Informationsgehalt mancher Reden erheblich minderten (Cic. Brut. 16; Liv. VIII 40, 4). Zu einer meisterhaften Agitation, um das Volk gegen die Caesar-Mörder aufzuhetzen, benutzte Marc Anton seine Leichenrede. Er selbst sprach nur wenige Worte und ließ dann den Senatsbeschluß vorlesen, der Caesar alle göttlichen und menschlichen Ehren verlieh, «ferner den Eid, mit dem sich alle Senatoren verpflichtet hatten, das Leben dieses einen zu schützen» (Suet. Caes. 84, 2).

Trauer und Propaganda, Selbstdarstellung und Gefühl –
Auszüge aus zwei Totenreden

Die Vorfahren meiner Tante Iulia sind mütterlicherseits von königlicher, väterlicherseits von göttlicher Herkunft. Denn von Ancus Marcius stammen die Marcius Rex ab, welchen Namen ihre Mutter trug, von Venus aber die Iulier, welches unser Familienname ist. Es ist also in ihrer Abstammung beides vereint: die Majestät der Könige, die unter den Menschen die größte Macht besitzen, und die Heiligkeit der Götter, denen auch die Könige untertan sind.

Aus der Totenrede Caesars für seine Tante Iulia; Sueton, Caesar 6, 1

Der natürliche Schmerz entwindet mir die Kraft zur Selbstbeherrschung. In Gram versinke ich und finde mein Gleichgewicht bei keiner der beiden Betrachtungen, aus denen ich Lebensmut zu schöpfen suchte. Wenn ich mir meine einstigen Erlebnisse vergegenwärtige und die künftigen Ereignisse bedenke, verzage ich. Nun, da ich einen so starken und so großartigen Rückhalt eingebüßt habe, komme ich mir, wenn ich deinen bleibenden Ruhm betrachte, so vor, als sei ich nicht so sehr dazu, diesen Verlust gefaßt zu ertragen, als vielmehr zu Sehnsucht und Trauer aufgespart.

Aus der Totenrede eines Aristokraten für seine Frau (sog. *laudatio Turiae*), CIL VI 1527, II 63 ff.; Ü: D. Flach

War die *laudatio funebris* beendet, so begab sich der Trauerzug zu dem Ort außerhalb der Stadtmauern, wo der Leichnam bestattet oder verbrannt werden sollte. Die weniger aufwendige Erdbestattung war bei einfachen Leuten und Kindern die Regel. Der Leichnam wurde in einen meist aus Holz gearbeiteten Sarg gelegt; Sklaven und völlig mittellose Bürger wurden vielfach auf Armen-→ Friedhöfen einfach verscharrt (Hor. sat. I 8, 8 ff.). Seit dem 2. Jh. n. Chr. nahm die Zahl der Bestattungen auch in «besseren» Kreisen stetig zu, wie sich an der Massenproduktion reich verzierter Relief-Sarkophage zeigt. Sie entwickelten sich seitdem zu dem Statussymbol, das zuvor der möglichst repräsentative Scheiterhaufen gewesen war.

Die «Schlichtausführung» der Brand-B. war das *bustum*. Dabei wurde ein Grab ausgehoben und mit Holz gefüllt. Der Leichnam wurde darüber gelegt und der «Scheiterhaufen» angezündet. War er abgebrannt, so bedeckte man die Überreste mit Erde.

Die üblichere Form war indes ein in Form eines Altars aufgeschichteter, geradezu prächtiger Scheiterhaufen (*rogus*; Plin. NH XXXV 49) auf einem Verbrennungsplatz *(ustrina; ustrinum)*. Unter Wehklagen wurde der Leichnam mitsamt der Bahre auf die Spitze des Scheiterhaufens gehoben. Lieblingsgegenstände des Toten wie → Kleidung, → Schmuck oder Waffen warf man ebenso auf den *rogus* wie letzte Geschenke, Kuchen, Teppiche u. ä. (Luc. IX 175 ff.). Vor allem aber dienten große Mengen von parfümierten Essenzen, Salben und Weihrauch dazu, einen möglichst angenehmen Geruch zu verbreiten und es an keinem Aufwand fehlen zu lassen.

Vierstöckiger, mit Girlanden und Statuen geschmückter Scheiterhaufen. Münzabbildung, die an die Vergöttlichung *(consecratio)* Marc Aurels nach seinem Tode am 17. März 180 n. Chr. erinnert.

***Arabia felix* – dank römischer Weihrauch-«Verschwendung»**
Glücklich hat dieses Land die noch im Tode deutliche Verschwendungssucht der Menschen gemacht, indem sie das, was, wie man wußte, für die Götter geschaffen war, zum Verbrennen der Leichen verwendeten. Kenner versichern, daß der jährliche Ertrag nicht so hoch sei, wie Kaiser Nero beim Leichenbegängnis seiner Poppaea verbrannt habe. Nun rechne man hinzu, wie viele Bestattungen auf der ganzen Erde in jedem Jahr stattfinden und wieviel man zur Ehre der Toten massenweise von dem zusammenbringt, was man in kleinen Stückchen den Göttern darreicht.
Plinius, Naturalis Historia XII 83

Ein naher Angehöriger öffnete dem Toten noch einmal die Augen und gab ihm einen letzten Kuß. Danach zündete er den Scheiterhaufen mit abgewandtem Gesicht an. Für das Gros der Trauergäste ging die B. zu Ende, wenn der Scheiterhaufen heruntergebrannt war. Nur die nächsten Angehörigen blieben noch da und löschten die glühenden Reste mit Wasser oder Wein (Verg. Aen. VI 226f.). Die übriggebliebenen Gebeine wurden gesammelt (*ossa legere;* Substantiv: *ossilegium,* «Gebeinesammeln» als Terminus für die B.), mit Wein und Milch besprengt, auf Leichentüchern getrocknet und in einer Urne geborgen (Tib. II 3, 17 ff.), die vom Verbrennungsplatz zum eigentlichen Grab (*sepulchrum;* → Grabmal) gebracht wurde. Ein Leichenmahl der engsten Verwandten am Grabe (*silicernium;* Apul. Flor. IV 19) und ein Reinigungsopfer schlossen die B.-Zeremonien ab und waren zugleich der Beginn des → Totengedenkens, zu dem u. a. regelmäßige Besuche am Grabe gehörten.

QQ: Plb. VI 52 ff.; Varro LL V160; VII 42; Hor. sat. I 6, 42 ff.; I 8, 8 ff.; ars. poet. 431 ff.; Prop. II 13, 19 ff.; Verg. Aen. VI 211 ff.; Ov. am. III 9; trist. III 3, 37 ff.; Mart. III 3; VIII 75; X 97; Stat. silv. II 1, 157 ff.; V 1, 210 ff.; Tac. Ann. I 8; Petr. 78, 5 ff.; 111; Plin. ep. IV 2, 3; Suet. Caes. 6; 84 ff.; Vesp. 19, 2; lex XII tab., tab. X; laudatio Murdiae (CIL VI 10230); laudatio Turiae (CIL VI 1527; 31670); CIL XIV 2112; Quellensammlung: V. M. Hope, Death in ancient Rome. A sourcebook, Oxford 2007.

Lit.: J. Rüpke/J. Scheid (Hg.), Bestattungsrituale und Totenkult in der röm. Kaiserzeit, Stuttgart 2008; St. Schrumpf, Bestattung und Bestattungswesen im Röm. Reich, Göttingen 2006; J. Davies, Death, burial and rebirth in the religions of Antiquity, London 1999; G. Koch, Sarkophage der römischen Kaiserzeit, Darmstadt 1993; D. Flach, Die sog. Laudatio Turiae. Einleitung, Text, Übersetzung, Kommentar, Darmstadt 1991; W. Kierdorf, Laudatio funebris, Meisenheim 1980; J. Prieur, La mort dans l'Antiquité romaine, Paris 1986; J. M. C. Toynbee, Death and burial in the Roman world, London 1971; Marquardt, Privatleben I 340 ff.

Bett

Ob ein Römer, der den größeren Teil eines 24-Stunden-Tags *in lecto cubuit*, nur ein Faulpelz oder ein geistig überdurchschnittlich reger Mensch war, hängt sehr vom Verständnis der Präposition *in* ab; denn es macht einen erheblichen Unterschied, ob er *im* Bett lag oder *auf* dem Bett. Wobei «Bett» im zweiten Falle auch keine passende Übersetzung von *lectus* ist – hier wäre eher «Liege», «Couch» oder «Sofa» angebracht. Der verwirrende sprachliche Befund hat seinen Hintergrund in den unterschiedlichen Funktionen dessen, was der Römer unter einem *lectus* verstand – der Begriff «Bett» engt das Bedeutungsspektrum unzulässig ein, weil sich damit in unserer Vorstellung nur das Liegemöbel verbindet, in das man sich vorrangig zum Schlafen – und zum Lieben – begibt.

Dido auf dem Totenbett. Die Illustration einer Vergil-Handschrift im Vatican vermittelt eine gute Vorstellung von der Höhe mancher römischer Betten.

Auch das war in der Antike eine zentrale Funktion des *lectus* (griech. *kline*), aber eben nur eine.

Wollte man sie unmißverständlich von den anderen abheben, so sprach man vom *lectus cubicularis* («Ruhebett»; Varro LL VIII 31). Die einfache Ausführung, wie sie in den meisten Haushalten anzutreffen war, war ein hölzerner Bettkasten, über den ein Netz von ledernen Gurten oder Seilen *(fasciae, lora)* gespannt war. Auf ihnen lagen die Matratze *(torus)* und Kissen *(culcita),* die ursprünglich – und bei einfachen Leuten sicher auch noch in der Kaiserzeit – mit Stroh, Heu oder Gras gefüllt waren (Plin. NH XVIII 193). Als angenehmere – und teurere! – Füllstoffe *(tomenta)* fanden später Wolle und Federn größte Verbreitung. Darüber breitete man Decken und Tücher *(vestes stragulae),* die als Unterlagen sowie als Zudecken dienten (Plin. NH VIII 226; Sen. ep. 87, 2). Wer über einen gut gefüllten Geldbeutel verfügte, leistete sich dieses Bettzeug gern von purpurfarbener oder golddurchwirkter Qualität (s. Zitat). Am Kopfende sorgten weitere Kissen *(pulvini)* für eine erhöhte Lage des Kopfes. Manche B. hatten neben Lehnen an Kopf- und Fußende auch eine zur Wandseite hin (Isid. XX 11, 5; Mart. III 91, 9f.). Die Breite war unterschiedlich: In Normal-B. fanden zwei Menschen wohl Platz, aber es war doch recht eng; daneben gab es breitere, als ausgesprochene Doppel-B. gebaute Liegen. Zumindest in älterer Zeit waren sie recht hoch; man benutzte eine Fußbank *(subsellium; scabellum),* um auf sie «hinaufzusteigen» *(scandere;* Varro LL V 168).

Bei der Bedeutung des B. *lectus* als wichtigstem → Möbel des römischen Haushaltes konnte es nicht ausbleiben, daß die angeblich von den beeindruckenden Beutestücken im Triumphzug des Cn. Manlius im Jahre 187 v. Chr. ausgehenden Luxus-Tendenzen (Liv. XXXIX 6 f.; Plin. NH XXXIV 14) auch den B.-«Geschmack» beeinflußten. Und so erfreuten sich aufwendig verzierte B. mit gedrechselten Füßen, Bronzebeschlägen, Elfenbeinintarsien, Applikationen aus Schildpatt, Silber und Gold sowie ganz aus Metall gearbeitete Liegen bei der Oberschicht großer Beliebtheit. Solche Edel-*lecti* waren wichtige → Statussymbole und Demonstrationsobjekte des Wohlstandes, auf die die «feine» Gesellschaft großen Wert legte. Dasselbe trifft auf die zweite Sorte von *lecti* zu: die im Triclinium aufgestellten Speisesofas *(lecti tricliniares),* auf denen die Teilnehmer eines → Gastmahls ruhten (→ Tischsitten). Sie boten ähnlichen Komfort wie die Schlafbetten und

Bett mit Fußbank im Schlafzimmer der Villa von Boscoreale.

Luxus-Exhibitionismus: Die Schau-Krankheit des Zoilus
Zoilus geht es schlecht. Die Decke ist schuld an dem Fieber.
  Wär er gesund, ja, was sollte die scharlachne dann?
Was das Kissen vom Nil, das mit duftendem Purpur gefärbte?
  Nur bei Krankheit allein zeigt sich die närrische Pracht.
Martial II, 16, 1–4

waren in manchen Haushalten ebenso aufwendig oder gar luxuriöser gearbeitet. Drei Personen ruhten auf einem solchen *lectus*, der zur Tischseite hin etwas höher lag und den man deshalb von der Außenseite bestieg – wobei freilich diese *lecti* meist niedriger waren als die Betten im Schlafzimmer. In pompejanischen Häusern haben sich auch aufgemauerte Triklinien von ca. 2 m Länge, 1 m Breite und 50–70 cm Höhe erhalten; ebenfalls aus Stein waren die Speise-B. in Gartentriklinien gefertigt. Ob die Haltung, die die Speisenden auf diesen Sofas einnehmen mußten – den linken Arm auf ein Kissen gestützt, mit der rechten Hand das Essen zum Munde führend –, besonders angenehm und gesund war, ist zweifelhaft, aber die Römer gewöhnten sich rasch und konsequent an diese griechische Sitte. Schon bei normaler Belegung eines Speisesofas mit drei Personen war der Bewegungsspielraum des einzelnen nicht sehr groß; drängten sich, weil mancher Eingeladene noch einen Gast *(umbra)* mitgebracht hatte, zu viele auf den *lecti*, so wurden solche «allzu engen Gastmähler von stinkendem Ziegengeruch bedrängt» (Hor. epist. I 5, 29).

Rücksichtslosigkeit auf dem Speisebett als Recht des Gastgebers?
Grüngelb gekleidet, auf dem Pfühl sich breit machend, liegt er und stößt die Nachbarn mit den Ellbogen, gestützt auf Purpur und auf Kissen von Seide ...
Martial III 82, 5 ff.

Der dritte Funktionsbereich des *lectus* bezog sich auf das, was wir vor allem unter «Schreibtischarbeit» verstehen. Lesen, schreiben, diktieren, Akten studieren – Ort dieser geistigen Tätigkeiten war vielfach eine Arbeitscouch (*lectus* oder *lectulus lucubratorius*). Plinius ordnet den typischen *habitus studentis*, die Körperhaltung des Studierenden, der liegenden Position auf einem solchen Sofa zu, bei der man sich ähnlich wie beim Essen meist auf den linken Arm stützte (ep. V 5, 5). Einen Großteil seiner Regierungsgeschäfte erledigte Augustus vom *lectus lucubratorius* («Nachtarbeitssofa») aus, auf das er sich nach dem → Abendessen zurückzog und von dem aus er spätnachts auf jenen *lectus* wechselte, der nach heutigen Begriffen der «eigentliche» war: das Schlaf-Bett (Suet. Aug. 78, 1). Wobei auch dem so arbeitseifrigen Augustus jene Funktion des B. nicht unbekannt war, die in Ovids Bezeichnung «Ort der Liederlichkeit» (am. III 14, 17) anklingt.

QQ: Varro LL V 167 f.; VIII 32; Liv. XXXIX 6 f.; Ov. am III 14, 17 ff.; Plin. NH VIII 193; XXXIV 14; Sen. ep. 17, 12; Mart. II 16; XIV 85; 87; 146 ff.; Suet. Aug. 78, 1; Isid. XX 11; Bildquellen: G. M. A. Richter, The furniture of the Greeks, Etruscans and Romans, London 1966, 105 ff.

Lit.: S. Faust, fulcra. Figürlicher und ornamentaler Schmuck an antiken Betten, Mainz 1989; McKay, Röm. Häuser 129 f.; Richter, The Furniture (s. o.); A. Mau, Art. *Betten*, RE III 1 (1897) 370 ff.

Bettler

Ohne daß ihre Zahl auffallend groß gewesen wäre, waren B. *(mendici)* ein vertrauter Anblick in den Städten des Römischen Reiches. Quellenzeugnisse liegen hauptsächlich für Rom und Umgebung vor. Die B. hielten sich in Gruppen an stark frequentierten Orten auf, wo die Passanten ihnen kaum ausweichen konnten: auf Brücken, um Tempel herum und an Stadttoren. Eine Art

B.-«Kolonie» etablierte sich im Süden Roms beim Heiligtum der Diana von Aricia. Da die Via Appia dort anstieg, mußten die → Wagen ihre Fahrt verlangsamen – eine gute Gelegenheit für die B., die Passagiere um Almosen zu bitten. Wer ihnen dort etwas zukommen ließ, dessen Wagen warfen sie mitunter Kußhände hinterher (Juv. IV 116). Obdachlose B. saßen in lumpiger Kleidung inmitten ihrer kümmerlichen Habe am Straßenrand, einige mit einem Hund, und streckten die Hand zu Passanten aus, von denen sie Geld oder Brot erwarteten (Sen. vit. beata 25, 1; Mart. X 5, 5). Manche «erzählten» die Geschichte ihrer Notlage, indem sie das Bild eines Schiffbruchs neben sich stellten oder sich sogar mit Trümmern «ihres» Schiffbruchs umgaben (Juv. XIV 298 ff.; Mart. XII 57, 12). Zweifellos gab es viele → Behinderte unter den B., daneben versuchten auch Simulanten, das Mitleid der Bürger zu erregen (Hor. epist. I 17, 58 ff.). Eine besondere Gruppe professioneller B. bildeten die kynischen Philosophen, die ihr Dasein gewissermaßen programmatisch als B. fristeten (Mart. IV 53).

Bettler auf der Straße. Nach einer Wandmalerei aus Herculaneum.

QQ: Mart. IV 53; X 5; XII 32; Prud. Peristeph. II 141 ff.

Lit.: M. Atkins/R. Osborne (Hg.), Poverty in the Roman world, Cambridge 2006; Prell, Armut 68 ff.; Etienne, Pompeji 331 ff.; Hands, Charities 64 ff.; Bolkestein, Wohltätigkeit 339 ff.

Bibliothek

Im 4. Jh. n. Chr. zählte man in Rom nicht weniger als 28 öffentliche B. (Reg. urb. p. 37 R.). Eine eindrucksvolle Zahl – aber sie sagt nichts über die Bedeutung von B. im Alltagsleben der Hauptstädter aus. Denn römische B. wandten sich nicht an eine breite, literarisch interessierte Öffentlichkeit – die es trotz des relativ hohen Alphabetisierungsgrades so nicht gab –, sondern sie waren in erster Linie aufwendig gebaute, auf architektonische Wirkung nach außen bedachte «Kulturtempel», die zuallererst dem Repräsentationsbedürfnis ihrer Erbauer dienten.

Bezeichnend dafür ist die Tatsache, daß der Bau der ersten B. in Rom von Caesar geplant wurde, durch seine Ermordung allerdings nicht zustande kam (Suet. Caes. 44). Sein Gefolgsmann Asinius Pollio setzte den Plan kurz nach 39 v. Chr. in die Tat um (Plin. NH VII 115). Augustus ließ auf dem Palatin in unmittelbarer Nähe des Apollo-Tempels eine Doppel-B. mit griechischer und römischer Abteilung errichten (Suet. Aug. 29, 3), und eine Reihe späterer Kaiser nahm sich diese kulturpolitische Tat zum Vorbild. In den italischen Städten und den Provinzen eiferten finanzkräftige lokale Honoratioren den Kaisern nach: Plinius stiftete seiner Heimatstadt Como eine B. (ep. I 8, 3 ff.), und «eine der eindrucksvollsten Prunkfassaden der römischen Kaiserzeit» (Strocka

328) entstand im kleinasiatischen Ephesos beim Bau der durch ihre mittlerweile gelungene Rekonstruktion berühmten B. des Celsus. Benutzer der öffentlichen B. waren vor allem Gelehrte, Literaten und Studierende. Da die meisten indes über eine eigene B. verfügten, dürfte die Benutzungsfrequenz nicht sehr hoch gewesen sein. Dies um so mehr, als es sich um Präsenz-B. handelte, von denen → Bücher nur unter erheblichen Schwierigkeiten – häufig genug mit Hilfe einer kleinen Zuwendung an das B.-Aufsichtspersonal (Fronto ad Caes. 4, 5) – ausgeliehen werden konnten. Wie sich die Benutzung einer B. mit dem in der Antike üblichen lauten → Lesen vertrug, ist eine ungeklärte Frage. Jedenfalls wurde es wohl nicht so störend empfunden wie heute, wenn im Lesesaal gesprochen oder sogar lebhaft diskutiert wurde (Gell. XIII 20). Die Buchrollen waren gewöhnlich in verschlossenen Schränken untergebracht, die in den Nischen des – häufig auch für Empfänge, Vorträge und andere Anlässe genutzten, mit Büsten von Dichtern und Denkern geschmückten – Lesesaals standen. Man ließ sich die gewünschten Titel von Bediensteten der B. bringen. Weitere konkrete Details über den täglichen B.-betrieb sind nicht überliefert.

Oben: Wiederaufgebaute Fassade der Celsus-Bibliothek von Ephesos.
Unten: Bücherregale mit Papyrusrollen; nach einem verschollenen Relief aus Neumagen.

Klare Geschäftsordnung
Kein Buch soll hinausgetragen werden, weil wir es geschworen haben.
Öffnungszeit von der ersten bis zur sechsten Stunde.
Inschrift am Eingang der Pantainos-Bibliothek in Athen (Shear, Hesperia 5, 1936, 42)

Privat-B. waren schon am Ende der Republik in den Häusern literarisch interessierter Angehöriger der Oberschicht ein üblicher Standard. Daß Cicero in seinen Villen über B.-Zimmer verfügte, wird niemanden verwundern; ebensowenig die Tatsache, daß er diese B. in seiner privaten Korrespondenz regelmäßig erwähnt (z. B. Att. I 7; I 4, 3; I 10, 4; IV 4a, 1; IV 5, 4; IV 8, 2). Für den in augusteischer Zeit lebenden Architekturschriftsteller Vitruv gehörte eine B. ebenso selbstverständlich zu einem «standesgemäßen» Haus wie ein Schlafzimmer (I 2, 7; vgl. Zitat). Die Größe der Privat-B. reichte von kleinen, dicht mit offenen Büchergestellen oder verschließbaren Wandschränken vollgestellten Arbeitszimmern – so in einer Villa in Herculaneum, wo man rund 1800 (verkohlte) Papyrusrollen gefunden hat –, bis zu repräsentativen, den öffentlichen B. in kleinerem Format nachgebauten Sälen, die mit Porträts berühmter Autoren geschmückt waren (Plin. NH XXXV 9). Die umfangreichste in den Quellen erwähnte private Büchersammlung soll an die 62 000 Bände umfaßt haben (Hist. Aug. Gord. 18, 2). Die eigene B. Freunden und Bekannten zur Mitbenutzung zur Verfügung zu stellen, war wohl ebenso üblich (Plut. Luc. 42) wie Schenkungen und testamentarische Überlassungen ganzer B. (Cic. Att. II 1, 12). Die meist in eine griechische und eine lateinische Abteilung gegliederten B. wurden vielfach von spezialisierten Sklaven *(librarii; scribae)* verwaltet.

In der Kaiserzeit entdeckten Neureiche die B. als → Statussymbol: Mit einer üppigen B. als *domus ornamentum* («Schmuck des Hauses»; Sen. tr. an. 9, 7) konnte man Eindruck schinden – und die Gelegenheit nahmen denn auch viele wahr, die an den Inhalten der Bücher nur mäßiges oder gar kein Interesse hatten. Trimalchio ist stolz auf seine beiden B. – eine lateinische und eine griechische, wie es sich gehört – auch wenn er, wie er es nicht minder stolz auf seinem Grabstein vermerkt haben will, «30 Millionen hinterlassen und nie einen Philosophen gehört hat» (Petr. 71, 12). Solche Protzerei mit B. als scheinbarem Ausweis von Bildung (Petr. 48, 4) war wahren Bücherliebhabern ein Dorn im Auge. Der Satiriker Lukian verfaßte sogar eine ganze Invektive «gegen die Ungebildeten, die sich viele Bücher kaufen». Darin schrieb er dieser Sorte von B.-Besitzern u. a. das schöne Sprichwort ins Stammbuch: «Ein Affe bleibt ein Affe, auch wenn er sich mit goldenem Schmuck behängt» (adv. ind. 3).

> **Bücherschutz dank architektonischer Umsicht**
> Schlafzimmer und Bibliotheken müssen gegen Osten gerichtet sein, denn ihre Benutzung erfordert die Morgensonne, und ferner modern dann in den Bibliotheken die Bücher nicht. In Räumen nämlich, die nach Süden und Westen liegen, werden die von dort ankommenden feuchten Winde Bücherwürmer hervorbringen und ihre Fortpflanzung begünstigen und dadurch, daß sie ihren feuchten Hauch eindringen lassen, durch Schimmel die Bücher verderben. Vitruv, De architectura VI 4, 1

QQ: Cic. Att. I 7; I 20, 7; IV 4a, 1; Vitr. VI 4, 1; Ov. trist. III 1, 59 ff.; Sen. tranqu. an. 9, 4 ff.; Plin. NH VII 115; XXXV 9; Mart. VII 18; Plin. min. ep. I 8, 3 ff.; II 17, 8; Gell. IX 17, 1; XIII 20; XIX 5, 1 ff.; Luk., Adversus indoctos; Amm. Marc. XIV 6, 18.

Lit.: L. Casson, Bibliotheken in der Antike, Düsseldorf 2002; W. Hoepfner (Hg.), Antike Bibliotheken, Mainz 2002; Blanck, Buch 152 ff.; R. Fehrle, Das Bibliothekswesen im alten Rom, Wiesbaden 1986; V. M. Strocka, Römische Bibliotheken, Gymn. 88 (1981), 298 ff.; ders., Die Bibliothek des Celsus, AW 6 (1975), H. 4, 3 ff.

Bordell

Arglose Besucher Pompejis sind mitunter schockiert. Dort präsentiert sich das «hehre» römische Altertum an einigen Ecken auf ganz banale und rüde Weise. Einer dieser Orte hat die moderne «Adresse» *insula* VII, 12, 18; dort betrieben Africanus und Victor in den Jahren vor der Zerstörung der Stadt ein – offenbar florierendes – B. (*lupanar; lupanarium;* seltener *fornix*). Das war indes nur eines von etwa zwei Dutzend B., die man in der 8–10 000-Einwohner-Stadt hat identifizieren können, wobei die meisten freilich als Hinterstuben oder *chambres séparées* einer → Gaststätte oder einem → Hotel angegliedert waren. Pompeji war mit dieser B.-Dichte kein Ausnahmefall (auch wenn es in Ostia mit eindeutigen Nachweisen solcher Etablissements hapert; Meiggs, Ostia 229). In der Großstadt Rom sind zwar für das 4. Jh. n. Chr. «nur» 45 bzw. 46 B. in den Regionalverzeichnissen ausgewiesen, doch betrug die Zahl der als Kneipen u. ä. getarnten B. (Dig. XXIII 2, 43) ein Vielfaches davon. Selbst auf dem flachen Lande waren B. keine Seltenheit; mancher «ehrbare Großgrundbesitzer» diversifizierte seine Einnahmequellen, indem er sich auch als B.-Betreiber *(leno)* betätigte (Dig. V 3, 27).

Die meisten B. waren auf wenig zahlungskräftige Kundschaft ausgerichtet. Die Kammern der Prostituierten *(cellae)* waren oft so klein, daß kaum mehr als eine gemauerte Liege, die mit einer kurzen, widerstandsfähigen Matratze bedeckt war, hineinpaßte. Es waren dunkle, stickige, schmuddelige und vom Rauch der Kerzen verrußte Räume (Juv. VI 115 ff.), in denen manches «Liebes»-Vergnügen kaum länger als ein paar Minuten gedauert haben dürfte: Eindrücke auf den steinernen Liegen zeigen, daß viele Besucher es nicht einmal für nötig befanden, ihre Schuhe auszuziehen. Die Laufkundschaft dieser B. wird vorwiegend aus einfachen Bürgern, Freigelassenen und Sklaven bestanden haben. Der einzige Luxus mancher *cellae* waren Wandmalereien mit erotischen Motiven. Vielfach waren die Kammern der Prostituierten direkt von der Straße aus zu betreten; manchmal lagen sie auch im ersten Stock, der durch einen eigenen Treppenaufgang zu erreichen war. Sie wurden in der Regel durch eine Tür verschlossen, über der der Name der Dame und ihr Preis angegeben waren; mitunter wurde aber auch nur ein Vorhang zugezogen (Mart. I 34, 5 f.; XI 45). In manchen B. zeigte ein Schild mit der Aufschrift *occupata* an, daß die Dame vorübergehend «besetzt» sei (Plaut. Asin. 760) – Wartezeiten, die sich manche Besucher mit dem Kritzeln milieuangepaßter → Graffiti verkürzten. Andere hielten es für wichtig, ihre Erlebnisse im B. den Wänden dort anzuvertrauen. Die meisten B. waren Kleinbetriebe, in denen ein paar unfreie Prostituierte unter Zwang für den B.-Wirt arbeiteten oder auch auf eigene Rechnung «anschaffende», freie Mädchen tätig waren, die für ihre *cella meretricia* Miete zahlten.

Bordell in Pompeji. Über den Zimmertüren standen Name und Preis der Dirnen.

Graffito in einem pompejanischen Bordell: *hic ego puellas multas futui.*

Obszönes von pompejanischen Bordell-Wänden

Hic ego multas puellas futui. Hier habe ich viele Mädchen gebumst.

Hic ego, cum veni, futui, deinde redei domum. Hier habe ich nach meinem Kommen gebumst, dann bin ich wieder nach Hause gegangen.

Fututa sum hic. Hier bin ich gebumst worden.

Myrtis, bene felas. Myrtis, du nuckelst gut.

Hic ego nunc futue formosa forma puella laudata a multis, set lutus intus erat. Hier habe ich gerade ein schönes, von vielen gepriesenes Mädchen gebumst, aber drinnen war Schlamm.

CIL IV 2175; 2246; 2217; 2273; 1516

Von außen waren B. durch ins Auge fallende Firmenschilder zu erkennen, so z. B. ein Phallus mit Hoden und der Inschrift *hic habitat felicitas* («hier wohnt das Glück») an einer Bäckerei (!), vier Phallen und ein Würfelbecher (→ Würfelspiel) an einer Gaststätte oder auch drei Grazien mit einer älteren Frau und der Beischrift *ad sorores IIII* («zu den vier Schwestern»; RE XV [1931] 1024 f.). Vielfach machten die Damen auch vor dem B. auf sich aufmerksam, oder man konnte durch die Fenster erkennen, wie sie sich nackt oder mit einem durchsichtigen Gewand bekleidet zur Schau stellten (Hor. sat. I 2, 31; Mart. XI 61, 3 f.). *prostare* («stehen vor» dem B.) und *prostituere* («vorn hinstellen») sind die einschlägigen «Fachbegriffe», die bei der Bezeichnung der Sache in vielen Sprachen (→ Prostitution) Pate gestanden haben.

In Rom waren besonders das Kleine-Leute-Viertel Subura und die Umgebung des Circus Maximus bekannte «Rotlicht»-Viertel. «Der Zugang zum Circus führt durchs Bordell», klagt ein christlicher Autor (Cypr. spect. 5), und eben dorthin begab sich nachts auch Messalina, die nymphomane Frau des Claudius – aus dem Kaiserpalast direkt in die für sie reservierte Zelle eines billigen B., wo sie sich unter dem Decknamen Lycisca als «Amateur-Hure» vergnügte, bevor sie «erschöpft von Männern, doch nimmer befriedigt, nach Hause zog; häßlich die Wangen geschwärzt und entstellt vom Blaken der Lampe, trug sie den Mief des Bordells mit sich hin zum Lager des Kaisers» (Juv. VI 130 ff.).

Unübersehbares «Logo» eines Bordells: *hic habitat felicitas* («hier wohnt das Glück»). Travertin-Relief aus Pompeji. CIL IV 1454

Die B.-Prostitution stand im ganzen auf einer Stufe mit der heutigen Straßen-Prostitution. Wer anspruchsvoller und finanziell bessergestellt war, ließ sich meist ein Mädchen ins eigene Haus kommen und mied das «gemeine, schmutzige B.» (Apul. Met. VII 10). Es gab auch einige Edel-B. für die «besseren» Herren. Der prominenteste B.-Betreiber, der solch ein Luxus-Etablissement auf dem Palatin einrichten ließ, war der Kaiser Caligula. Dem Zuhälter auf dem Kaiserthron ging es dabei um den schnöden Mammon, den er mit seinem besonderen «Angebot» – vornehmen Damen und frei geborenen Knaben – verdiente. Er schreckte nicht einmal vor massiver Werbung auf Märkten und in Gerichtshallen zurück, wo einer seiner Angestellten «junge und alte Männer zur Befriedigung ihrer Lust aufforderte» – im kaiserlichen B. natürlich! (Suet. Cal. 41, 2).

Die Nachricht unterstreicht noch einmal, daß Prostitution und B. ganz selbstverständlich zum Alltag der Römer gehörten. Zwar zog es mancher «Freier» aus der Oberschicht vor, inkognito mit Perücke und Kapuze ins B. zu gehen (Suet. Cal. 11; Hist. Aug. Ver. 4, 6), doch brauchte man sich i. a. nicht zu schämen, wenn man beim Betreten oder Verlassen eines B. beobachtet wurde. Das war schon zu Zeiten des Alten Cato so, der für diese Bedürfnisbefriedigung junger Männer volles Verständnis hatte. Als er einen Jüngling aus einem B. herauskommen sah, gratulierte er ihm dazu, daß er seinen Trieb auf so harmlose Weise befriedigt habe. Als sich diese Begegnungen in der Folgezeit jedoch des öfteren wiederholten, stellte Cato klar: «Ich habe dich dafür gelobt, daß du hierhin gekommen bist, aber nicht dafür, daß du hier wohnst» (Porph. und Ps.-Acro ad Hor. sat. I 2, 31 ff.).

QQ: Plaut. Poen. 265 ff.; 831 ff.; Hor. sat. I 2, 30 ff. mit Porph.- und Ps.-Acro-Komm.; Sen. contr. I 2, 1 ff.; Petr. 7 f.; Mart. I 34; VI 66; XI 61; Juv. VI 115 ff.; Suet. Cal. 41, 2; Dig. XXIII 2, 43; CIL IV 2173 ff. (Bordell-Graffiti).

Lit.: J. R. Clarke, Ars erotica, Darmstadt 2009, 59 ff.; Weeber, Nachtleben 61 ff.; Th. A. J. McGinn, Pompeian brothels and social history, Journ. Roman Archaeology 47, 2002, 62 ff.; B. E. Stumpp, Prostitution in der röm. Antike, Berlin 1998; J. K. Evans, War, women and children in ancient Rome, London / New York 1991, 137 ff.; V. Vanoyeke, La prostitution en Grèce et à Rome, Paris 1990; J. N. Robert, Les plaisirs à Rome, Paris 1983, 175 ff.; F. Coarelli, Lübbes archäologischer Führer Pompeji, Berg. Gladbach 1979, 302 f.

Brand

B. *(incendia)* gehörten neben Hauseinstürzen zu den ganz alltäglichen Gefahren, denen vor allem die ärmeren Bewohner der dichtbesiedelten Stadtteile Roms ausgesetzt waren. Als «verwandte und im selben Hause lebende Todesgöttinnen Roms» bezeichnet Plutarch diese ständig drohenden Katastrophen (Crass. 2), und Seneca berichtet, daß sich die Menschen «Tag und Nacht vor Einsturz und Feuer fürchteten» (contr. II 1, 12; vgl. Plin. NH XXXVI 106). Mit Alarm mußte jederzeit gerechnet werden (Juv. III 197 f.), und kleinere B. waren fast täglich irgendwo im Stadtgebiet zu verzeichnen; von den ganz großen Feuersbrünsten abgesehen, die Rom mit geradezu periodischer Regelmäßigkeit durchrasten und ganze Stadtteile in Schutt und Asche legten – wie die entsetzliche Brandkatastrophe des Jahres 64 n. Chr., die neun Tage lang tobte und nur vier von vierzehn Bezirken verschonte, während drei von Grund auf zerstört wurden (Tac. Ann. XV 38 ff.). Die – erst – von Augustus eingerichtete reguläre → Feuerwehr tat im Patrouillendienst und bei der Bekämpfung von Bränden ihr Bestes, doch stand sie angesichts der zahlreichen Risikofaktoren, die den Ausbruch der B. begünstigten, weitgehend auf verlorenem Posten.

Die Ursachen für die häufigen B. waren vielfältig. Zum einen stellte das übliche Hantieren mit offenem, für → Beleuchtung und → Heizung benötigtem Feuer eine enorme Gefahrenquelle dar: Fiel eine → Kerze oder ein Kohlebecken um, so konnte eine Wohnung rasch in Flammen stehen. Bauliche Mängel wie «großzügig» vergessene Dämmaterialien und -wände sowie die Verwendung des billigen, leicht entzündlichen Fachwerks (Vitr. II 8, 20) begünstigten die Ausbreitung eines B. ebenso wie das Fehlen eines direkten Wasseranschlusses in den meisten Wohnungen. Zum anderen erhöhte die oftmals ins Kriminelle reichende «Sparsamkeit» der Hausbesitzer, die sich über baupolizeiliche Vorschriften skrupellos hinwegsetzten und schlechte, gefährliche Baumaterialien verwendeten, das Risiko des Übergreifens von B. Daß es keine Feuerversicherung gab und ein abgebranntes Wohnhaus den Verlust des eingesetzten Kapitals bedeutete, setzte einen Teufelskreis in Gang: Billigbauweise, um die finanziellen Folgen eines B. in Grenzen zu halten, und entsprechend schlechterer Brandschutz waren die Antwort vieler Investoren darauf.

Hinzu kamen die engen, häufig verstopften Straßen in der City, die einem raschen Eingreifen der Feuerwehr ebenso hinderlich waren wie der mühsame Transport von Löschwasser in den dunklen Treppenhäusern der Mietskasernen. Zwar zog man aus der verheerenden Feuersbrunst des Jahres 64 durchaus richtige Konsequenzen (Tac. Ann. XV 43), doch blieben B. auch danach ein jederzeit zu gewärtigender Horror im Alltag der Bürger Roms. Daß die Brandschutt-Hügel im Stadtgebiet kontinuierlich wuchsen und schließlich sogar den Ausfluß einiger Aquädukte behinderten (Frontin aqu. II 18), spricht eine deutliche Sprache – und auch, daß sogar mancher Bauspekulant vor einem Engagement in Rom zurückschreckte: «Wenn es irgendein Mittel gegen die ständigen Hausbrände in Rom gäbe, hätte ich bei Gott meine Besitzungen auf dem Lande schon verkauft und dafür welche in der Stadt erworben», seufzt ein Investor beim Anblick eines in einem Wohngebiet der Hauptstadt wütenden Feuers (Gell. XV 1, 2 f.).

Nur weg aus Rom! – Träume und Alpträume eines mittellosen Bürgers

Dort, wo nimmer ein Brand, dort laßt uns leben, wo nichts von nächtlicher Angst! Schon rufet nach Wasser und rettet das bißchen Ucalegon, schon dringet der Rauch zur dritten Etage: *Du* weißt nichts. Denn: Läuft man hinweg von den untersten Stufen, fasset den letzten der Brand, den oben allein vor dem Regen schützet das Dach. Juvenal, Satiren III 197 ff.

QQ: Cat. c. 23, 9 f.; Vitr. II 8, 20; Liv. XXVI 27, 1 ff.; XXX 26, 5; Tac. Ann. XV 38 ff.; Mart. V 7; Juv. III 197 ff.; Plut. Crass. 2; Suet. Nero 38; Gell. XV 1, 2 f.; Quellensammlung: K. Wallat, Sequitur clades, Frankfurt/M. 2004.

Lit.: Weeber, Umweltverhalten 114 ff.; J. van Ooteghem, Les incendies à Rome, LEC 28 (1960), 305 ff.; H. V. Canter, Conflagrations in ancient Rome, ClJ 27 (1932), 270 ff.; Friedländer, Sittengeschichte I 24 f.

Brechmittel

Vomunt, ut edant; edunt, ut vomant: «Sie erbrechen sich, um zu essen; sie essen, um sich zu erbrechen» – von Seneca (ad Helv. 10, 3), dem Meister der stilistisch prägnanten Zuspitzung, auf den Punkt gebracht, scheint dies die «Formel» für eine (Un-)Sitte der römischen Welt zu sein, die auf viele moderne Betrachter ebenso abstoßend wie faszinierend wirkt. Daß «die» Römer regelmäßig zu B. gegriffen hätten, weiß auch mancher, der über die Römer sonst wenig weiß. Tatsächlich wird dabei die ungesunde Praxis einer kleinen Gruppe von Schlemmern und Trinkern unzulässig verallgemeinert. Richtig ist, daß es solche Leute gegeben hat, die jeden Tag zu Federkiel (Suet. Claud. 33, 1), lauwarmem Wasser oder mit Salz oder Honig versetztem temperiertem Wasser (Cels. I 3, 22) griffen, um ihren «vollgestopften» Magen zu erleichtern und ihn zugleich für neue Völlerei aufnahmefähig zu machen (Plin. NH XXIX 26; Cels. I 3, 17). Aber sie waren doch selbst innerhalb der Schicht der Wohlhabenden, die sich solche Tafel-«Freuden» leisten konnten, eine Minderheit. Von den zwölf Kaisern (inklusive Caesar), die Sueton porträtiert, weiß er nur von zweien zu berichten, daß sie regelmäßig B. nahmen: der für seine Schlemmerei berüchtigte Claudius und der dem Biographen zufolge geradezu an Freßsucht leidende Vitellius (Suet. Claud. 33, 1; Vit. 13, 1; Caesar nur gelegentlich eines → Saturnalien-Festes: Cic. Att. XIII 52, 1). Für das Gros der Menschen kam die ständige Einnahme von B. gar nicht in Frage: Sie mußten zufrieden sein, wenn sie mit sehr frugaler Kost überhaupt jeden Tag satt wurden. Für sie war damit auch der Streit der Ärzte über die Frage, ob der Griff zum B. ab und zu aus diätätischen Gründen sinnvoll sei, eine ziemlich akademische Diskussion, die ohne Einfluß auf ihr Alltagsleben blieb.

QQ: Cels. I 3, 17–24; Mart. II 89, 5; Sen. ep. 68, 7; ad Helv. 10, 3; Plin. NH XI 282; XXVIII 54; XXIX 26; Suet. Claud. 33, 1; Vit. 13, 1.

Brief

«M. Cicero grüßt D. Brutus, den designierten Konsul. Dein Brief hat mir viel Freude gemacht, noch mehr allerdings, daß Du bei Deiner starken Inanspruchnahme Deinen Kollegen Plancus beauftragt hast, Dich brieflich bei mir zu entschuldigen, was er denn auch gewissenhaft getan hat. Ich finde diese Deine Gefälligkeit und Aufmerksamkeit ganz reizend» (Cic. fam. XI 25). So überbrückte man in der Führungsschicht der ausgehenden Republik die räumliche Distanz: Man hielt Kontakt und knüpfte neue Kontakte, indem man eifrig korrespondierte. Die Spannbreite der Themen reichte dabei vom Austausch nur atmosphärisch bedeutsamer Freundlichkeiten über die Mitteilung von Banalitäten und hauptstädtischem → Klatsch bis hin zu hochpolitischen Angelegenheiten. Die reiche Korrespondenz Ciceros – erhalten sind 931 B., davon 797 von Cicero selbst – ermöglicht uns noch heute einen ebenso tiefen wie lebendigen Einblick in die politische Welt seiner Epoche und seine persönlichen Lebensumstände: «Wer sie liest, dürfte eine zusammenhängende Geschichtsschreibung über diese Zeiten kaum vermissen», urteilte schon ein römischer Schriftsteller über den B.-Wechsel zwischen Cicero und Atticus (Corn. Nep. Att. 16, 3 f.). In der Tat: Den brieflichen Informations- und Gedankenaustausch, den die Angehörigen der politischen Klasse miteinander pflegten, hat man mit gutem Grund von ihrem Spektrum und ihrer Funktion her «Zeitungsbriefe» nennen können. Man unterhielt sich in relativ ungezwungenem Plauderton über sämtliche *res urbanae*, «Vorgänge in der Stadt» – *omnia... senatus consulta, edicta, fabulae, rumores* («alle Senatsbeschlüsse und Erlasse, allen Klatsch und alles Gerede»; Cic. fam. VIII 1; dazu II 8, 1).

Mit dem Wechsel zum Prinzipat nahm die Zahl solcher B. mit mehr oder weniger politischem Inhalt ab. Es war jetzt der Kaiser, der zunehmend B. schrieb – als offizielle Anweisungen freilich, nicht als Diskussionsgrundlage. Und die Spitzel waren nicht untätig: Unter Kaisern wie Nero tat man besser daran, politische Meinungsäußerungen in B. zu unterlassen (DC LXIII 11, 4). Wie und worüber man im 1. Jh. n. Chr. in gebildeten Kreisen miteinander korrespondierte, zeigen die – als alltagsgeschichtliche Quelle sehr ergiebigen – *epistulae* des Jüngeren Plinius. Auch wenn sie mit Blick auf eine spätere Publikation «etwas sorgfältiger geschrieben» waren (*paulo curatius scripsissem,* ep. I 1, 1), waren sie doch echte, tatsächlich an die Adressaten abgeschickte B. – im Unterschied etwa zu Senecas rein philosophisch-literarischen Lehrbriefen an Lucilius.

B., wie sie Cicero und Plinius schrieben, gehörten durchaus zum Alltag der gebildeten Oberschicht. Daneben gab es natürlich das Gros der nicht ganz so ambitionierten Schreiben: Vom Geschäftsbrief über Einladungs- und Dankschreiben, Kondolenzbriefe und → Liebesbriefe, Grüße von Reisenden in die Heimat – teilweise mit typischen Touristen-Floskeln «garniert» –, Bewerbungsschreiben, Empfehlungsbriefe und Eingaben, Verwandtenbriefe und «Feldpost». Erhalten haben sich solche B. aus allen Schichten der Bevölkerung fast ausschließlich im trockenen Klima Ägyptens; diese auf Papyrus geschriebenen B. sind deshalb in aller Regel in griechischer Sprache verfaßt.

Grüße, Grüße, Grüße... – Ein Privatbrief aus dem 4. Jh.

Meinem Herrn Sohn wünschen Psaeis und Syra viel Freude. Vor allem erbitte ich von dem Herrn Gott für dich Gesundheit und Wohlergehen. Dein Bruder Thonis läßt dich vielmals grüßen. Sodann, seit Neujahr waren wir viel krank, aber wir danken dem Gott, daß wir wieder gesund sind, und bis jetzt haben wir die Ferkel noch nicht geopfert. Wir erwarten dein Kommen. Du weißt, daß wir für dich keinen Fisch eingepökelt haben (...). Es grüßen dich deine Brüder Horion und Heraiskos; es grüßen dich An... und ihre Kinder, es grüßt dich Triadelphos und seine Gattin und seine Kinder. Ich grüße Kamokos und sein Haus; ich grüße Hepsates und seine Gattin samt den Kindern...

Am 10. Hathyr [Anfang November]. Abzugeben an Ision von seinen Eltern Syra und Psaeis.   Oxyrhynchos-Papyrus X 1299 (Ü: A. Thierfelder)

In der Westhälfte des Reiches schrieb man zwar auch auf Papyrus (Cic. fam. VII 18, 2) und gelegentlich auf Pergament, üblicher als Beschreibstoff waren jedoch Holztäfelchen mit Wachsbeschichtung *(tabulae, tabellae)*. Die beschriebenen Innenseiten legte man aufeinander, verschnürte die Tafeln mit einem Bindfaden *(linus)* und versiegelte sie. Das Siegel *(signum)* war, zumal wenn man den Brief nicht selbst geschrieben, sondern ihn einem Schreiber diktiert hatte, der einzige Beweis für seine Authentizität (Cic. Cat. III 10). Umschläge gab es nicht, den Adressaten schrieb man auf die Außenseite des Briefes – mehr als der bloße Name stand dort selten, da der Überbringer *(tabellarius)* das Schreiben dem Empfänger in der Regel persönlich aushändigte (M' Curio: «an M'. Curius»; Cic. Att. VIII 5, 2).

Gruß- und Abschiedsformeln römischer B. waren recht stereotyp. Der Absender erscheint als Grüßender im Nominativ, der Adressat im Dativ: *Cicero Attico s(alutem) d(icit)* bzw. *C. Cassius s(alutem) pl(urimam) d(icit) M. Ciceroni* oder auch nur *s(alutem)*.

Je vertrauter man mit dem Empfänger war, um so kürzer fiel die Eingangsformel aus; auf Ämter und Titel verzichtete man da gern. Zusätzliche Höflichkeitsfloskeln, die eine größere Distanz andeuteten, waren Formulierungen wie *si v(ales) b(ene) e(st); e(go) v(aleo):* «Wenn es dir gut geht, ist es gut / mir geht es gut». Am Ende stand häufig ein schlichtes «Leb wohl!» *(vale)* oder «sieh zu, daß es dir gut geht!» *(cura, ut valeas)* und ähnliche Variationen ggf. mit freundlich gemeinten, konkreten Aufforderungen verbunden oder durch sie ersetzt *(tu ad me velim litteras crebrius mittas;* «ich möchte, daß du mir häufiger schreibst»; Cic. fam. V 6, 3).

Die Gelegenheiten, zu denen man miteinander korrespondierte, unterschieden sich kaum von denen heute, ebensowenig die Inhalte der B. Ganz anders sah es dagegen bei der Beförderung aus. Es gab keinen regulären → Post-Dienst; wer ein Schreiben verschicken wollte, mußte sich selbst um einen Kurier kümmern. Es sei denn, er gehörte zu den wenigen Auserwählten, die auch privat ein Beförderungsmittel einsetzen konnten, das, zumindest in einem Fall, nachweislich militärisch genutzt worden ist: die Brieftaube (Plin. NH X 110; Front. Strat. III 13, 8; Mart. VIII 32).

QQ: Ciceros Briefsammlungen an Atticus *(ad Atticum)*, an seine Freunde *(ad familiares)*, an seinen Bruder Quintus *(ad Quintum fratrem)*; die Briefsammlungen des Jüngeren Plinius und des Symmachus; Papyrus-Urkunden: J. G. Winter, Life and letters in the papyri, Ann Arbor[2] 1953; B. Olsson, Papyrusbriefe aus der frühesten Kaiserzeit, Uppsala 1925; St. Wittkowski, Epistulae privatae Graecae, Leipzig [2]1911.

Lit.: G. Achard, La communication à Rome, Paris 1994; S. K. Stowers, Letter writing in Greco-Roman Antiquity, Louisville 1986; Casson, Reisen 259 ff.; A. Schubart, Griechische Briefe aus Ägypten, Antike 8 (1932), 113 ff.; K. Dziatzko, Art. *Brief,* RE III (1897) 836 ff.

Brot

B. und → Wein – das waren nach spätantiker Auffassung die einzigen wirklichen Grundnahrungsmittel *(necessaria:* Isid. XX 1, 5), und auch die berühmte Formel Juvenals, das in der Kaiserzeit entpolitisierte Volk wolle nichts anderes als *panem et circenses* («Brot und Spiele»; X 81), suggeriert, daß das B. in der Nahrung der Römer etwas Unabdingbares gewesen wäre. Gleichwohl ist zu differenzieren. Kostenlos verteilt wurde bis etwa zum Jahre 270 n. Chr. nicht B., sondern Getreide *(frumentum)*; erst unter Aurelian wurden die Korn- in Brotverteilungen umgewandelt (Hist. Aug. Aur. 35, 1; 47, 1). Das vom Staat unentgeltlich gelieferte Getreide mußten die Empfänger nicht zwangsläufig zum Backen von B. benutzen; vielfach diente es dazu, die *puls* herzustellen, einen ursprünglich aus Dinkelmehl *(far)* hergerichteten Brei, der lange Zeit das Hauptnahrungsmittel des kleinen Mannes gewesen war (Plin. NH XVIII 83; Mart. V 78, 9). B. war tatsächlich zunächst eine privat gebackene «Delikatesse» gewesen, die weitgehend den Wohlhabenden vorbehalten war. Erst im 2. Jh. v. Chr. soll in Rom die erste öffentliche → Bäckerei aufgemacht haben (Plin. a. a. O.; vgl. aber Plaut. Asin. 200). Danach trat das B. allerdings recht schnell seinen Siegeszug als alltägliches Nahrungsmittel auch der einfachen Leute an.

Die Rundform des Brotes mit Einkerbungen zum leichteren Abbrechen der Stücke war beliebt. Ringsum andere karbonisierte Lebensmittel aus Pompeji.

Das Angebot an unterschiedlichen B.-Sorten war beträchtlich. Die 78 Sorten, die im griechischen Raum bekannt waren (Athen. III 108 ff.), dürfte es auch in der römischen Welt gegeben haben. Die wesentlichen Qualitätsstufen lassen sich allerdings auf drei Arten eingrenzen: das aus fein gemahlenem Mehl hergestellte weiße «Luxus»-B. *(panis siligneus* oder *candidus*; Juv. V. 70; Petr. 64, 8), die mittlere Qualität *(panis secundarius)*, die aus groberem Mehl gebacken wurde, aber immer noch den Ansprüchen etwa eines Augustus gerecht wurde (Suet. Aug. 76, 1) und eine dritte, in sich häufig noch abgestufte Kategorie, die man *panis plebeius* («Volksbrot»), *rusticus* («Bauernbrot»), *cibarius* («Grundnahrungs-B.») oder nach seiner schwarzen Farbe auch *sordidus* («schmutzigdunkel») o. ä. nannte (Sen. ep. 119, 3; Cic. Tusc. V 97; Plaut. Asin. 142). Diese Sorte war von geradezu sprichwörtlicher Härte (Sen. ep. 18, 7), weil das schlechtere Mehl nicht soviel Wasser aufnahm. Zur dritten «Güte»-Klasse gehörte auch das «Lager-B.» *(panis castrensis)*, das sich die römischen Legionäre selbst backen mußten.

Kommißbrot-Herstellung im «archäologischen Experiment»

Der Teig für ein gut 1½ Pfund schweres Brot besteht aus 500 g geschrotetem Weizen, 300 g angewärmtem Wasser, 20 g Salz und 20 g Hefe. Gelegentlich fügten wir Zwiebeln oder Honig zu. Nachdem er intensiv geknetet worden ist, läßt man den Teig zugedeckt neben dem Feuer 20 Minuten lang aufgehen, schlägt ihn zusammen und gibt ihn auf den Stein oder in den Topf. Die Backzeit beträgt je nach Volumen 30–50 Minuten.

M. Junkelmann, Die Legionen des Augustus, Mainz 1986, 125

Die meisten römischen B. waren mit Gärmitteln *(fermenta)* gebackene Weizen-B., es gab aber auch gar nicht oder nur wenig fermentiertes B. (Isid. XX 2, 15). Weitere Unterschiede ergaben sich durch die Art des Backens – ob z.

B. im regelrechten Backofen *(panis furnaceus)* oder etwa unter der Asche *(panis subcinericus)*. Spezial-B. mit Zusätzen wie Milch, Fett oder Graupen erfreute sich nicht geringer Beliebtheit. Für Seeleute und Soldaten war der *panis nauticus* bzw. *castrensis* gedacht, der durch langes bzw. doppeltes Backen Zwieback-Eigenschaften annahm und damit zwar sehr hart, aber auch haltbar wurde – und zudem ein bewährtes Mittel gegen Durchfall war (Plin. NH XXII 138).

Größe und Form der B. waren unterschiedlich. Plautus spricht einmal – wohl übertreibend – von einem drei Fuß, also rund 90 cm langen Brot (Bacch. 500). Große Verbreitung hatte anscheinend die runde, flache Form mit Einschnitten bzw. Kerben, die sich in der Mitte trafen und so das Brechen des B. erleichterten; solch ein Stück B. nannte man *quadra* (Hor. epist. I 17, 49; Ps.-Verg. Mor. 47 f.). «Kreative» B.-Formen dienten dazu, eine ausgeprägte «Individualität» des Bäckers oder des Gastgebers zur Schau zu stellen oder eine Gesellschaft zu erheitern. Da konnte es nicht ausbleiben, daß Lieblingssujets solcher Jux-Bäckerei obszöne Motive wie der extrem «gliedbewehrte» Gott Priap aus Weizenmehl waren: «Wenn du dich sättigen willst, verzehr nur unseren Priapus! / Ruhig iß, was du willst; sicher besudelt's dich nicht!» (Mart. XIV 70; vgl. Petr. 60, 4).

QQ: Ps.-Verg. Moretum 40 ff.; Plin. NH XVIII 72 ff.; Athen. III 108 ff.; Isid. Etym. XX 2, 15; Bildquellen: s. Mayeske (s. u.).

Lit.: P. Erdkamp, The grain market in the Roman Empire, Cambridge 2005; M. Junkelmann, Panis militaris, Mainz 1997, 110 ff.; Dosi-Schnell, A tavola 139 ff.; B. Mayeske, Bakeries, bakers and bread at Pompeii, Diss. Univ. of Maryland 1972; André, L'alimentation 65 ff.

Buch

Zum Lesen geöffnete Papyrusrolle. Man hielt sie mit der linken Hand fest und entrollte sie mit der rechten Hand weiter.

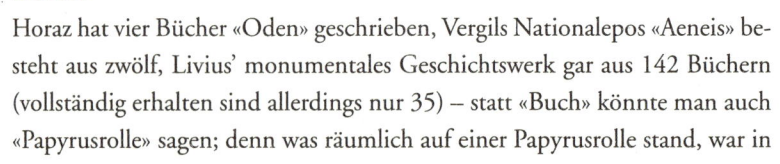

Horaz hat vier Bücher «Oden» geschrieben, Vergils Nationalepos «Aeneis» besteht aus zwölf, Livius' monumentales Geschichtswerk gar aus 142 Büchern (vollständig erhalten sind allerdings nur 35) – statt «Buch» könnte man auch «Papyrusrolle» sagen; denn was räumlich auf einer Papyrusrolle stand, war in römischer Zeit identisch mit der inhaltlichen Einheit «Buch». Der lateinische Begriff *liber* bedeutet «Bast», weist also auf einen früheren Beschreibstoff hin, der dann durch die getrockneten und geglätteten Blätter der ägyptischen Papyrus-Staude abgelöst wurde (Plin. NH XIII 69). Wie sehr Papyrus jahrhundertelang *der* Beschreibstoff der Alten Welt und damit Schriftträger des B. war, zeigt sich an dem deutschen Lehnwort «Papier», dem englischen *paper* usw.

Das Material gab dem B. seine Form: Der Papyrus kam in Rollen auf den Markt, die i. a. aus 20 aneinandergeklebten Blättern *(kollemata)* bestanden.

Fand das ganze zu kopierende B. darauf keinen Platz, so konnte die Buchrolle *(volumen)* durch Ankleben weiterer Stücke erweitert werden, bei geringerem Umfang wurde sie gekürzt (vgl. Cic. Att. XVI 6, 4). Zu lange Rollen waren wegen ihrer Dicke und Schwere unbequem für den Leser, so daß eine Länge von 10 m selten überschritten wurde. Viele *volumina* waren sicher deutlich kürzer. Die Höhe der B.-Rolle schwankte meist zwischen 20 und 25 cm; andere Formate, die sowohl nach oben als auch nach unten von dieser «Norm» abwichen, kamen vor: Bei den erhaltenen Rollen schwanken sie zwischen 8 und 37 cm (Blanck 85).

> **Warum die kleinste erhaltene Buchrolle ausgerechnet erotische Gedichte enthält – eine Vermutung**
>
> Solch ein Büchlein konnte die feine Dame unbemerkt im Bausch des Kleides verschwinden lassen, wenn sie bei der Lektüre nicht überrascht werden wollte ...
>
> W. Schubart, Das Buch bei den Griechen und Römern, S. 58

Beschrieben wurde das B. – jedenfalls bei seiner ersten Benutzung – nur innen *(recto)*; das erste Blatt *(protokollon)* blieb frei und diente so als Schutz der Rolle. Ab dem zweiten Blatt wurde das B. in Kolumnen von links nach rechts beschrieben. Zwischen den Kolumnen und zur Unter- und Oberseite hin blieben breite Ränder frei – das eine, um ein angenehmes → Lesen zu ermöglichen, das zweite, um den Text zu schützen, falls bei häufigerer Benutzung des B. einmal ein Außenrand einriß oder beschmutzt wurde. Elegante B. hatten aus Repräsentationsgründen besonders breite Ränder. Auch am Ende des B. ließ man ein breites Stück frei – was den Spötter Diogenes bei dem langweiligen Vorlesen eines B., als ein unbeschriebenes Blatt der Rolle auftauchte, zu dem erleichterten Ausruf veranlaßte: «Nur Mut, Männer! Ich sehe Land!» (DL VI 38).

Die Klebung der Papyrusblätter war so gut, daß man über sie hinwegschreiben konnte und sie keineswegs «natürliche» Grenzen für die Schreibkolumne bildete. Ein Standardmaß für die Zeilenlänge existierte nicht. Das «Rückgrat» der B.-Rolle bildete ein dünner Stab, der «Nabel» *(umbilicus)*, um den herum die Rolle gewickelt wurde. Er wurde auf die letzte Seite geklebt (Hor. epod. XIV 8 mit dem Porph.-Komm.; Mart. II 6, 10 f.). Die Enden des *umbilicus* waren bei dekorativen Bänden farbig bemalt, die Ränder der Rolle mit Bimsstein geglättet und mitunter ebenfalls gefärbt (Mart. I 67, 10 f.; VIII 72). Als Schutz des B. diente häufig eine purpur- oder andersfarbige Pergamenthülle. Der Titel *(titulus)* wurde meist auf ein an die Rolle angehängtes Pergamentschildchen in auffälligem Rot geschrieben (Mart. III 2, 11) – entweder von den Kopisten des Verlages oder vom Eigentümer selbst (Cic. Att. IV 4a, 1). Als weiterer Schmuck dienten gelegentlich Illustrationen. Da sie das B. außerordentlich verteuerten, wurden sie vor allem dort eingestreut, wo sie auch einen wichtigen funktionalen Zweck verfolgten, z. B. in naturwissenschaftlichen Werken zur Abbildung von Heilpflanzen u. ä. Zu den ersten illustrierten Bänden der römischen B.-Kultur gehörten Varros berühmte Porträts von ca. 700 bedeutenden Persönlichkeiten aus verschiedenen Bereichen – «eine sehr ansprechende Idee», wie Plinius anerkennend bemerkt (NH XXXV 11; Gell. III

Beschreiben einer Papyrusrolle. Grabrelief aus Straßburg.

10). In der Kaiserzeit scheint es üblich geworden zu sein, guten B. von hohem literarischem Rang ein Autorenporträt an den Anfang zu stellen (Mart. XIV 186; Sen. tranqu. an. 9, 4 ff.).

Buchschmuck – bei Exilliteratur unangebracht
Kein Futteral, mit dem Saft des Rittersporns dunkelrot gefärbt, soll dich umhüllen,
es ist nicht Farbe, die zur Trauer paßt:
Dein Titelstreifen sei nicht mit Zinnober,
dein Papyrus nicht mit Zedernholz ausgezeichnet;
an deinen Schnittflächen darfst du keine schwarzen Hörner tragen.
Mit diesen Mitteln mag man Bücher glücklicher Autoren schmücken;
dir steht es an, meines Schicksals eingedenk zu sein.
Deine Schnittflächen sollen nicht mit brüchigem Bimsstein geglättet werden,
struppig, mit zerfranstem Haar soll man dich sehen.
Schäme dich der Flecken nicht: wer sie sieht,
merke, daß sie von meinen Tränen stammen.
Ovid, Tristien I 1, 5ff.

Zur Aufbewahrung der B.-Rollen dienten runde, meist hölzerne Behälter, die man *scrinia* oder *capsae* nannte. In solchen «Schachteln» wurden B. auch transportiert (Cat. 68, 33). Wie typisch diese *scrinia* für «Bücherwürmer» wie Gelehrte und Lehrer waren, zeigt das Beispiel des als Schulmeister berüchtigten, weil «schlagreichen» *(plagosus)* Orbilius: Sein zweifelhafter Ruhm wurde durch eine Statue tradiert, die ihn in der Mitte zwischen zwei solcher B.-Schachteln zeigte (Suet. gramm. 9; Hor. epist. II 1, 70).
Erst in der Spätantike konnte sich die uns bekannte Form des B. gegenüber der Papyrus-Rolle durchsetzen: der *codex* genannte Buchblock, der sich aus zum Block verbundenen hölzernen Täfelchen entwickelte, die zunächst nur als eine Art Notizbuch gedient hatten. Der Name weist noch auf den Ursprung hin: *codex* ist eigentlich der Baumstamm, aus dessen Holz die (mit Wachs überzogenen) Schreibtafeln hergestellt wurden (Sen. brev. vit. 13, 4). «Konstruiert» wurde der Codex durch das Aufeinanderlegen in der Mitte gefalteter Papyrusblätter oder mehrerer Lagen von in der Regel vier Einzelbögen, die jeweils acht Blätter und sechzehn Seiten umfaßten. An der Falzlinie wurden die Bögen – ähnlich wie beim modernen Buchblock – miteinander vernäht. Als Einband dienten Ziegen- oder Schafsleder, mitunter auch Holzplatten und ein Lederstreifen als Rücken des B. Als Beschreibstoff löste beim Codex das aus Tierhäuten hergestellte Pergament *(membrana)* den Papyrus seit dem 4. Jh. n. Chr. zunehmend ab.
Die *codices* kamen offenbar erst im 1. Jh. n. Chr. auf. Plinius erwähnt diese B.-Form noch nicht, Martial dagegen kennt Klassikerausgaben in Codex-Gestalt (XIV 184 ff.) – und empfiehlt sogar eine Ausgabe eigener Gedichte, die es (auch) «auf Pergament auf kleinen Blättern» als bequem zu handhabende

Reiselektüre gebe (I 2). Die ältesten erhaltenen Codex-B. stammen aus der Zeit um 200, doch dauerte es noch zwei Jahrhunderte, bis der etwas preiswertere (26% Materialkosten-Ersparnis; Skeat, ZPE 45, 1982, 168 ff.) und für den Leser leichter zu benutzende Codex die traditionelle Papyrusrolle verdrängte.

Die Verbreitung eines B. erfolgte über private oder kommerziell betriebene Abschriften, teils durch Diktat, häufiger aber durch visuelles Abschreiben. Professionelle Kopisten *(librarii)* standen dafür ebenso zur Verfügung wie Privatsekretäre (Cic. fam. XVI 21, 8). Da es kein Urheber- und Verlagsrecht gab, stand es jedermann frei, ein einmal – ggf. nur durch mündlichen Vortrag – in die Öffentlichkeit gebrachtes Werk zu kopieren und in → Buchhandlungen in Umlauf zu bringen. Gegen solche «Raubkopien» konnten sich Autor und Verleger nur durch ausdrückliche Hinweise auf vom Verfasser autorisierte Ausgaben schützen. Wer andere Kopien erwarb, ging damit das Risiko ein, eine schlampige oder unvollständige Ausgabe zu erwischen. Gerade in manchen stadtrömischen Buchhandlungen mußte man mit solchen schlechten, lieblos angefertigten Kopien rechnen (Strabo XIII 1, 54). Auf der anderen Seite gab es Verleger, die ihre Berufsehre in besonders gewissenhafte, möglichst fehlerfreie und deshalb sorgfältig Korrektur gelesene B. legten. Zu ihnen gehörte Ciceros Verleger Atticus, der selbst auf nachträgliche Korrekturwünsche seines «Spitzenautors» noch bereitwillig einging (Cic. Att. XII 6, 3; XIII 21, 3). An Autorenhonorare war freilich angesichts der mehr als liberalen Rahmenbedingungen für jede B.-Publikation nicht zu denken. Autoren, die von Hause aus kein Vermögen hatten, waren auf Mäzenatentum angewiesen – wobei sie mitunter wie z. B. der mittellose Martial durch vielsagende Widmungen und Huldigungen «Mäzene» unmißverständlich auf sich aufmerksam machten (V 36; Plin. ep. III 21).

Bildnis Vergils im *codex Vergilius Romanus* der Vatikanischen Bibliothek. Autorenporträts schmückten vor allem Bücher der gehobenen Literatur.

Statt eines Autorenhonorars...
Ich hatte Martial, als er sich aus Rom zurückzog, einen Reisezuschuß gewährt, um unserer Freundschaft willen, aber auch zum Dank für seine Verse, die er auf mich gedichtet hat. Dereinst war es Sitte, diejenigen, die Einzelpersonen oder ganze Städte gepriesen hatten, durch Ehrungen und Geldgeschenke auszuzeichnen; heutzutage ist neben anderen schönen, trefflichen Bräuchen besonders auch dieser abhanden gekommen.
Plinius, ep. III 21, 2 f.

Was die Auflage von B. angeht, so sind keine konkreten Zahlen überliefert – bis auf die Nachricht von den 1000 Exemplaren, die ein gewisser Regulus im Selbstverlag von seiner eigenen Lobrede auf seinen früh verstorbenen Sohn herstellen ließ (Plin. ep. IV 7, 2). Man darf sich freilich die Auflagen vor allem bekannter Autoren und Klassiker nicht zu gering vorstellen: In der gebildeten

Gesellschaft waren B. – wie heute – beliebte → Geschenke, die zu den → Saturnalien, aber auch als Präsente von Gastgebern für ihre Gäste (Mart. XIV 184 ff.) verteilt wurden. Auch → Lehrer setzten gelegentlich kostbare B. als Belohnungen und Ansporn für ihre Schüler aus (Suet. gramm. 17, 1 f.). Und als «Zielgruppe» war auch der Kreis jener betuchten Un- oder Halbgebildeten nicht zu verachten, die eifrig B. zusammenkauften, um sich mit einer Aura von Intellektualität zu umgeben – so wie jener von Lukian verspottete Büchernarr, der nur dann die sonst demonstrativ in der Hand gehaltene B.-rolle weglegte, wenn er sich seiner zweiten Leidenschaft widmete: jungen Burschen, die er ebenso wahllos zusammenkaufte wie teure B. (Adv. ind. III 246).

QQ: Cat. 68, 33 ff.; Cic. Att. IV 4a, 1; XII 6, 3; XIII 44, 3; 21, 4; Tib. III 1, 9 ff.; Hor. epist. I 20; Ov. trist. I 1, 5 ff.; III 14, 1 ff.; Plin. NH XIII 71 ff.; XXV 8; XXXV 11; Mart. I 2; I 66; II 6, 10 f.; III 2; IV 90; XIV 183 ff.; Stat. silv. IV 9, 6 ff.; Suet. gramm. 9; 17; Luk., Adversus indoctos; Dig. XXXII 1, 52.

Lit.: L. Casson, Bibliotheken in der Antike, Düsseldorf 2002, 165 ff.; A. Dortmund, Röm. Buchwesen um die Zeitenwende. War T. Pomponius Atticus Verleger?, Wiesbaden 2001; B. J. Schröder, Titel und Text. Zur Entwicklung lateinischer Gedichtüberschriften, Berlin/New York 1999; A. Stückelberger, Bild und Wort. Das illustrierte Fachbuch in der antiken Naturwissenschaft, Medizin und Technik, Mainz 1994; H. Blanck, Das Buch in der Antike, München 1992; G. D. Williams, Representations of the book-roll in Latin poetry: Mn 45, 1992, 178 ff.; G. Cavallo, Libri, scritture e scribi a Ercolano, Neapel 1983; H. Hunger, Die Textüberlieferung der antiken Literatur und der Bibel, Herrsching 1961, 25 ff.; K. Weitzmann, Ancient book illumination, Cambridge/Mass. 1959; F. G. Kenyon, Books and readers in Greece and Rome, Oxford ²1951; Birt, Leben der Antike 99 ff.; W. Schubart, Das Buch bei den Griechen und Römern, Berlin/Leipzig 1921.

Buchhandlung

Wer sich im antiken Rom zu einem literarischen → Einkaufsbummel aufmachte, tat gut daran, wenn er die nördlich der großen Foren gelegene Subura aufsuchte. Das benachbarte Argiletum, ein Stadtteil in der Nähe der heutigen Via Cavour, war das Zentrum des hauptstädtischen Buchhandels. Insbesondere im *vicus Sandaliarius* lagen zahlreiche B. (*tabernae librariae;* Gell. XVIII 4, 1; Gal. XIX 9). Viele Buchhändler *(bybliopolae, librarii)* machten ihre Kunden und andere Passanten schon vor den Läden neugierig auf ihre Angebote: Vor allem an den Türpfosten wurde mit Aufschriften, Titelverzeichnissen und wohl auch mit Ausstellungsstücken hauptsächlich prominenter Autoren geworben (Mart. I 117, 11 f.; Hor. sat. I 4, 71; ars p. 372 f.). «Kleinst»-B. hatten innen nicht mehr Titel zu bieten, als sie in der Auslage zeigten; doch war das sicher nicht die Regel (Sen. ep. 33, 3).

Im Gegenteil: Das Angebot in vielen B. scheint durchaus reichhaltig gewesen zu sein. Neue Titel wurden augenfällig auf Tischen präsentiert (Gell. V 4, 1; Ps.-Acr. ad Hor. epist. I 20, 2); andere lagen in Schränken und Regalen, in denen die Kunden stöberten. Daneben waren B. auch Treffpunkte von literarisch Interessierten und Intellektuellen, die dort miteinander ins Gespräch kamen (Gell. V 4). Viele Buchhändler waren zugleich Verleger: so die Sosii, die die Werke des Horaz verbreiteten (ars p. 345 f.), und der Verlagsbuchhändler Tryphon, bei dem Martial (XIII 3, 4) und Quintilian (praef.) «publizierten», oder auch Dorus, der u. a. das umfangreiche Geschichtswerk des Livius verlegte und vertrieb (Sen. ben. VII 6, 1). Neben «modernen» Autoren wurden natürlich auch die griechischen und römischen Klassiker verkauft. Manche B. waren auf wertvolle antiquarische Bücher spezialisiert, für die z. T. erhebliche Preise bezahlt wurden. Das teuerste in der Überlieferung erwähnte Buch war eine Ausgabe des zweiten Gesangs der Aeneis, die angeblich Vergil selbst einmal gehört hatte; sie wechselte für zwanzig *aurei* (Golddenare) den Besitzer (Gell. II 3, 5). Schwarze Schafe unter den Buchhändlern machten sich die Nachfrage nach antiquarischen Werken in guter Qualität in betrügerischer Weise zunutze, indem sie minderwertige Exemplare durch Wälzen in Mehl künstlich alt machten (DChr XXI 12). Die Kalkulation der Preise war Sache jeder einzelnen B. Die teuren verlangten z. T. Preise, die selbst bei einer Halbierung noch einen ordentlichen Gewinn abgeworfen hätten (Mart. XIII 3). Insgesamt läßt sich aber mangels konkreter Angaben keine allgemeine Aussage zum Preisniveau von Büchern machen. «Bestseller» wie Martials freche Epigramme kosteten natürlich mehr als Ladenhüter, die Buchfreunde manchmal zu Spottpreisen erwerben konnten.

Auch in anderen Stadtteilen Roms gab es B. Darüber hinaus war der Buchhandel im gesamten Imperium so gut organisiert, daß man Bücher wichtiger Autoren zumindest in größeren Städten erwerben konnte. Der Jüngere Plinius freut sich darüber, daß eine B. in Lyon seine Werke führt (ep. IX 11, 2), und Martial ist stolz darauf, daß seine Gedichte auch im südfranzösischen Vienne vertrieben werden (VII 88). Daß die Klassiker über → Bibliotheken und B. eine «weltweite» Verbreitung fanden, ist gewiß. Freilich scheint es so, daß daneben bisweilen auch in Rom Unverkäufliches bzw. abgegriffene Ansichtsexemplare in die «Provinz» spediert wurden in der Hoffnung, wenigstens dort noch einen Käufer zu finden... (Hor. epist. I 20, 11 ff.).

> **«Modernes Antiquariat» in Brindisi**
>
> Als wir aus Griechenland nach Italien zurückkehrten und... in Brindisi im Hafen schlenderten..., erblickten wir Bündel von Büchern, die zum Verkauf ausgestellt waren. Und ich stürze mich sofort auf die Bücher. Es waren allesamt griechische Bücher..., alte Autoren von nicht geringer Bedeutung. (...) Die Bände selbst waren freilich aufgrund lange mangelnder Pflege in schlechtem Zustand und häßlich anzusehen. Trotzdem ging ich hinein, um mich nach dem Preis zu erkundigen. Er war unerwartet so außerordentlich niedrig, daß ich die meisten Bücher für ganz wenig Geld kaufe und sie alle in den beiden folgenden Nächten «querlese» *(cursim transeo).* Gellius IX 4, 1–5

QQ: Hor. epist. I 20; ars p. 345 f.; 372 f.; Mart. I 2; 117; VII 8; XIII 3; Plin. ep. IV 7, 1 f.; IX 11, 2; Gell. II 3, 5; V 4; IX 4.

Lit.: E. Fantham, Literarisches Leben im antiken Rom, Stuttgart 1998; H. Blanck, Das Buch in der Antike, München 1992, 125 ff.; T. Kleberg, Buchhandel und Verlagswesen in der Antike, Darmstadt 1967.

Büstenhalter

Das römische Pendant zum modernen B. war die *fascia pectoralis,* eine um die Brust geschlungene Binde, deren wesentliche Aufgabe es war, den Busen aufrecht zu halten. Ein Nebeneffekt war es, daß die Brüste leicht zusammengedrückt wurden; Frauen mit kleinen Brüsten empfiehlt Ovid deshalb das Tra-

Flötenspielerin mit Busenband.

gen eines Busenbandes (ars am. III 274). Die *fascia pectoralis* (andere Bezeichnungen: *amictorium, taenia, mamillare*) wurde auf bloßer Haut getragen; sie war gewöhnlich aus Stoff, nur selten wohl aus Leder (Mart. XIV 66). Auf Abbildungen erscheinen auch rote und grüne «B». Ob freilich jede Römerin regelmäßig ein Busenband getragen hat, ist angesichts der spärlichen Bezeugung in den Quellen sehr fraglich. In Halbwelt-Kreisen war die *fascia* allerdings – manchmal unter der Brust getragen und damit nichts verhüllend – als eine Art Reizwäsche beliebt: Auf nicht wenigen pompejanischen Malereien mit erotischen Szenen ist das Busenband das einzige Kleidungsstück, das die Frau während des Geschlechtsaktes trägt.

QQ: Ov. ars am. II 274; rem. 338; Mart. XIV 66; 134; 149; pompejan. Wandgemälde: National-Museum Neapel Inv. 27685, 27686, 110569; Apul. Met. X 21,1.

Lit.: Krenkel, Naturalia non turpia 356 ff.

Ehe

Wenn keine juristischen oder sozialen Barrieren im Wege standen, die nur eine informelle → Lebensgemeinschaft ermöglichten, war die formelle Ehe *(iustum matrimonium)* bei den Römern der Normalfall des Zusammenlebens von Mann und Frau. Ihrem Wesen nach war sie auf eine lebenslange Verbindung angelegt (Dig. XXIII 2, 1). Dieses Ziel wurde zumal in der ausgehenden Republik und der Kaiserzeit häufig nicht erreicht; → Scheidungen waren leicht durchzuführen und üblich. Als Ziel der Ehe wurde allgemein die Zeugung legitimer Nachkommen angesehen; die – neben *nuptiae* – gebräuchliche Bezeichnung für Ehe läßt das noch erkennen: *matrimonium* bedeutet «Mutterschaft» (vgl. auch Laud. Tur. I 31 ff.; Dig. XXIV 1, 60, 1).

Besonders wichtig für das Verständnis der römischen Ehe (und ihrer Probleme) ist die Tatsache, daß sie häufig nicht auf eine Liebesbeziehung gründete. Im rechtlichen Sinn sind zwei Formen der Ehe zu unterscheiden: Die Ehe mit und ohne *manus*. Im ersten Fall schied die Braut aus der väterlichen Gewalt *(patria potestas)* aus und begab sich statt dessen in die «Hand» *(manus)* ihres Mannes (Gaius I 109 f.). Entsprechend stark war ihre Abhängigkeit in einer solchen Beziehung (vgl. etwa Cato bei Gell. X 23; Liv. XXXIV 2 f.). Bis zum Ende der Republik setzte sich deshalb zunehmend die (schon für das 5. Jh. v. Chr. als Möglichkeit bezeugte) *manus*-freie Ehe durch, bei der die Frau nicht in die Familie des Mannes eintrat, sondern ihren Familiennamen behielt und auch im Besitz ihres Vermögens blieb. Bei schlechter Behandlung durch ihren Mann konnte sich die Frau an ihre männlichen Verwandten um Hilfe wenden (Plut. Mor. 289e). In der Kaiserzeit war die *manus*-freie Ehe der Normalfall.

Grabdenkmal des Veteranen C. Julius Maternus aus Köln «für seine süßeste und keuscheste Gattin». Das Relief zeigt eine harmonische Mahl-Szene: den Hausherrn auf einem Speisesofa und die Gattin ihm gegenüber im Lehnsessel; ringsum Sklaven als Bedienungen (CIL XIII 8267).

Für und wider die Ehe: zwei Stimmen

a) Die Sicht des Rhetors: Anleitung zu einer Hochzeitsrede

«Beginnen muß man die Rede mit den Göttern, und zwar damit, daß sie es sind, die die Ehe erfunden und den Menschen gezeigt haben: Zeus nämlich und Hera, die als erste ein Gespann und ein Paar gebildet haben...». Dionys von Halikarnaß, Ars rhet. II 2

b) Die Sicht eines Desillusionierten

Als die Freunde Aemilius Paullus (nach der Scheidung) Vorwürfe machten: «Ist sie nicht sittsam? Ist sie nicht schön? Nicht fruchtbar?», soll er seinen Schuh hingehalten und gesagt haben: «Ist er nicht schön? Ist er nicht neu? Aber keiner von euch kann wissen, wo er mir am Fuße drückt.» Plutarch, Aemilius 5

Als Reaktion gegen häufige → Scheidungen und Kinderlosigkeit vieler Ehen vor allem der oberen Schichten setzte Augustus eine rigorose Ehe-Gesetzgebung durch, die für alle Männer von 25–60 und alle Frauen von 20–50 Jahren eine Ehe-Pflicht festschrieb. Obwohl Verstöße dagegen mit erheblichen vermögens- und erbrechtlichen Sanktionen geahndet wurden, hatte diese Maßnahme in der Praxis nur sehr begrenzten Erfolg.

Die Aufgabenteilung innerhalb der Ehe war nach der Ideal-Norm klar geregelt: Der Mann ging einer Erwerbstätigkeit nach, um die → Familie zu unterhalten, die Frau war «Hüterin des Hauses» und kümmerte sich um die Erziehung der Kinder: *casta fuit, domum servavit, lanam fecit,* heißt es in einer berühmten Grabinschrift (CIL I² 1007) von einer «echten» römischen Matrone («sie war keusch, hütete das Haus und verarbeitete Wolle»).

Zwischen Anspruch und Realität lag indes vielfach eine erhebliche Diskrepanz

Tugendkatalog I: Was der Mann an seiner Frau schätzte

modesta	bescheiden
proba	rechtschaffen
frugalis	sparsam
quieta	friedlich
obsequentissima	gehorsamst
pia, piissima	fromm, gewissenhaft
fidelissima	absolut treu
casta	keusch
pudens	schamhaft
officiosa	pflichtbewußt

Tugendkatalog II: Welch harmonische Ehe man geführt hat

sine querella (lite)	ohne Streit
concorditer	einträchtig
sine offensa	ohne Beleidigung
sine fraude	ohne Betrug
sine iracundia	ohne Jähzorn

Tugendkatalog III: Ansprüche an die ideale Ehefrau

univira, uno viro contenta	mit einem einzigen Mann (im Leben) zufrieden
domiseda	häuslich (wörtlich: «zu Hause sitzend»)
pulcherrima	wunderschön
prudentissima	lebensklug
rarissima	eine ganz seltene Erscheinung
incomparabilis	unvergleichlich

Aus Grabinschriften, zitiert nach B. v. Hesberg-Tonn, Coniunx carissima, Stuttgart 1983, 213 ff.

– dies um so mehr, als sich die überlieferte Idealvorstellung vor allem auf die gesellschaftlich führenden Schichten bezieht. Viele Frauen der unteren sozialen Schichten waren auch in der Ehe berufstätig (→ Frauenarbeit), und die Harmonie zwischen den Ehepartnern, wie sie auf zahllosen Grabinschriften mit stereotypen Formulierungen beschworen wird (s. Zitat), war nicht selten getrübt. Der Ehe-Alltag war häufig glanzlos (was nicht verwundert, aber angesichts vieler idealisierender Darstellungen zur römischen Ehe deutlich gesagt werden muß): Ehebruch und zerrüttete Familienverhältnisse waren nicht gerade selten, und auch daran änderte die augusteische Sittengesetzgebung trotz scharfer Bestimmungen (DC LIV 16) wenig (Lact. VI 23, 29). Klagen über herrische Frauen in der Komödie (Plaut. Most. 690 ff.) sind offenbar ein das Publikum belustigender Spiegel mancher Ehe-Wirklichkeit; ebenso «Gardinenpredigten», die pflichtvergessene Ehemänner über sich ergehen lassen mußten (Plaut. Asin. 851 ff.; vgl. auch Mil. 678 ff.). Auch das sprichwörtliche Pantoffel-Regiment war als solches schon bekannt: «Sie weist dich sicher zurecht mit dem roten Pantoffel!... Jetzt noch trotzest du wild, doch ruft sie, so heißt's: ‹Unverzüglich!›» (Pers. V 169 ff.; vgl. auch Mart. VIII 12). Ehe-Verdrossenheit, tatsächliche und vor allem ironisch-augenzwinkernde, wird in vielen Passagen vor allem der komischen und satirischen Literatur deutlich: Man spielte – ähnlich wie heute – mit dem Motiv, ohne es wirklich so ernst zu meinen. Die meisten Römer «beugten» sich doch der Tradition, deren Schritte → Verlobung und → Hochzeit hießen.

Letzte Warnung vor der Hochzeit

«Warst aber sonst doch bei Trost! Ein Weib, o Postumus, nimmst du? Welche Tisiphone, welch Natterngezücht verfolgt dich? Kannst du die Herrin ertragen, solang noch Stricke vorhanden und sich in schwindelnder Höh noch Fenster genug dir eröffnen?»

Juvenal in seiner «Weibersatire» (VI 28 ff.); Übers.: W. Krenkel

QQ: Plaut. Mil. glor. 678 ff. (Ehe-Kritik); Laudatio Turiae I 30 ff. (Ehe-Lob); Sen. ben. III 16, 2 ff. (Zunahme von Scheidungen). Weitere antike Stimmen zur Ehe als Quellensammlung: J. E. Grubbs, Women and law in the Roman Empire, London 2002; U. Blank-Sangmeister, Röm. Frauen. Ausgewählte Texte, Stuttgart 2002; K. Gaiser (Hg.), Für und wider die Ehe, München 1974. Juristisches: Gaius I 67 ff.; Dig. XXIII 2, 1.

Lit.: P. Giunti, consors vitae, Mailand 2004; König, Vita Romana 23 ff.; S. Dixon, The Roman family, Baltimore/London 1992; B. M. Rawson (Hg.), The family in ancient Rome. New perspectives, London ²1992; A. Mette-Dittmann, Die Ehegesetze des Augustus, Stuttgart 1991; B. M. Rawson (Hg.), Marriage, divorce and children in ancient Rome, Oxford 1991; S. Treggiari, Roman marriage, Oxford 1991; Pomeroy, Frauenleben 229 ff.; J. H. Jung, Das Eherecht der römischen Soldaten, ANRW II 14 (1982), 302 ff.; L. F. Raditsa, Augustus' legislation concerning marriage..., ANRW II 13 (1980), 278 ff.

Einkaufsbummel

Der E. durch die vornehmen → Geschäfte und Luxusboutiquen zumal der Hauptstadt gehörte zu den Vergnügen von Frauen und Männern der Oberschicht. Unter sie mischte sich auch manch einer, der gern zur «Schickeria» gehört hätte, mangels Geld indes stets ein Möchtegern-Käufer blieb und nach langen Stunden des Flanierens und Waren-«Schnupperns» allenfalls mit einem wertlosen Souvenir nach Hause ging (Mart. IX 59; X 80). Treffpunkt der eleganten Welt für ausgedehntes *shopping* waren vor allem die *Saepta* in der Nähe des Pantheons, eine Via Condotti des antiken Roms. In diesem Edel-Einkaufszentrum gab es vorwiegend teure Artikel: Möbel, Schmuck, Kleinbronzen, Kristallgefäße – und Luxussklaven. Auch beim Einkauf von Waren des täglichen Bedarfs nahmen sich viele wohl gern Zeit und ließen sich von Ladenbesitzern und fliegenden Händlern auf den Märkten ausführlich «beraten» (Hor. sat. I 6, 110ff.); die einschlägigen Verkaufsszenen in einer pompejanischen Darstellung wirken jedenfalls keineswegs hektisch.

Händler und Kunden zwischen den Säulen einer mit Girlanden geschmückten *porticus*. Rechts ein Schuster, links Verkauf von Metallgefäßen und -geräten. Nach einer pompejanischen Wandmalerei.

QQ: Hor. sat. I 6, 110 ff.; Mart. II 57; IX 59; X 80; Juv. VI 153 ff.; W. Helbig, Die Wandgemälde der vom Vesuv verschütteten Städte Campaniens, Leipzig 1868, Abb. 1489 ff.

Lit.: Weeber, Ganz Rom 108 ff.; G. G. Bernard, Botteghe romane. L'arredamento, Rom 2005; André, Freizeitkultur 161 ff.

Empfängnisverhütung

Im Altertum wurde zwischen E. und → Abtreibung nicht so strikt unterschieden wie heute. Als dritte Methode der Familienplanung trat → Kindesaussetzung hinzu. Wesentlicher Grund für die mangelnde Abgrenzung zwischen den verschiedenen Praktiken, die Zahl der Nachkommen zu beschränken, war das Fehlen zuverlässiger Kenntnisse über den Zeitpunkt der Empfängnis (so war auch die Dauer der Schwangerschaft umstritten). Bezeichnenderweise gibt es im Lateinischen kein spezielles Wort für E. oder Kontrazeption (außer dem Verbalausdruck *ne concipiat,* «damit sie nicht schwanger wird»).

Die Quellenlage ist dürftig; sie bezieht sich hauptsächlich auf die führenden Schichten der römischen Gesellschaft. E. wurde praktiziert, scheint aber gegenüber der Abtreibung eine untergeordnete Rolle gespielt zu haben. Größere Bedeutung erhielt sie erst mit dem wachsenden Wohlstand der Römer seit dem 2. Jh. v. Chr. In seiner Sittengesetzgebung (18 bzw. 9 v. Chr.) bemühte sich Augustus mit geringem Erfolg, die Zahl der Nachkommen durch Anreize für Kinderreiche und Zurücksetzung Unverheirateter und Kinderloser zu erhöhen. Ethische Bedenken gegenüber E. bestanden nicht. I. a. galt E. als Frauensache.

Als Verhütungsmittel galten Zedernharz, Essig, Salzwasser und Olivenöl (in die Vagina oder auf den Penis gestrichen), Scheidenspülungen und Entfernen des Spermas aus der Vagina mit den Fingern. Außerdem kannte man Okklusiv-Pessare auf Wolle-Basis, die mit Olivenöl, Honig, Harz oder Wein getränkt wurden und geeignet waren, die Mobilität der Spermien herabzusetzen. Abergläubische benutzten auch Amulette mit vermeintlich magischer Wirkung. Die «natürliche» V.-Methode durch Enthaltsamkeit an den fruchtbaren Zyklus-Tagen wurde zwar gelegentlich empfohlen, war aber faktisch aufgrund fehlender Kenntnisse (antike Ärzte hielten die Frau fälschlich für besonders fruchtbar unmittelbar nach der Menstruation) unwirksam. *Coitus interruptus* hatte als V.-Methode offenbar kaum Bedeutung; er wird erstmals im 4. Jh. n. Chr. erwähnt. Als besonders wirksames Kontrazeptivum nennt Plinius das aus dem Leib einer Giftspinne gewonnene *phalangium* (NH XXIX 85). Daneben «handelte» man eine ganze Reihe angeblicher Zaubermittel von sehr fragwürdiger Wirksamkeit (singulär die Werbung für ein nicht näher genanntes Mittel auf einem griechischen Papyrus aus dem 4. Jh.: «Verhütungsmittel – das einzige auf der Welt!»; Pap. Osloenses, fasc. I, Oslo 1925, 1, 321 f.). In der medizinischen Fachliteratur finden sich allerdings erheblich mehr Rezepte für den Abortus als für die aufwendigere E. Die Kenntnisse des Altertums in Fragen der E. entsprechen ungefähr denen der Neuzeit vor 1850.

Lit.: A. Rousselle, Der Körper und die Politik, in: G. Duby/M. Perrot, Geschichte der Frauen, I (Antike), hg. v. P. Schmitt Pantel, Frankfurt a. M. 1993, 336 ff.; K. Hopkins, Contraception in the Roman Empire, in: A. K. Siems (Hg.), Sexualität und Erotik in der Antike, Darmstadt 1988, 168 ff.; W. A. Krenkel, Familienplanung und Familienpolitik in der Antike, in: Siems (s. o.) 375 ff.; A. Keller, Die Abortiva in der röm. Kaiserzeit, Stuttgart 1988; E. Eyben, Family planning in Graeco-Roman Antiquity, AncSoc 11/12 (1980/81), 5 ff.; M.-Th. Fontanille, Avortement et contraception dans la médecine gréco-romaine, Paris 1977; N. E. Himes, A medical history of contraception, 1936, ND New York 1970.

Energiequellen

Die in der römischen Antike genutzten E. waren die – z. T. durch mechanische Instrumente wie Hebel, Rollen und → Kräne erhöhte – Muskelkraft von Menschen und Tieren und die nur für Segelschiffe nutzbar gemachte Windkraft. Holz und vor allem Holzkohle dienten zur Erzeugung thermischer Energie. Erst seit augusteischer Zeit spielte die Wasserkraft als E. eine größere Rolle (Wasserräder und -mühlen); Wassermühlen setzten sich jedoch gegenüber Tretmühlen nur allmählich und keineswegs überall durch. Trotz einschlägiger theoretischer Ansätze bei Heron Alexandrinus erfolgte der Schritt zur Erfindung der Windmühle in der Antike nicht (in Europa erst über arabische Vermittlung im 12. Jh. bezeugt). Ebensowenig wurde die Dampfkraft als E. erschlossen, obwohl Herons «Dampfkugeln» (Pneum. II 1) schon das Prinzip der Heißluftturbine zugrunde lag. Grund für die fehlende technische Weiterentwicklung auf dem Gebiet der E. waren wohl weniger die vermeintlich billige unfreie Arbeit oder ein allgemeines Überangebot an Arbeitskräften als vielmehr eine andere ökonomische Mentalität der Antike.

QQ: Vitruv de arch. X 5 (Schöpfrad, Wassermühle).

Lit.: Oleson, Handbook of engineering 136 ff.; Schneider, Technikgeschichte 40 ff.; L. Casson, Ancient trade und society, Detroit 1984, 130 ff.; Landels, Technik 9 ff.; F. Kiechle, Sklavenarbeit und technischer Fortschritt im Römischen Reich, Wiesbaden 1969, 148 ff.

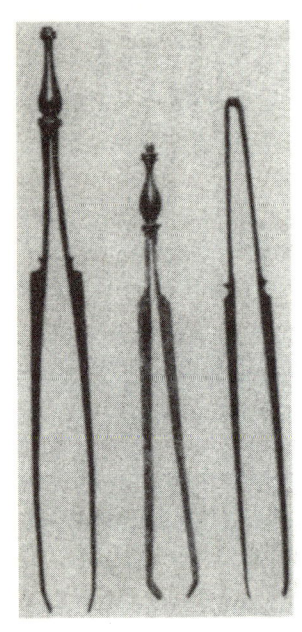

Enthaarung

Die Haare an den Beinen und unter den Achseln zu entfernen, scheint bei den römischen Frauen üblich gewesen zu sein; Ovid hält diese Form der Körperpflege für ebenso selbstverständlich wie das tägliche Waschen und Zähneputzen (ars am. III 193 ff.). Bei Männern galt die Beseitigung von Körperhaaren als effeminiert, wurde aber offensichtlich trotzdem von vielen praktiziert (Plin. NH XXIX 26). Sie beschränkte sich in der Regel auf Achseln und Beine, manche dehnten sie auch auf die Arme und den Genitalbereich aus (Mart. II 62). Methoden der E. waren das Auszupfen der Haare mittels Pinzetten (*volsellae*, von *vellere*, «ausrupfen») von 5–11, gewöhnlich 7–8 cm Länge oder das Auftragen von E.cremes. Sie bestanden meist aus einer Paste, die durch das Auflösen von Harz in Öl entstand *(psilothrum, dropax)*; dabei wurde die Haftwirkung des Harzes genutzt. Die Haut wurde durch dieses Verfahren stark strapaziert. Augustus pflegte sich die Beinhaare mit Hilfe heißer Nußschalen abzusengen (Suet. Aug. 68). Die *volsellae* gehörten zum Handwerkszeug der Barbiere (Plaut. Curc. 577); in den Thermen boten professionelle Haarausrupfer (*alipili*; Sen. ep. 56, 2) ihre Dienste an.

Pinzetten *(volsellae)* aus der Kaiserzeit.

QQ: Plin. NH XXIX 26; XXX 132 f.; XXXII 135 f.; Sen. ep. 56, 2; Juv. 8, 114; Suet. Caes. 45, 2; Aug. 68.

Lit.: S. Stewart, Cosmetics and perfumes in the Roman world, Stroud 2007, 92 ff.

Geschrei gehört dazu

Stell dir... noch einen Achselhaarausrupfer vor, der unablässig seine dünne, schrille Stimme ertönen läßt, um auf sich aufmerksam zu machen, und der erst dann still ist, wenn er einen hat, dem er die Haare auszupft – wobei er dann den anderen zwingt, an seiner Stelle loszuschreien! Seneca, ep. mor. 56, 2

Erbschleicherei

Nach Ausweis zahlloser Tatsachenberichte und satirischer Darstellungen war die E. *(testamenti captatio)* das Krebsübel der kaiserzeitlichen Gesellschaft. Die Wurzeln reichen aber bis in die Zeit der Republik zurück (Plaut. mil. glor. 705 ff.). Nährboden für die E. war die verbreitete Kinderlosigkeit wohlhabender Männer und Frauen. Sie wurden von Erbschleichern auf vielfältige Weise umgarnt (Terminus technicus: *captare*, «schmeicheln», «um den Bart gehen», «angeln», «einfangen»): Einladungen zu üppigen Gastmählern, teure Geschenke, kostenloser Rechtsbeistand, mietfreies Wohnen, häufige Besuche und Fürsorge jeder Art waren neben verbalen Schmeicheleinheiten die gängigsten Mittel, um sich die Gunst kinderloser Erblasser in der Hoffnung auf ein üppiges Legat zu erwerben. Besonders kurios ist der Fall des Philosophen Annaeus Cornutus, dessen Hörsaal vor allem durch Zuhörer gefüllt gewesen sein soll, die ihn zu beerben hofften (Ael. ed. Hercher II 227 frg. 83). Manch einer betrieb E. geradezu gewerbsmäßig; von der «berufsmäßig ausgeübten Kunst der E.» zweier rückgratloser Zeitgenossen berichtet Seneca (ben. VI 28, 4). Nicht selten glitt die E. in kriminelle Praktiken ab (Verdacht des Giftmordes; Plin. NH XXIX 20 gegen → Ärzte; vgl. auch Luk. dial. mort. 7). In einer von E. so geprägten Gesellschaft blieb es nicht aus, daß auch die potentiellen Opfer Nutzen aus ihrer Lage zogen: Sie stellten sich absichtlich krank und schwach, um Hoffnungen auf ihren Tod zu nähren und noch einmal reich beschenkt zu werden (von medikamentös herbeigeführter Gesichtsblässe als Anlockung für Erbschleicher berichtet Plin. NH XX 160), änderten ihr Testament häufig bzw. verwiesen dauernd darauf (Mart. XI 67) und nutzten die Beflissenheit der Erbschaftsjäger schamlos aus (Mart. II 40; IX 8). Nicht selten wurden die Hoffnungen der Erbschleicher bitter enttäuscht (Plin. ep. VIII 18). Wie sehr Erbschleicher und Erblasser aufeinander angewiesen waren, bringt Plinius auf den Punkt: «Kinderlosigkeit (verspricht) höchstes Ansehen und Macht, Erbschleicherei den ergiebigsten Gewinn» (NH XIV 5).

Späte Miete

Niemand wohnt gratis bei dir, ist er reich nicht und auch ohne Kinder. / Mehr Miete zahlt gleichwohl, Sosibianus, kein Mensch!

Mart. XI 83

QQ: Plaut. mil. glor. 705 ff.; Hor. Sat. II 5; Mart. II 26, II 40, IV 56, V 39, VI 63, VIII 27, XI 67, XI 83, XII 40, XII 56; Plin. ep. II 20; Luk. Dial. mort. 5–9.

Lit.: A. R. Mansbach, Captatio: Myth and reality, Diss. Princeton 1982; Friedländer, Sittengeschichte I 248 ff.

F

Facharzt

Die antike Medizin hatte grundsätzlich einen ganzheitlichen Ansatz und Anspruch. Der → Arzt war deshalb in der Regel ein «Generalist»; der «praktische Arzt» *(medicus)* blieb bis in die Spätantike der normale Vertreter seines Standes; F. waren rar. Aber es gab sie – wenngleich wohl nur in den größeren Städten (Gal. part. art. med. 3, 1). Die ersten Ansätze zu einer Spezialisierung fielen ins 1. Jh. v. Chr. Damals bildeten sich allmählich die drei speziellen Fachrichtungen heraus, die im eigentlichen Sinne als F. angesprochen werden können: der Chirurg *(chirurgus)*, der Augenarzt *(ocularius)* und der Ohrenarzt *(auricularius)*. Diese drei F.-Richtungen sind im inschriftlichen Material vielfach belegt. Als «Doppel-F.» war ein Decimius Eros Merula aus Assisi tätig. Er brachte es als Chirurg und Augenarzt zu solidem Wohlstand, an dem er nach Ausweis seiner Grabinschrift die Gemeindekasse großzügig teilhaben ließ (CIL XI 5400).

Der gefragteste F.-Beruf war der des Augenarztes. Offensichtlich waren Augenleiden weitverbreitet. Dafür spricht nicht nur ihre ausführliche Erörterung in der medizinischen Fachliteratur, sondern auch eine ungewöhnliche archäologische Hinterlassenschaft: die sog. Augenarztstempel. Das waren ca. 5×5 cm große, flache Steinplättchen, die zum Stempeln von Augensalben benutzt wurden. Die Salben ließ man anschließend trocknen. In Kollyrien- («Brötchen»-)Form wurden sie dann vertrieben. Die Stempel, die sich in den westlichen Provinzen des Reiches konzentrieren (ca. 300 bis jetzt bekannt), gaben den Namen des Augenarztes sowie den Hauptwirkstoff der Salben und den Anwendungsbereich an, so z. B. *Honesti Lautini diamisus ad veter(es) cica(trices)*, «des Honestus Lautinus Vitriolsalbe gegen alte Narben».

Die Gynäkologie spielte zwar im medizinischen Schrifttum als Teildisziplin eine wichtige, von der übrigen ärztlichen Kunst klar geschiedene Rolle, doch entwickelte sich daraus keine eigentliche F.-Richtung (trotz Soran. III pr.). Bei Routine- →Geburten standen Ärzte meist im Schatten erfahrener Heb-

Oben: Ein Augenarzt behandelt oder untersucht das Auge einer Patientin; mit der linken Hand hält er den Kopf der Frau fest. Relief aus Malmaison, 3./4. Jh. n. Chr.

Links: Augenarztstempel aus Kenchester, England.

Er bringt sie so oder so ins Grab...
Bist Gladiator jetzt, zuvor warst du Arzt für die Augen,
tatest als Augenarzt einst, was du als Kämpfer jetzt tust.
Martial VIII 74

ammen *(obstetrices)*; allerdings waren die Grenzen zwischen Geburtshelferinnen und Ärztinnen fließend. Die wenigen weiblichen Ärzte, die von Grabinschriften bekannt sind (Dessau ILS 7802 ff.), dürften sich am ehesten auf Frauenheilkunde spezialisiert haben. Zu den technisch vergleichsweise komplizierten Spezial-Instrumenten in diesem Bereich gehörte das Vaginalspeculum, das in der Kaiserzeit üblicherweise bei Untersuchungen und Operationen verwendet wurde.

Da auch der praktische Arzt keinerlei Ausbildungspflicht oder staatlicher Zulassung unterlag, konnte sich jedermann F. nennen. Das Gros der Ärzte wird das seriös gehandhabt und sich erst nach intensiver Schulung und Erfahrung als Spezialisten empfohlen haben. Es gab aber auch Scharlatane und Beutelschneider, die mit möglichst geringem Aufwand viel Geld als F. verdienen wollten und sich deshalb ein sehr überschaubares «Spezialgebiet» zulegten: Da gab es «F.» für die Entfernung von Brandmarken ehemaliger Sklaven, für das Wegbrennen lästiger Wimpern und «Bruch»-Spezialisten (Mart. X 56). Als windige Geschäftemacher verdächtigt Plinius auch jene Haut-«Spezialisten», die während einer «Lepra»-Epidemie in Rom geradezu in Scharen einfielen: Sie kamen «aus Ägypten, der Geburtsstätte solcher Übel», verkauften ihr medizinisches Know-how und zogen mit prall gefülltem Geldbeutel wieder ab (Plin. NH XXVI 3 f.).

Anal- und Vaginalspeculum.

Grabstein einer Ärztin *(medica)* aus Metz.

Von einem ebenso notwendigen wie gefürchteten F. war bislang noch nicht die Rede: dem Zahnarzt. Es gibt zwar vereinzelte Hinweise auf solche Spezialisten (Mart. X 56, 3; Dig. L 13, 1, 3), doch fiel die Zahnheilkunde in der Regel in den Zuständigkeitsbereich des Allgemein-Chirurgen – was die Eingriffe, zumal angesichts des Fehlens von Betäubungsmitteln heutiger Wirksamkeit, nicht angenehmer machte (Cels. VII 12). Daß sich trotz beachtlicher Techniken etwa auch bei der Anfertigung von → Zahnersatz keine klare F.-Bezeichnung herausgebildet hat, läßt sich wohl kaum mit der Furcht der «Branche» vor einem Negativ-Image als besondere Schmerzen und Schrecken hervorrufender Beruf erklären: Auf einigen Grabsteinen haben sich einschlägig spezialisierte Chirurgen durch die Darstellung ihrer typischen Instrumente mutig zu ihrer Tätigkeit «bekannt» (Jackson, Doctors 119).

QQ: Plin. NH XXVI 3 f.; Mart. VIII 74; X 56; Gal. part. art. med. 3, 1; Cels. VI 2 ff.; Philostr. gymn. 15; epigraphische Quellen: H. Geist (Hg.), Röm. Grabinschriften, München 1969, 102 ff.; J. Korpela, Das Medizinpersonal im antiken Rom, Helsinki 1987, 155 ff.

Lit.: K.-H. Leven, Antike Medizin. Ein Lexikon, München 2005; V. Nutton, Roman medicine: tradition, confrontation, assimilation, ANRW II 37,1 (1993), 49 ff.; A. Krug, Heilkunst und Heilkult. Medizin in der Antike, München ²1993; H. Matthäus, Der Arzt in römischer Zeit. Medizinische Instrumente und Arzneien, Aalen 1989; R. Jackson, Doctors and diseases in the Roman Empire, London 1988, 86 ff.; J. Korpela, Fachärzte in der antiken Stadt Rom, Hippokrates 1, 1984, 27 ff.; V. Nutton, Roman oculists, Epigraphica 34 (1972), 25 ff.; L. Düppers, Die römischen Augensalbenstempel, 1972; Friedländer, Sittengeschichte I 194 ff.

Fächer

Auch die Damen der feinen stadtrömischen Gesellschaft haben sich, glaubt man dem Historiker Ammianus Marcellinus, im 4. Jh. weit vom «kernigen» Altrömertum entfernt: «Setzen sich Fliegen beim Wedeln der vergoldeten Fächer auf die seidenen Zipfel ihrer Kleider..., dann erheben sie Wehklagen, daß sie nicht bei den Kimmeriern (am kühlen «Ende» der Welt) geboren sind» (XXVIII 4, 18). Die Benutzung des F. *(flabellum)* geht indes schon bis weit in die republikanische Zeit zurück: Vornehme Damen ließen sich von jungen Sklavinnen oder Sklaven Luft zufächeln; die *flabellifera* («Fächerträgerin») als spezialisierte Bedienstete findet sich schon in einer plautinischen Komödie (Trin. 251). Und auch in weniger distinguierten Kreisen gehörte es zum guten Ton, wenn der Kavalier sein Werben um eine Frau mit so praktischen Taten wie dem Zufächeln kühler Luft unterstützte – selbst wenn er sich dabei im Circus des Programmheftes als F. bediente (Ov. am. III 2, 37 f.; ars I 161). Für Männer schickte sich nach allgemeiner Auffassung der Gebrauch von F. in der Öffentlichkeit nicht (s. Zitat; vgl. aber Suet. Aug. 82, 1).

Wie sich ein Gastgeber *nicht* benehmen sollte
Sein Liebling steht und reicht ihm, ist er beim Rülpsen,
die roten Federn und die Mastix-Zahnstocher.
Und ist ihm heiß, so gibt, sich über ihn neigend,
mit grünem Fächer ihm die Liebste lind Kühlung.
Martial III 82, 8 ff.

Die antiken F. ließen sich nicht öffnen und schließen; sie waren steif an einem Stiel angebracht und bestanden häufig aus herzförmig gestalteten Palmwedeln, Lotusblättern oder Pfauenfedern (Prop. II 24, 11); vermutlich wurden auch naturalistisch grün gefärbte Leder-«Imitate» verwendet (Mart. III 82, 8). Die solide Verarbeitung der F. erlaubte es, sie auch als Ersatz für jenes ähnlich gearbeitete «Spezialwerkzeug» einzusetzen, das die Römer *muscarium* nannten: die Fliegenklatsche (Mart. XIV 67 f.).

QQ: Ter. Eun. 592 ff.; Plaut. Trin. 251; Mart. III 82, 7 f.; XIV 67 f.; Amm. Marc. XXVIII 4, 18.

Lit.: DS Artikel *flabellum*, II 2, 1149 ff.

Familie

Der Tod bedeutet die endgültige, «schmerzliche» Trennung von der F.: «Jetzt, jetzt wird dich nicht mehr dein glückliches Haus empfangen, und nicht mehr werden die gute Gattin und die lieben Kinder dir entgegeneilen, Küsse zu erhaschen, und nicht mehr wirst du in blühenden Verhältnissen leben und den Deinen ein Schutz sein können.» (Lukr. III 894 ff.). Dem glücklich-harmonischen Bild, das Lukrez hier von der römischen F. zeichnet – man sieht die einschlägigen idyllischen Szenen in amerikanischen TV-F.-Serien geradezu vor sich –, kontrastiert das düstere Bild total, das Seneca von der Beziehung zwischen Vätern und Söhnen entwirft: «Am niedrigsten stand Kindesliebe, nachdem wir öfters Säcke als Kreuze gesehen haben» (clem. I 23, 1): Vatermörder wurden in Säcke eingenäht und ins Meer geworfen, aufrührerische Sklaven dagegen ans Kreuz geschlagen.

Zwischen den beiden Zitaten liegen knapp drei Generationen. Sollte innerhalb so kurzer Zeit – «kurz» jedenfalls in den Kategorien einer traditionalistischen Gesellschaft wie der römischen – ein derart gravierender Wertewandel Platz gegriffen haben? Liest man ältere Darstellungen, so liegt der Schluß nahe, im Zuge des spätrepublikanischen «Sittenverfalls» habe auch die F. als grundlegende soziale Einheit erheblichen Schaden genommen. Das «Nachlassen der väterlichen Gewalt» habe, so Carcopino in seinem erstmals 1939 veröffentlichten Buch, eine bedauernswerte Auflösung der festgefügten altrömischen F.-Bande im Gefolge gehabt (Rom 119 ff.).

Den Tendenzen zur Idealisierung frührömischer F.-Verhältnisse bei gleichzeitiger Schwarzweißmalerei in Sachen «Sittenverfall» ist die Forschung der letzten Jahre energisch entgegengetreten. Stärker sozialgeschichtlich orientierte Fragestellungen haben zur Zurückdrängung des juristischen Aspekts geführt, unter dem die F. lange Zeit vorrangig betrachtet und behandelt worden ist (vgl. etwa den RE-Artikel *familia*).

Dabei ist die rechtliche Grundlage natürlich nicht zu vernachlässigen. Sie ist erst einmal bedeutsam für ein ganz anderes Verständnis von F. bei den Römern: Zur *familia* gehörten alle im Haushalt lebenden Menschen – und damit auch die Sklaven (Dig. L 16, 195). In manchen Fällen konnte eine römische F. damit mehrere hundert Köpfe umfassen. Wie sich die sozialen Beziehungen innerhalb solch großer F.-Verbände gestalteten, läßt sich aus den Quellen nicht rekonstruieren. Selbst das Neben- und Miteinander von Freien und Unfreien in überschaubaren Haushalten wirft in seiner Komplexität mehr Fragen auf, als die Überlieferung Antworten bietet. Man denke nur daran, daß gewissermaßen unter dem «Dach» der → Ehe zwischen dem *pater* und der *mater familias* eine Reihe von → Lebensgemeinschaften unfreier F.-Angehöriger entstehen konnten und zu welchen Verwerfungen und Beziehungsstörungen innerhalb des Sozialverbandes alltägliche Ereignisse wie Tod und → Scheidung, Verkauf von Sklaven und ihre Freilassung führen mußten.

Im folgenden kann daher *familia* nicht als Wirtschaftseinheit – die bezeichnenderweise häufig mit *domus,* «Haushalt», synonym verwendet wird – verstanden werden. Wir beschränken uns statt dessen auf die Kern-F. Und die kam der modernen Vorstellung von der Größe einer F. sehr nahe: Sie bestand aus Mann, Frau und Kindern. Dabei dürfte die übliche Kinderzahl zwischen einem und drei gelegen haben. Der Gesetzgeber begünstigte in der Kaiserzeit zwar Dreikinder-F. (und größere!) durch Privilegien für beide Eltern *(ius trium liberorum,* «Dreikinderrecht»), doch führte diese auf Augustus zurückgehende staatliche Regulierung in den meisten Fällen nicht zu dem erwünschten «Reproduktionsverhalten» – man praktizierte lieber Geburtenkontrolle durch → Empfängnisverhütung und → Abtreibung.

Die Kern-F. blieb in der Regel unter sich. Groß-F., bei denen man mit erwachsenen Geschwistern oder mit (Groß-)Eltern unter einem Dach lebte, waren die Ausnahme (Val. Max. IV 4, 9; Plut. Crass. 1). Spätestens mit der → Hochzeit wurde – jedenfalls in der Oberschicht, über die allein zuverlässige Nachrichten zur F. vorliegen – ein eigener Hausstand gegründet. Natürlich gebot es die *pietas* (Pflichtgefühl), engen Verwandten wie Eltern, Geschwistern, Onkeln und Tanten in Notlagen zu helfen, sie ab und zu zu besuchen und bei Todesfällen als F.-Verband *(gens)* in Erscheinung zu treten; aber ein enges tagtägliches Zusammenleben entsprach dem Wunsch der meisten Römer nicht. Auch die noch unverheirateten jungen Männer zogen etwa ab dem 18. Lebensjahr einen Junggesellen-Haushalt vor.

Aber nur mit der Zustimmung des Vaters! Denn der hatte kraft der allumfassenden väterlichen Gewalt *(patria potestas)* theoretisch bis an sein Lebensende in allen Fragen die letzte Entscheidung. Das galt auch in finanzieller Hinsicht: Ohne eine freiwillige Unterhaltszahlung seitens des Vaters in Form eines dem Sohn zur Verfügung gestellten Sondervermögens (*peculium,* Verkleinerungsform von *pecunia,* «Geld»; Dig. XV 1, 5, 8) sah es mit der ersehnten (relativen) Selbständigkeit schlecht aus.

Sicher war es leichter, an solche Unterhaltszahlungen zu kommen, wenn man als jugendliches F.-Mitglied das tat, was von einem erwartet wurde: Den Eltern, insbesondere dem Vater, Ehrerbietung und Gehorsam entgegenzubringen (Cic. off. I 160). Doch selbst unter dem Druck der *patria potestas,* die auch ein fast unbeschränktes privates Strafrecht umfaßte, wuchsen nicht nur Mustersöhne heran, die «ihrem Vater in allen Dingen zu gehorchen, niemals schlecht von ihm zu sprechen, nichts, was ihn verletzen könnte, zu sagen und zu tun» (Epikt. Diss. II 10, 7) bereit waren; daher waren → Generationenkonflikte auch in römischen F. keine Seltenheit.

Wieviel Wärme und Geborgenheit vermittelte die römische F.? Die Rahmenbedingungen legen es nahe, ein vergleichsweise distanziertes Verhältnis zwischen den Eheleuten einerseits und in der Eltern-Kind-Beziehung andererseits anzunehmen. Die Machtfülle der *patria potestas* konnte zu einer Atmosphäre der Einschüchterung und Distanz führen – *wenn* sie in vollem Umfang ausgeschöpft wurde. Die vielzitierten Paradebeispiele für unerbittliche väterliche Strenge (Val. Max. V 8; Suet. Aug. 65) verdanken ihre Berühmtheit indes gerade ihrem Ausnahmecharakter. Auf der anderen Seite gibt es eine Reihe glaubwürdiger Berichte, wie liebe- und verständnisvoll Väter sich um ihre Kinder bemüht haben; darunter Römer, zu deren Klischeebild solche Zuneigung gar nicht zu passen scheint: Der «Patriarch» Cato maior war so vernarrt in sein Söhnchen, daß ihn nur ganz wichtige Staatsgeschäfte daran hindern konnten, «dabei zu sein, wenn die Frau den Säugling badete und wickelte» (Plut. Cato mai. 20, 4). Derselbe Cato lehnte übrigens auch die → Prügelstrafe als Züchtigungsinstrument gegen Kinder und Frau kategorisch ab.

Wärme, Zuneigung und Normvorstellung – ein ambivalentes Lebewohl

Der Puppe *(pupus)* Torquatinus, einem guten Jungen, der seinen Eltern stets gehorcht hat, im Alter von 8 Jahren, 9 Monaten und 13 Tagen gestorben, und dem Laetianus, auch er eine Puppe, auch er ein guter Junge, der seinen Eltern gehorchte, im Alter von 5 Jahren, 6 Monaten und 6 Tagen gestorben. Grabinschrift CIL VI 27556

Das Verhältnis der Ehepartner zueinander, das für das Klima in der F. grundlegend war, beruhte auf erheblich anderen Voraussetzungen als heute: Die römische Ehe war grundsätzlich eine auf nüchternen Vernunftüberlegungen beruhende, oft von den Vätern ausgehandelte Verbindung. Gerade in den gesellschaftlich führenden Kreisen war die «romantische» Liebesheirat die Ausnahme. Zweck einer Heirat war es vielmehr, legitime Nachkommen hervorzubringen, um auf diese Weise zum Fortbestand der *gens* beizutragen (Gell. IV 3, 2). Scheiterte das an der (vermuteten) Unfruchtbarkeit der Frau, so war das nach altrömischer Auffassung ein gesellschaftlich akzeptierter Scheidungsgrund (Gell. XVII 21, 44; Dig. XXIV 1, 60, 1; CIL VI 1527, Z. II 31 ff.).

Eine emotionale Basis mußten sich die Eheleute also erst im tagtäglichen Zusammenleben erarbeiten. Zu einer intensiveren erotisch-sexuellen Beziehung führte das häufig nicht; viele römische Männer glichen dieses Manko durch Konkubinate und regelmäßige → Bordell-Besuche aus – und in der Kaiserzeit setzte sich auch manche Frau über das Norm-Ideal der *univira* (einer Frau, die nur einen einzigen Mann im Leben hat) nicht nur durch Wiederheirat, sondern auch durch außereheliche Liebesverhältnisse hinweg.

Angestrebt wurde eine partnerschaftliche Beziehung, in der die Eheleute – aber kein erweiterter «F.-Rat»! – in einem *consortium omnis vitae* («Gemeinschaft in allen Lebensbereichen»; Dig. XXIII 2, 1) über alle wichtigen Dinge zusammen berieten und der Mann am Ende die Entscheidung traf (Plut. Mor. 139 D) – eine «Partnerschaft» mit deutlichem Ungleichgewicht, die nur auf der Grundlage gegenseitiger Achtung funktionieren konnte. Hilfreich für die von der Frau geforderte Unterordnung waren häufig ihr geringeres Alter und die auf ihre Rolle abgestimmte Sozialisation. Als «Erfolgsgeheimnis» ehelicher Harmonie rühmt Plinius, daß seine bedeutend jüngere Frau «nicht mein Alter und meinen Körper liebt – das alles altert und vergeht –, sondern meinen Ruhm», und er macht der Tante, unter deren Fittiche sie aufgewachsen war, das Kompliment, sie «durch deine Unterweisungen auf den richtigen Weg gebracht» zu haben (ep. IV 19, 5).

Vor allzu großer Tyrannei des *pater familias* war die Frau dadurch geschützt, daß die meisten Ehen *sine manu* abgeschlossen wurden. Die Frau blieb damit rechtlich in ihrer eigenen F., unterstand also nur einer *patria potestas* sozusagen aus der Ferne. Auch wirtschaftlich war die Mehrzahl der Oberschicht-Frauen relativ unabhängig: Scheiterte die Ehe, so nahmen sie die Mitgift *(dos)* in ihre F. zurück. Da Töchter erbrechtlich mit Söhnen gleichgestellt waren, verfügten viele Frauen nach dem Tode ihres Vaters außerdem über nicht unbeträchtliches Vermögen.

In der Realität des Alltags wird man sich freilich die Verhältnisse nicht immer so rosig-partnerschaftlich vorstellen dürfen. Mancher, der sich bitter über den

Goldener Ehe-Rat: Triumph des Pragmatismus

Wenn wir ohne Frauen auskommen könnten, ihr Römer, dann gingen wir alle diesem Ärger aus dem Wege. Aber da es die Natur nun einmal so eingerichtet hat, daß man mit ihnen keineswegs harmonisch, ohne sie aber überhaupt nicht leben kann, müssen wir mehr an unser dauerhaftes Wohl als an unser kurzes Vergnügen denken.

Aus einer Rede des Censors Metellus Numidicus 102 v. Chr., Gellius I 6, 2

Verlust der politischen Freiheit unter dem Prinzipat beklage, habe in seiner F. längst schon jede Freiheit unterdrückt, kritisiert Seneca (ira III 35, 1). Und beileibe nicht jeder Mann respektierte die Mutter seiner Kinder und ihre Rechtsstellung so wie der Alte Cato: Augustins Vater schlug seine Frau regelmäßig, und das war im afrikanischen Thagaste – und wohl auch anderswo – nichts Außergewöhnliches (conf. IX 9).

Die Aufgabenteilung war – zumindest theoretisch – klar: der *pater familias* vertrat die F. nach außen, die *mater familias* kümmerte sich um die → Hausarbeit, indem sie das Personal einteilte und beaufsichtigte. Die Erziehung der Kinder wurde keineswegs nur als Frauensache angesehen, wenngleich sie stärker in die Zuständigkeit der Mütter fiel. In der Erfüllung dieser Mutterpflichten aufzugehen, fiel einer nicht geringen Zahl von Frauen offenbar zunehmend schwerer. Indiz dafür ist die – von vielen Moralisten wortreich beklagte – «Unsitte», die Säuglinge nicht mehr selbst zu stillen, sondern das «irgend so einer griechischen Sklavin zu überlassen» (Tac. dial. 29, 1; Varro r. r. II 10, 8). Ob das als Symptom für eine gewisse Kälte in vielen F. gewertet werden kann, ist Interpretationssache.

Eine heile Welt voll Geborgenheit, das lassen die z.T. sehr widersprüchlichen Quellen erkennen, war die römische F. gewöhnlich nicht. Im Normalfall stand sie aber sicher nicht unter so entwürdigender Dominanz des *pater familias*, wie das ältere Auffassungen suggerieren, die zu wenig zwischen dem ideologischen Normbild und der Lebenswirklichkeit unterscheiden.

Daß die F. als Stütze gesellschaftlicher Stabilität seit der späten Republik erhebliche Risse bekommen hatte, ist nicht zu übersehen. Die Zahl der → Scheidungen war hoch; aber auch die Widerstände, überhaupt eine F. zu gründen, waren nicht gering. Zerstört wurden die Beziehungen innerhalb einer F. aber auch wesentlich öfter als in der modernen Welt durch die Unerbittlichkeit des Todes: Die Kindersterblichkeit war extrem hoch, und bei der relativ niedrigen → Lebenserwartung ließ der Tod der Mutter oder des Vaters viel mehr Kinder und Jugendliche als Waisen zurück – all das waren erhebliche Risiken für die emotionale Sicherheit *aller* F.-Mitglieder.

Die Komplexität der Quellenlage erlaubt es nicht, ein allgemeingültiges Fazit zu ziehen: Die Individualität jeder F. sollte nicht unterschätzt werden. Immerhin kann man eines feststellen: Die vielbeschworene «Krise der F.» ist nicht erst ein Phänomen der Industriegesellschaften des ausgehenden 20. Jh., es hat sie im Gefolge der politischen und gesellschaftlichen Umbrüche des 1. Jh. v. Chr. schon im Alten Rom gegeben. Krise ist immer zugleich auch ein Verlust an

---

Die Familie als moralischer Rückhalt? –
Eine schwer zu deutende Cicero-Stelle

«Ich fühle mich so vollkommen vereinsamt, daß ich Ruhe nur bei meiner Frau, meinem Töchterchen und dem süßen Cicero finde. Jene eigennützigen Scheinfreundschaften sind ja nur ein Blendwerk für die Öffentlichkeit, für mein Privatleben bringen sie mir keinen Gewinn (...)». Cicero wendet sich dann wieder direkt an den Adressaten des Briefes, seinen besten Freund Atticus: «Darum warte ich auf Dich, sehne mich nach Dir, ja rufe Dich geradezu herbei, denn vieles macht mir Angst und Sorge, wovon ich mich, wenn Du mich anhören könntest, wahrscheinlich durch die Unterhaltung auf einem Spaziergang befreien würde.»

Cicero, Atticus-Briefe I 18,1

Selbstverständlichkeit. Das stellte an die einzelne römische F. den Anspruch, den innerhalb der vorgezeichneten Traditionsbahnen etwas größer gewordenen Spielraum individuell auszufüllen – Ablehnung der F. und faktisches Scheitern des F.-Gedankens inbegriffen.

QQ: Plaut. Mil. glor. 678 ff.; Lukr. III 894 ff.; Cic. Att. I 18, 1; Cael. 42 f.; o ff. I 54; Vitr. VI 5, 1 f.; Colum. r. r. 12 pr.; Val. Max. V 7 ff.; Sen. clem. I 23; Plin. ep. IV 19; VI 26; VIII 11; Tac. dial. 28 f.; Ann. III 33 f.; App. b. c. IV 11 ff.; Plut. Cato mai. 20; Mor. 1 ff. *(de liberis educandis)*; 138 ff. *(coniugalia praecepta);* Gell. pr. 23; I 6; IV 3, 2; Augustin. conf. IX 9; Stob. IV 22, 24; Dig. XXIII 2 ff.; L 16, 195; CIL VI 1527; 31670 *(laudatio «Turiae »)*; 27556; Quellen-Sammlungen: J. F. Gardner / Th. Wiedemann, The Roman household, London / New York 1991 (in engl. Übers.); K. Gaiser (Hg.), Für und wider die Ehe. Antike Stimmen zu einer offenen Frage, München 1974 (in dt. Übers.).

Lit.: A. Backe-Dahmen, Die Welt der Kinder in der Antike, Mainz 2008; König, Vita Romana 21 ff.; Harlow, Growing up 20 ff.; M. George, The Roman family in the Empire, Oxford 2004; G. Natheam, The family in late Antiquity, London 1999; J. F. Gardner, Family and familia in Roman Law and Life, Oxford 1998; J. E. Grubbs, Law and Family in Late Antiquity, Oxford 1995; M. Bettini, Familie und Verwandtschaft im antiken Rom, Frankfurt / New York 1992; S. Dixon, The Roman family, Baltimore / London 1991; B. M. Rawson, Marriage, divorce and children in ancient Rome, Oxford 1991; S. Teggiari, New Roman marriage, Oxford 1991; S. Dixon, The Roman mother, London / Sydney 1988, 13 ff.; Garnsey / Saller, Röm. Kaiserreich 180 ff.; B. Rawson (Hg.), The family in ancient Rome. Perspectives, London 1986; J. P. Hallett, Fathers and daughters in Roman society, Princeton 1984.

Feuerwehr

Trotz der Vielzahl verheerender → Brände, die Rom periodisch heimsuchten, gab es dort vor der Kaiserzeit keine staatliche F., sondern nur private Löschtrupps. 500 als Bauhandwerker ausgebildete Sklaven setzte Crassus als F. ein, sobald ihm die Eigentümer brennender oder vom Übergreifen eines Brandes bedrohter Häuser ihre Immobilien billig verkauft hatten (Plut. Crass. 2, 4). Eine ähnliche Truppe unterhielt in augusteischer Zeit Egnatius Rufus, der seine durch kostenlose Brandbekämpfung gewonnene Beliebtheit politisch zu nutzen versuchte (Vell. Pat. II 91, 3 ff.). Als Reaktion auf diese Popularitäts-Konkurrenz richtete Augustus im Jahre 22 v. Chr. eine F. von 500 Sklaven unter Leitung eines Ädilen ein (DC 53, 24, 4 f.; 54, 2, 4). Eine Neuorganisation erfolgte nach dem schweren Brand des Jahres 6 n. Chr. Die F. wurde damals auf 7000 Freigelassene aufgestockt.

Die *vigiles* («Wächter») waren paramilitärisch in sieben Kohorten zu je 1000 Mann organisiert (DC 55, 26, 4 ff.). Jede Kohorte war für zwei Regionen zuständig; dort hatte sie ihre Wache *(statio)* und Schlafräume *(excubatoria)*. Die gesamte F. stand unter dem Kommando des *praefectus vigilum* und wurde – selten – auch zu polizeilichen Aufgaben herangezogen. Ihre Hauptaufgaben aber waren die Einhaltung von Feuerschutzbestimmungen (vor allem durch nächtliche Patrouillen, Sen. ep. 64, 1) und die Brandbekämpfung. Bei ihren Einsätzen verwendeten die *vigiles* neben Eimern und Spritzen (zur Feuerlöschpumpe s. Landels, Technik 93

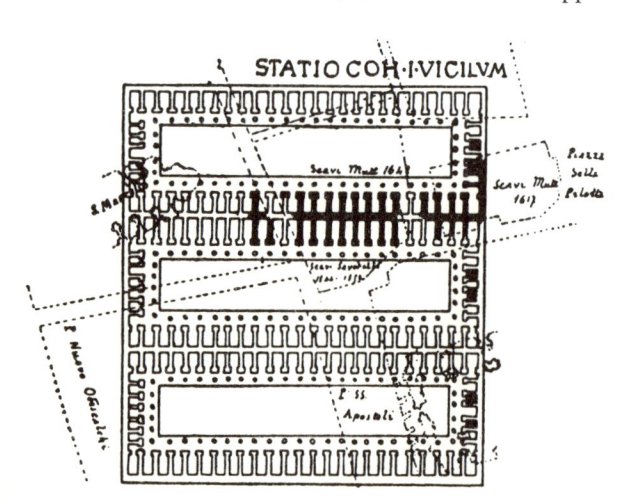

Kaserne der 1. Feuerwehr-Kohorte Roms. Fragment der *Forma Urbis,* eines antiken Stadtplans der Hauptstadt.

ff.) Feuerpatschen und essiggetränkte Matten zum Ersticken des Feuers sowie Äxte und Brecheisen (Petr. 78). Geräte zum Feuerlöschen sollten nach den neronischen Brandschutzverordnungen im Vorhof jedes Hauses zur Verfügung stehen (Tac. Ann. XV 43, 4); Spezialisten unter den Feuerwehrleuten kannten die nächsterreichbaren Wasserreservoirs und organisierten eine Eimerstafette *(aquarii)*; andere bedienten die Pumpen *(siphonarii)*; jede Kohorte hatte eigene → Ärzte.

Auch in den meisten Landstädten dürfte es eine öffentliche F. gegeben haben. Gut bezeugt ist sie für Ostia; dort ist die aus hadrianischer Zeit stammende Kaserne der *vigiles* ausgegraben worden, die sich aus vier Hundertschaften zusammensetzten. Anderswo fungierten Berufsverbände und Genossenschaften von → Handwerkern als allgemeiner Sicherheitsdienst und nahmen dabei auch die Aufgaben einer freiwilligen F. wahr.

Lit.: K. Wallat, Sequitur clades. Die vigiles im antiken Rom, Frankfurt/M. 2004; R. Lafer, Omnes collegiati concurrite. Brandbekämpfung im Imperium Romanum, Frankfurt/M. 2001; J. S. Rainbird, The fire stations of Imperial Rome, PBSR 54 (1986), 147 ff.; O. Robinson, Fire prevention at Rome, RIDA 24 (1977), 377 ff.

Feuerzeug

Die beiden üblichsten Arten, Feuer zu entfachen, waren das Reiben zweier Holzstücke aneinander oder die Benutzung eines Feuersteins, der beim Auftreffen eines anderen Steins oder Nagels Funken sprühte (Plin. NH II 239; Sen. NQ II 22, 1). Als Zunder dienten trockenes Laub, Schwefel und Trockenpilze (Plin. NH XXXVI 138). Seltener war der Gebrauch konkaver Metallspiegel, die man in die Sonne hielt (Plin. NH II 239); der gleiche Brennglas-Effekt ergab sich bei einer mit Wasser gefüllten Glaskugel (Plin. NH XXXVI 199). Da alle diese Methoden relativ aufwendig waren, achtete man i. a. darauf, ein Feuer nicht ausgehen zu lassen (glühende Kohlen als F.: Ov. Met. VIII 641 ff.; fast. V 506 ff.). Üblich war auch der Gang zum Nachbarn, um sich bei ihm «Feuer zu holen» (Plaut. Rud. 764 ff.; Cic. off. I 52).

Lit.: Forbes, Studies VI 1 ff.; DS Art. *igniaria*, III 371 ff.

Fingerrechnen

Das F. war neben dem Kopfrechnen und dem Gebrauch eines Rechenbretts bei komplizierteren Operationen üblicher als heute. In die Anfangsgründe der Arithmetik wurden Schüler mit Hilfe des F. eingeführt (Sen. ep. 88, 10; Firm. math. I 6, 14). Das «Strapazieren» der Finger zum Rechnen galt als besonders typische Geste von Wucherern und Geizigen (Sen. de ira III 33, 3), aber auch Gelehrte bedienten sich etwa bei chronologischen oder astronomischen Rechnungen des F. (Tert. apol. 19, 5). Das Abzählen der Silben durch Dichter bezeugt Horaz (ars p. 274). Der englische Mönch Beda (7./8. Jh.) überliefert ein System des F., bei dem unterschiedliche Figuren beider Hände bestimmte Zahlen ausdrückten. Daraus ein Auszug: «Willst du 10 sagen, legst du den Nagel des Zeigefingers (der linken Hand) auf das mittlere Glied des Daumens; willst du 20 sagen, schiebst du die Daumenspitze zwischen die mittleren Glieder des

Zeige- und des Mittelfingers. Willst du 30 sagen, verbindest du die Nägel des Zeige- und Mittelfingers in inniger Umarmung...».

QQ: Beda, De computo vel loquela digitorum (= de temp. ratione 1–8).
Lit.: S. Cuomo, Ancient mathematics, London 2001; Historische Rechenaufgaben: J. Lehmann, So rechneten Griechen und Römer, Leipzig 1994; C. Sittl, Die Gebärden der Griechen und Römer, Leipzig 1890, ND Hildesheim 1970.

Frauenarbeit

Publius Ferrarius Hermes war zweimal verheiratet, zweimal wurde er Witwer. Die Erinnerung an seine beiden Frauen war ihm angenehm; jedenfalls ließ er das auf den Grabstein des Familiengrabes schreiben: die eine war (seiner) «würdig» und «sehr lieb» *(digna, carissima)*, die andere hatte sich «um ihn verdient gemacht» *(bene merens)*. Auch wie die Rollenverteilung in seinen → Ehen ausgesehen hatte, dokumentiert der Grabstein ebenso anschaulich wie unmißverständlich: Den Werkzeugen seines technischen Berufs – Lot, Winkelmaß und Dechsel – stehen, durch einen Maßstab fein säuberlich getrennt, auf der linken Seite die «typischen» Attribute der Damenwelt gegenüber: Spiegel, Kamm, Haarnadeln, Kosmetikfläschchen und Haussandalen. So wollte es das gesellschaftliche Normbild – der Mann war für die → Arbeit zuständig, die Frau für den Haushalt und das Schönsein. Bei ihm daheim, so signalisierte Ferrarius Hermes Besuchern des Grabes und Passanten mit dieser Darstellung, sei alles in bester Ordnung gewesen.

Rollenverteilung auf dem Grabstein des P. Ferrarius Hermes.

Diese Ordnung spiegelt die literarische Überlieferung mit großer Selbstverständlichkeit wider: F. kommt dort, von wenigen Ausnahmen im Bereich der «leichten Muse» (Schauspielerinnen, Musikantinnen, Tänzerinnen) und der «ganz leichten» (→ Prostitution) abgesehen, nicht vor. Allein die → Hausarbeit obliegt der Matrone, und dieses Oberschichten-Ideal wird unterschiedslos auf alle Schichten der Gesellschaft übertragen.

Selbst auf arbeitende Sklavinnen stößt man in der – von Männern verfaßten – Literatur nur selten; sie macht freilich ohnehin meist einen großen Bogen um die als «schmutzig» geltende abhängige Arbeit. Relativ ausführlich wird nur die Tätigkeit der in der Regel unfreien *vilica* (Verwalterin) geschildert, die ihren – ebenfalls unfreien – Mann beim Management des Gutshofes unterstützen mußte. Auch wenn sich die meisten der von ihr erwarteten Arbeiten auf den häuslichen Bereich beziehen, summierten sie sich doch zu einem *full time job:* den Hof sauber halten, Früchte ernten, Getreide mahlen, das Geflügel versorgen (Cato r.r. 143, 1 ff.), sich um kranke Sklaven kümmern, für Ordnung im Haushalt sorgen, Nahrungsmittel konservieren, die Schafschur beaufsichtigen und sich ab und zu am Webstuhl sehen lassen (Colum. XII 1 ff.). Daß sie ständig im Dienst war, läßt die Forderung Columellas erkennen, «sie solle sich auf keinen Fall immer an demselben Ort aufhalten; denn ihre Aufgabe ist nicht im Herumsitzen zu erfüllen...»(XII 3, 8).

Was für die *vilica* auf Latifundien gilt, traf sicher auch auf die Frau (und Kinder!) des Kleinbauern zu: Ihre Mitarbeit bei der Bewirtschaftung des Hofes war «wohl die Regel» (Scheidel, Feldarbeit 422). Die Quellensituation ist hier zwar dürftig (vgl. aber Varro r. r. I 17, 2), doch gibt es immerhin einzelne Belege über den Arbeitseinsatz von Frauen in der Viehhaltung, beim Grasschneiden, Einbringen der Ernte, Unkrautjäten u. dgl. Zumindest Sklavinnen wurden wohl gelegentlich auch zu sehr harter Feldarbeit gezwungen.

Auch in der Stadt war die Arbeitswelt viel weniger «in Ordnung», als es das Klischeebild von der ganz auf den Haushalt konzentrierten Römerin wahrhaben will. Daß F. in den unteren Gesellschaftsschichten weitverbreitet war, geht aus zahlreichen Inschriften mit Berufsangaben von Frauen hervor. Im ganzen sind nicht weniger als 103 Frauenberufe bekannt. Die meisten von ihnen fallen allerdings in Berufsfelder, die dem «offiziellen» Normbild noch einigermaßen nahe stehen. Die Spitzengruppe der namentlich bekannten berufstätigen Frauen bilden mit großem Abstand Ammen *(nutrices)*. Auch aus den Klagen der Moralisten, die vornehmen Damen der Kaiserzeit seien sich zu schade dafür, ihre Säuglinge selbst zu stillen (Juv. VI 592 ff.; Tac. dial. 29), geht hervor, daß es in diesem Bereich einen hohen Bedarf an professionellen Nährmüttern gab; aus Ägypten sind Ammenverträge mit Laufzeiten zwischen 6 und 36 Monaten bekannt (BGU 1106 ff.; P. Oxy. 37 f.). Weitere im sozialen Bereich angesiedelte Berufe waren Hebamme *(obstetrix)*, Ärztin *(medica)* und Erzieherin *(educatrix; paedagoga)*. Unter den zahlreichen Dienstleistungstätigkeiten im häuslichen Umfeld, die vornehmlich von Sklavinnen ausgeübt wurden, nahm der Beruf der Friseuse und Kosmetikerin *(ornatrix)* den führenden Platz ein.

Im Handel war F. ganz üblich; die breite Palette der Fachverkäuferinnen umfaßt den Vertrieb von Lebensmitteln wie Wein, Öl, Gemüse, Obst und Fisch, von Gegenständen des täglichen Bedarfs wie Flaschen, Leinen und Spiegel sowie von Luxusartikeln wie Juwelen, Purpurkleidung, Seide und Parfüm. Im Handwerk und in manufakturartigen Produktionsbetrieben arbeiteten Frauen wohl eher selten; die Berufsbezeichnungen lassen nicht immer eindeutig erkennen, ob eine auch mit der Herstellung oder nur mit dem Verkauf eines Produktes verbundene Tätigkeit vorliegt. Der einzige Produktionszweig, in dem Frauen ohne Zweifel einen nicht unerheblichen Teil der Arbeitskräfte stellten, war das Textilgewerbe.

Ährenlesen unter praller Mittagssonne – nur eine Drohung?

Die soll mir schon vom Kochen und vom Mahlen dort voll Asche werden, voller Rauch und Mehl, dazu mir Ähren lesen in der Mittagshitze, daß sie dürr und schwarz wie eine Kohle wird.

Terenz, Adelphen 846 ff.

Die Amme Severina bei der Arbeit. Grabstein aus Köln.

Der Mann arbeitet in seiner Metzgerei, seine Frau schaut vom Lehnsessel aus zu. Allenfalls Buchhaltung kam in der sozialen Darstellung als Frauenarbeit in Frage. Grabrelief aus Rom in der Dresdner Skulpturensammlung.

In «akademischen» und künstlerischen Berufen waren Frauen hoffnungslos unterrepräsentiert: nur ganz selten stößt man auf eine Juristin *(advocata)*, eine Malerin *(pictor;* männliche Form!), eine Dichterin *(poeta;* ebenfalls männliche Form!) oder eine Philosophin *(philosopha)*. Auch als Unternehmerinnen reüssierten Frauen kaum. Eine der wenigen, die «es geschafft» hatten, war die pompejanische Ziegelei-Besitzerin Eumachia; sie stieg sogar zur Schirmherrin des Berufsvereins *(collegium)* der Walker auf.

Ein ganz anderes Bild bietet die Unterhaltungsbranche. Schauspielerinnen *(mimae, pantomimae)*, Musikantinnen *(tibicinae, psaltriae, musicae* usw.), Sängerinnen *(cantrices, cantatrices)* und Tänzerinnen *(saltatrices, Gaditanae* usw.) gab es in nicht geringer Zahl. Das gesellschaftliche Renommee war denkbar gering; alle diese Berufe zählten zur Halbwelt und wurden mit → Prostitution oft in einem Atemzug genannt (Hor. sat. I 2, 55 ff.) – womit man vielen sicher nicht Unrecht tat. Ausnahmen wie die zu Ciceros Zeit berühmte Arbuscula («sie hat mir gut gefallen», bekennt Cicero Att. IV 15, 6; vgl. Hor. sat. I 10, 77) oder die jugendliche Eucharis Licinia (CIL VI 10096) bestätigten da eher die Regel. Im übrigen war F. auch auf dem makabren Olymp des römischen *show business* vertreten: Professionelle Gladiatorinnen traten ab und zu im Amphitheater auf (Tac. Ann. XV 32; Mart. lib. spect. 6; s. Zitat), bis Septimius Severus im Jahre 200 ein Auftrittsverbot für Frauen wohl auch in der Arena, jedenfalls aber als Profi-Athletinnen im Stadion erließ (DC LXXVI 16, 1).

Nicht minder übel beleumundet waren Frauen, die im gastronomischen Bereich arbeiteten: Sowohl die Wirtinnen *(copae)* selbst als auch ihre Bedienungen galten als «typische» Barfrauen, die sich gegen entsprechenden Liebeslohn mit den Gästen bereitwillig ins *chambre séparée* zurückzogen (vgl. Dig. XXIII 2, 43 pr.; Ps.-Verg. Copa 1 ff.). Daß das nicht nur üble Nachrede war, zeigen neben den einschlägigen juristischen Bestimmungen (Cod. Theod. IX 7, 1: Beischlaf mit einer Frau aus diesen «Kreisen» kein Ehebruch) auch pompejanische Graffiti mit drastischer Deutlichkeit. So vertraut ein Gast der Wand an, er habe es mit der Wirtin getrieben *(futui coponam,* CIL IV 8442), während andere die anzüglichen Spitznamen williger Kellnerinnen «verewigen» *(sitifera,* «durstiges Tier»; *culibonia,* «prima Hintern»; CIL IV 8475; 8473). Da die → Prostitution in der römischen Zivilisation eine erhebliche Rolle spielte, verwundert es nicht, wenn neben den erwähnten, etwas diffusen

Frauen und Mädchen als Unterhaltungs-«Profis» – eine große Bandbreite

Daß in dem wüsten Tale Nemeas der Löwe erschlagen,
Hercules' Heldentat rühmte die Sage im Lied.
Schweig' die vergangene Mär. Nach deinen Spielen jetzt, Caesar,
wissen wir, daß auch ein Weib kämpfend dasselbe vollbringt.

Martial, Liber spectaculorum 6b

Hier Dionysia liegt, ganz jung an Jahren, ein Jammer,
die ihren letzten Weg ging mit gewandtestem Fuß,
deren Temperament schon im achten Jahre sich zeigte,
reizende Schelmerei fand ihr beweglicher Geist.
Wenn deine Lebenszeit noch länger wäre gewesen,
so gewandt wie du nur wäre kein Mädchen der Welt.

Grabinschrift einer achtjährigen Tänzerin, CIL VI 18324

Sie, die so lüsterne Tänze zum spanischen Tamburinklange
und zu lustigem Spiel gadische Weisen versteht,
die den zitternden Greis, den Pelias, könnte erregen,
Hekubas Gattin sogar dort, wo man Hektor verbrannt:
Telethusa entflammt und quält ihren früheren Herren –
hat er die Sklavin verkauft, kauft er als Herrin sie jetzt.

Martial, Epigramme VI 71

Tätigkeiten im Rotlicht-Milieu viele Frauen ihren Unterhalt auch ohne «bürgerliche» Tarnung als Huren verdienten – die entsprechende Liste der aus Pompeji namentlich bekannten Prostituierten bei Evans (War, women, children 218) ist pikanterweise nach deren üblichem Preis gegliedert.

F. war, das zeigt diese Zusammenstellung, in den meisten Fällen ungelernte Arbeit. Die statistische Auswertung der Grabinschriften ergibt, daß F. vor allem von Sklavinnen und Freigelassenen geleistet wurde. Die Zahl der freigeborenen berufstätigen Frauen ist gering – wobei allerdings der soziale Status in vielen Inschriften gar nicht angegeben wird. Vielleicht verbirgt sich dahinter ein doch größeres Reservoir an berufstätigen Frauen aus den unteren und mittleren «bürgerlichen» Schichten: Wenn die Frau schon entgegen der gesellschaftlich akzeptierten Rollen-Auffassung zum Familieneinkommen beitrug, mußte man das ja nicht unbedingt noch plakativ auf dem Grabstein dokumentieren. So gesehen kann man nicht einmal bei Ferrarius Hermes völlig sicher sein, daß F. für ihn wirklich kein Thema war…

Tanzende und singende Mimin, die sich mit Glocken, Hand- und Fußkastagnetten selbst begleitet.

QQ: Cato r. r. 143; Varro I 17, 2; Hor. Sat. I 2, 55 ff.; Colum. XII 1 ff.; Juv. VI 400 f.; 592 ff.; XI 162 ff.; Mart. V 78, 25 ff.; Tac. Ann. XV 32; Salv. ep. I 6; Dig. XXIII 2, 43; inschriftl. Belege: Zusammenstellung der Frauen-Berufe bei Eichenauer, Arbeitswelt 56 ff.; Evans, War, women, children 210 ff. (s. u.).

Lit.: A. Rottloff, Lebensbilder röm. Frauen, Mainz 2006, 116 ff.; H. Schulze, Ammen und Pädagogen. Sklavinnen und Sklaven in der ant. Kunst, Mainz 1998; J. K. Evans, War, women and children in ancient Rome, London/New York 1991; W. Scheidel, Feldarbeit von Frauen in der antiken Landwirtschaft, Gymn. 97 (1990), 405 ff.; M. Eichenauer, Untersuchungen zur Arbeitswelt der Frau in der römischen Antike, Frankfurt 1988; R. Günther, Frauenarbeit und Frauenbindung. Untersuchungen zu unfreien und freigelassenen Frauen in den stadtrömischen Inschriften, München 1987; Pomeroy, Frauenleben 293 ff.; J. Maurón, Labor matronalis. Aspects du travail féminin, in: E. Lévy (Hg.), La femme dans les sociétés antiques, Straßburg 1983, 135 ff.; N. Kampen, Image and status. Roman working women in Ostia, Berlin 1981; S. Treggiari, Jobs in the household of Livia, PBSR 43 (1975), 48 ff.; J. Le Gall, Métiers de femmes au CIL, in: Mélanges M. Durry, Paris 1970, 123 ff.

Freigelassener

EID MAR – die Abkürzung für die «Iden des März» – steht auf der Münze, darüber zwei mächtige Dolche, die eine rundliche Kappe flankieren: Dieser Münztyp bräuchte auf der anderen Seite nicht noch das Porträt des Brutus und seinen Namen zu tragen, um den Anlaß der Prägung jedermann klar werden zu lassen. Es ist die Ermordung Caesars an den Iden des März 44 v. Chr., die selbstbewußt gefeiert wird: Man bekennt sich stolz zu der Bluttat; die Dolche dokumentieren den Triumph über den verhaßten «Tyrannen» – und die Kappe signalisiert, daß Rom und seine Bürger durch das Attentat ihre Freiheit wiedergewonnen haben. Der *pilleus* war die → Kopfbedeckung, die gerade freigelassene, ehemalige Sklaven trugen. *capere pilleum*, «den *pilleus* in Empfang nehmen», bzw. *vocare ad pilleum*, «zum *pilleus* rufen», waren Synonyme für Freilassung aus der Sklaverei (aus der unterschiedlichen Perspektive des F. und des Herrn). Die Tötung des «Tyrannen» ist gewissermaßen ein Akt kollektiver Freilassung: die F.-Mütze in der Münzdarstellung steht als Chiffre für ein neues, freieres, stärker selbstbestimmtes Leben der von diesem Befreiungsakt Begünstigten.

Die «Freiheitsmütze» *(pilleus)* mit Gewalt errungen: Münze, die 43/42 v. Chr. im Lager des Brutus geprägt wurde.

In der Tat bedeutete die individuelle Freilassung *(manumissio)* für jeden Betroffenen wenn nicht ein «neues Leben», so doch einen Neuanfang, eine markante Zäsur in seiner Lebensgeschichte: Aus dem rechtlosen Sklaven *(servus)* wurde (im besten Fall) ein römischer Bürger, ein F. (*libertus;* Fem. *liberta;* Kollektivbegriff *libertini*) mit gewissen, wenn auch noch nicht vollen politischen Rechten (in der ersten Generation z. B. kein passives Wahlrecht für Magistraturen und Senat), mit – relativer – Freizügigkeit, freier Berufswahl und weitgehenden anderen persönlichen Freiheiten wie z. B. dem Recht auf → Ehe (Ausnahme: keine «Einheirat» in den Senatorenstand). Die Freilassung war innerhalb eines grundsätzlichen, gesetzlich vorgegebenen Rahmens eine in das Belieben des Herrn gestellte Entscheidung, bei der der Freilasser zugleich einen staatlichen Souveränitätsakt vollzog. Ohne weitere Nachfrage oder Kontrolle garantierte der Staat dem F. prinzipiell den gleichen Bürgerrechtsstatus, den sein ehemaliger Herr hatte. War der ein *civis Romanus,* so erhielt auch der F. das römische Bürgerrecht; hatte er dagegen das – mindere – Bürgerrecht einer anderen Stadt, so ging auch dieses auf seine F. über.

Seit der späten Republik konnte die große Mehrzahl der Sklaven zumindest in den Städten – d. h. in den Stadthaushalten, in denen die Beziehungen zwischen Herrn und Unfreien persönlicher waren als etwa in relativ anonymen *familiae rusticae* auf Latifundien – berechtigte Hoffnungen auf eine spätere Freilassung hegen. Wie hoch die Freilassungsquote war, ist umstritten. Alföldys Vermutung, Sklaven in Städten seien «anscheinend beinahe immer» freigelassen worden (Gesellschaft 329), ist auf Widerspruch gestoßen. Daß aber eine deutliche Mehrheit von Sklaven den F.-Status erreichte, zeigen die restriktiven Manumissionsgesetze aus augusteischer Zeit. Sie sollten einer «ungehemmten» Freilassungswelle vorbeugen. Die *lex Aelia Sentia* aus dem Jahre 4 n. Chr. setzte das Alter des Freilassers auf mindestens 20 und das des Freizulassenden auf mindestens 30 Jahre fest (Gaius I 18ff. Die *lex Fufia Caninia* von 2 v. Chr. beschränkte die Zahl der von einem *pater familias* freigelassenen Sklaven auf eine an der Gesamtzahl orientierte Quote: Maximal die Hälfte bei einer Sklavenzahl von 3–10 Köpfen, ein Drittel bei 11–30, ein Viertel bei 31–100 und ein Fünftel bei 101–500. Volle Freizügigkeit in der Freilassung hatte jedermann, der nur über einen oder zwei Sklaven verfügte (Gaius I 42f.).

Die Freilassung konnte formlos vor Zeugen geschehen (*inter amicos,* «unter Freunden»; Plin. ep. VII 16, 4; vgl. Mart. IX 87). Damit erreichte der F. aber lediglich den Rechtsstatus eines latinischen Bürgers. Vollbürger konnte er nur werden, wenn ein Beamter ihn auf Antrag des Herrn förmlich mit dem Freiheitsstab *(vindicta)* berührte oder wenn eine testamentarische Verfügung vorlag *(testamento).* Die Freilassung eines todkranken Sklaven war vornehmlich eine Geste der Humanität (Plin. ep. VIII 16, 1; Mart. I 101).

Freilassung in Weinlaune

Lieg ich gerade nach sieben Bechern Weines
aus Opimius' Jahr vom Zechen lallend,
und da bringst du mir irgendwelches Schriftstück,
sagst: «Ich habe soeben meinen Nasta
freigelassen – mein Sklave schon vom Vater –,
setz dein Siegel!» Lupercus, besser morgen!
Heute siegelt mein Ring allein die Flasche!

Martial IX 87

F. waren – wie Sklaven auch – in allen Erwerbszweigen tätig. Die Palette der Berufe reichte vom einfachen Arbeiter oder → Handwerker über kaufmännische Tätigkeiten (vom kleinen Ladenbesitzer bis zum Großhändler mit Übersee-Verbindungen oder als Bankier [→ Bank]) bis zur «Kopfarbeit» als → Lehrer, Schriftsteller oder Philosoph. Die meisten F. waren kleine Leute, die tagtäglich um ihren Lebensunterhalt kämpfen mußten. Einige brachten es indes auf dem Handelssektor zu erheblichem Wohlstand, seltener in der Landwirtschaft (Plin. NH XVIII 48ff.); häufiger dagegen stieg in der kaiserlichen Verwaltung manch ein F. zur Stellung eines «Ministers» auf. Vielfach wurden solche Karrieren durch die enge berufliche Zusammenarbeit mit dem *patronus* begünstigt, der tüchtige F. als Geschäftsführer einsetzte. Daneben konnte das *peculium* (ein noch während des Sklavendaseins erworbenes «Sondervermögen») die Grundlage für den erfolgreichen Einstieg in das «neue» Leben auch in beruflicher Hinsicht sein. Die Berichte über den kometenhaften Aufstieg einiger F. und ihren sagenhaften Reichtum (Tac. Ann. XII 53, 2f.; Plin. NH XXXIII 134f.) dürfen allerdings auf keinen Fall verallgemeinert werden; der normale F. war und blieb ein armer Schlucker.

Ganz sein eigener Herr war der F. nicht. Er schuldete seinem *patronus* nicht nur *obsequium* und *reverentia* («Gehorsam»; «Ehrerbietung») – was z. B. ausschloß, daß er gegen ihn prozessierte –, sondern mußte ihm auch bestimmte Dienste *(operae)* leisten, wie sie im Freilassungsvertrag festgeschrieben waren. Das konnte eine allgemeine Arbeitsverpflichtung für eine bestimmte Anzahl von Tagen im Jahr sein, die Abgabe eines Teils seines Einkommens oder die Pflege des ehemaligen Herrn bei Krankheit. Gesetzliche Vorschriften enthielten allerdings auch Zumutbarkeitsklauseln, die Mißbrauch vorbeugen sollten. So brauchte kein(e) F. ehrenrührige oder lebensgefährliche *operae* zu leisten. Das galt auch für ehemalige Prostituierte und Gladiatoren, die nach ihrer Freilassung nicht mehr gegen ihren Willen in diesen Berufen weiterarbeiten mußten (Dig. XXXVIII 1, 38). Umgekehrt konnte ein *patronus* die Freilassung von einer Konkurrenzverbots-Klausel abhängig machen, indem er z. B. als → Arzt seinem von ihm medizinisch ausgebildeten ehemaligen Sklaven die Eröffnung einer eigenen Praxis untersagte (Dig. XXXVIII 1, 26). Im allgemeinen blieb der Kontakt zwischen F. und ihren *patroni* eng; deutliches Indiz dafür ist auch die Regelung, daß der F. den Vor- und Familiennamen *(praenomen; nomen gentile)* seines Freilassers übernahm. Als unterscheidendes *cognomen* («Beiname») diente meist der einstige Sklavenname.

Das Sozialprestige der F. war gering. Die Gesellschaft ließ es sie sehr wohl spüren, daß sie einstmals als Sklaven ganz unten in der sozialen Hierarchie gestanden hatten. Sie erwartete von F. Anpassung und «anständiges» Verhalten: die neu errungene Freiheit sollte nicht in «Frechheit» und allzu starkes Selbstbewußtsein umschlagen. Ab und zu erwog man, ob nicht «Undank» gegenüber dem Freilasser zur Verwirkung des F.-Status (und damit zur Rückkehr in die Sklaverei) führen solle, doch setzten sich solche Pläne nicht durch (Tac.

Ann. XIII 26f.: Senatsdebatte in neronischer Zeit): Man vergriff sich nicht an der Freiheit der neuen Bürger.

Spürbar war indes häufig die soziale Ausgrenzung. Maecenas war sicher nicht der einzige vornehme Römer, der mit F. nicht verkehrte; für ihn «zählte» erst die zweite Generation, der freigeborene Mensch – wofür Horaz, selbst Sohn eines F., volles Verständnis hatte (sat. I 6, 1ff.). Wie sehr gerade die F., die es zu einigem Wohlstand gebracht hatten, an dieser ganz alltäglichen Diskriminierung litten, zeigen ihre vielfältigen Bemühungen um Überanpassung. Sie imitierten die Aristokraten, etwa indem sie sich auch Ahnen-Büsten zulegten, indem sie mit ihrem Reichtum protzten und ihren wirtschaftlichen Erfolg auf → Grabmälern dokumentierten (Petr. 71, 8ff.).

Seinen literarisch vollendeten Ausdruck hat der Typus des neureichen Aufsteigers in Petrons Romangestalt «Trimalchio» gefunden. Die *cena Trimalchionis* ist eine köstliche Milieuschilderung, die auf der einen Seite das aus Minderwertigkeitsgefühlen entspringende Streben des F. Trimalchio nach Anerkennung ausmalt, das mit traumwandlerischer Sicherheit in Geschmacklosigkeiten und Peinlichkeiten abgleitet. Auf der anderen Seite zeigt sie den Protagonisten Trimalchio im Kreise «kongenialer» Bekannter und Freunde, die fast alle der Schicht der arrivierten F. angehören. Man blieb also gesellschaftlich vielfach – sicher nicht ganz freiwillig – unter sich. Gelegentlich ist daran gezweifelt worden, daß Trimalchio eine realistische Gestalt sei. Zu Unrecht; denn bei aller karikierenden Überspitzung und allem amüsanten Pointen-Hagel, der auf den Leser niederprasselt, ist doch eine zumindest an der Wirklichkeit orientierte Zeichnung der Figur und ihres Ambientes die unabdingbare Voraussetzung für den Wiedererkennungseffekt, an dem der zeitgenössische Leser Spaß hatte. Und weil das bizarre «Gastmahl des Trimalchio» (Petr. 28–78) nicht nur eine wichtige historische Quelle über F. und die römische Gesellschaft allgemein ist, sondern auch ein überaus vergnügliches Stück römischer Literatur, scheint es am Ende dieses Artikels geradezu geboten, diese Lektüre wärmstens zu empfehlen.

Grabaltar des Freigelassenen C. Calpurnius Beryllus. Die Totenmahlszene zeigt ihn mit zweien seiner Sklaven (CIL VI 14150).

QQ: DH IV 24; Hor. sat. I 6, 1ff.; Plin. NH XXXIII 33; 134f.; XXXIV 11f.; Petr. 28ff.; Mart. I 101; II 29; 68; V 13, IX 87; Tac. Ann. XII 53; XIII 26f.; Plin. ep. VII 29; VIII 6; 16; Gaius Inst. I 18ff.; III 39ff.; Dig. XXXVIII 1–5; Quellensammlung: W. Eck / J. Heinrichs, Sklaven und Freigelassene in der Gesellschaft der römischen Kaiserzeit, Darmstadt 1993, 178ff.; Grabinschriften: umfangreiches Material bei H. Geist (Hg.), Römische Grabinschriften, München 1969.

Lit.: E. Herrmann-Otto, Sklaverei und Freilassung in der griech.-röm. Welt, Hildesheim 2009; L. Petersen, The freedman in Roman art and art history, Cambridge 2006; J. Andreau, Der Freigelassene, in: A. Giardina (Hg.), Mensch der röm. Antike 200 ff.; H. Bellen, Novus status – novae leges. Kaiser Augustus als Gesetzgeber, in: G. Binder (Hg.), Saeculum Augustum, I, Darmstadt 1987, 308 ff.; W. Waldstein, Operae libertorum. Untersuchungen zur Dienstpflicht freigelassener Sklaven, Stuttgart 1986; G. Alföldy, Die römische Gesellschaft…, 1986, 336 ff.: G. Fabre, Libertus. Recherches sur les rapports patron–affranchi à la fin de la République, Rom 1981; P. Zanker, Grabreliefs römischer Freigelassener, JDAI 90 (1975), 267 ff.; S. Treggiari, Roman freedmen during the late Republic, Oxford 1969; H. Chantraine, Freigelassene und Sklaven im Dienst der römischen Kaiser, Wiesbaden 1967.

Freitod

Der F. *(mors voluntaria)* galt bei den Römern nicht als unmoralischer Akt. Keine Philosophenschule lehnte ihn grundsätzlich ab; die Stoiker bejahten ihn ausdrücklich, wenn er auf eine Vernunftentscheidung gegründet war und vor einem Weiterleben in Schande schützte. Zu den berühmten Römern, die ihrem Leben durch F. ein Ende setzten, zählten u. a. Cato Uticensis, die Caesar-Mörder Brutus und Cassius, Marc Anton, Seneca und Nero. Die sagenhafte karthagische Königin Dido und die Ägypterin Kleopatra waren neben der legendären Römerin Lucretia die bekanntesten Frauengestalten der Antike, die durch F. starben. Der F. ist auch für Angehörige der unteren Schichten bis hin zu Sklaven bezeugt; die Motive reichen von unerträglichen Schmerzen über Scham, Lebensüberdruß, Trauer, Verzweiflung über finanziellen Ruin, Aussichtslosigkeit im Krieg bis zu politischen Motiven und Vermeidung einer Verurteilung. Überliefert sind überwiegend spektakuläre F.-Fälle der Oberschicht. Der «alltägliche» F. wird dagegen in den Quellen selten erwähnt, so daß sich zuverlässige Aussagen über seine Häufigkeit nicht machen lassen. Auffällig ist die Zunahme von F.-Fällen in politisch unruhigen und Umbruchszeiten (1. Jh. vor bis 1. Jh. n. Chr.; genaue Auflistung bei Grisé 34 ff.).

Als «häßliche» Arten des F. galten wegen der damit einhergehenden körperlichen Verstümmelung und des abstoßenden Anblicks das Springen aus großer Höhe und das Sich-Erhängen; Angehörige der Oberschicht mieden diese Formen deshalb. Sie bevorzugten den «heroischen» Tod durch das Schwert oder das Öffnen der Adern. Einnahme von Gift und der F. durch Ertrinken kamen eher selten vor. Bei Angehörigen der unteren Schichten scheint das – leicht zu praktizierende – Sich-Erhängen die übliche Form des F. gewesen zu sein (in Plautus-Komödien 20mal erwähnt gegenüber nur viermal Tod durch das Schwert; Grisé 108; vgl. auch Mart. VIII 61, 2).

QQ: Sen. ep. 70
Lit.: D. Hofmann, Suizid in der Spätantike, Stuttgart 2007; T. D. Hill, Ambitiosa mors. Suicide and the self in Roman thought and literature, London 2004; A. J. L. van Hooff, Female suicide between ancient fiction and fact, Laverna 3 (1992), 142 ff.; ders., From autothanasia to suicide: self killing in classical Antiquity, London / New York 1990; F. F. Schwarz, Der Mensch gehört wesentlich sich selbst. Gymn.-Beiheft 9, Heidelberg 1988, 244 ff.; Y. Grisé, Le suicide dans la Rome antique, Montréal / Paris 1982; K. A. Geiger, Der Selbstmord im klassischen Altertum, Augsburg 1888.

Freizeit

Eine schöne Villa am Meer, den eleganten Badeort Baiae gleich vor der Haustür, das milde kampanische Klima fernab politischer Intrigen, ohne Verpflichtungen, Geschäfte und Arbeit und dazu Geld im Überfluß – so genoß der ehemalige Praetor Vatia sein Alter in ungestörtem *otium* («Muße»; «F.»). Genoß? Seneca war da anderer Meinung. Wer sich so bedingungslos einer totalen, «hedonistischen» F. hingab, sperrte sich selbst in den goldenen Käfig eines *otium pigrum* bzw. *iners* ein, eines «untätigen, faulen Nichtstuns», das sich von der Grabesruhe kaum noch unterschied: «Als Vatia noch lebte, ging ich nie an seiner Villa vorbei», kommentiert Seneca maliziös, «ohne zu sagen: ‹Hier liegt Vatia begraben!›» Die meisten Leute sahen das freilich ganz anders. *O Vatia, solus scis vivere* («Vatia, du allein verstehst zu leben!»), riefen sie bewundernd aus, wenn sie das F.-Dasein des schwerreichen Pensionärs mit den Anstrengungen, Nöten und (politischen) Gefährdungen ihrer eigenen Existenz verglichen (Sen. ep. 55, 3ff.).

Dem Ideal aristokratischer F., wie es in häufig stilisierter Weise vor allem Cicero und Seneca vertraten, entsprach der Müßiggang eines Vatia gewiß nicht. Zwar war die römische Oberschicht ökonomisch gesehen eine *leisure class* («Freizeit-Klasse»), die von den Erträgen ihres Grundbesitzes bzw. ihres Kapitals lebte und jede nicht selbstbestimmte Arbeit als «schmutzig» empfand, doch verlangte das aristokratische Ethos eine Tätigkeit im politisch-juristischen Raum, bei der man sich für das «Gemeinwohl» einsetzte und gleichzeitig den eigenen Ehrgeiz befriedigte. Der «Tüchtige» war so stets von Staatsgeschäften (*negotia publica*, Cic. off. I 69) und zahllosen gesellschaftlichen und juristischen Verpflichtungen (Plin. ep. I 9, 1–3) in Anspruch genommen oder fühlte sich von ihnen geradezu gehetzt (Hor. sat. II 6, 16ff.). Vom Streß dieser *negotia* («Geschäfte») konnte er sich nur an Feiertagen erholen – am besten indem er dem Trubel der Hauptstadt entfloh und sich auf seinem Landgut ein paar erholsame Stunden gönnte. Freilich: Auch diese F. sollte sinnvoll und nützlich gestaltet werden; «nie sei er weniger müßig, als wenn er müßig, nie weniger allein, als wenn er allein sei», soll Scipio Aemilianus gesagt haben. Im Klartext: Der wahre Staatsmann (der Republik!) nutzte seine F. vorrangig dadurch, daß er vom «Macher» zum «Denker» wurde – aber nie die Staatsgeschäfte aus den Augen verlor (Cic. off. III 1; vgl. Planc. 66).

Diesem Ideal kam die Szenerie nahe, die Cicero für einige seiner berühmtesten Schriften entwirft. So entfaltet sich das Gespräch *de re publica* («Über den Staat») in einer Runde von Adligen, die sich während der *feriae Latinae* zu anregenden Unterhaltungen in einer Villa treffen. In ähnlicher Weise wird auch der Rahmen für die Abhandlung *de oratore* («Über den Redner») und das Gespräch *de natura deorum* («Über das Wesen der Götter») geschaffen (Cic. de

Prachtvilla am Meer. Wandmalerei aus Boscotrecase.

or. I 24ff.; nat. deor. I 15). Auch wenn solche Szenerien in der Nachfolge Ciceros zu einer literarischen Konvention erstarrten, gab es im Alltagsleben sicher Zirkel interessierter Männer, die sich an freien Tagen zu gemeinsamer Lektüre, Diskussionen über politische, philosophische und literarische Themen und anderen Formen des *otium litteratum,* der «Bildungs-F.», trafen (Gell. XVI 10) und – wie die Teilnehmer von Macrobius' «Saturnalia» *non ludo, sed serio feriari* («nicht für spielerische, sondern für ernste Dinge frei zu haben») bevorzugten (Sat. I 2, 1).

Zu solch anspruchsvollen F.-Beschäftigungen gehörten auch → Gastmähler und → Trinkgelage, bei denen die Teilnehmer über «Gott und die Welt» sprachen – wobei das Niveau naturgemäß sehr unterschiedlich war: von espritvollen Unterhaltungen mit philosophischem Tiefgang und ernsthaften Diskussionen über naturwissenschaftliche und antiquarische Fragen (z. B. im Bereich der Sprache, der Geschichte, des Mythos) bis zu snobistischen, schein-intellektuellen Wortklaubereien und Pseudo-Diskussionen (Sen. ep. 48, 5ff.). Die köstlichen Karikaturen solcher Gespräche im Kreise neureicher Halb- oder besser Viertel- und Achtel-Gebildeter, wie sie Trimalchios Gastmahl prägen (Petr. 35; 39, 5ff.; 48, 7; 55f.), sind der satirische Spiegel ihrer seriösen Pendants, die durchaus zum F.-Alltag mancher Gebildeten gehörten.

In der Kaiserzeit waren auch öffentliche Rezitationen von Schriftstellern ein wichtiger Teil der gehobenen F.-Kultur. Vornehme Familien stellten jungen Talenten oder schon arrivierten Dichtern ihre Salons dazu gern zur Verfügung, und der Besuch dieser Veranstaltungen gehörte für Gebildete fast schon zum Pflichtprogramm – auch in gesellschaftlicher Hinsicht (Plin. ep. I 13). Die *recitationes* hatten im 1. Jh. und 2. Jh. Konjunktur, zumal mancher Dilettant dieses F.-Vergnügen entdeckt hatte und sich – wie der allerdings begabte Plinius – die Förderung seines Talents durch solche gutbesuchten Auftritte versprach (ep. V 3, 7ff.). Nicht jeder war freilich ein Calpurnius Piso, dessen Vorlesung über «Versetzungen unter die Gestirne» Plinius so begeisterten, «daß ich ihn nach Beendigung des Vortrages lange und herzlich geküßt und ihn – der schärfste Sporn jeder Mahnung – mit lobender Anerkennung ermuntert habe fortzufahren, wie er begonnen habe» (ep. V 17), sondern es gab auch genügend langatmige Rezitatoren, die die Geduld ihrer Zuhörer auf

---

Tischgespräche I
Caesar in Ägypten: Landeskunde beim Bankett

Als der Appetit nachließ und dies dem Schmausen wie dem Bechern Grenzen setzte, begann Caesar, mit langen Gesprächen den Abend bis in die Nacht hinein zu dehnen, und wandte sich mit verbindlichen Worten an Akoreus, der im Leinengewand zuoberst lag: «Hör, würdiger Mann, (. . .) setz mir die Anfänge des Ägyptervolkes auseinander, die Lage der Landesteile, Sitten der Leute, Riten und göttlichen Erscheinungsformen; eröffne alles, was in alten Heiligtümern eingeritzt ist, und erschließe Götter, die nicht geheim zu bleiben wünschen.»

Lucan, Pharsalia X 175ff.

Tischgespräche II
Trimalchio als Intellektuellen-Karikatur:
Mythologie mangelhaft

Bitte sehr, mein teuerster Agamemnon, hast du vielleicht die zwölf Heldentaten des Herkules im Kopf oder die Geschichte von Odysseus, wie ihm der Zyklop mit einer Zange den Daumen ausgedreht hat? Als Junge habe ich das immer bei Homer gelesen. . .

Petron 48, 7

eine harte Probe stellten (Sen. ep. 95, 2), und miserable, vor denen man sich, wenn die «Saison» im heißen August auf vollen Touren lief, am besten durch die Flucht aus der Stadt in Sicherheit brachte (Juv. III 9).

Andere Gebildete blieben in ihrer F. lieber allein und zogen sich in ihre Privat-→ Bibliothek zurück, wo sie sich beim Lesen von → Büchern erholten. Natürlich ließ sich die Lektüre auch auf die Terrasse einer landschaftlich reizvoll gelegenen *villa* verlegen – und in solchen Momenten gerät sogar der pflichtbewußte Plinius in F.-Schwärmereien: «Ich unterhalte mich allein mit mir und meinen Büchern. O du echtes, ungetrübtes Leben, du süßer, ehrbarer Müßiggang, schöner fast als alle Tätigkeit! Und du, mein Meer, mein Strand, mein wahrer heimlicher Musenhof! Wie viele Gedanken gebt ihr mir ein, wie viele Worte vermittelt ihr mir!» (ep. I 9, 6)

→ Spaziergänge am Strand, in Parkanlagen und – eher noch beliebter – unter den schattenspendenden Säulenhallen *(porticus)* der Städte und Landsitze (Cels. med. I 2; II 15; Ov. ars am. I 491ff.) gehörten zu den «Aktiv»-Formen römischer F.-Gestaltung. Geradezu als Aktivurlaub für gehobene Kreise empfiehlt der Jüngere Plinius die Jagd – sie sei zwar mühselig und insofern nur ein «Wechsel der Anstrengung» *(mutatio laboris)*, doch finde man gerade in der körperlich fordernden Tätigkeit Erholung und Entspannung *(remissio*; Pan. 81f.; vgl. ep. I 6). Wer über ausgedehnte Ländereien verfügte, konnte natürlich das Nützliche mit dem Angenehmen verbinden und das erlegte Wild seinem Koch zur «Weiterbehandlung» übergeben. Allerdings scheinen sich nur vergleichsweise wenige Angehörige der Oberschicht dieser Passion so verschrieben zu haben wie die Kaiser Trajan und Hadrian. Schon Horaz klagt darüber, daß «der edle Knabe ... die Mühen der Jagd scheut und sich besser versteht auf das modische Reifenspiel und den Würfel geschickt wirft, den das Gesetz verpönt» (c. III 24, 53ff.).

Auch aktiven → Sport betrieben Römer aller Gesellschaftsschichten deutlich weniger, als es heute der Fall ist. Zum populären → Ballspiel traf man sich vor allem in den Thermen, und sah man in augusteischer Zeit auch noch etliche junge Männer auf dem Marsfeld trainieren und einige Unentwegte sogar im Tiber schwimmen (Strabo V 8; Hor. sat. II 1, 7ff.), so nahm doch in der Kaiserzeit die individuelle, in der Republik auch als militärische Vorbereitung geschätzte Sportausübung stark zugunsten des passiven Zuschauer-Sportes ab. Statt sich selbst körperlich zu fordern, schauten die meisten lieber den Profi-Athleten zu. Was nicht heißt, daß es nicht auch ganz begeisterte F.-Sportler gegeben hat und andere, die «dem Geist eine Ruhepause zum Entspannen» gönnten, indem sie sich durch leichte sportliche Ausgleichsübungen fit hielten (Sen. ep. 15, 4–6).

Beliebte F.-Beschäftigungen wohlhabender Leute waren Urlaubsaufenthalte in → Heilbädern. Dabei stand weniger das medizinisch verordnete Baden im Vordergrund als vielmehr das Amüsement und die gesellschaftlichen Höhepunkte: Prächtige Feste, Gondelfahrten auf dem Meer, heitere Land- und Strandpartien, erlesenes Tafeln und amouröse Abenteuer waren die Höhepunkte mondäner F.-Gestaltung in den Badeorten Kampaniens, unter denen das legendäre Baiae eine Sonderstellung einnahm (Mart. VI 42, 7; I 62; Juv. XI 46ff.; weitere Belege bei Friedländer, Sittengeschichte I 407ff.). Daneben erfreuten sich andere Urlaubsorte – im Sommer Städte in den Bergen wie Tibur (Tivoli) und Praeneste, im Winter das am Meer gelegen Antium und andere Küstenorte – großer Beliebtheit als F.-«Burgen», in denen man der Hektik der Hauptstadt zu entrinnen suchte (Mart. X 30; Stat. silv. IV 4, 15ff.). Besonders Anspruchsvolle pendelten zwischen Luxus- und «Abenteuer»-Urlaub hin und her. Es waren wohl auch ein Überdruß an F. und eine daraus resultierende innere Leere und Rastlosigkeit, die manch einen in regelrechten F.- und Urlaubs-Streß trieben.

In der Kaiserzeit waren Bildungsreisen bei wohlhabenden Römern ein F.-Vergnügen, das zwar unter den beschwerlichen Reise-Bedingungen litt, trotzdem aber von vielen geradezu als «Muß» – mitunter auch als willkommene Ergänzung einer Dienstreise (Tac. Ann. II 54; 59) – angesehen wurde. Vor allem der Griechenland- und Ägypten- → Tourismus «boomte» – und er wurde von den davon profitierenden Städten durchaus mit blumiger Fremdenverkehrswerbung angekurbelt: Da luden «das berühmte Rhodos», «die Ringhallen Spartas mit seiner freien Liebe» (Mart. IV 55, 5ff.) und «an Attraktionen reiche Länder» (*miraculorum ferax terra;* Plin. ep. VIII 20, 2) gutbetuchte römische Bildungsbürger ein, ihre F. bei ihnen zu verbringen.

Ein Hobby, dem manche Reichen in ihrer F. frönten, war das Sammeln kostbaren → Geschirrs, wobei aufwendig gearbeitete, schwere Silbergefäße und *vasa Corinthia,* Gefäße aus korinthischer Bronze, besonders gefragt waren (Plin. NH XXXIII 147ff.). Die für viel Geld erworbenen ‹Trophäen› wurden nicht nur als *lautitiae* («Prunkstücke») auf einer Anrichte im Speisezimmer zur Schau gestellt, sondern auch mit großem Besitzerstolz immer und immer wieder betrachtet – für Seneca ein typisches Beispiel für «geschäftigen Müßiggang» *(desidiosa occupatio),* wenn jemand «seine korinthischen Gefäße in ängstlicher Genauigkeit pflegt und den größeren Teil des Tages bei verrosteten Metallplättchen verbringt» (brev. vit. 12, 2).

Sieht man von den beschriebenen exotischen und kostspieligen F.-Beschäftigungen ab, die sich nur Angehörige der Oberschicht leisten konnten, so erweisen sich F.-Verhalten und F.-Interessen in allen Schichten der Gesellschaft als relativ homogen. Cicero faßt sie zu vier typischen Kategorien zusammen: 1.

Freizeitlust – Freizeitfrust

Daher unternimmt man Reisen ins Blaue und durchstreift Küsten, und bald mit dem Wasser, bald mit dem Lande versucht sich die stets dem Gegenwärtigen feindliche Unbeständigkeit. Jetzt wollen wir nach Kampanien. Bald bereitet Verfeinertes Verdruß: «Urwüchsiges werde betrachtet, in Bruttien und Lukanien wollen wir Waldtäler durchwandern.» Etwas Lieblichkeit dennoch sucht man in der Einöde, daran verwöhnte Augen von der langweiligen Unwirtlichkeit rauher Gegenden sich erholen können: «Tarent sei das Ziel und der gelobte Hafen und der Winteraufenthalt in milderem Klima ... Augenblicklich werden wir den Kurs auf Rom lenken; allzulange haben den Applaus und das Getöse die Ohren nicht gehört, Spaß macht es bestimmt, auch Menschenblut zu genießen.» Seneca, De tranquillitate animi 2, 13

öffentliche Spiele *(ludi publici)* an Festtagen; 2. andere Vergnügungen zur Erholung von Körper und Geist; 3. Gastmähler sowie 4. Würfel- und Ballspiel (Arch. 13).

In der Wertschätzung der *ludi* waren sich fast alle einig. Die Stimmen der wenigen «Nörgler», die die Schauspiele aus ethischen Gründen oder aus Sorge um moralische «Dekadenz» (Sen. ep. 95, 33; Tac. dial. 29, 3f.) ablehnten, verhallten ungehört. Vom Lohnarbeiter bis zum Senator strömten alle zu den → Massenunterhaltungen im Amphitheater, Circus, Theater und Stadion; dem *histrionalis favor* («Begeisterung für das Theaterspiel») und den *gladiatorum equorumque studia* («Leidenschaft für Gladiatoren und Pferde») waren alle Römer erlegen (Tac. dial. 29, 3). Die Vorfreude auf angekündigte Wagenrennen und Gladiatorenkämpfe schlug sich in zahllosen → Alltagsgesprächen nieder (Tac. a. a. O.; Petr. 29, 2; 45, 4; 70, 6), und der Zustrom zu den Veranstaltungen war so enorm, daß viele sich schon im Morgengrauen auf den Weg machten, um sich einen guten Platz zu sichern (Suet. Cal. 26, 4; Hist. Aug. Elag. 23, 2; vgl. Mart. lib. spect. 3); am besten sei es, empfiehlt Juvenal, zwei kräftige Sklaven dabeizuhaben, um auf deren Schultern ungefährdet einen Platz im «tosenden Circus» zu erobern (IX 142f.).

Die Schauspiele, das zeigt auch ihre politische Instrumentalisierung im Sinne der von Juvenal auf die *panem-et-circenses*-Formel («Brot und Spiele»; X 81f.) zugespitzte Erwartungshaltung der stadtrömischen Plebs, waren ein äußerst populäres F.-Vergnügen. Doch darf diese Tatsache nicht als Beleg für die unzutreffende These herhalten, es habe das Gros gerade der hauptstädtischen Bevölkerung als eine von kaiserlichen → Sozialleistungen alimentierte «F.-Gesellschaft» existiert. Auch wenn einzelne polemische Stimmen aus der Antike das suggerieren (Amm. Marc. XIV 7, 25f.; XXVIII 4, 29ff.), sah die Wirklichkeit doch ganz anders aus. Zum Überleben waren gerade die «kleinen» Leute auch in Rom auf → Arbeit angewiesen – und trotz der riesigen Zuschauerkapazitäten des Circus Maximus, der Theater und des Colosseums war es völlig ausgeschlossen, daß auch nur die Mehrheit der Hauptstadtbevölkerung zur gleichen Zeit an *ludi publici* teilnehmen konnte. Und im übrigen summierten sich die «Spieltage» zwar auf die eindrucksvolle Zahl von maximal 176 im 4. Jh. n. Chr. (Kalender des Philocalus; CIL I^2 256ff.), doch war die Mehrzahl davon, nämlich 102, für *ludi scaenici* reserviert – Theateraufführungen, bei denen rein aus Platzgründen nur ein kleiner Prozentsatz der Bevölkerung zugegen sein konnte. Fazit: Das vermeintliche «Freizeit-total-Konzept» im kaiserlichen Rom ist eine historische Legende. Und eine unfreiwillige Verhöhnung der mittellosen, hauptstädtischen Massen dazu: Die Spiele hatten zwar einen hohen F.-Wert, aber sie machten Rom noch lange nicht zu einem «kollektiven F.-Park».

Auch die moderne «F.-Gesellschaft» kann ja aller Polemik zum Trotz nicht ohne Arbeit leben. Zu ihr weist die *spectacula*-«Sparte» römischer F.-Gestaltung im übrigen drei interessante Parallelen auf. Die eine betrifft das *spectare* an sich, die Lust am Schauen. Man liebte prachtvolle Inszenierungen im Theater und in der Arena (Calp. Sic. ecl. VII 69ff.), man genoß die pompösen, anschaulichen → Triumph-Züge ebenso wie die Begräbnisse berühmter Persönlichkeiten, die ganz bewußt als eindrucksvolle *spectacula*, «Schau-Veranstaltungen», durchgeführt wurden. Viele Römer waren offensichtlich Augenmenschen, die an *shows* Gefallen fanden (Hor. epist. II 1). Und – die zweite Parallele – an *action!* Für Wagenrennen und Tierhetzen, Gladiatorenkämpfe und Wettbewerbe professioneller Athleten bedarf das keines Beweises. Aber auch das Theater orientierte sich in der Kaiserzeit fast ausschließlich an der Vorliebe der Besucher für das Spektakuläre in des Wortes doppelter Bedeutung – nicht zu Unrecht hat man Stoffe, Inszenierung und Wirkung von Mimen und Pantomimen mit dem modernen Film verglichen (Kahrstedt, Kulturgeschichte 268). Und schließlich – *reality-TV* und andere grelle Geschmacklosigkeiten der Fernsehwelt im Zeitalter des Kabelempfangs lassen grüßen – läßt sich im *spectacula*-Bereich eine Tendenz zur Atemlosigkeit, zum ständig neuen Superlativ und zur Übertrumpfung des gewohnten Standards feststellen (Sen. ep. 7, 1ff.; Calp. Sic. ecl. VII 57ff.) – «Innovationen» in diesem Bereich galten auch in der sonst traditionsorientierten römischen Gesellschaft, die das «Neue» grundsätzlich mit skeptischen Blicken betrachtete, als Qualitätsmerkmal (Mart. lib. spect. 6b; Suet. Dom. 4, 1). Daß mehr oder minder «kunstvoll» in Szene gesetzte Hinrichtungen – oft einem blutigen Mythos nachgespielt (Mart. lib. spect. 5; 8; 21; VIII 30) – gewissermaßen der natürliche Höhepunkt solcher F.-Unterhaltung waren, weil in ihnen alle drei Tendenzen des Zuschauergeschmacks kulminierten, braucht nicht zu verwundern.

Was er zu den «anderen Vergnügungen für Körper und Geist» zählt, führt Cicero nicht näher aus. Sicher gehörten schon damals, erst recht aber in der Kaiserzeit die Freuden des → Badens dazu. Badeanstalten und Badepaläste – die riesigen Thermenanlagen – waren geradezu Kristallisationspunkte römischer F.-Kultur. Niedrige Eintrittspreise und ein vielseitiges Unterhaltungsprogramm lockten täglich Tausende von Römern in die Thermen, die meistens von Mittag bis Abend geöffnet waren. Sklaven badeten dort ebenso wie Senatoren (wenngleich die meisten ihr Privatbad auf ihrem Landsitz hatten), Frauen ebenso wie Männer. Jeder konnte dort nach seiner persönlichen F.-Facon selig werden. Baden, saunieren, Ball spielen (CIL VI 9797), trainieren, den Körper pflegen, essen und trinken (Mart. XII 19), Gespräche mit anderen Thermenbesuchern führen (Sen. ep. 56, 1f.), Vorträgen lauschen, lesen in der Bibliothek der Thermen, die Kunst-

Viel schauen, viel erleben! – Erfolgsrezepte «erfüllter» Freizeit-Gestaltung

Sie fordern mitten im Theaterspiel die Bärenhatz, den Boxerkampf; denn daran hat der süße Pöbel innigen Genuß. Aber selbst beim Ritter hat heutzutage alles Freudegefühl den Platz gewechselt: Vom Ohr zog es in die unstet wandernden Augen, zu nichtigem Schaugenuß. Vier oder mehr Stunden bleibt der Vorhang unsichtbar, während Schwadronen zu Rosse und Bataillons zu Fuß über die Bühne eilen; dann zerrt man den König daher, gestürzte Größen, die Hände verschnürt auf dem Rücken; Streitwagen jagen vorüber, Reisekutschen und Frachtwagen und Schiffe, eine ganze Kriegsbeute an Elfenbein schleppt man daher, von ganz Korinth die Beute.   Horaz, epistulae II 1, 185ff.

schätze genießen, sich zum → Abendessen oder → Gastmahl verabreden, einfach nur umherschlendern, um das bunte Treiben anzuschauen und die anderen bei ihrer F.-Gestaltung zu beobachten: Wer genügend Zeit hatte, hielt sich mehrere Stunden in diesen römischen F.-Zentren auf – und manch einem schmeckte der → Wein in den Thermen-Bars so gut, daß er sie bedenklich torkelnd verließ (Mart. XII 70; Quint. I 6, 44; Plin. NH XIV 139).

Grabinschriften rufen zum Freizeit-Genuß auf

Balnea vina Venus corrumpunt corpora nostra,
set vitam faciunt: b V V.
Bäder, Weine und Liebe richten unseren Körper zugrunde, aber sie machen das Leben aus: Bäder, Weine und Liebe.
Venari lavari ludere ridere occest (= hoc est) vivere.
Auf die Jagd und zum Baden gehen, spielen und lachen: Das heißt richtig leben.

CIL VI 15238

Von den drei «Lebenselixieren», zu denen sich ein Genußmensch in seiner bekannten Grabinschrift bekennt, haben wir *balnea* (Bäder) und *vina* (Weine in den Bädern, vor allem aber natürlich bei den Trinkgelagen) bereits angesprochen. *Venus,* also die Freuden der Liebe, führt er als drittes Merkmal genußvollen (und zugleich ruinösen) Lebens an, und es kann nicht zweifelhaft sein, daß vor allem die käufliche «Liebe» in der römischen Männer-Gesellschaft als F.-Vergnügen in Ciceros Sinn hoch im Kurs stand. Die Zahl der → Bordelle, die häufig nur schlecht als → Gaststätten oder → Hotels getarnt wurden (Dig. XXIII 2, 43 pr.; vgl. CIL IX 2689), war groß, und so unterschiedliche Quellensorten wie die Komödie einerseits und die Kaiserbiographien andererseits lassen übereinstimmend erkennen, daß Sex im Leben vieler Römer eine wichtige Rolle bei der F.-Gestaltung spielte. Auch wenn er aus prozeßtaktischen Gründen zu verharmlosender Verallgemeinerung neigt, dürfte Ciceros Urteil doch recht repräsentativ sein, daß der Umgang mit Dirnen für junge Männer nur aus der Sicht sehr sittenstrenger Beurteiler – sprich: Moralapostel – verwerflich sei, die sich «damit nicht nur von der großzügigen Moralauffassung unserer Zeit, sondern auch von dem, was bei unseren Vorfahren gewohnt und gestattet war», weit entfernten. Noch anschaulicher wirkt, was Cicero über den Lebenswandel und damit den F.-«Wert» gehobener Prostituierter für ihre Kunden mitteilt: «Eine solche Dame nimmt regelmäßig an Gelagen wildfremder Männer teil, und sie lebt in diesem Stil hier in der Stadt, in den Gärten, in der Öffentlichkeit eines Badeortes wie Baiae», und zu ihrem erotischen Repertoire gehören «Umarmungen, Küsse, Strandfeste, Bootspartien und Gastmähler» (Cael. 48f.). Keine Frage, daß sich F.-Amüsements dieser Art in der Kaiserzeit in allen Gesellschaftsschichten eher noch größerer Beliebtheit erfreuten als zu Ciceros Zeit.

Versuchungen dieser Art waren auch alle diejenigen ausgesetzt, die einen Großteil ihrer F. mit → Spaziergängen und → Einkaufsbummeln in der City verbrachten. Auch wenn dieser «unrömische» Müßiggang Traditionalisten und Arbeitgebern wie Cato ein Dorn im Auge war – Verwalter und Verwalterin eines Gutshofes sollen kein *ambulator* bzw. keine *ambulatrix* («Herumtreiber[in]») sein, warnt er, und statt des «Umherstreunens lieber früh zu Bett gehen» (r. r. 5, 2 und 5; 143, 1) –, gehörte das Flanieren schon in republikanischer Zeit zu den liebsten F.-Beschäftigungen vieler Römer. Diesen Ausdruck einer neuen *otium*-Kultur hatten sie wie so manches andere aus dem hellenistischen Osten nur zu gern übernommen (Vell. Pat. II 1: *a negotiis in otium conversa civitas,* «eine von den Geschäften zur Muße ‹bekehrte› Gesellschaft»): Man guckte sich die Auslagen der → Geschäfte an, blieb zu einem Schwätzchen an der Straßenecke stehen, schaute allerhand «schrägen Vögeln» wie Gauklern, Straßenmusikanten, Tanzlehrern und erfolglosen Dichtern über die Schulter, schlenderte über die Märkte und erkundigte sich hier und da nach den → Preisen – und geriet mitunter in die Fänge von Winkelastrologen und Prostituierten, die in vielen Stadtteilen auf der «Lauer» lagen (Plaut. Curc. 462ff.; Hor. sat. I 6, 111ff.; Mart. I 41). Ein besonders berüchtigtes Viertel war die nördlich des Forum Romanum gelegene Subura – mit ihren Straßenmädchen und Freudenhäusern als klassischer «Rotlichtbezirk» des alten Rom (Mart. VI 66; XI 61) so geläufig, daß Livius dort mit einem eklatanten Anachronismus schon im Jahre 461 v. Chr. junge Leute nachts herumschwärmen und in eine Schlägerei verwickelt werden läßt (III 13, 2).

Die beiden weiteren F.-Bereiche, die Cicero anführt, beziehen sich auf die private, häusliche Sphäre. Zum einen die → Gastmähler: Sie zogen sich häufig über Stunden hin. Mit angeregtem Plaudern, Gesangs- und Tanzeinlagen professioneller Darsteller oder mitunter auch der Gäste und des Gastgebers, Theatersketchen oder Rezitationen von Dichtern verflog die Zeit bei üppigen Tafelfreuden. Häufig schloß sich eine *comissatio* (→ Trinkgelage) an, die ebenfalls durch Einlagen gewürzt, mitunter allerdings auch durch ermüdende poetische «Ergüsse» des Gastgebers (Mart. III 50) etwas «zurückgeworfen» wurde. Solche Bankette konnten natürlich nur in den geräumigen Wohnungen der Wohlhabenden stattfinden; die einfachen Leute gingen statt dessen in Kneipen (Juv. VIII 171ff.) oder feierten Volksfeste unter freiem Himmel (Ov. fast. III 523ff.). Auch die von den Berufsvereinigungen *(collegia)* ausgerichteten Feste, die am «Geburtstag» der jeweiligen Schutzgottheit stattfanden, erfreuten sich großen Zulaufs (→ Werktag). Geselligkeit wurde von den meisten Römern offensichtlich als hoher F.-Wert empfunden.

Schließlich das → Würfelspiel. Unter den → Gesellschaftsspielen war es mit Abstand das populärste. Man darf die Römer getrost als ein Volk leidenschaftlicher Würfelspieler bezeichnen; vom Würfelfieber waren Angehörige aller Gesellschaftsschichten, vom Sklaven bis zum Kaiser, gepackt; es fehlt in kaum einer Aufzählung typischer F.-Beschäftigungen. So warnt etwa Columella vor jener «unbekümmerten und verschlafenen Sorte von Sklaven, die, an Müßiggang, Sportplätze, Circus, Theater, Würfelspiel, Kneipen und Bordelle gewöhnt, immer von demselben Schnickschnack träumt» (I 8, 2); Ammianus gar stellt die Stadtrömer als geradezu neurotisch Spielsüchtige hin, die, wenn sie gerade einmal nicht im Circus toben, «sich beim Würfelspiel streiten, wobei sie mit schrecklichem Laut durch die Nüstern den Atem einziehen und laut brüllen» (XIV 7, 25) – sicher eine karikierende, verzerrende Darstellung, aber in der Tendenz doch nicht grundfalsch: Bei prächtigen Banketten und in verrußten Spelunken, am Kaiserhofe oder als Präludium zu amourösen Abenteuern: Der Würfelbecher war stets zur Hand.

Immerhin richteten die Würfelspieler, auch wenn sie ab und zu vom Kneipenwirt an die frische Luft gesetzt wurden (CIL IV 3494i), keinen Schaden an. Das war bei einer F.-Beschäftigung anders, der sich u. a. Nero als Heranwachsender verschrieben hatte: In einer Art Jugend-*Gang* zog er mit seinen «Freunden» nachts nicht nur durch Bordelle und Bars, sondern «mischte» auch harmlose Passanten unterwegs schon einmal «auf»: Der eine wurde verprügelt, der andere in eine Kloake getaucht, man brach in → Geschäfte ein und plünderte sie; ein anderes Mal pöbelte man Frauen an und provozierte damit heftige Schlägereien (Tac. Ann. XIII 25; 47; Suet. Nero 26; → Straßenkriminalität) – ein Verhalten, das zeitweise andere Hooligan-Trupps auf den Plan rief und Rom wie eine «eroberte Stadt» erscheinen ließ (Tac. Ann. 56, 2). Mit diesem Rowdytum verglichen, war das, was sich der spätere Kirchenvater Augustin mit einigen anderen jugendlichen «Spießgesellen» zusammen erlaubte, eine doch sehr läßliche, aus übermütigem F.-Jux entsprungene Sünde. Hatten sie zuvor schon nach Einbruch der Dunkelheit viele Stunden «nach übler Sitte auf den Straßen spielend zugebracht», so drangen «wir bösen Buben» tief in der Nacht in den Nachbargarten ein – und klauten jede Menge Birnen (conf. II 4, 9ff.).

QQ: Plaut. Curc. 462ff.; Cic. Arch. 13; Colum. r. r. I 8, 2; Hor. sat. I 6, 111ff.; II 6, 59ff.; epist. II 1, 177ff.; Prop. I 11; Ov. ars am. I 67ff.; 491ff.; Sen. ep. 7; 51, 1ff.; 56, 1f.; brev. vit. 11f.; tranqu. an. 17, 4ff.; Calp. Sic. ecl. VII 23ff.; Mart. I 41; II 14; III 20; 50; IV 8; VI 42; VIII 30; X 30; XII 19; 70; 82; XIV 163; Plin. ep. I 9; 13; III 7, 4ff.; V 3, 7ff.; 17; VI 14; 17; VIII 20, 1f.; Pan. 81f.; Tac. dial. 28, 2; 29, 3f.; Suet. Nero 26; Tert., de spectaculis; Amm. Marc. XIV 7, 25f.; XXVIII 4, 29ff.; Quellensammlung: S. Barthèlemy / D. Gourevitch, Les loisirs des romains (mit frz. Übers.), Paris 1975.

Lit.: Weeber, Nachtleben; R. Laurence, Roman passions; Weeber, Baden, lachen, spielen; N. Horsfall, The culture of the Roman plebs, London 2003; Toner, Popular culture; Demandt, Privatleben der röm. Kaiser; J. Toner, Leisure in ancient Rome, Cambridge 1995; St. Müller, Das Volk der Athleten (Sport im griechisch-römischen Altertum), Trier 1995; J.-M. André, Griechische Feste, römische Spiele. Die Freizeitkultur der Antike, Stuttgart 1994; K.-W. Weeber, Panem et circenses. Massenunterhaltung als Politik im antiken Rom, Mainz 1994; E. Eyben, Restless youth in ancient Rome, London / New York 1993, 81ff.; Balsdon, Life and leisure 130ff.; J.-M. André, L'otium dans la vie morale et intellectuelle romaine, Paris 1966; T. Kleberg, In den Wirtshäusern und Weinstuben des antiken Rom, Darmstadt ²1966; K. Nicolai, Feiertage und Werktage im römischen Leben, Saec. 14 (1963), 194ff.

Fremdenfeindlichkeit

Die Antike neigte zu relativ holzschnittartigen Etikettierungen von «Nationalcharakteren», bei denen die vermeintlichen Stärken und Schwächen eines Volkes auf den Punkt gebracht wurden. So galten die außerhalb des Imperiums lebenden nordeuropäischen Völker als tapfer und freiheitsliebend (z. B. Tac. Germ. 14), zugleich aber als «typisch» wilde, unbeherrschte Barbaren, die indes auch zu Falschheit und Tücke fähig seien: Als «Volk von geborenen Lügnern» *(natum mendacio genus)* charakterisiert ein römischer Historiker wenig schmeichelhaft die Germanen (allerdings im Zusammenhang mit der Niederlage des Varus; Vell. Pat. II 118, 1). Diese Stereotype ließen sich von Politikern und Militärs innenpolitisch als Feindbilder gebrauchen, um z. B. ein bestimmtes militärisches Vorgehen zu begründen (Caes. BG I 34ff.: «Dreistigkeit» Ariovists). Solche einmal etablierten Klischees hielten sich hartnäckig auch gegenüber romanisierten «Halbbarbaren» wie Galliern und Iberern; bei entsprechenden politischen Anlässen, etwa der Aufnahme von Angehörigen dieser Völker in den Senat, wurden sie von interessierter Seite aktualisiert (Cic. fam. IX 15, 2; Tac. Ann. XI 23 f.).

Verallgemeinernde Negativ-Urteile gab es auch gegenüber den Völkern des Ostens; sie galten als verweichlicht und unkriegerisch, intelligent und scharfsinnig zwar wie etwa Syrer und Ägypter, zugleich aber als prahlerisch, zügellos und verschlagen (DC XXXIX 58; Plin. Pan. 31, 2). Bildung und Feinsinnigkeit der Griechen waren allgemein anerkannt, aber die alten, schon von Cato gepflegten Vorurteile gegenüber dem notorischen «Müßiggang» und der «Frechheit» der Griechen (*desidia licentiaque;* Tac. Hist. III 47, 2) wurden jahrhundertelang tradiert. Hinzu kam Kritik an ihrem «Opportunismus» (Cic. Qu. fr. I 1, 16); die gängige Bezeichnung *Graeculi* («Griechlein») war Ausdruck einer Mischung aus Gönnerhaftigkeit und einer gewissen Verachtung gegenüber den griechischen «Leichtgewichten». Der schärfste Ausfall gegenüber den in Rom lebenden Fremden, insbesondere Griechen – gleichzeitig der *locus classicus* römischer F. – findet sich in der 3. Satire Juvenals (III 57–125): Eine von üblen Ressentiments und Einseitigkeiten geprägte Polemik, die in der völlig absurden Behauptung gipfelt, Rom sei eine *Graeca urbs* – eine Stadt, in der vor allem Griechen und anderer «Bodensatz» *(faex)* aus dem hellenistischen Osten den Ton angäben und römische Sitten untergrüben (V. 61f.). Daß sie sich zu wenig integrierten und sich ganz ihrer eigenen Lebensweise verschrieben, führten manche gegen die Juden an (Juv. XIV 96 ff.): Diese «Abkapselung» wurde als Mangel an Toleranz und geradezu als Ausdruck von Fremdenhaß (*adversus omnes alios hostile odium;* Tac. Hist. V 5, 1) gedeutet.

All diese Belege dürfen aber nicht darüber hinwegtäuschen, daß die Quellen von auffälliger F. im Alltag oder gar von fremdenfeindlichen Ausschreitungen weitgehend schweigen. Die römische Gesellschaft war grundsätzlich tolerant und offen. Ausländerfeindliche Vorurteile kamen gewissermaßen nur punktuell hoch, wenn einzelne Römer es als ungerecht empfanden, daß es ihnen als Angehörigen des «ursprünglichen» Staatsvolkes schlechter ergehe als anderen im Reich lebenden Völkern (z. B. Mart. X 76). Von gewalttätigen Eruptionen war diese F. aber i. a. weit entfernt; es ist sogar sehr fraglich, ob man von einer latenten F. überhaupt sprechen kann. Trotz der z. T. sehr krassen Vorwürfe gegenüber den Juden (Cic. Flacc. 28; Quint. III 7, 21: *perniciosa ceteris gens,* «ein für die anderen unheilvolles Volk») verhielt sich der römische Staat gegenüber den jüdischen Minderheiten im ganzen ausgesprochen duldsam. Rassisch begründeten Antisemitismus kannte das Altertum ebensowenig, wie es rassistische Theorien einer «Überlegenheit» der weißen gegenüber der schwarzen Rasse entwickelt hat. Man erklärte Unterschiede zwischen den Völkern in Temperament und physischer Erscheinungsform mit den unterschiedlichen geographischen Bedingungen, nicht aber biologisch. Vereinzelte herablassende Urteile über Neger beruhen auf deren niedrigem sozialen Status, nicht auf ihrer ethnischen Zugehörigkeit (Vitr. VI 1, 3f.; Plin. NH II 189).

Rassistisch motivierte F. kannte die Antike also nicht; auch eskalierten Antipathien gegen Angehörige anderer Volksgruppen i. a. nicht zu gewalttätigen Aktionen oder auch «nur» zu Gewalt-Aufrufen. Mit einer Ausnahme: Die ethnisch bedingten Spannungen zwischen Griechen und Juden mündeten im Osten und Süden des Reiches (Kleinasien, Libyen, Kyrene) zeitweise in antijüdische Ausschreitungen, in deren Verlauf etliche Juden ums Leben kamen (Jos. Bell. Iud. II 18); «Toleranz» gegenüber den jüdischen Mitbürgern konnte dort in vielen Kommunen nur durch massiven römischen Druck durchgesetzt werden (Jos. Ant. XIV 10). In den anderen Teilen des Imperiums war F. oder Fremdenhaß dagegen kein akutes gesellschaftliches Problem. Sicherlich gab es im Umgang einzelner miteinander manchen fremdenfeindlichen Unterton, oder man warf sich auch einschlägige Beleidigungen an den Kopf – wie das «funktionierte», zeigen die entsprechenden Passagen Juvenals –, doch dürften solche Dispute selten nur in einer Richtung verlaufen sein: Auch die Nicht-Römer zahlten dann mit «fremdenfeindlicher» Munze zurück; Herrschsucht und Gier nach materiellen Gütern waren die beliebtesten Etiketten, die man dem römischen «Nationalcharakter» zuschrieb (Sall. Hist. ep. Mithr. 5).

QQ: Cic. Qu. fr. I 1, 16; Vitr. VI 1, 3 f.; Tac. Hist. V 5; Mart. X 76; Juv. III 57 ff.; XIV 96 ff.; Plin. Pan. 13, 5; 30 f.; Flav. Jos. Bell. Iud. II 18; Ant. XIV 10; Luk. Nigr.; De merc. cond. passim.

Lit.: U. u. P. Riemer (Hg.), Xenophobie - Philoxenie. Vom Umgang mit Fremden in der Antike, Stuttgart 2003; G. W. Waldherr, Punica fides, Gymn. 107, 2000, 193 ff.; D. Noy, Foreigners at Rome. Citizens and strangers, London 2000; P. Schäfer, Judeophobia. Attitudes towards the Jews in the ancient world, Cambridge/Mass. 1998; K. L. Noethlich, Das Judentum und der röm. Staat, Darmstadt 1996; B. Kremer, Das Bild der Kelten bis in ausgusteische Zeit. Studien zur Instrumentalisierung eines Feindbildes..., Stuttgart 1994; A. Dihle, Die Griechen und die Fremden, München 1994; Chr. Trzaska-Richter, Furor teutonicus. Das römische Germanenbild..., Diss. Bochum, Trier 1991; A. A. Lund, Zum Germanenbild der Römer, Heidelberg 1990; L. A. Thompson, Romans and Blacks, London/Oklahoma 1989; W. J. Watts, Race prejudice in the satires of Juvenal, Acta Class. 19 (1976), 83 ff.; D. S. Saddington, Race relations in the early Roman Empire, ANRW II 3 (1975), 112 ff.; A. N. Sherwin-White, Racial prejudice in imperial Rome, Cambridge 1970; H. Fuchs, Der geistige Widerstand gegen Rom in der antiken Welt, Berlin 1938.

Friedhof

Wer heute die Ausgrabungen der vor den Toren Roms gelegenen Hafenstadt Ostia besucht, nähert sich dem Stadtkern auf eine für die Antike ganz charakteristische Weise: Der Weg zum Stadttor führt ihn einer Gräberstraße entlang – so wie sich Reisende in römischer Zeit den Städten auf kilometerlang von → Grabmälern gesäumten Straßen näherten. Sie wurden dabei von zahllosen Gräbern gleichsam angesprochen: Die Aufforderung an den Wanderer, einen Augenblick zu verweilen und des Toten zu gedenken, ist eine tausendfach auf Grabinschriften variierte Bitte – von einem knappen *resta viator, et lege* («Bleib stehen, Wanderer, und lies!»; CIL III 371) bis zu mehr oder weniger gelungener metrisch gebundener «Gebrauchspoesie»: *Quisquis es, huc oculos paulum converte, viator, / et lege, quod nomen hic titulus teneat* («Wanderer, wer du auch bist, laß kurz dein Aug' hier verweilen, / daß du den Namen erfährst, den dieses Denkmal verrät»; CLE 1218).

Die wenigen Informationen lassen schon erkennen, daß die römische Vorstellung von einem F. sich stark von der modernen, an Ruhe, Abgeschiedenheit und «Frieden» orientierten unterscheidet. Daß man, wie schon das Zwölftafelgesetz von 451/50 v. Chr. bestimmte, «einen Toten innerhalb der Stadt weder begraben noch verbrennen durfte» (Cic. leg. 58; tab. X 1), hatte kultische und hygienische Hintergründe; Überlegungen zum Schutz der «Totenruhe» vor dem → Lärm und der Hast der «City» – «Stadtgebiet» bedeutet hier das von der sakralen *pomerium*-Grenze umschlossene Zentrum – spielten dabei aber keine Rolle. Im Gegenteil: Die römischen Nekropolen waren i. a. nicht durch Umzäunungen, Mauern und Einfriedungen vor der Öffentlichkeit abgeschirmt; sie ragten vielmehr unübersehbar in den Alltag der Lebenden hinein. Zwischen den langen Reihen von Gräbern wogte der Verkehr auf den Landstraßen; Händler und Garküchen-Besitzer boten Passanten und Besuchern von Gräbern ihre Waren an; selbst innerhalb einiger großer Grabbauten gab es Küchen und Speisesäle, in denen die Angehörigen, dem Wunsch des Verstorbenen nachkommend, an bestimmten Gedenktagen schmausten (→ Totengedenken). Wie sehr die Wohnungen der Toten in die manchmal sehr profane Welt der Lebenden einbezogen waren, zeigt die Zweckentfremdung vieler Gräber als «Werbeträger» – von politischen Botschaften bis hin zu «Annoncen» käuflicher Damen. Das galt zwar offiziell ebenso als Grabschändung wie die Beschmutzung eines Grabes durch Urinieren, doch nahm die Lebenswirklichkeit – die vielen inschriftlichen Warnungen sind da sehr beredt – häufig keine Rücksicht darauf. Wer ganz sicher gehen wollte, ließ einen Wächter Dienst tun, «damit die Leute nicht zum Kacken an mein Grabmal rennen» (Petr. 71, 8) – die alltägliche «Entweihung» von Grabanlagen war der Preis für die gewünschte «Nähe» von Tod und Leben.

Das Grab war auch – besonders in Kreisen des Adels und der → Freigelasse-

Grabbebauung an der Via Appia, der bedeutendsten «Friedhofstraße» Roms.

Fluch dem Grabschänder!

Willst du etwas draufschreiben? Bitte geh an diesem Denkmal vorbei! (...) Der Kandidat, dessen Namen auf dieses Grabmal geschrieben wird, soll bei der Wahl durchfallen!...

Wer Unrat zwischen die Leichensteine bringt oder sie beschädigt, soll sich seines Augenlichts nicht erfreuen!

Wer hier seine Notdurft verrichtet *(minxerit aut cacarit)*, über den komme der Zorn der ober- und unterirdischen Götter!

Totengräber, laß das Grab in Ruhe! Hier liegt schon einer!

Nach H. Geist, Römische Grabinschriften 221

nen – Ausdruck von Selbstdarstellung, ein Monument der Repräsentation und ein → Statussymbol. Lange Zeit über die begehrtesten, weil am ehesten ins Auge stechenden Grabplätze waren deshalb die Grundstücke direkt an der Straßenfront, möglichst in der Nähe von Stadttoren und Weggabelungen. Die F. an den großen Ausfallstraßen Roms wuchsen deshalb vor allem in die Länge; so konnten möglichst viele Gräber «in der ersten Reihe» liegen – die Ausbildung ganzer Gräberstraßen mit einer mehr oder weniger geschlossenen Front von Grabbauten war die Folge. Die besten Grabstellen waren auch die teuersten; für manch einen Grundbesitzer stellten sie ein profitables Spekulationsobjekt dar, das nach Möglichkeit noch parzelliert wurde (Cic. Att. XII 38, 3). Der Staat griff offensichtlich kaum oder gar nicht regulierend ein; Flächennutzungspläne für F., eine staatliche F.-Verwaltung und dergleichen gab es nicht (Meiggs, Ostia 456); im Prinzip konnten überall dort Gräber angelegt werden, wo man sich mit dem Eigentümer des Bodens über diese Form der Nutzung einigte.

Bei den Summen, die viele Römer in den Erwerb eines Grabplatzes für sich selbst und ihre Familie sowie für den Bau eines → Grabmals «investierten», erstaunt es nicht, daß das Grab vielfach schon zu Lebzeiten des Besitzers erbaut wurde – so konnte er neben der Wahl der Lage auch Einfluß auf die Architektur und Ausstattung nehmen. Man verheimlichte diese «Vorsorge» auch überhaupt nicht: Ein *V F* in der Grabinschrift (*vivus fecit;* «er hat es zu seinen Lebzeiten bauen lassen») ist das übliche «Signal» dafür.

Durch die Anlage von Parallelstraßen wuchsen die F. vielerorts in die Tiefe; mit der Entfernung zur Straße wurden die Grundstückskosten natürlich erschwinglicher. «Mischbebauungen» der Grabfelder, in denen aufwendige Bauten mit bescheidenen, unterirdisch angelegten und nur durch eine Stele markierten Gräbern wechselten, waren durchaus üblich. In der Nekropole von Isola Sacra bei Ostia lagen «Armengräber», die durch einfache Ziegeleinfassungen bzw. dachartig schräg gegeneinander gestellte Ziegelplatten kenntlich gemacht wurden, zwischen größeren Grabbauten.

Platzsparend und damit für weniger begüterte Kreise erschwinglich waren Grabplätze *(loci)* in den sog. *columbaria,* großen, hauptsächlich unterirdischen Gewölben mit zahllosen Nischen für die Aschenurnen *(ollae)*. Ihren Namen erhielten diese vor allem im 1. Jh. n. Chr. angelegten Grabanlagen aufgrund ihrer Ähnlichkeit mit Taubenschlägen (*columba,* «die Taube»). Columbarien waren eine gewissermaßen großstadtspezifische F.-Form, die sich nur in der Millionenstadt Rom und ihrer Umgebung durchsetzte. Ihre Organisation beruhte meist auf dem Genossenschaftsprinzip: Man kaufte sich in eine Art Sterbekasse *(collegium funerarium)* ein – durch eine einmalige Grundgebühr sowie jährliche Beitragszahlungen erwarb man das Anrecht auf eine Nische in der Großanlage, deren Bau, Pflege, Ausschmückung und Verwaltung durch die Beiträge finanziert wurden. Die Verteilung der *ollae* – die unteren waren begehrter, weil sich die Angehörigen zum Totenopfer direkt am «Grab» versam-

Blick ins Columbarium des Pomponius Hylas in Rom.

meln konnten – erfolgte durch das Los. Durch Zeichnung entsprechend vieler Anteile konnte man sich auch mehrere Urnenplätze sichern; der Verkauf der Eigentumsrechte an diesen Grabstellen war möglich. Die Namen der Verstorbenen wurden auf kleinen Marmorplatten vermerkt, die über oder unter den Nischen angenagelt wurden – von daher wird die Warnung verständlich, daß, «wer auch immer die Nägel hier entfernt, sie sich dabei in die Augen stechen soll» (CIL VI 7191).

Die Leichname völlig mitteloser Menschen wurden wohl gar nicht so selten einfach auf Feldern verscharrt (CIL I² 401) oder nur in notdürftigen Särgen beigesetzt. In Ostia geschah das in noch relativ würdigem Rahmen: Auf dem F. von Isola Sacra stießen die Ausgräber inmitten der normalen Sepulchral-Bebauung auf eine Vielzahl von schlichten Keramikgefäßen, die man jeweils paarweise als Särge für Arme verwendet hatte. In Rom gab es bis in die augusteische Zeit einen grauenvollen Sklaven- und Armen-F. auf dem Esquilin – ein mit Grenzsteinen markiertes Areal von 300 x 90 m, wo die Leichname achtlos in Gruben geworfen wurden. Diese Massengräber hießen *puticuli*, «Verrottungsgruben» (*puteus; putescere;* Varro LL V 25). Bei

Armen-Friedhof auf dem Esquilin – eine grauenvolle Schädelstätte
Hierher ließ einst der Sklave den toten Sklaven in billigem Sarge schaffen,
wenn man den Leichnam aus der engen Zelle warf;
hier war fürs arme Volk der Sammelfriedhof, für Leute wie den
Tagedieb Pantolabus und den Verschwender Nomentanus.
Tausend Fuß in der Front, dreihundert in der Tiefe. (...)
Jetzt kann man hier oben auf des Esquilins gesunder Höhe wohnen,
kann auf dem sonnigen Wall spazierengehen, wo kürzlich noch ein
grausiges Feld mit bleichen Knochen einen traurigen Anblick bot.
Mir freilich macht das Diebsgesindel nicht so sehr Not und Sorge
und das Getier, das meistens hier sein Wesen treibt,
wie die Weiber, die mit Zaubersprüchen und mit Zaubermitteln
der Menschen Ruhe stören. Nicht loswerden kann ich sie
und nicht verhindern, daß sie Totengebein und Zauberkräuter suchen,
sobald der wandelnde Mond sein schönes Antlitz zeigt.
Horaz, Satiren I 8, 7 ff.

Ausgrabungen auf dem Esquilin sind 75 solcher *puticuli* gefunden worden. Sie enthielten die Überreste menschlicher Leichname neben Tierkadavern und

Müll (R. Lanciani, Rovine e scavi di Roma antica, Rom 1897, ND Rom 1985, 355). Maecenas ließ diesen als Schandfleck der Stadt empfundenen F. beseitigen, indem er eine prächtige Parkanlage darüber errichten ließ (s. Zitat). Welche anderen Begräbnisstätten danach für die Allerärmsten Roms benutzt wurden, ist nicht überliefert.

«Das Getier, das meistens hier sein Wesen treibt» (sat. I 8, 17) – was Horaz hier andeutet, sagt er an anderer Stelle deutlicher: Wölfe und Raubvögel bevölkerten den Esquilin, um sich über «die unbegrabenen Leichname herzumachen» (epod. V 99 f.). Daß auch solche «F.» in der römischen Welt existierten, darf trotz oder gerade wegen der Ansehnlichkeit der durch ihre sichtbare monumentale Hinterlassenschaft geprägten Nekropolen nicht verschwiegen werden: Den Trost, den Angehörige der Mittel- und Oberschicht schon zu Lebzeiten in der Gewißheit ihres Nach- und Weiterlebens in Gestalt eines bzw. in einem ansehnlichen Grabmal fanden – «es ist nämlich ganz verkehrt, wenn man bei Lebzeiten ein gepflegtes Haus führt, sich aber nicht um das kümmert, wo wir länger zu wohnen haben», erkennt Trimalchio (Petr. 71, 7) – diesen Trost als «Ausgleich» für ihren wenig beneidenswerten Lebens-Alltag gab es für einen großen Teil der Bevölkerung nicht.

QQ: Varro LL V 25; Cic. leg. II 58; Tusc. I 13; Att. XII passim (Suche nach einem Grabplatz für seine Tochter); Hor. Sat. I 8, / ff.; epod. V 99 f.; Prop. III 16, 25 ff.; Petr. 71; Mart. VI 28; Dig. XI 7 f.; Inschriften-Auswahl: H. Geist / G. Pfohl (Hg.), Römische Grabinschriften, München 1969; Quellensammlung: V. M. Hope, Death in ancient Rome, London 2007.

Lit.: S. Braune, Convivium funebre, Hildesheim 2008; St. Schrumpf, Bestattung und Bestattungswesen im Röm. Reich, Bonn 2004; Weeber, Luxus I 137 ff.; H. v. Hesberg, Römische Grabbauten, Darmstadt 1992; H. v. Hesberg / P. Zanker, Römische Gräberstraßen, Abh. München 1987; J. Prieur, La mort dans l'Antiquité romaine, Paris 1986; Meiggs, Ostia 455 ff.; J. M. C. Toynbee, Death and burial in the Roman world, London 1971, 73 ff.

Friseur

Die Entwicklung des F.-Gewerbes in Rom läßt sich in moderner Diktion als «Erfolgsstory» bezeichnen. Die alten Römer kannten den Beruf des *tonsor* («Scherers») nicht, weil sie Haare und → Bart lang wachsen ließen und auf kunstvolle → Frisuren keinen Wert legten. Erst im Jahre 300 v. Chr. sollen die ersten F. aus Sizilien in den römisch-italischen Herrschaftsbereich gekommen sein (Varro r. r. II 11, 10; Plin. NH VII 211). Die neue Dienstleistung wurde dann jedoch offenbar rasch von den Römern «angenommen». Manche F. übten ihre Tätigkeit unter freiem Himmel auf öffentlichen Plätzen und an anderen belebten Örtlichkeiten (Dig. IX 2, 11; Mart. VII 61, 7) wie z. B. am Circus (CIL VI 31900) aus, andere betrieben ihr Gewerbe in teilweise aufwendigen Ladenlokalen *(tonstrinae)*, und in der Kaiserzeit hören wir von F., die es zu solidem Wohlstand gebracht haben (Juv. X 225 f.; Mart. VII 64, 1 f.).

Da Frauen der Ober- und Mittelschicht sich in aller Regel zu Hause von spezialisierten Sklavinnen *(ornatrices)* frisieren ließen, stellten wohl fast nur Männer die Klientel der – ebenfalls offensichtlich weitgehend männlichen – F. (die von Martial in II 17 erwähnte *tonstrix* betreibt unter dem Aushängeschild der

Barbierstube ein ganz anderes «Rasier»-Gewerbe). Neben der Pflege der Haare und des Bartes gehörte auch das Beschneiden der Nägel zu den Aufgaben des F. (Plaut. Aul. 312; Tib. I 8, 9 f.). Wer Zeit und Geld hatte und entsprechend eitel war, ging jeden Tag in den Frisiersalon, den manch einer zudem als Klatsch- und Gerüchtebörse schätzte. Neugier und Geschwätzigkeit werden als «Berufskrankheiten» von F. erwähnt (Plut. garr. 13; Hor. sat. I 7, 3 mit dem Porph.-Komm.) – und nicht wenige Kunden fühlten sich in dieser Atmosphäre ausgesprochen wohl.

Die Qualität der F. war durch eine enorme Bandbreite geprägt (Luk. adv. ind. 23); es gab ausgesprochene Könner, die sich großen Zulaufs erfreuten (Mart. VII 64, 1 f.) und die man gern weiterempfahl und Freunden sogar ins Haus schickte (Mart. VI 52; VIII 52). Auf der anderen Seite der Skala waren jene Stümper angesiedelt, die mit «Messer und ruchloser Hand» ungezählte Narben in den Gesichtern ihrer Kunden hinterließen ... (Mart. XI 84).

Konsultation in der Barbierstube – Männer unter sich

Was? Jene nennst du der Muße ergeben, denen beim Friseur viele Stunden verstreichen, während ihnen ausgezupft wird, was in der vergangenen Nacht nachgewachsen ist, während man wegen jedes einzelnen Haares in eine Beratung eintritt, während verlegenes Haar an seine Stelle zurückgebracht und fehlendes von hier und dort in die Stirn zusammengekämmt wird? Wie sie zürnen, wenn der Friseur ein wenig nachlässiger gewesen ist, als ob er einem *Mann* die Haare schnitte! Wie sie aufbrausen, wenn etwas von ihrer Tolle abgeschnitten worden ist! (...) *Die* nennst du der Muße hingegeben, die mit Kamm und Spiegel beschäftigt sind? Seneca, De brevitate vitae 12, 3

QQ: Varro r. r. II 11, 10; Hor. sat. I 7, 2 mit Porph. ad loc.; Tib. I 8, 9 f.; Sen. brev. vit. 12, 3; Mart. III 74; VI 52; VII 64; VIII 52; XI 84; Luk. adv. ind. 23; Dig. IX 2, 11.

Lit.: S. Stewart, Cosmetics and perfumes in the Roman world, Stroud 2007, 114 ff.; Carcopino, Rom 224 ff.; DS, Art. *tonsor*, V 354 ff.

Frisur

Er mochte sie nicht, «diese jungen Laffen, deren Bart und Haar von Öl glänzen und die so aussehen, als kämen sie gerade aus dem Modesalon» (ep. 115, 2) – für solche Gecken, die ihre Zeit mit stundenlangen «Sitzungen» beim → Friseur und «Beratungen über jedes einzelne Haar» verplemperten (brev. vit. 12, 3), hatte Seneca nur Verachtung übrig. Andere wie Martial gossen Spott über eitle Männer aus, die sich zu sehr um ihre F. kümmerten, wieder andere bezogen diese Anzeichen einer «Verweichlichung» in ihr politisches Kalkül ein und versuchten, solche Gegner mit «hübsch frisierten Haaren und pomadetriefenden Löckchen» (Cic. Pis. 25) als ebenso unseriöse wie unmoralische Politiker zu desavouieren. Solche Angriffe konnten nur wirksam sein, wenn sie einer Minderheit von besonders «frisurbewußten» Männern galten. Tatsächlich spricht einiges dafür, daß derartige Extravaganzen auf das Gros der Römer nicht zutrafen. Sie hat-

Frisierbemühungen erfolglos mangels «Masse»

Deine spärlichen Haare suchst, Marinus,
du von hier und von dort und deckst der Kahlheit
leuchtend Feld mit dem kargen Haar der Schläfen;
doch getrieben vom Windstoß, gehn sie wieder
an die frühere Stelle und umgeben
dir mit zottigen Strähnen deinen Kahlkopf (...).
Nichts ist so schlimm wie ein Kahlkopf, der frisiert ist.
Martial X 83

Caesars Frisur wurde weitgehend durch das Bestreben bestimmt, seine Halbglatze zu «überdecken».

«Künstler» Nero mit langem Haar und Bart.

ten weder Zeit noch Geld dafür und fanden es zudem – wie der durchaus für eine *vernünftige* Pflege des äußerlichen Erscheinungsbildes eintretende «Liebeslehrer» Ovid – unmännlich, sich mit dem Brenneisen das Haar in Locken kräuseln zu lassen (ars am. I 505; 517).

Der Durchschnittsrömer ging insofern mit der Mode, als er dem allgemeinen Trend folgte. Und das hieß bis ins 5. Jh. v. Chr.: Man ließ die Haare einfach wachsen und lang herunterhängen; die *incompti capilli* («ungekämmten Haare») galten als typische «F.» der Frühzeit (Hor. c. I, 12, 41). Nachdem angeblich im Jahre 300 v. Chr. die erste Barbierstube in Rom eröffnet worden war (Varro r. r. II 11, 10), ging man einigermaßen regelmäßig zum Friseur, um die Haare «in Ordnung» zu halten. Das bedeutete: Man trug eine eher kurze, schlichte F., auf die man besondere Mühe wie das Kämmen nur an Feiertagen verwandte (Hor. c. I 15, 13 f.; Juv. XI 150). Ausnahmen bestätigten die Regel: Als alte Römer von «echtem Schrot und Korn» mit eindrucksvoller Mähne *(caesaries)* präsentierten sich u. a. Scipio Africanus und Cato – eine andere Art der Selbstdarstellung mittels F. (Liv. XXVIII 35, 6; Hor. c. II 15, 11).

In der Kaiserzeit fanden nicht wenige Männer es opportun, die F. des Kaisers nachzuahmen – wenngleich dieses kaiserliche «Trendsetting» nicht so ausgeprägt war wie bei den Frauen. Unter den ersten Kaisern änderte sich gegenüber der Republik kaum etwas; lediglich der «Künstler» Nero trug die Haare länger, in seinen letzten Lebensjahren bis auf die Schultern fallend und damit vom Kitharoeden Apollo kaum noch zu unterscheiden (Suet. Nero 51). Im 2. Jh. wechselte die Mode unter den Antoninen-Kaisern zu längerem, lockigem Haar, bevor sie im 3. Jh. in Kurzhaar-F. umschlug, die den Kopf fast kahl erscheinen ließen. Solche Fast-Kahlheit galt stets als männlich und streng, während langes Haar bei Freien nur in der Jugend nicht anstößig war (Mart. IX 17). Lang herabwallende F. traf man sonst nur bei Bedienungssklaven in Haushalten (Petr. 27, 6; 70, 10) und bei männlichen Prostituierten (→ Prostitution) an (Mart. I 32). Die meisten Männer dürften im Rahmen des jeweils herrschenden Trends eine durchaus individuelle, zu ihrem Typ passende F. getragen und ansonsten nicht allzu großen Wert darauf gelegt haben: Es spiegelt sicher weitverbreiteten Alltag, wenn Horaz beschreibt, daß man, vom Friseur kommend, ob des frisch geschnittenen Haares und womöglich einiger «Stufen» darin von Entgegenkommenden milde belächelt wurde (epist. I 1, 94 f.).

Bei den weiblichen F. lassen sich grundsätzlich ähnliche Trends feststellen wie bei den männlichen. Während in der Kaiserzeit die Damen des Palastes, insbesondere die Kaiserin selbst, den Mode-Ton angaben und manche modisch bewußte Dame der Oberschicht dem jeweiligen Trend willig folgte, war in der Republik eine schlichte F. das übliche, bei der das gescheitelte oder ungescheitelte Haar nach hinten gekämmt und am Nacken in einem *nodus* (Knoten) zusammengefaßt wurde. Als typische Matronen-F. gab es daneben den von etruskischen Vorbildern entlehnten *tutulus*, bei dem das Haar mitten auf dem Kopf

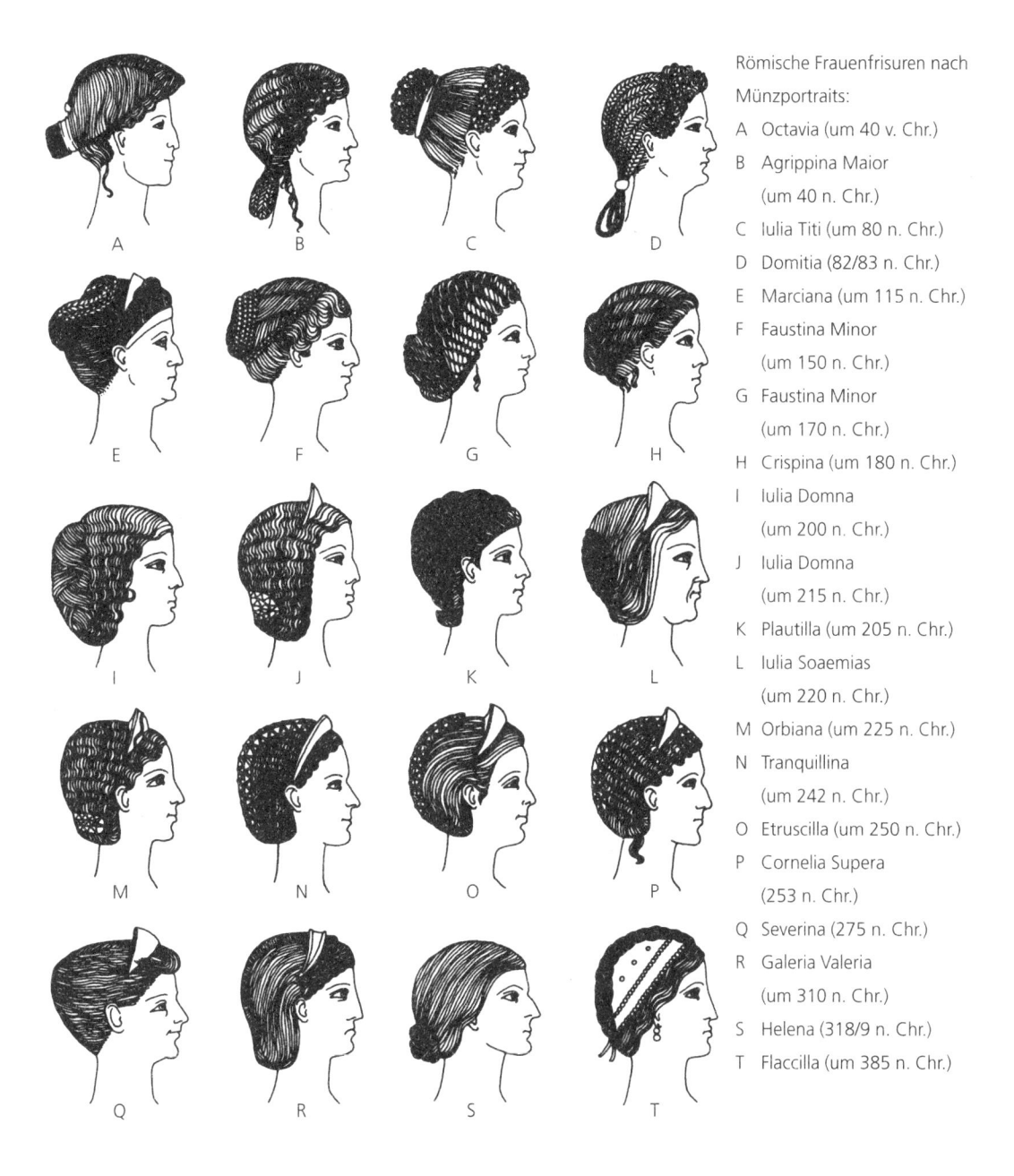

Römische Frauenfrisuren nach Münzportraits:
A Octavia (um 40 v. Chr.)
B Agrippina Maior (um 40 n. Chr.)
C Iulia Titi (um 80 n. Chr.)
D Domitia (82/83 n. Chr.)
E Marciana (um 115 n. Chr.)
F Faustina Minor (um 150 n. Chr.)
G Faustina Minor (um 170 n. Chr.)
H Crispina (um 180 n. Chr.)
I Iulia Domna (um 200 n. Chr.)
J Iulia Domna (um 215 n. Chr.)
K Plautilla (um 205 n. Chr.)
L Iulia Soaemias (um 220 n. Chr.)
M Orbiana (um 225 n. Chr.)
N Tranquillina (um 242 n. Chr.)
O Etruscilla (um 250 n. Chr.)
P Cornelia Supera (253 n. Chr.)
Q Severina (275 n. Chr.)
R Galeria Valeria (um 310 n. Chr.)
S Helena (318/9 n. Chr.)
T Flaccilla (um 385 n. Chr.)

mit Hilfe einer Binde *(vitta)* zu einem mächtigen Bausch aufgetürmt wurde (Varro LL VII 44). Allzu kunstvolle F. waren dagegen in republikanischer Zeit verdächtig: «Falsche, aufgeputzte, gewellte und parfümierte Haare» (Plaut. Truc. 286 ff.) wiesen ihre Trägerin als «leichtes Mädchen» aus. Die Männerwelt schätzte solch intensive Haar- und Schönheitspflege offensichtlich – aber nicht bei den *eigenen* Frauen und Töchtern. Den Aufwand freilich, den die hübschen Damen der Halbwelt mit häufig geänderter F. (Tib. I 8, 9 f.), mit → Haarfärbung und dem «glühenden» Lockenstab (Ov. am. I 14, 24 ff.) betrieben, ahmten in der Kaiserzeit auch viele «ehrbare» Frauen nach – allzu deut-

Der Frauen höchste Zier – Hymne auf die Frisur

Anders [als bei vernachlässigter Frisur], wenn das Haar in schönfarben gleißendem Schimmer blinkt, gegen den Sonnenglanz lebhaft anblitzt oder still widerscheint; auch wohl mit schönem Kontrast der Erscheinung Abwechslung gibt und bald goldflimmernd in sanftes Honigdunkel übergeht, bald rabenschwarz mit düster schillernden Taubenhälsen konkurriert; oder mit Arabiens Wohlgerüchen gesalbt, von einem knisternden, feingezahnten Kamm gescheitelt und nach hinten gerafft ist, so dem Blick des Liebenden begegnet und dem Spiegel gleich ein schöneres Bild zurückwirft, weiter, wenn es sich in dichter Flechtenfülle auf dem Scheitel türmt oder in breitem Strähnenstrang über den Rücken fließt. Überhaupt ist die Frisur von größter Wichtigkeit: mag eine Frau noch so sehr mit Gold, Kleidern, Juwelen und allem erdenklichen Schmuck herausgeputzt daherkommen – wenn sie ihre Haare vernachlässigt, bekommt sie doch ein «Schmucke Person!» nicht zu hören.

Apuleius, Metamorphosen II 9, 1–5

Frisierszene: eine wohlhabende Dame mit mehreren Friseusen. Relief aus Neumagen.

lich hatte sich die Faszination gezeigt, die von einer ansprechenden F. ausging.

Feine Damen gingen nicht zum Friseur. Sie hatten ihre eigenen *ornatrices* (Friseusen), die ihnen in z. T. quälend langen «Sitzungen» die Haare machten. Je eitler eine Frau war, um so «gefährlicher» lebten ihre Dienerinnen: Hysterische Ausbrüche und Wutanfälle über «ein einziges falsch sich lockendes Härchen, eine einzige sich lösende Nadel» (Mart. II 66, 1 f.), die sich dann zu körperlichen Attacken mit → Haarnadeln (Ov. am. I 14, 16 ff.) und Peitschen steigerten («Weshalb sitzt die Locke so hoch? Der Ochsenziemer straft sie sogleich für Verbrechen und Untat – beim Legen der Haare!»; Juv. VI 492 f.), waren offenbar keine Seltenheit.

Die Intensität solcher «Dramen» hing natürlich auch von der jeweiligen F. ab: einfache F. mit Knoten oder Nackenzopf, wie sie in der frühen Kaiserzeit vorherrschten, ließen eine entspanntere Atmosphäre beim Frisieren erwarten. Kritischer wurde es, wenn das Brenneisen *(calamistrum)*, ein hohler, im Feuer erhitzter Lockenstab aus Eisen, ins Spiel kam, der für eine künstliche Ondulierung des Haares gebraucht wurde (Varro LL V 129; Ov. am. I 14, 25 ff.). Besondere Ansprüche an die Geduld und Selbstbeherrschung aller Beteiligten stellten indes die überaus kunstvollen Hoch-F., die unter den flavischen Kaisern bis zur Regierungszeit Trajans modern waren: Dabei wurde mit Hilfe von Nadeln, Bändern und → Perücken-Teilen ein geradezu furchterregender Lockenaufbau über der Stirn gebildet, der wie ein gewaltiger Turm mit mehreren Stockwerken wirkte, «so daß man von vorn glaubt, es sei Andromache, und von hinten aus gesehen eine ganz andere» (Juv. VI 50 ff.; Stat. silv. I 2, 115 f.; vgl. Tert. cult. fem. II 7; Prud. Psychom. 183).

Die hadrianische Zeit brachte wieder schlichtere F. mit sich; dagegen machte

Dame aus flavischer Zeit mit Hochfrisur.

Julia Domna, die Frau des Septimius Severus, gegen Ende des 2. Jh. wieder eine üppige, stark ondulierte F. populär. Wie die Mode in der Folgezeit wechselte, lehrt ein Blick auf die F. der folgenden Kaiserinnen. Auch wenn diese Vorbilder durch Münzen und Statuen relativ schnell im gesamten Reich Verbreitung fanden, wäre es verfehlt, sie gewissermaßen als verpflichtende «Leitformen» zu stark zu verallgemeinern. Die differenzierende Darstellung des Apuleius (s. o.) weist ja deutlich darauf hin, daß die Frauen auch in der Kaiserzeit je nach Typ individuelle F. bevorzugten – eine Vielfalt, die schon Ovid in der «Liebeskunst» rühmt und favorisiert: «Es gibt auch mehr als nur eine Haartracht. Eine jede möge auswählen, was ihr steht, und vorher den Spiegel befragen» (III 135 f.). Und gerade angesichts des gewaltigen F.-Aufwandes, den viele Frauen betreiben, mag auch das, was Ovid einige Verse später andeutet, auf manch einen Mann ganz anziehend gewirkt haben: *Et neglecta decet multas coma* – «auch eine nachlässige Haartracht steht vielen Frauen gut» (ars am. III 153).

QQ: Plaut. Truc. 286 ff.; Varro r. r. II 11, 10; LL V 129; Ov. am. I 14; ars am. I 505 f.; III 137 ff.; Sen. ep. mor. 114, 21; 115, 2; brev. vit. XII 3 f.; Mart. I 32; II 66; III 43; Juv. VI 486 ff.; Apul. Met. II 8 f.; Tert. cult. fem. II 6 f.; Bildquellen: s. Sekundärliteratur.

Lit.: S. Stewart, Cosmetics and perfumes in the Roman world, Stroud 2007, 114 ff.; J. Hohenwallner, Venit odoratos elegia nexa capillos. Haar und Frisur in der röm. Liebeselegie, Möhnesee 2001; P. Virgili, Acconciature e maquillage (Vita e costumi dei Romani antichi 7), Rom 1989; B. Kötting, Art. *Haar*, RAC 13 (1986), 179 ff.; Balsdon, Frau 282 ff.; Blanck, Privatleben 72 f.; Carcopino, Rom 225 ff.; L. Fournee van Zwee, Fashion in women's hairdress in the first century of the Roman Empire, Bull. Verening ant. Besch. 31 (1956), 1 ff.; K. Wessel, Römische Frauenfrisuren von der severischen bis zur constantinischen Zeit, AA 1946/7, 62 ff.; DS, Art. *coma*, I 1365 ff.

Frühstück

Das F. *(ientaculum)* war die leichteste Mahlzeit der Römer. Die F.-Gewohnheiten unterschieden sich allerdings sehr nach Art der Arbeit, Tagesablauf und sozialer Stellung. Man nahm es gewöhnlich zwischen der dritten und vierten Stunde (8–9 Uhr) ein. Es bestand hauptsächlich aus → Brot und Käse. Als Getränke werden neben Wasser – selten – Milch und → Wein erwähnt. Bei einem erweiterten F. konnten auch → Honig und Datteln, Oliven, Gemüse, Eier, Fisch und Fleisch auf den Tisch kommen. Schulkinder holten sich auf dem Weg zum Lehrer gern Süßes beim Bäcker (Mart. XIV 223). Wenn jemand vor der *cena* am Nachmittag keine weitere Mahlzeit zu sich nahm, fiel das F. reichhaltiger aus; man sprach dann vom *prandium* (vgl. den Art. → Mittagessen).

Lit.: Faas, Around the Roman table 38 f.; Dosi, A tavola 46 f.; Marquardt, Privatleben I 264 f.

Fußgängerzone

Verkehrsberuhigungskonzepte für Innenstädte sind nicht erst eine Erfindung der automobilen Gesellschaft des ausgehenden 20. Jh. – das älteste ist vielmehr über 2000 Jahre alt und wurde von Caesar im Jahre 45 v. Chr. für die City von Rom geplant und in die Tat umgesetzt. In einer für alle Städte gültigen Gemeindeordnung *(lex Iulia municipalis)* wurden für die Hauptstadt speziell sehr restriktive Fahrverbote für → Wagen aller Art festgelegt. Schon vorher war es Männern verwehrt gewesen, zu privaten Zwecken Wagen im Stadtgebiet zu benutzen; nunmehr verloren auch die Matronen ihr früheres Privileg (Ov. fast. I 619; Liv. V 5; XXXIV 8). Ausnahmen galten nur für den Bauverkehr, soweit er sich auf öffentliche Bauten erstreckte, für Angehörige einiger Priesterschaften sowie die Wagen des → Triumph-Zuges und der Circus-Prozession und schließlich für Leerfahrten von Fahrzeugen, die nachts in die City gefahren waren, und für die Müllabfuhr (CIL I² 593, 56–67). Alle anderen Wagen hatten während der ersten zehn → Stunden des Tages, also von Sonnenaufgang bis zum späten Nachmittag, striktes Fahrverbot für den innerstädtischen Bereich mit geschlossener Bebauung *(intra ea loca, ubi continenti habitabitur)*. Wer tagsüber nach Rom kam, mußte an den Stadttoren aussteigen und zu Fuß weitergehen (Gal. XI 301) – oder konnte sich in einer Miet-→Sänfte weiterbefördern lassen.

Verkehrschaos trotz Fahrverbots

So sehr wir uns auch beeilen, so steht uns doch eine Menschenmenge im Wege, während ein dichter Haufen uns von hinten drängt; einer stößt mich mit dem Ellenbogen, ein anderer mit einer harten Latte; mit dem Balken haut mir an den Schädel der eine, mit einem Ölfaß ein anderer. Mit Schlamm beschmutzt sind meine Beine, bald bekomme ich Fußtritte von allen Seiten, und der Nagel eines Soldatenstiefels bleibt mir in der Zehe stecken.

Juvenal, Satiren III 243 ff.

Nachts freilich führte die «Beruhigungsmaßnahme» zu einem um so stärkeren Verkehrsaufkommen: Die Bauern aus der Umgebung fuhren mit ihren Karren in die Stadt, Reisewagen holperten in der Dunkelheit über das Basaltpflaster, und Lastwagen brachten Baumaterialien, Lebensmittel und andere Versorgungsgüter für die Millionenstadt in die City. Der *strepitus rotarum*, «Krach der Räder» (Hor. epist. I 17, 7; Mart. IV 64, 20; Juv. III 232 ff.), erfüllte die Innenstadt mit einem höllischen → Lärm, der vielen Bewohnern Schlafstörungen verursachte. Gleichwohl – die von Caesar verordnete Maßnahme war dringend nötig gewesen, um die Hauptstadt vor einem Verkehrskollaps zu bewahren! Das zeigen anschauliche Berichte über das Menschengewühl, das sich in der frühen Kaiserzeit tagein, tagaus durch die engen Gassen und verwinkelten, durchschnittlich nur 5 m breiten Straßen Roms wälzte – ein allgemeines Drücken und Schieben, das oft genug vor einem Hindernis zu regelrechten Fußgängerstaus führte. Wenn sich dann noch die Lastfuhrwerke mit Ausnahmegenehmigung in dem Getümmel in Bewegung setzten oder eine Prozession wichtige Verkehrsadern blockierte, war die altrömische F. alles andere als ein streßfreier Raum.

Ähnliche Regelungen wie in Rom gab es auch in anderen Städten Italiens und des gesamten Imperiums. Kaiserliche Edikte stellten klar, daß das Reiten im Stadtgebiet ebenso verboten war wie das Fahren: Privatleute hatten in den Innenstädten nur die Wahl, zu Fuß zu gehen – was der Normalfall war – oder sich tragen zu lassen (Suet. Claud. 25, 2; Hist. Aug. Hadr. 22, 6).

Gelockert wurde das Fahrverbot für die Hauptstadt im 3. Jh., als hohen Beamten und Senatoren das Vorrecht eingeräumt wurde, silberbeschlagene Luxuswagen in Rom zu halten und natürlich auch damit zu fahren (Hist. Aug. Alex. Sev. 43, 1) – mit dem bezeichnenden Ergebnis, daß im 4. Jh. einige Hitzköpfe diese Statussymbole mißbrauchten, um «über die weiten Plätze der Stadt und das Kieselsteinpflaster ohne Rücksicht auf Gefahr zu rasen, als ob sie die Postpferde sozusagen mit feurigen Fersen antrieben» (Amm. Marc. XIV 6, 16).

QQ: Hor. epist. I 17, 7; III 2, 72 ff.; Juv. III 232 ff.; Suet. Claud. 25, 2; Hist. Aug. Hadr. 22, 6; Alex. Sev. 43, 1; Amm. Marc. XIV 6, 9 und 16; Philogel. 138; CIL I² 593, 56 ff.

Lit.: W. Eck, Verkehr und Verkehrsregeln in einer antiken Großstadt, in: D. Mertens (Hg.), Stadtverkehr in der antiken Welt, Wiesbaden 2008, 59 ff.; R. Laurence, City traffic and the archaeology of Roman streets, in: ebenda, 87 ff.; C. van Tilburg, Traffic and congestion in the Roman Empire, London 2006; Weeber, Umweltverhalten 89 ff.; Bartels, Eulen aus Athen 149 ff.; Wissowa bei Friedländer, Sittengeschichte IV 22 ff.

Gastmahl

Der berühmte Feinschmecker Lucullus wäre nie auf den Gedanken gekommen, seinen für kulinarische Genüsse schlechthin stehenden Namen für das Betreiben eines Edel-Restaurants (oder gar einer Kette von Luxus-«Bistros» o. ä.) zu nutzen. Daß auch kein anderer auf diese in unserer Zeit naheliegende Marketing-Idee verfallen ist, erklärt sich mit der gegenüber heutigen Verhältnissen sehr unterschiedlichen gastronomischen «Landschaft» in der römischen Zivilisation. Es gab zwar → Gaststätten und → Imbißstuben, Weinschenken und «Nachtbars», aber keine Lokale für den gehobenen Geschmack. Als «Ersatz» diente den Römern das *convivium* (G.) im privaten Rahmen. Starköche kannten die Römer auch, aber sie waren als Sklaven oder als hochbezahlte Angestellte in den Haushalten der Reichen tätig (Plin. NH IX 67; Porphyr. ad Hor. sat. I 1, 102) und bereiteten die G. zu, die sozusagen wichtige Restaurant-Funktionen der heutigen Zeit wahrnahmen: Einerseits entsprachen sie dem Bedürfnis, gutes Essen in angenehmer Gesellschaft und ansprechendem Ambiente als → Freizeit-Vergnügen zu genießen, andererseits waren sie gesellschaftliche Verpflichtungen *(officia)*, denen man sich gegenüber Freunden, Bekannten und Geschäftspartnern nicht entziehen konnte und wollte (Sen. brev. vit. 7, 2). Und sie dienten bestimmten Leuten zusätzlich als Forum eitler, nicht selten prahlerischer Selbstdarstellung. Wer auffallen und zum Gegenstand des hauptstädtischen → Klatsches werden wollte, konnte sich damals nicht auf der Schwelle eines Gourmet-Tempels fotografieren lassen, sondern profilierte sich über aufwendige, möglichst extravagante G.: «Tucca, daß du ein Schlemmer bist, genügt nicht – heißen möchtest du so, willst so erscheinen» (Mart. XII 41; Sen. ep. 122, 14).

Eine Gastmahl-Teilnehmerin wird umsorgt. Detail einer Wandmalerei aus Pompeji.

Wenn es kaum einen anderen Bereich des römischen Alltagslebens gibt, in dem die Quellen so kräftig sprudeln, so liegt das an der aufgezeigten Vielzahl unterschiedlicher Funktionen, die das G. in der «bürgerlichen» Mittel- und vor

Drei Männer liegen auf einem Speisesofa, die am Mahl teilnehmenden Frauen sitzen auf Stühlen. Die (unfreien) Bediensteten sind kleiner dargestellt. Hellenistisches Totenmahlrelief aus der Zeit um 100 v. Chr.

allem in der Oberschicht erfüllte. Dabei ist freilich zu berücksichtigen, daß die Mehrzahl der tagtäglich veranstalteten G. keineswegs von jener Extravaganz geprägt war, die moralisierende Kritiker und blasierte Luxus-Adepten gleichermaßen als Normalität zu suggerieren bemüht waren (Sen. brev. vit. 7, 1; 12, 5). Sicher waren der Aufwand und auch das Aufgebot an Sklaven, die mit der Zubereitung des Essens, dem Empfang und der Bedienung der Gäste beschäftigt waren, häufig nicht gering; aber jene Edel-«Freßorgien» im Stile Trimalchios und Luculls (200 000 Sesterze für ein einziges Bankett; Plut. Luc. 41, 7) waren die Ausnahme, nicht die Regel.

Daß man sich spontan zu einem → Abendessen in kleinerem Kreise verabredete, kam sicher häufig genug vor. Mahlzeitenjäger lagen vor allem in den Thermen regelrecht auf der Lauer, um sich an mögliche Gastgeber heranzumachen und eine Einladung zu «schnorren» (Mart. II 14; XI 77). Gewöhnlich wurde ein G. aber etwas längerfristig geplant, und man lud mehr oder minder formell dazu ein (Einladungsgedichte: Mart. I 78; Juv. XI), wobei sich die Einladung vielfach schon auf ein gemeinsames → Baden vor dem G. erstreckte (Mart. X 48, 3; XI 52, 3f.). Zusätzliche Gäste, die die Eingeladenen mitbrachten, waren willkommen; die römischen Gastgeber waren da viel flexibler, gastfreundlicher und auch improvisationsfreudiger, als es dem heutigen Usus entspricht. Gerade Ehrengäste wurden mitunter ausdrücklich aufgefordert, nicht Geladene mitzubringen (Hor. epist. I 5, 28ff.). Erschienen unerwartet viele *umbrae* («Schatten»), wie man die Zusatzgäste nannte, so wurden, wenn die Zahl der Liegeplätze auf den Speisesofas (*lecti;* vgl. → Bett) nicht reichte, Stühle für sie dazu gestellt (Luk. conv. 13).

Man speiste im Triclinium, das seinen griechischen Namen von den «drei Klinen» (Liegesofas) hatte, die sich um einen rechteckigen Tisch gruppierten. Manche Villen verfügten eigens über ein Sommertriclinium in einem sich zum Garten hin öffnenden Raum. Auch Garten-Bankette waren während der warmen Monate üblich. Auf jeder Kline fanden maximal drei Personen Platz. Die Mindestzahl für ein G. lag bei drei Personen, von denen sich jede auf einer Kline lagerte, so daß eine Speisegesellschaft nach Varros Worten bei der Zahl der Grazien (3) begann und in der Zahl der Musen (9) ihre oberste Begrenzung fand (Gell. XIII 11, 2) – eine Faustregel, die sicher nicht pedantisch befolgt wurde. So war es natürlich möglich, größere Gesellschaften durch eine erhöhte Zahl von Triclinien-«Ensembles» zu bewirten.

Die Tisch- oder besser Klinenordnung folgte bestimmten Regeln. Namenskärtchen für die vorgesehenen Plätze gab es nicht; die Diener führten die Gäste zu ihrem Platz. Für den Ehrengast oder den gesellschaftlich am höchsten stehenden Gast war wegen der größeren Bewegungsfreiheit der unterste Platz des mittleren Speisesofas *(lectus medius)* reserviert; das war der *locus consularis* oder *praetorius*. Der Gastgeber belegte den ersten Platz des *lectus imus* und konnte sich so jederzeit dem wichtigsten Gast zuwenden. Allgemein schuf die Triclinium-Anordnung eine gute kommunikative Situation mit zahlreichen direkten Blickkontakten (Plut. Mor. 619 B ff. = quaest. conv. I 3).

Schema eines «Ideal»-Tricliniums

Mit der Triclinium-Form konkurrierte seit Ende der Republik die sog. Sigma-Möblierung. Ihren Ursprung hatte sie vermutlich in dem Wunsch, eine den modern gewordenen Rundtischen angepaßte Klinen-Anordnung zu schaffen. Das führte zu einem einzigen, halbkreisförmigen Ruhebett, das sich wie ein Sigma (C) um den Tisch «legte». Die Sigma-Modelle waren von unterschiedlicher Größe; sie wurden in der Regel für fünf bis acht Personen gefertigt. Auf dem Sigma bildeten die beiden Seiten-Flügel *(cornua)* die besten Plätze. Römischen → Tischsitten gemäß lag man, auf den linken Ellbogen gestützt, beim G. Frauen, Kinder und ggf. «überzählige» Gäste saßen auf Stühlen – wenn sie denn überhaupt am G. teilnahmen. In der Kaiserzeit kam es schon häufiger vor, daß nicht nur «lockere Frauenzimmer» (Cic. Cat. II 5, 10; fam. IX 26, 2) inmitten der männlichen Gäste gelagert waren, sondern auch Ehefrauen und in Ausnahmefällen weibliche Gäste (Val. Max. II 1, 2; Plut. quaest. conv. VII 8, 4). Im allgemeinen war ein G. jedoch ein reiner Herrenabend; «kein alter Schriftsteller schwärmt daher auch je von seiner Tischnachbarin», seufzt ein moderner Gelehrter nicht ohne Enttäuschung (Birt, Leben der Antike 27).

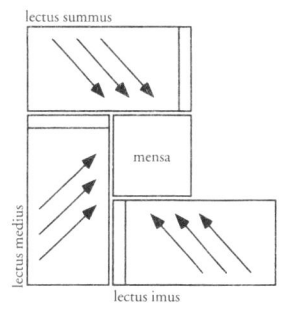

Gemauertes Triclinium im «Haus des Moralisten» in Pompeji.

Apropos «Herrenabend». Darunter ließe sich besser das → Trinkgelage verstehen, das sich an manches G. – wenn auch nicht zwangsläufig – anschloß. Das fing nämlich tatsächlich erst an, wenn die Diener die Kandelaber-Leuchten angezündet hatten. Dann war das G. in der Regel schon seit zwei, drei Stunden im Gange. Es begann nämlich meist um die neunte → Stunde, d. h. im Sommer gegen 16 Uhr und im Winter kurz nach 14 Uhr (Cic. fam. IX 26, 1; Mart. IV 8, 6). Ausgesprochene Schlemmer fingen freilich schon *de die,* am hellichten Tage, d. h. um die Mittagszeit an (Cat. 47, 5; Hor. sat. II 8, 3); zum «Ausgleich» tafelten und zechten sie bis Mitternacht und sogar bis zum ersten Sonnenlicht ... (Suet. Nero 27, 3; Mart. I 68).

In jedem Falle also – auch im Rahmen eines normalen G. – war genügend Zeit, sich den Freuden des Banketts hinzugeben! Den kulinarischen Rahmen bildeten Appetit anregende Vorspeisen *(gustus; gustatio)*, zu denen als Aperitif gern *mulsum* (Honigwein) gereicht wurde (Petr. 34), das mindestens drei Gänge *(fercula)* umfassende eigentliche → Abendessen, zu dem man → Wein trank, und ein aus Früchten, Backwerk oder auch pikanten Speisen bestehender → Nachtisch *(mensae secundae)*. Aufwand und Raffinement der Speisefolge wurden durch den Geldbeutel des Gastgebers, den Kreis der Eingeladenen, den Anlaß der Bewirtung und die u. U. damit verbundenen Selbstdarstellungsabsichten des Hausherrn bestimmt. Manchen Gastgebern war der «feine Unterschied» wichtig: Sie ließen den gesellschaftlich Höhergestellten bessere Speisen und Weine servieren als den anderen: «Sich selbst und einigen wenigen setzte er allerhand Delikatessen vor», ärgert sich Plinius über einen derart «sozial» gesinnten Wirt, «den übrigen billiges Zeug und in kleinen Portiönchen» (ep. II 6, 2). Als Meister solcher Zwei- und gar Dreiklassen-Bewirtung porträtiert der Satiriker Juvenal einen Zeitgenossen namens Virro, der seine «Konzeption» konsequent verfolgt – bis hin zu unterschiedlichen Wasser-Qualitäten! (V 51f.)

Während des G. unterhielt man sich angeregt, wobei das Niveau der Unterhaltungen natürlich sehr vom intellektuellen Horizont der Anwesenden abhing. Die Idealvorstellungen, die der antiken Symposienliteratur zugrundeliegen – Gelehrte oder zumindest an ernsthaften Gesprächen und Erkenntnisgewinn Interessierte unterhalten sich über «Gott und die Welt» und adeln damit ihre → Freizeit –, dürften im Alltag eher selten erreicht worden sein. Wie bei den Tischgesprächen, so gab es auch bei den übrigen, vom Gastgeber arrangierten Unterhaltungsangeboten eine breite Palette, von kultiviert bis vulgär. Anspruchsvolle Programme, die die Gäste während des Essens oder als Einlagen zwischen zwei Gängen unterhielten, waren Tafelmusik durch Lyra- und Gesangssolisten oder Chöre und Kammerorchester, Komödienszenen und Rezitationen aus epischer oder lyrischer Dichtung (Plin. ep. III 1, 9; VI 31, 13). Mitunter gab auch der Gastgeber selbst etwas aus seinem musikalischen oder poetischen Repertoire zum

Poetische Zwangsbeglückung beim Tafeln

Das ist der Grund, weshalb du zum Essen ladest, kein andrer,
    daß du uns, Ligurin, deine Gedichte dann liest.
Grade nur legte ich erst die Sandalen ab, siehe, da bringt man,
    noch zwischen Lattich und Brüh, schon ein gewaltiges Buch.
Folgt das zweite, solang das erste Gericht noch serviert wird.
    Dann das dritte, und noch kam nicht der Nachtisch herbei.
Und du liest uns das vierte und liest uns endlich das fünfte.
    Eklig ist schließlich das Schwein, setzt man so oft mir es vor.
Gib die verruchten Gedichte, darein Makrelen zu wickeln!
    Andernfalls, Ligurin, tafelst du künftig allein.

Martial III 50

besten – nicht immer zur Freude der Tischgesellschaft, die manche Gastgeber als unfreiwilliges Auditorium ihrer zweifelhaften Musenküsse mißbrauchten: «Ich versprech dir noch mehr», sagt Martial selbstironisch in einem Einladungsgedicht, «ich rezitiere dir nichts!» (XI 52, 16).

Bei vielen G. ging es «volkstümlicher» und derber zu. Da wurden Possenreißer und Gaukler, Transvestiten und Tänzer engagiert (Plin. ep. IX 17); das kulturelle Billig-Angebot reichte vom dressierten Affen (Juv. V 153ff.) bis zur Akrobaten-Truppe (Petr. 53, 11ff.). Gelegentlich traten – vor allem im kampanischen Raum – sogar Gladiatoren als «Pausenfüller» auf (Liv. IX 40, 17; Sil. Ital. XI 51ff.). Außerordentlich populär waren laszive Bauchtanz-Einlagen gaditanischer Tänzerinnen, die beim Klang von Kastagnetten «ihre üppigen Hüften lüstern in geübtem Zittern schwingen» ließen (Mart. V 78, 26ff.; Juv. XI 162ff.; Plin. ep. I 15, 3).

Gastgeber, die der Tafelrunde etwas Besonderes bieten wollten, ließen kleine → Geschenke an sie austeilen. Die Liste möglicher Tafelgeschenke (*apophoreta*; «Wegtragbares») war lang und umfaßte Nahrungsmittel ebenso wie Kleidung und andere Gegenstände des täglichen Bedarfs. Martial gibt im 14. Buch seiner Epigramme über 200 einschlägige Geschenkanregungen, die sich allerdings vornehmlich auf das «Schenkfest» der → Saturnalien beziehen. Zum normalen G.-Standard gehörten die *apophoreta* nicht, wohl aber fand niemand etwas dabei, wenn Gäste sich ein paar besonders schmackhafte Speisen in die Serviette einwickelten und mit nach Hause nahmen (Petr. 66, 4; vgl. → Tischsitten).

Fortuna greift ins Schlemmen ein – und läßt einen Baldachin herunterkrachen

Auf einmal stürzt der ausgespannte Baldachin in schwerem Fall auf unsre Schüssel; dunkler Staub wird aufgewirbelt, mehr als wenn der Nordwind auf Campaniens Feldern haust. Wir sind erschrocken, fürchten größres Unglück; doch wie sich's zeigt, daß die Gefahr vorbei, beruhigt man sich bald: nur Rufus, unser Wirt, verbirgt sein Haupt und schluchzt, als sei ihm vor der Zeit ein Sohn gestorben. Wer weiß, wie lange er noch weinte, hätte Nomentanus nicht den Freund mit weisem Zuspruch aufgerichtet: ‹Ach, keine Gottheit›, rief er, ‹ist so grausam gegen uns wie du, Fortuna! Immer freut's dich, unser Menschenwerk zu höhnen!› Varius konnte kaum das Lachen mit der Serviette sich verbeißen. Balatro, der über alles spöttisch seine Nase rümpft, bemerkt dazu: ‹So ist nun mal das Leben, und drum findet deine Plackerei niemals den Ruhm, der ihr gebührt. Wie quälst du dich und plagst dich, um mich vornehm zu bewirten, bist in schwerer Sorge, daß nicht angebranntes Brot, nicht schlecht gekochte Sauce auf den Tisch kommt, daß die Sklaven alle nett gekleidet, hübsch frisiert uns hier bedienen! Nun das Pech dazu, wenn mal wie heut' ein Baldachin herunterkracht und wenn ein Tolpatsch stolpernd seine Schüssel hinwirft. Sieh, dem Wirt geht's wie dem Feldherrn: seine wahre Größe bleibt im Glück verborgen, erst das Mißgeschick wird sie enthüllen!› Nasidienus sagt gerührt: ‹Die Götter mögen alle Wünsche dir erfüllen: bist ein guter Mensch, ein liebenswürdiger Gast›; dann läßt er sich die Sohlen geben und geht ab. Auf jedem Sofa sah man gleich die Nachbarn heimlich flüstern und ins Ohr sich zischeln.» Horaz, Satiren II 8, 55–78.

Zusätzliche Abwechslung und Farbe brachten wohlberechnete Gags in manches G. Trimalchio läßt sich eine Menge einfallen, um sich für seine Originalität – wie er glaubt – bewundern zu lassen; als *elegantiae*, «geschmackvolle Ideen», rühmten die Gäste dergleichen, auch wenn sie sie als abgeschmackt empfanden (Petr. 32ff.). Mitunter gingen diese raffinierten Einfälle allerdings gründlich daneben – so, wenn bei der von Horaz satirisch beschriebenen *cena Nasidieni* der als Baldachin über den Gästen ausgespannte Teppich plötzlich heruntersaust und den «blamierten» Gastgeber untröstlich zurückläßt (s. Zitat).

Ob die launische Fortuna die Baldachin-Panne ausgelöst hat, weil sie sich vernachlässigt fühlte? Dann hätte Nasidienus etwas vergessen, das bei aller Schlemmerei und allem Amüsement doch auch zu einem ordentlichen G. gehörte: Der Götteranruf zu Beginn der *cena* (*deos invocare;* Quint. decl. 301) und das Tisch-→ Opfer für die Hausgötter (Laren), das jedes G. zwischen Hauptmahlzeit und Nachtisch auch kultisch abrundete (Verg. Aen. VIII 283f.).

QQ: Cic. Sest. 138f.; fam. IX 26; Hor. sat. II 8; epist. I 5; Ov. ars am. I 229ff.; Val. Max II 1, 2; Sen. brev. vit. 7, 1f.; 12, 5; Petr. 28ff. (*cena Trimalchionis*); Mart. III 50; 82; V 78; VII 20; IX 25; X 48; XI 52; XII 41; Plin. ep. I 15; II 6; III 1; IX 17; 36; Juv. V; XI; Apul. Met. II 19; Plut. Luc. 41; *quaestiones convivales,* 6 Bücher (= Mor. 612 Cff.); Macrob. Sat. III 13; CIL IV 7698.

Lit.: K. Vössing (Hg.), Das röm. Bankett im Spiegel der Altertumswissenschaften, Stuttgart 2008; Weeber, Luxus I 15ff.; E. Stein-Hölkeskamp, Das röm. Gastmahl, München 2005; K. M. D. Dunbabin, The Roman banquet, Cambridge 2003; G. Gerlach, Zu Tisch bei den alten Römern, Stuttgart 2001; K.-W. Weeber, Flirten wie die alten Römer, Mannheim 2. Aufl. 2010, 45ff.; André, Freizeitkultur 174ff.; 261ff.; Neumeister, Das antike Rom 170ff.; Dosi-Schnell, A tavola 221ff.; E. Salza, L'arte del convito nella Roma antica, Rom 1983; Birt, Leben der Antike 20ff.; Marquardt, Privatleben I 297ff.; Art. → Abendessen, → Tischsitten.

Gaststätte

«Die Kellerkneipe *(fornix)* und die Gaststätte mit ihrem fetten Bratengeruch *(uncta popina)* schüren bei dir die Sehnsucht nach der Stadt, ich sehe es wohl (...). Keine Schenke *(taberna)* ist hier in der Nähe, um dich mit Wein zu versorgen, auch kein gefälliges Flötenmädchen, um dir zu schwerfüßigem Bauerntanz aufzuspielen ...»: Horaz sagt dem Verwalter seines Landgutes unverblümt, welchen Reizen des Stadtlebens der nachtrauert (epist. I 14, 21ff.). Tatsächlich war die gastronomische «Szene», die er hier andeutungsweise beschreibt, vornehmlich die Welt der «kleinen» Leute – der → Sklaven und → Freigelassenen, der Matrosen und Lastenträger, der → Handwerker und Lohnarbeiter. Zwar verirrten sich auch Angehörige des wohlhabenden Bürgertums und der Oberschicht ab und zu in dieses Milieu (Juv. VIII 171ff.), oder sie suchten es auch auf, um ganz bewußt einmal in diese aus ihrer Sicht halbweltartige Szene zu Sauftouren und erotischen Abenteuern «abzutauchen» (manchmal incognito und verkleidet wie Nero; Suet. Nero 26, 1; vgl. Hist. Aug. Ver. 4, 6; Comm. 3, 7). Wer sich aber dabei erwischen ließ, mußte mit einer Einbuße an Sozialprestige rechnen oder mit öffentlicher Bloßstellung durch politische Gegner. So beschreibt Cicero genüßlich, wie der Konsul Piso in einer politisch brisanten Situation erst einmal «aus einer dunklen Spelunke herausgezogen werden» mußte und sein Atem «scheußlich nach Kneipe gerochen» habe (Piso 18; 13).

Ob das Verhalten der «besseren» Kreise wirklich so viel moralischer war, daß die Geringschätzung der G. und Weinschenken als eine Art Rotlichtmilieu berechtigt gewesen wäre, darf mit Fug bezweifelt werden. Allerdings konnten sich die «feinen» Leute in ihre geräumigen vier privaten Wände zurückziehen und sich dort bei → Gastmählern und → Trinkgelagen von Sklaven bedienen und von willigen Flötenspielerinnen und Tänzerinnen verwöhnen lassen. Einfache Leute hatten diese Rückzugsmöglichkeit nicht, und das führte zu der «Spaltung» der römischen Gesellschaft in G.-Besucher und Nichtbesucher (natürlich mit den oben angedeuteten fließenden Übergängen). Und es führte auch dazu, daß sich anspruchsvolle Speise-Restaurants und andere Lokale der gehobenen Gastronomie nicht etablieren konnten.

Männer und Frauen in einer Weinschenke. Wandmalerei aus Pompeji.

Unterschiede zwischen den gastronomischen Betrieben gab es gleichwohl, und nicht jede G. gehörte zur gewissermaßen anrüchigen Subkultur; solche undifferenzierten Pauschalurteile wären zu sehr durch die Oberschicht-Brille gesehen und übersähen die wichtige soziale Funktion der Wirtshäuser im Leben der einfachen Leute. Da sie meist sehr beengt wohnten, lag es nahe, daß sie in ihrer → Freizeit öfters G. aufsuchten, die Geselligkeit boten und eine Reihe populärer Unterhaltungsangebote bereithielten. Das → Würfelspiel gehörte ebenso selbstverständlich dazu (Mart. V 34) wie Tanz- und Gesangsdarbietungen (s. Zitat). Man zechte mehr oder weniger kräftig, unterhielt und amüsierte sich. Es herrschte eine aufgeräumte, häufig ausgelassene Stimmung (Ps.-Verg. Copa 13ff.). Brach einmal ein Streit unter allzu heftig diskutierenden Hitzköpfen aus, so machte der Wirt von seinem Hausrecht Gebrauch und setzte, wie eine pompejanische Malerei mit Beischrift zeigt, die Kampfhähne an die frische Luft (CIL IV 3494i). Daß sich die Besucher wohl fühlten, lag natürlich im Geschäftsinteresse des Gastwirts bzw. der «Chefin» *(caupo; copa)*. Tatsächlich scheinen viel Römer ihr Stammlokal gehabt zu haben; so schalteten sich die Stammkunden *(emptores)* einer pompejanischen G. ausdrücklich als eigene *pressure group* mit einer Wahlempfehlung in den Kommunalwahlkampf ein (CIL IV 103).

Daß die G. neben Stammbesuchern auch um Laufkundschaft warben, zeigt die Werbepoesie, mit der die «vergilische» Gastwirtin *(copa)*, vor dem Eingang zu ihrem Lokal (mindestens!) anmutig tanzend, um die Gunst der Passanten wirbt. Üblicher war Außenwerbung in Form von Wirtshausschildern, die, auffällig und mit einem möglichst eingängigen «Logo» gestaltet, zum Betreten der G. animierten. Die Asellinen-G. in Pompeji umwarb Besucher mit schön gemalten Weinkannen und Vasen auf der Außenwand, eine andere führte ein rotes Wappen im Wirtshaus-Schilde (CIL IV 806f.). Aus Narbonne ist das «Gasthaus zum Hahn» bekannt, aus Afrika u. a. Gasthöfe «Zum Adler», «Zum Olivenbaum» und «Zu den Schlangen» (CIL XII 4377; Marquardt, Privatleben II 473f.). Mit «garantierten Festpreisen» machte eine G. im römischen Antibes Reklame: «He Passant, hör zu! Wenn's recht ist, komm rein! Drinnen ist eine eherne Tafel, die dich über alles informiert!» (CIL XII 5722).

Die «eherne Tafel» war sehr wahrscheinlich die Wein- und Speisenkarte. Das Angebot einer *taberna* («Kneipe») bestand vorwiegend aus → Wein, den man, je nachdem, wie eilig man es hatte, im Stehen oder Sitzen trank. Normalerweise war preiswerter Landwein der jeweiligen Region im Ausschank, aber auch bessere Qualitäten waren in vielen G. zu haben. Im Gasthaus der Hedone («Genuß») in Pompeji konnte man zwischen Billig-Wein für einen As, einer besseren Sorte für zwei As sowie dem berühmten Falerner, einem Spitzenwein, für vier As wählen (CIL IV 1679). Daneben wurden auch Gewürz- und mit warmem Wasser gemischte Weine («Glühwein», «Punsch») ausgeschenkt, im gallischen Raum wohl auch Bier (*cerevisia*; CIL XII 10018, 7). Oliven und andere Wein-«Appetizer» konnte man sich auch in einfachen Weinschenken bestellen, ansonsten aber war das Speiseangebot in Lokalen dieses Typs eher karg. Und was den Wein anging, so mußte man in vielen Kneipen aufpassen, nicht übervorteilt zu werden. Alle Wirte standen im Verdacht des Schankbetrugs, weil sie dazu neigten, den Wein über das übliche Maß hinaus mit Wasser zu verdünnen (Isid. Etym. X 58; Petr. 39, 11).

Auch in den *popinae* (Speise-G.) war die Speisekarte recht übersichtlich. Es gab vegetarische Kost wie Erbsen, Bohnen, Zwiebeln, Gurken, Eier und Käse, daneben Früchte der Jahreszeit wie Äpfel, Pflaumen, Trauben, Beeren und Kastanien (Ps.-Verg. Copa 17ff.; Macrob. Sat. VII 14, 1), ein paar Fleischgerichte

---

Die Wirtin empfiehlt: Wein und Atmosphäre

Fremdling, willst du erschöpft im brennenden Staub vorbeiziehn,
  statt, hinlagernd am Wein, dir ein Genüge zu tun?
Hier sind Fässer und Krüge genug, hier Saiten und Flöten,
  Becher und Blumen und kühl spannt sich aus Rohr das Gezelt (...).
Landwein haben wir hier, erst eben gezapft aus dem Pechschlauch,
  haben daneben den Born, der mit Geplätscher entrauscht (...).
Wein und Würfel daher! Wer grämt sich um morgen! Im Nacken
  steht uns der Tod und «Lebt!» raunt er, «ich bleibe nicht aus!»

Pseudo-Vergil, Copa 5ff.; 11f.; 37f.

Schankbetrug paradox – weil's in Ravenna nicht regnet ...

Mehr als ein Weinberg gält ein Brunnen mir zu Ravenna,
  könnt ich das Wasser doch dort teurer verkaufen als Wein.

Ein verschlagener Wirt betrog mich jüngst zu Ravenna:
  Als ich vermischten verlangt, bracht er den Wein mir doch rein!

Martial III 56 und 57

für die etwas wohlhabenderen Gäste (Juv. XI 81; Hor. epist. I 14, 21) sowie Süßigkeiten in Form von → Kuchen und anderem Backwerk (Plaut. Poen. 41ff.). Daß das Speisenangebot nicht üppig wurde, versuchten mehrere Kaiser durch restriktive Verfügungen durchzusetzen. So verbot Tiberius Brot und Gebäck, Claudius untersagte gekochtes Fleisch, Nero erlaubte nur Gemüse und Hülsenfrüchte, und Vespasian beschränkte das «kulinarische» Angebot der *popinae* auf Bohnen (Suet. Tib. 34, 1; Claud. 38, 2; Nero 16, 2; DC LX 6, 7; LXV 10, 3). Die Gründe für diese Maßnahmen waren schon im Altertum umstritten. Die einen wollten wissen, daß damit dem Kneipen-«Luxus» Einhalt geboten werden sollte, die anderen munkelten, daß die G. auf diese Weise einen Teil ihrer Attraktivität als Tagungsorte politisch unzuverlässiger Dunkelmänner verloren (z. B. als gegen Juden gerichtete Maßnahme bei CD LX 6, 6).

Wenn überhaupt, dann erscheint die zweite Begründung plausibler, denn mit dem «Luxus» der allermeisten G. war es wirklich nicht weit her. Man hört zwar von einigen Prassern, die durch ständige Kneipenbesuche und spendables Auftreten ganze Vermögen durchbrachten (Mart. V 70; Apul. Met. VIII 1, 5), doch läßt sich das schwerlich verallgemeinern – zumal die meisten G. eher die Ausmaße, die Möblierung und den «Charme» düsterer Eckkneipen hatten. Das Ladenlokal bestand gewöhnlich aus einem oder zwei, sehr selten mehr Räumen, d. h. dem eigentlichen Schankraum, von dem Getränke und schlichtes Essen über die Theke auch an Passanten verkauft wurden (→ Imbißstube), und u. U. einem Hinterzimmer mit Stühlen, Bänken oder Speisesofas. Von besonderem Komfort zeugen weder die (über 100) in Pompeji noch die in Ostia ausgegrabenen G. (Meiggs, Ostia 428f.), und auch nicht die literarisch überlieferten Beschreibungen – mit dem Luxus vieler privater → Gastmähler kein Vergleich!

Die G. füllten sich meist erst gegen Abend und hatten dann bis spät in die Nacht hinein Betrieb. Obdachlose wärmten sich dort manchmal auf oder verbrachten dort die ganze Nacht (Amm. Marc. XIV 6, 25). Aber auch tagsüber fand sich Kundschaft ein, und zwar nicht nur in den G., die in den oder in der Nähe der großen Thermen und anderer Stätten der → Massenunterhaltung lagen. Die ersten machten schon am frühen Morgen auf, so daß man manchen Gast schon um die fünfte → Stunde ziemlich derangiert aus einer Kneipe heraustorkeln sah (Cic. Pis.

Rekonstruierte Gaststätte («Thermopolium») an der Via di Diana in Ostia.

«Freiheit und Gleichheit» – Eine satirische Milieuschilderung

Liegend erspähst du ihn dort mit irgendso einem Banditen,
zwischen Matrosen und Dieben und zwischen entlaufenen Sklaven,
unter den Henkern und Schreinern von Särgen für Lumpengesindel,
unter den ruhenden Pauken des rücklings liegenden Gallen.
Frei ist hier alles und gleich! Ein Becher für alle, und jedem
dienet das nämliche Bett, gleich nah liegt jeder dem Tische.

Juvenal, Satiren VIII 173ff.

13). Wer sich so «gehen» ließ und sich überhaupt gern in G. «herumdrückte» (Hist. Aug. Hadr. 16), galt als *popino,* «Kneipengänger» – und das war alles andere als eine liebenswürdige Bezeichnung (Hor. sat. II 7, 39; Suet. gramm. 15, 2 über den Historiker Sallust).

Dies natürlich auch deswegen, weil man viele G. als nur schlecht getarnte → Bordelle beargwöhnte. Und das zu Recht: Die → Prostitution blühte im G.-Milieu. Columella nennt Würfelspiel, Kneipen und Bordelle in einem Atemzug (I 8, 2), und auch Horaz geht davon aus, daß sein Verwalter sich in der Schenke nicht nur an der *Musik* der Flötenspielerin erfreuen will, die ausdrücklich als *meretrix,* «Dirne», bezeichnet wird (epist. I 14, 25). Pompejanische → Graffiti lassen noch drastischer erkennen, daß sich die Kellnerinnen und «Barfrauen» in den G. und Kneipen mit großer Selbstverständlichkeit auch zu anderen als nur gastronomischen Diensten zur Verfügung stellten; einige der Damen waren unter eindeutigen → Spitznamen bekannt (*sitifera,* «durstiges Biest»; *culibonia,* «guter Hintern»; CIL IV 8475; 8473; vgl. CIL IV 8442). Auch manche Chefin einer G. zog sich mit Besuchern ins *chambre séparée* zurück, wie solche Kunden «stolz» einer Wand oder einem Trinkgefäß anvertrauten (*futui copunam,* «ich habe es mit der Wirtin getrieben», CIL IV 8442; *futui ospita(m)* auf einem Bonner Gefäß; CIL XIII 10018, 95). Auch der Gesetzgeber zog klare Konsequenzen aus dieser weitverbreiteten Erkenntnis, indem er bestimmte, daß kein Gast, der sich mit Serviererinnen oder der Wirtin einer G. auf ein amouröses Abenteuer einließ, Ehebruch begangen habe (Cod. Theod. IX 7, 1). Und er stellte sogar ausdrücklich fest, daß «viele unter dem Deckmantel einer Taverne Prostituierte zu halten pflegen» (Dig. XXIII 2, 43, 9).

Das Gros der G.-Besucher waren Männer. Es gibt zwar einige Text- und Bilddokumente dafür, daß auch Frauen sich dort aufhielten, doch waren das häufig Damen von eher zweifelhaftem Ruf (Prop. IV 8, 62; vgl. Augustin. serm. 332, 1). Der Umgangston in vielen G. war durch eine rüde Sprache mit kräftigem obszönem Einschlag und spezifisch männlicher Witz-«Kultur» geprägt. Ein anschauliches Beispiel dieser Derbheit bietet die G. «der Sieben Weisen» in Ostia. Weisen die Wandgemälde mit Darstellungen der berühmtesten Philosophen das Etablissement auf den ersten Blick als ungewöhnlich kultiviertes Gasthaus aus, so lassen die Beischriften das scheinbare Niveau dramatisch abstürzen. Der Urheber des «Gags» hat nämlich die «Philosophie» der einzelnen Geistesgrößen auf ihre Ratschläge zur Verdauung reduziert: «Um gut zu kacken, knetete Solon seinen Bauch»; «bei hartem Stuhlgang mahnte Thales zu starker An-

Gaststätte der «Sieben Weisen» in Ostia. Links die Darstellung Solons mit der Inschrift: *ut bene cacaret ventrem palpavit Solon,* daneben Thales mit der Beischrift: *durum cacantes monuit ut nitant Thales.*

strengung», «der heimtückische Chilon lehrte, leise zu furzen». Die erlauchte Runde war übrigens auf der → Toilette sitzend dargestellt. Ob die Kreativität dieses Einfalls ausreicht, die G. als «eine Kneipe nicht für alle, sondern exklusiv und besucht von den Bohemiens der Zeit» (Calza 104) zu deuten, darf doch stark bezweifelt werden.

QQ: Plaut. Poen. 41ff.; Cic. Pis. 13; 18; Hor. epist. I 14, 21ff.; Ps.-Verg., Copa; Colum. I 8, 2; Juv. VIII 158ff.; Mart. I 56; II 59; III 50f.; V 70; 84; Suet. Nero 16, 2; 26, 1; Hist. Aug. Hadr. 16; Ver. 4, 6; Amm. Marc. XIV 6, 25; XXVIII 4, 3ff.; Sid. Apoll. ep. VIII 11, 3, 42ff.; CIL IV 806f.; 1292; 1679; 3948; 8473; 8475; XII 5722; XIII 2031; 10018, passim; Dig. III 2, 4, 2; V 3, 27; XXIII 2, 43 pr. und § 9; XXIII 7, 13; Cod. Theod. IX 7, 1

Lit.: J. De Felice, Inns and taverns, in: Dobbins, The world of Pompeii 474ff.; Weeber, Nachtleben 19ff.; K.-W. Weeber, Die Weinkultur der Römer, Düsseldorf/Zürich 2. Aufl. 1999, 30ff.; 68ff.; 77ff.; L. Casson, Reisen in der Alten Welt, München 1976, 243ff.; Meiggs, Roman Ostia 428ff.; T. Kleberg, In den Wirtshäusern und Weinstuben des antiken Rom, Berlin/Darmstadt ²1963; ders., Hôtels, restaurants et cabarets dans l'Antiquité romaine, Uppsala 1957; G. Calza, La Taverne der sieben Weisen in Ostia, Ant. 15 (1939), 99ff.; W. C. Firebaugh, The inns of Greece and Rome, Chicago 1928.

Gebärden

Symbolische G. gehörten als Verstärkung oder Ersatz des gesprochenen Wortes ganz selbstverständlich zur Alltagskommunikation. Im folgenden sind einige der wichtigsten G. der Römer mit ihrer Bedeutung zusammengestellt:

Kopfschütteln: Ratlosigkeit

Schließen der Augen: Abwendung, Verneinung

Verhüllen des Gesichts: Abkehr von einem abscheulichen Anblick; Zurückweisung einer Zumutung

Zuhalten der Ohren: Entrüstung («ich kann es nicht mehr hören!»)

Aufblähen der Nasenflügel: Verhaltenes Lachen, Spott

Ausspucken (→ Spucken): Abscheu, Verachtung

Ausspucken durch eine Mundecke: Hohn, «Zahn des Tadlers» wird sichtbar (Hor. epod. 6, 15)

Ausstrecken der Zunge: Hohn (erst seit der Kaiserzeit üblich)

Nicken: Zustimmung, Wohlgefallen

Herunterziehen der Augenbrauen: Verhaltene Zustimmung

Emporziehen der Augenbrauen: Verbot; Zeichen von Stolz, Hochmut

Zeigen des kleinen Fingers: Geringschätzung, Provokation: «Mein kleiner Finger nimmt es mit dir auf» (Hor. sat. I 4, 14)

Blasen: Verachtung (jemand läßt sich leicht «umblasen»)

Vorstrecken des Mittelfingers: Obszöne Geste, Beschimpfung, Beleidigung (Imitation des Penis: *digitus impudicus*, «unzüchtiger Finger»; Mart. VI 70, 5)

Durchstrecken des Daumens zwischen Mittel- und Zeigefinger: Obszöne Geste; Nachahmung des weiblichen Geschlechtsteils («Feige»), im Altertum aber wohl nur zur Dämonenabwehr gebraucht (Ov. fast. V 433f.)

Ausstrecken des Zeige- und des kleinen Fingers: Verachtung, Beleidigung: «gehörnt», d. h. von der Ehefrau betrogen (Symbol für zwei Männer)

Eher unwillkürliche Gesten und Gebärden zum Ausdruck von Gefühlen waren u. a. folgende:

Händeklatschen in Verbindung mit Gelächter: Freude; «feinere» Leute vermieden diese G.

Zusammenschlagen der Hände: Freude; Schmerz

Aufstampfen mit dem Fuß: Zorn

Zähneknirschen: Wut

Beißen in die Unterlippe: Erbitterung, Wut; Verlegenheit

Kauen der Fingernägel: Erbitterung; Neid; Schmerz

Schlagen an die Brust: Schmerz

Schlagen der Arme: Schmerz (nur bei Frauen üblich)

Schlagen der Stirn: Überraschung, Betrübnis

Händedruck (→ Begrüßung): Herzliches Verhältnis

Streichen über das Gesicht oder den Bart: Nachdenklichkeit; Nervosität

Kratzen am Kopf: Verlegenheit

Reiben der Stirn: Nachdenklichkeit

QQ: Plaut. Mil. glor. 201 ff.; Quint. XI 3, 65 ff. (Gestik des Redners).

Lit.: A. Corbeill, Nature embodied. Gesture in ancient Rome, Princeton 2004; G. S. Aldrete, Gestures and acclamations in ancient Rome, Baltimore 1999; M. Lobe, Die Gebärden in Vergils Aeneis, Frankfurt/M. 1999; P. Wülfing, Antike und moderne Redegestik, AU 37/1 (1994), 45ff.; C. Sittl, Die Gebärden der Griechen und Römer, Leipzig 1890, ND Hildesheim 1970.

Geburt

Der stolze Vater hängt zur Feier des Ereignisses Kränze an die Haustür, und er läßt «den Beweis seiner Mannbarkeit» freudig in der → Zeitung veröffentlichen – so schildert Juvenal (IX 82 ff.) die Reaktion eines Vaters auf die G. seines Kindes. Wie üblich solche Artikulationen des Vaterstolzes waren, läßt sich aufgrund fehlender Parallelquellen nicht sagen. Bezeichnend ist freilich die Rolle, die dem Mann im Umfeld der G. zugewiesen wird: Er vertritt das Ereignis gleichsam nach außen, dem Vorgang selbst wohnt er nicht bei.

Eine Hebamme steht einer Frau bei, die mit Hilfe eines Gebärstuhls entbindet. Grabrelief der Hebamme Scribonia Attice aus Ostia.

Im G.-Zimmer hielten sich in aller Regel nur Frauen auf, neben der Gebärenden eine Hebamme *(obstetrix)* und vielleicht eine oder mehrere weitere Helferinnen (Ter. Andr. 770 f.); wenn ein → Arzt zugegen war, so stand er gewöhnlich in zweiter Reihe hinter der Hebamme (Soran. gyn. IV 7, 1). Nicht selten war die Gebärende wohl auch allein. Sie gebar entweder in ausgestreckter Lage auf einer Liege oder im Gebärstuhl. Vor, während und nach der G. rief man G.-Göttinnen an, deren wichtigste Carmentis, Iuno und Lucina waren; bezeugt sind daneben aber noch weitere 55 Gottheiten (Binder, Geburt 101 ff.). Nach der Entnahme aus dem Mutterleib *(effusio)* wurde die Lebensfähigkeit des Säuglings geprüft und danach die Nabelschnur abgetrennt. Diesen Vorgang nannte man *levare,* das «Hochheben» des Kindes vom Boden. Es geschah, ebenso wie das erste Baden, Einwickeln und in die Wiege Legen, durch die Hebamme (Varro frg. 848 L.). Daß der Vater das Neugeborene vom Boden aufgenommen und es so als rechtmäßiges Kind juristisch anerkannt habe, ist eine jahrhundertelang verbreitete «wissenschaftliche Legende» (Köves-Zulauf, Geburtsriten 68). *Ihm* wurde das Kind erst im endgültig versorgten Zustand präsentiert, und wenn er es dann auf den Arm hob, so war dieses *tollere* oder *suscipere* eine moralische Geste, mit der er es sozusagen sozial nach außen legitimierte.

Kurz nach der G. bekamen die Kinder eine Kapsel mit einem Amulett *(bulla)* um den Hals gehängt, die die Knaben bis zum Eintritt ins Mannesalter (Anlegen der *toga virilis* mit 15–17 Jahren) und die Mädchen wohl bis zur → Hochzeit trugen. In wohlhabenden Familien war die *bulla* eine runde oder herzförmige Kapsel aus Goldblech, in einfachen Verhältnissen begnügte man sich mit einer Leder-Ausführung (*bulla aurea* bzw. *scortea*; Juv. V 164 ff.; Plin. NH XXXIII 84).

Mit der Namensgebung konnten sich die Eltern Zeit lassen; der *dies lustricus* («Tag der rituellen Waschung»), an dem die Neugeborenen ihren Namen erhielten, war bei Mädchen der achte, bei Knaben der neunte Tag nach der G. (Macrob. sat. I 16, 36). Der Grund für den unterschiedlichen Zeitraum ist nicht überliefert; die zeitliche Lage des Tages wird u. a. damit erklärt, daß am siebten Tage meist der Rest der Nabelschnur abfalle (Plut. Mor. 288c–e). Das auch *nominalia* («Namenstag») genannte Fest wurde zusammen mit anderen Familienangehörigen begangen, die dem Säugling Spielzeuge und Amulette als → Geschenke mitbrachten (*crepundia;* Plaut. Rud. 1154 ff.).

Knabe mit *bulla.*

Zumindest in Rom und Ägypten mußten legitime Kinder seit augusteischer Zeit amtlich gemeldet werden; Marc Aurel dehnte dieses G.-Register auf alle Provinzen und Kinder jedes Rechtsstatus aus (Hist. Aug. Marc. Aur. 9). Danach hatte der Vater binnen 30 Tagen nach der G. eine Urkunde ausstellen zu lassen, deren Original im Archiv der Behörde blieb, während die Eltern die Zweitausfertigung bekamen. Sie diente auch zum Nachweis des römischen Bürgerrechts. Eine Reihe solcher G.-Urkunden hat sich in Ägypten erhalten wie z. B. die folgende: «Unter den Konsuln Bellicius Calpurnius Torquatus und Publius Salvius Julianus, im 12. Jahr des Kaisers T. Aelius Hadrianus Antoninus Augustus Pius (148 n. Chr.), als Petronius Honoratus Präfekt von Ägypten war: T. Iulius Dioscurides hat seine am 20. August von der Iulia Ammonarion geborene Tochter Iulia Ammonus angemeldet.» Das Datum der Urkunde (14. September) und die Namen von sieben Zeugen waren auf der Außenseite der Tafel vermerkt (zitiert nach Thierfelder, Unbek. ant. Welt 17 f.).

QQ: Plaut. Rud. 1154 ff.; Varro bei Augustin. CD IV 11; frg. 848 L.; Ov. Met. IX 281 ff.; Juv. V 164 ff.; IX 82 ff.; Hist. Aug. Marc. Aur. 9; Macrob. sat. I 6, 9 ff.; 16, 36.

Lit.: Chr. Laes, Kinderen bij de Romeinen, Leuven 2006, 43 ff.; Th. Köves-Zulauf, Römische Geburtsriten, München 1990; F. Kudlien / G. Binder / L. Kötzsche, Art. *Geburt*, RAC IX (1976) 36 ff.; F. Schulz, Roman registers of birth and birth certificates, JRS 32 (1942), 78 ff.; 33 (1943), 55 ff.

Geburtstag

Die G.-Feier begann mit einem unblutigen → Opfer für die persönliche Schutzgottheit, den Genius beim Mann, die Juno bei der Frau (Tib. I 7, 52). Zur Feier des Tages legte man festliche weiße Kleidung an (Ov. Trist. V 5, 8). Familienangehörige, Klienten und Freunde gratulierten (auch schriftlich: Manches literarische G.-Gedicht ist ein solcher Glückwunsch) und brachten → Geschenke mit. Es schloß sich ein Festmahl an (Cic. Phil. II 16, 15: Antonius feiert eine G.-«Party» im Garten), dessen obligatorischer Bestandteil der G.-Kuchen war (Ov. am. I 8, 93 f.; Trist. IV 10, 12).

QQ: Prop. III 10; Ov. Trist. III 13; Tib. II 2; IV 6; Censorinus' *de die natali* aus dem Jahre 238 ist ein literarisches G.-Geschenk; es handelt aber vor allem über das menschliche Leben und die Zeit, ist also keine Quelle zur Sache.

Lit.: A. Dierichs, Von der Götter Geburt und der Frauen Niederkunft, Mainz 2002; W. Schmidt, RE VII (1910) 1135 ff., genethlios hemera; Marquardt, Privatleben I 250 f.

Geld

Wer sich heutzutage über seine pekuniären Probleme beklagt, läuft nicht Gefahr, für einen Viehzüchter gehalten zu werden, dessen Schafherde durch Wölfe oder Krankheiten dezimiert worden ist. In der Sache freilich läuft es aufs gleiche hinaus: Man hat Einbußen an seinem Vermögensstand erlitten, und der wurde im frühen Rom nach dem Viehbestand bemessen. In Zeiten der Naturalwirtschaft war ein *pecus,* ein «Stück Kleinvieh», offenbar eine wichtige Bezugsgröße beim Warentausch. Beim Übergang zur G.-Wirtschaft blieb die Erinnerung an diesen ursprünglichen Wertmesser in der Bezeichnung *pecunia* für «G.» erhalten; wohl weniger, weil auf den ersten Prägungen ein Stück Vieh abgebildet war (so Plin. NH XXXIII 43).

Eine Frühform des G. war das *aes rude,* plumpe Kupferbrocken, die nur nach ihrem Gewicht «genormt» waren. Eine Weiterentwicklung stellten das *aes signatum,* gegossene und mit Bildern *(signa)* versehene Barren mit einem Höchstgewicht von ca. 1600 g, sowie das *aes grave,* nach griechischem Vorbild in Rundform gegossenes «schweres» Kupfer-G., dar. Ihr Gewicht machte sie nicht gerade zu einem handlichen, auf weite Verbreitung hin angelegten Zahlungsmittel; die Erinnerung an das umständliche «Zuwiegen» dieser Erzmassen bei Käufen und Sold- oder Lohnzahlungen war aber später noch in vielen Ausdrücken der lateinischen Sprache gegenwärtig (s. Zitat).

aes signatum mit Stier-Darstellung aus der Zeit um 280/70 v. Chr.

Als man noch schwer am Geld trug – Geldgeschichte im etymologischen Spiegel

Der As wurde ein Pfund schwer gewogen ...; deshalb bezeichnet man eine Geldstrafe als «schwer» *(gravis)*, und man spricht noch heute bei Rechnungen von «Ausgewogenem» (= Ausgaben, *expensa*), ebenso von Aufgewogenem (= Aufwand, *impendia*) und «abwägen» (= bezahlen, *dependere*), ja auch von «Zuwägungen» (= Sold, *stipendia*) der Soldaten, d. h. von Pfunden von Geld *(stipis pondera)*, von «Auswägern» (Schatzmeistern, *dispensatores*), von «Waagehaltern» (= Zahlmeistern, *libripendes*), und nach dieser Gewohnheit wird auch jetzt noch bei den Käufen, durch die mit Kaufvertrag Eigentum erworben wird, eine Waage dazwischen gestellt.

Plinius, Naturalis Historia XXXIII 43

Der Übergang zur Prägung von Bronze- und Silbermünzen fiel in die Zeit um 300 v. Chr. Zunächst vergab Rom Münzprägungs-Aufträge an griechische Prägestätten in Kampanien; erst im Jahre 269 v. Chr. sollen erstmals in Rom selbst Münzen geprägt worden sein (Liv. epit. 15; Plin. NH XXXII 44). Die Basis des römischen Währungssystems blieb bis weit in die Kaiserzeit hinein der Silberdenar mit rund 4 g Gewicht. Er wurde seit ca. 200 v. Chr. in 12 (vorher 10) Bronze-As unterteilt. Seit 89 v. Chr. betrug die Relation 1:16 zwischen einem Silberdenar und (Kupfer-)*asses*. Ein Zwischennominal war der (Bronze-)Sesterz, der einen Viertel Denar und damit 4 As wert war. Goldemissionen waren in der Republik selten – die erste erfolgte im Jahre 216 v. Chr. –; in augusteischer Zeit wurde der Wert eines *aureus* («Goldstück») auf 25 Denare festgesetzt. Weitere Nennwerte ergeben sich aus den nachstehenden Tabellen.

Kupfer-As des Tiberius, 34/5 n. Chr.

Die römische Währung von 69–193 n. Chr.

	Aureus	Quin. Aur.	Denar	Quinar	Sesterz	Dupondius	As	Semis	Quadrans	
1 Aureus	1	2	25	50	100	200	400	800	1600	Gold
1 Quin. Aur.		1	12,5	25	50	100	200	400	800	Gold
1 Denar			1	2	4	8	16	32	64	Silber
1 Quinar				1	2	4	8	16	32	Silber
1 Sesterz					1	2	4	8	16	Aes
1 Dupondius						1	2	4	8	Aes
1 As							1	2	4	Aes
1 Semis								1	2	Aes
1 Quadrans									1	Aes

Die römische Währung in julisch-claudischer Zeit

aureus (Gold)	= 25 *denarii* (Silber)
denarius (Silber)	= 16 *asses* (Kupfer; Bronze)
sestertius (Messing)	= 4 *asses*
dupondius (Messing)	= 2 *asses*
semis (Kupfer, Bronze)	= ½ *as*
quadrans (Kupfer, Bronze)	= ¼ *as*

Sesterz des Titus mit dem gerade fertiggestellten Colosseum, 80/1 n. Chr.

Geldtruhen *(arcae)* aus dem Atrium pompejanischer Häuser.

Das 3. Jh. n. Chr. erlebte eine zunächst schleichende, dann dramatische Inflation, in deren Verlauf der Silbergehalt des Denars stark reduziert wurde. Der Währungsverfall wurde seit Ende des Jahrhunderts durch Reformen Diokletians und Konstantins gestoppt, die neue Münzen in Umlauf brachten. In der Spätantike ersetzte der *aureus* den Silberdenar als «Leiteinheit».

Im alltäglichen Zahlungsverkehr spielten Silber- und Goldmünzen allerdings keine große Rolle. Die meisten Leute waren froh, wenn sie ein paar *asses* in der → Geldbörse hatten. Viele lebten von der Hand in den Mund und kamen kaum in die «Verlegenheit», Sparguthaben in Edelmetall-Münzen anzulegen. Anders die Wohlhabenden. Da das römische → Banken-Wesen relativ unentwickelt war, wurde das Barvermögen meist im eigenen Hause deponiert. Für kleinere Summen reichten → Spardosen aus; größere G.-Mengen wurden dagegen in einer mit Bronze oder Eisen beschlagenen Geldkiste *(arca)* verwahrt. Dieser «Heimtresor» stand meist im Atrium und wurde vom Türsteher *(ianitor)* mit bewacht. In reichen Familien waren die *arcae* häufig so groß, daß sich ein Mensch darin verstecken konnte (App. b. c. IV 44), und daß sie in jedem einigermaßen wohlhabenden Haushalt anzutreffen waren, läßt die Ausdrucksweise *ex arca solvere* («aus der Truhe bezahlen») als übliches Synonym für jede Art von Barzahlung erkennen (Donat. ad Ter. Adelph. 277).

Die umlaufende G.-Menge war eher gering. Sie wurde zusätzlich durch eine ausgeprägte Hortungsmentalität in der Oberschicht reduziert. Gold- und Silbermünzen dienten als stille Sicherheitsreserve oder wurden ganz bewußt als Familienbesitz aufgebaut. Leichte inflatorische Tendenzen, die auch während wirtschaftlich stabiler Zeit normal waren und in dem streng metallistischen System zu einer allmählichen Münzverschlechterung führten, machten frühere Prägungen wertvoller – auch das ein Anreiz, alte Münzen zu horten und eher die neu in Umlauf gebrachten auszugeben. Daß dieses sog. Greshamsche Gesetz auch in der römischen Antike «funktionierte», zeigt schlaglichtartig die vom Vesuvausbruch erzwungene Momentaufnahme von den Barvermögen pompejanischer Bürger. In deren Besitz fanden sich im Jahre 79 n. Chr. erstaunlich viele jahrzehntealte Silberdenare aus republikanischer Zeit. Diese alten Prägungen hatten ein rund 10% höheres Silbergewicht als die zeitgenössischen Denare und wurden deshalb gehortet (Etienne, Pompeji 213f.).

Viele der vor der Vesuv-Katastrophe fliehenden Einwohner Pompejis hatten noch versucht, ihr Barvermögen zusammen mit ihrem Leben zu retten. Die Auswertung der einschlägigen Funde zeigt, daß auch die Reichen nur über eher bescheidene G.-Vermögen verfügten: Die meisten, die sich dieser Schicht zuweisen lassen, hatten zwischen 1000 und 3000 Sesterze dabei, nur in sechs Fällen wurde die 4000-Sesterze-Grenze überschritten, und die höchste Summe betrug 9448 Sesterze. Die Masse der weniger Betuchten hatte ein paar Dutzend, allenfalls einige hundert Sesterze zusammengerafft; im Normalfall überstieg der Wert ihres Barvermögens den Betrag von 30 Sesterzen nicht. Geldbörsen mit nur wenigen As runden das Bild nach unten ab (Etienne, Pompeji 214f.).

Gleichviel, ob jemand über ein großes Vermögen verfügte oder ein armer Schlucker war: Ohne Bar-G. konnte er nichts kaufen und keine Dienstleistung in Anspruch nehmen. Weder gab es bargeldlosen Zahlungsverkehr, noch fand man Tauschpartner, die sich auf Naturalienhandel einließen. Die römische Zivilisation setzte sozusagen auf *cash* – in Wirtshäusern und → Geschäften wurde nicht weniger bar gezahlt als in → Bordellen und Absteigen (CIL IX 2689). Daß auch Arbeiter ihren Lohn in klingender Münze ausbezahlt bekamen, zeigt nicht zuletzt die Bezeichnung *mercennarius,* «einer, der sich für (Geld-) Lohn verdingt». Auf dem Lande mag man mitunter Produkte oder Dienstleistungen im Tauschverfahren verrechnet haben, aber grundsätzlich war auch dort die G.-Wirtschaft der selbstverständliche Standard – zumal auch die Steuern in bar erhoben wurden.

Der wichtigste Münzprägeort war sowohl in der Republik als auch in der Kaiserzeit die Hauptstadt selbst. Mit Genehmigung der kaiserlichen Münzverwaltung wurde die Reichsprägung aber auch von einigen ausgewählten Betrieben in den Provinzen hergestellt. In der Spätantike wurde das System der G.-Versorgung auf rund zwanzig Prägestätten dezentralisiert. Manche Provinzen durften unter kaiserlicher Kontrolle eigene Prägungen veranlassen; in Griechenland und Kleinasien hatten einige Kommunen auch das Recht zu Lokalprägungen, die aber nur in ihrem engeren Marktbereich gültig waren.

Die Erkenntnis, daß das G. ein vorzüglicher Propagandaträger war, setzte sich erst im 2. Jh. v. Chr. durch. In der Kaiserzeit wurde sie systematisch umgesetzt, indem die Herrscher neben ihrem Bildnis und ihrer Titulatur auch kurze politische Werbeslogans auf die Münzen prägen ließen – je nach individueller Schwerpunktsetzung und politischer Lage versprach man *felicitas* oder *liberalitas, iustitia* oder *concordia* usw. (Glück, Freigebigkeit, Eintracht, Gerechtigkeit). Und natürlich wurden auch bedeutende kriegerische Erfolge und zivile «Großtaten» des Kaisers in Wort und Bild gefeiert: Das G. trug den – tatsächlichen oder erstrebten – Ruhm des Kaisers bis in die letzten Winkel des Reiches – und im Handelsverkehr mit anderen Völkern sogar darüber hinaus.

Aureus Hadrians aus dem Jahre 137 n. Chr. mit der programmatischen Legende *concord(ia)* (Eintracht).

Daß «Geld nicht stinkt», geht im übrigen auf eine Anekdote zurück, in deren Mittelpunkt der für seine «Sparsamkeit» berüchtigte Kaiser Vespasian steht. Der war auf die Idee gekommen, auch den Urin zu besteuern, der u. a. ein wichtiger Grundstoff beim Gerben war. Als sein Sohn Titus ihm wegen dieser anrüchigen Steuer Vorwürfe machte, hielt Vespasian ihm G. aus dieser Abgabe unter die Nase und fragte ihn, ob der Geruch ihn störe. Als der verneinte, klärte Vespasian ihn auf: «Und doch kommt es vom Urin» (Suet Vesp. 23, 3).

QQ: Plin. NH XXXIII 42 ff.; Bildquellen: Kent u. a., Die römische Münze (s. u.).
Lit.: Scheidel, Cambridge economic history 627 ff.; W. Szaivert / R. Wolters, Löhne, Preise, Werte. Quellen zur röm. Geldwirtschaft, Darmstadt 2005; Kloft, Wirtschaft 179 ff.; Etienne, Pompeji 212 ff.; R. Duncan-Jones, The economy of the Roman Empire, Cambridge ²1982; J. P. C. Kent / B. Overbeck / A. V. Stylow / M. u. A. Hirmer, Die römische Münze, München 1973.

Geldbörse

«Geh du als erster, Knabe: Man muß achtgeben, daß sich niemand an die *crumena* heranmacht», fordert Ballio seinen Sklaven auf, mit dem er zum Einkaufen auf den Fischmarkt gehen will (Plaut. Pseud. 169 f.). Tatsächlich war es für einen geübten Beutelschneider (*sector zonarius*; Plaut. Trin. 862) ein leichtes, im Gedränge eine *crumena* zu erbeuten: Man trug diese G. an einem um den Hals gelegten Riemen. Sicherer war es, sein Geld in einem eigens dazu gearbeiteten Gürtel *(zona)* mit sich zu führen (Plaut. Truc. 952 ff.) – obwohl auch der abgeschnitten werden oder sonstwie verlorengehen konnte (Hor. epist. II 2, 40). Üblicherweise nahm man sein Geld jedoch in einem kleinen, mit einer Kordel verschlossenen Ledersack (*marsupium*; andere Bezeichnungen wie z. B. *pasceolus* waren ebenfalls gebräuchlich, ohne daß sie sich einer konkreten Form zuordnen lassen) mit. Diese G. bestanden oft aus relativ roh gearbeiteten Balgen kleiner Tiere, deren Extremitäten zur oberen Beutelöffnung zusammengebunden wurden – das war das Hauptattribut von Statuen Merkurs, der als Gott des Handels über eine gut gefüllte G. verfügen sollte.

QQ: Plaut. Asin. 652 ff.; Truc. 652 ff.; Rud. 1313 ff.; Poll. X 151 f.

Lit.: A. Hug, Artikel *marsupium*, RE XIV (1930) 1981 ff.

Generationenkonflikt

Auf eine durch Traditionen und Autoritäten so stark geprägte Gesellschaft wie die römische angewandt, wirkt der Begriff des G. auf den ersten Blick wie ein modernistisch aufgesetzter Anachronismus. War nicht allein schon die übermächtige Stellung des Familienvaters *(pater familias)* mit seiner fast unbegrenzten *patria potestas* («väterliche Gewalt») ein sicheres Bollwerk gegen ein – zumindest offenes – Aufbegehren seiner Kinder? Gewiß, die der *patria potestas* innewohnende Machtfülle war je nach Blickwinkel beeindruckend oder erschreckend: Sie reichte von jeder Form körperlicher Züchtigung über das Recht zur → Verlobung und Verheiratung der Kinder bis zu ihrem Verkauf in die Sklaverei und sogar ihrer Tötung. Auch wenn im Laufe der Zeit einige Sicherungen gegen reine Willkürmaßnahmen in dieses engmaschige juristische Netz absoluter Herrschaft auf Lebenszeit eingebaut wurden, blieb doch die Theorie von der *patria potestas* bis in spätrömische Zeit von «Aufweichungen» verschont: Der Mythos der besonderen Strenge und Unerbittlichkeit – «es gibt kaum andere Menschen, die über ihre Söhne soviel Macht haben wie wir», formuliert der Jurist Gaius nicht ohne Genugtuung (I 55) – lebte fort, in den Gesetzen ebenso (guter Überblick in Sachers RE-Artikel) wie in der Ideologie römischer Grundwerte und ihrer Vermittlung in der traditionellen Altertumswissenschaft.

Es hat ohne Zweifel zahllose Jugendliche gegeben, die sich aufgrund der am *mos maiorum* (Tradition) und der *patria potestas* orientierten Sozialisation in die ihnen zugewiesene Rolle der gehorsamen und ehrerbietigen Kinder gefügt haben. Diese Anpassung wurde von vielen sicher auch nicht als erzwungen und leidvoll empfunden; die aufrichtige Dankbarkeit, mit der etwa Horaz sich an seinen – freilich wohl nicht allzu strengen, sondern sehr wohlmeinend-entschlossenen – Vater erinnert, ist ein anschaulicher Beleg dafür (sat. I 6, 65 ff.). Theorie und Praxis der *patria potestas* klafften allerdings in vielen Fällen erheblich stärker auseinander, als auch noch in vielen modernen, idealisierenden Darstellungen zu lesen ist. Prüft man die Quellen weniger auf die juristisch verbindlichen Normen, sondern mehr auf ihre Anwendung im Alltagsleben hin, so läßt sich ein deutlicher Erosionsprozeß in Sachen *patria potestas* nachweisen: «Das Stereotyp der römischen Familie ist in mancher Hinsicht ein Mythos», resümiert R. P. Saller seine einschlägigen Ergebnisse (patria potestas 20), und zu ganz ähnlichen Erkenntnissen gelangt E. Eyben in seiner Studie über die Jugend im alten Rom.

Wie sehr Anspruch und Realität schon im 3. Jh. v. Chr. in vielen → Familien nicht mehr deckungsgleich waren, lassen die vielfach variierten Konfliktszenen zwischen dem verschwenderischen, leichtlebigen Sohn aus gutem Hause und seinem gestrengen Herrn Papa erkennen. Ausgelassene Parties, Zechereien im Freundeskreis, Verprassen von Geld auf Kosten (und ohne Wissen) des Vaters – das waren Quellen des Streits zwischen den Generationen, und besonders ärgerlich wurde es, wenn sich der Sohn den Heiratsplänen des Vaters für ihn widersetzte, weil er seine Freundin nicht aufgeben wollte. Woher diese Einflüsse kamen, war klar: *pergraecari*, «auf griechische Art in Saus und Braus leben», nannte man die Lebensweise (Plaut. Most. 22; 64) – und wenn dieser Begriff im Lateinischen so geprägt war und in Komödien verwendet wurde, dann zeigt das, daß die Theaterstücke nicht nur griechische Sitten wiedergaben, sondern auch schon römische Alltagskonflikte in der Vater-Sohn-Beziehung spiegelten. Ohne Bezug auch zur römischen Lebenswirklichkeit hätte solchen Szenen der Wiedererkennungswert und damit der komische Pep gefehlt.

Ich werde mal anders... –
Seufzer eines «unverstandenen» Jünglings
Welch ungerechte Richter sind die Väter doch den Jünglingen!
Sie meinen, billig sollten wir als Greise gleich geboren sein
und auf Genüsse nicht erpicht, wozu die Jugend uns verlockt.
Nach ihrer Neigung, wie sie *ist*, nicht, wie sie *war*, beherrschen sie die Söhne. Wird mir einst ein Sohn, will ich ein milder Vater sein.
Dann nehm ich Einsicht, geb ich Nachsicht...
Terenz, Heautontimorumenos 213 ff.

Die Bekanntschaft mit liberalen Erziehungsstilen, wie sie die Komödien als Multiplikatoren griechischer Einstellungen mit sich brachten, hat sicher ihren Teil zur Aufweichung eines rigiden *patria-potestas*-Standpunktes beigetragen und den jungen Römern Mut gemacht, sich gegen die Autorität des Vaters aufzulehnen. Daß manche dabei über die Stränge schlugen, lag nahe; so gab es wohl hier und da falsche Freunde, die junge Männer skrupellos dazu aufforderten, G. mit harten Bandagen auszutragen: «Warum sollten wir etwas auf die Drohungen deines Vaters geben? Er ist ein alter Quatschkopf mit einem Fuß schon im Grab» (Plut. Mor. 17 b). Solche Hetzparolen kamen gewiß nur bei einer Minderheit an; aber *daß* es sie gab – und Plutarch sie in seiner Schrift über die richtige Erziehung gewissermaßen als Feindbild anführt –, zeigt immerhin, daß es in der späten Republik und frühen Kaiserzeit die «heile» altrömische Wertewelt so nicht mehr gegeben hat.

Das bestätigen auch andere Quellen. Die goldenen Zeiten, in denen «die alten Männer von den jungen fast wie Götter und ihre eigenen Eltern ge- und verehrt wurden», seien längst passé, stellt Gellius im 2. Jh. fest (II 15, 1 f.). Ähnliche Klagen über mangelnde *reverentia* («Ehrerbietung») der Jugend waren weitverbreitet. Selbst an elementare Höflichkeitsstandards im Umgang mit älteren Menschen hielten sich viele nicht mehr, beklagt Juvenal: Vor dem Alter nicht aufzustehen und seinen Sitz nicht zu räumen, sei früher ein todeswürdiges Verbrechen gewesen; jetzt werde das achselzuckend hingenommen (XIII 53 ff.; vgl. Tac. Ann. III 31, 3 f.).

Man tut gut daran, alle diese Stimmen zum «Sittenverfall» der Jugend *cum grano salis* zu beurteilen; die Tradition des Kopfschüttelns über deren törichtes Aufbegehren und «Besserwissen» ist alt und zugleich ungebrochen. Als Indizien für manchmal auch offen ausgetragene G. sind diese Urteile indes durchaus ernstzunehmen.

Einseitig ist die Kritik der Moralisten vor allem da, wo sie die Ursachen für solche Konflikte nur in jugendlicher Unbeherrschtheit und einer charakterlichen Deformation mit dem ausschließlichen Ziel des «Wohllebens» erblicken. Zumindest in der Zeit der späten Republik hatten Skepsis und Ablehnung gegenüber den von der älteren Generation vertretenen Normen erheblich tiefere Wurzeln. Hemmungsloses, über Leichen gehendes Machtstreben, Bürgerkriege, Proskriptionen und das damit einhergehende vieltausendfache Leid hatten die alten Werte in den Augen Nachdenklicher zumindest ausgehöhlt, wenn nicht gänzlich desavouiert. Catulls Aufbegehren gegen die *senes severiores*, die «allzu strengen alten Männer» (c. 5, 2 f.), ist auch ein Aufbegehren gegen die von dieser Generation zu verantwortenden, von «ihrem» *mos maiorum* nicht verhinderten Mißstände. Die Umwertung gesellschaftlich akzeptierter Grundwerte auf die Ebene der persönlichen Bezugsperson der Geliebten – ihr allein schuldet man *fides* (Treue) und *obsequium* (Gehorsam) – ist Ausdruck einer Protesthaltung, die für die «elegische Generation» der Liebesdichter und ihres Publikums bezeichnend ist. Properzens «Philosophie» des *make love, not war* - mit der bitteren Absage an die Zeugung von Söhnen, die ja doch nur zur Kriegführung mißbraucht würden (II 7, 13 f.), ist Ausdruck eines gesellschaftlich bedingten G., in dem das Bekenntnis zu Liebe und Lebensgenuß durchaus politische Qualität hat: «Ach wenn doch alle es wünschten, ihr Leben so zu verbringen und in Frieden zu ruhen, schwer von dem reichlichen Wein,

---

Klage über die «heutige Jugend» – ein zeitloses Dokument

Das [anständige Verhalten] ist eine Seltenheit bei der heutigen Jugend. Wie wenige fügen sich doch im Bewußtsein ihrer Unterlegenheit dem Alter oder der Autorität eines anderen! *statim sapiunt, statim sciunt omnia, neminem verentur, imitantur neminem atque ipsi sibi exempla sunt* (Gleich sind sie klug, gleich wissen sie alles, respektieren niemanden, streben niemandem nach und sind sich selbst Vorbild).

Plinius, epistulae VIII 23, 2 f.

dann gäb's nicht das grausame Schwert und gäbe kein Schlachtschiff, und auf dem Aktischen Meer triebe nicht unser Gebein (...). Dessen wird sicher mit Recht sich rühmen dürfen die Jugend, *unser* Becher hat noch keinen der Götter verletzt» (II 16, 41 ff.).

Natürlich war diese Art und Weise, den G. zu artikulieren und zu bewältigen, auf eine kleine Elite junger Intellektueller aus der Oberschicht beschränkt. Doch gingen von dieser literarisch einflußreichen Gruppe Impulse auf die Gesamtgesellschaft aus, die – trotz der augusteischen Restaurationsbestrebungen auf «moralischem» Gebiet – zu einer kritischeren Haltung gegenüber den tatsächlichen oder vermeintlichen altrömischen Werten führten. Das war vielfach keine reflektierte Position, sondern ein bloßes Nutzen der so geöffneten Freiräume – im Ergebnis lief es aber auf das gleiche hinaus. Wobei freilich Offenheit, Schärfe und Selbstverständlichkeit des G. mit dem in unserer Gesellschaft Üblichen nicht zu vergleichen sind. Die römischen Kritiker, die von «Sittenverfall» sprachen, hatten ganz andere Bezugsnormen. Wer da aus heutiger Sicht in diesen Ruf miteinstimmt, müßte konsequenterweise auch die *patria potestas* als Vergleichsgrundlage in Kauf nehmen.

QQ: Plaut. Most. 20 ff.; Pseud. 117 ff.; Ter. Heaut. 213 ff.; Cat. c. 5; 28 f.; Cic. Att. X 4, 4 f.; DH II 26; Hor. sat. I 6, 65 ff.; Vell. Pat. II 67, 2; Juv. XIII 53 ff.; Plin. ep. VIII 23, 2 f.; Tac. Ann. III 30, 3 f.; Gell. II 15, 1 f.; Gaius I 55; Epikt. Diss. II 10, 7; P. Oxy. I 119; Dig. I 6.

Lit.: B. Rawson, Children and childhood in Roman Italy, Oxford 2003, 210 ff.; C. Humpert, Wege zur Männlichkeit im Rom der Späten Republik, Halle 2001; S. Dixon, Conflict in the Roman family, in: B. Rawson / P. Weaver (Hg.), The Roman family in Italy, Canberra 1997, 147 ff.; B. Sherberg, Das Vater-Sohn-Verhältnis in der griech. und röm. Komödie, Tübingen 1995; E. Eyben, Restless youth in Rome, London / New York 1993; T. Wiedemann, Adults and children in the Roman Empire, London 1989; W. Stroh, Die Ursprünge der römischen Liebeselegie, Poet. 15 (1983), 205 ff.; St. Bertman (Hg.), The conflict of generations in ancient Greece and Rome, Amsterdam 1976; E. Sacher, Art. *potestas patria*, RE XXIII (1953), 1046 ff.

Gesang

«Die Römer liebten den G. weit weniger» (als die Griechen) «und pflegten den Kunstgesang eigentlich nur in Nachahmung der höheren griechischen Kultur; ganz anders ihre jetzigen Nachkommen» – das ist alles, was sich zum Thema G. bei den Römern in einem «Wörterbuch der Antike» findet (H. Lamer / P. Kroh, Stuttgart ⁹1989, 184). Das Zitat steht in einer langen Tradition abfälliger Urteile über die römische Musik und die Geringschätzung ihrer Bedeutung. Es geht letztlich auf den von Cornelius Nepos stark betonten Unterschied zwischen griechischer und römischer Kultur zurück, der sich vor allem in der römischen Ablehnung von → Tanz, G. und Musik allgemein als «banalen oder vielmehr verachtenswerten Fähigkeiten» zeige, während «sie in Griechenland vor allem in der alten Zeit außerordentlich geschätzt waren» (Epam. 2, 3; vgl. pr. 1 ff.). Mürrische Urteile über die «faule Jugend», deren Verweichlichung sich u. a. im Training einer guten Stimme und «Gesangsorgien» auf Partys zeige, und Polemik gegen den als unnatürlich und geistlos empfundenen «sanften weibischen Singsang» (Sen. mai. contr. 1 pr. 8 ff.; Sen. min. ep. 90, 19) scheinen das zu bestätigen. In Wirklichkeit waren das allenfalls ideologische Rückzugsgefechte, die in ihrer Zeit auf wenig Resonanz stießen. Da hatten sich nämlich Tanz und G. in allen Gesellschaftsschichten etabliert, und im Bewußtsein der meisten Römer haftete ihnen kaum das Odium des moralisch Bedenklichen an.

Es ist das Verdienst G. Willes und anderer Forscher, das in der Rezeption überwiegende negative Bild von der römischen Musik nachhaltig revidiert zu haben. Was die hohe G.-Kunst angeht, sei im Rahmen dieser Darstellung nur darauf hingewiesen, daß ein Großteil der lateinischen Lyrik *gesungen* worden ist: *carmen*, «das Gedicht», ist eben auch das «Lied» (Ableitung von *canere*, «ertönen lassen», «singen»), und der Vortrag dieser Dichtung vollzog sich als eine Art deklamierender Sprech-G. mit Lyra-, Kithara- oder Flöten-Begleitung. Daß etwa die Lyrik eines Horaz durchaus «singbar» war (und gesungen wurde), mußten auch die Skeptiker einräumen, nachdem im Jahre 1900 Teile der Akten der Saecularfeier des Jahres 17 v. Chr. gefunden worden waren. Horaz hatte den Auftrag erhalten, das Festlied – das berühmte *carmen saeculare* – zu dichten, und die Akten-Inschrift sagt klipp und klar, daß die Hymne von einem Chor von 27 Knaben und Mädchen zweimal gesungen worden ist (CIL VI 32323, Z. 3; 20, 147).

Wie sah es mit dem G. als Phänomen des Alltags aus? Über Melodien wissen wir zwar nichts, wohl aber, daß es Lieder in allen Lebensbereichen gegeben hat – angefangen von den formelhaften Kultliedern der Salierpriester und Arvalbrüder über ausgesprochene Schlager *(cantica)*, die man in den Mimen- und Pantomimen-Aufführungen des Theaters hörte und die als eingängige «Ohrwürmer» von vielen Römern in der Öffentlichkeit gesummt oder auf fröhlichen Feiern gesungen wurden (Ov. ars am. III 315 ff.; Suet. Galba 13), bis hin zu Volksliedern *(carmina incondita)*.

Von großer Bedeutung war in vielen Berufen der G. zur Arbeit. Handwerker und Arbeiter erleichterten sich ihr Tagewerk durch Singen (s. Zitat) ebenso wie die am Webstuhl arbeitende Frau (Tib. II 1, 65 f.; vgl. Sen. Apoc. 4,1), der Hirte (Tib. II 5, 87 f.); der Schiffer (Quint. I 10, 16) und der einsame Wanderer (Hor. sat. I 7, 30 f.; Auson. Mos. 165 ff.); und natürlich wurde auf den Feldern und in den Weinbergen gesungen (Varro Men. 363), damit man «mit bäurischer Stimme seine Arbeit sich erleichterte» (Ps.-Verg. Mor. 29 f.).

Zum volkstümlichen G. gehörten Schelt- und Spottlieder, mit denen sich Wanderer, Schiffer und Bauern manchmal gegenseitig «bedachten» (Auson.

Wer singt, arbeitet leichter

Das ist's, weshalb der Gräber noch singt, auch mit Fesseln am Fuße,
   wenn er mit kunstlosem Lied mildert sein schweres Geschäft,
singt auch er, der gebeugt, sich stemmend im schlammigen Sande
   zieht das langsame Schiff aufwärts, entgegen dem Strom,
auch wer die Ruder sich drückt an die Brust, die starren, im Gleichmaß
   und nach dem Takte die Flut schlägt und die Arme bewegt.
Stützt sich ermüdet der Hirt auf den Stab oder sitzt auf den Stein hin,
   hält sein Flötengetön doch seine Schafe gebannt.
Singend im Takt und spinnend im Takt die befohlene Menge,
   täuscht über all ihre Müh' leichter die Magd sich hinweg.
Mit der thessalischen Lyra hat trauernd Achilles, so sagt man,
   als ihm Briseis entführt wurde, die Sehnsucht betäubt.
Orpheus trauerte tief um die zweimal verlorene Gattin,
   als er mit seinem Gesang Felsen bewegte und Wald.
Trost war die Muse auch mir, als ich fuhr, wie befohlen, zum Pontus.

Ovid, Tristia IV 1, 5–16

Mos. 165 ff.). Gesungene Beschimpfungen hatten eine lange Tradition; sie waren offenbar schon früh so populär und so hart geworden, daß man im Zwölftafelgesetz von 451/0 v. Chr. energisch gegen solche *occentationes* vorging und sie als verleumderische Machenschaft mit der Todesstrafe bedrohte (Augustin. CD II 9). Ausdrücklich erlaubt waren Spott-G. der Soldaten beim → Triumph-Zug – als probates Mittel, dem stolzen Feldherrn sein Menschsein auch in dieser Stunde seines größten Erfolges in Erinnerung zu bringen. Die Balance zum – aus römischer Sicht – erfreulichen Anlaß stellten dann freilich Soldatenlieder her, in denen die Qualitäten des Triumphators gerühmt wurden – im Falle Aurelians gingen diese Elogen sogar in Kinderlieder beim Soldatenspielen ein (Hist. Aug. 6, 4 ff.).

G. bei freudigen wie traurigen Familienfeiern war ebenfalls üblich. Zum → Totengedenken gehörten litaneiartige Klagelieder *(neniae)*, die von gewerbsmäßigen Klagefrauen oder von Angehörigen angestimmt wurden (Fest. 250; Quint. XI 3, 170). Ständchen zum → Geburtstag waren ebenfalls bekannt; zur Feier des Tages engagierte man Sänger und andere Musikanten als Tafelmusik (Gell. XIX 9), oder es fand sich auch ein Gast, der ein Lied anstimmte (Stat. silv. IV 8, 37 ff.). Zur → Hochzeits-Musik gehörte ebenfalls G., ob in der scherzhaft-spottenden Form der groben Feszenninen (Sen. contr. VII 6, 12), ob in Form hymnischer, feierlicher Choräle oder festlich-heiterer Hochzeitsgesänge, bei denen «die Stimme mit den Tanzschritten zusammenhallt, während Melodien zum ebenmäßigen Taktschlag ertönen» (Claud. Epith. 56 f.).

Schließlich das Liebeslied: *cantare amantis est*, «Gesang gehört zu einem Liebenden», stellt Augustin lapidar fest (serm. 336, 1), und tatsächlich hat der Typus des feurigen *Latin lover*, der seine Angebetete mit einer Serenata umschmeichelt, zumindest in den Kreisen römischer Bohémiens, seinen Vorgänger.

Seinen festen Platz hatte der G. in geselliger Runde. Ob in volkstümlichen Kneipen, ob beim erotischen Tête-à-tête (Prop. IV 8, 47), ob in heiterer Runde beim Wein – musikalische Darbietungen mit G. gehörten vielfach ganz selbstverständlich dazu. In vornehmen Häusern traten Berufsmusikanten zur Unterhaltung der Gäste auf; häufig lockerten aber auch Gastgeber und Gäste die Atmosphäre durch ausgelassenes Tanzen und G.-Soli auf (Manil. IV 525 ff.; V 329 ff.). Da wurde auch schon mal jemand zum Singen animiert, der in weiser Selbsteinschätzung abwinkte («Seit ich die Gicht habe,

Gesang als Liebes-Stimulans
Liebe bringt Lieder hervor, und Lieder bringen Liebe hervor;
　singen muß man, damit geliebt wird, und lieben,
　　damit gesungen wird.
Carmina Latina Epigraphica 277, 1 ff.

Ein Liebender, dem die Geliebte nachts den Zutritt zum Hause verweigerte,
　soll als erster vor verschlossener Tür ein nächtliches Liebeslied gesungen haben.
Ovid, Fasten IV 109 f.

Wenn's zu dämmern beginnt, schließe das Haus und schau nicht durchs Fenster, wenn sanft tönend die Flöte klagt!
　Mag er hart dich auch nennen,
　　laß ihn schelten und bleibe fest!
Horaz, Oden III 7, 29 ff.

145

haben meine Pferde ausgaloppiert. Früher, als ich noch ein junger Bursche war, habe ich mir fast die Tuberkulose an den Hals gesungen»; Petr. 64, 3); andere waren nicht so rücksichtsvoll und «schmetterten» munter darauf los – von solchen Erfahrungen her rührt wohl Martials – nicht ganz ernst gemeinter – Seufzer, das beste Gastmahl sei das, bei dem es keine Musik zu hören gebe ... (IX 77, 5 f.). Andererseits gab es genügend Leute, die G.-Unterricht nahmen. Spätestens seit augusteischer Zeit boten G.- und Musikschulen auch Laien eine Stimmausbildung an (Colum. pr. 3 ff.; Sen. ep. 90, 19). Insbesondere Frauen machten davon regen Gebrauch. Beargwöhnten manche Kritiker am Ende der Republik solche Bildung noch als Ausdruck wenig matronenhafter Tugend (Sall. Cat. 25, 2) – und die Begeisterung der erotischen Dichter für Frauen mit gesanglichen Fähigkeiten mußte Wasser auf die Mühlen der Moralisten sein (Ov. am. II 4, 25 ff.; ars. am. I 595 f.; Prop. IV 8, 47; vgl. Quint. I 2, 8) –, so änderte sich das in der Kaiserzeit grundlegend: Daß sie seine Lieder ohne Unterweisung durch einen professionellen Komponisten vertone, rühmt Plinius an seiner Gattin (ep. IV 19, 4), und Statius ist sicher, daß seine Stieftochter als gebildetes Mädchen rasch einen Mann finden werde – nicht zuletzt wegen ihrer gesanglichen Fähigkeiten (silv. III 5, 63 ff.) Juvenal schließlich meint, es sei immerhin besser, daß eine Frau «singt, als daß sie verwegen die ganze Stadt durchfliegt und sich gern im Kreise von Männern bewegt» (VI 398 f.).

Es wäre schon merkwürdig, hätten sangesfreudige Römerinnen und Römer nicht auch gelegentlich «einfach so» vor sich hingesungen. Natürlich war auch das der Fall, und es wird auch durch eine Reihe von Quellen bestätigt. Sich mit einsamem G. über Sorgen hinwegzutrösten (Manil. V 355 f.) war ebenso üblich wie «nervöses» Summen oder Vor-sich-hin-Singen (Sen. brev. vit. 12, 4). Manche Zeitgenossen erfreute es auch, die eigene Stimme im Bade zu hören (Petr. 73, 3; Sen. ep. 56, 2). Und nicht einmal das «stille Örtchen» blieb stets still: Zur Empörung von Augustins Mutter Monica fand ein gewisser Licentius nichts dabei, auf der Toilette mit Inbrunst Psalmen-Vertonungen zu schmettern (Augustin. ord. I 8, 22).

QQ: Hor. epist. II 1, 145 f. mit Porph.-Komm.; carm. saec.; Tib. II 1, 51 ff.; Verg. georg. I 291 ff.; Ov. am. II 4, 25 ff.; ars am. III 315 ff.; fast. III 675 ff.; IV 109 f.; trist. IV 1, 5 ff.; Colum. pr. 3 ff.; Manil. IV 525 ff.; V 326 ff.; Sen. mai. contr. 1, 8 ff.; Sen. min. ep. mor. 90, 19; Mart. II 7; IX 77; Petr. 73; Gell. XIX 9, 1 ff.; Amm. Marc. XIV 6, 8; CLE 277; CIL VI 32323.

Lit.: Laurence, Roman passions 115 ff.; Th. Habinet, The world of Roman song, Baltimore 2005; N. Horsfall, The culture of the Roman plebs, London 2003; J. G. Landels, Music in ancient Greece and Rome, London 1999; M. P. Guidobaldi, Musica e danza. Vita e costumi dei Romani antichi 13, Rom 1992; M. Bonaria, La musica dal mondo latino al Medioevo, Viterbo 1983; G. Wille, Musica Romana. Die Bedeutung der Musik im Leben der Römer, Amsterdam 1967; Friedländer, Sittengeschichte I 271 f.; II 183 ff

Geschäft

«Nach Herzenslust gehe ich durch die Straßen, ganz allein, erkundige mich, was Gemüse und Mehl kosten...»: Das ziellose Schlendern durch die Stadt führt Horaz an einfachen G. vorbei (sat. I 6, 111f.) – kein → Einkaufsbummel, wie ihn andere durch die Luxusboutiquen der Saepta führten (Mart. II

Geflügelverkauf auf einem Sarkophag aus Ostia (mit zwei Affen als Haustieren der Geschäftsinhaber [?]).

57), aber doch eine Gelegenheit, mit dem einen oder anderen Verkäufer ins Gespräch zu kommen und ihn unverbindlich nach ein paar Preisen zu fragen. Erleichtert wurde der spontane Kontakt zwischen dem G.-Inhaber bzw. seinem Personal und potentiellen Kunden dadurch, daß meist keinerlei Schwellenangst aufkam: In vielen G. *(tabernae)* wurden die Käufer über eine Ladentheke bedient, die direkt an der Straße oder am Bürgersteig lag. Viele Läden hatten ihre Stände und Auslage-Tische auch auf den Geh- und Fahrweg «vorverlegt» – eine umsatzfördernde, aber den Verkehrsfluß stark behindernde «Invasion» auf öffentliche Fläche, der erst Domitian energisch den Kampf ansagte (Mart. VII 61). Die Waren wurden oft, für die Kunden gut sichtbar, auf Gestellen in der Nähe des Eingangs oder direkt auf der Ladentheke gestapelt; manche Mini-Läden hatten nichts anderes zu bieten, als vor dem G. ausgelegt bzw. aufgehängt war (Sen. ep. 33, 3). Nahrungsmittel wurden vielfach auf Marktständen verkauft, deren Betreiber, z. T. Bauern aus der Umgebung der Stadt (Verg. georg. I 273ff.), gar keine G.-Räume besaßen. Die Mehrzahl der G. lag im Erdgeschoß mehrstöckiger Mietshäuser. Viele Läden waren mit den Werkstätten der → Handwerker identisch, die ihre eigenen Produkte selbst verkauften. Mehrere Ausstellungs- und Verkaufsräume hatten nur G., die Waren des gehobenen Bedarfs vertrieben oder – wie im Falle der Textilbranche – damit rechnen mußten, daß größere Gruppen von Käufern (bzw. «Beratern») gleichzeitig in den Laden kamen. Das normale römische G. bestand jedoch aus einem einzigen, oft genug sehr kleinen oder mit viel Handwerkszubehör vollgestellten Ladenlokal.

Kleinhändler mit Verkaufstheke, auf der Gemüse gestapelt ist. Unter dem Tisch ein Hühnerkorb. Relief aus Ostia.

Die *tabernae* waren überall über das Stadtgebiet verteilt, so daß die Einkaufswege, was die Versorgung mit Gütern des Grundbedarfs anging, kurz waren. Viele G. waren – u. U. mit einer einstündigen → Mittagspause (Mart. IV 8, 4) – den ganzen Tag über bis zum Einbruch der Dunkelheit geöffnet; auch an Feiertagen waren etliche G. offen – angesichts der Vielzahl der offiziellen Feste wären die Umsatzeinbußen für das wirtschaftlich ansonsten recht stabile Gewerbe des Einzelhandels nicht zu verkraften gewesen. Nachts wurden die G. mit Holzläden verschlossen; vorsichtige G.-Inhaber in der Hauptstadt sicherten ihren Laden zusätzlich mit Ketten gegen Einbrecher (Juv. III 304; vgl. Suet. Nero 26, 1). Kunden, die vor noch verschlossene Türen kamen, konnten sich aber immerhin schon einmal über Angebote des G. informieren: Nicht nur bei → Buchhandlungen dienten die Türpfosten vielfach als Werbeflächen (Mart. I 117, 10ff.) und damit als Ersatz für die nicht vorhandenen Schaufenster. Diese Funktion hatten bei einigen G. auch Leinwandvorhänge *(lintea)*, die mit Ankündigungen oder Werbe-Malereien bedeckt waren (Juv. VIII 168).

Ehrliche Mottos pompejanischer Geschäftsleute

salve, lucru(m)	Willkommen, Gewinn!
lucrum gaudium	Gewinn macht Freude

CIL X 874f.

Das Konsumangebot in Rom war groß. «Der Tiber ist der friedlichste Handelsherr», rühmt Plinius die wichtigste Verkehrsader der Stadt für den Warenverkehr, «er schafft Erzeugnisse aus dem ganzen Erdkreis herbei», und an anderer Stelle bekräftigt er, daß «in Rom die Erzeugnisse aller Völker unmittelbar beurteilt werden» (NH III 54; XI 240). Das ist tatsächlich nicht übertrieben. Aus den großen Lagerhäusern *(horrea;* auch oft mit Direktverkauf an Verbraucher), die hauptsächlich am Tiberufer südlich des *forum holitorium* lagen, gelangten Waren aller Art in die G. der Hauptstadt (vgl. Mart. B. XIII). Wer allerdings einen Korb voll unterschiedlicher Waren nach Hause bringen wollte, mußte eine Reihe von Läden aufsuchen, da der Einzelhandel durch ausgesprochene Fach-G. geprägt war. Warenhäuser und «Tante-Emma-Läden» gab es nicht, wohl aber Märkte als Einkaufszentren. Ein solches war auch das Forum Romanum jahrhundertelang; die ersten G. an seiner Längsseite waren ursprünglich einfache Bretterbuden gewesen (Liv. I 35, 10). Gegen Ende der Republik verlagerte sich der Einzelhandel stärker auf die auf das Forum einmündenden Geschäftsstraßen wie die *Via sacra* und den *vicus Tuscus.* Lebensmittelmärkte *(macella)* mit Verkaufsständen und *tabernae* lagen auf dem Velabrum, in der Kaiserzeit auch auf dem Caelius und dem Es-

Oben: Fleischerladen und Porträt eines Metzgers auf einem Grabrelief aus Rom.

Unten: Verkauf von Tuchwaren auf dem Markt. Pompejanisches Wandgemälde.

Die Trajansmärkte: links Gesamtansicht mit der nördlichen Exedra des Trajansforums, rechts *tabernae* an der Via Biberatica.

quilin. Ein großes Einkaufszentrum mit unterschiedlichen Fach-G. entstand Anfang des 2. Jh. n. Chr. mit den Märkten des Trajan *(mercatus Traianei);* die mehrgeschossige, gut erhaltene Anlage wirkt auch heute noch beeindruckend. Ein Zentrum des Kleinhandels bildete auch die Gegend um den Circus Maximus. In den dortigen Läden mit z. T. leicht entzündlichen Waren, also auch vielen Bekleidungs-G., brach im Jahre 64 n. Chr. der verheerende → Brand aus, der große Teile Roms in Schutt und Asche legte (Tac. Ann. XV 38, 2). Ausgesprochene Luxus-Einkaufsviertel lagen in der Nähe des Pantheon (die Saepta; Mart. II 57; IX 59; X 80; vgl. → Einkaufsbummel) und an der *Via sacra,* wo sich → «Banken» und → Juweliere konzentrierten. Daneben gab es eine ganze Reihe von Spezialmärkten, so das *forum boarium* und *holitorium* («Rinder»- und «Gemüsemarkt») sowie den Fisch- und Weinmarkt *(f. piscatorium; vinarium),* um nur die wichtigsten zu nennen.

Auch in kleineren Städten waren Forumsanlagen üblich, die als offene, von Säulenhallen umgebene Plätze konzipiert wurden (Vitr. V 1, 2). Die aneinandergebauten *tabernae* schlossen sich außen an die Säulenhallen an, so daß die Kunden ihre Einkäufe vor Sonne oder Regen geschützt tätigen konnten. Neben diesen zentralen G.-Straßen fanden sich aber auch dort in den Wohnvierteln etliche Läden, so wie in Rom das dichtbevölkerte Arme-Leute-Viertel Subura auch von Handwerker- und anderen Einzelhandels-G. durchsetzt war (Mart. X 94; s. Zitat).

Die G.-Dichte in den römischen Städten war hoch. In Ostia kam ein G. auf etwa 50 Einwohner (Meiggs, Roman Ostia 273). Ob diese Größenordnung auf die Millionenstadt Rom übertragbar ist, steht dahin. Unzwei-

Das Landgut des kleinen Mannes ...

Schrille Kreischer vom Hof und Hühnereier
und von mäßiger Glut gefärbte Feigen
und der meckernden Ziege plumpes Junges
und Oliven, die nicht mehr Frost vertragen,
und Gemüse, das weiß von eisigem Reif ist,
glaubst du, 's wird dir gesandt von meinem Landgut?
Nein doch, Regulus! O wie irrst du gründlich!
Mein Land trägt ja allein mich selbst, nichts weiter.
Was der umbrische Meier oder Pächter
und dein Gut bei dem dritten Meilensteine,
was Etrurien, Tusculum dir zuschickt,
wächst für mich ja nur rings in der Subura.

Martial VII 31

felhaft ist jedoch, daß etliche tausend von Kleinunternehmern, darunter viele → Freigelassene, ihren Lebensunterhalt mit dem Betreiben eines G. oder auch nur eines Verkaufsstandes verdienten. → Frauenarbeit war in diesem Wirtschaftsbereich keine Seltenheit; der typische G.-Haushalt dürfte ein Familienunternehmen, ggf. mit einem oder ein paar Sklaven als Verkäufern, gewesen sein. Das Sozialprestige der im Kleinhandel Tätigen war gering; Cicero stuft dieses Gewerbe ebenso wie das Handwerk als *sordidum* («schmutzig», «verachtenswert») ein (off. I 151).

Über Preisauszeichnungen u. ä. ist nichts überliefert; der eingangs zitierte Horaz-Vers spricht eher gegen das Vorhandensein von Preisschildern. Die Händler ließen sich vermutlich gern einen Spielraum, den sie bei zu großer Preistransparenz nicht hätten nutzen können. Und auch die Kunden gingen offensichtlich davon aus, daß man nach dem – u. U. sehr gewissenhaften und langwierigen – Prüfen der Ware in ein Verkaufsgespräch eintrat, in dem um den Preis gefeilscht wurde (Juv. VII 220f.). Dieses Handeln gehörte anscheinend so zum A und O eines Einkaufs – jedenfalls von höherwertigen Konsumgütern –, daß die einschlägigen Floskeln im Gesprächstraining für Standardsituationen des Alltags regelrecht eingeübt wurden: Ich gehe zum Kleiderhändler. «Wieviel kostet dieses Paar?» – «Hundert Denare.» – «Wieviel der Regenmantel?» – «200 Denare.» – «Das ist zuviel, nimm 100!» – «Unmoglich, so hoch kommt es mir beim Einkauf von den Großhändlern zu stehen.» – «Was also soll ich geben?» – «Soviel du meinst.» – (Zum Sklaven oder Begleiter): «Gib ihm 125 Denare. Gehen wir auch zum Leinwarenhändler ...» (Corp. gloss. lat. III 657 c. 13; zitiert nach Friedländer, Sittengeschichte I 166).

QQ: Plaut. Aulul. 505ff.; Cic. off. I 151; Vitr. V 1; Mart. I 41; 117; II 57; VII 31; 61; IX 59; X 80; 94; XIII 32; Juv. VI 153ff.; Tac. Ann. XV 38; Tert. apol. 35.

Lit.: S. Grimaldi-Bernardi, Botteghe romane. L'arredamento, Rom 2005; C. Avvisati, Pompei. Mestieri e botteghe 2000 anni fa, Rom 2003; Neumeister, Das antike Rom 150ff.; Stambaugh, Ancient Roman city 142ff.; Etienne, Pompeji 204ff.; P. Garnsey u. a. (Hg.), Trade in ancient society, London 1983; R. MacMullen, Markttage im römischen Imperium, in: H. Schneider (Hg.), Sozial- und Wirtschaftsgeschichte der römischen Kaiserzeit, Darmstadt 1981, 280ff.; V. Gassner, Die Kaufläden in Pompeji, Wien 1986; H. Jefferson Loane, Industry and commerce of the city of Rome, Baltimore 1938, 113ff.; Marquardt, Privatleben II 411ff.

Geschenk

Man beschenkte einander zu persönlichen Anlässen wie Hochzeit, Amtsantritt und vor allem → Geburtstag *(natalicium munus)*. Art und Umfang der G. waren ganz individuell; grundsätzlich kam jeder Gegenstand in Frage. Auch an bedeutenden Festen tauschte man G. aus, vor allem an den → Saturnalien und am → Neujahrstag *(strenae)*. Großzügige Gastgeber beschenkten ihre Gäste während bzw. im Anschluß an ein Diner mit z. T. recht aufwendigen Gaben *(apophoreta)*: Gebrauchs- und Luxusgegenständen von Lebensmitteln über → Kleidung bis zu → Schmuck und Einrichtungsartikeln (Mart. B. XIV). Extravagante Gastgeber organisierten diese Verteilung von Souvenir-G. mit Hilfe einer Lotterie (Petr. 56, 7ff.).

Geschenk-Maximierung à la Clytus

Clytus, um ein Geschenk dir einzufordern, hast du oftmals in einem Jahr Geburtstag...

Mart. VIII 64, 1 f.

In der Beziehung zwischen Patron und → Klient spielten G. eine nicht unerhebliche Rolle. Der Klient durfte für seine Dienste neben regelmäßigen Belohnungen wie Geld und Speise auch gelegentliche G. erwarten, die in außergewöhnlichen Fällen sogar in Immobilien bestehen konnten (Iuv. IX 59 f.). Freigelassene mußten ihren ehemaligen Herren zu den oben genannten Anlässen sowie in Notlagen G. machen, die eher den Charakter von Zwangsgaben hatten (Dig. 38, 1, 7, 3).

Bei den öffentlichen Spielen bürgerte sich seit Agrippa (DC IL 43, 4 zum Jahre 33 v. Chr.) die Praxis ein, daß der Spielgeber, häufig der Kaiser, als Ausweis seiner Großzügigkeit G. (*missilia*, «Wurfgeschenke») in die Zuschauermenge schleudern ließ, z. B. «tausend verschiedene Vögel, Kleider, Gold, Silber, Perlen, Gemälde, Gutscheine für Sklaven, Vieh und gezähmte Wildtiere, sogar für Schiffe, Miethäuser und Grundstücke» (Suet. Nero 11).

QQ: Mart. VIII 64; Ov. fast. I 133 ff.; Petr. 56, 7 ff.; Mart. B. XIII und XIV.

Lit.: Weeber, Luxus II 52 f. (zu *missilia*); A. Stuiber, Art. ‹Geschenk›, RAC 10, 1978, 685 ff.

Geschirr

Waren das noch Zeiten, als ein verdienstvoller Politiker und Militär wie P. Cornelius Rufinus im Jahre 275 v. Chr. wegen des Besitzes von gerade einmal zehn Pfund (3,27 kg) Tafelsilber aus dem Senat geworfen wurde – «Luxussucht» hatten die gestrengen Herren Zensoren befunden! (Plin. NH XXXIII 142; Gell. IV 8, 7). Oder als ausländische Gesandte einen amtierenden Konsul beim Frühstück mit irdenem G. antrafen – und der das ihm überreichte Silber-G. verschmähte! Und sich Unterhändler aus dem reichen Karthago darüber wunderten, wie «freigebig» römische Aristokraten untereinander seien – wo immer sie reihum bei den führenden Leuten speisten, stießen sie auf stets dasselbe Silber-G., offenbar das einzige in ganz Rom verfügbare!

Tempi passati, seufzt Plinius und wendet sich dem Silber-«Wahnsinn» seiner Zeit zu, der u. a. auf das Tafel-G. übergegriffen habe. Ob sich die Führungsschicht des 3. Jh. v. Chr. wirklich noch so selbstverständlich mit schlichtem Holz- oder Ton-G. beschieden hat, wie es die legendären Berichte über die Bescheidenheit der Altvorderen propagierten, sei dahingestellt. Wahr ist allerdings, daß die große Faszination des Silber-G. auf die Oberschicht einsetzte, als sie durch die Expansion des Römischen Reiches mit den ansehnlichen Produkten des hellenistischen Kunsthandwerks Bekanntschaft machten. Nach der Bezwingung Spaniens im 2. Jh. v. Chr. standen dann auch die notwendigen Ressourcen in Gestalt der Silberbergwerke auf der Iberischen Halbinsel zur Verfügung, um die neue Passion der Wohlhabenden zu befriedigen. Wertvolles altes Tafelsilber gelangte zudem kraft des «Rechts» des Siegers aus Privatsammlungen und Tempeln der hellenistischen Welt nach Italien – man könnte auch von organisiertem Kunstraub (auch) auf diesem «Sammelgebiet» sprechen. Daß es der korrupte Statthalter Verres auf seinen Raubzügen duch Sizi-

Luxus-Geschirr zum Nulltarif

Immer serviert man dem Calpetan auf Geschirr, das vergoldet,
  ob er nun draußen speist oder zu Haus in der Stadt,
ja, so speist er stets in Kneipen auch, so auf dem Lande.
  «Hat wohl kein andres?» O nein! Eigenes hat er nur nicht.

Martial, Epigramme VI 94

lien auch auf das Silber-G. seiner «Gastfreunde» abgesehen hatte (Cic. Verr. II 35 f.; 83 ff.), versteht sich bei seiner Raffgier und der modischen Jagd nach Silber von selbst. In sullanischer Zeit konnte der Besitz besonders kostbarer Silberschüsseln – sie waren bis zu 100 römische Pfund, d. h. rund 33 kg, schwer – verhängnisvoll sein: Es gab Fälle, in denen die Eigentümer ihren Namen unversehens auf den Proskriptionslisten wiedersahen, weil die Denunzianten hofften, dadurch an das begehrte G. zu kommen (Plin. NH XXXIII 145).

Die archäologischen Funde bestätigen, daß Silber-G. in den Haushalten der Oberschicht ein selbstverständlicher Standard war. Eines der prächtigsten Tafelservice *(argentum escarium)* ist im Hause des Menander in Pompeji entdeckt worden. Es besteht aus massivem Silber und umfaßt Kasserollen, Schüsseln, Schalen, Teller, große und kleine Löffel, Becher und Kuchenformen. Viele Teile sind – wie das «nur» versilberte Trink-G. *(argentum potarium)* – mit unterschiedlichen Motiven in getriebener Arbeit dekoriert (genaue Auflistung bei Etienne, Pompeji 292ff.). Die nicht minder beeindruckenden Silberschätze vor allem von Hildesheim und Kaiseraugst zeigen, wie sehr Offiziere, Kaufleute und Beamte auch im Raum nördlich der Alpen repräsentatives Tafel-G. zu schätzen wußten. Das erst 1961/2 gefundene Kaiseraugster G. aus der Mitte des 4. Jh. besteht u. a. aus großen, verzierten Tellern, Schüsseln für das Anrichten der Speisen bei Tisch, Trinkgefäßen aller Formen und einer großen Zahl von Löffeln, die bei den römischen → Tischsitten als einziges Eßgerät ausreichten. Mehrere Tabletts mit figürlichen Darstellungen gehören ebenfalls zu dem Service, darunter das vergoldete, nach der Darstellung im Zentrum so genannte Ariadne-Tablett.

Silbergeschirr aus Kaiseraugst.

Die schmerzlichsten Grenzen pflegt dem exquisiten Geschmack der Geldbeutel zu setzen. So auch im Fall des Tafel-G. Mag auch in zahlreichen modernen Darstellungen des römischen Alltagslebens Silber- oder allenfalls noch Bronze-G. als der übliche Hausrat-Standard erscheinen – die Realität sah anders aus: Das Gros der Römer konnte sich dieses teure, auch als → Statussymbol dienende G. nicht leisten. «Die Mehrzahl der Menschen verwendet irdene Gefäße», stellt Plinius unmißverständlich fest (NH XXXV 160), und in der Tat stand in den meisten Haushalten entweder billiges Holz-G. oder schlichtes Ton-G. auf dem Tisch – Massenware, die in manufakturartigen, «mittelständischen» Töpferei-Betrieben hergestellt wurde.

Die besseren Qualitäten des aus Ton produzierten, mit einem glänzenden Überzug «glasierten» G. war die rote *terra-sigillata*-Ware. Die Bezeichnung ist modern; sie knüpft an die weitverbreitete Praxis der Töpfer an, die von ihnen gefertigten Produkte mit ihrem Signatur-Stempel *(sigillum)* zu versehen. Viele G.-Teile der *terra-sigillata*-Produktion sind mit Reliefs und Randverzierungen geschmückt. Daß sie trotzdem relativ preiswert vertrieben werden konnten, liegt an dem standardisierten Herstellungsverfahren mit Hilfe von Modeln.

terra-sigillata-Geschirr aus Oberaden in Westfalen.

Ihre erste Blüte erlebte die Produktion dieser Qualitätskeramik für den gehobenen Bedarf – das antike Porzellan gewissermaßen – im 1. Jh. v. Chr. in Italien. Hauptzentren waren das kampanische Puteoli und vor allem das in Etrurien gelegene Arretium (Arezzo; Mart. XIV 98; Plin. NH XXXV 161). Von dort aus wurde das G. in alle Teile der römischen Welt exportiert. Im frühen Principat verschob sich der Schwerpunkt der *terra-sigillata*-Produktion in den gallisch-germanischen Raum. Dort entstanden Manufakturen, deren Produkte sogar den italischen Markt erobern konnten. Die bedeutendsten Herstellungsorte waren La Graufesenque in Süd-, Lezoux in Mittelgallien und etwas später Rheinzabern in Obergermanien. Der Ausstoß der Werkstätten war enorm: die Absatzzahlen der einzelnen Betriebe (mit Belegschaften von ein paar Dutzend Arbeitern maximal) gingen jährlich in die Zehn-, bei den führenden Produktionsstätten vielleicht sogar in die Hunderttausende. Mehr als diese allgemeine Angabe zur Größenordnung lassen auch die detaillierten Abrechnungsgraffiti aus La Graufesenque nicht zu, weil der Zeitraum für die jeweiligen Produktionsziffern nicht bekannt ist. Immerhin sprechen die Zahlen dafür, daß *terra-sigillata*-G. auch für Normalverdiener nicht völlig unerschwinglich gewesen ist – jedenfalls in der Grundausstattung eines Service in Form von zwei Tellern und zwei Näpfen pro Person sowie einer Reihe von Schüsseln und Servierplatten. Die Formenvielfalt der einzelnen Teile war ebenso groß wie die der Schmuck- und Bildmotive: Szenen aus der Mythologie waren ebenso beliebt wie Darstellungen aus dem Bereich der öffentlichen «Spiele», Bilder aus der Alltags- und Berufswelt, Tierdarstellungen und erotische Motive.

Töpferrechnung aus La Graufesenque.

Signaturen-Stempel von Töpfern aus La Graufesenque.

Während das *terra-sigillata*-G. in einem gut organisierten Vertriebsnetz auch über weitere Entfernungen gehandelt wurde, wurde das untere Marktsegment durch Billigware aus lokaler Produktion «bedient». Glas-G. war – in unterschiedlichster Qualität – ebenfalls bekannt; größere Bedeutung kam ihm aber nur im Bereich der Trinkgefäße zu. Auch vor den gläsernen Trink-G. machte freilich die Luxus- und Prunksucht der Reichen und Neureichen nicht halt: Prunkgläser, die zu schwindelerregenden Preisen gehandelt wurden, waren wie feines Silber-G. beliebte Sammelgegenstände (Plin. NH XXXVII 18 ff.). Warum auch nicht?, fragt Seneca und legt die philosophische Elle an: «Groß ist, wer aus irdenem Geschirr ißt wie aus Silber; groß ist aber auch, wer mit silbernem umgeht, als sei es irden. Es zeugt nicht von Seelengröße, wenn man Reichtum nicht ertragen kann» (ep. 5, 6).

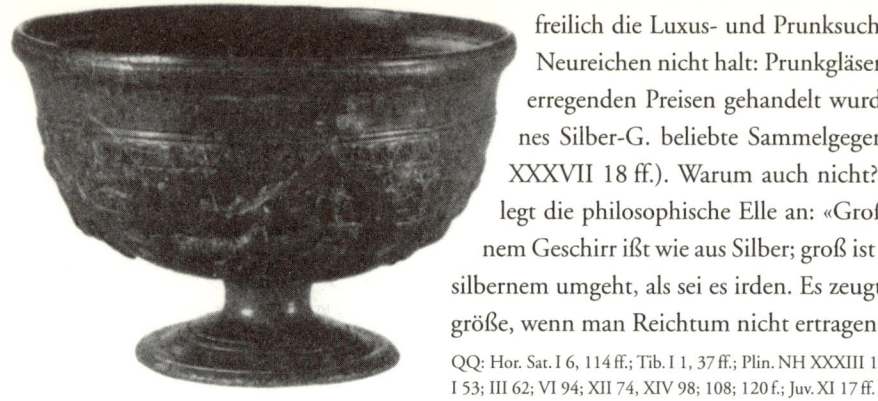

QQ: Hor. Sat. I 6, 114 ff.; Tib. I 1, 37 ff.; Plin. NH XXXIII 139 ff.; XXXV 160 f.; Mart. I 53; III 62; VI 94; XII 74; XIV 98; 108; 120 f.; Juv. XI 17 ff.

Reliefverzierter *terra-sigillata*-Kelch mit erotischen Szenen aus Haltern.

Lit.: Weeber, Luxus I 30 ff.; Stein-Hölkeskamp, Röm. Gastmahl 141 ff.; Schneider, Technikgeschichte 95 ff.; Dosi, A tavola 99 ff.; J. Garbsch, Terra sigillata. Ein Weltreich im Spiegel seines Luxusgeschirrs, München 1982; F. Baratte, Römisches Silbergeschirr in den gallischen und germanischen Provinzen, Aalen 1984; Duval; Gallien 165 ff.; U. Gehrig, Der Hildesheimer Silberfund, Berlin 1967; P. La Baume, Römisches Kunstgewerbe, Braunschweig 1964.

Gesellschaftsspiel

Die beliebtesten G. waren → Würfel- und Brettspiele. Gewürfelt wurde entweder mit gewöhnlichen, kubisch geformten Würfeln *(tesserae)* aus Knochen oder seltener aus Bronze, die die Zahlen 1–6 trugen, oder mit vierseitigen Knöcheln *(tali)*, die die Werte 1, 3, 4 und 6 hatten. Meist spielte man gleichzeitig mit zwei oder drei Würfeln bzw. vier Knöcheln. Beim Würfeln aus der Hand entstand schnell der Verdacht des Falschspiels; Würfelbecher *(fritilli; pyrgi)* wurden deshalb häufig genutzt. Zum Gelingen des Wurfes rief man gern den Namen einer Gottheit oder den der Geliebten. Der schlechteste Wurf *(canis;* «Hund») war mehrfach die 1, der beste dreimal die 6 (bei den *tali* galt als bester Wurf, *Venus* genannt, wenn alle vier Knöchel unterschiedliche Werte zeigten). Um einen Einsatz zu spielen, galt als gesetzlich verbotenes, nur an den → Saturnalien erlaubtes → Glücksspiel.

Das populärste Brettspiel war der *ludus latrunculorum* (Soldatenspiel). Jeder der beiden Spieler hatte 16 Spielsteine *(calculi; milites)*, die ohne Würfel über ein mit horizontalen und vertikalen Linien aufgeteiltes Feld gezogen wurden. Die genauen Spielregeln sind unbekannt; Ziel dieses Strategiespiels war es, dem

Brettspieler auf einem Trierer Grabmal-Relief aus dem 2. Jh. n. Chr.

Gegner möglichst viele Spielsteine abzunehmen oder sie einzuschließen (mit unserem Dame-Spiel vergleichbar). Das Spielbrett *(tabula lusoria)* war teils aus Holz, teils wurde es ad hoc in Stein geritzt (Beispiele auf den Stufen der Basilica Iulia auf dem Forum Romanum). Die Steinchen wurden – gerillt oder glatt – aus Knochen oder aus buntem Glas gefertigt; der Snob Trimalchio spielte statt dessen mit Gold- und Silbermünzen (Petr. 33, 2). Beliebt war auch das «kleine», mit je drei Steinen gespielte Mühle-Spiel, daneben die «große» Mühle (je 9 Steine) und die «Rundmühle».

Die meisten Spielbretter sind zum *ludus XII scriptorum* (Zwölfpunktespiel) erhalten (über 100). Das Spielfeld bestand aus drei Reihen zu je 12 Feldern; die mittlere wurde nur zu Anfang als «Parkfläche» für die jeweils 12 Steine der beiden Spieler genutzt. Ziel des Spiels war es, alle Steinchen im Gegenuhrzeigersinn vom obersten Feld rechts bis zum untersten Feld links zu führen; Vor- und Zurückgehen richtete sich nach dem Ergebnis zweier Würfel. Dabei konnte man – ähnlich wie beim heutigen Mensch-ärgere-dich-nicht – Steine des Gegners hinauswerfen; sie mußten wieder von vorn beginnen. Vielfach wurden in die mittlere Reihe Bildzeichen und in die äußeren Reihen Wörter eingraviert, die sich meist auf das Spielen bezogen, z. B.

VICTUS LEBATE *(leva te)*
LUDERE NESCIS
DALUSO RILOCU *(da lusori locum)*
«Besiegter, steh auf!
Du kannst nicht spielen!
Mach Platz für einen [richtigen] Spieler!»
Worin manch einer Lebensqualität erkannte, zeigt folgendes Beispiel:
VENARI LAVARI
LUDERE RIDERE
HOC EST VIVERE
«Jagen, baden, spielen, lachen –
das heißt leben!».

Neben G. erfreute sich bei Erwachsenen auch das → Ballspiel großer Beliebtheit.

Spielfeld für *ludus XII scriptorum*: «Wir haben zum Abendessen Huhn, Fisch, Schinken und Pfau»; aus Trier.

QQ: Darstellung des *ludus latrunculorum*: Laus Pisonis 177 ff.; Schriftquellen bei J. Väterlein, Roma ludens, Amsterdam 1976; Bildquellen: A. Rieche, Römische Kinder- und Gesellschaftsspiele, Aalen 1984.

Lit.: M. Fittà, Spiele und Spielzeuge in der Antike, Stuttgart 1998; A. Rieche, So spielten die Alten Römer, Köln ²1984; Paoli, Leben 263 ff.; R. G. Austin, Roman boardgames, Greece and Rome 4 (1934/5), 24 ff.; 76 ff.; H. Lamer, Lusoria tabula, RE XIII 2 (1927) 1900 ff.; Marquardt, Privatleben II 847 ff.

Gesichtsmaske

G. waren ein wichtiger Teil der weiblichen Schönheitspflege *(cultus)*. Die vornehme Dame trug sie – ebenso wie ihr tägliches → Make-up – in ihrem Schlafgemach auf; Ovid warnt dringend davor, den Mann dabei zuschauen zu lassen (ars am. III 209 ff.). Es gab sehr unterschiedliche Rezepturen, um der Haut durch eine G. neue Spannkraft zu verleihen. Ovid empfiehlt Mischungen vorwiegend auf pflanzlicher Basis, so z. B.: 650 g Gerste, 650 g Erve (eine weidenartige Hülsenfrucht), 50 g Hirschhorn, 12 Narzissenzwiebeln, 50 g Zwiebelknollen und Getreidespelt sowie 500 g Honig als «Fließmittel». Das fertige Produkt wurde mehrfach aufs Gesicht aufgetragen; den Erfolg beschreibt Ovid so: «Jede, die ihr Gesicht mit einem Mittel dieser Art behandelt, wird glatter strahlen als ihr Spiegel». – Die von Plinius überlieferten Rezepturen basieren stärker auf tierisch-organischen Bestandteilen, z. B. Plazenta von Tieren, Milch, Kot und Innereien. Als einfachste «Maske» gegen Runzeln erwähnt Plinius Eselsmilch, mit der manche Frauen sich täglich siebenmal die Wangen wuschen (NH XXVIII 183).

QQ: Ovid, Medicamina faciei femineae (fragmentarisch überliefertes Lehrgedicht über «Mittel der weiblichen Gesichtspflege») 51 ff.; Plin. NH XXVIII 183 ff.; XXX 28–30; Juv. Sat. VI 461 ff.; Galen XII 308; 421; XIV 422 f.; 536.

Lit.: P. Faure, Magie der Düfte, München/Zürich 1990, 257 ff.; F. Virgili, Acconciature e maquillage (Vita e costumi dei Romani antichi 7), Rom 1989, 17 ff.; Ovidio, I cosmetici delle donne, a cura di D. Rosati (ausführl. Komm. zu den «Medicamina»), Venedig ²1988.

Glas

Im Audienzsaal des Kaiserpalastes ereignete sich Unerhörtes: Ein Handwerker stellte dem Kaiser ein neues Produkt vor – unzerbrechliches G. Zum Beweis schleuderte er das mitgebrachte Ansichtsexemplar mit Wucht auf den Boden. Der Kaiser erschrak wie selten zuvor; aber das G. blieb heil. Eine kleine Beule besserte der Handwerker rasch aus. Ob noch jemand außer ihm das Geheimnis dieser Produktionstechnik kenne, fragte Tiberius. Der Fabrikant verneinte – und der Kaiser ließ ihm den Kopf abschlagen, damit «wir in Zukunft nicht Gold für Dreck hielten» (Petr. 51). Das hört sich zunächst wie eine «Räuberpistole» aus dem Munde des wichtigtuerischen Trimalchio an, den Petron diese Anekdote erzählen läßt. Sie wird indes – etwas weniger dramatisch, ohne den «Kopf-ab-Höhepunkt», sondern nur mit Zerstörung der Produktionsstätte als Sanktion – von dem seriösen Plinius bestätigt (NH XXXVI 195). Was sich genau hinter der Legende verbirgt, ist unklar. Im Kern aber spiegelt sich in ihr der rapide Aufstieg des G. von einem Luxusartikel zu einem Massenprodukt wider – eine Entwicklung, die sich um die Zeitenwende vollzog und möglicherweise die Hersteller von Terracotta- und Metall-Geschirr zu Abwehrreaktionen herausgefordert hat.

Am Anfang dieses Prozesses standen die Erfindung und Vervollkommnung der

Glasflaschen und Trinkgläser aus dem 2.–4. Jh. n. Chr.; Trier.

Glasmacherpfeife, die wahrscheinlich in Syrien um die Mitte des 1. Jh. v. Chr. erstmals neben die alten Techniken des Gießens und Pressens von G. *(vitrum)* trat. Der Erfolg dieser Innovation war so durchschlagend, daß sich die zuvor vor allem in Sidon und Alexandria ansässige G.-Produktion auch im Westen des Reiches ausbreitete. In Süditalien, aber auch in Rom entstanden Werkstätten, und mit der Zunahme der Nachfrage und der Senkung der Produktionskosten ging der Preis für G. sehr stark zurück (Strab. XVI 2, 25). Auch in einigen Provinzen etablierte sich eine nennenswerte G.-Herstellung; zu einem führenden Zentrum stieg Mitte des 1. Jh. n. Chr. das Rheinland auf.

Auch Billig-Glas hat seine Vorteile...
Keinen Dieb reizt, Flaccus, ein solch kunstloser Becher,
    und ist das Wasser zu heiß, geht er auch niemals entzwei.
Ja, und furchtlos steht der Diener beim zechenden Gaste,
    schwebt nicht in Angst, daß er fällt, zittert ihm einmal die Hand.
Schließlich auch das ist von Wert: so etwas benutzt man beim Umtrunk,
    wenn sich's empfiehlt, daß man dann, Flaccus, den Becher zerbricht.
Martial XII 74, 5 ff.

Das gut zu reinigende und geruchsfreie Material wurde zu einem «Verkaufsschlager». Vor allem im Haushalt sowie im kosmetischen und medizinischen Bereich hielten G.-Behälter unterschiedlichster Formen massenhaft Einzug: Von Bechern, Gläsern, Schalen, Schüsseln, Tellern über Flaschen und Ampullen bis zu Balsamarien, runden «Schminkkugeln», Kannen, Trinkhörnern und Schmuckstücken. Im ganzen sind bis heute über 100 000 römische G.-Gegenstände gefunden worden – ein deutliches Indiz für die Verbreitung des G. im römischen Zivilisationsbereich. Je nach Gusto konnte man kräftig gefärbte, nur leicht kolorierte oder klare, häufig etwas grünlich schimmernde G.-Gefäße kaufen. Das farblose G. galt vielen als eleganter, weil es an Kristall erinnerte (Plin. NH XXXVI 199). Den eigentlichen Kontrast zu der preiswerten G.-Ware stellten aufwendig gearbeitete Becher und andere Gefäße dar, die sich wegen ihrer hohen Preise nur die Oberschicht leisten konnte. Dazu gehörten Kameo-G., ein aus mehreren Lagen bestehendes G., in das Künstler Reliefs und Kameen schnitten, Gold-G., bei dem eine hauchdünne Goldfolie auf den G.-Körper aufgetragen und Bilder ausgestochen wurden, sowie die berühmten Diatret-G., bei denen ein Netzwerk von Stegen aus dem G.-Rohling herausgeschliffen wurde – eine komplizierte Technik, die bei der Herstellung viel «Bruch» verursachte (Dig. IX 2, 27, 29) und auch deshalb zu sündhaft hohen → Preisen führte (Mart. XII 70). Unter diesen Umständen schämten sich manche Gastgeber nicht, ihre Gäste in mehrere «Trinkklassen» zu unterteilen – dabei konnte man, wie Martial klarstellt, nicht nur beim Einsatz von Prunk-G. sparen: «Wir, wir trinken aus Glas, du aus Flußspat, Ponticus. Warum? / Daß der Kelch nicht verrät, daß es zwei Weine hier gibt» (Mart. IV 85).

QQ: Cic. Rab. Post. 40; Strab. XVI 2, 25; Plin. NH XXXVI 189 ff.; Petr. 51; Mart. IV 85; XII 70; 74; XIV 94; Sen. ep. 90, 31; archäolog. Quellen: s. u.

Lit.: Oleson, Handbook of engineering 531 ff.; A. v. Saldern, Antikes Glas, München 2004; R. Lierke, Antike Glastöpferei, Mainz 1999; Schneider, Technikgeschichte 108 ff.; D. B. Harden u. a., Glas der Caesaren, Ausstellungskatalog, Köln 1987; F. Kiechle, Sklavenarbeit und technischer Fortschritt im Römischen Reich, Wiesbaden 1969, 44 ff.; Forbes, Technology V 112 ff.

Glücksspiel

Das G. um Geld war in Rom seit alters verboten. Die Strafe war allerdings im Normalfall vergleichsweise mild: eine Geldbuße in Höhe des vierfachen Einsatzes. In schweren Fällen drohte als Strafe das Exil. Lediglich an den → Saturnalien, dem römischen «Karneval» im Dezember, war das G. erlaubt («... und es regiert der Würfelbecher», Mart. XI 6, 2). Praktiziert wurde das G. gleichwohl in allen Bevölkerungsschichten, besonders in Verbindung mit dem → Würfelspiel. In vielen Kneipen und Herbergen gab es im Hinterzimmer regelrechte «Spielhöllen»; die Kontrollen durch die zuständigen Aedilen (Mart. V 84, 3 ff.) waren offenbar recht lasch. Der Wirt selbst machte sich nicht strafbar, konnte aber für Schäden, die von Hitzköpfen beim G. z. B. am Mobiliar verursacht wurden, keinen Schadensersatz fordern. Spielschulden wurden gerichtlich nicht anerkannt.

Viele Prominente, darunter die meisten Kaiser, frönten dem G. Augustus setzte und verlor hohe Summen (einmal 20 000 Sesterze) beim illegalen Würfelspiel (Suet. Aug. 70 f.). Claudius übertraf ihn noch an Spielleidenschaft; er schrieb sogar ein (nicht erhaltenes) Buch über das Würfelspiel (Suet. Claud. 33, 2; vgl. auch Sen. Apoc. 14, 4–15, 1). Tacitus zufolge waren die Germanen noch versessener auf das G. als die Römer; manche verspielten sogar ihre Freiheit (Germ. 24, 2).

Das Verbot des G. betraf nicht die → Wetten auf den Ausgang «sportlicher» Wettbewerbe. Das ermöglichte hohe Wetteinsätze vor allem bei Wagenrennen und Gladiatorenkämpfen.

QQ: Dig. XI 5 *(de aleatoribus)*.

Lit.: Weeber, Nachtleben 43 ff.; Weeber, Baden, spielen, lachen 22 ff.; M. Kurylowicz, Das Glücksspiel im röm. Recht, ZRG 102, 1985, 185 ff.; Carcopino, Rom 343 ff.; J. Väterlein, Roma ludens, Amsterdam 1976.

Der Satiriker Juvenal am Anfang des 2. Jh.s über den «Sittenverfall» seiner Zeit
Wann hat sich die Fülle an Lastern reicher gezeigt? Wann hat sich der Habsucht Schoß mehr geöffnet? Wann war die Spielsucht stärker? Denn jetzt geht man zum Glückstisch nicht mehr mit dem Geldbeutel allein – nein! Man setzt seine ganze Geldtruhe beim Spiel ein!
Juvenal, Satiren I 87ff.

Das Glücksspiel in der Kneipe endet im Streit. Der Wirt wirft die Spieler hinaus: «Raus mit euch! Tragt euren Streit draußen weiter aus!» Mosaik aus Pompeji.

Grabmal

Die detaillierte bauliche und dekorative Planung des eigenen G. gehört in unserer Gesellschaft nicht gerade zu den vorrangigen «Zukunftssicherungs»-Überlegungen. Erst recht käme kaum jemand auf die Idee, dergleichen zum Unterhaltungsgegenstand auf einer Party zu machen. Ganz anders im alten Rom: Da nahm – jedenfalls in weiten Kreisen – keiner Anstoß daran, wenn der Gastgeber zu vorgerückter Stunde bekanntgab, wie er sich sein G. vorstellte, zumal wenn der (darauf spezialisierte) Architekt selbst unter den Gästen war (Petr. 71, 5 ff.). Peinlich wurde es erst, wenn es sich der Auftraggeber wegen eines Ehestreites binnen kurzem anders überlegte und dem Baumeister wütend befahl, «daß du kein Standbild von ihr auf meinem Grabmal anbringst, damit ich wenigstens als Leiche keine Streitereien habe» (Petr. 74, 17).

Die Szene aus Petrons «Gastmahl des Trimalchio» ist überzeichnet; gewiß. Aber sie läßt doch gut erkennen, mit welcher Selbstverständlichkeit man über solch ein – aus heutiger Sicht geurteilt – Tabu-Thema sprach; zum einen, weil der Tod selbst dem antiken Menschen viel gegenwärtiger war und deshalb entsprechend weniger tabuisiert wurde. Zum anderen aber auch deshalb, weil das G. niemals nur als Ort der Bestattung angesehen wurde, sondern auch als Monument der Selbstdarstellung und des «Nachruhms». Es schützte vor schnellem Vergessenwerden – und vielen Römern lag daran, diese Chance zu nutzen. Und zwar gerade dadurch, daß sie sich nicht auf andere verließen, sondern schon zu Lebzeiten Sorge trugen, daß ein G. nach ihren Vorstellungen entstand. Natürlich konnte man im → Testament einschlägige Verfügungen treffen und den Antritt einer Erbschaft an die Erfüllung der Auflagen in puncto G. knüpfen. Wer indes gegenüber den Erben oder dem Architekten Mißtrauen hegte, verfolgte den Bau seines G. lieber mit eigenen Augen – und dokumentierte diese Vorsicht durch den Zusatz *V* oder *V F* (*vivus; vivus fecit;* «er hat es zu Lebzeiten bauen lassen») in der Grabinschrift.

Inschriftliche Meldung: Auftrag fristgerecht erledigt
Bauwerk gemäß testamentarischer Verfügung innerhalb von 330 Tagen vollendet auf Anordnung des Erben Pontus Mela und des Freigelassenen Pothus.

Kleinere Inschrift auf der Ostseite der Cestius-Pyramide an der Porta S. Paolo in Rom (CIL VI 1374)

Bei der architektonischen und ornamentalen Gestaltung des G. waren der Phantasie von Auftraggebern und Baumeistern kaum Grenzen gesetzt. Für bestimmte Zeiträume und Gegenden lassen sich Modeströmungen nachweisen, doch führte das Streben nach Individualität immer wieder zu Besonderheiten, Auffälligkeiten und Formenvielfalt. Die Grundformen oberirdischer G. – vor allem der Tumulus («Hügel») als bepflanzter Erdkegel auf rundem Unterbau, die Pyramide sowie die am weitesten verbreitete Aedicula-Form («Tempelchen» mit Säulen, Pilastern u. ä.) – wurden sehr einfallsreich und durchaus nicht ohne Sinn für Extravaganz variiert und ohne Scheu miteinander kombiniert. Neben der Besonderheit der Gestaltung war natürlich die Größe von G. eine Möglichkeit, den Betrachter zu beeindrucken – so etwa beim berühmten Tumulus-G. der Caecilia Metella an der Via Appia mit einem Durchmesser von 29,50 m, dem Kölner Poblicius-G. mit

Die Pyramide des Cestius an der Porta Ostiensis in Rom. Das Grabmal wurde 11 v. Chr. fertiggestellt.

einer Höhe von knapp 15 m oder der Igeler Säule bei Trier, einem Pfeiler-G. von rund 23 m Höhe. Daneben wurden vielfach durch eine geschickte Anordnung der architektonischen Elemente die Porträtstatuen des bzw. der Verstorbenen in den Vordergrund gerückt; der Blick des Betrachters wurde geradezu darauf gezwungen.

Inhaltlich wurde auf dem G. vor allem der Wert des Verstorbenen für die Allgemeinheit hervorgehoben. In den gesellschaftlich führenden Kreisen war die inschriftliche Fixierung des *cursus honorum*, der Ämterlaufbahn, ein probates Mittel; das ließ sich in vornehmer Kürze bewerkstelligen und ggf. noch durch die Hinzufügung einschlägiger Amtsinsignien bildlich unterstreichen. Besonders sozialen Aufsteigern aus der Schicht der → Freigelassenen lag daran, ihre wirtschaftliche Karriere zu dokumentieren – bis hin zu konkreten Zahlenangaben über das hinterlassene Vermögen. Auch Berufsdarstellungen waren als Indikatoren von Prosperität und Erfolg beliebt.

**Tue Gutes und sprich vom Jenseits aus darüber –
die Grabinschrift eines erfolgreichen Arztes aus Assisi**

P. Decimus Eros Merula, Freigelassener des Publius, klinischer Arzt, Chirurg, Augenarzt; *sevir Augustalis;* für seine Freilassung zahlte er 50 000 Sesterze, für das Sevirat 2000 Sesterze an die Gemeinde; für die Aufstellung von Statuen um den Herkules-Tempel spendete er 30 000 Sesterze, für die Pflasterung von Straßen zahlte er 37 000 Sesterze an die Gemeindekasse. Am Tage vor seinem Tod hinterließ er ein Vermögen von mehr als 500 000 Sesterzen.

CIL XI 5400

Auch die Erinnerung an die Größen des römischen Unterhaltungswesens wurde durch repräsentative G. und eine z. T. ausführliche Darstellung ihrer Erfolge aufrechterhalten – von den berühmtesten Wagenlenkern (CIL VI 10047) bis zu den Pantomimen- und Schauspielerstars: «Die Flaminische Straße schreitend, Wanderer, geh am herrlichen Marmor nicht vorüber...», fordert Martial seine Leser auf, «alles, was es an Reizen gibt und Wonne, ist mit Paris in diesem Grab begraben» (XI 13).

Ebenso schmückten Szenen aus dem Privatleben viele G. Da wurde das Glück in der Familie bildlich dargestellt, die Harmonie der → Ehe durch den Handschlag der Eheleute symbolisiert und die Freude des Gatten an seiner züchtigen und tüchtigen Frau durch Wollkorb und Spindel als Attribute «echt römischer Weiblichkeit» wiedergegeben – oder, etwas weniger konservativ, die Schönheit der Verstorbenen durch Accessoires wie → Spiegel und andere Toilettengegenstände unterstrichen. All dies – einschließlich der zahllosen Inschriften, die die Tugenden der Verstorbenen rühmten – macht deutlich, daß sich der Prestige-Effekt von G. auf die Öffentlichkeit nicht auf die Toten beschränkte, sondern auch den Angehörigen gesellschaftliche Anerkennung brachte und bringen sollte.

Daß sich nur eine Minderheit von Römern dieses Mittel pietätsbezogener sozialer Darstellung leisten konnte, liegt auf der Hand. Anderseits war gesellschaftliche Anerkennung für Angehörige der Unterschichten sicher kein so hohes – da ja auch kein realistisches – Ziel; das «bürgerliche» Streben nach *honor* («Ehre») und *memoria* («ehrendes Angedenken») trat zwangsläufig hinter die Sorgen um die Sicherung des Existenzminimums zurück. «Chancen», dieser

Anonymität entrissen zu werden, hatten Sklaven und arme Freigelassene allerdings dann, wenn die (ehemaligen) Herren ihre Aufnahme in das Familiengrab erlaubten. Das kam gar nicht so selten vor: Eine lange Namensliste solcher «Mitbewohner» sagte ja auch einiges über die gesellschaftliche Stellung des Toten und seiner Familie aus.

QQ: Petr. 71, 74, 17; Stat. silv. V 1; CIL XIII 5708; Inschriften in der Auswahl von H. Geist / G. Pfohl, Römische Grabinschriften, München 1969.

Lit.: A. Kolb / J. Fugmann, Tod in Rom. Grabinschriften als Spiegel röm. Lebens, Mainz 2008; R. Heinzelmann (Hg.), Röm. Bestattungsbrauch und Beigabensitten in Rom ..., Wiesbaden 2001; H. v. Hesberg, Römische Grabbauten, Darmstadt 1992; H. Häusle, Das Denkmal als Garant des Nachruhms, München 1980; H. Gabelmann, Römische Grabbauten der frühen Kaiserzeit, Stuttgart 1979; J. M. C. Toynbee, Death and burial in the Roman world, London 1971; M. Bang, in: Friedländer, Sittengeschichte IV 304 ff. (Preise).

Graffiti

G., mehr oder weniger spontane Inschriften, wurden überall in der römischen Welt auf Wände und Pflaster, Säulen und Grabmäler gekritzelt. Meist diente dazu ein spitzer Griffel aus Eisen oder Bronze *(stilus),* aber auch Eisennägel, Holzspäne, Kreide, Kohle und anderes improvisiertes Schreibgerät wurden benutzt. Man bediente sich einer nicht leicht zu lesenden Kursivschrift. Verstöße gegen Rechtschreibung und Grammatik sind bei G. noch üblicher als bei anderen Inschriften. Anspruchsvollere G.-Schreiber kleideten ihre «Anliegen» in metrische Form. Karikaturen traten mitunter illustrierend hinzu. Verfasser von G. stammten aus allen sozialen Schichten; auch von Kindern sind Inschriften überliefert, wie sich aus ihrer niedrigen Höhe schließen läßt.

Die Palette der Anlässe und Themen der G. war so breit wie heute. Sie dienten – seltener – als Artikulation politischen Unmuts (Suet. Nero 45), als «Verkaufsförderung» für mittelmäßige Dichtung (Mart. XII 61 über «Toilettenpoesie») und als «Verewigung» touristischer Präsenz (Plin. ep. VIII 8, 7 über die berühmte Clitumnusquelle: «an allen Pfeilern, an allen Wänden Inschriften...»).

Pompejanisches Graffiti-Potpourri

Marcus liebt die Spendusa (CIL IV 7086)
Felix [hat hier] mit Fortunata geschlafen! (CIL IV 2223)
Albanus ist ein Wüstling! (CIL IV 4917)
Samius an Cornelius: Häng dich doch auf! (CIL IV 1864)
Beste Grüße! Wir sind [voll wie die] Schläuche! (CIL IV 8492)
Wir haben ins Bett gepinkelt. Ich geb's zu, Wirt, das war nicht fein!
– Fragst du, warum? – Es war kein Nachttopf da! (CIL IV 5244)

Meist aber entsprangen sie einer Laune, einem Gefühlsausbruch oder schlichter Langeweile: Witzige «Sponti»-Sprüche, Kritzeleien Verliebter, Beleidigungen, Verunglimpfungen und «geistvolle» Mitteilungen angetrunkener Nachtschwärmer bildeten die Hauptmasse der G. Mancher Hausbesitzer versuchte sich durch Verbotsschilder gegen die G.-Plage zu schützen («Wer diese Wand beschmiert, ziehe sich den Zorn der Venus von Pompeji zu!», CIL IV 538; gegen Grabschändung durch G. vgl. CIL V 1490). Großen Erfolg hatten solche Warnungen nicht, wie die aufgrund der besonderen Konservierungsumstände zu Tausenden in den Vesuvstädten gefundenen G. zeigen. Für das Alltagsleben in Pompeji und Herculanum stellen die G. eine hervorragende Quelle dar. G. sind aber auch in Rom und in

Makabre Buchführung eines Arena-Besuchers: Severus (war) 13 mal (erfolgreich); Alebanus, der Freigelassene des Scaurus, 19 mal. Er hat diesmal gesiegt (V = *vicit*) (CIL IV 8056).

den Provinzen gefunden worden. Das berühmteste, in Pompeji gleich dreimal überlieferte Graffito thematisiert die G.-«Wut» der Römer: *Admiror, o paries, te non cecidisse ruinis, / qui tot scriptorum taedia sustineas.* «Ich wundere mich, Wand, daß du noch nicht in Trümmer zusammengestürzt bist, / mußt du doch das blöde Zeug so vieler Schreiber (er)tragen!»

QQ: CIL Band IV (Pompejan. Wandinschriften); H. Geist, Pompejanische Wandinschriften, München 1960; V. Väänänen, Graffiti del Palatino, 2 Bde, Helsinki 1966.

Lit.: K.-W. Weeber, Decius war hier ... Das Beste aus der römischen Graffiti-Szene, Düsseldorf 4. Aufl. 2007; M. Langner, Antike Graffitizeichnungen, Wiesbaden 2001; K.-W. Weeber, Humor in der Antike, Mainz 1991, 45 ff.; L. Canali/G. Cavallo, Graffiti latini, Mailand 1991; J. Lindsay, The writing of the wall, London 1960; H. H. Tanzer, The common people of Pompeii. A study of the graffiti, Baltimore 1939.

Grundnahrungsmittel

Gourmets und Gourmands, exquisiter Tafelluxus und sündhaft teure Gastmähler, tatsächliches oder zweifelhaftes Raffinement bis hin zum → Brechmittel – das sind, Lucullus, Apicius und Petron sei Dank, die landläufigen Assoziationen, die sich zum Thema «Essen» bei den Römern einstellen. Mit dem tagtäglichen Speisezettel des allergrößten Teils der Bevölkerung hat das alles nichts zu tun; *er* war durch außerordentlich frugale Kost geprägt, die selten über das Niveau der G. hinausging.

Wichtigstes Nahrungsmittel, geradezu das Nationalgericht der Römer, war jahrhundertelang die *puls,* ein Dinkelmehlbrei, der in Wasser und Salz gekocht wurde (Plin. NH XVIII 83; Juv. XIV 170 f.). Ihm zur Seite trat seit dem 2. Jh. v. Chr. das (Weizen-)→ Brot. Als Gemüse dienten Erbsen, Bohnen, Linsen, Kohl, Lauch und Zwiebeln. Wer über ein Stück Land oder ein Beet in der Stadt verfügte, baute solche Gemüsesorten selbst an. Gewürzkräuter wurden ebenfalls angebaut oder – ebenso wie Pilze – in der freien Natur gesucht. Protein-Lieferanten waren vornehmlich Eier und Käse. An Obst aß man u. a. Äpfel,

Grundnahrungsmittel: Brot, Obst, Gemüse, Eier, Nüsse, Wein (Rekonstruktion im Speisesaal der Herberge von Xanten).

Birnen und Pflaumen, Nüsse, Mandeln und Kastanien standen auf der erweiterten Liste der G. Fleisch dagegen kam nur selten auf den Tisch – bei den meisten Römern allenfalls an Feiertagen oder als Geburtstagsschmaus (Juv. XI 83 f.). Auch Fisch war – abgesehen von Küstenstrichen und gesalzenen Kleinfischen – kein G.: Das Gros der Römer lebte notgedrungen vegetarisch. Wichtigstes Getränk neben Wasser war der Wein. Milch spielte als G. keinerlei Rolle. Der → Wein dagegen war ein ausgesprochenes G., das selbst Sklaven nicht vorenthalten wurde (Cato r. r. 57). Landwein war so preiswert, daß ihn sich auch Arme leisten konnten (zumal er mit Wasser gemischt wurde). Den durchschnittlichen Weinverbrauch von Hauptstadt-Bewohnern hat man auf knapp einen Liter pro Tag berechnet (Weeber, Weinkultur 91); anderswo dürfte er niedriger gewesen sein.

Wie sehr Getreide die Basis der Ernährung war, zeigen die kostenlosen Kornverteilungen in der Kaiserzeit. Rund 200 000 Römer – nur in der Hauptstadt – hatten Anspruch auf diese staatliche Leistung, die einen Teil ihres Bedarfs an G. deckte (ohne indes für eine Familie ausreichend zu sein!). Später kam die kostenlose Abgabe von Olivenöl hinzu. Aurelian führte gegen Ende des 3. Jh.s auch – wohl bescheidene – Schweinefleisch-Spenden aus der Staatskasse ein (Hist. Aug. Sev. 18, 3; Aur. 35, 2). Er dachte auch an unentgeltliche Weinlieferungen für den Kreis der Getreide- bzw. Brotempfänger, doch brachten ihn Ratgeber von diesem Plan ab, weil sie fürchteten, das werde zu einer Anspruchsmentalität der Plebs führen – wo «es dann nur noch übrig bleibe, ihnen auch Hühner und Gänse zu geben» (Hist. Aug. Aur. 48). Wie sehr der Wein gleich-

Moralisch bedingte Frugalität der alten Führungsschicht als Spiegel sozial bedingter Frugalität der einfachen Leute
Vorher aber waren die Bewohner Italiens so bedürfnislos, daß noch zu unserer Zeit – schreibt Poseidonios (2. Jh. v. Chr.) – selbst die Wohlhabenden ihre Söhne meist mit Wasser aufzogen und mit Speisen, wie es sie gerade gab. Oft, sagt er, fragte der Vater oder die Mutter den Sohn, ob er als Hauptmahlzeit Birnen oder Nüsse haben wolle, und er begnügte sich mit ein wenig davon und ging so schlafen. Athenaios VI 275a

wohl als G. galt, zeigte sich bei Versorgungsengpässen, bei denen sich die Wut der Menschen bis zu regelrechten Protestdemonstrationen steigerte (Amm. Marc. XV 7, 3; vgl. Hist. Aug. Ant. Pius 8, 11). Die kompromißloseste Definition von G. steht am Ende der Antike: Isidor von Sevilla teilt «die einfache Nahrung in zwei Grundnahrungsmittel – nämlich Brot und Wein – ein und in zwei ‹überflüssige› Nahrungsquellen, die man auf dem Lande oder im Meer sucht» (XX 2, 5).

QQ: Plin. NH XVIII 83; Mart. V 78; X 48, 7 ff.; Juv. XI 77 ff. (Beschreibungen, die G. enthalten, aber darüber hinausgehen).

Lit.: J. Meurers-Balke/T. Kaszab-Olschweski (Hg.), Grenzenlose Gaumenfreuden. Röm. Küche in einer germ. Provinz, Mainz 2010; J. M. Wilkinson/S. Hill, Food in the ancient world, Malden/Oxford 2006; U. Fellmeth, Brot und Politik, Stuttgart 2001; K.-W. Weeber, Die Weinkultur der Römer, Zürich 1993, passim; J. André, L'alimentation et la cuisine à Rome, Paris ²1981; G. Gerlach, Colonia Ulpia Traiana. Essen und Trinken in römischer Zeit, Köln 1986; Dosi-Schnell, A tavola 15 ff.; H. Blanck, Essen und Trinken bei Griechen und Römern, AW 11 (1980), 1, 17 ff.

H

Haarfärbung

Schon viele Römerinnen der Frühzeit färbten sich die Haare, «um ihr Aussehen attraktiver zu machen» (Val. Max. II 1, 5). Sie benutzten dazu Asche, die die Haare rötlich schimmern ließ. In der Kaiserzeit griff man für eine Rotfärbung zu dem aus Ägypten eingeführten Hennapulver *(cypros)*. Noch beliebter war es, die Haare blond zu färben. Dazu dienten vorrangig aus Nordeuropa bezogene Färbemittel *(Germanae herbae,* Ov. ars am. III 163f.) wie die aus der Gegend um Wiesbaden kommenden Seifenkugeln *(pilae Mattiacae,* Mart. XIV 26) oder der im heutigen Holland hergestellte «batavische Schaum» *(spuma Battava,* Mart. VIII 33, 20). Von einem auch als → Seife verwendeten – rötlichen – Farbstoff aus Gallien, einem Gemisch aus Talg und Asche, spricht Plinius (NH XXVIII 191). Andere Tönungen bis hin zu auffälligem Blau (Prop. II 18, 9) waren ebenfalls bekannt. Um ergrautes Haar wieder jugendlich schwarz erscheinen zu lassen – wenn es nicht mehr ausreiche, die grauen Haare auszuzupfen (Tib. I 8, 45) –, griffen auch Männer zu Färbemitteln (Plin. NH XXVI 164 nennt zwei «pechschwarz färbende» Substanzen): In einem Epigramm spottet Martial über einen altgewordenen Stutzer, der sich durch H. von einem Schwan urplötzlich in einen Raben verwandelt habe (III 43).

QQ: Val. Max. II 1, 5; Prop. II 18; Mart. III 43; IV 36; Ov. ars am. III 163ff.

Lit.: Balsdon, Die Frau in der röm. Antike 286ff.

Haarnadel

Um bei häufig sehr kunstvoll gesteckten → Frisuren die Haare hinten oder oben zu halten, verwendeten die Frauen neben wollenen Bändern *(vittae)*, Haarnetzen oder Reifen in erster Linie H. *(acus crinales* oder *comatoriae)*. Sie waren von unterschiedlicher Länge und Dicke; viele konnten geradezu als «Waffe» gegenüber Sklavinnen dienen, die sich beim Frisieren der Herrin ungeschickt anstellten (Ov. ars am. III 239ff.; Juv. VI 490). Die Palette der Materialien reichte von schlichten H. aus Knochen bis zu aufwendigen aus Elfenbein, Bronze, Silber und Gold. Edelstein- und Perlenapplikationen oder plastisch herausgearbeitete Figurinen am stumpfen Ende machen die H. vielfach zu einem → Schmuckstück, bei dem der funktionale Aspekt hinter den dekorativen zurücktrat – ein «Problem», mit dem sich sogar römische Juristen beschäftigten (Dig. XXXIV 2, 25, 10). In vielen Antikenmuseen findet man H. als Exponate.

QQ: Ov. ars am. III 239 ff.; Mart. II 66; XIV 24; Petr. 21; Apul. VIII 13, 1; Dig. XXXIV 2, 25, 10.

Handwerker

Irgendwann riß Kaiser Domitian der Geduldsfaden. Das Verkehrschaos in Rom mit seinem ständigen Menschengewühl und langen Fußgängerstaus war ein chronisches Ärgernis in der übervölkerten Hauptstadt (→ Fußgängerzone). Aber wenigstens *einer* Quelle von Behinderungen sagte Domitian jetzt den Kampf an: der ungenierten «Expansion» von Händlern und H., die ihre Ladenlokale auf die Straße hinaus gebaut, dort Waren gestapelt oder durch Tische und Verkaufstheken die häufig nur 5–6 m breiten Straßen teilweise in Beschlag genommen hatten. Endlich, jubelt Martial, sind die dreisten «Okkupanten» wieder in ihre Hausgrenzen verwiesen: «Jetzt ist es wieder Rom, vorher war es eine einzige große *taberna!*» (VII 61).

taberna bezeichnet den Arbeitsplatz des typischen H. *(faber, opifex)*: «Werkstatt» und «Verkaufsraum» zugleich. Die kleine Wohnung lag entweder dahinter, auf halber Treppe oder im ersten Stock des Mietshauses. Zur Straße hin grenzte meist eine Verkaufstheke die Hauswerkstatt ab, die in der Regel nur aus Fach-→ Werkzeug bestand. Das Hämmern der Schmiede und die Arbeitsgeräusche anderer H. trugen in Rom zu dem vielbeklagten → Lärm erheblich bei (Mart. XII 57). Passanten konnten den H. bei ihrer Arbeit zusehen – im kommunikationsfreundlichen Süden keine schlechte Basis für Verkaufsgespräche. Nachts wurden die *tabernae* durch ineinander geschobene Holzläden verschlossen.

Daß der Kleinbetrieb mit dem Inhaber und wenigen freien oder unfreien Gesellen, nicht selten auch der reine Einmannbetrieb das vorherrschende Betriebssystem des Handwerks war, lassen die zahlreichen in Ostia und Pompeji ausgegrabenen *tabernae* mitten in der City erkennen. An den Stadtrand ausgelagert wurden nur Gewerbe, die wie z. B. die Gerbereien mit erheblichen Geruchsbelästigungen verbunden waren. Ansonsten waren die Wege zum → Bäcker, zum Schuster, zum Goldschmied, zum Metzger oder Tischler kurz; es war kein Problem, sein Geld bei ihnen auszugeben. Ihre *tabernae* waren auf das ganze Stadtgebiet verteilt; sie konzentrierten sich natürlich an Märkten und in H.-Vierteln. In manchen Gassen reihten sich die Werk-

Konsum-Anreize zuhauf

Da stehen Walker, Tuchsticker, Goldschmiede und Wollarbeiter,
Händler mit Goldbordüren für die Tunica und mit Volants,
Rot-, Violett- und Nußbaumfärber,
Verkäufer von Linnen und von Stiefelchen,
verhockte Schuster für Sandalen, für Pantoffeln,
auch die Malvenkleidermacher stehen da
und die Büstenhalter- und Korsett- und Gürtelmacher.
Du hältst die schon für bezahlt, sie gehen –
und tausend andere kommen. Es stehen im Atrium herum
Bortenwickler und Dosenmacher.
Man gibt das Geld und hält sie für bezahlt,
da kommen noch die Safranfärber;
irgendein Plagegeist ist immer da, der Geld verlangt.

Plautus, Aulularia 505 ff.

stätten von H. derselben Sparte aneinander (Liste bei MacMullen, Social relations 132), doch stellten solche H.-Straßen kein ausschließliches Ansiedlungsmuster dar.

Auf dem Lande wurden weniger qualifizierte handwerkliche Tätigkeiten wie Holz- und Seilerarbeiten von Angehörigen des Gutspersonals ausgeübt (Varro r. r. I 23, 5 f.); größere Höfe hatten auch eigene ausgebildete H. wie Bäcker, Schuster und Walker (Dig. XXXIII 7, 12, 5 ff.). Für kleinere Betriebe lohnte sich das nicht, sie ließen anfallende Arbeiten und Reparaturen in regelmäßigen Abständen von «Fremdfirmen» durchführen (Varro r. r. I 16, 4) oder vergaben kurzfristig Aufträge an Wander-H. oder im nächsten Dorf «niedergelassene» H. (Cato r. r. 7, 2).

Größere H.-Betriebe *(officinae)*, die mit mehreren Dutzend Arbeitskräften Manufakturgröße erreichten, gab es nur in wenigen Branchen. Dazu gehörten das eisenverarbeitende Gewerbe, die Ziegelherstellung, die Keramik (→ Geschirr) und → Glas-Produktion sowie die Textilbranche, in der auch → Frauenarbeit bezeugt ist. Mittelgroße Handwerksbetriebe, die ihre Inhaber durchaus zu wohlhabenden Männern machten, gab es in größeren Städten sicher in einer Reihe von Sparten, angefangen von «Groß» → Bäckereien wie der des durch ein Grab an der Porta Maggiore bekannten M. Aurelius Eurysaces bis zu Farben-«Fabriken» wie der des C. Vestorius in Puteoli, der mit der Erfindung und Produktion eines bestimmten «Himmelblau» *(caeruleum)* ein Vermögen machte und sich auch im → Bank-Gewerbe engagierte (Plin. NH XXXIII 161 f.). Trotz seines Standes zählte er zu den guten Bekannten Ciceros, der immerhin dem Geschäftssinn des Vestorius seinen Respekt nicht versagte: «Von höherer Bildung keine Spur bei ihm, aber ein gewiegter Rechenmeister» (Att. XIV 12, 3). In den größeren Betrieben war Arbeitsteilung üblich; das traf Augustin zufolge sogar auf geringere Betriebsgrößen wie die der Silberschmiede zu, «wo ein kleines Gefäß, um den letzten Schliff zu erlangen, durch die Hände vieler Kunsthandwerker hindurchgehen muß» (CD VII 4).

Tatsächlich läßt die große Zahl unterschiedlicher Gewerbe auf eine ausgeprägte Spezialisierung schließen: Aus einer 10 000-Einwohner-Stadt wie Pompeji sind 85 verschiedene Handwerke inschriftlich bezeugt; in Rom dürften alle 525 H.-Bezeichnungen, die in lateinischer Sprache überliefert sind, vertreten gewesen sein. Dabei ist freilich der Kreis der H. sehr weit gezogen; er umfaßt auch solche nach heutigem Verständnis nicht dazu gehörende wie berufs-

Stoff-Werkstatt des Verecundus. Arbeiter kämmen Wolle und walken Stoffe. Rechts der Besitzer Verecundus mit einem fertigen Tuch. Laden-«Schild» an einer Hauswand in Pompeji.

Schmiedewerkstatt und Laden. Links der Schmied L. Cornelius Atimetus und sein Freigelassener bei der Arbeit am Amboß; rechts präsentieren die beiden ihre fertigen Produkte: Sicheln, Winzermesser, Spachtel und Messer. Relief auf einem Grabstein, Vatikanisches Museum, Rom.

mäßige Schreiber, → Ärzte, Architekten und Künstler. Über die Ausbildung der H. wissen wir wenig; sie erfolgte ausschließlich in den Betrieben. Man unterschied aber sehr wohl zwischen *magistri* («Meistern») und *discentes* bzw. *discipuli* («Lehrlingen») – und das nicht nur intern, sondern auch in der Öffentlichkeit: In pompejanischen Wahlempfehlungen werden die Lehrlinge mitunter gesondert ausgewiesen – auch wenn es manchmal mit der Grammatik etwas hapert (*Saturninus cum discentes*, «S. mit seine (!) Schüler»; CIL IV 275). Das gesellschaftliche Prestige der H. war gering. Die römische Führungsschicht, die ihren Grundbesitz bzw. ihr Kapital für sich arbeiten ließ, verachtete alle Hand- und nicht «selbstbestimmte» Lohn-→ Arbeit als «schmutzig» (Cic. off. I 150 f.). Cicero spricht abfällig von den «Handwerkern, Budenbesitzern und diesem ganzen Abschaum des Staates» (Flacc. 18), wenn er sie wegen ihrer konservativen Grundhaltung nicht gerade einmal politisch gut gebrauchen kann (Cat. IV 17). Der aristokratische Dünkel resultierte wohl zusätzlich daraus, daß man diesen «Stubenhockern» (*sellularii*, «Leute, die den ganzen Tag auf ihrem Schemel sitzen») auch fehlende Militär-Tauglichkeit nachsagte (Liv. VIII 20, 4).

Freilich darf man diese Einschätzung, die aufgrund der «Meinungsführerschaft» der Wohlhabenden und Gebildeten in der literarischen Überlieferung so erdrückend, weil unwidersprochen erscheint, nicht undifferenziert verallgemeinern. Die H., Kleinhändler und Lohnarbeiter hatten ihre eigene Welt, und diese Welt der kleinen Leute hatte auch eine spezifische Wertewelt, die sich von den «offiziellen», aristokratisch geprägten ideologischen Normen der Gesellschaft in mancher Hinsicht deutlich unterschied. So spiegelten sich Genugtuung und Stolz auf die eigene Leistung schon in früher Zeit durch ein *me fecit...* («mich hat... gefertigt») auf Werkstücken wider. Eine Vielzahl von Grabinschriften, die das handwerkliche Geschick des Verstorbenen rühmen, und von Berufsdarstellungen auf → Grabmälern sind deutliche «Bekenntnisse» zum Wert der eigenen Arbeit: Da dient die selbstverständliche Abbildung des H. in seiner *tunica* als Ausdruck gestiegenen Selbstbewußtseins. Man läßt sich nicht im «Sonntagsstaat» der Römer-Toga porträtieren, sondern grüßt gewissermaßen in seiner schlichten, verschwitzten und verschmutzten Arbeitskleidung aus dem Jenseits (Zimmer, Röm. Handwerker 218 ff.). Und daß man zumindest in der eigenen Stadt auch politisch etwas zu sagen hat, zeigen die vielen Aufrufe, in denen sich H. für bestimmte Kandidaten im pompejanischen Kommunalwahlkampf einsetzen. Da unterstützen u.a. «alle Walker» den Holconius Priscus, «alle Goldschmiede» den Cuspius Pansa, «die Bäcker mit ihren Nachbarn» den Helvius Sabinus, und «die Färber bitten, Postumius Proculus zum Ädilen zu wählen» (CIL IV 7164, 710; 7273; 864).

Eine wichtige Bedeutung im Alltag der H. hatten ihre Berufsvereinigungen *(collegia)*. Die ältesten Kollegien sollen schon in der Königszeit entstanden sein: die der Musikanten, Goldschmiede, Bauhandwerker, Färber, Schuster, Gerber, Kupferschmiede und Töpfer (Plut. Numa 17). Für die Kaiserzeit sind Hunderte solcher «Innungen» für Rom und Städte im gesamten Imperium bezeugt. Die Mitgliedschaft war freiwillig. Sicherlich bemühte man sich auch, berufsständische Interessen gegenüber der Öffentlichkeit durchzusetzen. Wichtiger war indes die soziale Funktion dieser Vereine. Man traf sich meist einmal im Monat zu geselligen Zusammenkünften im eigenen Vereinslokal *(schola)*; ärmere Korporationen tagten in Kneipen. Dem gemeinsamen Essen ging ein Opfer für die Schutzgottheit des Berufsstandes voraus.

Bei den Sitzungen herrschte eine lockere Atmosphäre. Man aß gut und viel, trank noch mehr und tauschte sich über berufliche Fragen aus, erzählte sich → Witze oder den neuesten Stadt-→ Klatsch (MacMullen, Social relations 77f.). Den Berufsvereinigungen angeschlossen waren häufig Sterbekassen, die den Mitgliedern gegen Zahlung eines einmali-

Der Kammausbesserer *(refector pectinar[ius])* T. Valerius Placidus bei der Arbeit. Grabsteinrelief, heute verschollen.

**Fleiß, Geschick und Können –
Handwerker-Stolz in Grabepigrammen**

Was er in seinem Handwerk schlecht gemacht –
wer machte es besser? Was gut, kein anderer!
Carmina Latina Epigraphica 1589

Den Manen des Q. Candidus Benignus,
des Zimmermannes von der Körperschaft in Arles.
Kenntnis besaß er und Fleiß, Geschick und Anstand im Handwerk,
«Meister» nannten ihn stets gewichtige Kenner der Arbeit.
Niemand war so geschickt wie er, den niemand erreichte,
der auf Orgelbau sich verstand und das Regeln des Wassers.
Selbst ein guter Gesell', vermocht' er die Freunde zu fesseln,
Fleiß und Talent verband dein gütiges Wesen, Benignus.
Carmina Latina Epigraphica 483

gen oder regelmäßigen Beitrags eine Grabstelle und eine «gebührende» Totenehrung sicherten. Manche Kollegien sahen eine Aufnahmegebühr vor; sie wird in einem Falle auf «100 Sesterze und eine Amphore guten Wein» festgelegt. Weiter heißt es in der Satzung, daß jemand, der eine Beschwerde vortragen wolle, das in den regelmäßigen Geschäfts-Meetings tun solle, «damit unsere Abendessen an den üblichen Tagen heiter und fröhlich verlaufen». Und auch Sanktionen waren vorgesehen, um möglichst wenig Mißklänge aufkommen zu lassen: «Wer seinen Platz verläßt und Unruhe stiftet, wird mit 4 Sesterzen Strafe belegt; wenn er einen anderen beleidigt oder unordentlich ist, werden 12 Sesterze Strafe fällig» (CIL XIV 2112).

Ganz so streng wird die «Selbstjustiz» der Kollegien in der Praxis wohl kaum gewesen sein. Wichtiger ist vielmehr ein anderer Eindruck: Die *collegia* haben auch den kleinen H. eine soziale Heimat geboten; die Nähe und Kameradschaft, die sie dort erfuhren, wurden sicher als angenehmes stabilisierendes Gegengewicht zu jener Verachtung empfunden, die ihnen aus der Ideologie der Oberschicht entgegenschlug.

QQ: Plaut. Aulul. 505 ff.; Cic. off. I 150 f.; Mart. VII 61; XII 57; Plut. Numa 17, Artemid. I 51 f.; Augustin. CD VII 4; Dig. XXXIII 7, 12, 5 ff.; Cod. Theod. XIII 4, 2; Grabinschriften: H. Geist (Hg.), Röm. Grabinschriften, München 1969, Nr. 157 ff.; S. 74 ff.; Bildquellen: Zimmer, Röm. Berufsdarstellungen (s. u.).

Lit.: P. Diosono, Collegia, Rom 2007; Drexhage, Wirtschaft 101 ff.; 241 ff.; Kloft, Wirtschaft 213 ff.; J.-P. Morel, Der Handwerker, in: Giardina (Hg.), Mensch der röm. Antike 243 ff.; L. Neesen, Demiurgoi und artifices. Studien zur Stellung freier Handwerker in antiken Städten, Frankfurt/M. 1989; A. Rieche /H. J. Schalles, Colonia Ulpia Traiana. Arbeit, Köln 1987; A. Burford, Künstler und Handwerker in Griechenland und Rom, Mainz 1985 (engl. Ausg. 1972); G. Zimmer, Römische Berufsdarstellungen, Berlin 1982; ders., Römische Handwerker, ANRW (FS J. Vogt) II 12, 3 (1985), 205 ff.; H. v. Petrikovits, Die Spezialisierung des römischen Handwerks, ZPE 43 (1981), 285 ff.; R. MacMullen, Roman social relations, New Haven / London 1974, 68 ff.; H. Gummerus, Art. *Industrie und Handel*, RE IX 2 (1916) 1439 ff.; J.-P. Waltzing, Etudes historiques sur les corporations professionelles chez les Romains, Louvain 1895/1900; Friedländer, Sittengeschichte I 161 ff.

Hausarbeit

Während sich die Damen des Königshofes einem fast lotterhaften Luxusleben bei Wein und Scherz hingaben, saß *sie* im fahlen Schein des Kerzenlichts fleißig im Kreise ihrer Sklavinnen bei der Wollarbeit: Lucretia. Gerade der Anblick dieser unschuldigen Szene entflammte den Unhold. Wenige Tage später verschaffte sich Sextus Tarquinius unter einem Vorwand Einlaß in Lucretias Haus und vergewaltigte sie. Die Folgen konnten dramatischer nicht sein: Nachdem Lucretia ihrem Manne und ihrem Vater das Verbrechen des Königssohnes «gebeichtet» hat, ersticht sie sich vor Scham und Schande. Die verbrecherische Sippe der Tarquinier wird daraufhin von den empörten Römern davongejagt – die römische Republik ist geboren (Liv. I 57 ff.; Ov. fast. II 721 ff.).

Der → Freitod der Lucretia sollte nicht umsonst sein: Im Andenken an ihre heroische Tat lebte sie als Vorbild wahrer römischer Keuschheit *(castitas)* fort. Der Inbegriff dieser *castitas* aber, der in seiner Anschaulichkeit ein vorzügliches *exemplum* abgab, war das *lanificium,* die Wollarbeit. Sie wurde noch Jahrhunderte später als die der vornehmen Matrone würdige H. gerühmt und blieb, auch als viele Frauen der Oberschicht eher den angeblich lebenslustigen

Damen des tarquinischen Königspalastes nacheiferten, das unumstrittene ideologische Leitbild. Männer, die die häuslichen Qualitäten *(domestica bona)* ihrer verstorbenen Frauen rühmen wollten, ließen auf die Grabsteine neben «Keuschheit, Umgänglichkeit und Gehorsam» selbstverständlich auch ihr *lanificium* meißeln (CIL VI 1527, I 30 f.; VI 10230, 28). Ihren prägnantesten Ausdruck hat der Ruhm dieser H. in der gern zitierten Grabinschrift der Claudia gefunden: *domum servavit, lanam fecit* («sie hat das Haus gehütet und Wolle gesponnen»; CIL VI 15346, 8) heißt es dort in knapper Schlichtheit – und jeder Passant wußte, welch glanzvolles Zeugnis als Herrin des Hauses diese vier Worte der Verstorbenen ausstellten.

Und die ganz alltägliche H.? Putzen, Kochen, Waschen, Bettenmachen? Das alles findet in unseren Quellen gewissermaßen nicht statt. Denn das waren typische Sklavenarbeiten, die in größeren Haushalten z. T. von einem ganzen Heer spezialisierter Bediensteter und in den «gutbürgerlichen» Häusern von ein paar oder auch nur einem oder einer Unfreien erledigt wurden. Der Matrone oblag allerdings die Koordination und Überwachung dieser H.: Das *domum servare* («Haushüten») bezieht sich auf diese Kontrollfunktion, die der Ehefrau im Rahmen der «klassischen» Arbeitsteilung zwischen Mann und Frau zukam. *fere domesticus labor matronalis fuit* («fast alle hauswirtschaftliche Arbeit war Sache der Hausfrau»), beschreibt Columella dieses Prinzip, fügt aber zugleich bedauernd hinzu, daß mehr und mehr Matronen ihre Aufsichtspflichten an eine unfreie Verwalterin delegierten (XII pr. 7). Auf den großen Landgütern hatte das freilich schon Tradition; dort beaufsichtigte die Frau des «Managers» *(vilica)* die H. der anderen im Haushalt eingesetzten Unfreien. Aus ihrem Aufgabenkatalog hebt Cato hervor, «daß sie das Gutshaus sauber und rein halte, den Herd täglich sauber mache und kehre, ehe sie schlafen geht, (...), Sorge trage, daß sie Speise für dich [den Verwalter] und das Gesinde gekocht habe... und daß sie es verstehe, gutes Weizenmehl und feines Dinkelmehl zu machen» (r. r. 143, 2 f.). Auch in Stadthaushalten die H. von einer Aufseherin überwachen zu lassen, lag nahe; doch führte die Dame des Hauses i. a. die «Regie» – selbst die verwöhnte Fortunata kümmert sich beim «Gastmahl des Trimalchio» darum, daß alles reibungslos vonstatten geht, indem sie «kreuz und quer herumlief» (Petr. 37, 1). Die Kontrolle der Haushaltsbücher war ebenfalls Sache der Frau – und da gab es durchaus Haustyranninnen, die bei Unstimmigkeiten und Fehlern schnell mit der Peitsche zur Hand waren (Juv. VI 483 ff.).

In Haushalten, die über keine Sklaven verfügten – und das war eine deutliche Mehrheit – war die H. von den Familienangehörigen selbst zu erledigen. «Arme» konnte man Aelius Aristides zufolge eben daran erkennen, «daß die

---

Hausfrauen-Ideal der Oberschicht – Aus einer Werberede des Augustus für die Ehe

Gibt es denn etwas Besseres als ein Weib, rein, häuslich, wirtschaftlich, eine Erzieherin der Kinder, einen Menschen, der euch in gesunden Tagen erfreut, in Zeiten der Krankheit pflegt, euer Glück teilt und euch im Unglück tröstet?

Dio Cassius, Römische Geschichte LVI 3, 3

gleichen Leute die Speisen richten, das Haus besorgen und das Lager bereiten»
(or. Rom. 71). Der Großteil der H. dürfte dabei aufgrund der in der Gesellschaft fest verankerten Rollen-Normen von den Frauen besorgt worden sein. Für viele Frauen führte das zu einer Doppelbelastung, da sie auch einer Erwerbstätigkeit nachgingen (→ Frauenarbeit). Als entlastende Faktoren wirkten sich allerdings die einfache → Möblierung der römischen Wohnungen und ihre geringe Größe aus; ebenso die Tatsache, daß Männer sich möglicherweise an der häuslichen Wascharbeit beteiligten, wie man vielleicht daraus schließen darf, daß in den Gewerbebetrieben der Walker und Wäscher *(fullones)* viele männliche Beschäftigte tätig waren (Marquardt, Privatleben II 529 ff.). Kochen schließlich fiel in Haushalten der Unterschicht vielfach schlicht deshalb nicht an, weil die Wohnungen über keine → Küche und keinen Herd verfügten. Für warme Mahlzeiten war man auf die «Dienstleistung» von Kneipen und → Imbißstuben angewiesen.

Im ganzen dürften daher die Zeit und Energie, die die Römerinnen in die H. investierten, den heute üblichen Umfang bei weitem nicht erreicht haben. Routine-H. scheint darüber hinaus von kaum jemandem als «Berufung» und inneres Bedürfnis empfunden worden zu sein; jedenfalls kommt unter den abstoßenden Frauen-Typen, die Juvenal in seiner berüchtigten Weibersatire (sat. VI) mit böser Übertreibung zeichnet, der «Putzteufel» *nicht* vor.

QQ: Cato r. r. 143; Col. XII pr.; Nep. praef. 6 f.; Juv. VI 483 ff.; Aristid. or. Rom. 71; Tert. exh. cast. 12; CIL I² 1007; VI 1527, I 30 ff.; VI 15346.

Lit.: E. D'Ambra, Roman women, Cambridge 2007, 94 ff.; Pomeroy, Frauenleben, 259 f.; 308 f.; Balsdon, Die Frau in der röm. Antike, 299 ff.

Haustier

Auf die Wahrung seiner Intimsphäre bedacht, befiehlt der Alt-Junggeselle Periplectomenus in einer Plautus-Komödie seinen Bediensteten, jedweden «Schnüffler» hart anzufassen und einen Eindringling vom Dach herunterzuwerfen, auch wenn er behaupte, er sei nur hinter seinem Affen her (Mil. glor. 160 ff.). Die Szene zeigt, daß schon im 3. Jh. v. Chr. Affen als H. gehalten wurden. Für spätere Zeiten wird das durch ähnliche Nachrichten bestätigt (Plin. NH VIII 216). Gleichwohl blieb der Affe ein exotisches H. Noch seltener fanden sich Schlangen oder Füchse als H. in römischen Wohnungen (Mart. VII 87) oder gar «zahme» Löwen (Juv. VII 74 ff.). Nicht zu dem Kreis dieser eher absonderlichen H. zählend, aber doch ein im Vergleich mit heute erstaunlich seltenes H. war die Katze *(feles)*. Man kannte und schätzte sie vornehmlich als Mäusejägerin (Plin. NH X 202), als Schoßtier dagegen war sie allgemein noch nicht entdeckt – was einzelne Ausnahmen nicht ausschließt.

Ganz anders dagegen im Falle des Hundes *(canis)*. Er war, von seinem Einsatz als Jagd- und Hirtenhund abgesehen, als Wachhund ein zuverlässiger und geschätzter Hüter von Haus und Hof, der entweder an die Kette gelegt oder freilaufend den Besitz seines Eigentümers schützte; an Warnschildern mit einem

Warnschild cave canem! *(«Vorsicht! Hund!») auf einem pompejanischen Mosaik.*

cave canem («hüte dich vor dem Hund») oder der bloßen Abbildung eines Kettenhundes dürften Passanten des öfteren vorbeigekommen sein (Petr. 29, 1).

H. im engeren Sinne waren die Lieblings- und Schoßhunde, deren Zahl ansehnlich gewesen sein muß. Wie innig das Verhältnis zwischen Hunden und ihren «Herrchen» und «Frauchen» sein konnte, zeigt eine Reihe liebevoller Grabinschriften (CLE 1512; 1174ff.) auf *catuli* und *catellae* («Hündchen»). Das schönste literarische Hundegedicht in lateinischer Sprache ist Martials Hymnos auf die Hunde-Dame Issa, das Schoßtier *(deliciae)* eines Publius, «das Freude und Schmerz mit ihm teilt» (I 109, 7). Weniger anziehend, aber durchaus realistisch ist die Beschreibung der Hündin, die in Trimalchios Haus bis zum Überdruß verwöhnt wird: «Eine schwarze und abscheulich fette Schoßhündin (...); ein Sklave wickelte sie in eine grüne Schärpe ein, legte ihr ein halbes Brot auf das Polster und nudelte das Tier, das vor Überfressenheit nichts mochte» (Petr. 64, 6). Solch ein Lieblingstier auf dem eigenen → Grabmal abbilden zu lassen, entsprach nicht nur Trimalchios Geschmack (71, 6).

Ebenso beliebt als H. waren Vögel – angefangen von Tauben *(columbae)*, für die wahre «Taubennarren» *(harum amore insaniunt multi;* Plin. NH X 110) auf den Dächern ihrer Häuser Schläge bauen ließen, bis zu zahmen Singvögeln wie dem berühmten *passer* Lesbias, dessen Tod seine Besitzerin ebenso untröstlich machte wie deren Liebhaber Catull (c. 2 f.; s. Zitat). Die zoologische «Identifizierung» dieses durch Catull zu unsterblichem Ruhm gekommenen *passer* ist übrigens nach wie vor unklar; es deutet allerdings einiges darauf hin, daß er kein Sperling, sondern ein Dompfaff war (Toynbee, Tierwelt 268).

Besonders populär waren «sprechende» Vögel. So etwa die «geschwätzige» Elster *(pica loquax),* die ihren Besitzer und seine Gäste krächzend begrüßte (Petr. 28, 9; Mart. XIV 76), die Nachtigallen *(lusciniae),* die in der frühen Kaiserzeit als Modevögel hohe Preise erzielten und von manchen Leuten dressiert wurden, «auf Befehl zu singen und mit einem Orchester abzuwechseln» (Plin. NH X 84); vor allem aber der grüne Papagei *(psittacus),* dessen Sprachbegabung allgemein bewundert und genutzt wurde. Als «Ruhm der Vögel» *(avium*

Gipsabdruck eines pompejanischen Haushundes, der beim Vesuvausbruch 79 n. Chr. ums Leben kam.

**«Nie mehr wirst du mir tausend Küsse geben... –
Trauer um Patrice**

Sie war so klug, fast wie ein Mensch, auf ihre Art;
welch einen Schatz, oh weh!, haben wir verloren!
Du kamst stets, süße Patrice, an unseren Tisch,
saßest auf meinem Schoß und schmeicheltest um Bissen;
mit flinker Zunge lecktest du den Becher aus,
den meine Hand dir oft hinhielt,
kam müde ich nach Haus,
empfingst du mich mit freudig wedelndem Schwanz.

Carmina Latina Epigraphica 1176, 7 ff.

Vogel (Wachtel?) in einem Käfig; Mosaik aus Sabratha.

gloria) feierte Ovid ihn, verbinde sich doch «die Schönheit der erlesenen Farbe» mit einer «Stimme, die es meisterhaft versteht, die Töne zu ändern» (am. II 6, 17 ff.). In ihren Bauern hockend, unterhielten Papageien ihre «Herrchen» ebenso wie ganze Tischgesellschaften (Stat. silv. II 4). Manch einer investierte viel Zeit, um seinem Papagei Wörter und Wendungen beizubringen – wobei ein griechisch-vornehmes, artiges χαῖρε (*chaire*, «sei gegrüßt!») oder das «vulgärere» lateinische *ave* selbstverständlicher Sprech-Standard war. Für besondere Gelegenheiten empfahl es sich, den Papagei gewissermaßen als Sprachrohr einer Ergebenheitsadresse einzusetzen und ihm im richtigen Moment ein huldigendes *Caesar, ave!* («Heil dir, Kaiser!») – am besten zusammen mit dem genauen Namen des gerade regierenden Kaisers (Mart. XIV 73; Stat. silv. II 4, 29 f.) – zu entlocken. Aufpassen mußte man dabei allerdings, daß ein Papagei mit großem Repertoire zuvor nicht «zu tief ins Glas geschaut» hatte, galt ein beschwipster Papagei doch als «ausgelassen-frech» und unberechenbar (Plin. NH X 117).

Zwischen Zärtlichkeit und Eifersucht – Catull über seinen «Rivalen»

Sperling, reizender Liebling meiner Liebsten,
mit dir spielt sie, läßt auf dem Schoße dich sitzen,
streckt dir zum Picken die Fingerspitze hin und
pflegt zu eifrigem Angriff dich zu reizen,
wenn es meiner ersehnten strahlend Schönsten
in den Sinn kommt, dich irgendwie zu necken...

Catull c. 2, 1 ff.

Nicht nur Erwachsene hielten H. zu ihrer Freude und Unterhaltung; auch Kinder hatten sie gern als Spielkameraden. Bilddokumente zeigen Hasen als Schoßtiere von Mädchen (Toynbee, Tierwelt 190), und in finanziell gut gestellten Familien verfügten Kinder manchmal über einen kleinen Privatzoo von H. So auch der kleine Sohn des Regulus, dessen plötzlicher Tod seinen Vater zu einer brutalen Manifestation der Trauer veranlaßte: «Der Knabe besaß viele Ponys, zum Fahren und zum Reiten, besaß große und kleine Hunde, besaß Nachtigallen, Papageien und Amseln. All dieses Getier ließ Regulus um seinen Scheiterhaufen abschlachten. Aber das war keine echte Trauer, das war nur ein Zurschaustellen der Trauer» (Plin. ep. IV 2, 3 f.).

QQ: Cat. c. 2 f.; Ov. am. II 6; Plin. NH VIII 142 ff.; X 110; 117 ff.; 202; Mart. I 109; VII 87; XIV 73 ff.; 198; Petr. 28, 9; 64, 6 ff.; 71, 6; Stat. silv. II 4; CLE 1512; 1174 ff.; Bildquellen bei Toynbee, Tierwelt; Quellensammlung: S. T. Newmeyer, Animals in Greek and Roman thought, London 2011.

Lit.: M. Giebel, Tiere in der Antike, Darmstadt 2003; D. Gogney, Les animaux dans la mentalité romaine, Brüssel 2003; J. Amat, Les animaux familiers dans la Rome antique, Paris 2002; D. W. Engels, Classical cats, London 1999; A. Tammisto, Birds in mosaic, Rom 1997; J. M. C. Toynbee, Tierwelt der Antike. Bestiarium Romanum, Mainz 1983; J. Jennison, Animals for show and pleasure in ancient Rome, Manchester 1937; O. Keller, Die antike Tierwelt, 2 Bde, Leipzig 1909/13.

Heilbad

Als der Konsul Cn. Cornelius im Jahre 176 v. Chr. durch einen Sturz teilweise gelähmt wurde, suchte er unverzüglich das H. Aquae Cumanae auf, das wahrscheinlich mit dem späteren Badeort Baiae im Golf von Neapel identisch war. Die heißen Schwefelquellen halfen ihm nicht mehr; die Krankheit verschlimmerte sich, und Cornelius starb bald darauf in Cumae (Liv. XLI 16, 3). Das Vertrauen der Römer in die therapeutischen Kräfte warmen Wassers wurde dadurch offensichtlich nicht erschüttert: Baiae entwickelte sich zu einem beliebten Kurort, dem mondänsten H. der römischen Welt überhaupt – wobei in der frühen Kaiserzeit die Zahl der gesunden Touristen, die einfach nur das luxuriöse Badeleben (→ Baden) Kampaniens genießen wollten, die Zahl der Heilung Suchenden bei weitem übertroffen haben dürfte. Der medizinische Badebetrieb ging zwar weiter (DC XLVIII 51, 2), doch geriet, wer sich durch die Kur von einem Leiden erholen wollte, in die «Gefahr», mit einer anderen tückischen Krankheit nach Hause zurückzukehren: Den Pfeilen Amors entging, glaubt man dem einhelligen Urteil von Moralisten und Liebesdichtern, im «unmoralischen» Baiae niemand. Das Fazit Ovids: «Dieses Wasser war nicht so gesund, wie man behauptet» (ars am. I 255; vgl. Prop. I 11, 27 ff.; ‹Tummelplatz und Schlupfwinkel aller Laster›: Sen. ep. 51, 3). Welch verblüffende Ähnlichkeit Baiae und die benachbarten H. in ihrem «Mischcharakter» von Kurort und «Schickeria»-Dorado mit manchem heutigen H. aufwiesen, zeigt sich u. a. in den Produkten der Souvenir-Branche: Der modernen Ansichtskarte entsprachen Abbildungen von Thermen, Theatern und prächtig bebauter Strandpromenade auf Fläschchen und anderen Andenken.

Balneologische Grundüberzeugung, formuliert von einem Architekten

Dekor von Natur her aber wird so sein, wenn ... an den Orten, an denen Heiligtümer errichtet werden sollen, gesunde Wasserquellen ausgesucht werden, (...) insbesondere für Äskulap, Salus und Tempel der Götter, durch deren Heilkünste offenbar sehr viele Kranke geheilt werden. Wenn nämlich Kranke von einem ungesunden an einen gesunden Ort überführt werden und ihnen Anwendung von Wasser aus Heilquellen verschafft wird, werden sie schneller genesen. So wird man erreichen, daß aus der natürlichen Beschaffenheit des Ortes der Glaube an die Gottheit zugleich mit ihrer Würde größer und stärker wird.

Vitruv, De architectura I 2, 7

Anderswo in der römischen Welt blieb der Charakter des medizinischen H. stärker gewahrt; so etwa in dem berühmten Asklepieion von Pergamon, wo der Heilbetrieb mit Wasser-Therapien bis ins 3. Jh. florierte. H. lagen aber nicht nur in den Provinzen des Mittelmeergebiets, sondern auch im Raume nördlich der Alpen. Viele heute noch bedeutende Kurbäder wie Baden-Baden, Badenweiler, Aachen und Wiesbaden waren in der römischen Kaiserzeit vielbesuchte H., die ihren Ursprung den dort sprudelnden Quellen verdankten – die Ortsbezeichnungen *Aquae* bzw. *Fontes* zeigen es an. Altäre und Heiligtümer der Ortsgottheiten lagen in der Nähe der Heilthermen, die sich von den «normalen» Badeanstalten i. a. durch eine Anzahl besonders großer Wasserbecken unterschieden. Die archäologischen Überreste erlauben allerdings nicht überall eine eindeutige Zuweisung zum medizinischen oder zum normalen Thermenbetrieb, doch steht die balneologische Nutzung der Heilquellen außer Frage. Dazu gehörte auch die «orale» Therapie durch Trinkkuren. Diese innerliche Anwendung von Heilwasser zeigt eine Silberschale aus dem nicht genau lokalisierbaren Quellheiligtum von Salus Umeritana in Spanien: In mehreren Szenen wird die «Verarbeitung» des Mineralwassers von der Entnahme aus der Quelle bis zum Transport auf einem → Wagen dargestellt.
In England war das heutige Bath schon in römischer Zeit ein gut besuchtes H., das der mit Minerva gleichgesetzten Göttin Sul geweiht war *(Aquae Sulis)*;

Souvenirartikel aus einem Kurort: Thermen, Theater und «Strandpromenade» *(ripa)* von Puteoli auf einer Glasflasche aus dem 3. Jh. n. Chr.

Heilwasser aus der Therme von Salus Umeritana; Silberschale aus dem 2. Jh. n. Chr.

ebenso lagen im heutigen Frankreich einige H., auf deren Gebiet man z. T. Votivgaben in Form von Gliedmaßen, Augen und Genitalien gefunden hat (Krug, Heilkunst 178) – ein (nicht nur) im Altertum üblicher Dank an die lokale «Wasser»-Gottheit für die Heilung des jeweiligen Körperteils. In fast allen H. sind Unterkünfte ausgegraben worden, in denen alle die Heilung Suchenden – oder «Pilger», wie man angesichts der sakralen Atmosphäre dieser Orte durchaus sagen kann – wohnten, die von weither angereist waren. Welche Erfolge die Therapie mit Thermalwasser zeitigte, war freilich unter den → Ärzten sehr umstritten. In der medizinischen Literatur fehlte es nicht an Stimmen, die den Heilquellen skeptisch gegenüberstanden. Eine nicht unerhebliche Richtung bestritt nicht nur die heilende Kraft des Mineralwassers, sondern sah dieses sogar als schädlich an (reg. san. II 57). Deshalb gingen viele Ärzte dazu über, die von Charmis von Massalia entwickelte *Kalt*wasser-Therapie anzuwenden, die sich durch ihre Unbarmherzigkeit auszeichnete (Plin. NH XXIX 10; Gal. XIV 128). Eine im wahrsten Sinne des Wortes kalte Dusche für Patienten, die sich – wie Horaz – an die angenehm warmen Heilquellen von Baiae gewöhnt hatten! Aber sein Arzt hatte ihm kalte Bäder in einer unteritalischen Seestadt verordnet, und so mußte er es in Kauf nehmen, «daß man dort (in Baiae) leider böse auf mich ist, auf den Ungetreuen, der tief im Winter tief in die kalte Welle taucht» (epist. I 15, 3 ff.).

QQ: Vitr. I 2, 7; VIII 3, 4 f.; Prop. I 11; Hor. epist. I 15, 1 ff.; Ov. ars am. I 255 ff.; Sen. ep. 51; Plin. NH XXIX 10; XXXI 3 ff.; Mart. I 62; VI 43; Plin. ep. VIII 8; Ael. Arist. or. 47 ff. *(Hieroi logoi).*

Lit.: K.-W. Weeber, Pompeji und die röm. Goldküste. Ein Zeitreiseführer, Darmstadt 2011, 122 ff.; Weeber, Luxus I 63 ff.; Chr. Neumeister, Der Golf von Neapel in der Antike, München 2005; K. M. D. Dunbabin, Baiarum grata voluptas: pleasures and dangers of the baths, PBSR 57, 1989, 7 ff.; R. Jackson, Doctors and diseases in the Roman Empire, London 1988, 161 ff.; A. Krug, Heilkunst und Heilkult, Medizin in der Antike, München ²1992, 163 ff.; A. Pelletier (Hg.), La médecine en Gaule. Villes d'eaux, sanctuaires des eaux, 1985; W. Heinz, Römische Thermen, München 1983, 157 ff.; H. Cüppers, Kl. Pauly, Art. *Aquae,* I 474 ff.

Heiratsalter

Das gesetzlich festgelegte Mindest-H. war für Mädchen das vollendete 12., für junge Männer das 14. Lebensjahr (Cod. Iust. V 4, 24; DC LIV 16, 7). Wenn diese Grenzen in Einzelfällen unterschritten wurden, war die Ehe als *iustum matrimonium* rechtlich erst beim Erreichen des vorgeschriebenen Alters anerkannt (Dig. XXIII 2, 4; XXIV 1, 32, 27). Solche Fälle sind bezeugt; sie stellten aber – ebenso wie die volle «Ausschöpfung» des gesetzlichen Rahmens – Ausnahmen dar. Eine Bemerkung Epiktets legt die Annahme nahe, daß das 14. Lebensjahr bei Mädchen das übliche H. gewesen sei (Man. 40). Das tatsächliche H. lag jedoch deutlich höher, wie neue Auswertungen inschriftlichen Materials ergeben haben: Um die 20 Jahre (mit normalen Abweichungen von etwa 3 Jahren nach oben und unten) bei Frauen. Männer waren beim Eintritt in die Ehe durchschnittlich 10 Jahre älter; ihr H. lag zwischen 27 und 30 Jahren. Diese statistischen Werte lassen natürlich in konkreten Fällen z. T. ganz erhebliche Abweichungen – vor allem nach unten – zu.

Lit.: Harlow, Growing up 79 ff.; R. S. Bagnale / B. W. Frier, The demography of Roman Egypt, Oxford 1994; R. P. Saller, Men's age at marriage, ClPh 82 (1987), 21 ff.; B. D. Shaw, The age of Roman girls at marriage: some reconsiderations, JRS 77 (1987), 13 ff.; K. Hopkins, The age of Roman girls at marriage, Popul. Stud. 18 (1965), 309 ff.; M. Bang bei Friedländer, Sittengeschichte IV 133 ff.

Heizung

Die Luxus-Sanierung von Wohnraum war schon immer ein einträgliches Geschäft. Einer, der das früh erkannte, war der im 1. Jh. v. Chr. lebende Unternehmer und Spekulant C. Sergius Orata. Er machte sich nicht nur durch rationelleren Betrieb von Fisch- und Austernzucht einen Namen, sondern erwarb auch ein großes Vermögen mit dem An- und Verkauf von Landhäusern. Was er mit den Anwesen in der kurzen Zeitspanne zwischen Erwerb und Veräußerung machte, bezeichnet Plinius als *mangonicare* (NH IX 168), «(eine Ware) aufarbeiten, verschönern». Das Erfolgsgeheimnis des Orata bei der «Aufarbeitung» seiner Immobilien war der Einbau einer neuartigen H.-Technik, der Hypokausten- oder Fußboden-H., die wahrscheinlich im 2. Jh. v. Chr. erfunden worden war, von Oratas Bautrupps aber wohl erstmals in größerem Umfang eingesetzt worden ist. Dabei wurde aus einer Feuerungskammer im Keller heiße Luft in einen Hohlraum unter dem «hängenden», d. h. auf Ziegelpfeilern ruhenden Fußboden (*suspensurae;* Vitr. V 10, 2) geleitet. Verfeinert wurde das System einige Jahrzehnte später durch die zusätzliche Verwendung hohler Wandziegel *(tubuli),* die das Aufsteigen der Wärme auch an den Wänden ermöglichte.

Einbau und Betrieb dieser H., die wegen der vom Boden ausströmenden Wärme behaglichen Komfort bot, waren natürlich kostspielig, so daß sie stets auf die Häuser der Wohlhabenden beschränkt blieb. Aber selbst dort wurde ein *hypocaustum* nur unter wenigen Räumen installiert – auf jeden Fall unter den Bädern und dann zusätzlich noch unter einem oder zwei Zimmern. In den kommerziell betriebenen Badestuben und in den großen Thermen der Kaiser-

Unten links: Schema einer Hypokaustenheizung: 1 Außenmauer, 2 Putzschicht, 3 Hohlziegel *(tubuli),* 4 Estrich, 5 Ziegelplatten, 6 Ziegelpfeiler, 7 Feuerstelle *(praefurnium).*

Unten rechts: Hypokausten in der Thermenanlage von Saepinum.

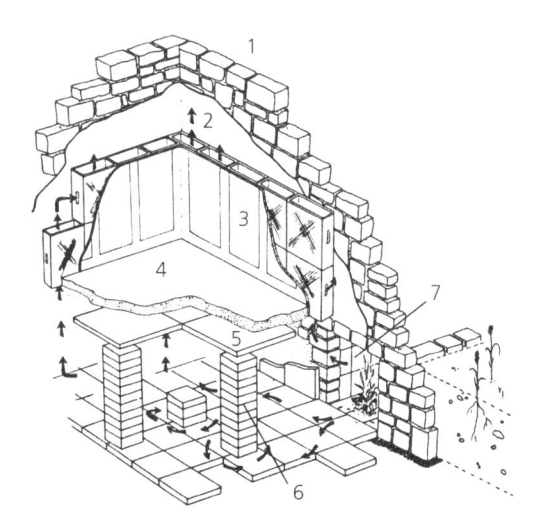

zeit war eine Hypokausten-H. in den Trakten für Warm- und Heißbaden selbstverständlicher Standard – und da wurde an Hitzezufuhr, wie die moralisch begründete Nörgelei Senecas an «neuerdings siedend heißen Temperaturen» (ep. 86, 10) zeigt, offenbar nicht gespart. Unterboden-H. haben sich auch in anderen öffentlichen Gebäuden gefunden, u. a. in einigen Limes-Kastellen – Grundlage für aufschlußreiche Betriebsversuche in der Saalburg, die die Effizienz des Systems, aber auch seinen hohen Bedarf an Holzkohle erwiesen haben. Der Nachteil der Hypokausten-H. lag in ihrer Trägheit; man brauchte relativ lange Vorlaufzeiten (*languidus ignis*, «träges Feuer»; Stat. silv. I 5, 58), so daß selbst reiche Villenbesitzer bei Stippvisiten auf ihrem Landgut oder spontanen Bade-Entschlüssen auf die ständig «unter Feuer» gehaltenen öffentlichen Badeanstalten ausweichen mußten.

«Anspruchslos»? – Heizanlagen in Plinius' Laurentinum-Villa

Angefügt an den Schlafraum ist ein winziger Heizraum *(hypocauston)*, der vermittels einer schmalen Klappe die aufsteigende Wärme je nach Bedarf ausstrahlt oder zurückhält. (…)
Holz liefern die nahen Waldungen in hinlänglicher Menge, den sonstigen Bedarf deckt die Kolonie Ostia. Einem anspruchslosen Manne genügt auch das Dorf, von dem mich nur ein Landsitz trennt. Dort gibt es drei öffentliche Badeanstalten, eine große Annehmlichkeit, falls etwa überraschendes Eintreffen oder nur kurzes Verweilen das Anheizen des Bades im Hause widerrät.
Plinius, Epistulae II 17, 23 und 26

Das Gros der Römer konnte von luxuriösen Hypokausten-H. nur träumen. Wer ein eigenes Haus mit einem Herd im Atrium oder in der → Küche besaß, konnte sich an kalten Tagen daran etwas aufwärmen. Ob es sich bei den gelegentlich erwähnten *camini* um offene Kamine gehandelt hat oder um eine Art transportabler Öfen, ist umstritten; jedenfalls hatten sie keinen ordentlichen Abzug, so daß die Wärme mit «tränenreichem Rauch» erkauft wurde (Hor. sat. I 5, 80 f.; vgl. Cic. fam. VII 10, 2). Die am weitesten verbreiteten Heiz-«Körper» waren Kohle- und Holzkohle-Becken, die, in die Mitte des Raumes gestellt, ringsum Wärme ausstrahlten – kalte Füße freilich schwerlich zu erreichen vermochten. Wie sehr diese Becken als eigentliche H. römischer Wohnungen gelten müssen, zeigen die z. T. sehr aufwendig gearbeiteten und verzierten, entweder als viereckige Kästen oder als Dreifüße gestalteten Becken aus pompejanischen Häusern. Einfachere, rein auf Funktionalität bedachte Billigausführungen standen in den Kleinwohnungen der Mietskasernen. Die darin glimmenden Kohlen mußten gegen die Kälte «ankämpfen», die kontinuierlich durch die nicht verglasten Fenster in die Räume zog. Die Wintermonate müssen daher in den meisten Wohnungen sehr ungemütlich gewesen sein. Zudem waren Rauch und Geruch, die von den Kohlebecken aufstiegen, alles andere als angenehm; sie verursachten Kopfschmerzen (Lukr. VI 803 f.). Die Gefahr von Vergiftungen durch Kohlenoxyde scheint dagegen bei sachgerechter Handhabung eher gering gewesen zu sein (Neuburger, Technik 255 ff.) – relativ hoch jedoch das Risiko, daß es durch Funkenflug oder Herunterfallen glühender Kohlen zu → Bränden kam.

Die Wirkung der üblichen H.-Geräte war, mit modernen Zentral-H. und Öfen verglichen, gering. Wollte man also nicht frieren oder frösteln, so zog man zunächst einmal wärmere → Kleidung an (Ov. fast. IV 695 ff.; Cic. fam.

VII 10, 2). Vorübergehend konnte man sich auch durch einen Besuch in den Thermen aufwärmen. Dagegen waren die H.-Kapazitäten, die Degering in seinem RE-Artikel «Heizung» mit etwas verharmlosender Naivität in den Backstuben vermutet («... oder er wußte beim Gevatter Bäcker ein warmes Plätzchen am Backofen zu finden» mit Verweis auf Hor. epist. I 11, 13), doch wohl eher begrenzt. Da ist schon Horazens Ratschlag realistischer, sich gegen die Kälte durch reichlicheren Weingenuß zu schützen (c. I 9, 5 ff.).

QQ: Lukr. VI 803 f.; Cic. fam. VII 10, 2; Vitr. V 10; Plin. NH IX 168; XXVI 16; Sen. ep. 86, 10; 90, 25; Plin. ep. II 17, 11; 23; 26.

Lit.: White, Technology 44 ff.; Forbes, Studies VI 1 ff.; H. Hüser, Wärmetechnische Messungen an einer Hypokausten-Heizung der Saalburg, Saalburg-Jb. 36 (1979), 12 ff.; F. Kretzschmer, Der Betriebsversuch an einem Hypokaustum der Saalburg, Germ. 31 (1953), 64 ff.; O. Krell, Altrömische Heizungen, 1901, ND Amsterdam 1970.

Hochhaus

H. im modernen Sinn gab es im Altertum nicht. Mehrstöckige Mietshäuser *(insulae)* waren allerdings bekannt. In Rom baute man schon im 3. Jh. v. Chr. dreistöckig (Liv. XXI 62, 3); die starke Zunahme der hauptstädtischen Bevölkerung seit dem 2. Jh. v. Chr., die mit ihr einhergehende Bauplatzverknappung und Grundstücksspekulation führten zu höheren Bauten (Vitr. II 8, 17). In augusteischer Zeit betrug die gesetzlich festgelegte Obergrenze 70 Fuß (20,7 m; Strabo V 3, 7); das entspricht der Zahl von 6–7 Stockwerken, die wahrscheinlich erreicht wurde, aber archäologisch nicht sicher nachgewiesen ist. Trajan senkte die Maximalhöhe auf 60 Fuß (18 m; Epit. de Caes. 13) – eine Maßnahme, die wohl auch eine Reaktion auf die zahlreichen, in Rom üblichen → Brand- und Einsturzkatastrophen war (Strabo a. a. O.; Juv. III 193 f.; Sen. Cons. ad Marc. 22, 3). Fünfstöckige Häuser waren in Rom keine Seltenheit; sogar für Ostia sind vier- bis fünfstöckige Mietshäuser anzunehmen.

Rekonstruktion einer *insula* in Ostia. Mietshäuser in Rom waren vielfach noch zwei Stockwerke höher.

QQ: Vitr. II 8, 17; Strabo V 3, 7.

Lit.: S. Priester, Ad summas tegulas. Untersuchungen zu vielgeschossigen Gebäuden ... im kaiserzeitl. Rom, Rom 2002; Meiggs, Roman Ostia 234 ff.; McKay, Röm. Häuser 76 ff.; A. Wotschitzky, Hochhäuser im alten Rom, Innsbr. Beiträge zur Kulturgeschichte 3, 1955, 151 ff.

Hochzeit

Die H. war das bedeutendste Familienfest. Entsprechend sorgfältig wurde der Termin gewählt. Aus religiösen Gründen kamen u. a. der Mai und die erste Juni-Hälfte sowie alle «Fixtage» des Kalenders – Kalenden, Nonen, Iden – nicht in Frage (Ov. fast. V 487 ff.; VI 225 ff.; Macr. Sat. I 15, 21); als günstiger Zeitpunkt galt dagegen die zweite Juni-Hälfte.

Für die Braut bedeutete die H. den formellen Übergang vom Kind zur Frau.

Sie legte daher am Vorabend ihre Mädchenkleidung *(toga praetexta)* ab und weihte ihr Spielzeug einer Gottheit (Pers. II 70). Brautkleid war eine weiße Tunica, darüber trug sie ein langes, gelbrotes Kleid *(palla galbeata)*. Ihr Haar wurde in sechs Zöpfe *(sex crines)* geteilt, die mit Wollfäden umwickelt und hochgebunden wurden. Den Kopf bedeckte ein roter Schleier *(flammeum)*. Dieser Brauch war so konstitutiv, daß er dem Fest – neben *matrimonium* – seinen Namen gab (*nuptiae* von *nubere*, «sich verhüllen»; daraus entwickelt «heiraten» aus der Sicht der Frau; Fest. ep. 184).

Frühmorgens strömten Verwandte, Bekannte und → Klienten ins Haus der Braut. Der H.ritus begann dort mit der Eingeweideschau eines Opfertieres – meist eines Schafes –, um die Zustimmung der Götter zur bevorstehenden Heirat zu erkunden (Serv. ad Aen. IV 45). Danach wurde in Gegenwart von zehn Zeugen der H.vertrag *(tabulae nuptiales)* unterschrieben, in dem die Brautleute ihren Willen zur Eheschließung bekundeten. Wenn es sich um eine *manus*-Ehe handelte, bei der sich die Frau in die «Hand», d. h. aus der väterlichen Gewalt in die des Ehemannes begab, sprach sie die Formel *ubi tu Gaius, ego Gaia* («wo du Gaius bist, bin ich Gaia»; nur griechisch überliefert; Plut. Mor. 271e). Hohepunkt der Zeremonie war dann die *dextrarum iunctio*, bei der die Brautführerin *(pronuba)* die rechten Hände der Eheleute miteinander verband. Dieser feierliche Augenblick wird auf vielen Sarkophagen als Symbol einer harmonischen Ehe dargestellt.

Ihre guten Wünsche äußerte die H.gesellschaft mit einem den Brautleuten zugerufenen *feliciter* («viel Glück!»; Juv. II 119 f.); danach fand – immer noch im Hause des Brautvaters – das Hochzeitsmahl *(cena nuptialis)* statt.

Nach Einbruch der Dunkelheit begann der zweite Akt der Zeremonie: Die *deductio*, das Heimholen der neuen Ehefrau. Am Anfang stand ein symbolischer Raub der Braut aus den Armen ihrer Mutter – als Erinnerung an den – letztlich ja glücklich ausgegangenen – legendären Raub der Sabinerinnen

Hochzeitsszene: Die *dextrarum iunctio* («Verbinden der rechten Hände») ist ein beliebtes Motiv auf Sarkophagen. Es symbolisiert die Eintracht der Eheleute. Rom, S. Lorenzo f. l. m.

(Fest. 289). Begleitet wurden die Neuvermählten auf ihrem Weg ins Haus des Bräutigams von drei Knaben, deren Eltern noch leben mußten, sowie der gesamten Festgesellschaft und Schaulustigen, die sich dem lebhaften Zug anschlossen oder – je nach Prominenz des Paares – sogar Spalier standen (Juv. VI 78). Flötenspieler und Fackelträger gehörten ebenfalls zum Zug; die eigentliche Hochzeitsfackel *(taeda nuptialis)* trug einer der Knaben voran. Aus der fröhlichen Menge erscholl immer wieder der Ruf *talassio* oder *talasse*; seine Bedeutung ist unklar. Der Ehemann wurde aufgefordert, Nüsse zu streuen (Verg. Buc. VIII 30), vielleicht als Ausdruck des Abschieds von seiner Kindheit (Cat. c. 61, 131 ff.; vgl. Art. → Kinderspiel), vielleicht als Symbol für Fruchtbarkeit. Auf dem ganzen Weg wurden die Eheleute mit derben, obszönen Spottversen *(versus Fescennini;* Non. p. 330; Cat. c. 61, 126) überschüttet.

Deftige Hochzeitsverse aus kaiserlichem Munde
«Voran, Kinder, na los: Müht euch schwitzend ab, euer Innerstes in gegenseitiger Wollust zu verbinden. Euer Liebesgemurmel stehe dem der Tauben nicht nach, eure Umschlingungen nicht dem Efeu, eure Küsse nicht den Schnecken...»
Kaiser Gallienus (Hist. Aug. Gall. 11, 7f.)

Der dritte und letzte Akt der H.feierlichkeiten fand am und im Hause des Bräutigams statt. Dort angekommen, schmückte die Braut Türpfosten und Schwelle ihres neuen Zuhause mit Wollbändern und fettete sie mit Speck und Öl ein. Begleiter trugen sie über die Schwelle – ein mögliches Straucheln wäre ein schlechtes Vorzeichen gewesen –, im Inneren hieß sie ihr Ehemann mit Wasser und Feuer als den beiden wesentlichsten Bestandteilen des Haushalts in ihrer neuen Hausgemeinschaft willkommen *(aqua et igni accipere,* Serv. ad Aen. IV 104; Ov. fast. IV 790). Die Braut «revanchierte» sich, indem sie eine von drei mitgebrachten As-Münzen ihrem Manne überreichte, eine zweite, die sie unter dem Fuß trug, auf dem Herd für die Laren ablegte und eine dritte auf dem dem Hause am nächsten gelegenen Kreuzweg erklingen ließ (Varro bei Non. p. 531). Während sich die Gäste bemühten, die Hochzeitsfackel zu «erbeuten» (dem Erfolgreichen sollte ein längeres Leben winken; Serv. ad Verg. Buc. VIII 29), geleitete die Brautführerin die Neuvermählten zum Ehebett *(lectus genialis),* das im Atrium dem Hauseingang gegenüber aufgestellt war. Damit gingen die H.zeremonien zu Ende.

Der nächste Tag brachte allerdings noch einmal Opfer und ein – wohl auf den engeren Kreis der Familie beschränktes – Festmahl *(repotia;* Fest. 281); bei dieser Gelegenheit trat die Braut zum ersten Male offiziell als neue Hausherrin *(domina)* auf. Ob sich die H. stets in allen gesellschaftlichen Schichten nach diesem aufwendigen Ritual vollzog, ist fraglich. Die geschilderten Zeremonien beziehen sich auf Erst-Heiraten. War die Braut bereits geschieden oder verwitwet, entfiel der zeremonielle Rahmen weitgehend.

QQ: Cat. c. 61; Ov. fast. V 487 ff.; VI 225 ff.; Fest. p. 242 ff.; Claud. Epithal. Hon. et Mar. 282 ff.; A. Rossbach, Röm. Hochzeits- und Ehedenkmäler, Leipzig 1871.

Lit.: C. Fayer, La famiglia Romana. Aspetti giuridici ed antiquari. II: Sponsalia, matrimonio, dote, Rom 2005; König, Festkalender 35 ff.; Blanck, Privatleben 108 ff.; Paoli, Leben im alten Rom 139 ff.; Marquardt, Privatleben I 42 ff.

Honig

Daß den Menschen im Goldenen Zeitalter H. *(mel)* in Hülle und Fülle zur Verfügung stand und sie gewissermaßen nur den Mund aufhalten mußten, um die von den Eichen tropfende süße Köstlichkeit aufzunehmen, gehört zu den selbstverständlichen Annehmlichkeiten im Motiv-Repertoire der glücklichen Urzeit (Ov. Met. I 111; Tib. I 3, 45). Die Vorstellung spiegelt die Bedeutung des H. für das griechisch-römische Altertum wider: Er war der weitaus wichtigste Süßstoff. Was für die Moderne der Zucker ist, war für die Antike der H. Er diente dazu, alle möglichen Speisen und Getränke zu süßen: von Gebäck und → Kuchen über Naschwerk (*dulcia*, «Süßes»; Isid. XX 2, 18) bis zu Saucen, Suppen und Desserts (Ov. fast. IV 545 f.; Petr. 66, 3). Auch mit H. «gezuckerte» Getränke waren beliebt: Neben Honigwasser (*aqua mulsa*, Colum. XII 12) vor allem das berühmte *mulsum*, der mit Honig versetzte Wein, der gern als leichterer Aperitif vor dem Essen getrunken wurde (Hor. sat. II 4, 24 ff.) und als besonders bekömmlich, manch einem geradezu als Jungbrunnen galt (Plin. NH XXII 114).

Daneben wurde H. häufig als Konservierungsmittel verwendet; bei Früchten wie Äpfeln, Pflaumen und Birnen, die in H. eingelegt wurden, ebenso wie z. B. bei Bratfisch, der, mit heißem H. übergossen, lange haltbar war (Apic. I 19 f.; I 11; Colum. XII 10, 4 f.). Für das Einlegen reifer Quitten empfiehlt Columella H. als Konservierungsmittel ausdrücklich: «Denn dies ist das Wesen des Honigs, daß er Mängeln Einhalt gebietet und sie nicht weiter um sich greifen läßt» (XII 47, 4; Plin. NH XV 60).

In der Medizin spielte der H. eine wichtige Rolle. Die Palette der innerlichen und äußerlichen Anwendungen war außerordentlich breit: Sie reichte von Erkältungskrankheiten über Lendenschmerzen bis zu Vergiftungen (Plin. NH XXII 106 ff.; Zusammenstellung in RE XV 374 ff.). Andere, bittere Arznei wurde Kindern gelegentlich durch Bestreichen des Trinkgefäßes mit H. versüßt (Lukr. I 936 ff.). Auch zu kosmetischen Zwecken griff man zu H.; so sollte er u. a. mit anderen Substanzen eine wirksame Anti-Faltencreme fürs Gesicht abgeben (Ov. med. fac. 66).

Zwischen den verschiedenen H.-Sorten gab es deutliche Qualitätsunterschiede. Unstrittig der beste war der – heute noch hervorragende! – hymettische Honig aus Attika; den zweitbesten produzierten die Bienen im sizilischen Hybla (Mart. XIII 104 f.; Plin. NH XI 32 ff.). Aber auch Italien brachte guten H. hervor: Die Imkerei war ein wichtiger Bestandteil der Landwirtschaft, und kaum ein Agrarschriftsteller versäumt es, ihre Bedeutung hervorzuheben (Verg.

Honigsuppe à la Apicius

Lang haltbare gewürzte Honigsuppe, die dem Reisenden auf dem Weg dargereicht wird: Gib gemahlenen Pfeffer mit abgeschäumtem Honig an Stelle von Gewürzwein in einen kleinen Kessel, und wenn etwas getrunken werden soll, nimm soviel Honig heraus oder mische soviel Wein dazu, wie du brauchst: Wenn du aber ein größeres Gefäß hast, gib etwas Wein zu der Honigsuppe, damit sich der Honig besser löst.   Apicius I 2

Käsekuchen à la Cato

savillum mach so: Nimm ein halbes Pfund Mehl, zweieinhalb Pfund Käse, vermische es wie für einen Kuchen, gib ein Viertel Pfund Honig und ein Ei hinzu…   Cato r. r. 84

georg. IV 149 ff.; Colum. IX 2 ff.; Varro r. r. III 16). Wer sie intensiv betrieb, konnte auch mit einem vergleichsweise kleinen Imkerhof gute Gewinne machen (Varro r. r. III 16, 10f.). Ein kleiner Denkfehler lag allerdings vor, wenn jemand Bienenvölker aus Athen nach Italien bringen ließ, «damit attischer Honig auf seinem eigenen Grund und Boden gedieh» (Petr. 38, 3). Den schlechtesten, weil herbsten H. lieferte übrigens Korsika (Plin. NH XXX 28; Mart. XI 42; vgl. Zitat).

Daß «H.» auch im Alltagsleben häufig im übertragenen Sinne als Bild für etwas Süßes, Angenehmes verwendet wurde (z. B. das horazische *melli est,* «es geht mir 'runter wie Honig»; sat. II 6, 32), hängt vor allem mit seiner Wertschätzung als wichtigster Süßstoff zusammen, wurde aber auch durch das «natürliche» Gegensatzpaar, das *mel* mit seinem Reimpendant *fel* («Galle», «Bitterkeit») bildet, begünstigt (Otto, Sprichwörter, s. v. «mel»). Besonders die Liebe ließ sich so trefflich beschreiben. *Amor et melle et felle est fecundissimus,* heißt es bei Plautus (Cist. I 69): «Amor ist überreich an Honig und Galle». Wohl dem Graffitischreiber in Pompeji, der solcher Zerrissenheit sein jubelndes *amantes ut apes vitam mellitam exigunt* entgegenhalten kann: «Liebende führen wie Bienen ein honigsüßes Leben» – wenngleich auch da irgendein Neider ein hämisches *velle* («Wunschdenken!») hinzugekritzelt hat (CIL IV 8408).

Tongefäß für Honig *(mel)* mit Gewichtsangabe. Landesmuseum Trier.

Schreibtafel mit Absage eines Rendezvous

Weg mit euch, widrige Tafeln, Holz gut für das Feuer bei einer Bestattung, und du, Wachs, vollgekritzelt mit ablehnender Meldung!
Dich hat wohl eine korsische Biene aus der Blüte des langstengligen Schierlings gesammelt und unter dem berüchtigten Honig hierher geschickt.

Ovid, Amores I 12, 7 ff.

QQ. Cato r. r. 76 ff.; Varro r. r. III 16; Verg. georg. IV 149 ff.; Colum. IX 2 ff.; XII 10, 4 ff.; 47; Apic. I 11; 14 ff.; VII 13; Mart. XI 42; XIII 104 f.; Plin. NH XI 32 ff.; XXII 106 ff.; XXX 28; Athen. 645 ff.

Lit.: A. Sallinger / O. Böcher, Art. »Honig«, RAC 16, 1994, 433 ff.; P. und I. Brothwell, Manna und Hirse, Mainz 1984, 96 ff.; M. Schuster, Art. «Mel», RE XV (1931) 364 ff.

Hotel

Wer heute das Ausgrabungsgelände der ehemaligen Colonia Ulpia Traiana (Xanten) besucht, stößt dort in der Nähe des kleinen Hafentores auf die Rekonstruktion eines fast 80 m langen, zweistöckigen Gebäudes, das aufgrund seines Grundrisses als ehemaliges H. der niederrheinischen Römerstadt identifiziert und wiederaufgebaut worden ist. Ein schmucker Bau, dessen weiß getünchte Fassade geradezu pittoresk mit dem dunkelrot gestrichenen Sockel und den ebenfalls dunkelroten Dachpfannen harmoniert und dessen zwei Säulengänge dem Gebäude ein fast mediterranes Gepräge geben. Die kleinsten Gästezimmer waren 12–16 m² groß, die geräumigsten bis

Rekonstruktion der Herberge der Colonia Ulpia Traiana (Xanten).

zu 60 m², wobei sich freilich mehrere Gäste wohl auch die kleineren Zimmer geteilt haben. Gemeinschaftsräume dienten vermutlich als → Gaststätte innerhalb des H., und ganz in der Nähe lag eine Thermenanlage, in der sich die Hausgäste erfrischen und den Staub und Schweiß der Straße bzw. der Schiffsreise abspülen konnten. Fazit: Für das Wohl der Reisenden scheint bestens gesorgt.

Der Eindruck täuscht allerdings. Das propere Äußere der wiederaufgebauten Herberge von Xanten darf nicht darüber hinwegtäuschen, daß römische H. in aller Regel wenig einladend waren. Ob die Fassade in römischer Zeit so gepflegt und freundlich wirkte wie heute, darf angesichts der Beschreibungen anderer H. in literarischen Quellen bezweifelt werden. Sie lokalisieren wirklich komfortable H. für gehobene Ansprüche, Ferienhotels gewissermaßen, in denen man auch gern länger als eine Nacht blieb, hauptsächlich in → Heilbädern und typischen Touristenorten (Strabo XVII 800f.; 815; XII 578). Sicher gab es auch in den Großstädten gute H. (Epikt. diss. II 23, 36ff.), aber sie waren im ganzen rar. Einen gewissen Komfort boten wohl auch viele der an den Hauptstraßen in regelmäßigen Abständen gelegenen *mansiones* (von *manere*, «bleiben»; davon franz. *maison*, «Haus»), doch gehörten sie zur kaiserlichen → Post und standen damit nur offiziellen Kurieren, hohen Beamten und anderen privilegierten Reisenden offen, die sich mit einem Genehmigungsschreiben der kaiserlichen Verwaltung als «Unterkunftsberechtigte» ausweisen konnten.

Die normalen H. waren dagegen eher Absteigen (*deversoria; tabernae deversoriae; hospitia*, «Plätze der Gastlichkeit»), die sich in ländlichen Gegenden in der Kaiserzeit vielfach um die Post-Stationen herum ansiedelten. *Tres tabernae* («Drei Lokale», die sicher ursprünglich aus größeren Bretterverschlägen hervorgegangen waren) hieß z. B. eine bekannte Raststätte an der Via Appia, in der der Apostel Paulus auf dem Weg nach Rom übernachtete (Apg. 28, 15). Auch wenn die Preise moderat waren, konnten Grundbesitzer mit der Investition in den Bau eines solchen Billig-H. gutes Geld verdienen (Varro r. r. I 2, 33); an Übernachtungsgästen bestand auf den großen Verkehrsadern des Imperiums kein Mangel.

Die typische Herberge war eine → Gaststätte mit einer Reihe von kleinen Fremdenzimmern, die man sich oft genug mit anderen Gästen teilen mußte – darunter auch einigen besonders unerwünschten: Es empfahl sich, die auf den → Betten liegenden Matratzen und Decken gut auf Flöhe, Wanzen und anderes «Sommergetier der Gasthöfe» (*cauponarum aestiva animalia*; Plin. NH IX 154; Hist. Aug. Hadr. 16, 4) hin zu untersuchen. Besonders hygienebewußt waren die Betreiber dieser einfachen Gasthäuser offenbar nicht; auch rhodische Gesandte führten im Jahre 167 v. Chr. Klage darüber, daß man ihnen eine «schmutzige Absteige» (*sordidum deversorium*) mit ihrem ganzen Dreck (*squalor*) als H. zugemutet habe (Liv. XLV 22, 2).

In Stadt-H. konnte man sich leichte Speisen auch auf dem (verschließbaren)

Zimmer selbst zubereiten (Petr. 16, 1); in der Regel aber buchte man die Verpflegung mit – als Vollpension, wenn man sich mehrere Tage aufhielt (Plb. I 15) oder im Normalfall als Halbpension mit → Abendessen und → Frühstück (Suet. Vit. 7, 3). Für abendliche und nächtliche Unterhaltung – → Würfelspiel, → Gesang und → Tanz – war im Wirtsraum meist gesorgt; vor dem Schlafengehen konnte man sich dort vergnügen. Und es war auch kein Problem, sich vom Wirt ein Mädchen aufs Zimmer schicken zu lassen. Das gastronomische Gewerbe war eng mit der → Prostitution verflochten, und manches Servier- und Zimmermädchen übte diesen «Zweitberuf» mit großer Selbstverständlichkeit aus – mit Billigung oder sogar im Auftrage des H.-Besitzers. Das berühmte Grabrelief von Aesernia listet diese Dienstleistung als ganz normalen Service auf, und wenigstens konnte sich der Gast auf diese vorbestellte käufliche «Liebe» verlassen – im Unterschied zu Horaz, der in einer Herberge «Tor genug war, bis zu mitternächtlicher Stunde auf eine wortbrüchige Schöne zu warten ...» (sat. I 5, 82f.).

Eine ganz normale Hotelrechnung ...
Gast: Wirtin, laß uns abrechnen!
Wirtin: Ein Sextarius Wein, Brot: 1 As; Zukost: 2 As.
Gast: In Ordnung!
Wirtin: Das Mädchen: 8 As.
Gast: Auch in Ordnung!
Wirtin: Heu für das Maultier: 2 As.
Gast: Ach, dieses Maultier treibt mich noch in den Ruin!
CIL IX 2689

Die Dienstleistung, in der der Dialog zwischen Gast und Wirtin als Pointe gipfelt, gehörte selbstverständlich auch zu den Leistungen vieler ländlicher H.: die Versorgung der Reit- und Zugtiere für alle Reisenden, die nicht – wie allerdings gar nicht wenige! – zu Fuß unterwegs waren. Zwei Bezeichnungen für Landgasthäuser, *stabulum* («Stall») und *mutatio* («Wechsel»-Station; sehr einfache Unterkunft), gehen auf diesen Servicebereich zurück; nicht zu Unrecht hat man diese H. mit Unterstellmöglichkeiten für Tiere und Fahrzeuge mit modernen Motels verglichen (Casson, Reisen 236).

Wer in eine fremde Stadt kam, hatte kaum Mühe, ein H. zu finden. Die H. lagen meist an den Einfallsstraßen (Plaut. Pseud. 658f.) und an wichtigen Verkehrsknotenpunkten im Zentrum. Schilder über dem Eingang wiesen auf das Gasthaus «Zum Adler», «Zum Hahn» usw. hin (→ Gaststätte). Die entsprechend gemalten «Logos» waren ebenso Werbemaßnahmen der Hoteliers wie Malereien an den Außenwänden und Inschriften, die das eigene Haus der Aufmerksamkeit des geschätzten Besuchers empfahlen.

Das Hotel «Merkur und Apollo» in Lyon empfiehlt sich
Hier verspricht dir Merkur Gewinn, Apollo Gesundheit. Septumanus bereitet dir Speise und Lager. Wer hierhin gekommen ist, dem wird es nachher besser gehen. Achte darauf, wo du absteigst, Fremder! CIL XII 2031

Aber auch alle Werbepoesie vermochte nicht zu verschleiern, was alle wußten: Das Publikum der meisten H. war wenig vorzeigbar – größtenteils einfache Leute wie Maultiertreiber, kleine Krämer, Matrosen, Fuhrleute und Wanderarbeiter. Entsprechend derb und unkultiviert ging es in den Herbergen zu: Seine «Leutseligkeit» und «Umgänglichkeit» stellte Kaiser Vitellius unter Beweis, indem er in solchen Etablissements nicht ungern abstieg und sich morgens bei den anderen Gästen, «Maultiertreibern und Wanderern», erkundigte, «ob sie schon gefrühstückt hätten, und durch Rülpsen kundtat, daß er es bereits getan habe ...» (Suet. Vit. 7, 3). In diesem Milieu gingen viele Gäste nicht besonders pfleglich mit ihren spärlich möblierten Zimmern und deren Einrichtung um: → Graffiti auf den Wänden pompejanischer Gasthäuser zeigen, womit sich manch ein Gast die Zeit vertrieb. Und zumindest dem Hotelier dürfte das Lachen über witzige Graffiti vergangen sein, wenn er sich den Schaden näher ansah: «Wir haben ins Bett gepinkelt. Ich geb's zu, Wirt, das war nicht fein; fragst du, warum? – Es war kein Nachttopf da!» (CIL IV 5244).

Angehörige der Oberschicht konnten es vielfach vermeiden, in den wenig verlockenden H. absteigen zu müssen – auch wenn das, Horazens bekannte Satire über seine Reise auf der via Appia (I 5) beweist es, nicht *immer* zu verhindern war. In republikanischer Zeit gab es noch keine Dienstpost, deren Stations-H. sich höhergestellte Personen hätten bedienen können. Wohl aber konnten sie darauf hoffen, daß die Honoratioren eines Ortes gern bereit waren, sie in ihrem Privathaus aufzunehmen (A. Hunt / C. Edgar, Select papyri, London 1932, Nr. 416). Beamte konnten dieses Gastrecht notfalls sogar erzwingen (Plut. Cato min. 12) was manchmal zu erheblichem Ärger in der Bevölkerung führte (Plin. NH IX 26f.; Plin. min. ep. IX 33, 10). Im übrigen hatte man in «besseren» Kreisen eine Menge persönlicher Gastfreunde und Geschäftspartner, in deren Villa man logieren konnte. Große Häuser hatten Gästezimmer oder sogar abgeschlossene Wohnungen, die Gästen zur Verfügung gestellt wurden (Vitr. VI 7, 4 über hellenistische Wohnhäuser). Es kam vor, daß sich die Wege zweier gemeinsam Reisender gegen Abend trennten, weil der eine bei einem Gastfreund Aufnahme fand, während der andere sich ein H. suchen mußte (Cic. div. I 27). Wer sich länger in einer Stadt aufhielt und über das nötige Geld verfügte, zog es oft vor, sich eine Wohnung zu mieten, statt im H. abzusteigen – so auch der Apostel Paulus in Rom (Apg. 28, 30). Eine Alternative war es, wie Nero im Schlaf-→ Wagen zu reisen und damit von den «übelwollenden Gastwirten» (Hor. epist. I 5, 4) unabhängig zu sein. Oder wie der Jüngere Cato mit seinem Gefolge sogar auf dem Marktplatz Zelte aufzuschlagen (Plut. Cato min. 38, 2; vgl. Anton. 9, 8). Horaz dagegen versucht, eine Nacht lang am Busen der Natur, wenngleich auf einem Boot, Ruhe zu finden. Aber auch dort lauert – wie in den H.-Zimmern – sozusagen tierisches Ungemach: «Bösartige Schnaken und Sumpffrösche verscheuchen den Schlaf ...» (sat. I 5, 14f.).

QQ: Plb. I 15; Hor. sat. I 5; epist. I 11, 11ff.; Strabo XVIII 800f.; Plin. NH IX 154; Petr. 11; 15, 8–16, 1; Acta apost. 28,15ff.; Epikt. diss. II 23, 36ff.; Suet. Vit. 7, 3; Sidon. Apoll. ep. VIII 11; CIL IV 5244; IX 2689; XII 2031; Dig. IV 9.

Lit.: M. Giebel, Reisen in der Antike, Düsseldorf 2006, 141 ff.; O. Hiltbrunner, Gastfreundschaft in der Antike und im frühen Christentum, Darmstadt 2005, 131 ff.; ders., Art. «Herberge», RAC 14, 1988, 602 ff.; E. Brödner, Wohnen in der Antike, Darmstadt 1989, 246 ff.; H. Bender, Römischer Reiseverkehr, Stuttgart 1978; ders., Römische Straßen und Straßenstationen, Stuttgart 1975; Casson, Reisen 228 ff.; T. Kleberg, In den Wirtshäusern und Weinstuben des antiken Rom, Berlin/Darmstadt ²1963; ders., Hôtels, restaurants et cabarets dans l'Antiquité romaine, Uppsala 1957; Friedländer, Sittengeschichte I 345 ff.

Imbißstuben

Getränkeverkäufer, Garköche und «Bürgersteiggastronomen» mit ein paar schäbigen Stühlen und Tischen lassen sich auf den Gehsteigen entlang verkehrsreichen Straßen nieder und behindern den Verkehr und das Vorankommen der Passanten: Solche Szenen, wie man sie von Metropolen der Dritten Welt kennt, trugen auch im kaiserzeitlichen Rom zu den vielbeklagten Fußgängerstaus in der City bei. Domitian machte dieser «Besetzung» der Straßen durch Friseure, Fleischer, Köche und Kneipenwirte ein Ende. «Nicht mehr... besetzt völlig den Weg ein räuchriger Herd», freut sich Martial, «jetzt ist es Rom, was jüngst nichts als ein Laden nur war» (VII 61, 8 ff.). Die Beschreibung zeigt, daß auch I.-Betreiber ihre Theken einfach auf den Straßen aufgestellt hatten. Andere Speisen-Verkäufer «patrouillierten» durch die Straßen und priesen ihre «dampfenden Würstchen» und andere in Warmhalte-Kesseln transportierten Imbisse den Passanten mit lautem Geschrei an (Mart. I 41, 9 f.). Fliegende Lebensmittel- und Essen-Anbieter riefen ihre Angebote auch in Theatern und Bädern aus; manche von ihnen waren sicher als ambulante Außenposten von I. angestellt (Sen. ep. 56, 2).

Die einfachsten *popinae* oder *cauponae* («Garküchen»; «Kneipen») waren kaum als → Gaststätten zu bezeichnen, sondern entsprachen mehr heutigen Snackbars bzw. I. Ein großer Teil des Umsatzes wurde durch Außer-Haus-Verkauf abgewickelt. Das waren kalte und vor allem warme Getränke, → Wein und einfache Speisen wie Gemüse und Erbsensuppe (DC LXII 14, 2). Für viele Großstadtbewohner war das, «was man heiß aus schmutzigen *popinae* holt» (Hor. sat. II 4, 62), das einzig mögliche warme Essen, weil sie in ihren engen Mietshaus-Wohnungen gar keinen Herd hatten, um sich selbst etwas zu kochen.

Imbißstube und Kneipe mit gleichzeitigem Weinverkauf im Hafen von Ostia. Getränke und einfache Gerichte werden im Stehen eingenommen. Sarkophag-Relief aus Ostia.

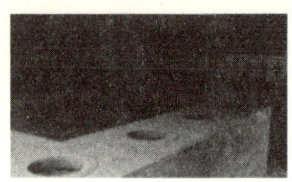

Theke eines «Thermopoliums» in Pompeji.

Natürlich konnte man sein Essen auch stehend an der Theke einnehmen. Diese Theken standen bei den zahlreichen pompejanischen Thermopolia («Warmverkäufen»; ein wenig passender Name, da der Begriff *thermopolium* nur ein paarmal bei Plautus vorkommt) an der Außenfront der Häuser. Die marmornen Deckplatten waren breit genug, um die Weinbecher und das Geschirr darauf abzustellen. Der Wirt bediente seine Kunden von der gegenüberliegenden Seite aus. In vielen Fällen war der Verkaufs- und Bewirtungstheke ein kleiner Wirtsraum angegliedert, in dem einige Stühle oder Bänke für die Kundschaft standen, die sich zum Essen und Trinken etwas mehr Zeit nehmen wollte. Das «Thermopolion» an der Via di Diana in Ostia hatte für solche Gäste ein paar gemauerte Bänke hinter dem Laden sowie zu beiden Seiten des Eingangs: Wer wollte, konnte sich sein Essen dorthin mitnehmen und von der I. aus das Treiben auf der Straße beobachten. Im ganzen waren Ausstattung und Speise-Angebot der meisten I. am Geldbeutel ihrer Klientel orientiert und deshalb recht bescheiden – was den notorischen Verschwender Syriscus, wie Martial staunend feststellt, nicht daran hinderte, ein ganzes Vermögen «in Kneipen, die nur Stühle enthalten», zu verprassen – der Mindeststandard für einen so wohlhabenden Mann hätte doch wenigstens ein Lokal sein müssen, in dem man sich nach römischer Art zum Speisen hinlegte! (V 70).

QQ: Plaut. Curc. 292; Rud. 529 *(thermopolium)*; Hor. sat. II 4, 62; Sen. ep. mor. 56, 2; Mart. I 41; V 70; VII 61; DC LXII 14, 2.

Lit.: J. De Felice, Inns and taverns, in: Dobbins, The world of Pompeii 474 ff.; Meiggs, Roman Ostia 428 f.; T. Kleberg, In den Wirtshäusern und Weinstuben des antiken Rom, Berlin / Darmstadt ²1963; ders., Hôtels, restaurants et cabarets dans l'Antiquité romaine, Uppsala 1957.

Innere Sicherheit

«Bis in die entferntesten Winkel der Erde nimmt der Kaiser-Friede den Menschen die Angst vor räuberischen Überfällen» – so rühmt ein Historiker die unter Tiberius erreichte *Pax Romana* (Vell. Pat. II 126, 3), und gut ein Jahrhundert später bestätigt Epiktet, daß es dank der Umsicht und Tatkraft des Kaisers in Sachen der inneren und äußeren Sicherheit «keinerlei Räubereien von nennenswertem Ausmaß, keinerlei Piraterie» gebe (Diss. III 13, 9). Blättert man dagegen in dem etwa gleichzeitig entstandenen Roman des Apuleius («Metamorphosen» oder «Der goldene Esel»), dann reibt man sich die Augen: Dort ist fast auf Schritt und Tritt von Räubern *(latrones)* die Rede, die Städte und Dörfer mit Überfällen, Schutzgelderpressungen, Mädchenhandel und ähnlichen schwerkriminellen Delikten terrorisieren – das Ganze mit großer Selbstverständlichkeit, eine Schilderung, wie es scheint, aus dem ganz normalen Leben.

Auf den ersten Blick ein verwirrendes, widersprüchliches Bild. Tatsächlich aber lösen sich die Widersprüche auf, wenn man die Textsorten berücksichtigt. Velleius und Epiktet liegt daran, die Errungenschaften des «Römischen Friedens» in ihrer Zeit herauszustellen. Sie sind an der «großen Linie» interessiert, und da haben sie in gewisser Weise recht: Die i. S. im Imperium war im 1. und 2. Jh. n. Chr., verglichen mit anderen Epochen vorher und nachher, relativ zufriedenstellend. Daß sie gleichwohl stets durch Einzelbanditen und Räuberbanden bedroht war, läßt u. a. der Roman des Apuleius erkennen. Antike Leser fanden durchaus auch Geschmack an «Räuberpistolen», und die Roman-Autoren nahmen diese Vorliebe durch «krimihafte» Einlagen auf. Die Beliebtheit von Kriminalromanen in unserer Zeit läßt sich freilich – zum Glück – auch nicht als direkter Spiegel der tatsächlichen Kriminalitätsrate in modernen Gesellschaften deuten, auf der anderen Seite fehlte ihnen der Reiz, wenn sie keinerlei Verankerung in der Realität hätten. Das gilt auch für die antike Roman-Literatur: Der Bandit war sehr wohl – auch in Zeiten relativer Sicherheit – eine gesellschaftliche Erscheinung, die als Sorge oder Angst den Alltag der Menschen mitbestimmte (Juv. X 19 ff.) bzw. brutal in ihr Leben eingriff – so etwa, wenn ein Bekannter oder guter Freund auf einer Reise plötzlich spurlos verschwand (Plin. ep. VI 25).

Bis auf die ersten beiden nachchristlichen Jahrhunderte war es um die i. S. in vielen Gebieten des Reiches nicht gut bestellt. Brauchten sich die Bewohner größerer Städte einschließlich Roms i. a. «nur» vor einer hauptsächlich nächtlichen → Straßenkriminalität in acht zu nehmen, so waren Land- und Dorfbewohner erheblich stärker gefährdet. Noch in der frühen Kaiserzeit erwies es sich als notwendig, in ganz Italien bewaffnete Patrouillen *(stationarii)* im Kampf gegen die noch aus den Bürgerkriegen weitverbreitete Wegelagerei einzusetzen, bei der Reisende nicht nur ausgeraubt, sondern oft genug auch in die Sklaverei verschleppt wurden (Suet. Aug. 32, 1; Tib. 37, 1). Das Wirken des berühmt-berüchtigten «glücklichen» Bulla (Felix), der knapp zwei Jahrhunderte später zwei Jahre lang (206/7), gestützt auf eine Bande von 600 Gangstern, mit Allüren eines Edel-Räubers vom Schlage Robin Hoods Italien in Atem hielt (DC LXXVII 10), war sicher ein Ausnahmephänomen, aber doch auch ein Indiz dafür, daß sich die i. S. zu verschlechtern begann (vgl. DC LXXV 2, 5); soziale Gründe spielten damals ebenso eine Rolle, wie sie eigentlich stets bei der Zusammenrottung von Räuberbanden eine Ursache darstellten.

Weise Worte des Räuberhauptmanns Bulla Felix

«Melde deinen Gebietern: Ihr sollt euren Sklaven genug zu essen geben, damit sie nicht zu Räubern werden!»
Als der Präfekt an ihn die Frage richtete: «Warum bist du denn Räuber geworden?», antwortete er: «Und warum bist du Präfekt?» Cassius Dio LXXVII 10, 5–7

Überfälle von Räubern auf Siedlungen fanden besonders im Schutze der Nacht statt. Deshalb wurden abends die Stadttore geschlossen; die Mauern boten den Bewohnern den dringend benötigten Schutz vor dem unsicheren Um- und Hinterland. Vorsichtshalber verbarrikadierte man aber auch die Haustüren (Apul. I 11; 15; Symm. ep. II 22). Daß solche Vorsicht gerade auf dem flachen Land angebracht war, zeigt eine Reihe von Grabinschriften, die die Ermordung des Verstorbenen durch Banditen beklagen (z. B. CIL III 8242; de Ruggieri, Diz. epigr. IV 461 f.). Aber auch tagsüber schreckten Räuber vor

Attacken nicht zurück: Viehraub, Kidnapping mit Lösegeldforderungen oder Verschleppung in die Sklaverei und Schutzgelderpressung (Strabo XVI 1, 27; Amm. Marc. XXVIII 2, 11 f.) waren neben «einfachem» Raub und Diebstahl die lohnendsten Sparten dieser organisierten Kriminalität.

In machen Provinzen vor allem des gebirgigen Kleinasiens hatte das Räuberunwesen eine lange – und niemals unterbrochene – Tradition. Berüchtigte, da banditenverseuchte Landstriche waren Kilikien und Isaurien. Vor allem, aber nicht nur dort bekam die Zentralmacht die Banditen zu keiner Zeit richtig unter Kontrolle; zeitweise herrschte dort offene Anarchie (Amm. Marc. XIV 2; Hist. Aug. Prob. 16, 4 f.) – trotz der Bemühungen der Statthalter, mit regulären Truppen gegen die Verbrecher vorzugehen. Da es so gut wie keine Schutz-→ Polizei im modernen Sinne gab, setzten Großgrundbesitzer und Bewohner bedrohter Siedlungen gezwungenermaßen auf Selbsthilfe im Kampf gegen die Banden. Nachbarschaftshilfe war dabei ebenso gefragt (Apul. IV 10) wie ein regulärer Wachdienst, und mitunter griff man auch auf halbprofessionelle Banditenjäger und Killer wie jenen Aurelius Eirenaios zurück, der sich auf seinem Grabstein rühmt, «viele Banditen umgebracht zu haben» (IGRR IV 886; Shaw 1991, 358).

Hehler im Visier des Gesetzes

Die übelste Sorte Menschen sind *receptatores* («Aufnehmer», Hehler): Ohne sie könnte sich niemand lange verbergen. Es wird angeordnet, daß sie genauso zu bestrafen sind wie die Räuber. Ebenso sind alle die Personen zu behandeln, die Banditen hätten gefangennehmen können, sie aber gegen Bestechungsgeld oder einen Teil der Beute laufen gelassen haben.

Digesten XLVII 16, 1

Solche Gegenwehr blieb jedoch auch deshalb häufig vergebens, weil manche Banditen ihr Territorium mit einem gut geknüpften Informantennetz «überwachten». Hier und da bildeten sich sogar – auf begrenztem Raum – mafiaähnliche Strukturen heraus: Da gab es dann in der Verwaltung und unter der Honoratiorenschaft Kontaktleute, «Beschützer» und Hehler, die den Kriminellen zuarbeiteten.

Die Strafen, die überführte Banditen erwarteten, waren die schlimmsten Arten der Todesstrafe, die das römische Recht kannte: Sie wurden gekreuzigt, bei lebendigem Leibe verbrannt oder wilden Tieren in der Arena zum Fraß vorgeworfen. Die Hinrichtungen wurden häufig als öffentliche Spektakel inszeniert; manchmal ließ man die Leichen der Exekutierten in aller Öffentlichkeit verrotten (Strabo VI 2, 6). Wenn der davon ausgehende Abschreckungseffekt letztlich doch eher gering war, so hing das zum einen mit der Zusammensetzung der Räuberbanden zusammen. Sie bestanden zum großen Teil aus Männern, die kaum noch etwas zu verlieren hatten: entlaufenen Sklaven, Deserteuren, Opfern von Bürgerkriegen und anderen sozial Entwurzelten sowie Abenteurern und Desperados, die das Leben als gesellschaftliche *outlaws* genossen und z. T. stolz darauf waren (Apul. VII 5, 4 ff.). Zum anderen ist das ein deutliches Indiz dafür, welch geringes, jedenfalls bis zu einem gewissen Grad kalkulierbares Risiko die Räuber eingingen – was umgekehrt zeigt, wie wenig sicher der normale Bürger sich zumal auf dem Lande und bei Nacht fühlen konnte. In politischen und wirtschaftlichen Krisenzeiten war die i. S. natürlich besonders angespannt; das gilt für das 1. Jh. v. Chr. ebenso wie für das 3. und 4. nachchristliche Jahrhundert. Und da bot es nur wenig Trost, wenn in solch unruhiger Zeit ein Mann wie Maximinius Thrax als Kaiser an der Spitze des Staates stand, der zweifelsohne etwas von der Gefährdung der i. S. durch das Räuberunwesen verstand: In seinen jungen Jahren war er selbst mit Banditen auf Raubzüge gegangen (Hist. Aug. Max. 2, 1).

QQ: Plin. ep. VI 25; Juv. X 19 ff.; Suet. Aug. 32, 1; Tib. 37, 1; App. b.c. V 132; Apul. I 15; III 27 f.; DC LXXVII 10; Amm. Marc. XIV 2; Dig. I 18, 13.

Lit.: K. Hopwood (Hg.), Organised crime in Antiquity, Swansea 2009; J. U. Krause, Kriminalgeschichte der Antike, München 2004; C. Wolff, Les brigands en Orient sous le Haut-Empire Romain, Rom 2003; W. Riess, Apuleius und die Räuber, Stuttgart 2001; Th. Grünewald, Rebellen, Rivalen, Räuber. Studien zu den latrones im Röm. Reich, Stuttgart 1999; B. D. Shaw, Der Bandit, in: Giardina, Mensch der röm. Antike 337 ff.; ders., Bandits in the Roman Empire, P&P 105 (1984), 3 ff.; MacMullen, Enemies 192 ff.; 255 ff.; P. A. Mackay, Kleretika: The tradition of the tales of bandits in Apuleius, G&R 10 (1963), 147 ff.; de Ruggiero, Diz. epigr., Art. *latrones,* 461 ff.

J

Juwelier

→ Schmuck kaufte man in der Regel wohl beim Goldschmied *(aurifex)*, der die Preziosen selbst hergestellt hatte. Andere J. spezialisierten sich auf den lukrativen Perlenhandel *(margaritarii)*; Gemmenschneider *(gemmarii)* führten ebenfalls ihre eigenen Geschäfte. Die Goldschmiede in Rom waren in einer Innung zusammengeschlossen, die zu den frühesten und anerkanntesten Berufsvereinigungen zählte (Plut. Numa 17; ein *collegium* auch in Pompeji; CIL IV 170). Die meisten J. waren, wie Grabinschriften zeigen, Freigelassene oder Sklaven, die → Handwerk und Handel auf Rechnung ihres Herrn betrieben. Als wesentlichen Attribute des Berufsstandes werden auf Gräbern Hammer, Amboß und → Waage abgebildet, bei Spezialisten, die besondere Verzierungstechniken beherrschten, zusätzlich einschlägige Werkzeuge wie z. B. ein Grabstichel. In der Hauptstadt konzentrierten sich die Geschäfte der J. an der Via Sacra (CIL VI 9346; 9545); aber auch im Luxus-Einkaufsviertel der Stadt, den Saepta, lagen J.-Läden, die zum Shopping oder auch nur zum Schaufensterbummel einluden (Mart. IX 59; 17 ff.).

Unfreier Goldschmied – schon mit 12 Jahren ein Meister
Er verstand es, geschickt die Halsgeschmeide zu schaffen und das schmiegsame Gold um bunte Gemmen zu fügen.
Aus der Grabinschrift des Pagus, CE 403

QQ: CE 403; Mart. IX 59, 17 ff.; Pompeji, Haus der Vettier: Malerei, die Putten als Goldschmiede bei der Arbeit zeigt.

Lit.: Weeber, Luxus 105 ff.; Zimmer, Röm. Berufsdarstellungen.

K

Kalender

«Sich ein Datum rot oder dick im Kalender anstreichen», sagen wir, um ein besonders wichtiges Ereignis festzuhalten. Die Römer markierten solche Tage, vor allem wenn sie Glück gebracht hatten oder Anlaß zur Freude in der Zukunft waren, mit weißem Stein oder weißer Kreide (Cat. c. 68, 148; 107, 6; Plin. ep. VI 11, 3). Den → Geburtstag enger Freunde auf seinem Privat-K. zu vermerken – natürlich auch weiß! – war wohl recht üblich (Mart. IX 52). Unglückstage wurden mit schwarzer Farbe markiert; in manchen offiziellen Staats-K. hießen sie dementsprechend *dies atri* («schwarze Tage»; z. B. der 18. Juli als Jahrestag der traumatischen Niederlage gegen die Gallier im Jahre 387 v. Chr.). Termin- und Steck-K. wurden von «termingeplagten», «wichtigen» Leuten auf jeden Fall geführt, z. T. in Form von Wand-K.; ob sie zur Standardausstattung eines Normalhaushaltes gehörten, ist dagegen zweifelhaft.

Die individuell geführten K. waren Abschriften des offiziellen K., der in Rom und anderen Städten öffentlich aufgestellt war und als Grundlage des politischen, wirtschaftlichen und vor allem des religiösen Lebens diente. Etwa 40 dieser Stein-K. *(fasti)* sind in Fragmenten erhalten, darunter nur ein Exemplar aus vorjulianischer Zeit. Zusammen mit Ovids «Fasten», einem dichterischen Almanach der Feste, Zeremonien und Gedenktage in ihrer kalendarischen Abfolge (unvollendet; nur Januar bis Juni umfassend), erlauben sie es, den römischen K. im ganzen zuverlässig zu rekonstruieren.

Die erste Spalte der K. besteht aus der von A bis H fortlaufenden und dann wieder mit A beginnenden Markierung der → «Wochen»-Rhythmen, den sog. Nundinalbuchstaben *(nundinae:* «Woche»). Wichtiger ist die zweite Kolumne: Sie gibt durch Siglen den Tagescharakter an, unterteilt die Tage, grob gesagt, in Werk- und Feiertage. Die wichtigsten Abkürzungen sind F *(dies fasti,* an denen Recht gesprochen werden durfte), C *(dies comitiales,* an denen Volksversammlungen abgehalten werden durften), N *(dies nefasti;* keine Rechtsprechung erlaubt: «Feiertage») und EN *(dies endotercisi,* halbe Werktage). Daneben gibt es einige Siglen, deren Bedeutung nicht ganz klar ist.

Trimalchio läßt seinen Termin-Kalender führen

Zwei Tafeln waren an beiden Pfosten (der Speisezimmer-Tür) befestigt, von denen die eine, wenn ich mich recht erinnere, den Text bot: «Am 30. und 31. Dezember speist unser Herr Gaius auswärts», während andere die Bahn des Mondes und die sieben Planetenbilder darstellten; auch was ein Glückstag war und ein ungünstiges Datum, wurde durch unterschiedliche Stöpsel bezeichnet. Petron 30, 3 f.

Das römische Kalendarium

Tag	März, Mai, Juli, Oktober		Januar, August, Dezember		April, Juni, September, November		Februar	
1.	Kalendis		Kalendis		Kalendis		Kalendis	
2.	VI	⎤	IV	⎤ ante	IV	⎤ ante	IV	⎤ ante
3.	V	⎥ ante	III	⎦ Nonas	III	⎦ Nonas	III	⎦ Nonas
4.	IV	⎦ Nonas	Pridie Nonas		Pridie Nonas		Pridie Nonas	
5.	III	⎦	Nonis		Nonis		Nonis	
6.	Pridie Nonas		VIII	⎤	VIII	⎤	VIII	⎤
7.	Nonis		VII		VII		VII	
8.	VIII	⎤	VI	⎥ ante	VI	⎥ ante	VI	⎥ ante
9.	VII		V	⎥ Idus	V	⎥ Idus	V	⎥ Idus
10.	VI	⎥ ante	IV		IV		IV	
11.	V	⎥ Idus	III	⎦	III	⎦	III	⎦
12.	IV		Pridie Idus		Pridie Idus		Pridie Idus	
13.	III	⎦	Idibus		Idibus		Idibus	
14.	Pridie Idus		XIX	⎤	XVIII	⎤	XVI	⎤
15.	Idibus		XVIII		XVII		XV	
16.	XVII	⎤	XVII		XVI		XIV	
17.	XVI		XVI		XV		XIII	
18.	XV		XV		XIV		XII	
19.	XIV		XIV		XIII		XI	
20.	XIII		XIII		XII		X	
21.	XII		XII		XI		IX	
22.	XI	⎥ ante	XI	⎥ ante	X	⎥ ante	VIII	⎥ ante
23.	X	⎥ Kalendas	X	⎥ Kalendas	IX	⎥ Kalendas	VII	⎥ Kalendas
24.	IX		IX		VIII		VI	
25.	VIII		VIII		VII		V	
26.	VII		VII		VI		IV	
27.	VI		VI		V		III	⎦
28.	V		V		IV		Pridie Kalendas	
29.	IV		IV		III	⎦	Martias	
30.	III	⎦	III	⎦	Pridie Kalendas			
31.	Pridie Kalendas		Pridie Kalendas		Mai. Iul.			
	Apr. Iun.		Febr. Sept.		Oct. Dec.			
	Aug. Nov.		Ian.					

In einer weiteren Spalte stehen die K.-Tage. Fixpunkte sind die Kalenden (der 1.), die Nonen (5. oder 7.) und die Iden (13. oder 15.). Die anderen Tage werden als der soundsovielte vor dem nächstfolgenden Fixtag gerechnet, wobei der Tag selbst und der Fixtag mitgezählt werden. So errechnet sich z. B. der 10. März als 6. Tag vor den Iden, die im März auf den 15. fallen: *ante diem sextum Idus Martias (a. d. VI Id. Mart.)*; der 24. Dezember als 9. Tag vor den Kalenden des Januar: *ante diem nonum Kalendas Ianuarias (a. d. IX Kal. Ian.)*. Die drei Fixdaten gehen auf eine sehr frühe Zeit zurück, als die Kalenden mit dem Neumond und die Iden mit dem Vollmond zusammenfielen (Plut. Mor. 269 d); die Nonen waren rückwärts gerechnet der 9. Tag vor den Iden eines Monats (Varro VI 28).

Zu diesen Angaben tritt dann bei bestimmten Daten noch die Bezeichnung der Feste, die auf diese Termine fielen. Damit ist der «amtliche» Teil des K. abgeschlossen. Zusätzlich können je nach praktischer Bedeutung des K. an seinem Aufstellungsort Spiele, Stiftungstage von Tempeln, Geburtstage von Kaisern oder andere Gedenktage eingetragen sein.

Die lateinische Bezeichnung für K. ist *fasti*, («Verzeichnis der) Gerichtstage». Die Römer haben den K. nie anders bezeichnet. Der moderne Begriff «K.» leitet sich von *calendarium*, «Schuldenverzeichnis» (Sen. ep. 87, 7; ben. I 2, 2), ab – so genannt, weil am 1. des Monats, an den Kalenden, üblicherweise Zinszahlungen fällig wurden (Dig. XII 1, 40). «Kalenden» wiederum kommt von *calare*, «ausrufen», und damit sind wir bei der Geschichte des römischen K., die wesentlich ereignisreicher gewesen ist, als man vom heutigen K.-Verständnis aus vermuten möchte.

Kalender der Monate Januar, Februar und März mit Nundinalbuchstaben, Datumsangabe, Angabe des «Tagescharakters» sowie wichtigen Feiertagen. Ausschnitt aus den *fasti Verulani* aus augusteischer Zeit.

Anleitung zum Verständnis des Kalenders

Damit du aber den rechtlichen Charakter der verschiedenen Tage kennst:
Nicht jeder Morgen hat die gleiche Aufgabe.
Ein Feiertag ist der, an welchem die drei Worte (des gerichtlichen Verkehrs: *do dico addico*) nicht ausgesprochen werden dürfen,
Werktag ist der Tag, der den Rechtsverkehr erlaubt.
Doch glaube nicht, daß jeder Tag von früh bis spät den gleichen Rechtscharakter unverändert beibehält;
ein Tag, der (nachmittags) ein Werktag ist, kann vormittags ein Feiertag gewesen sein (…).
Es gibt andere Tage, an denen es gestattet ist, das Volk zur Abstimmung in Schranken zu umschließen,
es gibt wieder andere, die jedesmal in einem Zyklus von neun Tagen wiederkehren.
Ovid, Fasten I 45 ff.

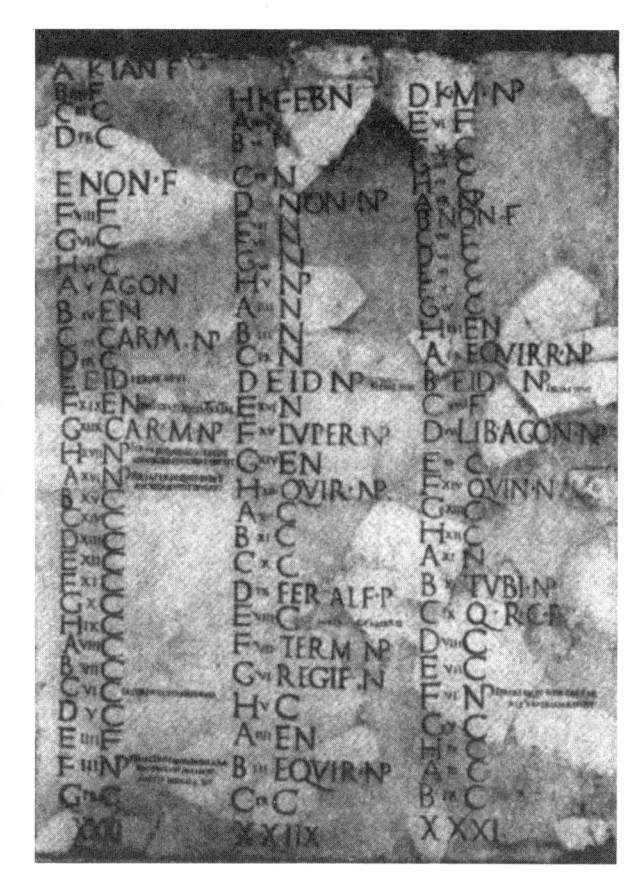

Es war ein dem *pontifex maximus* unterstellter Priester, der in der Frühzeit der Republik durch Himmelsbeobachtung den Eintritt des Neumondes festzustellen hatte. Daraufhin wurde dieses Ereignis dem Volk öffentlich auf dem Kapitol «ausgerufen» *(calare)*. Genauer gesagt: Es wurde ihm mitgeteilt, wie lange es vom Tage der Ausrufung – eben den Kalenden – bis zum Eintritt des ersten Mondviertels, den Nonen, dauere. Das war keine bloße Formalität, denn auch nach Teilung des Jahres in zwölf (statt vorher zehn Monate, auf die die Bezeichnungen «September» bis «Dezember» noch verweisen) noch in der Königszeit (Cic. leg. II 29) war das Mondjahr mit seinen 355 Tagen gegenüber dem Solarjahr zehn Tage zu kurz, und deshalb mußten von Zeit zu Zeit Schaltmonate – bzw. -tage – eingeschoben (intercaliert) werden. Zwar gab es dafür grundsätzlich ein festgesetztes System, aber Mißbrauch durch die Priester lag nahe und kam offensichtlich vor (Macr. sat. I 14, 1): Wenn z. B. die faktische Entscheidung darüber, an welchen Tagen Volksversammlungen abgehalten werden durften *(dies comitiales)*, den aus dem Patriziat stammenden Priestern überlassen war, dann konnte man mit einer willkürlichen Festlegung solcher Termine durchaus in die Tagespolitik eingreifen.

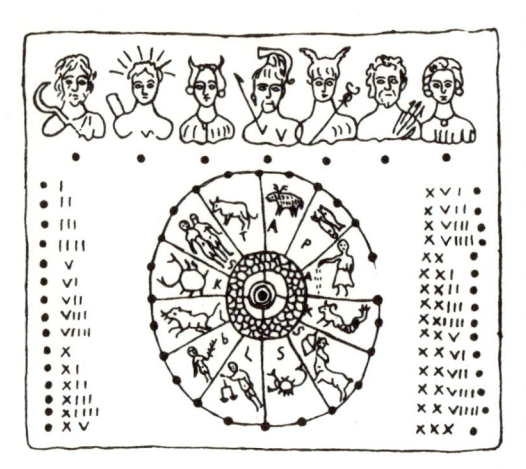

Steckkalender aus spätrömischer Zeit mit Wochentagen und Tierkreiszeichen als Ersatz der Monate, links und rechts in durchlaufender Zählung (ohne «Fixtage») die Monatstage.

Wie ein Großteil der heutigen Welt zu seinen Monatsnamen kam

Januar/*Ianuarius*: *ianua*, «Schwelle», zum Neuen Jahr; der doppelköpfige Gott Janus blickt zugleich ins alte und neue Jahr

Februar/*Februarius*: *februare*, «sühnen», «reinigen»; der Reinigungsmonat im kultischen Sinne; auch zur Vorbereitung der neuen Saaten

März/*Martius*: zu Ehren des Kriegsgottes Mars

April/*Aprilis*: Etymologie umstritten; möglicherweise Ableitung von etruskisch *apru*, «Aphrodite», oder von *aperire*, «öffnen»: die Natur «öffnet sich» (Varro LL VI 33)

Mai/*Maius*: wahrscheinlich nach der Göttin Maia, die für Wachstum und Vermehrung zuständig war; also der «Wachstumsmonat» (Ov. fast. V 110; Macr. sat. I 12, 21 f.)

Juni/*Iunius*: wohl zu Ehren der Juno so genannt

Juli/*Iulius*: ursprünglich *Quinctilis* (*quintus*), «der fünfte Monat»; seit 44 v. Chr. nach C. Iulius Caesar benannt

August/*Augustus*: ursprünglich *Sextilis* (*sextus*), «der sechste Monat»; im Jahr 8 v. Chr. zu Ehren des Augustus umbenannt

September/*September*: von *septimus*, «siebter Monat»

Oktober/*October*: von *octo*, *octavus*, «achter Monat»

November/*November*: von *novem*, *nonus*, «neunter Monat»

Dezember/*December*: von *decem*, *decimus*, «zehnter Monat»

Und transparent war das System so lange nicht, wie es keine öffentlich aufgestellten, verbindlichen K. gab. Eine von den Plebejern lange Zeit erhobene Forderung war die nach Einsicht in die *fasti* (Liv. IV 3, 9). Aber es dauerte bis zum Jahre 304 v. Chr., bis man den Priestern ihr «Herrschaftswissen» entringen konnte: Damals veröffentliche Cn. Flavius, ein Sekretär des Appius Claudius, den ersten K. in Rom – gegen den Widerstand der Patrizier (Macr. sat. I 15, 9). Ein epochemachender Fortschritt, durch den zum ersten Male Stabilität und vor Manipulationen schützende Sicherheit in den römischen K. gebracht wurden. Seitdem konnte sich jeder informieren und eine Abschrift von dem offiziellen K. machen; der «Charakter» eines Tages brauchte nicht mehr von den Priestern «wie von den Astrologen erfragt zu werden» (Cic. Mur. 25). Intercaliert werden mußte freilich nach wie vor. Erst die K.-Reform Caesars im Jahre 46 v. Chr. machte mit den Schaltmonaten *(menses intercalares)* Schluß, indem sie das astronomische Jahr von 365¼ Tagen einführte. Fortan war nur noch ein Schalttag alle vier Jahre notwendig, der abwechselnd auf den 24. bzw. 25. Februar gelegt wurde (Macr. sat. I 14, 3; DC XLIII 26, 1; Solin. 1, 46). Mit nur geringen Veränderungen hat dieser julianische K. bis heute Bestand. Er garantierte eine bis dahin überhaupt nicht selbstverständliche K.-Sicherheit, durch die das *öffentliche* Leben freilich viel stärker geregelt und normiert wurde als der Alltag des Durchschnittsrömers.

QQ: Varro LL VI 27 ff.; Cic. Mur. 25; Ovid, Fasti; Censor. 20 ff.; Mart. IX 52; Macrob. sat. I 12 ff.; CIL I² 210 ff.; Sammlung aller Kalender-Fragmente bei A. Degrassi, Inscriptiones Italiae XIII 2.

Lit.: K.-W. Weeber, Rom sei Dank, Frankfurt/M. 2010, 118 ff.; J. Rüpke, Zeit und Fest. Eine Kulturgeschichte des Kalenders, München 2006; R. Hannah, Greek and Roman calendars, 2005; W. Geerlings (Hg.), Der Kalender. Aspekte seiner Geschichte, Paderborn 2002; A. Invernizzi, Il calendario. Vita e costumi dei Romani antichi 16, Rom 1994; A. und I. König, Der röm. Festkalender der Republik, Stuttgart 1991; M. R. Salzman, On Roman Time: The Codex-Calendar of 354 and the Rhythms of Urban Life in Late Antiquity, Berkeley 1991; G. Radke, Fasti Romani, Münster 1990; H. H. Scullard, Röm. Feste. Kalender und Kult, Mainz 1985.

Kamm

Die Funktion bringt es mit sich: Römische Kämme *(pecten,* Plur. *pectines)* unterschieden sich in ihrem Aussehen kaum von den heutigen. Einfache Kämme wurden aus Holz – häufig Buchsbaum – gefertigt, die teuersten waren aus Elfenbein. Die meisten K. hatten eine einseitige Zähnung *(dentes);* eine Reihe von erhaltenen Exemplaren weist aber auch eine doppelte Zähnung – z. T. mit unterschiedlicher Dichte der Zacken – auf. Der K. gehörte zu den selbstverständlichen Toilettenartikeln der Frauen und konnte mit entsprechenden Verzierungen und Reliefs in Kreisen der «feinen» Gesellschaft auch als → Schmuck im weiteren Sinne gelten. Aber auch Männer ließen sich nicht nur beim → Friseur die Haare mit K. und Schere schneiden (Plaut. Capt. 216), sondern nahmen ihn selbst in die Hand, um den → Bart oder die → Frisur in Ordnung zu bringen – wobei Schönlinge davor gewarnt werden mußten, es nicht zu übertreiben (Ov. ars 433 f.). Bei anderen war der K. indes ein entbehrliches Requisit: «Was soll das Buchsbaumholz, in viele Zähne gespalten, das ich dir gebe, entdeckt's doch keine Haare bei dir» (Mart. XIV 25).

Kandelaber aus Pompeji.

Kerze

Während die Griechen kaum K. *(candelae)* zur → Beleuchtung gebrauchten, stellten sie im frühen Rom die wohl wichtigste künstliche Lichtquelle dar, bevor sie diese führende Stellung an die Öl-→ Lampe verloren (Varro LL V 119). In der Kaiserzeit waren es vor allem Ärmere, die sie noch regelmäßig im Hause und bei nächtlichen Ausgängen benutzten (Mart. XIV 42; Juv. III 286 f.). In wohlhabenderen Haushalten kamen K. dagegen nur noch auf prächtigen Kandelabern vor, auf die sie wie in älteren Zeiten aufgesteckt wurden (*candelabrum*: «Kerzenhalter»; Plin. NH XXXIV 11; Varro a. a. O.) – wenn sie nicht auch dort Öllämpchen Platz machen mußten. Hergestellt wurden die K. dadurch, daß man einen aus Papyrus oder Binsenmark geformten Docht *(filum)* mit Schwefel präparierte und ihn mehrmals in flüssigen Talg oder in Wachs tauchte. Zumindest auf vielen großen Landgütern taten das die Bediensteten in Heimarbeit, und zwar als eine ausgesprochene Feiertags-Beschäftigung, bei deren Anordnung der Verwalter keine religiösen Skrupel haben mußte (Colum. II 21, 2).

QQ: Varro LL V 119; Mart. XIV 42 f.; Juv. III 285 ff.

Kindergeld

«Die Armen kennen nur einen Beweggrund, Kinder aufzuziehen: die Güte ihres Kaisers. Sind also Kinder im Vertrauen auf ihn gezeugt worden, so muß der Kaiser sie auch großzügig fördern, sie hegen und pflegen – sonst beschleunigt er den Untergang des Reiches und des Staates.» Was der Jüngere Plinius hier (Paneg. 26, 5 f.) – nicht ohne schmeichlerische Absicht – geradezu programmatisch als → Sozialleistung für bedürftige Familien einfordert, entspricht in mancher Hinsicht dem K. in modernen Staaten. Tatsächlich wurden die *alimenta* («Ernährungsbeihilfen») z. T. als Sachleistung in Form von Getreide und → Kleidung, z. T. in klingender Münze an die Eltern ausgezahlt. Der entscheidende Unterschied zum heutigen K. besteht allerdings darin, daß es keinen gesetzlichen Rechtsanspruch auf diese Leistung gab und sie nur einem Teil der Bevölkerung zuteil wurde.

Diese Einschränkungen erklären sich auch aus der Geschichte des K. Der erste, der Eltern aus bevölkerungspolitischen Erwägungen dafür belohnte, daß sie Kinder großzogen, war Augustus, der «Leuten aus dem Volke, die sich bei seinen Inspektionsreisen über Söhne und Töchter ausweisen konnten, für jedes Kind 1000 Sesterze auszahlen» ließ (Suet. Aug. 46). Das waren zwar großzügige, aber einmalige und nach dem Zufallsprinzip verteilte Geschenke. Die Nachfolger des Augustus nahmen sich an dieser Praxis der Kinderförderung kein Beispiel. Wohl aber begründeten vermögende Privatleute allmählich durch sog. Alimentarstiftungen eine K.-Tradition. Die erste bekannte Stiftung, die den Zinsertrag eines Stiftungskapitals von 400 000 Sesterzen ausschließlich für Kinderförderung vorsah, wurde von T. Helvius Basilia für die latinische Stadt Atila in neronischer Zeit ins Leben gerufen. Sie sah Naturalleistungen in Form von Getreidezuschüssen bis zum Eintritt ins Erwachsenenalter vor (CIL X 5056). Auch in anderen Städten machte das Beispiel Schule; bis heute sind für ganz Italien über 50 Alimentarstiftungen bekannt (Eck, Staatl. Organisation 146 ff.).

Dem privaten Vorbild folgte als erster Kaiser Nerva mit einem staatlichen Programm. Er und seine Nachfolger stellten zahlreichen Städten aus dem kaiserlichen Vermögen *(fiscus)* beträchtliche Summen als Anlagekapital zur Verfügung; die Erträge daraus wurden zweckgebunden als K. ausgeschüttet. Empfangsberechtigt waren nur freie Bürger, und das staatliche Programm war stets auf Italien als Kernland des Römischen Reichs beschränkt. Private K.-Stiftungen, die vom Kaiser ausdrücklich begrüßt wurden, gab es auch in den Provinzen (z. B. Sicca Veneria, Africa: CIL VIII 1641; Spanien: CIL II 1174).

Die Stiftungen reichten in der Regel nicht aus, um alle in Frage kommenden Kinder zu berücksichtigen. Die Auswahl der Bezieher (in Como etwa 175 Kinder) und die organisatorische Abwicklung oblagen den örtlichen Behörden. Der K.-Satz betrug zwischen 10 und 20 Sesterze pro Monat; für Knaben lag er i. a. höher als für Mädchen, und legitime Kindern standen sich z. T. besser als illegitime. Die Förderung bezog sich

**Kindergeld vom Jüngeren Plinius –
mit Sicherheitsgarantien gegen Bürokraten-Schlamperei**

Zahlst du der Gemeinde das Geld auf den Tisch, dann ist zu befürchten, daß es verplempert wird; übereignest du ihr Grundstücke, werden sie als öffentliches Eigentum schlecht bewirtschaftet werden. Ich finde nichts Praktischeres, als was ich selbst (in Como) getan habe. Ich habe statt der 500 000 Sesterze, die ich für die Alimentierung freigeborener Knaben und Mädchen ausgesetzt hatte, ein Stück Ackerland von erheblich höherem Wert aus meinem eigenen Besitz dem Geschäftsführer der Gemeinde übereignet und es dann gegen eine jährliche Rente von 30 000 Sesterzen zurückgenommen. Auf diese Weise gehört das Kapital ungefährdet der Gemeinde, der Zinseingang ist gesichert, und das Grundstück wird, da sein Ertrag die Rente weit übersteigt, stets einen Pächter finden, der bereit ist, es zu bewirtschaften.

Plinius, Epistulae VII 18, 1–3

auf Kinder und Jugendliche meist zwischen 3 und 16 Jahren bei Jungen und von 3 bis 14 Jahren bei Mädchen. Die Höhe des K. dürfte das Existenzminimum nicht ganz gedeckt haben, aber doch einen erheblichen Teil der Lebenshaltungskosten – insofern war es deutlich großzügiger bemessen als heutiges K. Freilich gingen nicht wenige → Familien auch in Italien ganz leer aus; immerhin bewegen sich die Schätzungen zur Zahl der K.-Bezieher im 2. und 3. Jh. n. Chr. zwischen 100 000 und 150 000 (Mrozek, Private Alimentarstiftungen 166).

Dabei liefen staatliche und private Programme durchaus nebeneinander. Der private Stifter wollte mit der *liberalitas* («Freigebigkeit») des Kaisers nicht konkurrieren, er wollte sie in dessen Sinne nur weiter ausbauen (und versprach sich davon natürlich Dank und Anerkennung in seiner Heimatstadt). Als Sponsorin mit «emanzipatorischen» Ambitionen ist die vermögende Fabia aus dem spanischen Hispalis in die frühe Geschichte des K. eingegangen: Die Ausschüttung, die zweimal jährlich – an ihrem eigenen Geburtstag und an dem ihres Mannes – stattfand, sah einen Betrag von 30 Sesterze für Knaben und 40 für Mädchen vor. Möglicherweise hatte sich die reiche Dame darüber geärgert, daß die K.-Leistungen anderswo die Mädchen fast immer sowohl in der Höhe der Zuwendung als auch in der Zahl der Begünstigten benachteiligten (CIL II 1174).

QQ: Suet. Aug. 46; Plin. Paneg. 26 f.; ep. VII 18 (dazu CIL V 5262); ep. X 8, 1; Cod. Th. XI 27; CIL II 1174; VIII 1641; IX 1455; X 3805; 3910; 5056, 6328; XI 1147; 1602; XIV 298.

Lit.: J. Diddle Uzzi, Children in the visual arts of Imperial Rome, Cambridge 2005, 33 ff.; Rawson, Children 59 ff.; G. Woolf, Food, poverty and patronage. The significance of the epigraphy of the Roman alimentary schemes, PBSR 58, 1990, 197 ff.; St. Mrozek, Die privaten Alimentarstiftungen in der römischen Kaiserzeit, in: H. Kloft (Hg.), Sozialmaßnahmen und Fürsorge..., Graz/Horn 1988, 155 ff.; W. Eck, Die staatliche Organisation Italiens in der hohen Kaiserzeit, 1979, 146 ff.; Hands, Charities 106 ff.

Kinderspiel

Bei den Römern gehörten Spiele ebenso selbstverständlich zur Kindheit und Jugend wie heute. Viele heutige Spiele waren schon damals beliebt: Spiel mit Puppen und Tierfiguren, Steckenpferdreiten, auf Stelzen laufen, Reifen treiben, Schaukeln und Wippen, Drachen steigen lassen, Kreisel, Fangen spielen, Blindekuh, Steine auf Wasserflächen hüpfen lassen, Nachspielen von Berufen (Soldat, Richter, Amtsdiener), Huckepack oder Pferdchenspiel (z. T. mit Kampf), Tauziehen, → Ballspiel und – natürlich! – Erwachsenen Streiche spielen (z. B. ein Geldstück auf dem Boden festkleben und Passanten beim vergeblichen Versuch zu beobachten, es aufzuheben; Pers. V 111).

Kinderspiele: *Nuces castellatae*, Reifen treiben und «Huckepack-Kampf». Sarkophagrelief im Vatikanischen Museum, Rom.

Besonders typisch waren allerlei K. mit Nüssen: *nuces relinquere*, «die Nüsse zurücklassen», war gleichbedeutend mit «Ende der Kindheit» (Pers. I 10). Man unterschied Wurfspiele wie z. B. *nuces castellatae*: durch gezielte Würfe mit einer Nuß «Nüssetürmchen» zu zerstören; das Deltaspiel: Zielwurf möglichst in die Spitze eines aufgemalten Dreiecks; Orcaspiel: Zielwurf in ein Gefäß mit engem Hals (*orca*); Ratespiele wie *par – impar* (gerade oder ungerade Zahl von Nüssen in der Hand) oder Erraten der genauen Zahl; Geschicklichkeitsspiele wie Nüsse von einer schiefen Ebene so herunterrollen zu lassen, daß unten liegende getroffen wurden. Auch Tierknöchel (*tali*) waren als Spiel-«Material» populär. Beim «Fünfstein» kam es auf die Geschicklichkeit an, mit fünf Knöcheln eine bestimmte Folge von Wurf und Fang mit Handfläche und Handrücken zu bewältigen. Reines Glücksspiel war dagegen das Würfeln mit Knöcheln, deren vier Seiten Zahlenwerte trugen. Manche → Gesellschaftsspiele der Erwachsenen waren zugleich auch K. – wenngleich in «harmloserer» oder vereinfachter Form.

QQ: Nicht erhalten ist Suetons Schrift *de puerorum lusionibus* (Über Kinderspiele); Ps.-Ovid, Nux elegia. Zusammenstellung von Schriftquellen bei J. Väterlein, Roma ludens. Kinder und Erwachsene beim Spiel im antiken Rom, Amsterdam 1976; Bildquellen bei A. Rieche, Römische Kinder- und Gesellschaftsspiele, Aalen 1984.

Lit.: A. Backe-Dahmen, Die Welt der Kinder in der Antike, Mainz 2008, 47 ff.; Weeber, Baden, spielen, lachen 22 ff.; Rawson, Children; A. Rieche, So spielten die Alten Römer. Röm. Spiele im Archäologischen Park Xanten, Köln ²1984; dies., Röm. Kinderspiele (s. o.); Paoli, Leben 261 ff.; Marquardt, Privatleben II 837 ff.

Kindesaussetzung

Auch wenn die Dunkelziffer verständlicherweise groß ist und statistische Angaben unmöglich sind – die K. *(expositio; sublatio)* war überall in der römischen Welt ein Mittel der → Familienplanung, im griechischsprachigen Osten aufgrund einschlägiger, für die klassische und vor allem die hellenistische Zeit gut bezeugter Tradition vermutlich öfter praktiziert als im Westen des Reiches. Zwar entwickelte sich die Gesetzgebung in der Kaiserzeit zunehmend «unfreundlicher» gegenüber der K. (Dig. XXV 3, 4), ein regelrechtes Verbot wurde jedoch nicht erlassen. Gründe für die K. konnten Mißbildungen bei den Neugeborenen (Leg. XII tab. IV 1; Sen. de ira I 15, 2) oder Eheprobleme (Suet. gramm. 21) sein; in der Regel aber war es ihre bedrängte soziale Lage, die Eltern zu diesem Schritt veranlaßte. Arme Leute setzten Kinder öfter aus als wohlhabende, und in wirtschaftlichen Krisenzeiten stieg die Zahl der K. an. Opfer der K. waren vor allem Mädchen (Ter. Heaut. 625 f.) – sie kosteten bis zur Heirat nur Unterhalt, erhielten erst noch eine Mitgift und waren dann, ökonomisch gesehen, für die eigene Familie «verloren».

Aufforderung zur Kindesaussetzung

Ich bitte und ermahne dich: Sorge für das Kindchen, und sobald wir Lohn bekommen, schicke ich ihn dir hinauf. Wenn du niederkommst, was nunmehr sehr wahrscheinlich ist, so laß es leben, wenn es männlich ist, falls es weiblich ist, setze es aus.

Brief des ägyptischen Lohnarbeiters Hilarion an seine Frau und Schwester Alsi aus dem Jahre 1 v. Chr.; Pap. Ox. IV 774

Die Säuglinge wurden unmittelbar nach der → Geburt, oft noch blutig (*sanguinolenti*, «Blutverschmierte», als volkstümliche Bezeichnung; Cod. Iust. VIII 51) in einem Korb oder einer Wanne ausgesetzt – meist an stark frequentierten Orten wie auf Tempelstufen, an Kreuzungen oder auf Marktplätzen. Auf dem Gemüsemarkt in Rom gab es eine Säule, an der offenbar regelmäßig ausgesetzte Kinder gefunden wurden; sie hieß im Volksmund *lactaria columna* («Milchsäule»), «weil sie statt der Mutter die Kinder ernähren sollte» (Fest. p. 105 L.). Die Chance für Kinder, von einem mitleidigen Passanten mitgenommen zu werden, war demnach relativ groß. Viele Säuglinge starben aber auch an Hunger und Unterkühlung (Tert. ad nat. I 15, 4).

Das Schicksal der Findelkinder war wenig beneidenswert: *vel ad servitutem vel ad lupanar,* «entweder zur Sklaverei oder zum Bordell» verdammt, bringt es Laktanz auf den Punkt (Div. Inst. IV 20). In der Tat hatten die Zieheltern freie Hand, das Kind als ihren Sklaven zu behandeln und für sich arbeiten zu lassen – so legte es noch Konstantin 331 n. Chr. gesetzlich fest (Cod. Theod. V 9, 1). Eine rechtlich komplizierte Situation trat dann ein, wenn die leiblichen Eltern das ausgesetzte Kind später an den ihm mitgegebenen Erkennungszeichen (*crepundia;* Plaut. Cist. 664 ff.) erkannten und seine Freilassung forderten. Nach griechischem Recht war diesem Verlangen ohne Bedingungen Folge zu leisten (deshalb wohl die entsprechende Entscheidung Trajans, Plin. ep. X 66); nach römischer Rechtsauffassung wohl erst dann, wenn den Zieheltern die Alimentationskosten erstattet wurden (Cod. Theod. V 4, 16).

QQ: Leg. XII tab. IV 1; Plin. ep. X 65 f.; Suet. de gramm. 7; 21; Fest. p. 105 L.; Tert. ad nat. I 15; Lact. Div. Inst. V 9; VI 20, 20 ff.

Lit.: Rawson, Children 114 ff.; B. Shaw, Raising and killing children. Two Roman myths, Mnemosyne 54, 2001, 31 ff.; Th. Köves-Zulauf, Römische Geburtsriten, München 1990, 18 ff.; W. V. Harris, The theoretical possibility of extensive infanticide in the Graeco-Roman world, ClQ 32 (1982), 114 ff.; E. Eyben, Family planning in Graeco-Roman Antiquity, Anc. Soc. 11/12 (1980/81), 5 ff.; W. W. Tarn, Die Kultur der hellenistischen Welt, Darmstadt 1972, 117 ff.; G. Glotz / G. Humbert, Art. *expositio,* DS II 1 (1892) 930 ff.

Klatsch

Rom galt als ausgesprochen klatschsüchtige Stadt. In einer «so schmähbesessenen Bürgerschaft» schlechtem Leumund zu entgehen, bezeichnet schon Cicero als schwer (Cael. 38). Ähnlich beklagt sich in der Spätantike Hieronymus, daß der Lebenswandel anderer und die Kritik daran beliebte Unterhaltungsgegenstände seien («Abwesende werden im Gespräch zerfleischt»; ep. 43, 2; vgl. auch 127, 3). Der Hauptstadt-K. beschäftigte sich besonders mit den Affären und Skandalen der «besseren Gesellschaft», Hochzeiten im Prominenten-Milieu (Stat. silv. I 2, 30 f.), Todesfällen bei reichen Leuten, bei denen alle Welt spekulierte, wer sie beerben werde, und den mehr oder weniger geheimen Lastern stadtbekannter Persönlichkeiten (Mart. VII 10). Eine wichtige Quelle des K. waren wohl → Klienten, die «brühwarm» weitererzählten, was sie im Hause ihres Patrons gesehen und erlebt hatten (Mart. VII 62, 4). Aber auch Sklaven kamen als «undichte Stellen» in Frage; manch einer rächte sich für schikanöse Behandlung durch die Verbreitung von K. und Tratsch über seine Herrschaft (Juv. IX 102 ff.). Nicht wenigen schmeichelte es indes auch, Gegenstand des K. zu sein; sie brachten sich durch luxuriöse Lebensführung selbst ins Gespräch und sahen es als vertane Mühe an, wenn ihre Bankette und Liebschaften nicht in der Öffentlichkeit ausführlichst beredet wurden (Sen. ep. 122, 14). Der K. blühte auf den Straßen, aber auch bei Gelagen, in den Thermen, Theatern und Vereinen (Juv. XI 4 f.). Frauen wurde besondere K.-Sucht nachgesagt (Juv. VI 403 ff.; vgl. auch die Praetextatus-Anekdote bei Gell. I 23) – vermutlich ein ebenso einseitiges Zerrbild wie heute (vgl. etwa als «Gegenbeweis» Ciceros Korrespondenz).

Tod und Testament – Der reiche Tullus als Stadtgespräch
«Nun weißt du alles, worüber in der Stadt geklatscht wird; denn es wird von nichts anderem gesprochen als von Tullus. Jetzt erwartet man die Auktion seiner Güter; er war ja so wohlhabend...» Plinius ep. VIII 18, 11

QQ: Mart. VII 10; Plin. ep. VIII 18; Juv. VI 403 ff.; über das «Funktionieren» der *fama:* Verg. Aen. IV 173 ff.; Ov. Met. XII 59 ff.

Lit.: G. Achard, La communication à Rome, Paris 1994, 227 ff.; A. Richlin, The garden of Priapus, Oxford 2. Aufl. 1992, 83 ff.; Friedländer, Sittengeschichte I 261 f.; W. Kroll, Die Kultur der ciceronischen Zeit, Darmstadt ²1963, 74 ff.

Kleidung

In seiner Trostrede an Venus im ersten Buch der Aeneis legt Vergil dem Göttervater Jupiter eine Garantie für die Weltherrschaft der Römer in den Mund, «denen ich Grenzen weder in Zeit noch Raum setze». Das feierliche Versprechen gipfelt in der Bezeichnung der Römer als *rerum dominos gentemque togatam,* «Herren der Welt, Volk in der Toga» (Aen. I 278ff.). Die Doppelcharakteristik hat ihren guten Sinn: Es waren in der Tat nur Angehörige des «auserwählten» Volkes, die eine Toga tragen durften. Sie war damit ein unübersehbares Kennzeichen des römischen Bürgerrechts, das «Staats-» oder «Ehrenkleid», wie es in älteren Darstellungen genannt wird, eines «richtigen» Römers, die Nationaltracht eines *civis Romanus.* Wer in die Verbannung gehen mußte, verlor zugleich das *ius togae,* das Bürger-Vorrecht, eine Toga zu tragen (Plin. ep. IV 14, 3); ebenso achtete man darauf, daß sich Ausländer dieses Privileg nicht anmaßten (Suet. Claud. 15, 3).

Toga oder Pallium? –
Oder: Der schmale Grat zwischen korrekt und lächerlich

Wegen eines Ausländers, der angeklagt war, sich das Bürgerrecht angemaßt zu haben, war zwischen den Advokaten ein nichtiger Streit entbrannt, ob dieser sich in der Toga oder im griechischen Mantel *(pallium)* verteidigen müsse. Da befahl Kaiser Claudius, gleichsam um seinen unbestechlichen Gerechtigkeitssinn zu zeigen, er müsse mehrmals seine Kleidung wechseln, je nachdem man für oder gegen ihn spreche.

Sueton, Claudius 15, 3

Der Symbolgehalt der Toga wurde besonders an dem im Familienkreis begangenen Festtag anschaulich, an dem der freigeborene junge Römer die mit einem breiten Purpurstreifen gesäumte *toga praetexta* zugunsten der – ganz weißen – *toga virilis* («Männertoga») anlegte und damit im Alter zwischen 15 und 17 in die Bürgergemeinde aufgenommen wurde und gewissermaßen ins «Männerdasein» überwechselte; *praetextam ponere,* «die *(toga) praetexta* ablegen», war ein Synonym für «erwachsen sein» (Cic. Cael. 33). Die Familienfeier wurde in der Regel auf das Bacchus-Fest der Liberalia am 17. März gelegt (Ov. fast. III 771ff.; ausführlich dazu Marquardt, Privatleben I 123ff.).

Die normale Toga war aus schwerer weißer Wolle gearbeitet und hatte keine Farbornamente *(toga pura).* Die schon erwähnte *toga praetexta* trugen außer Knaben (hauptsächlich aus vornehmem Hause) nur Beamte und Priester. Amtsbewerber dagegen trugen eine besonders weiße Toga *(toga candida):* Damit stach man von den anderen Bürgern ab und fiel als «Kandidat» wunschgemäß auf. Trauernde legten die *toga pulla* an, deren Farbe von grau bis schwarz reichte. Bestattet wurde man in seinem «Ehrengewand», der Toga. Wer es im Leben zur *toga praetexta* gebracht hatte, durfte sie auch als Toter tragen (Liv. XXXIV 7, 3).

Toga in republikanischer Zeit.

Wie freilich die «Tragemoral» in Sachen Toga im Alltag aussah, zeigt schlaglichtartig Juvenals bissige Bemerkung, daß «groß im italischen Land der Teil ist, wo keiner die Toga trägt, nur der Tote» (III 171f.). Außerhalb der Hauptstadt, das zeigt auch eine Anmerkung Martials, verstaubten die Togen weitgehend in den Kleidertruhen – ein-, zweimal im Monat getragen, hielten sie «zehn Sommer lang» (Mart. IV 66, 3f.). Selbst in Rom war es zumindest in der späten Republik «eingerissen», das «Staatskleid» immer öfter zu Hause zu lassen und sich statt dessen mit einem Mantel oder Umhang in die Öffentlichkeit zu begeben. War es zu Zeiten des Älteren Scipio noch als Skandal gewertet worden, daß ein Aristokrat seines Formats sich mit dem «griechischen» *pallium* (Mantel) auf die Straße «wagte» (Liv. XXX 19, 11), so bedurfte es in der augusteischen Ära schon eines kräftigen Donnerwetters des Kaisers höchstpersönlich, um die laxe Kleidermoral wenigstens bei Leuten «von Stand» wieder einigermaßen in den Griff zu bekommen. Augustus wies die Ädilen an, darauf zu achten, daß jeder römische Bürger zumindest auf dem Forum und in dessen Umgebung die Toga trug (Suet. Aug. 40, 5). Dauerhafter Erfolg war dieser Initiative nicht beschieden. Die Toga kam als Alltagsgewand immer mehr aus der Mode und wurde von den meisten nur noch dort, wo es sich gar nicht vermeiden ließ, getragen: Bei den öffentlichen «Spielen» (Mart. II 29, 3ff.; Juv. XI 203), vor Gericht und bei anderen offiziellen Anlässen (Cod. Theod. XIV 10, 1), beim → Opfer und auch bei der morgendlichen → Begrüßung, zu der die → Klienten bei ihrem Patron anzutreten hatten – es machte halt viel mehr her und stärkte das Selbstwertgefühl, wenn sich der vornehme Herr von einer *turba togata* («in die Toga gehüllte Menge»; Juv. I 96) umschwärmen ließ, selbst wenn so manche Toga wegen der Knausrigkeit eben dieses Patrons «schäbig, lumpig und alt» war und ihren Träger mächtig ins Schwitzen brachte (Mart. IX 100, 5f.; XII 18, 4f.).

Wie läßt sich diese weitverbreitete Unlust der *gens togata* erklären, ihr traditionelles Obergewand anzulegen? Die Antwort fällt nicht schwer, wenn man sich klar macht, daß es einiger Geschicklichkeit und erheblichen Zeitaufwandes bedurfte, die Toga ordnungsgemäß um den Körper zu legen. Anders als das viereckige griechische Himation war die Toga ein halbkreisförmig geschnittenes Tuch, das es in kunstvolle Falten zu drapieren galt. War sie in der Republik noch relativ knapp im Stoff, so nahm die Stoffülle in der Kaiserzeit deutlich zu und stellte manch einen, dem kein Sklave hilfreich zur Seite stand, vor erhebliche Probleme. So hatte Horaz wohl öfters mit dem «ungleichen Fal-

Das Anlegen einer Toga – Hilfe erwünscht.

tenwurf» seiner Toga zu kämpfen (epist. I 1, 96; sat. I 3, 31: *toga dissidet impar; toga defluit*). Liest man die ausführliche, aber wenig klare «Bedienungsanleitung» Quintilians (XI 3, 137ff.), so kann man diese Schwierigkeiten gut nachvollziehen: Es war in der Tat ein umständliches und unbequemes Nationalgewand, das sich die Römer da – offenbar als Erbgut von den Etruskern – zugelegt hatten – für alle die, die ihr tägliches Brot mit Handarbeit verdienten, wahrlich keine praktikable K., sondern als Alltags-K. allenfalls für die, anachronistisch gesprochen, *white-collar*-Oberschicht tauglich.

Es war im übrigen ein gewaltiger Unterschied, ob ein Mann oder eine Frau sich mit der Toga kleidete. War sie in der Frühzeit noch die übliche K. *beider* Geschlechter gewesen (Non. p. 540; Varro, vita pop. Rom. 1), so wurde sie bald schon, was die Frauen angeht, durch die Stola (s. u.) ersetzt. Diese für ehrbare Matronen entwickelte Sonderform der Tunica durften Frauen von schlechtem Ruf nicht tragen. Und so wurde die Toga, wenn eine Frau sie trug, geradezu zum Kainsmal unmoralischen Lebenswandels, an dem man die Ehebrecherin oder Prostituierte erkennen konnte (Juv. II 68; Mart. II 39; Cic. Phil. II 44).

Das Anlegen des «Staatskleides» – fast ein Staatsakt

Zunächst wurde der Stoff der Länge nach in zwei ungleiche Hälften gefaltet; von der linken Schulter fiel vorn ein Ende bis zu den Füßen herab (ungefähr ein Drittel der Länge); den andern Teil des Stoffes ließ man gedoppelt hinten über die Schulter fallen und zog ihn dann unter den rechten Arm; den übrigen Teil warf man über die linke Schulter zurück. Das Mittelstück des Gewandes, das durch seinen bauschigen Faltenwurf charakteristisch war, auf den die eleganten Männer die peinlichste Sorgfalt verwandten, hieß *sinus*; da das Tuch der Toga doppelt gelegt war, mußte der obere Rand des *sinus* unter die Achselhöhle zu liegen kommen, während der untere Rand bis zur Mitte des Beines herabhing. Nachdem der *sinus* zurechtgerückt und das letzte Stück der Toga über die linke Schulter geworfen worden war, zog man unter dem *sinus* das vordere Ende hervor, zog es breit und ließ es unten vorschauen. Auf diese Weise bildete sich ein *nodus* oder *umbo*, der dem ganzen Kleidungsstück einen gewissen Halt gab.

_{U. E. Paoli, Das Leben im alten Rom 125}

Das K.-Stück, das der Toga den Rang ablief, war die Tunica, ein schlichtes, aus zwei Teilen geschnittenes und zusammengenähtes, meist weißes Woll- oder Leinenhemd. Ursprünglich war dieses von Männern und Frauen getragene Untergewand in der römischen Kleiderordnung gar nicht vorgesehen. Da trug man über dem – auch später üblichen – Lendenschurz *(cinctus, subligaculum)* nur die Toga (Gell. VI 12, 3; vgl. DH X 17). Besonders traditionsbewußte Männer wie der Jüngere Cato nahmen sich das noch im 1. Jh. v. Chr. zum Vorbild und lehnten es ab, eine Tunica anzuziehen (Ascon. ad Cic. pro Scauro 30). Die ganz große Mehrheit der Römerinnen und Römer aber trug die Tunica Tag und Nacht – spezielle Nachtgewänder kannte man nicht – mit großer Selbstverständlichkeit, gewöhnlich um die Hüften gegürtet und beim Mann bis an die Knie, bei der Frau bis zu den Knöcheln reichend. Wenn man es sich zu Hause gemütlich machen wollte, löste man den Gürtel (Hor. sat. II 1, 73: *discincti ludere*), in der Öffentlichkeit war eine solche «Marscherleichterung» jedoch als unmännlich verpönt (Plaut. Poen. 1298ff.). Ebenso galt es lange Zeit als effeminiert, Tunicen mit langen Ärmeln zu tragen; solche *tunicae manicatae* gestand man allenfalls Frauen zu (Gell. VI 12; Cic. Cat. II 22) – bis sich im 3. Jh. n. Chr. die *(tunica) Dalmatica* durchzusetzen begann (Hist. Aug.

Tunica der Frau.

Comm. 8, 8; Ed. Diocl. 17, 11). Die Popularität der Tunica als K. des Alltags zeigt sich besonders darin, daß Rittern und Senatoren das *ius clavi* als Standesprivileg eingeräumt wurde. Ein oder zwei schmale, vertikale Purpurstreifen *(clavus angustus* von ca 3 cm Breite) wiesen den Träger der Tunica als Ritter *(eques)* aus; ein bzw. zwei erheblich breitere Purpurstreifen *(clavus latus,* ca 10 cm breit) zeigten jedem Passanten an, daß er einem Senator begegnete *(tunica angusticlavia* bzw. *laticlavia;* Quint. XI 3, 138; Varro LL IX 79).

Besonders Frauen scheinen häufig zwei Tunicen getragen zu haben, wobei die untere *(t. subucula;* Varro LL V 131) zusammen mit dem erwähnten Schurz und einer Brustbinde *(fascia;* vgl. den Art. → Büstenhalter) die Leibwäsche bildete, auf der man die zweite Tunica als Oberbekleidung trug. Bei Regen und Kälte griffen aber auch Männer zu einer weiteren Tunica. Manchmal sogar zu noch mehr: So warf der für Erkältungen anfällige Augustus im Winter nicht weniger als vier Tunicen über und hüllte sich darüber hinaus noch in eine mollige Toga ein *(pinguis toga;* Suet. Aug. 82, 1).

Eine Sonderform der Frauen-Tunica war die Stola. Sie stach durch einen Besatz am unteren Rand *(institia),* vermutlich ein aufgenähtes Purpurband, hervor und wurde vor allem von Matronen der Oberschicht getragen. Plinius verwendet *stola* sogar synonym mit «vornehmer Frau», indem er sie gegenüber der *plebs* abgrenzt (NH XXXIII 40: *inter stolam plebemque*).

Das bis auf die Knöchel reichende Gewand war weit und faltig, wie Martials maliziöse Bemerkung über eine «dreihundertjährige», heiratswütige Alte erkennen läßt, bei der «die Stirn mehr Falten aufweist als die Stola» (III 93, 4) – und wurde es, wie es sich schickte, zusammen mit einem Mantel getragen, so gingen begehrlich-taxierende Blicke von Männern sozusagen in die Leere: «Das lange Kleid, das bis auf die Knöchel reicht, der Mantel drüber und so vieles, was dir den unverhüllten Anblick ihrer Reize neidisch wehrt...». Kurzum: «Bei Ehefrauen siehst du nichts als das Gesicht, das übrige verhüllt das Kleid, das tief herabwallt» (Hor. sat. I 2, 99ff.; 94ff.). Die K. von → Freigelassenen dagegen, überhaupt von Frauen aus der breiten Masse des Volkes, die die Stola gar nicht tragen durften (Dig. XLVII 10, 15, 15), und erst recht die der Damen der Halbwelt bot diesen Blickschutz nicht: «Im zarten koischen Gewande siehst du sie wie nackt, brauchst nicht vor häßlicher Wade, häßlichem Fuß besorgt zu sein, abtasten kannst du mit den Blicken ihre Hüfte» (Hor. sat. I 2, 101ff.; vgl. Ov. ars am. I 31f.) – wobei realistischerweise zu ergänzen ist, daß wirklich nur leichte Mädchen sich in den fast durchsichtigen koischen Seidengewändern auf der Straße blicken ließen (vgl. allerdings Sen. ben. VII 9, 5). Freilich: Ähnlich wie es bei den männlichen Römern an der Toga-«Tragemoral» haperte, ging auch die Neigung der

Auf der Straße notiert: Die Sprache der Kleidung

Beim Spaziergang läßt Maltinus seine Tunica bis zu den Füßen hängen; ein anderer trägt sie bis zur unanständigen Hüftengegend aufgeschürzt; der Elegant Rufillus duftet nach Pastillen, Gargonius nach dem Ziegenbock: die rechte Mitte kennt man nicht. Den einen reizen Damen, die ehrbar ihre Knöchel mit dem Falbelkleid verhüllen, den anderen nur die feile Dirne im anrüchigen Lokal.

Horaz, Satiren I 2, 25ff.

vornehmen Damen immer stärker zurück, ihr «Ehrengewand» regelmäßig anzulegen, wenn sie in die Öffentlichkeit gingen – bis die Stola im 2. Jh. n. Chr. weitgehend durch den *palla*-Mantel abgelöst wurde.

Als Ersatz für Toga und Stola setzte sich in der Kaiserzeit immer stärker ein Mantel durch, der dem griechischen Himation entsprach. Bei den Männern nannte man ihn *pallium*, bei den Frauen (meist) *palla*. Seine Beliebtheit erklärt sich durch die unkomplizierte Weise, in der man diesen rechteckig geschnittenen, meist wollenen Mantel um den Körper schlingen konnte. Sein Faltenwurf war nicht so streng reglementiert wie der der Toga. Der Mantel reichte bis zu den Knöcheln und konnte je nach Drapierung den ganzen Körper bedecken oder die rechte Schulter freilassen (Apul. Met. XI 3). Um dem Ganzen mehr Halt zu geben, wurden die beiden Enden des Tuches mitunter auf der Schulter durch Spangen *(fibulae)* zusammengehalten. *pallium* und *palla* brachten Farbe in die römische K. Der beliebteste Farbton war Purpur (Cic. rep. VI 2), es gab aber auch gelbe, weiße, schwarze und goldverzierte Pallien. Daß das *pallium* trotz seiner Beliebtheit so selten auf Statuen-Darstellungen vorkommt, liegt an seiner griechischen Herkunft und damit seinem «unrömischen Wesen». Auch wer es – wie die meisten – tagein, tagaus trug, ließ sich, wenn es gewissermaßen zum offiziellen «Fototermin» kam, im traditionellen *habitus Romanus*, eben der Toga, darstellen; die brauchte man dazu – anders als beim modernen Fototermin – nicht einmal anzuziehen.

Links: Anlegen der *palla*.
Rechts: *palla* über die Schulter bzw. über den Kopf gezogen.

Der Circus als amouröses Jagdrevier – wie man das züchtige Pallium überlistet

Wenn das Pallium zu tief herabhängt und auf der Erde liegt, nimm es und heb es beflissen vom schmutzigen Boden auf. Als Lohn dafür wird deinen Augen unmittelbar, ohne daß das Mädchen sich wehren kann, der Anblick ihrer Beine zuteil. Ovid, Ars amatoria I 153ff.

Als ausgesprochener Wettermantel für Mann und Frau diente die Paenula (Varro ap. Non. 537, 12; Dig. XXIV 2, 23, 2). Sie war ein trichterförmiges Gewand ohne Ärmel, das mit dem modernen Poncho vergleichbar ist. Der dicke, grobe Wollstoff hielt Kälte und Regen ab (Quint. VI 3, 64), auch der Kopf wurde durch eine Kapuze geschützt (Plin. NH XXIV 138). Und da die Paenula relativ preiswert war, war sie auch für einfache Leute erschwinglich: Maultiertreiber, Sänftenträger und Angehörige anderer Berufe, die im Freien ausgeübt wurden, brauchten diesen Wettermantel ebenso wie Reisende (Cic. Sest. 82; Mil. 29; Sen ben. III 28, 5).

Allwettermantel mit Kapuze: die *paenula*.

Ein weiterer Allwettermantel war die Lacerna, ein Umhang, der an der Schulter mit einer Fibel geschlossen wurde und bis knapp zu den Knien reichte. Die *lacernae* der Armen waren aus dunklem, grobem Stoff (Juv. IX 28ff.), die Reichen dagegen leisteten sich elegante Luxus-Ausführungen in allen möglichen Farben inklusive teurem tyrischem Purpur (Mart. II 29, 3) und zahlten dafür Preise bis zu 10 000 Sesterzen (Mart. IV 61, 4).

In einer Gesellschaft wie der römischen, die die soziale Stellung des einzelnen so plakativ über → Statussymbole und äußere Kennzeichen zur Schau stellte, lag es nahe, die Klassenunterschiede auch und besonders in der K. zu dokumentieren. Tatsächlich manifestierte sich die große Diskrepanz zwischen arm und reich vor allem in den Mänteln. Kein Wunder, denn das waren die äußeren K.-Stücke, die sich beim besten Willen nicht übersehen ließen. Und so setzten manche ihren Ehrgeiz darein, mit teuren Purpurmänteln aufzufallen und sie insbesondere bei den öffentlichen «Spielen» zur Schau zu tragen, wo sie sie einem großen Publikum vorführen konnten (Mart. II 29; 43; V 8; 23). Wie sehr so etwas selbst auf Rowdys Eindruck machte, zeigt Juvenals Bemerkung, daß nicht nur ein großes Gefolge, sondern auch ein exklusiver Scharlachmantel Raufbolde und Kriminelle davon abhalte, sich nachts mit dessen Eigentümer anzulegen (III 282ff.).

lacerna mit Fibel; darunter die Männer-Tunica.

Mit exquisiter, den üblichen Rahmen sprengender K. aufzufallen und die «Spießer» damit zu schockieren, war auch der sehnliche Wunsch einer *jeunesse dorée,* die sich vor allem im 1. Jh. n. Chr. snobistischem Dandytum verschrieben hatte. Die jungen Herren aus wohlhabender Familie griffen zu ungewöhnlich weicher, geradezu femininer K. – möglichst unrömischen Gewändern wie den lange Zeit verpönten langärmligen Tuniken, grellbunten Umhängen und durchsichtigen Seiden-Togen (Gell. VI 12, 4f.; Sen. ep. 114, 21). Und da sie auch mit ihrem sonstigen Lebenswandel und ihrer übertriebenen Körperpflege anecken (Manil. V 143ff.), fiel es ihnen nicht schwer, die wackeren Bürger zu provozieren. «Sie unterlassen nichts, was den Leuten in die Augen fallen könnte, sie ziehen überall bewußt die Aufmerksamkeit auf sich und nehmen, wenn sie nur auffällig wirken, jeden Tadel in Kauf», diagnostiziert Seneca völlig richtig – und tut diesen «verzärtelten Weichlingen» trotzdem den Gefallen, sich mächtig über sie zu ärgern (ep. 114, 20f.). Dabei war ihm doch klar, daß es gerade auch in seiner Zunft, der Philosophie, eine Menge schwarzer Schafe gab, die unter dem Deckmantel kynischer Be-

Paar in provinzialrömischer Kleidung auf einem Relief aus Kaiseraugst (bei Basel).

dürfnislosigkeit das gleiche Geschäft betrieben – freilich mit umgekehrtem Vorzeichen: Diese fragwürdigen Jünger des Diogenes wollten auch partout auffallen. Und auch sie benutzten dazu ihre K., allerdings vom anderen Extrem aus. Ihre snobistische Variante bestand darin, mit schmutziger, lumpiger K., abgewetzten Mänteln und allgemein ungepflegtem Äußerem herumzulaufen. Auch diese Provokation nahm Seneca an, wenngleich seine Reaktion auf K.-Exhibitionismus dieser Couleur moderater ausfällt und er nur allgemein davor warnt, «in K. und Lebensweise aufzufallen wie die Leute, denen es nicht um inneren Fortschritt, sondern um äußere Zurschaustellung zu tun ist» (ep. 5, 1f.).

QQ: Hor. sat. I 2, 23ff.; 92ff.; Liv. XXXIV 7, 2ff.; Manil. V 143ff.; Sen. ben. VII 9, 5; ep. 47, 16; 114, 20f.; Mart. I 96; II 29; 39, 43; IV 66, 1ff.; V 23; IX 100; XIV 124ff.; Quint. Inst. or. VIII pr. 20; XI 3, 137ff.; Gell. VI 12; Suet. Aug. 40, 5; Claud. 15, 3; Apul. Met. XI 3; Tert., de pallio; Isid. Etym. XIX 24ff.; Cod. Theod. XIV 10, 1 *(edictum de habitu)*.

Lit.: T. Olson, Dress and the Roman woman, Abingdon 2008; M. Pausch, Die röm. Tunika, 2003; A. T. Croon, Roman clothing and fashion, Gloucestershire 2002; G. Sette, L'abbigliamento. Vita e costumi dei Romani antichi 22, Rom 2000; A. Böhme-Schönberger, Kleidung und Schmuck in Rom und den Provinzen, Aalen 1997; Römisch-Germanisches Museum (Hg.), Kleider machen Leute. Materialien für römische Kleidung für Schule und Freizeit, Köln ²1998; J. L. Sebasta/L. Bonfante (Hg.), The World of Roman Costume, Madison 1994; U. Scharf, Straßenkleidung der röm. Frau, Frankfurt/Main 1994; J. L. Sebasta/L. Bonfante (Hg.), The World of Roman Costume, Madison 1994; B. I. Scholz, Untersuchungen zur Tracht der römischen *matrona*, Köln 1992; J. Weiler, Abweichendes Verhalten von Randgruppen..., in: Soziale Randgruppen und Außenseiter im Altertum, Graz 1988, 178ff.; V. Müller-Vogel, Römische Kleider zum Selbernähen, Augster Blätter zur Römerzeit 5, Augst 1986; Blanck, Privatleben 63ff.; F. Kolb, Römische Mäntel: *paenula, lacerna,* RM 80, 1973, 60ff.; L. M. Wilson, The clothing of the ancient Romans, Baltimore 1938; dies., The Roman toga, Baltimore 1924; Marquardt, Privatleben II 545ff.; Art. → Büstenhalter, → Kopfbedeckung, → Schuhe, → Strümpfe.

Klient

«Oder soll ich die verlogene Gewinnfängerei eines bezahlten Guten-Morgen-Wünschers *(mercennarii salutatoris mendacissimum aucupium)*, der um die Schwellen der Männer von Einfluß schwirrt und den Schlaf der Großmächtigen aus Gerüchten zu erahnen sucht, etwa für ehrenvoller einschätzen? Denn wenn er fragt, was drinnen im Haus geschieht, dann halten es die Sklaven nicht einmal für der Mühe wert, ihm eine Antwort zu geben.» Das Bild, das der im 1. Jh. lebende Agrarschriftsteller Columella hier vom Alltag der K. in der frühen Kaiserzeit entwirft (I praef. 9f.), ist alles andere als schmeichelhaft und beneidenswert – aber es ist nach Ausweis zahlreicher Parallelquellen durchaus zutreffend.

Das war nicht immer so gewesen. In republikanischer Zeit war das Verhältnis zwischen *cliens* und *patronus* von größerem gegenseitigem Respekt geprägt; da rangierten die Verpflichtungen des Patrons gegenüber den K. direkt hinter denen gegenüber Eltern und Mündeln und noch vor denen gegenüber Gästen und Familienangehörigen (Gell. V 13, 2). Ursprünglich wohl aus einer streng geregelten Form abhängiger Arbeit hervorgegangen (*cliens*: «der Gehorchende»; vgl. auch DH II 9, 2), entwickelte sich das Klientelverhältnis *(clientela)* auf der Grundlage einer moralisch-religiösen, nicht juristischen Treueverpflichtung *(fides)* zu einer wechselseitigen Unterstützungs-Beziehung mit klarer Rollenverteilung: Der Patron als der gesellschaftlich Einflußreichere hatte seine K. vor allem bei Rechtsgeschäften zu beraten und ihnen bei Prozessen Rechtsbeistand zu leisten. Er hielt gewissermaßen die Hand über sie und gab ihnen die Sicherheit, daß ein Mächtigerer über sie «wachte», an den sie sich jederzeit wenden konnten, wenn sie in Schwierigkeiten welcher Art auch immer gerieten. Bezeichnend für dieses auf Vertrauen gegenüber dem Partner mit dem «längeren Arm» gegründete Verhältnis ist die Ausweitung des Patronats im Zuge der römischen Expansion: Die in mancher Hinsicht schwer drangsalierten Bewohner einer Provinz taten gut daran, sich einen einflußreichen Politiker in Rom zu suchen, der ihre Interessen wahrnahm. Ganze Gemeinden und Provinzen wurden so zu K. eines einzigen bzw. seiner Familie (Cic. off. I 35).

Ratschläge für einen römischen Wahlkämpfer

Sodann mußt du dich energisch darum bemühen, daß diejenigen, die dir besonders nahestehen und eng zum Hause gehören, dir zugetan sind und dich so angesehen wie möglich wissen möchten, ebenso deinen Tribulen (Angehörige desselben Stimmbezirks), Nachbarn, Klienten, die Freigelassenen nicht zu vergessen, und schließlich auch deine Sklaven. Denn fast immer hat das Gerede, das unser Renommee auf dem Forum bestimmt, seine Quelle in unserer häuslichen Umgebung.

Q. Cicero, Comm. Pet. 17

Als Gegenleistung hatte der K. dem *patronus* seine guten Dienste anzubieten. Das waren in der Frühzeit Arbeitsleistungen, Gefolgschaft im Krieg und finanzielle Beiträge bei außergewöhnlichen Belastungen des Patrons (DH II 9 ff.). Wichtiger wurde im Laufe der Zeit aber die politische Unterstützung: Es war die moralische Pflicht eines K., seinen *patronus* bei der Bewerbung um ein Amt tatkräftig durch sein tatsächliches Abstimmungsverhalten ebenso wie durch seine Präsenz, seinen Beifall bei dessen Auftritten und geeignete «Stimmungsmache» zu unterstützen.

Auch ein demonstratives Umsichscharen vieler K. brachte dem Patron ganz augenfälliges Sozialprestige ein; daraus entwickelte sich die morgendliche → Begrüßung *(salutatio)* des Patrons, zu der sich alle seine Klienten einzufinden hatten.

Dieses Ritual wurde in der Kaiserzeit zur wichtigsten Pflicht der K. – kein Wunder, denn durch die Veränderung im politischen System, die den Kaiser in seinem Selbstverständnis sozusagen zum Ober-Patron aller Römer werden ließ, trat die politische Bedeutung des Klientelwesens ganz hinter die gesellschaftliche Funktion zurück: Anerkannt war, wer am Morgen ein möglichst volles Atrium «vorweisen» konnte (Sen. ep. 22, 9; Tac. Ann. III 55, 3), und so eilten denn ganze Heerscharen von K. in aller Herrgottsfrühe durch die Straßen Roms, um dem *patronus* ihre Aufwartung zu machen. Die *salutatio* fiel in die erste und zweite Stunde des Tages (Mart. IV 8, 1) – also kurz nach Sonnenaufgang –, so daß sich viele K. schon in der Dunkelheit auf den Weg machen mußten. Wer sich von einem → Gastmahl spät auf den Heimweg begab, stieß bereits auf K., die zu ihren *officia antelucana* («Vorlicht-Pflichten»; Plin. ep. III 12, 2) eilten. Sturm, Hagel und Schneefall (Juv. V 76 ff.), weite Wege und Straßenschmutz (Mart. I 108; Juv. III 247) waren keine Entschuldigungsgründe, die Ausnahmen zu der ehernen Visiten-Regel zuließen. Und da es um

Repräsentation ging, hatten die K. in ordentlicher → Kleidung zu erscheinen: Es waren ja freie Römer, die gefälligst ihr «Ehrenkleid», die wollene Toga, anzulegen hatten – und zwar auch an heißen Sommertagen! (Mart. X 96, 11). Ihre morgendliche Beflissenheit wurde vielen K. schlecht gelohnt. Nicht nur, daß sich im von K. manchmal regelrecht vollgestopften Atrium aus Geschrei, Eifersüchteleien und Streit um den Vorrang häßlichen Szenen ergaben (Sen. ad Marc. 10, 1; ep. 84, 12) oder man sich die Gunst des Türstehers mit Bestechungsgeldern erkaufen mußte (Juv. V 184 ff.); auch der Empfang durch den Patron selbst kam in vielen Häusern einer tagtäglichen Demütigung gleich. Der Gruß der K. gegenüber ihrem *dominus* oder gar *rex* («Herr»; «König»; Mart. II 68) wurde mit einem ebenso schlichten wie stereotypen *ave* («sei gegrüßt!»; Mart. IV 78, 3 f.; Sen. ben. VI 34) erwidert, wobei sich «Inhaber» großer K.-Scharen von einem Nomenclator die Namen der *salutatores* nennen ließen (Sen. tranqu. an. 12, 6). Manche Patrone gaben durch ein herzhaftes Gähnen zu erkennen, was sie von ihrem Gegenüber hielten, noch ungehobeltere ließen sich in Gegenwart der K. derart gehen, daß sich Martial über einen geizigen Patron so lustig machen kann: «Also ich finde nichts anders, um dich als Freund zu erachten, Crispus, als daß du vor mir immer ganz ungeniert – furzt» (X 15, 9 f.). Der Gipfel schäbiger K.-Behandlung war freilich erst da erreicht, wo sich der Patron schlicht verleugnen ließ und die Schar der K. «nach all den tausend Mühen» kurzerhand wieder nach Hause geschickt wurde (Mart. V 22, 9 f.; IX 7, 3; Luk. Nigr. 22; Hor. epist. I 5, 31).

Die Präsenzpflicht des K. beschränkte sich nicht auf die Audienz am Morgen. Auch bei ihren Auftritten in der Öffentlichkeit scharten viele Patrone gern eine respektheischende Zahl von K. um sich bzw. um ihre → Sänfte, für die die «niederen Freunde» – so eine beliebte euphemistische Umschreibung für K. – im Verkehrsgewühl der Hauptstadt mit rüden Mitteln Platz schaffen mußten (Mart. III 46). Die öffentlichkeitswirksame Begleitung zu Besuchen bzw. in die Thermen gehörte ebenfalls zu den Pflichten der K. (Mart. IX 100; III 36, 5 f.) – und nicht zuletzt bildeten sie eine lautstarke Claque bei mehr oder weniger gelungenen Auftritten des Patrons als Redner oder Dichter (Mart. X 10, 9 f.; vgl. Zitat).

Klienten-Leid

Die armen Leute stehen schon um Mitternacht auf, laufen in der ganzen Stadt herum und belagern die Türen, wo sie sich von einem unverschämten Türhüter ausschließen lassen müssen und oft mit «Hunden», «Schmarotzern» und anderen solchen Ehrentiteln, die sie geduldig einstecken, empfangen werden.

Lukian, Nigrinus 21

Beifall des Magens, nicht des Kopfes

Wenn die Schar der Klienten ein mächtiges «Bravo!» dir zuruft, nicht, Pomponius, du, sondern dein Mahl ist beredt.

Martial VI 48

Für welchen Gegenwert nahmen die vielen K. – ihre Zahl dürfte im kaiserzeitlichen Rom in die Zehntausende gegangen sein (vgl. Tac. Hist. I 4, 3) – die Mühen, Unannehmlichkeiten und die teilweise entwürdigende Behandlung in aller Regel freiwillig in Kauf? Es waren in der Kaiserzeit hauptsächlich materielle Vergünstigungen, die sie an ihren *patronus* banden. An der Spitze stand eine Art Tagessold, der ihnen meist bei den morgendlichen Audienzen ausgehändigt wurde. Im 1. Jh. n. Chr. scheinen pro Tag *centum quadrantes*, «100 Viertelas», also 25 As oder gut sechs Sesterzen eine Art «Regelentgelt» gewesen zu sein (Mart. I 59, 1; X 74) – keine Summe, von der man seinen eigenen Lebensunterhalt bestreiten konnte, geschweige denn den einer ganzen Familie, aber immerhin so etwas wie eine Aufwandsentschädigung für die K.

Als ausschließliche Existenzgrundlage reichte i. a. nicht einmal das rückgratloseste Antichambrieren aus (Mart. III 38, 11 f.) – auch dann nicht, wenn der K. ab und zu einen abgetragenen Mantel, eine gebrauchte Toga oder ein Geldgeschenk außer der Reihe erbetteln konnte (Pers. I 54; Mart. X 11, 5 f.). Großzügige Patrone stellten «verdienten» K. auch schon einmal eine unentgeltliche Wohnung oder einen Arbeitsplatz zur Verfügung (Dig. IX 3, 5, 1; Colum. I praef. 12), doch waren das genauso Ausnahmen wie die Schenkung eines kleinen Landguts (Juv. IX 59 f.; Mart. XI 18).

Üblicher war dagegen eine Einladung von K. zum Essen: Bei der morgendlichen Aufwartung vom Patron zum → Abendessen «gebeten» zu werden, war der sehnlichste Wunsch vieler K. (Juv. I 132 f.). Und das, obwohl die schmachvolle Behandlung sich dort oft genug fortsetzte! Es war eher die Regel als die Ausnahme, daß man die K. beim Tafeln ihren Status als geduldete «Schmarotzer» deutlich spüren ließ: sie bekamen häufig minderwertige Speisen und billigere Weine als die anderen Gäste vorgesetzt, und auch die Diener behandelten sie vielfach mit Herablassung und schlechtem Service. Juvenal schildert diese weitverbreitete Unsitte in seiner fünften Satire überaus anschaulich, wenngleich mit satirischer Überspitzung (V. 24 ff.). Andere Autoren bestätigen seine drastische Beschreibung tendenziell durchaus, wenn sie etwa das Verhalten der Gastgeber als «neumodische Verbindung von übertriebenem Luxus mit schmutzigem Geiz» brandmarken (Plin. ep. II 6, 7; vgl. auch Mart. III 60; Tert. de pat. 16; Luk. Nigr. 21 ff.; Kronosolon 17 f.). Darüber hinaus kam es gar nicht so selten vor, daß die K. auch noch als Zielscheibe schlechter → Witze herhalten mußten und sie unter Anspielung auf ihre Bedürftigkeit der Lächerlichkeit preisgegeben wurden (Juv. III 147 ff.; Laus Pis. 126 f.).

Solche Beköstigungen im Hause des Patrons galten als *cena recta*, als «eigentliches Mahl», bei dem mancher K. sich freilich ebenso ungeniert benahm wie sein Gastgeber. Als Ersatz für diese – je nach Zahl der K. recht aufwendigen und umständlichen – Gemeinschaftsessen setzte sich im 1. Jh. eine «Rationalisierung» durch: Die K. erhielten häufiger eine *sportula*, ein «Körbchen» mit Lebensmitteln, ausgehändigt. Aber auch das war nur eine Übergangsform, die binnen kurzem durch das reine Geldgeschenk abgelöst wurde, von dem bereits die Rede war. Wenn Quellen von der *sportula* sprechen, so ist damit in der Regel

Die Gelegenheit beim Schopf gepackt: Ein Klient packt ein

Doch, birst das Tuch schon von den tausend Diebstählen,
birgt er im warmen Kleid noch ein benagtes Halsstück,
den Taubenrumpf auch, dem er schon den Kopf wegfraß;
er sucht auch ohne Scheu mit langem Arm Reste,
die Sklav und Hunde liegen ließen, vom Boden …

Martial VII 20, 13 ff.

der K.-Sold in klingender Münze gemeint – ein Detail, das sich in die Tendenz der Entpersonalisierung des Klientel-Verhältnisses gut einfügt.

Es war, wie schon das Eingangszitat Columellas zeigt, beileibe kein reines Vergnügen, K. in Rom zu sein. Wer sich trotzdem dazu hergab, mußte vieles einstecken und das Rückgrat mächtig krümmen. Insofern verwundert es nicht, wenn K. am → Saturnalienfest die Chance des «Karnevals» wahrnahmen und ihrem Frust freien Lauf ließen. Die Rache des kleinen Mannes gewissermaßen – nicht gerade geschmackvoll, aber doch verständlich – aus der Sicht eines reichen Patrons, dem Lukian die empörte Klage in den Mund legt: «Wenn wir Reichen uns aber auch vieles gefallen lassen wollen, so war doch das Verhalten der Armen bei der Tafel ganz unerträglich. Nicht zufrieden, sich den Wanst vollzustopfen, bis nichts mehr hineinwollte, schämten sie sich nicht, sobald sie über Gebühr getrunken hatten, bald einem schönen Knaben, der ihnen den Becher reichte, die Hand zu streicheln, bald sich mit der Geliebten oder sogar mit der Gemahlin des Herrn Freiheiten herauszunehmen; und wenn sie dann zuletzt den Speisesaal vollgespien hatten, zogen sie am folgenden Tag noch über uns her und erzählten, wie sie an unserer Tafel hätten hungern und dürsten müssen» (Luk. epist. Sat. IV 38).

QQ: DH II 9 ff.; Col. I praef. 9 f.; Sen. brev. vit. 14, 4 ff.; ira III 8, 6; ben. VI 34, 4; Mart. II 18; 68; III 46; 60; V 22; VII 20; IX 100; X 10; 15; 19; Juv. I 95 ff.; V 1 ff.; Plin. ep. II 6; Laus Pis. 109 ff.; Gell. V 13; XVI 5, 8; Luk. Nigr. 21 ff.

Lit.: F. Goldbeck, Salutationes. Die Morgenbegrüßungen in Rom …, Berlin 2010; Prell, Armut in Rom 265 ff.; A. Wallace-Hadrill (Hg.), Patrons and clients in the ancient world, London/New York 1988; Chr. Meier, Res publica amissa, Frankfurt ²1980, 24 ff.; R. Andree, Juvenal und Martial über das Klientenwesen, Graz 1941; Marquardt, Privatleben I 200 ff.; Friedländer, Sittengeschichte I 225 ff.

Kochrezept

Fast alle überlieferten K. stammen aus dem Kochbuch des Apicius, eines Gourmets aus der ersten Hälfte des 1. Jh. n. Chr. Er verfaßte mindestens zwei Kochbücher – ein allgemeines und ein spezielles über → Saucen –, die immer wieder neu herausgegeben, um neue Rezepte erweitert und wohl gegen Ende des 4. Jh. zur erhaltenen Sammlung *de re coquinaria* vereinigt wurden. Von den 478 erhaltenen K. gehen rund 300 auf Apicius selbst zurück, die übrigen sind landwirtschaftlichen Traktaten, Diät- und anderen Spezialkochbüchern entnommen. Die Kochanweisungen sind relativ knapp gehalten; sie beziehen sich auf Fleisch und Fisch, Süßspeisen, Saucen und Gemüse. Preiswerte Hausmannskost wird ebenso beschrieben wie luxuriöse und aufwendig zu kochende Speisen (z. B. Trüffel, gefüllte Innereien).

Languste und Fische auf einer pompejanischen Wandmalerei.

Das Nachkochen der Apicius-Rezepte ist schwierig, weil die K. kaum Mengenangaben enthalten, übliche Zutaten wie das unerläßliche *liquamen* (*garum;* eine salzige Fisch-→ Sauce, die man auch fertig kaufen konnte) in ihrer Zusammensetzung nicht genau be-

Gekochte Languste mit Kümmelsauce
(lucusta elixa cum cuminato)

Nimm Pfeffer, Liebstöckel, Petersilie, getrocknete Minze, reichlich Kümmel, Honig, Essig und *liquamen*. Wenn gewünscht, füge Lorbeerblatt und Mutterzimt hinzu.

Apicius X 1, 3

Hase in der Sauce *(lepus madidus)*
Koche den Hasen zunächst in Wasser ab, dann gib ihn in eine Pfanne und brate ihn in Öl in der Röhre. Wenn er fast gar ist, gib neues Öl hinzu und gieße die folgende Sauce darüber: Stampfe Pfeffer, Liebstöckel, Bohnenkraut, Zwiebel, Raute, Selleriesamen, *liquamen*, Wein und etwas Öl. Wende den Hasen von Zeit zu Zeit und lasse ihn in dieser Sauce gar kochen.

Apicius VIII 8, 1

kannt und manche Gewürze nicht mehr verfügbar sind. Hilfreiche Vereinfachungen der römischen K. bieten E. Alföldi-Rosenbaum und R. Maier.

QQ: R. Maier (Hg.), M. Gavius Apicius, De re coquinaria (Über die Kochkunst), Stuttgart 1991; E. Alföldi-Rosenbaum (Hg.), Das Kochbuch der Römer, Zürich/München ⁸1988.

Lit.: M. Bode, Apicius – Anmerkungen zum röm. Kochbuch, St. Katharinen 1999; A. Dalby / S. Graininger, Küchengeheimnisse der Antike, Würzburg 1996; Faas, Around the Roman table, passim; Dosi, A tavola 221 ff.; E. Brandt, Untersuchungen zum römischen Kochbuche, Philol.-Suppl. XIX 3, Leipzig 1927.

Kopfbedeckung

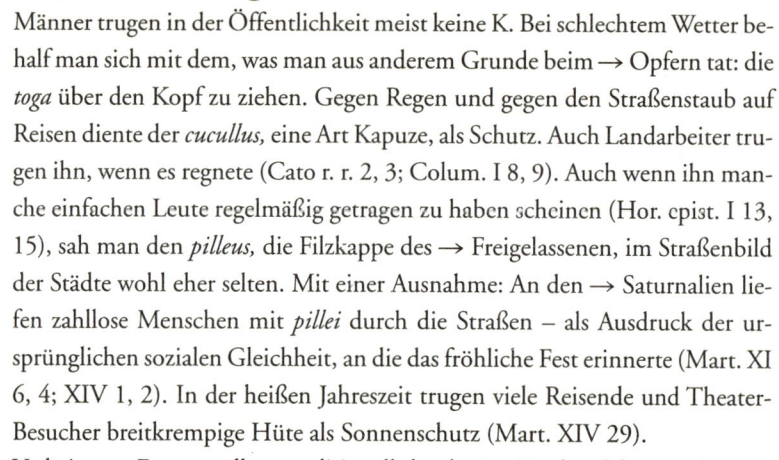

Männer trugen in der Öffentlichkeit meist keine K. Bei schlechtem Wetter behalf man sich mit dem, was man aus anderem Grunde beim → Opfern tat: die *toga* über den Kopf zu ziehen. Gegen Regen und gegen den Straßenstaub auf Reisen diente der *cucullus*, eine Art Kapuze, als Schutz. Auch Landarbeiter trugen ihn, wenn es regnete (Cato r. r. 2, 3; Colum. I 8, 9). Auch wenn ihn manche einfachen Leute regelmäßig getragen zu haben scheinen (Hor. epist. I 13, 15), sah man den *pilleus*, die Filzkappe des → Freigelassenen, im Straßenbild der Städte wohl eher selten. Mit einer Ausnahme: An den → Saturnalien liefen zahllose Menschen mit *pillei* durch die Straßen – als Ausdruck der ursprünglichen sozialen Gleichheit, an die das fröhliche Fest erinnerte (Mart. XI 6, 4; XIV 1, 2). In der heißen Jahreszeit trugen viele Reisende und Theater-Besucher breitkrempige Hüte als Sonnenschutz (Mart. XIV 29).

Verheiratete Frauen sollten traditionell durch eine K. als solche zu erkennen sein. Das konnte ein Zipfel der *palla*, eines Umhangs, sein, eine Art Kapuze *(caracalla)*, wie sie in der späteren Kaiserzeit in Mode kam, oder das «alte» Kopftuch, die *rica*. Hatte noch ein Sulpicius Gallus seine Frau verstoßen, weil sie sich ohne K. in der Öffentlichkeit gezeigt hatte (Val. Max. VI 3, 10), so lockerten sich die Sitten in der Kaiserzeit doch deutlich. Viele sahen es als ausreichend an, wenn die *vitta*, die die Haare zusammenhaltende Wollbinde – das Vorrecht und Ehrenzeichen der Matronen (Ov. ars am. I 31; weitere Stellen bei Marquardt, Privatleben I 46) –, als K. getragen wurde. Auch das vielfach sehr kunstvolle, mit Goldfäden durchwirkte Haarnetz wurde wohl als K. akzeptiert – wenngleich es kaum der ursprünglichen Funktion, Züchtigkeit zu demonstrieren, entsprach.

QQ: Cato r. r. 2, 3; Mart. XI 6; XIV 1, 2; 29; 132; 139; Suet. Aug. 82, 1.
Lit.: A. T. Croom, Roman clothing and fashion, Stroud 2002.

Kran

Römische Gebäude erreichten häufig Höhen bis zu 20 m (→ Hochhaus); repräsentative Bauten wie Tempel oder Theater noch größere (Colosseum ca 50 m hoch). Um besonders schwere Teile (z. B. Architrav, Säulentrommeln) hoch-

Einfache Leute scheinen die Kapuze auch in der Weinschenke aufbehalten zu haben; nach einer pompejanischen Wandmalerei.

zuhieven, bediente man sich hölzerner Baukräne, deren wesentliches technisches Prinzip der Flaschenzug war. Von Menschen betätigte Treträder ersetzten oder verstärkten die Wirkung der Winden, wenn es um das Heben besonders schwerer Lasten ging. Der Architekturschriftsteller Vitruv beschreibt zwei Typen des römischen Krans: Einen aus zwei Standbäumen, die an der Spitze durch eine Metallklammer verbunden waren, und eine nur von einem einzigen Standbaum gebildete Hebemaschine, mit der sich die Lasten auch schwenken ließen. Außer im Bauwesen wurden Kräne zum Be- und Entladen von Schiffen sowie zum Heben von Schiffen aus dem Wasser eingesetzt. Als einen der spektakulärsten Einsätze von Kränen schildert Ammianus Marcellinus die Szene, wie im Jahre 357 n. Chr. der größte der nach Rom geschafften Obelisken (32 m hoch; 450 t schwer) im Circus Maximus aufgerichtet wurde: «Mit einem ganzen Wald von Kränen» und «vielen tausend Menschen, die die Seiltrommeln drehten» (XVII 49). Die beste Abbildung eines Krans stammt vom Haterier-Grabmal; im Archäologischen Park Xanten ist die Nachbildung eines einbäumigen Baukrans mit einer Hebeleistung von etwa 5 t zu sehen.

QQ: Vitruv de arch. V 1 f.; Amm. Marc. XVII 4.

Lit.: Oleson, Handbook of engineering 342 ff.; A. J. Wilson, Machines, power and the ancient economy, JRS 92, 2002, 1 ff.; Schneider, Technikgeschichte 164 f.; W. Meighörner / H. Blumenthal, Räderwerk Römerkran, Bonn 1989; Landels, Technik 101 ff.

Kran auf dem Grabmal der Haterier. Fünf Arbeiter bewegen das Tretrad, zwei unterstützen die Arbeit durch Zug an den Seilen. Lateranmuseum Rom.

Krankenhaus

Isola Tiberina 39 ist die Adresse des *Fatebenefratelli*, eines der bekannten K. des modernen Rom. Daß kranke Menschen auf der Tiberinsel schon im Altertum Heilung erhofften, steht am Anfang einer langen medizingeschichtlichen Tradition, die mit dem Bau eines Aesculap-Tempels dort im Jahre 293 v. Chr. begann (Liv. X 47, 6; Ov. Met. XV 622 ff.). Dorthin «pilgerten» Kranke, um die Gunst des Gottes zu erbitten: Gelübdetäfelchen, die sich in der Nähe der Insel im Flußbett gefunden haben (CIL I^2 26 ff.; VI 30843), bezeugen das. Ein K. freilich im modernen Sinne, in das sich Patienten zur stationären Behandlung begaben, hat dort nicht gestanden – da führt mancher kluge Reiseführer vollmundig in die Irre. Es *konnte* dort nicht stehen, weil es nirgendwo in der römischen Welt zivile K. gegeben hat.

Was es dort gab, war eine Art Not-Lazarett für kranke Sklaven, deren Pflege ihren Herren lästig geworden war. Über irgendeine Organisation dieser Einrichtung ist nichts bekannt; möglicherweise wurden die «untauglichen» Unfreien dort einfach am oder im Tempelbezirk ausgesetzt und ihrem Schicksal überlassen. Kaiser Claudius versuchte dieser Unsitte einen Riegel vorzuschieben, indem er alle dorthin verbrachten Sklaven nach ihrer Gesundung für frei erklärte, falls sie mit dem Leben davonkamen (*si convaluissent;* Suet. Claud. 25, 2; vgl. DC LX 29, 7; Dig. XL 8, 2).

Lazarette oder besser Krankensäle für schwache, arbeitsunfähige Sklaven gab es auch auf den Latifundien. Arbeiter, die sich nicht wohl fühlten, sollte der Gutsverwalter nach Columellas Empfehlung unverzüglich ins *valetudinarium* zur Pflege schicken (XI 1, 18) – bzw. zur Beobachtung, ob sie nicht nur simulierten (XII 3, 7). Der Verwalterin kam u. a. die Aufgabe zu, «die *valetudinaria*, auch wenn sie nicht mit Kranken belegt sind, ab und zu zu lüften und von Unrat zu säubern, damit sie im Bedarfsfalle den Kranken in ordentlichem und gesundem Zustand angeboten werden können» (XII 3, 8). Man sieht: «K.» wäre kein passender Begriff für *valetudinarium*; es war vielmehr eine Art Krankenrevier – so wie es in vornehmen Häusern ganz einfach «Krankenzimmer» für bettlägrige Patienten bedeutete (Sen. ben. I 11, 6).

Lediglich im militärischen Bereich kann man von einer Vorform von K. sprechen; dort bedeutete *valetudinarium* «Lazarett». Bei der Anlage von Lagern gehörte der Bau eines relativ großen Krankenreviers zum Standard (Hyg. met. castr. 4; 35; Veget. II 10; III 2). Grundmauern von Valetudinarien sind in einer Reihe von Lager-Städten gefunden worden (M. Junkelmann, Die Legionen des Augustus, Mainz 1986, 252 f.). Erkrankten dagegen Zivilisten, so riefen sie den → Arzt meist zu sich nach Hause. Bei ernsten Erkrankungen wurde dort das Krankenlager aufgeschlagen, und dort wurden sie gepflegt. Die *officinae medici* oder *(tabernae) medicinae,* die in den Quellen erwähnt werden (Plaut. Amph. 1009 ff.; Epid. 192 ff.), waren Arztpraxen, die gewöhnlich der ambulanten Versorgung der Patienten dienten. Nach chirurgischen Eingriffen konnte es vorkommen, daß die Kranken einige Tage zur Beobachtung und Weiterbehandlung in diesen Ordinationsräumen blieben (Plaut. Men. 946 ff.); doch war diese «stationäre» Unterbringung der Ausnahmefall. Mit K. waren diese Arztpraxen, die man im griechischen Raum *iatreia* nannte, nicht zu vergleichen. Sie waren reine Arzthäuser, in denen die Mediziner ihrem Handwerk nachgingen: «*iatreion* hieß das Haus, wenn es von einem Arzt bezogen wurde; wenn der aus- und ein Schmied einzog, nannte man es «Schmiede» – und wenn der es für einen Zuhälter und seine Prostituierten räumte, dann hieß es eben → Bordell» – so der Redner Aischines zur «Metamorphose» des vermeintlichen Krankenhauses (c. Tim. 50, 124).

QQ: Col. XI 1, 18; XII 3, 7 f.

Lit.: G. Harig, Zum Problem «Krankenhaus» in der Antike, Klio 53 (1971), 179 ff.; M. Guarducci, L'isola Tiberina e la sua tradizione ospitaliera, RAL 26 (1971), 267 ff.; K. Schneider, Art. *valetudinarium*, RE VIII A (1955), 262 ff.; R. Schulze, Die römischen Legionslazarette in Vetera und anderen Legionslagern, BJbb 139 (1934), 54 ff.

Krankenversicherung

Eine K. kannte das Altertum ebensowenig wie ein Krankengeld im Falle zeitweiser oder dauernder Erwerbsunfähigkeit; die Idee einer übergreifenden Solidargemeinschaft war Griechen und Römern fremd. Arztkosten hatte jeder einzelne selbst zu tragen; ggf. mußte er seine Verwandten um Unterstützung bitten. Mitglieder einer Hausgemeinschaft *(familia)* – darunter auch Sklaven – und die in einem Klientelverhältnis zu einem *patronus* Stehenden konnten ärztliche Versorgung im Rahmen dieser Beziehungen erwarten; ein Rechtsanspruch darauf bestand jedoch nicht (Berichte über die Tötung arbeitsunfähig gewordener Sklaven oder ihre Aussetzung auf der Tiberinsel spiegeln allerdings nicht die übliche Praxis wider, Suet. Claud. 25, 2).

Ansätze einer «Sozialmedizin» liegen allenfalls in der im griechischen Osten anzutreffenden Institution des «öffentlichen Arztes» vor, der von der Gemeinde oder dem Herrscher besoldet wurde. Er behandelte indes keineswegs grundsätzlich, sondern nur in Einzelfällen und vorübergehend gratis – auch, aber nicht nur Arme. Private Wohltätigkeit leistete kaum einen Beitrag zur medizinischen Versorgung mitteloser Kranker; die entsprechende sozialbewußte Hilfe für Arme entwickelte sich nennenswert erst in den Christengemeinden, die sich anfangs zu einem hohen Anteil aus sozial Schwächeren rekrutierten.

Lit.: F. Kudlien, «Krankensicherung» in der griech.-röm. Antike, in: H. Kloft (Hg.), Sozialmaßnahmen und Fürsorge. Zur Eigenart antiker Sozialpolitik, Graz/Horn 1988, 75 ff.; M. E. Pfeffer, Einrichtungen der sozialen Sicherung in der griech. und röm. Antike unter bes. Berücksichtigung der Sicherung bei Krankheit, Berlin 1969.

Küche

«Ein paar Freunde waren gekommen. Ihnen zu Ehren stieg stärkerer Rauch zum Himmel – freilich nicht ein Qualm, wie er aus den Küchen der vornehmen Leute aufsteigt und die Feuerwächter beunruhigt, sondern ein ganz bescheidener Rauch, der die Ankunft von Gästen verkündet.» Die alltägliche Szene, die Seneca hier – durchaus nicht ohne *understatement* – beschreibt (ep. 64, 1), läßt etwas Grundsätzliches erkennen: K. *(culinae)* waren vielfach Indikatoren des sozialen Status ihrer Besitzer. Den «Riesen-K.» der großen Wohnpaläste *(domus)*, in denen eine Vielzahl von Köchen «von einem Herd zum anderen eilend» Dienst taten (Sen. ep. 114, 26), stellt Seneca seine eigene, gewissermaßen bürgerliche K. entgegen. Er mag untertreiben, aber seine Beschreibung rief im römischen Leser vermutlich die Vorstellung einer «gutbürgerlichen» K. wach, wie sie sich in zahlreichen Häusern von Pompeji und Herculaneum findet.

Küchenarbeiten: Zwei Bedienstete am Herd (rechts), einer knetet Teig, ein vierter hantiert mit einem Fleischmesser am Tisch. Relief auf der Igeler Säule (Anfang 3. Jh. n. Chr.).

Blick in eine in Pompeji ausgegrabene Küche.

Rekonstruktion einer römischen Küche mit Herd, Backofen und Handmühle im «Römerhaus» in Kaiseraugst.

Auch dort gab es Unterschiede, aber immerhin hatten auch die bescheideneren Wohnungen eine eigene K. Das war im altitalischen Haus keine Selbstverständlichkeit gewesen, weil der Herd ursprünglich im Atrium, dem Zentralraum des Hauses, gestanden hatte. Der Name erinnert noch daran: Er leitet sich von *ater*, «schwarz», ab, der Ruß-Farbe, mit der der vom Herd aufsteigende Rauch die Wände des Atriums überzog. Noch in republikanischer Zeit verlegte man den Herd dann aber in den meisten Häusern in die K., die dadurch zu einem eigenständigen Raum wurde. Wegen der Ausdünstungen lag sie vielfach etwas abseits, andererseits achtete man darauf, daß die Entfernung zum Speiseraum nicht zu groß war. In pompejanischen Häusern lag die → Toilette – ein Abtritt ohne Wasserspülung – meist in oder unmittelbar neben der K. – das erleichterte zwar die «Entsorgung» von Abwasser und K.-Abfällen, war aber aus heutiger Sicht mehr als nur ein hygienischer *faux pas* (A. Scobie, Klio 48, 1986, 409 f.).

Die Größe der pompejanischen K. schwankt zwischen etwa 6 und 20 m². Der Herd als Zentrum jeder K.-Aktivität fehlte nirgendwo; er war gewöhnlich in einer Ecke aufgemauert. Nicht ungewöhnlich waren Abmessungen von etwa 120 cm Höhe und 80 cm Tiefe. In einer rundgemauerten Nische unter dem Herd wurden Brennholzvorräte gelagert. Anderswo waren die Herdstellen fast ebenerdig; die Töpfe wurden auf eiserne Roste gestellt oder hingen an Eisenhaken vom Abzug herab. Rauch und Kochdunst zogen meist durch ein über dem Herd liegendes Fenster ab. In großen Küchen stand auch ein Backofen.

Das Kochgeschirr war entweder direkt an den Wänden aufgehängt, oder es stand auf Regalen und Anrichten. Vorratsgefäße wie Fässer, Säcke und Amphoren standen, z. T. an die Wände gelehnt, auf dem Boden. Daneben gehörten Wasserkessel sowie Becken, in denen Speisen angerichtet und das → Geschirr abgewaschen wurden, zum Inventar der K.

Auf vielen Gutshöfen versammelte sich das Gesinde in der K., um zu essen; eine solche

Eß-K. mußte natürlich entsprechend geräumig sein (Vitr. VI 6; Colum. I 6, 3). Auf seinem Landgut gemütlich in der K. am Tisch zu sitzen, war auch Horaz eine angenehme Vorstellung: «Götterschmäuse, wo ich mit Freunden am eigenen Herd speise und meine verzogenen Sklaven satt mache von den Resten des Herrenschmauses» (sat. II 65 ff.). Für die in den Mietskasernen der Hauptstadt lebenden Römer indes war das Sitzen in der K. ebenso wie das Kochen in der eigenen K. ein unerreichbarer Luxus: In den Wohnungen war für einen Herd und K.-geräte kein Platz; wer eine warme Mahlzeit zu sich nehmen wollte, mußte dazu eine der vielen → Imbißstuben der Umgebung aufsuchen.

Lit.: G. Gerlach, Zu Tisch bei den alten Römern, Stuttgart 2001, 28 ff.; 38 ff.; Brödner, Wohnen 40 f.; Dosi-Schnell, A tavola 121 ff.; G. Gerlach, Essen und Trinken in römischer Zeit, Köln 1986; 28 ff.; A. Mau, Pompeji in Leben und Kunst, Leipzig ²1908, 250 ff.

Kuchen

Er sei jetzt des ewigen K. überdrüssig; statt des honigsüßen Backwerks verlange es ihn nach ordentlichem, einfachem Brot, ruft Horaz aus und veranschaulicht damit den Unterschied zwischen dem üppigen, fast überkultivierten Leben in der Stadt und dem einfachen, natürlichen Leben auf dem von ihm geliebten Lande (epist. I 10, 10 f.). Ob er seine Leser mit diesem Vergleich überzeugen konnte, ist fraglich. Denn die Mehrzahl der Römer hatte durchaus ein Faible für süßen K., für Gebäck und andere Süßigkeiten *(dulcia)*. Man kaufte sie in der → Bäckerei oder stellte sie – häufiger – selbst her. Zutaten waren Milch, Eier und → Honig, Gewürze wie Anis, Kümmel und Mohn, auch Rosinen, Mandeln und Käse wurde in die K. eingebacken. Man kannte unterschiedliche Füllungen und Güsse, mannigfache Formen wie Kränze, Brezeln, Ringe und Pyramiden, feste und weiche, kalt und warm servierte K. Benannt waren sie häufig nach ihrem «Schöpfer». Nach dem im 1. Jh. lebenden Feinschmecker Apicius, dessen Sammlung von → Kochrezepten überliefert ist, hießen gleich mehrere seiner K.-Kreationen «Apicius-Gebäck» (Athen. I 7a). Aber auch ein anderer Römer, den man zumindest dem historischen Klischee nach schwerlich mit süßen Leckereien in Verbindung bringen möchte, war offenbar ein passionierter K.-Esser. Jedenfalls sind einige Rezepte aus seiner Feder überliefert: Gemeint ist der Alte Cato.

Riesen-Schichtkuchen à la Cato

Eine Placenta mache so: Sehr feines Weizenmehl 2 Pfund (0,65 kg), um daraus den Boden zu machen; für die Fladen 4 Pfund Mehl (1,3 kg) und 2 Pfund beste Speltgraupen. Die Speltgraupen schütte in Wasser; wenn sie gut weich sind, schütte sie in einen reinen Mörser und lasse sie gut trocknen; hierauf knete sie mit den Händen. Wenn das gut durchgearbeitet ist, gib nach und nach die 4 Pfund Mehl hinzu. Aus diesen zwei Bestandteilen mache Fladen; (...) wenn sie trocken sind, setze sie reinlich übereinander. (...) Wenn die Fladen fertig sind, mache den Herd gut heiß und auch die Schüssel. Hernach befeuchte die 2 Pfund Mehl und knete sie; daraus mache einen dünnen Boden. Gib 14 Pfund Schafskäse (4,56 kg), aber keinen sauren, sondern einen recht frischen, in Wasser (...). Wenn du den Käse gut getrocknet hast, zerbröckle ihn möglichst gut. Dann nimm ein reines Mehlsieb und mache, daß der Käse durch das Sieb durchgeht in die Schüssel. Hernach gib 4½ Pfund guten Honig (1,5 kg) hinzu; das mische gut zusammen mit dem Käse. Hernach lege auf ein sauberes Brett, das 1 Fuß (30 cm) breit ist, einen Kuchenrand; lege geölte Lorbeerblätter unter und forme die Placenta (...). Wenn sie gebacken ist, nimm sie heraus und bestreiche sie mit Honig. Das wird eine Placenta von einem halben Scheffel (ca 4,5 kg) sein.

Cato, De re rustica 76

Die üblichsten lateinischen Bezeichnungen für K. sind *placenta* und *libum;* sie werden häufig ohne erkennbaren Unterschied benutzt. Im strengen Sinne gehört das *libum* allerdings zum kultischen Bereich. Es ist ein «Opferkuchen» (von *libare,* «opfern»; Varro LL VII 44) in Fladenform, der den Göttern dargebracht wurde – oft dem persönlichen Schutzgott Genius am → Geburtstag, gewissermaßen also der Vorläufer unserer Geburtstagstorte (Tib. II 2, 8). Es mundete aber auch den Menschen z. B. als → Nachtisch (Macrob. sat. II 8, 2), bei dem K. gern – und manchmal als «künstlerisch wertvolle» Skulptur (Petr. 40, 4) – gereicht wurde. In seiner Liste angenehmer Todesarten führt Plinius auch den ehemaligen Konsul A. Manlius Torquatus auf, der just in dem Moment das Zeitliche segnete, «als er bei der Tafel nach dem Kuchen griff» – ein wahrhaft süßer Tod (NH VII 183).

QQ: Cato r. r. 74 ff.; Hor. epist I 10, 10 f.; Ov. fast. III 727 ff. (*libum* angeblich von Liber); Plin. NH XVIII 106 ff.; Athen. I 7a; XIV 643e ff.

Lit.: André, L'alimentation 213 ff.; Orth, Art. «Kuchen», RE XI (1922) 2088 ff.

Kühlverfahren

Betuchte Römer benutzten zu allen Jahreszeiten Schnee und Eis zur Kühlung ihrer Getränke, vor allem des → Weins. Martial erwähnt dieses K. häufig (z. B. V 64, 2; IX 22, 8; XIV 103; 116 ff.; vgl. auch Sen. ep. 78, 23; Plin. NH XIX 55). Möglich wurde das durch die Anlage von Schneekellern, in denen zusammengepreßter Schnee in großen Gruben gelagert wurde. Als Isoliermaterialien dienten Gras, Stroh, Baumzweige, Erde oder auch Leinentücher (Sen. nat. quaest. IV B 13; Plut. Mor. 692). Durch den Druck ging der Schnee z. T. in Eis über, so daß man auch künstliches Eis zur Verfügung hatte. Es gab Unternehmen, die sich darauf spezialisiert hatten und den Schnee von weither aus den Bergen holten. Über das Verfahren des Transports ist nichts überliefert. Die gekühlten Getränke verursachten bei manch einem

Der Geist im Dienste des Luxus

Nicht Schnee zu trinken, sondern eiskaltes Wasser vom Schnee hat erfinderischer Durst ersonnen. Martial XIV 117

gesundheitliche Probleme (Plin. NH XXXI 21). Das gleiche K. wurde bei Speisen angewandt, aber wohl seltener (Galen. X 468).

Ein weniger aufwendiges K. für Wein stellte die Benutzung eines Psykter («Kühlgefäß»; Athen. XI 502d ff.) dar. Es gab mehrere Typen davon; einer war die doppelwandige Amphora, in deren äußeren Mantel kühles (Brunnen-) Wasser geschüttet wurde.

QQ: Martial s. o.; Sen. nat. quaest. IV B 13; Plin. NH XXXI 20 ff.; Plut. Mor. 692.

Lit.: R. I. Curtis, Ancient food technology, Leiden 2001; Neuberger, Technik, 125 f.

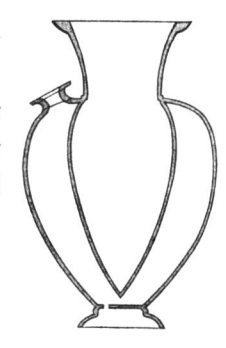

Aufbau des Psykter.

Kuriositäten-Ausstellung

Um die Schau- und Sensationslust der Menschen zu befriedigen, wurde Kurioses, Abnormes und Neuartiges aus allen Bereichen der Natur als *miracula* («Naturwunder», Plin. NH XXXVI 196) öffentlich ausgestellt – insbesondere in Rom selbst, weil das Seltenste und «Exquisiteste» aus dem ganzen Reich gern an den Kaiser geschickt wurde. Zu den «Exponaten» gehörten neben Rekorden aus Tier- und Pflanzenwelt (z. B. Riesenschlange von über 12 m Länge, Suet. Aug. 43, 4; vgl. auch den Art. → «Zoo»; längster Baumstamm von über 35 m Länge, Plin. NH XVI 200 f.) auch besonders auffällige Menschen (Pygmäen, Riesen und Riesinnen, Vielfresser, Menschen mit Mißbildungen; von einem regelrechten Markt von Monstrositäten in Rom berichtet Plutarch, de curios. 10). Die Kuriositäten wurden z. T. auf Straßen und Plätzen zur Schau gestellt, z. T. im → Triumphzug mitgeführt oder bei den öffentlichen «Spielen», vor allem im Rahmen der *pompa circensis,* gezeigt.

Lit.: Wissowa bei Friedländer, Sittengeschichte IV, 1 ff.

Kuß

Der K. (*osculum,* «Mündchen»; volkstümlicher *basium* oder *savium*) als Ausdruck von Liebe und sexuellem Begehren war in hetero- wie in homosexuellen (Cat. c. 99; Petr. 75, 4) Beziehungen selbstverständlich. Er war gewöhnlich die erste intime Annäherung im Anschluß an einen Flirt; die Initiative ging dabei vom Mann aus (Ov. ars am. I 663 ff.). Als besonders leidenschaftliche Formen des Liebes-K. werden in der Literatur Zungen- und Beißküsse erwähnt (Ov. am. II 5, 24; Cat. c. 8, 18). In der Zeit der Republik waren Liebes-K. in der Öffentlichkeit verpönt. Besonders strenge Maßstäbe wurden bei Angehörigen der Oberschicht angelegt: Cato soll als Censor einen Praetor aus dem Senat geworfen haben, weil er seine Frau in Gegenwart der Tochter am Tage geküßt habe – mehr als ein Schlaglicht auf die prüde Sexualmoral ist diese Nachricht wohl nicht (Plut. Cato 17, 7; dazu A. E. Astin, Cato the Censor, 1978, 80 f.). Auch als Protest gegen die von den Vertretern der «elegischen Revolution» im 1. Jh. v. Chr. als spießig empfundene Moral sind Catulls berühmte Kuß-Gedichte (c. 5 und 7) gedacht: Den «Redereien allzu verknöcherter alter Männer» zum Trotz fordert er seine Lesbia zum «Austausch» hunderter und tausender Küsse auf – offensichtlich auch in der Öffentlichkeit (c. 5, 11 f.; c. 7, 11 f.).

In der Kaiserzeit kam es häufiger vor, daß man sich auf der Straße küßte; meist allerdings in Form des Begrüßungskusses unter Männern. Die Sitte beschränkte sich weitgehend auf Mitglieder der «feinen» oder fein sich dünkenden Gesellschaft (Plin. NH XXVI 3); sie fiel manch einem lästig und wurde als unhygienisch und aufdringlich empfunden (Mart. XI 98; VIII 44, 5; Begrüßungsküsse bei der Rückkehr nach Rom auch vom Weber, Walker, Schuster und anderen, «die gerade noch Gemächt und Schoß geküßt haben»: Mart. XII 59). Die Intensität manches Begrüßungskusses deutet das Bonmot eines Unbekannten an: «Willst du, jedesmal wenn du einen hastig dahin Eilenden siehst, ihn ablecken?!» (Suet. gramm. 23, 6). Das von Tiberius verfügte Verbot des Küssens bei der → Begrüßung (*salutatio;* Suet. Tib. 34, 2) setzte sich nicht durch.

Der K. unter Verwandten war bei bestimmten Anlässen wie Heimkehr, Abschied, Wiedersehen, Versöhnung usw. üblich (z. B. Suet. Caes. 13). Das gegenseitige «Kußrecht» (*ius osculi;* Suet. Claud. 26, 3) stand Frauen und ihren eigenen Verwandten sowie denen ihres Mannes zu – für die Männer angeblich auch als Kontrolle, ob die Frau verbotenerweise → Wein getrunken hatte (Plb. VI 11a 4; Plin. NH XIV 89). Das Küssen von Kindern war weit verbreitet (Cic. Att. XII 1, 1; Val. Max. V 9, 2).

Der Handkuß war eine Geste der Ehrerbietung, mit der vor allem → Klienten bei der morgendlichen Begrüßung ihren Patron erfreuen wollten (kurz vor dem Attentat küßte einer der Verschwörer Caesars Rechte; Plut. Brut. 16, 2). Der Hand- und noch mehr der Fuß-Kuß galten freilich für Freie als Erniedrigung; manche Kaiser ließen ihn sich gefallen (Epict. diss. IV 1, 17; DC LIX 29).

Klartext

Küsse gibst du den einen, den anderen, Postumus, die Rechte.
Fragst du: «Was lieber? Wähl aus!» – Ich ziehe die Rechte dann vor. Martial II 21

QQ: Cat. c. 5; 7; Mart. XI 98; XII 59.

Lit.: G. Binder, Art. ‹Kuss›, Neuer Pauly 6, 1999, 939 ff.; P. Moreau, Osculum, basium, savium, Revue Belge 52, 1978, 87 ff.; W. Kroll, Art. «Kuß», RE-Suppl. V (1931), 511 ff.

L

Lampe

«Kauft Lampen und Statuetten!» – diesen Werbeslogan eines Haushaltswarengeschäfts im afrikanischen Caesarea (CIL VIII 22642) ließen sich die Konsumenten nicht zweimal sagen, zumindest was den ersten Teil der Werbebotschaft anging: Überall im Römischen Reich wurden die kleinen, 7–15 cm großen, runden oder länglich-ovalen Ton-L. *(lucernae)* produziert, überall waren sie ein selbstverständlicher Teil des Hausrats – selbst in den Wohnungen der Ärmsten, die neben → Kerzen auch Öllampen zur → Beleuchtung benutzten (Mart. XII 32, 12). L. waren, das zeigt auch ihre «Omnipräsenz» in allen Antikenmuseen, ein ausgesprochener, für fast jeden Geldbeutel erschwinglicher Massenartikel, und auch der übliche Brennstoff, das Olivenöl, war im Mittelmeergebiet so reichlich vorhanden, daß er recht preiswert war – zumal man dafür mindere → Öl-Qualitäten einsetzte (Hor. sat. I 6, 124; Juv. V 86 ff.). Jenseits der Alpen wurde als L.-Brennstoff neben Öl auch Talg verwendet. Wie sehr die kleinen tönernen L. zum römischen Alltag gehörten, zeigen die vielen volkstümlichen Relief-Verzierungen auf den L.-Spiegeln: Neben Motiven aus der Sagen- und Götterwelt finden sich da vor allem Darstellungen aus dem häuslichen, dem beruflichen und dem → Freizeit-Bereich: Szenen aus dem Theater, dem Circus und der Arena, Ausschnitte aus dem Leben von Bauern, Soldaten, Jägern und Fischern sowie nicht zuletzt eine Fülle erotischer

Massenware Tonlampen.

Motive, die vielfach an obszöner Derbheit nichts zu wünschen übrig lassen. Ab dem Ende des 3. Jh. nahmen dann christliche Symbole wie das Kreuz und das Christusmonogramm allmählich zu. Manche L. trugen auch kurze Inschriften, die auf den mythologischen Stoff oder die dargestellten «Helden» der «Spiele» Bezug nahmen. Eine Sondergruppe bilden jene L., die als → Neujahrs- → Geschenke dienten und die guten Wünsche für das kommende Jahr überbrachten: *annum novum faustum felicem tibi* («ein glückliches und erfolgreiches Neues Jahr für dich»; CIL XV 6202 ff.).

Neben den durch Reliefs und andere Dekor-Elemente verzierten L. gab es natürlich auch noch schlichtere Modelle, die außer dem Namen und dem Stempel (Firma) des Herstellers keinen weiteren «Schmuck» aufwiesen (sog. Firma-L.). Die Gegenstücke zu diesen Billig-Ausführungen stellten künstlerisch oft hochwertige L. aus Metall – meist aus Bronze – dar, die jedoch wegen ihres hohen Preises nur in wohlhabenden Haushalten Licht spendeten. Einen besonders repräsentativen Eindruck machten die luxuriösen Kandelaber *(lychnuchi)*; meist mehrere L. standen auf ihnen in unterschiedlicher Höhe oder hingen von ihnen herab. Reiche Römer fanden in der Kaiserzeit Gefallen daran, regelrechte Kronleuchter *(lychnuchi pensiles)*, wie man sie, «gleich apfeltragenden Bäumen leuchtend», zuvor nur aus Tempeln kannte, in ihren Privaträumen aufhängen zu lassen (Plin. NH XXXIV 14). In bescheideneren bürgerlichen Verhältnissen begnügte man sich auch mit Kandelabern aus Holz (Cic. Qu. fr. III 7; Mart. XIV 44).

Die L. bestanden aus dem L.-Körper, in den der Brennstoff durch ein – häufig durch die Relief-Darstellung geschickt verdecktes – Loch eingefüllt wurde, einem Henkel und der meist gegenüberliegenden L.-Schnauze *(rostrum)*, aus der der Docht *(filum)* ragte. Manche L. hatten außerdem ein oder mehrere kleine Belüftungslöcher. Die Dochte waren meist aus Flachs oder Hanf gearbeitet; mit Nadeln und kleinen Zangen konnte man sie regulieren. Wie lange eine Füllung Öl brannte, hing nicht nur vom Volumen des «Tanks» ab, sondern auch von der Dicke des Dochtes. Ein dünner Docht verbrauchte in drei Stunden etwa 0,3 dl Öl; ein dicker die doppelte Menge. Bei ausgedehnten Gelagen mußte deshalb schon einmal Öl nachgegossen werden, wenn die Flammen nur noch mattes Licht verbreiteten (Petr. 22, 3 ff.). Antike Ingenieure bemühten sich zwar, die lästige Arbeit des Nachfüllens und des Vorschiebens der Dochte durch automatisch funktionierende Verrichtungen zu reduzieren (Heron I 34; II 22), doch spielten diese Erfindungen im Alltag wohl keine Rolle.

Das Gros der Öl-L. hatte nur eine Schnauze, doch waren auch L. mit zwei und mehr Dillen weitverbreitet (*lucerna bilychnis* bzw. *polymyxos*; Mart. XIV 41). Sie spendeten natürlich mehr Licht, hatten indes – wie auch eine Vielzahl einflammiger L. in einem Raum – den Nachteil, stärker zu blaken. Diese Rußentwicklung war nicht gering und wurde von vielen als unangenehm empfunden (Quint. XI 3, 23); Architekten sollten deshalb nach Vitruvs Anweisung in

Bronzekandelaber mit Öllampen aus Pompeji.

Räumen mit mehreren L. möglichst glatte Gesimse planen, damit sie sich leichter vom Ruß säubern ließen (VII 3, 4; Juv. VII 225 ff.). Dem Qualmgeruch setzten empfindsame – oder auf Showeffekte in Gesellschaft bedachte – Naturen den Duft von → Parfüms entgegen, die mit in die L. geschüttet wurden (Mart. X 38, 8; Petr. 70, 9). Die meisten Römer dürften sich im allgemeinen auf den Gebrauch weniger L. beschränkt haben, und oft genug fand ein gemütlicher Abend in kleiner Gesellschaft nur im Scheine von ein paar L. oder sogar nur einer einzigen statt: Wenn einer dann eine L. mit zwei Dochten zu sehen meinte, lag es nur am Wein (Petr. 64, 2; Juv. VI 305 f.).
Außerhalb des Hauses bediente man sich nachts einer L., die durch eine → Laterne geschützt war, drinnen dagegen zündete man im Schlafzimmer die *laterna cubicularis* an, auf deren Diskretion man sich Martial zufolge verlassen konnte: «Ich, die Lampe, des süßen Betts Vertraute – was du immer auch tust, ich werde schweigen» (XIV 39).

QQ: Verg. Mor. 10 ff.; Petr. 22; 64, 2; Mart. XIV 39 ff.; Juv. V 86 ff.; VI 305 f.; VII 225 ff.; CIL XV 6196 ff. (Lampen-Inschriften); Bildquellen: s. u.

Lit.: F. Conticello de'Spagnolis / de Carolis, Le lucerne di bronzo di Ercolano e Pompei, Rom 1988; W. Radt, Lampen und Beleuchtung in der Antike, AW 1986, H. 1, 40 ff.; P. M. Bailey, Greek and Roman pottery lamps, London 1972; H. Menzel, Antike Lampen im Römisch-Germanischen Zentralmuseum zu Mainz, 1954, ND 1969; A. Hug, Art. *lucerna*, RE XIII (1927) 1566 ff.; Neuburger, Technik 240 ff.

Bronzene Öllampe mit zwei Schnauzen. Das Einfülloch im Spiegel war ursprünglich durch eine Figurine «getarnt»; seitlich drei kleine Belüftungslöcher. Aus Pompeji, 1. Jh. n. Chr.

Lärm

L. galt als ausgesprochene Großstadt-Plage. Die Millionenstadt Rom wird in vielen Quellen als *clamosa urbs* (lärmerfüllte Stadt; Stat. Silv. IV 4, 18) geschildert; besonders geräuschvoll ging es in der dichtbevölkerten Subura und im Circus her (Mart. X 53, 1; Juv. IX 144). L. bei Tage entstand durch die Massen von Menschen auf den Straßen Roms, durch Handwerker und Krämer; Bäcker und Lehrer störten schon bei Tagesanbruch die Ruhe (Mart. XIV 223; XII 57; XI 68). Weiterhin sorgten Baulärm, laute Prozessionen, schreiende Bettler und Beifall für Gaukler und Schausteller für den charakteristischen *strepitus Urbis* (Lärm der Stadt; Hor. c. III 29, 12). Nachts rumpelten aufgrund eines Tagesfahrverbots zahllose Wagen über das Basaltpflaster Roms. Zum «Lärm der Räder» (*strepitus rotarum*; Hor. epist. I 17, 7) kamen erhebliche Ruhestörungen durch Nachtschwärmer und Betrunkene (Prop. IV 8; Petr. 78, 5 ff.). Schwere Schlaf- und Gesundheitsstörungen waren vor allem bei den sozial Schwächeren die Folge (L. als Ursache tödlicher Krankheit: Juv. III 232 ff.; Mart. XII 57). Wer es sich leisten konnte, wohnte am Stadrand oder zog sich häufig aufs Land zurück: «Denn welche gemietete Wohnung läßt den Schlaf zu? Schlaf findet in der Stadt nur, wer reich ist.» (Juv. III 234 f.). Unter ähnlichem L. wie in Rom haben wohl auch die Bewohner der anderen großen Metropolen gelitten; für das hellenistische Alexandria bezeugt das Kallimachos (Hek. fr. 260, 63 ff.). Eine humorvolle Genre-Studie über den L. im Hotel eines → Heilbades findet sich bei Seneca (ep. 56, 1 f.).

QQ: Hor. epist. II 2, 65 ff.; Juv. III 232 ff.; Mart. IV 64; XII 57; XII 18.

Lit.: Weeber, Umweltverhalten 96 ff.; H. Dahlmann, Über den Lärm, Gymn. 85 (1978), 206 ff.

Laterne

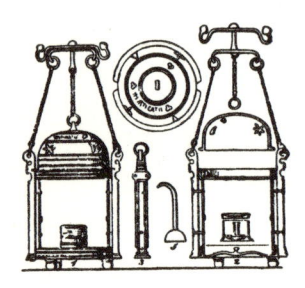

Da es auch in den Städten keine → Straßenbeleuchtung gab, mußte jeder, der des Nachts unterwegs war, eine eigene Lichtquelle mit sich führen. Die Armen hatten mitunter nur eine → Kerze dabei oder verließen sich auf den Mondschein (Juv. III 286 f.); normalerweise aber bediente man sich einer Fackel oder einer L. *(lanterna, laterna)*. Wohlhabende Römer ließen sich die L. von einem Sklaven, dem *laternarius* («Laternenträger») vorantragen (Cic. Pis. 20; Val. Max. VI 8, 1): Der wartete, während sein Herr sich bei einem → Gastmahl vergnügte, oftmals draußen auf der Straße – und mußte aufpassen, daß ihm, wenn er einschlief, die L. nicht gestohlen wurde (Mart. VIII 59, 11; XIV 42).

Modell einer Laterne.

Links: In Kaiseraugst gefundene Laterne von ca. 20 cm Höhe. Die Scheiben zwischen den Bronzestegen bestanden ursprünglich wohl aus Horn. Rechts: Apulische Vase mit Phylakenszene: Laternen-Hilfe beim Fensterln.

Die L. waren zylindrische, meist aus Bronze gearbeitete Gestelle mit einer Öffnung im – abnehmbaren – Deckel. Als Seitenscheiben dienten Platten aus geschabtem Horn oder – als preiswertere Alternative – Tierblasen (Mart. XIV 62); Glas wurde dazu erst in der Spätantike verwendet (Isid. XX 10, 7). Als Lichtquelle in der L. diente entweder eine Kerze oder ein Öl-→ Lampe. Man trug die L. an einem starren Griff oder an einem Kettchen – was, wie eine apulische Vasendarstellung zeigt, selbst beim «Fensterln» nicht besonders hinderlich war.

QQ: Mart. XIV 42; 61 f.; Juv. III 285 ff.; Isid. Et XX 10, 7.

Lit.: W. Radt, Lampen und Beleuchtung in der Antike, AW 1986, H. 1, 40 ff.

Lebenserwartung

Die Berechnung der L. der Menschen in der römischen Antike ist durch eine sehr große Zahl von Unsicherheitsfaktoren belastet; Grabinschriften und Papyri stellen neben der Lebensalter-Tabelle Ulpians (Dig. XXXV 2, 68 pr.) die einzigen verläßlichen Quellen dar. Von der Quantität her könnte das eine solide Grundlage sein; qualitativ sind aber u.a. folgende Fehlerquellen in das Material «eingebaut»: «Vernachlässigung» der hohen Kindersterblichkeit im ersten Lebensjahr; Aufrundungseffekte durch mangelnde Kenntnis des genauen Alters (durch 5 teilbare Altersangaben sind erheblich überrepräsentiert!); je nach Region und sozialer Schicht sehr große Unterschiede bei der Auftragsvergabe (teurer!) Inschriften; Neigung alter Menschen, ihr wahres Lebensalter zu übertreiben. Über ungefähre Größenordnungen wird man daher nicht hinauskommen.

Die liegen bei den wesentlichen Untersuchungen übereinstimmend zwischen 20 und 30 Jahren L. bei der → Geburt. Die Säuglingssterblichkeit war extrem hoch; über 40% der Neugeborenen starben innerhalb des ersten Lebensjahres. Wer das 5. Lebensjahr erreicht hatte, konnte den Berechnungen B. Friers zufolge mit einer Gesamt-L. von 42 Jahren rechnen; 20- bis 25jährige erreichten durchschnittlich ein Alter von etwa 50 Jahren. Der Großteil der Bevölkerung war jung; das Durchschnittsalter lag unter 25 Jahren. Die über 40jährigen stellten nur einen Anteil von 25 % der Gesamtbevölkerung, die unter 15jährigen dagegen mehr als ein Drittel. Der Anteil derer, die nach heutigen Maßstäben ein Rentneralter von über 60 Jahren erreichten, lag – immer nach Frier – bei unter 6% der Bevölkerung. Deutliche Unterschiede in der L. gab es zwischen Stadt- und Landbevölkerung. Zumindest in der hektischen Großstadt Rom lag die L. deutlich niedriger als anderswo: Die z.T. schlimmen Lebensbedingungen, die Enge des Zusammenlebens und Umweltbelastungen wie → Lärm, Streß und Smog waren dafür verantwortlich. Obwohl gesicherte Daten fehlen, ist aufgrund der i.g. schlechteren Lebensumstände und schlechteren medizinischen Versorgung mit einer deutlich geringeren L. der unteren sozialen Schichten einschließlich der Sklaven zu rechnen.

Tabelle der Lebenserwartung und Lebensalter nach Frier

Alter	weitere Lebenserwartung in Jahren	Sterbequote auf 1000	prozentualer Anteil an der Gesamtbevölkerung
0	21,11	466,9	3,63
1	31,70	70,2	10,26
5	37,13	13,2	11,22
10	34,50	9,9	10,59
15	31,12	15,4	9,95
20	28,41	17,2	9,17
25	25,75	19,5	8,37
30	23,13	22,3	7,54
35	20,56	25,9	6,69
40	18,05	30,6	5,81
45	15,63	37,3	4,91
50	13,33	47,3	3,98
55	11,23	57,3	3,07
60	9,14	78,4	2,20
65	7,38	104,2	1,40
70	5,82	143,4	0,76
75	4,53	203,9	0,32
80	3,77	265,4	0,12

Lit.: Harlow, Growing up 8 ff.; P. Erdkamp, Levensverwachting en mortaliteit in de Griekse-Romeinse wereld, Lampas 33, 2000, 164 ff.; 238 ff.; B. D. Shaw, Seasons of death, JRS 86, 1996, 100 ff.; P. A. Brunt, Italian manpower 225 B. C. – A. D. 14, Oxford ²1987; 132 ff.; 719 f.; K. Hopkins, Death and renewal, Cambridge 1983; B. W. Frier, Roman life expectancy: Ulpian's evidence, HStCP 86 (1982), 213 ff.; R. P. Duncan-Jones, Agerounding, illiteracy and social differentiation in the Roman Empire, Chiron 7 (1977), 333 ff.; M. Clauss, Probleme der Lebensalterstatistiken aufgrund röm. Grabinschriften, Chiron 3, 1973, 395 ff.

Lebensgemeinschaft

Neben der rechtmäßigen → Ehe *(iustum matrimonium)* kannte die römische Antike als informelle Formen der L. von Mann und Frau den Konkubinat *(concubinatus,* «gemeinsames Liegen») und das *contubernium* («Zeltgemeinschaft», daraus «Wohnungsgemeinschaft»). Diese dauerhaften L. waren gesellschaftlich weitgehend akzeptiert; sie standen i. a. nicht im Rufe zwielichtiger, anrüchiger Verbindungen. Entsprechend waren *concubina* oder *contubernalis* keine herabsetzenden Bezeichnungen; sie finden sich auch auf Inschriften. Als weitere Bezeichnungen waren *amicus/amica* («Freund», «Freundin») gebräuchlich; alle Begriffe lassen sich nach heutigem Sprachgebrauch am besten mit «Partnerin»/«Partner» wiedergeben. Daß die – nur juristisch «nichtige» – L. vielfach als *de-facto*-Ehe gesehen wurde, wird aus der durch viele Inschriften bezeugten Selbstverständlichkeit deutlich, mit der man den Partner einer L. auch *maritus* («Ehemann») bzw. *uxor* und *coniunx* («Ehefrau») nannte.

Grund dafür, eine nichteheliche L. einzugehen, waren vorrangig gesetzlich festgeschriebene Ehe-Hindernisse. So war es römischen Legionären in den ersten Jahrhunderten der Kaiserzeit während ihrer aktiven Dienstzeit verboten zu heiraten; ihre Loyalität sollte ganz der Armee gehören (DC LX 24, 3; Dig. XXIV 1, 60, 2). Es wurde indes geduldet, wenn sie mit einer *concubina* (oder *focaria,* «Haushälterin», von *focus,* «Herd»; Cod. Iust. V 16, 2) zusammenlebten. Verboten war auch die Heirat zwischen Angehörigen des senatorischen Standes und → Freigelassenen (Dig. XXIII 2, 44 pr.; DC LVI 7, 2). Das «Überspringen» der sozialen Kluft war deshalb nur in einer L. möglich – um den Preis, daß die aus der Beziehung hervorgehenden Kinder im rechtlichen Sinne als illegitim galten und damit schlechter gestellt waren. Das mochten Juristen als «Affront» gegenüber der Mutter werten: So erklärt sich, daß der Rechtsgelehrte Ulpian als einzigen Unterschied zwischen einer Ehefrau und einer Konkubine die *dig-*

«Für L. Bruttius Acutus, den Freigelassenen des Centurio Justus aus der 5. Legion, hat Maura ihrem Gefährten und ihrer Tochter Nepelene den Grabstein errichten lassen.» Maura war anscheinend Sklavin, die mit L. Brutus in einer ehe-ähnlichen Lebensgemeinschaft lebte; Grabstein aus Köln, 1. Jh. n. Chr. (CIL XIII 12059).

nitas («Würde») der Gattin erkennt (Dig. XXXII 49, 4). Der umgekehrte Fall, daß eine Frau senatorischen Standes mit einem freigelassenen *concubinus* zusammenlebte, ist im übrigen auch nicht selten bezeugt. Eine weitere Ehe-Barriere war der «anstößige» Beruf einer Frau: Schauspielerinnen, Prostituierte und Schankwirtinnen (Schänken galten vielfach als Tarnung für Zuhälterei) durften von Freigeborenen nicht geheiratet werden (Dig. XXIII 2, 43); auch hier stellte der Konkubinat einen relativ leichten Ausweg dar.

Manchmal waren es auch der Respekt vor seiner verstorbenen Frau oder die Rücksichtnahme gegenüber den Kindern aus erster Ehe, die vor allem Angehörige der Oberschicht bewog, mit einer neuen Partnerin eine informelle L. einzugehen. Solche Beziehungen sind u. a. von den Kaisern Vespasian (Suet. Vesp. 3) und Marc Aurel (Hist. Aug. Marc. 29, 10) überliefert. Aus dem bisher Gesagten ist ersichtlich, daß der Konkubinat als L. monogamischen Charakter hatte und keine *neben* der Ehe bestehende Beziehung bezeichnete (Paul. II 20, 1).

Der Großteil der L. gehört indes in die Welt der «kleinen Leute», in das soziale Milieu der Sklaven und Freigelassenen. Unfreie durften nicht heiraten, mit Erlaubnis ihres Herrn aber in einem *contubernium* zusammenleben. Solche L. wurden von den meisten Herren durchaus im Eigeninteresse gefördert: Familiäre Bande wirkten sich positiv auf Loyalität, Anpassungsbereitschaft und Arbeitshaltung der Sklaven aus. Agrarschriftsteller raten ausdrücklich dazu, vor allem den unfreien Führungskräften auf einem Gut eine Partnerin «zuzuweisen», «die auf ihn aufpaßt und ihm in manchem behilflich ist» (Colum. I 8, 5; vgl. auch Varro r. r. I 17). Eher ungewöhnlich war die gemeine Praxis des Alten Cato, seinen Sklaven sexuelle Kontakte zu Mitsklaven nur gegen Entgelt zu gestatten (Plut. Cato mai. 21). Im übrigen gehörten die aus solchen Beziehungen hervorgehenden Kinder als *vernae* («im Hause geborene Sklaven») dem Herrn. In der Regel waren die *contubernales* Angehörige derselben *familia*. Sie konnten im Normalfall damit rechnen, nicht durch Verkauf oder Vererbung auseinandergerissen zu werden (Dig. XXXII 1, 42, 2); einen Rechtsanspruch darauf hatten sie als außerhalb des bürgerlichen Rechts Stehende aber nicht. Viele Inschriften bezeugen Sklaven-«Ehen» von langer Dauer.

Ehefrau, Konkubine, Ehefrau – die (sukzessiven) Beziehungen des M. Servilius

«Marcus Servilius Rufus Victor, Freigelassener des Marcus, hat (dieses Grab) zu seinen Lebzeiten für sich, seine Frau Petia Prima, Freigelassene des Gaius, seine verstorbene Konkubine Marcia Felix, Freigelassene der Gaia, und seine Frau Servilia Apata, Freigelassene des Marcus, errichten lassen.»

Die während der Unfreiheit eingegangenen L. hatten vielfach auch nach der Freilassung Bestand. Die Beziehung blieb dann entweder als informelles *contubernium* bestehen oder wurde in eine regelrechte Ehe «überführt» – falls beide Partner frei waren. Darum bemühte sich wohl meist der als erster freigelassene Partner. Im Roman des Petron renommiert ein Gast damit, er habe sich erst selbst und dann «meine Partnerin *(contubernalis)* freigekauft, damit sich niemand (mehr) an ihren Haaren die Hände trocknet» (Petr. 57, 6).

l. g. läßt sich also feststellen, daß es in den meisten Fällen der soziale und rechtliche Status beider oder eines Partners war, der zu einer nichtehelichen L. führte. Deutlich seltener dagegen war die freiwillige Entscheidung, keine reguläre Ehe einzugehen. Die relative Häufigkeit des Konkubinats in der römischen Gesellschaft war deshalb nicht, wie in der älteren Forschung noch betont, eine Art moralischer Fehlform und läßt auch nicht auf eine manchmal behauptete Ehemüdigkeit oder sittliche «Dekadenz» schließen, sondern war das Ergebnis einer Gesetzgebung, die gerade den unteren sozialen Schichten eine förmliche Eheschließung erschwerte oder sogar verwehrte.

Lit.: Rawson, Children 263 ff.; R. Friedl, Der Konkubinat im kaiserzeitl. Rom, Stuttgart 1996; S. Treggiari, Concubinae, PBSR 49 (1981), 59 ff.; dies., Contubernales in CIL VI, Phoenix 35 (1981), 42 ff.; B. Rawson, Roman concubinage and other de facto marriages, TAPhA 104 (1974), 279 ff.; Pomeroy, Frauenleben 298 ff.; G. R. Watson, The Roman soldier, London 1969, 133 ff.; J. Plassard, Le concubinat romain sous le Haut Empire, Toulouse 1921; P. M. Meyer, Der römische Konkubinat, Leipzig 1895.

Lehrer

«Er hat daheim seine Lehrer gehabt, wo Fehlgriffe nur ausnahmsweise oder gar nicht vorkommen. Jetzt muß seine Ausbildung nach draußen verlegt werden, jetzt gilt es, sich nach einem lateinischen Rhetor umzusehen, dessen Schule im Rufe der Strenge und Ehrbarkeit, vor allem aber der Sittenreinheit steht. Unser junger Mann besitzt nämlich neben den sonstigen Gaben der Natur und des Glücks außergewöhnliche körperliche Schönheit, für die in seinem kritischen Alter nicht nur ein Lehrer, sondern auch ein Hüter und Lenker gefunden werden muß» (Plin. ep. III 3, 3f.). Das Schreiben, in dem Plinius Corellia, eine Witwe aus der vornehmen Gesellschaft, hinsichtlich der weiteren Ausbildung ihres Sohnes berät, erwähnt die drei römischen Schulformen (Apul. Flor. 20) und die auf der jeweiligen Ausbildungsebene tätigen L., wenn auch z. T. immanent. Für den Elementar- und den darauf aufbauenden Grammatik- und Literaturunterricht hatte Corellia offensichtlich Haus-L. engagiert, und zwar tüchtige und gutausgebildete. Die dritte Stufe der Ausbildung, gewissermaßen das Hochschulstudium bei einem Rhetorik-L. oder -Professor *(rhetor; orator)*, sollte nun außerhalb der vertrauten häuslichen Umgebung absolviert werden, in einem Hörsaal auf einem der Foren oder einem Auditorium unter einer Säulenhalle. Der Sproß der Corellia ist noch im «schwierigen» Alter, 15 oder 16 Jahre alt vermutlich, denn die Grundschulzeit dauerte ca. vom 7. bis zum 11. oder 12. Lebensjahr, und der *grammaticus* unterrichtete die etwa 12- bis 15jährigen. Grund genug also für Plinius, nach einem pädagogisch qualifizierten Hochschul-L. als «Lenker der unsteten Jugend» (*vagae moderator…iuventae;* so Martial über Quintilian, II 90, 1) Ausschau zu halten. Er empfiehlt übrigens einen gewissen Iulius Genitor, der sich nicht nur durch seine unbestrittene fachliche Kompetenz, sondern auch durch seine Charakterfestigkeit auszeichne – und eine gewisse Schroffheit und Härte, die «angesichts der Zügellosigkeit unserer Zeit» nicht verkehrt sei (ep. III 3, 5f.). Corellia hatte offensichtlich genug Geld, um ihrem Sohn gute Haus-L. «bie-

Grabstein des Grundschullehrers Philocalus aus Capua. Die Inschrift berichtet, daß er sich nebenbei durch Verfassen von Testamenten etwas hinzu verdiente.

ten» zu können. In vornehmen Kreisen war Hausunterricht sicher nichts Ungewöhnliches, wenngleich er nicht sehr häufig erwähnt wird (z. B. Plaut. Bacch. 430ff.; Plin. NH XXXV 135). Er hatte, wenn die moralische Integrität des L. nicht über jeden Zweifel erhaben war – und das war sie häufig genug nicht! (Juv. X 224; Quint. I 3, 17) – seine Tücken. So war es sicher kein Einzelfall, wenn Q. Caecilius Epirota in den Verdacht geriet, dem ihm zum Privatunterricht anvertrauten Mädchen nicht nur Lesen und Schreiben beigebracht zu haben, «und deshalb entfernt wurde» (Suet. gramm. 16, 1). Quintilian erörtert die Problematik «Privatunterricht oder ‹öffentliche› Schule» ausführlich (I 2) und neigt mit einem interessanten Argument mehr dem Unterricht im Klassenverband zu: die besseren L. scheuten die Konkurrenz weniger, meint er, «sie freuen sich an der großen Zahl der Schüler und halten sich für eines größeren Theaters würdig» (I 2, 9).

Der Alltag des normalen L. sah freilich anders aus als es Quintilians idealisierende Formulierung nahelegt. Zumal der Grundschul-L. *(magister ludi, primus magister)*, der seine Schule als selbständiger «Freiberufler» betrieb, hatte ein hartes Los. Er brachte seinen Schülerinnen und Schülern Lesen, Schreiben und die Grundrechnungsarten bei; mitunter wird er treffend als *litterator* bezeichnet (Suet. gramm. 4, 1–5), d. h. als «einer, der die Buchstaben *(litterae)* lehrt».

Terracotta-Fragment mit einer Schulkarikatur: Ein Esel unterrichtet Affen… (Paris, Louvre).

Sein Sozialprestige war denkbar gering, als *res indignissima*, «einen ganz unwürdigen Beruf», stuft ein höherrangiger Kollege, der Rhetor Florus, diese Tätigkeit ein (Verg. 3, 2) – kein Wunder, waren es doch ausschließlich → Sklaven, → Freigelassene und Provinzialen (vor allem aus dem griechischen Osten), die als Elementar-L. tätig waren. Und weil deren Ansehen so gering war, war auch kaum ein freigeborener Römer bereit, sich auf so einen undankbaren Beruf einzulassen. Undankbar nicht zuletzt, weil das Einkommen eines *magister* kaum zum Lebensunterhalt ausreichte und die Zahlungsmoral der Eltern ausgesprochen schlecht war. Als «Schar, die fast immer um ihren Lohn betrogen wird», spricht Ovid die Schulmeister an (fast. III 829; vgl. Luk. merc. cond. 38), und Juvenal bestätigt das, wenn er vom Feilschen über das Schulgeld selbst beim «Gymnasial»-L. *(grammaticus)* berichtet und davon, daß vom Vermieter des Schullokals bis hin zum unfreien Begleiter manches Schülers (dem Pädagogen; s. u.) mancher noch die Hand aufhielt und «seinen» Teil des kümmerlichen Honorars beanspruchte (VII 189ff.). Der in einer Inschrift gerühmte Furius Philocalus war sicher nicht der einzige L., der durch das Schreiben von

→ Testamenten und ähnlichen Nebentätigkeiten etwas dazu verdiente (Dessau ILS 7763). Am Ende des 3. Jh. n. Chr. mußte ein Grundschul-L. eine Klasse von 30 Eleven haben, wenn er – bei 50 Denaren monatlichem Schulgeld pro Schüler – auf den Verdienst eines → Handwerkers oder Facharbeiters kommen wollte (Ed. Diocl. VII 66). Höher qualifizierte L. durften nach der Höchstpreisverordnung Diokletians mehr Schulgeld fordern.

Daß die Arbeitsbedingungen der meisten L. – nicht nur in den Grundschulen – belastend bis unzumutbar waren, wurde allgemein anerkannt. Diese Tätigkeit bringe «Verdruss und Mühe» mit sich, weiß Plinius zu berichten (ep. I 8, 11), und daß es wenig Freude bereite, «in der Schule zu sitzen und Kinder zu unterrichten», bestätigt auch der Rhetor Florus (Verg. 5, 4). Hinzu kamen der → Lärm und Staub der Straße, von denen Lehrende und Lernende nur durch einen einfachen Vorhang getrennt waren (Augustin. conf. I 13, 22) – Schule fand fast überall mitten im Krach und Verkehrsgetümmel der City statt. Und schließlich wußten auch schon die römischen L. ein Lied von der Ungezogenheit und Unaufmerksamkeit, Faulheit und Frechheit vieler Schüler zu singen. Sie waren das natürliche Objekt zahlreicher Streiche, auch wenn die meisten Disziplin mit eiserner Hand durchzusetzen versuchten (s. u.). Zur Impertinenz mancher Schüler («In Karthago herrschte unter den Schülern eine üble, alles Maß überschreitende Zuchtlosigkeit. Unverschämt stürmen sie hinein und zerstören mit frecher Stirn alle Ordnung, die man zur Förderung des Unterrichts eingeführt hat. In unglaublicher Roheit verüben sie tolle Streiche…» – so der Augenzeugenbericht Augustins aus dem späten 4. Jh.; conf. V 8, 14; vgl. V 12, 22) gesellte sich die Anspruchsmentalität der Eltern, die Fortschritte ihrer Kinder für ihr gutes Geld sehen und mitunter nicht wahrhaben wollten, daß der L. nichts dazu konnte, «wenn in der linken Brust (dem Sitz der Intelligenz) des jungen Tölpels kein Herzschlag sich regt» (Juv. VII 159f.).

Was indes den L.-Frust in römischer Zeit von den heutigen Klagen über hohe Belastung und *«burn-out*-Syndrom» unterscheidet, ist die Tatsache, daß die Beschwernisse des Berufs ganz überwiegend von Außenstehenden überliefert werden (s. auch Zitat), nicht von den Betroffenen selbst. Der berühmt-berüchtigte Orbilius hat allerdings ein – nicht erhaltenes – autobiographisches Werk in griechischer Sprache *peri algeos* («Über die schmerzhafte

Rangstufen der Unterbezahlung –
Das maximale monatliche Schulgeld pro Schüler

Sportlehrer	50 Denare
Grundschullehrer	50 Denare
Rechenlehrer	75 Denare
Stenographielehrer	75 Denare
Schönschriftlehrer	50 Denare
Oberschullehrer (*grammaticus*)	200 Denare
Geometrielehrer	200 Denare
Universitätsprofessor (*orator, sophista*)	250 Denare
Architekturlehrer	100 Denare

Höchstpreisedikt Diokletians VII 64ff.

Der Lehrer als Prophet: Antizipation schlechten Benehmens

Ein zerstreuter («Scholastikos») Elementarlehrer sah plötzlich in die Ecke und rief: «Dionysios in der Ecke ist ungezogen!» Als einer sagte, der sei doch gar nicht da, fügte er hinzu: «Wenn er kommt!» Aus der Witzesammlung des Philogelos, Nr. 60

Mühsal») verfaßt, das «Klagen über das Unrecht enthielt, das die Lehrer durch Desinteresse und Ehrgeiz der Eltern erlitten» (Suet. gramm. 9, 2; vgl. auch CIL V 5278).

Den Gravamina der L. stand allerdings auch einiges gegenüber, das man *gegen* sie ins Feld führen konnte. Zum einen die geringe Qualifikation vieler. Wie bei → Ärzten, so gab es auch bei L. keinerlei staatliche Aufsicht oder geregelte Ausbildung. Jeder, der wollte, konnte eine → Schule aufmachen und um Schüler werben. Alles Weitere regelte der «Markt». Wer sich einen ordentlichen Ruf erwarb, konnte vom L.-Beruf gerade so leben, wer nicht genügend Schüler fand, mußte seine Schule halt wieder schließen und einen anderen Beruf ergreifen (Hist. Aug. Pert. 1, 4). Freilich dürfte dieses «marktwirtschaftliche» Qualitätsprinzip häufig genug durch ganz banale pekuniäre Überlegungen außer Kraft gesetzt worden sein: Eltern, die Mühe hatten, das Schulgeld aufzubringen, konnten nicht lange und in großem Radius nach dem besten – und im Zweifel dem teureren – L. Ausschau halten. Sie mußten mit dem vorliebnehmen, was die Nachbarschaft bzw. die Kleinstadt an Bildungsmöglichkeiten für ihre Kinder boten. Horaz bezeichnet es als außergewöhnlich, daß sein – finanziell keineswegs auf Rosen gebetteter – Vater ihn «nicht in die (Provinz-)Schule des Flavius schicken mochte, in die die stolzen Söhne der stolzen Herren Hauptleute gingen», sondern die Kosten einer ordentlichen Schulausbildung in der Hauptstadt nicht scheute (sat. I 6, 71ff.). Wer Flavius war, wissen wir nicht. Es ist aber gut möglich, daß er sein Handwerk wie manch anderer Grundschul-L. als Pädagoge im ursprünglichen Sinne erlernt hatte. Das waren meist unfreie «Knabenbegleiter», in deren Obhut Kinder aus vornehmen Familien gegeben wurden, Erzieher, Aufpasser und Vertraute in einer Person. Sie pflegten ihre Zöglinge in die Schule zu begleiten und lernten dort mit ihnen – und auch zu Hause, wenn sie die Schulaufgaben betreuten und kontrollierten. Wurden Pädagogen aus Dank für ihre gute Arbeit freigelassen, so lag es für manch einen nahe, sich als Schulmeister zu versuchen (Suet. gramm. 23, 1). Andere Sklaven kamen zu diesem Beruf, weil sie von ihren Herren entsprechend ausgebildet und als L. vermittelt wurden (Plut. Cato mai. 20, 5; 21, 7). Wieder andere hatten als Circus-Impresarios oder als Faustkämpfer angefangen, bevor sie in den Lehrberuf überwechselten (Suet. gramm. 18, 1; 22, 3) – wobei es sich bei diesen von Sueton überlieferten Biographien um

> **So alt wie die Schule: die Klagen der Lehrer**
>
> Ihr Eltern aber stellt rücksichtslose Anforderungen: Firm in den Regeln der Grammatik soll der Lehrer sein, belesen in der Geschichte, alle neuen Autoren soll er kennen wie seine Finger und Zehen; fragt man ihn zufällig, wenn er nach den Thermen oder dem Bad des Phoebus unterwegs ist, so muß er wissen, wie die Amme des Anchises hieß, den Namen und die Herkunft der Stiefmutter des Anchemolus, wie alt Acestes geworden sei, wie viele Fässer sizilischen Weins er den Troern geschenkt habe. Ihr verlangt, daß er ihre jugendliche Moral forme, wie einer, der mit dem Daumen aus Wachs ein Porträt bildet; ihr verlangt, daß er an dem ganzen Haufen die Vaterstelle vertrete, daß sie nicht unsittlich spielen und sich's gegenseitig machen. Nicht leicht ist es, so vieler Buben Hände und ihre unaufhörlich abschweifenden Augen zu beobachten. Dies, heißt es, sei deine Sorge, und hat ein Jahr sich gewendet, zahlt man dir, was das Volk für den Sieger in *einem* Wettrennen fordert.
>
> Juvenal, Satiren VII 229ff.

Graffiti aus Rom und Pompeji. Das obere in Übersetzung: «Mühe dich ab, Eselchen, wie ich mich abgemüht habe, und es wird dir nützen.»

Das untere: *qui mihi docendi dederit mercedem, (h)abeat, quod petit a superis*, «Wer mir mein Unterrichtshonorar gibt, soll alles bekommen, was er von den Göttern erbittet.» (CIL IV 8562).

LABORA ASELLE QVOMODO EGO LABORAVI
ET PRODERIT TIBI

CVI MIHI DOCENDI
DEDERIT MERCEDEM
ABIAT QVOD
PETIT A SVPERIS

die Karrieren später bekannt gewordener, tüchtiger *grammatici* handelt. Doch endete sicher nicht jeder Berufswechsel so erfolgreich…

Die Tätigkeit als *grammaticus* erforderte eine höhere Qualifikation. Die Kenntnis des Griechischen war dabei ebenso unerläßlich wie die der wichtigsten griechischen und römischen Klassiker – denn das waren ganz überwiegend die Lehrstoffe für die fortgeschrittenen Schüler. Es lag nahe, daß ein Großteil dieser L. aus den griechischsprachigen Provinzen im Osten des Imperiums stammte. Caesar und Augustus förderten diese friedliche Intellektuellen-«Invasion» durch großzügige Bürgerrechtsverleihungen bzw. Aufenthaltsgenehmigungen (Suet. Caes. 42, 1; Aug. 42, 3). Vespasian verfügte Steuerfreiheit für *grammatici*, und seit dem 2. Jh. n. Chr. gab es auch einige wenige von den Kommunen besoldete Oberschul- und Hochschul-L. (Hist. Aug. Ant. Pius 11, 3), ohne daß sich daraus jedoch ein staatliches Schulsystem entwickelt hätte. Einigen «Stars» unter den Grammatikern gelang es, durch ihre Lehrtätigkeit zu reichen Männern zu werden (Suet. gramm. 17: 100 000 Sesterze Jahresgehalt; gramm. 23: 400 000 Sesterze und ein Luxusleben mit mehrmaligem Baden pro Tag und ausschweifendem Sexualleben), doch waren das absolute Ausnahmen.

Nicht jeder *grammaticus* erfüllte freilich den selbst gestellten Anspruch eines «höheren» L. Neben dem Typus des Gelehrten, der nur für seine Wissenschaft lebte und sich stundenlang über die richtige Vokativbildung von *vir egregius* ereifern konnte (Gell. XIV 5), gab es auch den «Halbgebildeten» (*semidoctus*; Gell. XV 9, 6ff.), der mit großspurigem Auftreten lange Zeit über seine Ignoranz hinwegtäuschen und es sogar zu einem gewissen Ruf bringen konnte – bis er einem wirklich Gebildeten über den Weg lief und als das entlarvt wurde, was er war: ein *nebulo*, ein «Windbeutel» (Gell. VI 17, 12; vgl. XVI 6, 12).

Ob Grundschul-L. oder Grammatiker – der Unterricht lief bei fast allen mit methodischer Einförmigkeit ab, die heutige Pädagogen als extrem demotivierend bezeichnen würden: Es wurde gepaukt, nachgesprochen, auswendig gelernt; der Lehrervortrag dominierte. Die Schüler waren weitgehend zur Rezeption verdammt, kreative Elemente fehlten. Als spannend dürften das die wenigsten empfunden haben, und entsprechend groß war die Bereitschaft vieler Schüler, sich ablenken zu lassen. Schulbänke, die sie aus Langeweile hätten vollschreiben können, gab es nicht – man hielt die Schreibtafel auf den Knien –; als Ersatz mußten die Wände herhalten: In Pompeji und Rom (*paedagogium* am Palatin) sind etliche → Graffiti von Schülern gefunden worden (CIL IV 5472ff). L. verstanden sich, nebenbei bemerkt, allerdings auch auf solche Graffiti-Kritzeleien, wie z. B. das großzügige Versprechen eines Anonymus zeigt, der die schlechte Zahlungsmoral der Eltern so beklagt: «Wer mir mein Unterrichtshonorar gibt, soll alles bekommen, was er von den Göttern erbit-

Brüll- und Prügelpädagogik in aller Frühe – Terror auch für die Nachbarn

Du, Schulmeister, verwünschter, was haben wir miteinander,
    du Person, die zugleich Knaben und Mädchen verhaßt?
Noch hat der Hahn, mit dem Kamme geschmückt, nicht die Stille zerrissen,
    und mit wildem Geschrei, Schlägen auch donnerst du schon.
So laut schallt nicht das Erz, das der Schmied auf dem Amboß zurechtklopft,
    wenn er des Redners Gestalt festigt am Rücken des Pferds.
Schwächer tobt das Geschrei in dem mächtigen Amphitheater
    von seiner Gönner Schar, siegte der zierliche Schild.
Wir als Nachbarn, wir bitten um Schlaf – einen Teil von der Nacht nur,
    Wachsein ist wohl nicht arg, dauernd zu wachen ist schlimm.
Laß deine Schüler nach Haus! Du Schwätzer, willst du die Summe,
    die du bekommst für dein Schrein, haben, damit du nur schweigst?

Martial IX 68

tet» (CIL IV 8562).

Das Schlimmste und von zahllosen Schülergenerationen leidvoll Erfahrene war die weitverbreitete Brüll- und Prügel-Pädagogik der L. Disziplin wurde unnachgiebig mit dem Rohrstock und der Gerte eingefordert. Die *ferula* war das übliche Instrument dafür, «sehr verhaßt bei den Kindern, doch willkommen den Lehrern» (Mart. XIV 80, 1). Geschlagen wurde aufs Gesäß, vielfach aber auch auf die Hände: *manum ferulae subducere*, «die Hand unter der Rute wegziehen», war ein euphemistisch-ironisches Synonym für «die Schule besuchen» (Juv. I 15). Als berüchtigter Schläger ist der schon erwähnte Orbilius in die Geschichte der Pädagogik eingegangen; als *plagosus* («schlagreich») hat ihn sein Schüler Horaz verewigt (epist. II 1, 70f.; Suet. gramm. 9, 3). L., die sich Quintilians kompromißloser Ablehnung der → Prügelstrafe (I 3, 14ff.) anschlossen und statt dessen die Motivation der Schüler durch Belohnung wie Gebäck (z. B. in Buchstabenform; Hor. sat. I 1, 15f.; Hieron. ep. 12) und Belohnungen wie etwa → Buch-Geschenken (Quint. I 1, 20; I 2, 22ff.) förderten, gehörten zu der kleinen Minderheit humaner und von ihren Schülern geliebter Pädagogen. Wie die Schul-Wirklichkeit in den meisten Klassen aussah, läßt indes Augustins bittere Bemerkung erahnen, lieber den Tod zu wählen als noch einmal als Kind zur Schule gehen zu müssen (conf. I 9, 14f.).

Prügelszene in einer Schule: Zwei Mitschüler müssen den «Übeltäter» festhalten, während der Lehrer mit der *ferula* zum Schlag ausholt. Malerei aus Pompeji.

237

Der Rhetor genoß das höchste Prestige aller Lehrberufe – nicht zuletzt deshalb, weil er es auch, wenngleich nicht ausschließlich, mit erwachsenen Lernern zu tun hatte. In Rom richtete Kaiser Vespasian sogar (wahrscheinlich zwei) Lehrstühle für lateinische und griechische Rhetorik ein, die mit jährlich 100 000 Sesterzen besoldet wurden (Suet. Vesp. 18). In anderen Kulturmetropolen wie Athen engagierte sich der Staat entsprechend (DC LXXI 31, 3). Das Gros der Rhetorik-L. aber betrieb eigene Schulen, in denen vor allem Gerichtsreden und politische Ansprachen trainiert und die Studenten auch juristisch und philosophisch ausgebildet wurden. Wer zur Führungsschicht in Staat, Gesellschaft und Verwaltung gehören wollte, mußte eine rhetorische Schulung als formale Bildung hinter sich bringen – auch wenn die z. T. unrealistischen, abenteuerlich konstruierten Übungs-«Streitfälle» Lehrenden wie Lernenden oftmals auf die Nerven gingen. «Elend stirbt am Kohl, dem ewig erwärmten, der Lehrer», bringt Juvenal die gepflegte Langeweile des rhetorischen Routinebetriebs auf den Punkt (VII 154), und aus Schülersicht verrät Persius einen Trick, mit dem er sich zeitweise den «Zumutungen» seines Rhetorik-Professors entzog: «Hab…als Bub oft Öl ins Aug mir geträufelt, wenn mir's mißfiel, die schwülstigen Reden des sterbenden Cato, die mein närrischer Lehrer so pries, zu lernen, damit sie mein angstschwitzender Vater vernähm vor geladenen Freunden…» (III 44ff.).

Der Andrang zu den Rhetorenschulen war trotzdem groß. Aber es herrschte auch starke Konkurrenz auf der «Anbieter»-Seite, so daß sich manche L. mit «Billigangeboten» an die – hoffentlich! – zahlungskräftige Studenten-Klientel wandten («eifriges Begrüßen und schmeichlerische Verlockungen», kritisiert Tacitus; dial. 29, 4). Was freilich die Zahlungsmoral angeht, so mußten auch viele Hochschul-L. dieselben bitteren Erfahrungen wie ihre Kollegen von der Grund- und Oberschule machen: Wenn das Honorar fällig wurde, wechselte manch ein Student flugs den Professor, oder er mußte ihm zerknirscht gestehen, das vom Vater übersandte Honorar beim → Würfelspiel und auf → Trinkgelagen verpraßt zu haben (Liban. pr. III 6ff.).

QQ: Plaut. Bacch. 430ff.; Hor. sat. I 6, 71ff.; epist. II 1, 69ff.; Pers. III 44ff.; Quint. I 1ff.; Juv. VII; Plin. ep. I 8, 10ff.; III 3; IV 13, 3ff.; Mart. IX 68; X 60; XII 57, 4f.; XIV 80; Gell. IV 1; 3; V 4; VI 17; XIV 5; XV 9, 6ff.; XVI 6; Suet. Caes. 42, 1; Aug. 42, 3; Vesp. 18; de grammaticis et rhetoribus; Tac. dial. 29ff.; Augustin. conf. I 9, 14f.; I 13; I 16, 25; CGL 645ff. (Übers. bei Marrou, Erziehung 497ff.); Inschriften: Auswahl bei H. Geist (Hg.), Römische Grabinschriften, München 1969, Nr. 289ff.

Lit.: Christes, Erziehung 102ff.; L. Garcia y Garcia, Alumni, maestri e scuole a Pompei, Rom 2004; K. Vössing, Geschichte der röm. Schule, Gymn. 110, 2003, 455ff., bes. 470ff.; A. M. Reggiani, Educazione e scuola (Vita e costumi dei Romani antichi 10), Rom 1990; A. D. Booth, The schooling of slaves, TAPhA 109 (1979), 11ff.; J. Christes, Sklaven und Freigelassene als Grammatiker und Philologen im alten Rom, Wiesbaden 1979; St. F. Bonner, Education in ancient Rome, Berkeley/Los Angeles 1977; H. I. Marrou, Geschichte der Erziehung im klassischen Altertum, München 1977, 490ff.; A. Quacquarelli, Scuola e cultura dei primi secoli cristiani, Brescia 1974; M. L. Clarke, Higher education in the ancient world, London 1971; G. Howie, Educational theory and practice in St. Augustine, London 1969; A. Müller, Studentenleben im 4. Jh. n. Chr., Philol. 23 (1910), 292ff.; Friedländer, Sittengeschichte I 175ff.

Lesen

«Wenn er sich in Bücher vertiefte, dann ging sein Auge über die Seiten hinweg, und sein Herz rang um das Verständnis des Sinnes, seine Stimme aber und seine Zunge ruhten. Oft, wenn wir bei ihm waren (...), trafen wir ihn an, wie er gerade schweigend in sein Buch vertieft war, nicht anders.» Was Augustin hier über Ambrosius' Lesegewohnheiten berichtet (conf. VI 3), mutet uns Heutige nicht erstaunlich an. Anders im Altertum: Da war es sehr ungewöhnlich, wenn jemand literarische Texte *nicht* laut las. Das stumme L. *(tacite legere)* beschränkte sich damals auf alltägliche Lektüren wie Dokumente und Briefe. Anspruchsvoller Lesestoff dagegen wurde von den Autoren gerade deshalb auch mit rhythmischen Klauseln «geschmückt», weil sie beim lauten L. angenehm im Ohr klangen.

Durch einen weiteren Umstand unterschied sich die antike Technik des L. deutlich von der heutigen: Im Normalfall war das → Buch eine Papyrusrolle, die man mit beiden Händen halten mußte. Man las sie, indem man den Anfang in der linken Hand hielt, sie nach und nach mit der Rechten aufrollte *(explicare, evolvere)* und mit der Linken wieder zurückrollte *(revolvere, colligere)*. Nach der Lektüre wurde das *volumen* so zurückgerollt, daß der Anfang des Buches wieder außen lag; bei diesem Vorgang hielt man den Anfang der Rolle mit den Knien fest (Mart. I 66, 8; X 93, 6) und wickelte den Papyrusstreifen um einen in der Mitte steckenden Holzstab, den «Nabel» *(umbilicus)* – angesichts des aufwendigen Verfahrens kein Wunder, wenn das lateinische *volumen* («Rolle») in unserem «Wälzer» fortlebt!

Man sieht: Das L. forderte gewissermaßen den ganzen Menschen. Ablenkende Nebenhandlungen waren technisch nicht möglich, und der Inhalt eines Buches «entwickelte» sich förmlich vor den Augen und dem Geiste des Lesers, dem zudem durch die allgemein übliche *scriptio continua*, die Aneinanderreihung der Buchstaben ohne Wortgrenzen und Satzzeichen, große Konzentration abverlangt wurde.

Wer die Muße des Selbst-L. nicht hatte oder Literaturgenuß mit anderen Tätigkeiten verbinden wollte, mußte sich einen Vorleser engagieren. In wohlhabenden Haushalten gab es solche – häufig unfreien – *lectores* bzw. *lectrices* (CIL VI 3978; 8786). Sie traten meist während des Essens in Erscheinung (Nep. Att. 14, 1; Plin. ep. IX 36, 4); der Ältere Plinius ließ sich sogar beim Baden vorlesen (Plin. ep. III 5, 14), und Kaiser Augustus ließ sich durch Vorleser in den Schlaf «wiegen» (Suet. Aug. 78, 2).

**Ein Glück, daß man nicht rauchte! –
Theodor Birt über die «Totalität» antiken Lesens**

Wir trinken beim Zeitunglesen oder schlürfen Eis im Café, wenn wir durstig sind. Der Grieche hatte keine Hand frei. Er konnte das nicht. Ein Glück, daß man damals noch nicht rauchte! Cicero hätte während des Lesens auf die Zigarre verzichten müssen; denn er hätte sie nicht halten können. Wer einen Hautreiz empfindet, der kratzt sich; das ist sein Recht, und wem eine Fliege sich auf den Kahlkopf setzt, der will sie verjagen. Las der antike Mensch, so waren beide Hände gleich gefesselt, und alles das war für ihn eine Unmöglichkeit.

Und nun der Inhalt des Buches! Das Aufwickeln muß für den Leser, der vor Neugier brannte, eine wahre Folter gewesen sein. Kein moderner Mensch würde das ertragen. Wir naschen heute im Buch, wir blättern hin und her, durchfliegen die Kapitelüberschriften, lesen am liebsten den Schluß zuerst (...).

So gelangen wir dazu, den antiken Leser zu bemitleiden oder, was noch besser, zu bewundern. Er schlang nicht, er naschte nicht. Sein Geist nahm die Speise ruhevoll und ergeben in der Folge, die der Dichter wollte, der die Speise bereitet hatte. Um so tiefer ließ er den Inhalt auf sich wirken. Er erlebte ihn.

Theodor Birt, Aus dem Leben der Antike, 114 f.

Eine andere, häufig praktizierte Form des Vorlesens waren öffentliche Rezitationen von Literaten, Philosophen und Wissenschaftlern. Sie trugen aus eigenen Werken vor – da wirkte das lebendige Wort um so mehr, wurde die Poesie gleichsam durchs Ohr aufgenommen und damit intensiver erfahren als durch eigene Lektüre. In der Kaiserzeit nahm diese Form literarischer Präsentation stark zu (Plin. ep. I 13) und rief natürlich auch zahlreiche Dilettanten und Möchtegern-Poeten auf den Plan (Mart. I 63; vgl. auch schon Hor. ars p. 472 ff.), die man, wenn sie die Nerven der Passanten allzu sehr zu strapazieren drohten, ebenso brutal wie wirkungsvoll durch Steinwürfe verjagte – wie im Schelmenroman Petrons jenen deklamierenden Eumolp, der freilich «die Art, wie man seinem Genie zuklatschte, schon kannte, sich seinen Mantel über den Kopf zog und fluchtartig den Tempelbereich verließ» (Petr. 90, 1).

QQ: Cic. fam. V 9, 2; Hor. ars p. 472 ff.; Nep. Att. 14, 1; Mart. XIV 84 (Lesepult); Sen. ep. 95, 2; Plin. ep. I 13; III 5, 11 ff.; IX 34; 36, 4; Petr. 90 f.; Augustin. conf. VI 3; Bildquellen bei Th. Birt, Die Buchrolle in der Kunst, Leipzig 1907, ND 1976.

Lit.: T. Dorandi, Art. »Lesezeichen«, DNP 7, 1999, 88 ff.; R. Starr, Reading aloud: *lectores* and Roman reading, CIJ 86, 1991, 337 ff.; B. M. W. Knox, Silent reading in Antiquity, GRBS 9 (1968), 421 ff.; Th. Birt, Aus dem Leben der Antike, Leipzig ⁴1922, 122 ff.; Friedländer, Sittengeschichte II 225 ff.

Liebesbrief

Der L. ist literarisch gut bezeugt (Komödie, Liebeselegie); seine Verwendung im Alltagsleben vor allem gebildeterer Römer steht außer Zweifel. Man schrieb ihn auf Wachstäfelchen *(tabulae ceratae)*, die aus Gründen der Diskretion verschnürt und versiegelt wurden. Überbringer waren Vertraute, häufig Sklaven. Die Initiative ging gewöhnlich vom Mann aus; er erwartete in der Regel eine Antwort, für die auf dem Täfelchen noch Platz war. Mancher L. kam freilich ungelesen oder ohne Antwort zurück. Gegenstände des L. waren Liebesgeständnisse und -beteuerungen sowie Bitten um ein Rendezvous. Der L. diente vielfach einer ersten Kontaktanbahnung, wurde aber auch in einer schon etablierten Beziehung gepflegt. Eine Form des besonders kleinen, verschwiegenen Billets trug Martial zufolge die (ungeklärte) Bezeichnung «Vitelliustafeln» (XIV 8/9). Ausführliche Anleitungen für den Inhalt und Ton des «guten» L., geeignete Anlässe und die richtige Reaktion gibt Ovid in seiner «Liebeskunst».

Beim «Recycling» eines früheren Liebesbriefes: Vorsicht vor verräterischem Wachs

Jedesmal, wenn du schreibst, prüfe das ganze Täfelchen zuvor genau: viele bekommen mehr zu lesen, als für sie bestimmt ...

Ovid, ars am. II 395 f.

QQ: Plaut. Pseud. 20 ff.; Ov. ars am. I 437 ff.; III 467 ff.; Ov. am. I 11/12.

Lit.: K.-W. Weeber, Flirten wie die alten Römer, Düsseldorf 2. Aufl. 2010, 65 ff.; V. E. Paoli, Sulla corrispondenza amorosa degli antichi, StIt 3, 1923, 251 ff.

M

Mähmaschine

Während das Getreide in den übrigen Regionen des Römischen Reiches mit Hilfe von Sicheln geerntet wurde, setzte man in den gallischen Provinzen dazu auf ebenen Feldern eine M. ein. Sie bestand aus einem zweirädrigen Wagen, an dessen Vorderseite kammartig Greifzähne angebracht waren. Die abgerissenen Ähren fielen in den vorne flachen Wagenkasten. Bewegt wurde die M. durch einen Ochsen, der mit dem Kopf zum Wagen hin ins Joch gespannt war; er wurde von einem hinter der Maschine gehenden Mann gelenkt. Das Stroh blieb bei diesem Ernteverfahren auf den Feldern stehen.

QQ: Plin. NH XVIII 296; Pallad. VII 2, 2–4; Abb. bei K. D. White, Agricultural implements of the Roman world, Cambridge 1967.

Lit.: H.-H. Müller, Die gallo-röm. Erntemaschine, Historicum 1996, 21 ff.; Schneider, Technikgeschichte 61; 69 (mit Lit.); K. D. White, Gallo-Roman harvesting machines, Latomus 26 (1967), 634 ff.

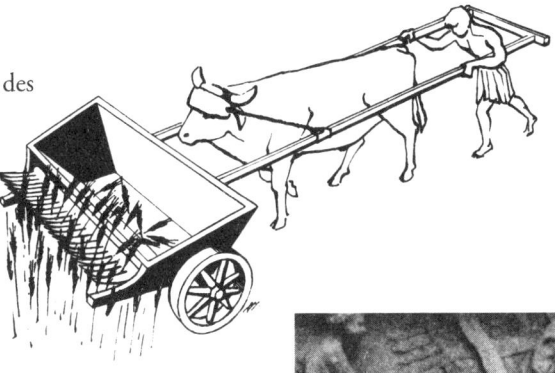

Römisch-gallische Mähmaschine in der Rekonstruktion und als Darstellung auf einem Grabrelief aus Buzenol.

Make-up

Das Schminken *(mundus)* war bei den Römerinnen weit verbreitet. Zahlreiche Cremetöpfchen, Schminkdöschen, Spatel und sogar Schminkkoffer in den Antikenmuseen (z. B. *beauty-case* aus Holz im Nationalmuseum Neapel) zeugen davon; ebenso Ovids fragmentarisch erhaltenes Lehrgedicht über «Mittel der weiblichen Gesichtspflege» und viele Martial-Epigramme. Nicht erhalten sind die «Kosmetika» des Arztes Kriton (Wende 1./2. Jh. n. Chr.), ein Werk in vier Büchern über Schönheitspflege, das sich großer Beliebtheit erfreute (Galen XII 446: «Alle besitzen es»; dazu RE XI 1935f., Art. *Kriton* Nr. 7). In seiner Streitschrift *de cultu feminarum* setzt sich der Kirchenvater Tertullian kritisch auch mit der «Schminksucht» von Frauen – und Männern! – auseinander. In sarkastischer Brechung schildert Ps.-Lukian, wie selbstverständlich die kosmetische Morgentoilette zumal bei wohlhabenden Frauen war (am. 39; s. Zitat).

Grundlage des M. bildete ein Puder aus Bleiweiß *(cerussa)* oder Kreide *(creta)* das mit Honig oder fetten Substanzen vermischt auf die Haut aufgetragen wur-

Schminkkoffer aus Holz mit Make-up-Utensilien, aus Pompeji, 1. Jh. n. Chr.

de; darüber legte man Rouge (*fucus,* aus der Lackmusflechte gewonnen, oder *purpurissimum,* Purpurfarbe): *purpurissimo et cerussa faciem depingere,* «sich das Gesicht mit Purpurfarbe und Bleiweiß anmalen», nennt Hieronymus dieses übliche Verfahren (ep. 108, 15; 127, 3). Glimmer diente dazu, der Gesichtshaut größeren Glanz zu verleihen; er wurde beim Zermahlen eines graublauen Eisensteins gewonnen. Das Schwärzen der Wimpern und das Nachziehen der Augenbrauen geschahen mit Hilfe einer besonderen Schminke, der *fuligo.* Lidschatten und Lidstrich wurden in grün oder blau aufgetragen; manche Frauen schminkten sich auch die Schläfen mit einem zarten Blau (Prop. II 18, 31 f.). Komplettiert wurde das M. manchmal noch durch das Aufkleben eines Schönheitspflasters *(splenium)* auf Wange oder Stirn. Daß auch Männer Schönheitspflaster trugen, bezeugen Martial (II 29, 9) und Plinius (ep. VI 2, 2). Die Benutzung von Lippenstiften ist denkbar, aber nicht belegt.

> «... häßlicher als Affen» – Ungalantes über das Schminken
>
> «Wer etwa Frauen sähe, wie sie am Morgen aus dem Bett kommen, der würde sie häßlicher finden als Affen. Darum schließen sie sich sorgfältig zu Hause ein und sind für kein männliches Wesen sichtbar. Alte Weiber und eine Schar von Dienerinnen ... stehen um sie herum und bearbeiten mit allerlei Schönheitsmitteln ihre Unglücksgesichter ... Puder in verschiedenster Zusammensetzung müssen die unerfreuliche Gesichtsfarbe aufhellen ... Da sind silberne Schüsseln, Krüge, Spiegel, eine Menge von Büchsen wie in einer Apotheke, Gefäße voll von heillosem Zeug, in denen Zahnputzmittel oder Farben zum Schwärzen der Augenlider bereitgehalten werden.»
>
> Lukian, Amores 39 (Übers.: Th. Salfinger)

Dem täglichen M. gingen oft aufwendige → Gesichtsmasken voraus. Weitere Bestandteile des *cultus* waren wohlriechende Essenzen, → Salben und → Parfums sowie die Sorgfalt, die auf die → Frisur und das → Haarfärben verwendet wurde. Auch wenn sich Moralisten und Kirchenväter gegen M. aussprachen (Lob der natürlichen Schönheit auch bei Prop. I 2), gibt Ovid doch die allgemeine Auffassung der Kaiserzeit authentischer wieder: *cura dabit faciem,* «Pflege wird (deinem Gesicht) Schönheit verleihen», faßt er zusammen (ars am. III 105). Vor zu stark aufgetragenem M. wird allerdings gewarnt; daran erkenne man alte Frauen (Plaut. Most. 274 ff.; Mart. VIII 33, 17) und Hetären (Mart. IX 37, 5 f.). Dringend wird auch davon abgeraten, den Mann in die Geheimnisse der Morgentoilette Einblick nehmen (Ov. ars am. III 209 ff.; «nur unter Ausschluß der Männer darf Schönheit hergestellt werden», V. 234) oder sich beim Auslaufen des M. beobachten zu lassen (Hor. epod. 12, 9 ff.; Ov. ars am. III 211 f.; rem. am. 351 ff.).

QQ: Ovid, ars am. III 199 ff.; med. fac. fem. (komm. Ausgabe: G. Rosati, Ovidio. I cosmetici delle donne, Venedig ²1988); Plin. NH XXVIII 183 ff.; Juv. VI 457 ff.

Lit.: S. Stewart, Cosmetics and perfumes in the Roman world, Stroud 2007; P. Virgili, Acconciature e maquillage, Rom 1989; K. Heldmann, Schönheitspflege und Charakterstärke in Ovids Liebeslehre, WJA N. S. 7 (1981), 153–176; Balsdon, Die Frau in der röm. Antike 288 ff.; Forbes, Studies III, 1–49.

Massenunterhaltung

Er steht noch ganz im Banne des Erlebten. Es fällt ihm noch schwer, die überwältigenden Eindrücke zu ordnen, seiner Begeisterung Herr zu werden, sein Glück zu fassen, aber es sprudelt nur so aus ihm heraus, was er da in der prunkvollen Großstadt erlebt hat: Der Hirte Korydon ist nach einem Aufenthalt in Rom in seine ländliche Idylle zurückgekehrt – aber sie will ihm gar nicht mehr als Idylle erscheinen. Dem Hinweis seines Kollegen Lykotas auf die schönen «alten Buchen» setzt er trotzig-aggressiv die *nova spectacula,* die «neuartigen», «unerhörten» Schauspiele, als städtisches Kontrastprogramm entgegen – ein «träger Holzklotz», wer das nicht dem langweiligen Landleben vorziehe! (Calp. Sic. VII 4ff.).

Calpurnius Siculus, ein Verfasser von Hirtengedichten aus neronischer Zeit, hat in seiner siebten Ekloge die ländliche Szenerie pointiert als Rahmenhandlung und gewissermaßen als Gegenschauplatz zu der elogialen Beschreibung einer Tierhetze in der Arena gewählt, die er dem Hirten Korydon in den Mund legt. Kein Zweifel, daß der antike Leser ihm diese Situation als authentisch abgenommen hat. Daß die aufwendig inszenierten *ludi publici* («öffentliche Spiele») nicht nur die Hauptstadt-Römer in hellen Scharen in den Circus und ins Theater, ins Amphitheater und ins Stadion strömen ließen, sondern auch als einzigartiger Publikumsmagnet auf die Bevölkerung des Umlandes, ja ganz Italiens wirkten, wird von zahlreichen Quellen übereinstimmend geschildert. Nach den Spielen (und Bädern) der Großstadt sehnt sich der Sklave zurück, der aufs Land «versetzt» worden ist (Hor. epist. I 14, 14f.), und er denkt wehmütig daran, wie an Festtagen wie «heute der Circus ganz Rom aufnimmt und ohrenbetäubendes Geschrei losbricht» (Juv. XI 199) – und nicht nur «ganz Rom», sondern auch viele Besucher und Touristen aus dem ganzen Imperium, die sich in den «Tempeln» der hauptstädtischen M. mit erlesener Unterhaltungskost verwöhnen lassen. Stand etwas ganz Ungewöhnliches wie künstliches Seeschlachten *(naumachiae)* auf dem «Spielplan», so kamen «junge Männer und Mädchen von beiden Meeren, und in der Stadt war die ganze Welt vertreten» (Ov. ars am. I 171ff.). Gerade solche Sondervorstellungen, bei denen die Zuschauerzahlen wegen des offenen Geländes in die Hunderttausende gehen konnten, führten manchmal zu einem regelrechten Exodus aus der City. Augustus ließ bei einigen seiner größten *spectacula* bewaffnete Posten aufstellen, um die fast ausgestorbene Stadt vor Einbrüchen und Plünderungen zu schützen (Suet. Aug. 43, 1). Die Fremden kampierten manchmal in Zelten oder provisorisch aufgestellten Bretterbuden an den Straßenrändern (Suet. Caes. 39, 3) – und stürmten dann in aller Herrgottsfrühe zusammen mit den Hauptstädtern in den Circus, um die besten Plätze zu ergattern. Mehr als einmal brach unter der lärmenden, von den Einpeitschern der Circusparteien aufgeputschten Menge, die sich durch die engen Straßen Roms wälzte, eine Panik mit verletzten oder getöteten Menschen im Gefolge aus (Suet. Caes. 39, 4; Cal. 26, 4; Hist. Aug. Elag. 23, 2) – auch in dieser Hinsicht echte Massenveranstaltungen, bei deren ständigem Gedränge und Gerangel es sicher hilfreich war, zwei kräftige Sklaven zu haben, «auf deren Nacken ich sicher zum lärmenden Circus gelange» (Juv. IX 142ff.). Wohl dem, der sich seinen Weg zum Vergnügen so bahnen konnte!

Nicht nur der Andrang zu den *ludi* beweist ihre Popularität als → Freizeit-Spaß ersten Ranges. Auch die Vorfreude, mit der man ihnen entgegenfieberte, war ein beredter Ausdruck dafür. «Beredt» im wahrsten Sinne; denn Circusspiele, Theateraufführungen und Gladiatorenkämpfe bildeten einen nie ausgehenden Diskussionsstoff im → Alltagsgespräch, wenn man sich über bevorstehende *spectacula* unterhielt, über Sieger und Verlierer spekulierte, sich hitzig mit anderen «Fans» (s. u.) stritt und → Wetten auf die Circus-Ergebnisse abschloß. «Mir scheinen die für diese Stadt typischen Laster fast schon im Mutterleib aufgenommen zu werden», erregt sich Tacitus: «die Begeisterung für Schauspiele und die Leidenschaft für Gladiatoren und Pferde» *(histrionalis favor et gladiatorum equorumque studia)* – eine «Seuche», die nicht nur die einfachen Menschen erfaßt, sondern auch schon auf viele Gebildete übergegriffen habe. «Nicht einmal die Lehrer reden mit ihren Schülern über irgend etwas häufiger», stellt Tacitus als einen Grund für den Niedergang der Rhetorik fest (dial. 29, 3f.). Daß die Gespräche an der Tafel des wenig kultivierten Trimalchio und seiner kongenialen Freunde immer wieder auf die Attraktionen vor allem des Amphitheaters zurückkommen, verwundert da erst recht nicht (Petr. 29, 2; 45, 5ff.; 70, 10ff.).

Was über die Anziehungskraft der «Spiele» und ihren Platz im Alltagsleben der Römer gesagt worden ist, gilt im Prinzip für das gesamte Imperium – mit dem einzigen Unterschied, daß die Intensität der hauptstädtischen *spectacula* in Quantität wie (aus römischer Sicht) Qualität den – gewiß auch nicht geringen – *ludi*-Aufwand in der Provinz bei weitem überragte. Wie sehr dieselben Formen der M. auch dort verbreitet waren, dokumentieren die mehr oder weniger gut erhaltenen, steinernen Zeugen der römischen Zivilisation im ganzen ehemaligen Reichsgebiet: eine Karte, auf der sämtliche nachweisbaren Amphitheater und Circusse, Theater und Stadien eingezeichnet sind, weist keine weiße Flächen auf (über 170 Arenen, über 340 Theater und Odeen; Übersichtskarten bei Weeber, Panem et circenses 20 und 120). Es war ein flächendeckendes, engmaschiges Netz von Unterhaltungsstätten, das sich über das Imperium spannte – wobei es auch nur relativ geringe Unterschiede hinsichtlich regionaler Präferenzen für die eine oder andere Sparte der M. gab. Die Theorie jedenfalls, der griechische Osten sei aufgrund anderer kultureller Vorprägung für Gladiatorenkämpfe nicht so «anfällig» gewesen, ist zwar wohlmeinend, aber falsch (L. Robert, Les gladiateurs dans l'Orient grec, Paris 1940). Auch dort rissen sich die Honoratioren z. T.

«Action» ist «angesagt» –
Vorfreude in der Sprache der Menschenverachtung

Und paß gut auf, in drei Tagen gibts bei uns ein delikatiöses Spiel, am Feiertag; Fechtmannschaft nicht professionell, sondern meistens Freigelassene. Und unser Titus ist großzügig und hat einen Vulkan im Blut (...). Er wird für blankes Eisen sorgen, ohne Kneifen, Gnadenstoß auf der Bühne, daß es ringsum im Theater zu sehen ist. Und er hats dazu. Dreißig Millionen sind ihm hinterlassen, sein Vater gestorben, tut mir leid. Selbst wenn er vierhundert Mille draufgehen läßt, macht es seinem Vermögen nichts aus, und in Ewigkeit wird man von ihm reden. [Dagegen ein gewisser Norbanus einige Tage zuvor:] Was er an Berittenen töten ließ, waren Nippesfiguren; man konnte sie für Gockelhähne halten; der eine ein alter Packesel, der andere ein Schlappschwanz, der Reservemann eine Leiche als Leichenersatz mit seinen angeschlagenen Flechsen… Petron 45, 4ff.

darum, «Spiele» auszurichten, z. T. waren Beamte und Priester gesetzlich dazu verpflichtet – was sich im Laufe der Kaiserzeit zu einer immer drückenderen Last entwickelte (CIL II 5439, 70ff. *[lex Ursonensis]*; II 6278 *[SC de sumptibus ludorum gladiatorum minuendis]*). In Pompeji sind einige Ankündigungen für «Spiele» in der stadteigenen Arena erhalten; sie zeigen, daß die Spielgeber sogar mit Extras wie Sonnensegeln *(vela)* und erfrischenden Aussprengungen von Wasser und Safranessenzen *(sparsiones)* warben (CIL IV 1183ff.; 3883f.; 7992ff.).

Einladung ins Amphitheater

Zwanzig Paare Gladiatoren des D. Lucretius Satrius Valens, des ständigen Priesters des Nero Caesar Augustus, und zehn Paare Gladiatoren seines Sohnes L. Lucretius Valens werden in Pompeji am 8., 9., 10., 11. und 12. April kämpfen. Es wird eine ordentliche Tierhetze und Sonnensegel geben. CIL IV 3884

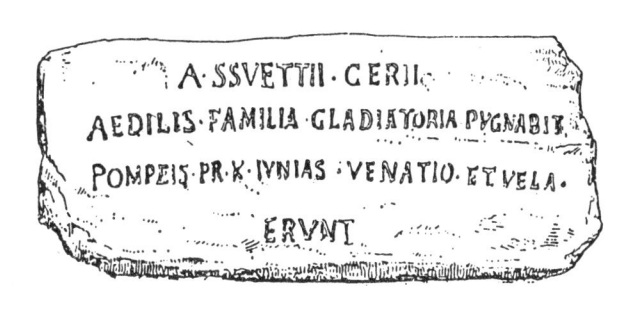

Diese «Plakatwerbung» in Form von Dipinti (Maueraufschriften) diente sicher mehr dazu, die Namen der Spielgeber bekannt zu machen als das Ereignis an sich, denn das sprach sich in Mundpropaganda blitzschnell herum. In Rom konnte man sogar dem offiziellen Fest-→ Kalender entnehmen, wann regelmäßig «Spiele» stattfanden. Für das Jahr 354 n. Chr. verzeichnete er stolze 176 Spieltage. Das Gros davon, nämlich 102, entfiel auf Bühnenaufführungen *(ludi scaenici)*, an 64 Tagen standen Wagenrennen im Circus auf dem Programm *(ludi circenses)* und an 10 Tagen Gladiatorenkämpfe und Tierhetzen *(munera; venationes)*. Für die vorangehenden Jahrhunderte ist eine etwas niedrigere Zahl von Spieltagen anzusetzen, die sich allerdings durch außerordentliche Fest- und Spieltage aus Anlaß eines Thronjubiläums, → Triumphes oder anderer besonderer Ereignisse erhöhen konnte. Den Rekord stellte Trajan mit einer ununterbrochenen «Spielperiode» von 123 Tagen anläßlich seines Dakischen Triumphes auf – 11 000 Tiere und eine nicht überlieferte Anzahl von menschlichen Opfern bezahlten den Festtaumel mit ihrem Leben (DC LXVIII 15).

Ankündigung von Gladiatorenkämpfen in Pompeji: «Die Gladiatorentruppe des Ädilen S. Suettius Cerius wird am 31. Mai in Pompeji kämpfen. Es wird eine Tierhetze und Sonnensegel geben.»

Trotz und wegen ihres relativ bescheidenen Anteils an der Gesamtzahl galten die «Spiele» der Arena als «berühmtestes und beliebtestes Schauspiel» (Tert. spect. 12). Ihr Ursprung wurzelte wie der der anderen Sparten der M. im Kult. Gladiatorenkämpfe dienten, am offenen Grabe hochgestellter Persönlichkeiten veranstaltet, dazu, die Seele des Verstorbenen mit Hilfe des Ersatz-Menschenopfers mit den Lebenden zu versöhnen (Tert. a. a. O.). Das erste *munus* fand im Jahre 264 v. Chr. in Rom statt, und spätestens als Politiker im 2. Jh. v. Chr. die popularitätsfördernde Wirkung dieser Kämpfe erkannten, begann sich nach einem Wort des Historikers Livius «die Sache von einem gesunden Anfang zu diesem selbst für mächtige Reiche kaum erträglichen Wahnsinn zu entwickeln» (VII 2, 13): Das «Spiel» auf Leben und Tod etablierte sich binnen kurzem (vgl. Terenz Hec. 39ff.) zu einer nicht mehr wegzudenkenden Säule des Unterhaltungssystems, dessen politische Implikationen Juvenal auf die berühmte *panem-et-circenses*-Formel gebracht hat (Juv. X 81; vgl. Fronto princ. hist. 17).

Das kultische Deckmäntelchen spielte für die meisten Zuschauer indes ebensowenig eine Rolle wie die mit etwas schlechtem Gewissen von den ganz wenigen sensibleren Intellektuellen vorgebrachte «Rechtfertigung», daß die Zuschauer durch den Anblick heldenhaften Sterbens in der Arena zu ebensolchem «männlichem» Verhalten im «wirklichen» Leben angespornt würden (Plin. Pan. 33, 1; Cic. Tusc. II 41). Was zählte, war die Lust am Schauen, an der spannungsgeladenen *action,* am Machtgefühl, das auch der ganz kleine Mann empfinden konnte, wenn er weit unter sich auf der Sandfläche des Forums und später des Colosseums Menschen und Tiere zu *seinem* Vergnügen um ihr Leben kämpfen sah und sich schmeicheln konnte, die Entscheidung über Leben oder Tod eines geschlagenen Gladiators mit seiner Daumenbewegung mitzutreffen.

Das Zuschauen war eine – für das Publikum meistens ungefährliche (vgl. aber Tac. Ann. XIV 17) – Kanalisierung von Aggressionen, die sich in z. T. rauschhafter, ekstatischer Begeisterung entluden: «Hau, schlag, brenne! Warum stürzt er so ängstlich ins Schwert? Warum stirbt er so wenig wacker, so ungern? Mit Peitschen sollen sie dazu getrieben werden, sich Wunden beizubringen und die gegenseitig ausgeteilten Hiebe mit nackter, ungeschützter Brust aufzufangen!» Was Seneca hier an sadistischem, mitleidlosem Anfeuerungsgeschrei notiert, ist sicher vom Originalton des «kochenden» Amphitheaters nicht weit entfernt (ep. 7, 5). Wie sehr auch derjenige in die Fänge massenpsychotischen Taumels geriet, der sich geschworen hatte, nicht mitzumachen, zeigt die berühmte Geschichte von der «Bekehrung» des Alypius bei Augustin. Als ein gellender Schrei aus vielen tausend Kehlen erscholl, packte auch Alypius die Neugier. Er öffnete seine zuvor fest geschlossen gehaltenen Augen und begann zu *schauen:* «Er wandte sich nicht ab, sondern heftete sein Auge darauf und trank Greuel in sich hinein, ohne sich dessen bewußt zu sein. Und Freude an diesem verbrecherischen Spiel erwachte in ihm, ein Rausch blutrünstiger Lust überkam ihn» (conf. VI 8).

Der Nervenkitzel wurde durch allerlei «Exquisites», Neuartiges gesteigert. Da kämpften Zwerge in der Arena und hochdotierte Freiwillige, Frauen und Unbewaffnete, Mensch gegen Mensch, Tier gegen Tier, Mensch gegen Tier – und

Brutalität als Unterhaltung: Szenen von Gladiatorenkämpfen auf dem Borghese-Mosaik, um 300 n. Chr. Das Mosaik schmückte die Säulenhalle einer Villa bei Tusculum.

das in den unterschiedlichsten Kombinationen häufig zur gleichen Zeit nebeneinander. Bei den *venationes,* den Tierhetzen, wurden ebenfalls möglichst aufregende Paarungen gebildet. Was aus heutiger Sicht als besonders pervers erscheint, galt vielen Römern als besonders einfallsreich und pikant: Ein anerkennendes Raunen erfüllte den Zuschauerraum, wenn etwa ein Tier im Todeskampf noch Junge zur Welt brachte (Mart. lib. spect. 12ff.), und es wurde ganz beifällig aufgenommen, wenn ein Raubtier, «seit es unter uns [Menschen] ist, noch mehr Wildheit hat» (Mart. lib. spect. 18, 6). Grausamer Höhepunkt des Arena-Geschehens waren Hinrichtungen, die «kunstvoll» als Nachspiel einer bekannten Sage inszeniert waren. Gegen diese Form von raffiniertem *reality*-Mythos wurden zwar ein paar Stimmen der Kritik laut (Sen. ep. 90, 45; 95, 30); wirklich gehört wurde indes nur der Beifall derer, die dergleichen auch noch literarisch feierten (Mart. lib. spect. 5; 7; 8; I 21; VIII 30; X 25) und die Opfer verhöhnten (Orpheus am Ende der «Vorstellung» vom Bären zerfleischt: «Das nur war's, was allein ‹wider die Sage› geschah»; Mart. lib. spect. 21, 8).

Die Begeisterung für *munera* und *venationes* war allgemein. Sie kannte keine sozialen Grenzen – vom Senator bis zum Sklaven strömten alle, die im Besitz einer (kostenlosen) Eintrittsmarke waren, in die Arena. Die Sitzordnung dort wie im Theater spiegelte allerdings die gesellschaftliche Hierarchie wider: Ganz unten waren die Ehrenplätze für Senatoren, es folgten die Ränge für die Ritter, und darüber saßen das einfache Volk sowie ganz oben die Frauen (Suet. Aug. 44; CIL II 5439, 75ff.). Daß sie auf die schlechtesten Plätze verbannt waren, tat der Arena-Leidenschaft der Frauen keinen Abbruch. Die Berichte über geradezu *groupie*hafte Allüren mancher Damen auch der «feinen» Gesellschaft in ihrer Schwärmerei für die «Teufelskerle» der Arena (Juv. VI 82ff.) wird durch pompejanische → Graffiti bestätigt, in denen Gladiatoren als «späte Medizin der Nacht- und Morgenpüppchen», als «Gebieter der Mädchen» u. ä. angehimmelt werden (CIL IV 4353ff.).

Der normale Arena-Tag war dreigeteilt. Vormittags wurden in der Regel *venationes* veranstaltet, bei denen wilde und zahme Tiere in den unterschiedlichsten «Paarungen» aufeinandergehetzt wurden. Je exotischer die Tiere, die aus dem gesamten Reich in einer vorzüglich eingespielten Logistik allein zur Vernichtung nach Rom geschafft wurden, um so aufregender das Spektakel! Die Kadaver der getöteten Tiere stapelten sich am Abend der Vorstellung oft zu Hunderten in den Gewölben des Colosseums; eine «Strecke» von mehreren Dutzend Elefanten sowie mehreren hundert Löwen und Bären an ein paar «Spieltagen» war nichts Außergewöhnliches (DC LXI 9, 1).

In der Mittagszeit wurden zum Tode verurteilte Verbrecher hingerichtet, häufig indem sie gegen Tiere «antreten» mußten *(damnati ad bestias).* Fehlte es der «Hinrichtungsshow» an Dramatik und Raffinement, so begann das «verwöhnte» hauptstädtische Publikum unzufrieden zu murren (Sen. ep. 7, 5).

Den Höhepunkt der Vorstellung bildeten die nachmittäglichen *munera.* Nach dem feierlichen Einzug der Gladiatoren erfolgte gleichsam zum Aufwärmen für Akteure wie Zuschauer ein Scheinkampf mit stumpfen Waffen *(prolusio)*. Ein Trompetenstoß war das Signal zum Beginn der echten Kämpfe, die häufig von Orgelmusik untermalt wurden. Unterschiedlich bewaffnete Gladiatoren traten in Einzel- oder (seltener) Gruppenkämpfen an, von Schiedsrichtern beaufsichtigt (Quint. decl. 9, 6) und vom Publikum frenetisch angefeuert, bis es einen der Kontrahenten «erwischte» und die Anhänger des Siegers in den vieltausendfachen Jubelschrei *habet!* oder *hoc habet!* (Er hat's!, Jetzt hat er's!) ausbrachen. Wer sich tapfer seiner Haut gewehrt hatte, hatte eine gute Chance, von den Zuschauern – an sie trat der Spielgeber gewöhnlich sein «Recht» ab (Sen. ep. 37, 2) – begnadigt zu werden. Mit einiger Überzeichnung, aber in der Tendenz zutreffend schildert Seneca bitter, wie der Nachmittag weiterging – und all die Nachmittage der nächsten *munera*-Vorstellungen: «Die Mörder wünscht man weiteren Mördern vorgeworfen zu sehen, den Sieger spart man auf für ein neues Gemetzel: das Ende der Kämpfe ist immer der Tod. Feuer und Schwert regieren. So geht's dort zu, bis die Arena ‹leer› ist» (ep. 7, 49). Deutlich weniger blutig war das Geschehen im Circus, nicht aber weniger laut und leidenschaftlich. Im Gegenteil: Der Fanatismus vieler Zuschauer tobte sich gerade hier aus. Denn es ging nicht nur darum, aufregende Wagenrennen zu erleben und sich von der Schnelligkeit der Pferde und der Lenk-Kunst der Jockeys faszinieren zu lassen (Plin. IX 6, 2). Vielmehr kamen auch ganz irrationale Motive ins Spiel: Man wollte seine «Partei» siegen sehen, sich im Freudentaumel mit «Fans» aus dem eigenen Lager gehen lassen und die Triumphe über die verhaßten anderen Farben genießen. Tatsächlich waren es vier – kurze Zeit auch sechs (Suet. Dom. 7, 1) – nach Farben benannte Rennställe *(factiones)*, die bei allen Rennen miteinander konkurrierten: *alba, russata, prasina, veneta factio* («die weiße, rote, grüne und blaue Partei»). Sie waren für zahllose Römer Identifikationsobjekte ersten Ranges, eine zweite Heimat geradezu. Die Farbe des Leibchens, an dem man den Jockey der eigenen Partei erkannte, war das, worauf man während der Rennen vor allem starrte: *favent panno, pannum amant*, stellt Plinius kopfschüttelnd fest; «den Dreß beklatschen sie, den Dreß lieben sie». Und er fügt hinzu: «Ließe man während des Laufes, mitten im Kampf, die Farben ihre Plätze tauschen, dann würde auch ihr Interesse und Beifall den Platz wechseln» (ep. IX 6, 3). Da war es schon gut, wenn jemand, der sich im Circus an ein Mädchen heranmachen wollte – *dort* saßen Männer und Frauen nicht getrennt! –, sich zunächst einmal vorsichtig erkundigte, welche Partei die Dame seines Herzens favorisierte (Ov. ars am. I 145ff.; am. III 2, 1f.).

«Ich beschwöre dich, Dämon…, und verlange von dir, daß du… die Pferde der Grünen und Weißen quälst und tötest und die Wagenlenker Clarus, Felix, Primulus und Romanus tödlich verunglücken läßt…». Auszug aus einer in Hadrumetum (Tunesien) gefundenen Fluchtafel.

Zusätzlich aufgeheizt wurde die Stimmung durch die vielen → Wetten, die man schon vorher abgeschlossen hatte oder kurz vor Beginn eines Rennens abschloß. Während die einen der prächtigen *pompa circensis,* einer an den kultischen Ursprung der Spiele erinnernden, aufwendigen Prozession, zuschauten (DH VII 72, 1ff.; Juv. X 33ff.), bestand für die anderen Gelegenheit, mit den Nachbarn über Erfolgsaussichten u. ä. zu fachsimpeln (Amm. Marc. XIV 5, 25f.: angeblich von morgens bis abends die Hauptbeschäftigung der Römer). Unser Galan nutzte dagegen die Gelegenheit zu aufmerksamen Kavaliersdiensten (Kissen und Fußbänkchen für die Dame richten u. ä.) und zu demonstrativem Beifall, wenn das Kultbild der Venus vorbeigetragen wurde (Ov. ars am. I 147ff.).

Wenn der Spielgeber durch Fallenlassen eines Tuches *(mappa)* das Startsignal für das erste Rennen des Tages gab und die Viergespanne aus den Boxen *(carceres)* stürmten (pro Farbe zwischen einem und drei Wagen), stand der ganze Circus Kopf. Moderne Sportreporter pflegen diese Atmosphäre einen «Hexenkessel» zu nennen; christliche Kritiker nannten das schlicht *furor circi,* «Raserei des Circus». Wie sich da die unterschiedlichen Emotionen von Aufregung und Anspannung über Angst und Hoffnung bis zu Jubel und tiefer Niedergeschlagenheit austobten, war ein Schauspiel an sich – ein größeres als das Rennen selbst, meinten die wenigen, die sich von Farbenkoller und Hippomanie nicht anstecken ließen, sondern die Monotonie dieser «seichten, albernen, eintönigen Sache» einfach nur langweilig fanden (Lakt. Div. inst. VI 20, 32; Plin. ep. IX 6, 3).

Der helle Wahnsinn… – Eine fast zeitlose Diagnose

Und dann warten sie in ängstlicher Spannung auf das Startzeichen – *ein* Geschrei, *ein* Wahnsinn! Du kannst ihre Verrücktheit an ihrem lächerlichen Verhalten erkennen. Gerade hat der Prätor die Gespanne weggeschickt, da erzählen und melden sie sich gegenseitig, was alle gesehen haben (…). Damit geht es los, der Wahnsinn, das Wüten, der Ärger, die Zwietracht und alles übrige, das zu uns Christen nicht paßt. Dann Schimpfwörter, Schmähworte, die durch keinen Haß gerechtfertigt sind, auch Rufe der Unterstützung, die nicht die Liebe diktiert. Denn was wollen sie für sich damit erreichen, die sich dort so aufführen, wenn sie ihrer selbst nicht mächtig sind? Tertullian, De spectaculis 16

So langweilig war nun freilich der Rennverlauf keineswegs. Siebenmal mußten die Gespanne den Parcours umrunden – klappbare Marmor-Delphine und -Eier auf der Mittelbarriere *(spina)* dienten als weithin sichtbare Rundenanzeiger –; insgesamt eine Strecke von ca. 8,5 km, auf der es zu Karambolagen, Achsbrüchen und Unfällen kommen konnte. Berüchtigte Gefahrenpunkte waren die Linkskurven um die Wendemarken *(metae);* Jockeys, die sie zu eng nahmen und mit dem Wagen touchierten, wurden in hohem Bogen auf die Rennbahn geschleudert. Schwere Verletzungen und Todesstürze waren nicht selten (CIL VI 10078; Mart. X 50). Das Risiko der Lenker war hoch; sie ließen es sich allerdings mit fürstlichen Gagen und hohen Preisgeldern bezahlen. Die Stars dieses Showgeschäfts, Abteilung Circus, waren mehrfache Millionäre, die hart um ihre Prämien pokerten und sich, wenn höherer Verdienst lockte, ohne Skrupel von einer anderen Renngesellschaft anwerben ließen (CIL VI 10047ff.).

Nach der Siegerehrung und einer Ehrenrunde unter dem rauschenden Beifall der vielen zehn- oder hunderttausend «Mitsieger» begann das nächste Rennen. Im 1. Jh. v. Chr. lag die Gesamtzahl pro Wettkampftag bei 10 bis 12; in der Kaiserzeit wurde natürlich auch hier das Angebot erweitert und die Zahl auf rund zwanzig Rennen erhöht (DC LIX 7, 2f.). Nero, der sich ja bekanntlich für einen äußerst talentierten Rennfahrer hielt, dehnte das Renngeschehen bis zum Einbruch der Dunkelheit aus (Suet. Nero 22, 2). Und wenn wirklich einmal eine kleine Unterbrechung eingeplant wurde, dann traten Akrobaten, Kunstreiter und Athleten als Pausenfüller auf.

Wenn Theater sich als ausgesprochene M. etabliert, so kann das, sollte man meinen, nicht ohne Niveauverlust geschehen. Daß diese scheinbar einleuchtende These nicht immer zutrifft, hat zumindest das demokratische Athen des 5. Jh. v. Chr. unter Beweis gestellt, als hochkarätige, anspruchsvolle Stücke auch die einfachen Leute fasziniert und tagelang auf die harten Steinstufen des Dionysos-Theaters gefesselt haben. Die römische Gesellschaft der Kaiserzeit ist damit freilich nicht vergleichbar; der *histrionalis favor* («die Theaterleidenschaft»; Tac. dial. 29, 3) der Römer war auf deutlich niedrigerem Niveau angesiedelt – was das literarisch-intellektuelle Potential der Stücke betrifft, nicht die künstlerische Leistung der Schauspieler. Schon in augusteischer Zeit klagt Horaz, daß der Publikumsgeschmack sich nicht mehr an den traditionellen Tragödien und Komödien etwa eines Plautus und Terenz orientiere. Alle Welt – auch die Oberschicht – erwarte vor allem einen *Augen*schmaus: Ausstattungsluxus sei gefragt, denn «der Theatergenuß hat sich vom Ohr ganz hin auf die hin- und herschweifenden Augen verlagert» (epist. II 1, 182ff.).

Die Theater der Kaiserzeit boten ihren Zuschauern in der Tat das, was bei der großen Masse gut ankam: Klamauk, Gewalt und Anzügliches einerseits, großes Ballett und eingängige Schlagermusik andererseits. Das erste Unterhaltungsangebot, modern ausgedrückt: *sex-and-crime,* lieferte der Mimus; für das zweite, modern gesprochen: Welt-als-Film-Pendant, war der Pantomimus zuständig.

Der Mimus war eine derbe, burleske Komödie mit vier Hauptdarstellern und einigen Nebenrollen. Die Schauspieler trugen keine Masken (Quint. VI 3, 29) – eine Einladung auch zum gern gesehenen Grimassenschneiden.

Mit allen Mitteln sollten die Zuschauer zum Lachen gebracht werden (Hor. sat. I 10, 7), und dafür war kein Witz zu billig, keine Zote zu unanständig (Ov. trist. II 497ff.). Die Handlung der Stücke spielte meist im Alltag: Ehebruchsgeschichten erfreuten sich besonderer Beliebtheit, daneben waren Liebschaften und deviantes sexuelles Verhalten, Schiffbruch, Betrug und Giftmord populäre Sujets. Manches davon wurde als Mythentravestie auch auf der Ebene der Götter angesiedelt («Mars und Venus als Ehebrecher» usw.). Das Ganze wurde mit Geschrei und Ohrfeigen, Fußtritten und Nacktauftritten der weiblichen Ensemble-Mitglieder gewürzt – eine Mischung, gegen die später vor allem die christlichen Moralisten Sturm liefen («Tummelplatz der Unzüchtig-

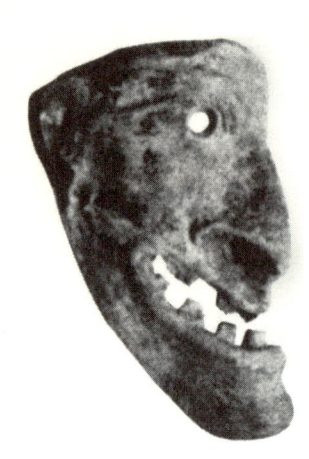

Maske aus Terracotta, die eine Vorstellung vom Manducus («Fresser»), einem der Hauptakteure des Mimus, vermittelt; aus Bonn.

keit, wo nichts Beifall findet, was anderswo nicht auf Ablehnung stößt», schimpft Tertullian, spect. 17, 1; vgl. Cypr. ep. ad Don. 8; Salv. gub. Dei 6, 3) – den Theaterbesuchern indes gefiel's.

Konkurrenz bekamen die Mimen im Rahmen der *ludi scaenici* nur vom Pantomimus. Seit augusteischer Zeit hatte sich diese neue Form des Theaterspiels fest etabliert. Chor, Orchester und Nebenakteure – sie alle arbeiteten gewissermaßen dem Solotänzer zu, der der unumstrittene Protagonist und Herr der Bühne war. Ihre Stoffe fanden die *salticae fabulae* («getanzte Geschichten») vor allem im Mythos, aber auch in der Geschichte sowie im Milieu der Großen und Edlen – Melodramen und «Historienschinken», wenn man mit Kahrstedt die Parallele zum Film bemühen will (Kulturgeschichte 268), aber eben (stumm) getanzt. Die *cantica* («Lieder»), die der Chor dazu intonierte, wurden vielfach zu Hits, die man auf den Straßen pfiff und summte (→ Gesang). Nicht nur diese – in ihrer Textaussage eher schlichte bis unterbelichtete – Schlagerproduktion weist gewisse Parallelen zu mancher modernen Hitparaden-Szene auf, sondern auch der Starkult, mit dem das Publikum – die Damen an erster Stelle – den (künstlerisch wirklich perfekten; Luk. salt. 74) «Göttern» der Pantomimenbühne huldigte, mutet in vielem sehr aktuell an. Der schöne Mnester und der Publikumsliebling Paris – das waren zwei Große im *showbusiness* des 1. Jh. n. Chr., für die Erwachsene begeistert schwärmten und die Jugendliche zu ihren Idolen erhoben (Sen. ep. 47, 17; vgl. Gell. XX 4). Fast selbstverständlich, daß solche Stars Theater- und Gesellschaftsskandale am laufenden Band verursachten, weil es vielfach – bis in den Kaiserpalast hinein – nicht bei verbalen Ergebenheitsadressen der Verehrerinnen und Verehrer gegenüber diesen Herren blieb, die sich so sanft und verführerisch zu bewegen verstanden (Suet. Cal. 55, 1; Dom. 3, 1; Tac. Ann. XI 4, 1f.; DC LX 28, 3ff.). Daß sich unter diesen Umständen im Theater mitunter Szenen abspielten, wie man sie von heutigen Popkonzerten kennt – von hysterischen Ausbrüchen über ekstatische «Entgleisungen» bis zu Handgemengen, in deren Verlauf Sachen zu Bruch gingen und Menschen verletzt wurden –, verwundert kaum: Die *theatralis licentia*, «Zügellosigkeit des Theaters», war sprichwörtlich (Tac. Ann. I 77; Suet. Tib. 37, 2; s. Zitat). Auf der anderen Seite sollte dieser Starrummel nicht darüber hinwegtäuschen, daß sowohl die pantomimischen Leistungen als auch die Ausstattung der Stücke vorzüglich waren und die Bezeichnung «Bühnenkunst» durchaus verdienten (ausführliche Beschreibung eines Pantomimus über das Paris-Urteil bei Apul. Met. X 29ff.).

Was Frauen ins Theater treibt… – Schauspieler und ihre weiblichen Fans

Wenn der weibische Bathyllus die «Leda» tanzend darstellt, benäßt sich Tuccia vor Erregung, Appula stöhnt plötzlich und gar kläglich wie in brünstiger Umarmung. (…) Wenn aber der Vorhang weggepackt, das Theater geschlossen und nur auf dem Forum Betrieb ist…, halten andere Damen wehmütig die Maske, den Thyrsusstab und die Unterhosen des Accius in der Hand. Urbiscus bringt das Publikum zum Lachen (…); in ihn ist Aelia verschossen, aber sie ist zu arm. Solche müssen es sich nämlich etwas kosten lassen, des Komödianten Keuschheitsadel zu lösen…
Juvenal, Satiren VI 63ff.

Als letzte Sparte der M. sind die Vorstellungen im Stadion kurz zu behandeln. Das waren vor allem Schauwettkämpfe professioneller Athleten, die wegen ihres Ursprungs in Griechenland als *certamina Graeca* bezeichnet wurden. Aufgrund ihrer «fremdländischen» Herkunft hatten sie es zunächst nicht leicht, sich in Rom als M. festzusetzen (Tac. Ann. XX 4). Augustus und vor allem der Philhellene Nero ebneten den «griechischen Wettkämpfen» den Weg (Mon. Anc. 22; Suet. Nero 12). Im Jahre 86 n. Chr. stiftete Domitian den *Agon Capitolinus,* bei dem zwar auch ein Dichterwettstreit ausgetragen wurde, der aber hauptsächlich ein Schau-Sportprogramm bot. Den würdigen Rahmen für dieses neu in den Festspielkalender aufgenommene *spectaculum* ließ der Kaiser auch gleich errichten: Das *Stadium Domitiani*, die heute weltbekannte Piazza Navona, die noch ihre ursprüngliche Stadion-Form bewahrt hat (Suet. Dom. 4f.).

Die besonderen Attraktionen solcher Veranstaltungen waren die Kämpfe der Schwerathleten: Boxer, Ringer und Pankratiasten («Allkämpfer», denen außer «Beißen und Graben» alles erlaubt war; Philostr. imag. II 6) – sie alle waren durchweg extrem übergewichtige Muskelprotze, die sich weniger durch Technik als durch Masse auszeichneten – und durch eine Großmäuligkeit, die den vollmundigen «Sprüchen» heutiger Catcher-Profis in nichts nachstand (Philostr. gymn. 44ff.). Die routinierte Mischung aus sportlichen Elementen, Effekthascherei und *personality-show* fand nicht so viele Anhänger wie die anderen Formen der M. Doch dürften sich auch die 15 000 Sitze des *Stadium Domitiani* bis auf den letzten Platz gefüllt haben, wenn die Sportler-Typen mit der wunderlich runden Figur zu ihren gekonnten Vorstellungen einluden – immerhin hatten schon in augusteischer Zeit, als die *certamina Graeca* noch in den Anfängen steckten, hin und wieder Rüpel das Theaterspiel gestört, indem sie lauthals nach «Bärenjagden oder Boxkämpfen» verlangten: «Denn daran», weiß Horaz, «hat der süße Pöbel innigen Genuß» (epist. II 1, 185f.; vgl. Ter. Hyc. 33ff.).

Gesamtdarstellung eines Athletenwettkampfes: Start zum Wettlauf; Läufer; Dank an die Götter; Preisverleihung; Weitsprung; Diskuswurf; Faustkampf; Ringkampf; Ehrenrunde; Pankration («Allkampf»); Tisch mit Siegespreisen; Waffenlauf. Athletenmosaik aus Gafsa (Tunesien); 4. Jh. n. Chr.

QQ: Cic. Att. II 19, 3; fam. VII 1; Mur. 40; Tusc. II 41; Hor. epist. II 1, 182ff.; Mon. Anc. 22f.; Ov. am. III 2; ars am. I 89ff.; trist. II 495ff.; Plin. NH XIX 23f.; Sen. ep. 7, 3ff.; Petr. 45; Calp. Sic. VII; Mart., liber spectaculorum; I 14; 18; 104; II 41; IV 3; 8; V 8; 14; 24f.; VIII 30; 53; 78; X 25; 50; 53; XI 13; Plin. ep. IX 6; Tac. dial. 28f.; Ann. I 77; IV 52f.; XII 56f.; XIV 17; Juv. III 168ff.; VI 60ff.; 246ff.; 379ff.; VII 82ff.; VIII 56ff.; 199ff.; X 33ff.; XI 1ff.; 193ff.; Gell. V 14; Apul Met. IV 13f.; X 29ff.; Luk., De saltatione; Philostr., gymn. 44ff.; Tert., de spectaculis; Amm. Marc. XIV 7, 25f.; XXVIII 4, 29ff.; Augustin conf. VI 7f.; Anth. lat. 111; 197; Dig. III 2, 2, 5; CIL II 5439, 70ff.; 125ff. *(lex Ursonensis);* VI 10047ff.; Quellensammlung mit frz. Übers.: S. Barthèlemy / D. Gourevitch, Les loisirs des Romains, Paris 1975, 156ff.; Bildquellen: Weeber, Panem et circenses (s. u.).

Lit.: K.-W. Weeber, Circus Maximus. Wagenrennen im alten Rom, Darmstadt 2010; Weeber, Luxus II 17 ff.; Weeber, Baden, spielen, lachen 46 ff.; M. Junkelmann, Das Spiel mit dem Tod, Mainz 2000; P. Plass, The game of death in ancient Rome, Wisconsin 1999; G. Horsmann, Die Wagenlenker der röm. Kaiserzeit, Stuttgart 1998; R. C. Beacham, Spectacle entertainment of early Imperial Rome, New Haven 1999; F. Bernstein, Ludi publici, Stuttgart 1998; D. G. Kyle, Spectacles of death in ancient Rome, London 1998; J.-M. André, Freizeitkultur 149 ff.; 203 ff.; R. C. Beacham, The Roman theatre and its audience, London 1991; Neumeister, Das antike Rom 189 ff.; 225 ff.; 247 ff.; C. Vismara, Il supplizio come spettacolo (Vita e costumi dei Romani antichi 11), Rom 1990; P. Veyne, Brot und Spiele. Gesellschaftliche Macht und politische Herrschaft in der Antike, Frankfurt/New York 1988, 586 ff.; E. Rawson, Discrimina ordinum: The Lex Iulia Theatralis, PBSR 55 (1987), 83 ff.; G. Ville, Les gladiateurs en Occident…, Paris/Rom 1981; D. P. Harmon, The public festivals of Rome, ANRW II 16, 2 (1978), 1440 ff.; 1592 ff.; E. Tengström, Theater und Politik im kaiserlichen Rom, Eranos 75 (1977), 43 ff.; R. Auguet, Cruauté et civilisation: Les jeux Romains, Paris 1970; Balsdon, Life and leisure, 244 ff.; M. Bieber, The history of the Roman theater, Princeton ²1961; Friedländer, Sittengeschichte II 1 ff.

Medizinische Versorgung

Als sich Encolp, der Vorleser des Jüngeren Plinius, auf einer Reise schwer erkältet hatte und blutiger Auswurf eine schlimmere Erkrankung signalisierte, ließ ihm sein Herr jede nur erdenkliche medizinische Behandlung zuteil werden. Gleich mehrere → Ärzte kümmerten sich um ihn (ep. VIII 1). Encolp hatte Glück. Weil er Plinius' «guter Geist in Ernst und Schmerz» war, erhielt er eine m. V., wie sie sich sonst nur die Angehörigen der Oberschicht leisten konnten. Vornehme Römer hatten meist einen oder mehrere Hausärzte, die als Sklaven zur *familia* gehörten oder die – u. U. zusätzlich – für ein jährliches Festgehalt für sie und ihre Familie tätig waren. Vermutlich wurden auch → Klienten dieser Häuser hier und da in den Kreis der Behandlungsberechtigten einbezogen – ein unzureichender Ersatz für die fehlende → Krankenversicherung, aber doch ein gewisser Schutz. Prominente Ärzte banden sich im übrigen nicht exklusiv an einen einzigen Auftraggeber, sondern schlossen mit mehreren Familien Behandlungsverträge ab (Plin. NH XXIX 7 f.).

Bei reichen Patienten war es selbstverständlich, daß der Arzt sie zu Hause aufsuchte. Wer bettlägrig war, wurde im eigenen Hause gepflegt; öffentliche → Krankenhäuser gab es nicht. Allenfalls konnten frisch Operierte für ein paar Tage zur Beobachtung und Pflege in der Obhut des Arztes bleiben, wenn in dessen Praxis neben dem Behandlungszimmer ein zusätzlicher Raum für solche kurzfristigen «Pflegefälle» verfügbar war. In diese Praxis *(taberna medica)* kamen die weniger gut gestellten Patienten zur Konsultation und Behandlung. Da die Medizin ein einträgliches Gewerbe war, fehlte es im kaiserzeitlichen Rom nicht an Ärzten: Die Konkurrenz war nicht nur an den Krankenbetten der Wohlhabenden groß («nicht die Scham, sondern die Konkurrenten drücken das Honorar», stellt Plinius bitter fest; NH XXIX 21), sondern führte mitunter auch zu unwürdigen Szenen des Buhlens um die Gunst der «kleinen Leute», wenn Ärzte potentielle Patienten zum Betreten ihrer Praxis förmlich «einluden» (Epikt. diss. III 23, 27). Natürlich waren es nicht gerade die fähigsten Mediziner, die mit solchen Methoden auf Patientenfang gingen. Insofern bleibt die *Qualität* der m. V. im Zwielicht, auch wenn die Dichte des «Ärztenetzes» ganz zufriedenstellend war. Ein ähnliches Bild ergibt sich für

Pompeji, wo man etwa ein Dutzend Arzthäuser identifiziert hat. Bei gleicher Versorgungsdichte in dem noch nicht ausgegrabenen Drittel des Stadtgebietes und einer geschätzten Einwohnerzahl von 8000–10 000 kam dort ein Arzt auf 500–600 Stadtbewohner.

Die ärmsten Römer konnten sogar Niedrighonorare nicht selbst aufbringen. Sie waren auf private Wohltätigkeit oder Gratisbehandlung angewiesen. Das traf vor allem auf die Sklaven zu. Es war sicher nur eine Minderheit von Unfreien, denen ihre Herren eine m. V. verwehrten; aus ökonomischen Überlegungen wie aus Menschlichkeit waren die meisten Herren «großzügig». Aber immerhin: Einige Sklaven fielen durch das medizinische Versorgungsnetz und wurden erbarmungslos am Aesculap-Tempel auf der Tiberinsel ausgesetzt, wo sie der Tod oder – bei Genesung – nach einer Verfügung des Claudius die Freiheit erwartete (Suet. Claud. 25). Daß es in einer Klassengesellschaft wie der römischen eine Klassen-Medizin gab, verwundert nicht. Immerhin bemühten sich viele Ärzte, dem Hippokratischen Eid der Gleichbehandlung von Freien und Unfreien (dort aber nur auf das Verbot sexueller Übergriffe bezogen) Folge zu leisten. Zumindest im Tonfall gelang das aber nicht immer, muß Plinius einräumen: «Nimm dir ein Beispiel an den Ärzten: Zwar besteht für sie zwischen Sklaven und Freien, wenn sie krank sind, kein Unterschied, aber einen Freien behandeln sie doch sanfter und milder» (ep. VIII 24, 5).

Im griechischen Osten gab es in vielen Städten die Institution des «öffentlichen Arztes», der von der Kommune besoldet wurde und dafür nicht mehr als Wander-, sondern als niedergelassener Arzt der Stadt eine zuverlässige medizinische Grundversorgung garantierte. Im Westen des Reiches übernahm man die Idee nur zögerlich, aber sie setzte sich vielerorts in der Kaiserzeit durch. Ab dem 2. Jh. n. Chr. wurde auf die öffentlich bestellten Ärzte auch der von hellenistischen Fürstenhöfen her bekannte Leibarzt-Titel eines *archiatros* (*archiater*; «Erzarzt», «Oberarzt»; der deutsche Begriff «Arzt» leitet sich davon ab) übertragen. Die *archiatri* erhielten Privilegien (Dig. XXVII 1, 6, 2), die wohl auch mit einer gewissen Pflicht zu notfalls honorarfreier Behandlung armer Bürger verbunden waren. In Rom taten seit 368 n. Chr. 14 besoldete *archiatri* – für jede Region der Stadt einer – Dienst (Cod. Theod. XIII 3, 8). Sie durften zwar auch privat liquidieren, wurden aber wie alle anderen Gemeindeärzte in einem kaiserlichen Reskript daran erinnert, «lieber in rechtschaffener Weise den Armen zu Hilfe zu kommen, als schmählich den Reichen zu dienen» (Cod. Iust. X 52, 9).

Auf dem Lande ist die m. V. wahrscheinlich deutlich schlechter gewesen. Wer dort ernsthaft erkrankte, mußte sich an einen Arzt im nächsten größeren Dorf oder in der benachbarten Kleinstadt wenden. Auf den großen Landgütern bemühte man sich allerdings um ein Mindestmaß an Gesundheitsfürsorge; dort gab es Krankenreviere oder einfache Lazarette, in denen kranke Arbeiter gepflegt wurden (Colum. XII 1, 6; 3, 7). Weitere Nachrichten aus dem ländlichen Bereich fehlen – wenn man nicht die Möglichkeit der Ferndiagnose überstrapazieren will, die Galen von einem Augenarzt berichtet: Dieser → Facharzt, offenbar eine berühmte Koryphäe auf dem Gebiet der Augenheilkunde, nahm auch briefliche Konsultationen entgegen und schickte dann seine Medikamente an die Patienten (Gal. VIII 224). Solche Ferndiagnosen mußten schon wegen der langen → «Post»-Laufzeiten seltene Ausnahmen bleiben – und waren auch auf einen kleinen Kreis zahlungskräftiger Patienten beschränkt.

Im ganzen zeigt sich, daß die m. V. der in den Städten lebenden Oberschicht die beste, weil zuverlässigste war. Wer genug Geld hatte, brauchte sich im Krankheitsfalle wenigstens keine Sorgen um seine medizinische Betreuung und Pflege zu machen. Diese selbstverständliche Sicherheit gab es für weniger Betuchte nur in der Armee, die über eine gut organisierte und effiziente Sanitätsorganisation verfügte. Daß freilich gerade ihre «optimale» Versorgung erhebliche Tücken haben konnte, mußten auch die Wohlhabenden in Rechnung stellen: Da entspann sich am Krankenbett manchmal nicht nur ein gewaltiger, von Überheblichkeit und Konkurrenzneid entfachter Ärztestreit über die richtige Diagnose und Behandlung, der den Patienten verunsichern mußte und zu fatalen Therapiefehlern führen konnte (Plin. ep. VII 1, 4f.; Plinius Maior zitiert NH XXIX 11 die sarkastische Grabinschrift: «Durch die Menge meiner Ärzte bin ich ums Leben gekommen»), sondern es führte die Geldgier mancher Ärzte auch dazu, daß am Bett eines lebensbedrohlich Erkrankten zunächst um die Höhe des Honorars gefeilscht wurde (Plin. NH XXIX 21). Die kriminelle Variante einer ganz besonderen Intensiv-Versorgung kleidet der Ärzte-Kritiker Plinius gar in eine rhetorische Frage: «Welcher Beruf hat mehr Vergiftungen oder mehr Erbschleicherei aufzuweisen?» (NH XXIX 20).

QQ: Cato r. r. 2, 7; Colum. XII 1, 6; 3, 7; Plin. mai. NH XXVI 3f.; XXIX 7ff.; Plin. min. VII 1; 4f.; VIII 1; 24, 5; Epikt. diss. 23, 27; Suet. Claud. 25; Plut. Cato mai. 5, 1; Dig. XXVII 1, 6, 2; Cod. Iust. X 52, 9; Quellensammlung: W. Müri (Hg.), Der Arzt im Altertum, München/Zürich ⁶1986.

Lit.: K.-H. Leven (Hg.), Antike Medizin. Ein Lexikon, München 2005; E. Künzl, Medizin in der Antike, Stuttgart 2002; A. Krug, Heilkunst und Heilkult. Medizin in der Antike, München ²1993; H. Eschebach, Die Arzthäuser in Pompeji, AW 15 (Sonder-Nr.; 1984); R. W. Davies, The *medici* of the Roman armed forces, Düsseldorf 1969; Friedländer, Sittengeschichte I 191 ff.

Miete

Die Wohnungs-M. lag in den großen Städten, vor allem in Rom, erheblich über der in Kleinstädten oder auf dem Lande. Zur Zeit Caesars scheint sie in Rom im Durchschnitt viermal so hoch gewesen zu sein wie im restlichen Italien (Suet. Caes. 38, 2; DC XLVIII 9, 5); auch in der Kaiserzeit waren die Unterschiede enorm (Juv. III 222 ff.). Genaue Angaben über die Höhe der M. liegen nur in geringer Zahl vor; sie sind wenig ergiebig, da weder die jeweilige Größe der Wohnungen noch die Relation zum Einkommen der Mieter bekannt sind. Sicher ist, daß die Mehrzahl der Bewohner römischer Mietshäuser den größten Teil ihres monatlichen Budgets für die M. ausgeben mußte. Grundstücksspekulation, Wohnungsmangel, Überbevölkerung und Mietwucher führten in der Hauptstadt zu überteuerten M.; von einer «unerträglichen Mietstyrannei» spricht R. Pöhlmann. In der späten Republik bezogen politische Abenteurer die Unzufriedenheit der Bürger über die hohen M. in ihre Agitation ein; daß Caesar im Jahre 48/47 v. Chr. eine einmalige Mietpreissenkung auf maximal 2000 Sesterze jährlich in der Hauptstadt und 500 Sesterze in Italien verfügte (DC XLVIII 9, 5; XLII 22), weist auf erhebliche Unruhe hin. Über schlechte Zahlungsmoral seiner Mieter klagt Cicero (Att. XV 17, 1), der freilich auch nicht gerade ein sozial denkender Vermieter war (Att. XIV 9, 1). Zahlungsunfähige Mieter, die mit der meist vierteljährlich fälligen M. in Rückstand gerieten, mußten ständig damit rechnen, vom *insularius,* dem (meist unfreien) «Hausmeister» und Agenten des Eigentümers, hinausgeworfen zu werden. Sie zitterten dem 1. Juli entgegen: Das war der übliche Termin, zu dem die auf ein, zwei oder fünf Jahre abgeschlossenen Mietverträge ausliefen und viele Wohnungswechsel bzw. Zwangsräumungen stattfanden (Mart. XII 32, 1; Petr. 38, 10 f.).

Nachmieter gesucht

«Mietblock Arriana Polliana, Eigentum des Cn. Alleius Nigidius Maius. Ab 1. Juli sind zu vermieten: Ladenlokale mit Loggia, elegante Wohnungen und ein Privathaus. Interessenten wenden sich an Primus, den Sklaven des Cn. Alleius Nigidius Maius.»

Pompejanische Wandinschrift (CIL IV 138)

Zur Höhe der stadtrömischen M. trug auch massive Spekulation bei. Es gab Unternehmer, die ganze Häuser oder Stockwerke pachteten und z. T. nochmals an Sub-Unternehmer weitervermieteten. Die Gewinnspannen erreichten bei diesem System 20–30% (Dig. XIX 2, 30). Die höchsten M. wurden im ersten und zweiten Stockwerk verlangt; darüber wurde es etwas billiger – aber bei → Brand und Einsturz auch gefährlicher. Am preiswertesten waren Mansarden unter dem Dach (Juv. III 199 ff.) und Zimmer im Keller. Um überhaupt die verlangte Miete zahlen zu können, schlossen sich Arme mitunter zu Wohngemeinschaften zusammen (Dig. IX 3 1, 10).

QQ: Suet. Caes. 38, 2; Vell. II 10, 1; Mart. XII 32; Juv. III, bes. 222 ff.

Lit.: Chr. Kunst, Röm. Wohn- und Lebenswelten, Darmstadt 2000; F. Pirson, Mietwohnungen in Pompeji und Herculaneum, München 2000; W. Will, Der römische Mob, Darmstadt 1991, 31 ff.; H. Kaufmann, Die altröm. Miete, 1981; B. W. Frier, The rental market in Imperial Rome, JRS 67 (1977), 34f.; Z. Yavetz, Die Lebensbedingungen der *plebs urbana* im republikanischen Rom, in: Schneider, Sozial- und Wirtschaftsgeschichte, 1976, 98 ff.; R. Pöhlmann, Die Überbevölkerung der antiken Großstädte, Leipzig 1884, 74 ff.; 96 ff.

Mittagessen

Das M. *(prandium)* nahm man zwischen der sechsten und siebten Stunde (12–13 Uhr) ein. Es war keine üppige Mahlzeit. Wer es eilig hatte, verzichtete sogar darauf, am Tisch zu sitzen und sich anschließend die Hände zu waschen – so jedenfalls Seneca, dem trockenes Brot genügte (ep. 83, 6). Etwas reichhaltiger war das M. bei den meisten Römern schon: Käse, Feigen, Oliven und Nüsse werden in den Quellen als Bestandteile des M. ebenso erwähnt wie Gemüse, Eier, Pilze und Früchte. Der Normalfall war ein kaltes M.; allerdings wärmte man auch gern das auf, was von der *cena* des vorangegangenen Tages übriggeblieben war. Als warme Speisen nennt Plautus Pökelfleisch, Schinken und Schweinskopf (Men. 208 ff.; vgl. auch Curc. 323 ff.). Dazu trank man → Wein, vorzugsweise den mit Honig versetzten «Met» (*mulsum;* Tac. Ann. XIV 2, 1; Cic. Cluent. 166).

An das M. schloß sich – zumal im heißen Sommer eine Selbstverständlichkeit – eine ein- bis zweistündige Siesta *(meridiatio)* an (Cat. c. 32, 10; Plin. ep. III 5, 11; NH VI 89); Geschäfte und Schulen schlossen über die Mittagszeit (Mart. IV 8, 4). Unsere Quellen beziehen sich vorwiegend auf die Lebensweise der Oberschicht; ob auch Lohnarbeiter und Sklaven in den Genuß einer → Mittagspause kamen, ist nicht überliefert, kann aber in Analogie zur üblichen *meridiatio* der Soldaten (Caes. b. c. II 14, 1; III 9, 6) angenommen werden.

Lit.: Dosi, A tavola 46 f.; Balsdon, Life and leisure 24 ff.; Marquardt, Privatleben I 266 ff.

Mittagspause

Als Rom am 24. August 410 erstmals nach 800 Jahren wieder von feindlichen Truppen erobert wurde, war Verrat im Spiel. Die Soldaten Alarichs nutzten darüber hinaus einen Umstand, mit dem sie an einem heißen Augusttag rechnen konnten: Ganz Rom gab sich der M. hin – auch die Wachposten (Proc. Bell. Vand. I 2, 17). In normalen Zeiten wurde den Soldaten tatsächlich eine Siesta *(meridiatio)* zugestanden, die sich an das → Mittagessen anschloß (Caes. b. c. II 14, 1; III 9, 6). Auch im Zivilleben ruhte in dieser Zeit das öffentliche Leben weitgehend: in der 7. → Stunde hatten viele → Geschäfte geschlossen; die Kinder kamen nach Hause, um nach der M. wieder in die Schule zurückzukehren (Mart. IV 8, 4; Marrou, Erziehung 394). Zumindest für viele Angehörige der Oberschicht war ein etwa einstündiger Mittagsschlaf eine Selbstverständlichkeit – jedenfalls in den Sommermonaten; im Winter ließ man die M. wegen der ohnehin kürzeren Tagesstunden auch einmal ausfallen (Plin. ep. III 5, 10; VII 4, 4; IX 40, 2). Nur besonders eifrig um den Staat Bemühte wie Cicero gönnten sich während ihrer «aktiven» Zeit keine Siesta (div. II 142) – im Unterschied zu den meisten Kaisern, die die M. nicht verschmähten (wobei sich diese Gewohnheit allerdings in zwei Fällen als «günstige» Gelegenheit für erfolgreiche Attentate herausstellte; Hist. Aug. Alex. Sev. 61, 3; Max. duo 23, 6).

Klares Bekenntnis zur Siesta
Wenn ich einen Sommertag nicht durch meinen selbstverständlichen Mittagsschlaf unterteilen könnte, könnte ich hier nicht leben. Varro, de re rustica I 2, 5

Ob auch Lohnarbeiter und → Sklaven in den Genuß einer M. kamen, ist fraglich; eindeutige Quellenbelege fehlen. → Freigelassene, die ihrem Patron zu bestimmten Dienstleistungen verpflichtet waren, hatten einen Rechtsanspruch auf eine M. – «aus Rücksicht auf ihre Gesundheit und ihre soziale Stellung» (*honestas;* Dig. XXXVIII 1, 26 pr.). Selbst Gladiatoren konnten sich in der Mittagszeit, in der zumindest ein Teil des Publikums die Arena verlassen zu haben scheint, ein wenig erholen: Für die besuchsschwachen Mittagsvorstellungen sah die zynische Dramaturgie des Amphitheaters «einfache» Schau-Hinrichtungen vor (Sen. ep. 7, 3 ff.).

Möbel

Der von säumigen Mietern gefürchtete 1. Juli ist da; Vacerra hat die Kündigung erhalten und muß seine Wohnung verlassen. Der Umzug macht indes kaum Mühe. Mehr als ein Bett mit drei, einen Tisch mit zwei Füßen, eine Lampe, einen Krug, einen tragbaren Herd, der Grünspan angesetzt hat, und «einen kaputten Nachttopf, aus dem an der kürzeren Seite der Urin läuft», besitzt er an Hausrat nicht. Ein bettelarmer Schlucker, den Martial da porträtiert (XII 32), einer von Tausenden und Abertausenden Römern, die ihr Dasein in den ungemütlichen Kleinstwohnungen der überbevölkerten Plebejerviertel der Hauptstadt fristeten. Dabei zeigte sich freilich Vacerras Armut weniger an der *Zahl* seiner M. als an ihrem jämmerlichen Zustand. Denn auch in wohlhabenden Haushalten gab es, an heutigen Maßstäben gemessen, ausgesprochen wenige M. Römische Wohnungen würden auf uns einen kargen, fast leeren Eindruck machen.

Wichtigstes, selbst in den bescheidensten Wohnungen anzutreffendes M. war der *lectus,* ein geradezu multifunktionaler Einrichtungsgegenstand, der nicht nur als Bett, sondern auch als Speisesofa und sogar als Arbeitscouch diente. Wegen seiner zentralen Bedeutung wird er in einem eigenen Artikel (→ Bett) ausführlicher behandelt.

Steinerne Nachbildung eines geflochtenen Korbsessels, aus Köln.

Als Sitzgelegenheiten dienten vor allem einfache Klappstühle und aus Holz gefertigte Schemel ohne Rücken- und Armlehne *(sellae).* Da sie – wie andere Formen von Sesseln und Stühlen – nicht gepolstert waren, legte man Kissen oder Decken auf die Sitzfläche, wenn man weich sitzen wollte (Mart. XII 18, 17 f.). Größeren Komfort bot die *cathedra,* ein Lehnstuhl, der vornehmlich dem «schwachen Geschlecht» als gemütlicher, oft aus Weidengeflecht hergestellter Sitz diente *(femineae cathedrae;* Mart. III 63, 7) – als «Ausgleich» freilich auch dafür, daß es sich für Frauen lange Zeit weniger schickte, es sich auf Couchen bequem zu machen –, der aber in der Kaiserzeit zunehmend auch bei Männern Anklang fand (Plin. ep. VIII 21, 2). Nur in vornehmen, traditionsbewußten Häusern stand im Empfangssaal das *solium,* ein reich verzierter, schwerer «Thron»-Sessel mit Armlehnen und Rückenlehne. Er war dem *pater familias* als Haushaltsvorstand vorbehalten; von einem solchen, in Holz oder Marmor gearbeiteten Prunksessel aus empfingen manche Patrone ihre → Klienten (Cic. leg. I 10) – und konnten sich dabei wie kleine Herrgötter vorkommen, war doch das *solium* im sakralen Bereich der charakteristische Göttersitz (Verg. Aen. X 116; Suet. Cal. 57, 3).

Material, Verarbeitung und Schmuck der Stühle zeigten den – vorhandenen oder eben nicht vorhandenen – Wohlstand eines Haushaltes an. Den Schlichtausführungen in den Wohnungen der Armen standen kunstvoll gearbeitete, mit Reliefs und Figuren sowie gedrechselten Beinen und Füßen verzierte Sitzgelegenheiten in den Häusern der führenden Schichten gegenüber. Noch krasser waren diese Unterschiede bei den Tischen *(mensae)*, von denen es alle möglichen Formen und Ausführungen gab – von einfachen, groben Holztischen von runder oder viereckiger Form mit drei oder vier Beinen (Hor. sat. I 3, 13) oder sogar nur aufgemauerten Sockeln, auf die eine Holzplatte gelegt wurde, bis zu ausgesprochenen Luxus-M. aus Marmor, Elfenbein oder Edelmetallen sowie einbeinigen Prunktischen, für deren feingemaserte Edelholz-Platten Hunderttausende und Millionen Sesterze bezahlt wurden (Plin. NH XIII 91 ff.; Mart. XIV 89). Ursprung dieser *insania mensarum,* des «Tisch-Wahnsinns» (Plin. NH XIII 91), und ähnlicher Protzerei mit anderen M. soll die Bekanntschaft der Römer mit gehobenem hellenistischen «Wohnkomfort» gewesen sein, als zahlreiche einschlägige Beutestücke im Triumphzug des Jahres 187 v. Chr. mitgeführt wurden und die Bewunderung mancher Wohlhabender für solchen *lifestyle* erregten (Plin. NH XXXIV 14; Liv. XXXIX 6, 7).

Steigern ließ sich der Tisch-Luxus nur noch durch Prunktische, deren einzige Funktion darin bestand, den Reichtum der Familie zur Schau zu stellen. Diese *abaci* waren im Speisezimmer aufgestellt: So kam keiner der Gäste umhin, das prachtvolle Silbergeschirr, die goldenen Gefäße und anderen Kostbarkeiten im Besitze des Gastgebers zur Kenntnis zu nehmen und zu bewundern (Cic. Verr. IV 16, 35; vgl. Petr. 73, 5). Zu den M. im weiteren Sinne lassen sich in den Wohnungen der Reichen auch die großen Kandelaber zählen, deren z.T. recht barocke Formen und überladener Schmuck ihnen über die Funktion als → Lampen hinaus den Charakter von Einrichtungsgegenständen sozusagen eigenen Rechts verlieh.

Im Unterschied zu den Griechen kannten die Römer auch Wandschränke *(armaria)*. Sie waren meist aus Holz und bestanden teils aus offenen Regalen, teils waren sie mit einer einzigen oder einer Doppeltür verschließbar. Die Höhe der Schränke übertraf meist ihre Breite. In ihnen wurden Buchrollen, Vorräte aller Art, → Geschirr und auch → Schmuck aufbewahrt. Mitunter war der Laren-Altar in sie integriert – so etwa im Atrium von Trimalchios Haus, wo das *armarium* zusätzlich eine goldene Büchse mit einer unvergleichlichen Kostbarkeit enthielt: dem ersten → Bart des Hausherrn (Petr. 29, 8)...

Daß Wandschränke gleichwohl nicht so prägend für römische Wohnungen waren wie für viele moderne, lag an der Verbreitung eines M., das heutzutage

Funktional oder dekorativ? – Tische für unterschiedliche Geldbeutel

Die Götter lagern zum Mahl. Geschürzt und zitternd die Greisin stellte den Tisch. Da war ein Fuß zu kurz. Eine Scherbe gibt ihm das Maß. Als unterlegt, sie behoben die Neigung, wischt den geebneten Tisch das Grün der duftenden Minze.

Aus Ovids Erzählung «Philemon und Baucis»; Met. VIII 660 ff.

Der bevorzugte Wert eines Tisches bezieht sich auf krause Maserung und kleine Wirbel (...). Es gibt auch wellenförmig gemaserte, die noch beliebter sind, wenn sie die Augen der Pfauenfedern wiedergeben (...). Die größte Bedeutung aber hat bei allen die Farbe. Hier ist am beliebtesten die Farbe des Metes, der seinen Wein durchschimmern läßt. Dann folgt ihr Umfang; jetzt erfreut man sich an ganzen Stämmen und an mehreren für einen einzigen Tisch.

Plinius über Qualitätsmerkmale von Luxus-Tischen; NH XIII 96 f.

nur noch selten anzutreffen ist: die Truhe *(arca, cista)*. *arcae* dienten vor allem dazu, Kleidungsstücke aufzubewahren. Sie wurden in aller Regel in hölzerne Truhen gelegt, nicht in Schränken aufgehängt (Cato r. r. 11, 3; Hor. sat. II 3, 118f.). Auch anderer Hausrat wurde in den meist abschließbaren, recht großen (s. Zitat) Truhen verstaut. Von *einer* Funktion der Truhen konnten die meisten Römer allerdings nur träumen: Wer genügend → Geld besaß, bewahrte es in einer «Schatztruhe» auf, die durch kräftige Metallbeschläge, Riegel und Schlösser gegen unbefugte Entnahmen gesichert war. *ex arca solvere,* «aus der Truhe bezahlen», wurde so zu einem Synonym für prompte Barzahlung (Donat. ad. Ter. Phorm. 922).

Im ganzen waren römische Wohnungen spärlich möbliert. Wenn in den großen Wohnungen der Wohlhabenden trotzdem nicht der Eindruck spartanischer Kargheit aufkam, so deshalb, weil bunte Decken, Kissen und Polster ebenso deutliche Farbakzente setzten wie Wandmalereien, Teppiche und Bodenmosaiken. Hinzu kam, daß gerade wegen der sehr überschaubaren Anzahl der M. die besonders kunstvollen, kostbaren Einrichtungsgegenstände als Blickfang wirkten. Spuren dieses einstigen Glanzes finden sich in allen Antikenmuseen, selbst den kleineren: die Vielzahl formenreicher, teils figürlicher, teils ornamentaler Metallbeschläge, die das vergänglichere Holz überdauert haben. Manche Besucher reagieren etwas ratlos auf solche Exponate – sie wissen nicht, daß sie vor den Überresten römischer M. stehen.

Zweckentfremdung einer Truhe
Was macht's aus, ob du als Gladiator dich verkaufst (...) oder ob du in einer Truhe schmählich eingeschlossen steckst, wo der Geliebten schuldbewußte Zofe dich verbarg, so daß du krummgezogen mit den Knien deinen Kopf berührst? Kann nicht der Mann der Ehebrecherin mit Recht euch beide strafen?! Mit größerem Recht wohl dich als den Verführer...
Horaz, Satiren II 7, 58 ff.

Wohnungseinrichtung im Inneren eines Sarkophages: Liege, Sessel, Schränke, Regale und ein Tisch mit Löwenfüßen. Sarkophag aus Simpelveld im Rijksmuseum Leiden.

QQ: Varro LL V 128; Plin. NH XIII 91 ff.; XXXIV 14; Plin. min. ep. II 17, 20 ff.; Mart. XIV 89 f.; Isid. XX 11; Bildquellen: G. M. A. Richter, The furniture of the Greeks, Etruscans and Romans, London 1966.

Lit.: Weeber, Luxus I 111 ff.; S. P. Ellis, Roman housing, London 2000; Brödner, Wohnen 71 ff.; McKay, Röm. Häuser 128 ff.; Richter, The furniture (s. o.); Paoli, Leben 100 ff.; RE-Artikel *Mensa, Sella, Stuhl, Truhe* sowie (im Suppl.-Bd. VI) *Möbel;* DS-Artikel *Cathedra, Cista, Mensa, Sella;* Marquardt, Privatleben II 723 ff.

Musikinstrument

Zu der «soliden Halbbildung» eines gewissen Atticus, die Martial in einem bekannten Epigramm verspottet, gehört auch sein «nettes» Lyra-Spiel (II 7, 6; *bellus es arte lyrae*). Es ist kein Zufall, daß Martial dem «Windhund» und scheinbaren Multitalent *(ardalio)* Atticus ausgerechnet Grundkenntnisse in der «Bedienung» der Lyra attestiert: sie war neben der Kithara das beliebteste

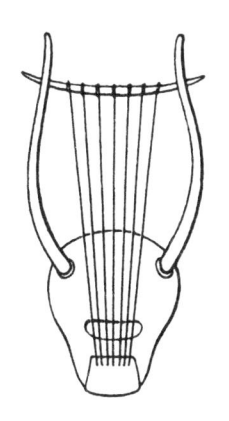

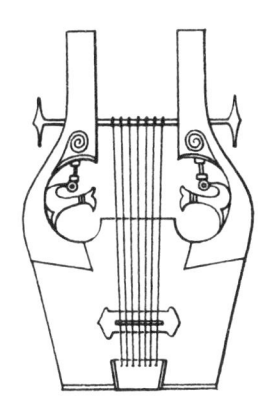

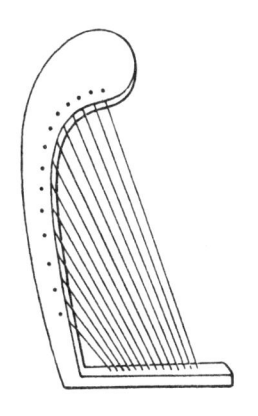

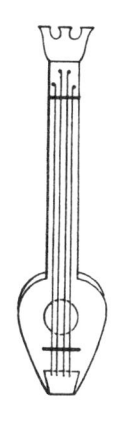

Saiteninstrument, in dem sich auch viele Laien in der Kaiserzeit in Musikschulen ausbilden ließen (Colum. pr. I 3). Atticus lag also gewissermaßen im Trend. Daß er sich dabei mit der Lyra begnügte, paßt ebenfalls ins Bild: Sie war das einfachere und schmucklosere (meist siebensaitige) Saiteninstrument, dessen Schallkörper eine Schildkrötenschale bildete. Die Kithara dagegen hatte einen erheblich größeren, kunstvoll aus Holz gearbeiteten Schallkörper; ihr Klang war dementsprechend voller. Der Kitharoede, der sich selbst zum → Gesang begleitete, trat vielfach in lang wallendem, goldbesticktem Gewand und einem Purpurmantel auf (Auct. ad Her. IV 60), um die Vornehmheit seiner Erscheinung zu steigern. Gespielt wurden Lyra und Kithara teils mit den Händen, teils mit dem *plectrum*, einem kleinen Schlagstäbchen – und meistens im Stehen. Deutlich im Schatten dieser beiden M. standen die zwei anderen wichtigen Saiteninstrumente: die Harfe *(sambuca)* und die Laute *(pandura)*.

Mit Abstand das führende Blasinstrument war die Flöte *(tibia)*. Sie gehörte zu jeder Form von → Unterhaltungsmusik, war aber auch im Kult und als Kunstlied-Begleitung von größter Bedeutung. Obwohl der Monaulos, das einfache Langrohr, bei den Römern häufiger als bei den Griechen benutzt wurde (Mart. XIV 63), dominierte doch die Doppelflöte, die mit beiden Händen gespielt wurde. Jedes Rohr hatte vier Löcher auf der Ober- und ein Loch für den Daumen auf der Rückseite. Der Klang der Flöten entsprach etwa dem der heutigen Oboe. Querflöten waren ebenfalls bekannt, und auch die Syrinx, die Panflöte mit aneinandergefügten, unterschiedlich langen Pfeifen, erfreute sich vor allem bei der Landbevölkerung und unter den Hirten von

Die wichtigsten Saiteninstrumente: Lyra, Kithara, Harfe und Laute.

Vom eigenen «Erfolg» überwältigt – Neros Auftritte als Kitharaspieler

War es der Geist, der den Himmel beherrscht, war's das Abbild der Sonne,
wie diese Götter, so stand er in Gold und in Purpur erstrahlend,
donnerte mit seiner Hand...
kunstvolle Lieder auf widerhallenden Saiten erzeugte.
Wenn es nur Himmlische gibt, nicht anders ertönt ihre Stimme.
Eloge auf Nero als Apollo; Carmina Einsiedlensia I 27 ff.

Seine heiligen Siegeskränze legte Nero in den Zimmern seines Palastes rings um die Betten, ebenso ließ er Statuen aufstellen, die ihn als Kitharoeden darstellten, und sogar Münzen mit diesem Bild prägen.
Sueton, Nero 25, 2

Wichtige Blasinstrumente: Doppelflöte *(aulos)*, Panflöte *(syrinx)*, Trompete *(tuba)* und Horn *(bucina, cornu)*.

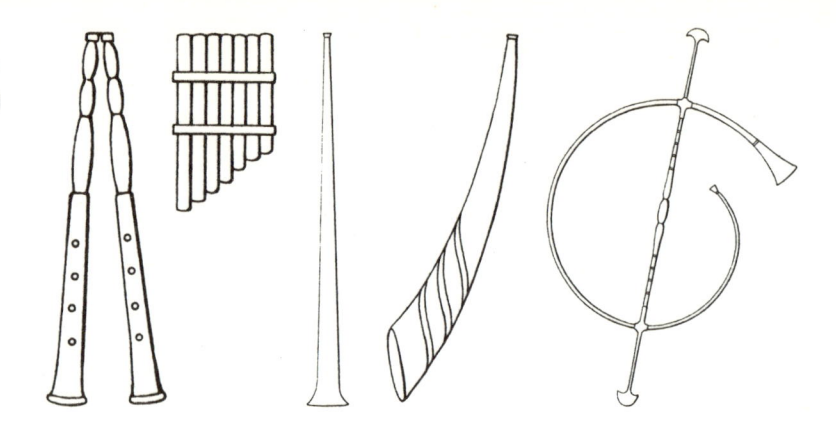

jeher großer Beliebtheit (Tib. II 1, 51 ff.; Ov. trist. V 10, 25). In der Kaiserzeit wurde sie auch von der Bühnenmusik beim Pantomimus entdeckt (Luk. salt. 69; 72) – nachdem sie in der aufgeheizten Atmosphäre der späten Republik als Lärminstrument zum Auspfeifen politischer Gegner bei öffentlichen Auftritten mißbraucht worden war (Cic. Att. I 16, 11). Die Trompete *(tuba)*, das kreisförmige Horn *(cornu)* mit quer verlaufender Griffstange und die *bucina*, ein gekrümmtes «Stier»-Horn, wurden hauptsächlich im militärischen Bereich eingesetzt; im zivilen Alltag spielten sie nur bei den öffentlichen Schauspielen eine wichtige Rolle. Anders dagegen die von Ktesibios im 3. Jh. v. Chr. entwickelte Wasserorgel (*hydraulis;* die Technik der Orgel beschreibt Vitruv X 8). Wegen ihrer großen Klangfülle (Hier. ep. 23, 1) wurde sie vor allem bei öffentlichen «Spielen» eingesetzt; bei Gladiatorenkämpfen gab sie neben Horn und Trompete die grausame Begleitmusik ab. Aber auch bei reichen Privatleuten fand sie zunehmend als Hausinstrument Anklang (CLE 742, 60 ff.). Ein begeisterter Orgelspieler war auch Nero (Suet. Nero 41, 2).

Orgelmusik – nur ein oberflächlicher Ohrenschmaus?
Wenn du einen der Deinen von Trauer überwältigt siehst, so wirst du ihm lieber eine Delikatesse als ein sokratisches Buch geben? Du wirst ihn eher ermahnen, sich eine Wasserorgel anzuhören als die Stimme Platons? Du wirst ihm einen Blumengarten zum Anschauen geben und ihm ein Bukett an die Nase halten? Wirst du Parfüms verbreiten und ihn auffordern, sich mit Kränzen und Rosen zu schmücken? Cicero, Tusculanen III 43

Unter den Schlaginstrumenten kam dem *scabellum* (Fußklapper) als Rhythmusgeber große Bedeutung zu. Es bestand aus zwei verbundenen, an der Sohle befestigten Holz- oder Eisenplatten, die bei jedem Auftreten geräuschvoll zusammenschlugen. Das «obere» Pendant dazu waren Handklappern *(crotola, crepundia);* ihre beiden beweglichen Schenkel wurden

Orchester mit zwei Hornbläsern *(cornices)*, einem Trompeter *(tubicen)* und einem Orgelspieler als «Begleitung» zu Gladiatorenkämpfen; Mosaik aus Zliten (Libyen).

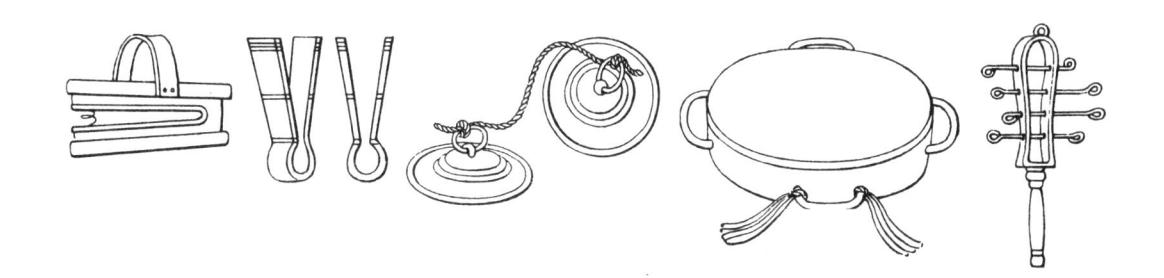

ähnlich wie Kastagnetten mit den Fingern aneinandergeschlagen. Sie begleiteten Flötenmusik (Prop. IV 8, 39), wurden aber auch von aufreizenden Tänzerinnen als akustisches Stimulans eingesetzt (Mart. VI 71). Mit beiden Händen schlug man auch die aus zwei hohlen Metallplatten bestehenden Becken (*cymbala*). Sie standen ursprünglich zu dem Kybele-Kult in enger Beziehung, fanden dann aber ebenso wie das *tympanon*, eine mit dem Tamburin vergleichbare Handtrommel, in die Unterhaltungsmusik Eingang. Auf den religiösen Bereich beschränkt blieb dagegen das *sistrum*; diese «Isisklapper» war geradezu das Wahrzeichen des aus Ägypten stammenden Isis-Kultes. Das hell tönende, markante Geklingel des *sistrum* kam durch heftiges Schütteln der Metallstäbe zustande, die in ein gebogenes Blech gesteckt waren. Schlaginstrumente beherrschen neben dem Flötenspiel die Prozessionen aller orgiastischen Kulte (Bacchus, Kybele, Isis), deren Anhänger sich durch die rhythmische, laute Musik bis zur Ekstase aufputschen ließen. «Die Verschnittenen werden einhergehen und auf die hohlen Pauken hämmern, Erz an Erz geschlagen wird in hellem Ton erklingen», beschreibt Ovid eine typische Prozession der Kybele-Anhänger und fügt auch gleich hinzu, wie diese Musik zusammen mit dem lauten Geheul der Eingeweihten auf Außenstehende wirke: «Ich möchte noch vieles fragen, doch mich erschreckt der Klang der schrillen Becken und die krumme Flöte mit ihrem schaurigen Getön» (fast. IV 181 ff.).

Römische Schlaginstrumente: Fuß- und Handklapper *(scabellum; crepundia)*; Becken *(cymbala)*; Trommel *(tympanum)* und Isis-Klapper *(sistrum)*.

QQ: Vitr. X 8; Hor. epod. IX 1ff.; Ov. ars am. III 315 ff.; fast. IV 181 ff.; Manil. V 329 ff.; Plin. NH XVI 171 f.; Mart. XIV 63 f.; 204; Juv. III 60 ff.; Tert. an. 14; Mart. Cap. II 105 ff.; CLE 113 f.

Lit.: R. Melini, Suoni sotto la cenere. La musica dell'antica area Vesuviana, Pompeji 2008; M. Markovits, Die Orgel im Altertum, Leiden 2003; J. G. Landels, Music in ancient Greece and Rome, London / New York 1999; M. P. Guidobaldi, Musica e danza (Vita e costumi dei Romani antichi 13), Rom 1992; M. Ilari, Gli strumenti musicali nel mondo romano, in: R. Lefèvre (Hg.), Lunario Romano XII, Rom 1982, 27 ff.; G. Wille, Musica Romana, Amsterdam 1967; G. Fleischhauer, Musikgeschichte in Bildern. II 5: Etrurien und Rom, 1964; Friedländer, Sittengeschichte II 167 ff.

N

Nachtisch

«Vom Ei bis zu den Äpfeln» (*ab ovo usque ad mala;* Hor. sat. I 3, 6 f.), sagten die Römer, wenn sie «vom Anfang bis zum Ende» oder «von A bis Z» in einem anschaulichen Vergleich ausdrücken wollten. Die Redensart geht auf die Speisenfolge ausgedehnter → Abendessen *(cenae)* zurück, an deren Ende tatsächlich meist der Obst-Korb als N. *(mensae secundae)* stand. Besonders bei nicht allzu aufwendigen *cenae* wurde neben frischem Obst *(poma)* wie Äpfeln, Birnen und Pflaumen (Mart. X 48, 18; Hist. Aug. Sev. Alex. 37, 14) auch Dörrobst wie Datteln und Feigen, daneben auch Nüsse und geröstete Kastanien gereicht (Ov. Met. VIII 674 ff.; Mart. V 78, 11 ff.). Bei üppigen → Gastmählern gab es außerdem auch allerlei Pikantes; das konnten Austern, Muscheln und Schnecken (Petr. 76, 6 f.) sein oder auch einfallsreiche Kreationen aus Deftigem und Süßem wie Kranichfrikassee und mit Feigen gemästete Gänseleber (Hor. sat. II 8, 85 ff.). Und auch süßes Backwerk, warme Torten (Mart. III 17), gefüllte → Kuchen und andere Süßspeisen waren als Desserts beliebt. Mochten die einen vor solchen *bellaria* («süßen Köstlichkeiten»), wie man den N. in alter Zeit genannt hatte, wegen der von ihnen ausgehenden Verdauungsprobleme warnen (s. Zitat), so waren andere von N.-Büffets so angetan, daß sie das eine oder andere davon in ihre Serviette wickelten und mit nach Hause nahmen – natürlich nur für den kleinen Lieblingssklaven, der sonst bitter enttäuscht gewesen wäre... (Petr. 66, 4).

> **Gesundheitstip als Wortspiel**
>
> *Bellaria ea maxime sunt mellita, quae mellita non sunt.*
> Derjenige Nachtisch ist besonders süß, der nicht süß ist.
>
> Varro bei Gellius XIII 11, 6 (=Macrobius Sat. II 8, 3)

QQ: Hor. sat. II 8, 85 ff.; Ov. Met. VIII 674 ff.; Sen. ep. 114, 9; Mart. III 17; X 48, 18 f.; XI 31, 7 ff.; Petr. 66, 4 f.; 68, 1 f.; 69, 6 ff.; Juv. XI 65 ff.; Gell. XIII 11, 6 f.; Macrob. Sat. II 8, 1 ff.; III 18 f.

Lit.: Dosi-Schnell, A tavola 222 ff.

Nachttopf

Da in den allermeisten Mietwohnungen → Toiletten fehlten, war der N. *(matella, scaphium, lasanum)* ein selbstverständlicher Teil jedes Hausrats. Er wurde in ein unter dem Treppenverschlag aufgestelltes Urin-Faß, in eine Latrine oder Grube entleert. Die Entleerung eines N. durchs Fenster war verboten (Dig. IX 3; XLIV 7, 5, 5: allgemeines Verbot, etwas aus der Wohnung auf die

Hotelzimmer nicht nur ohne fl. Wasser
Wir haben ins Bett gepinkelt. Ich geb's zu, Wirt, das war nicht fein. Fragst du warum? – Es war kein Nachttopf da!

Graffito aus Pompeji (CIL IV 5244)

Straße zu schütten oder zu werfen), kam aber im Schutze der Dunkelheit gar nicht so selten vor (Juv. VI 264).

Bei einem Trinkgelage stand die *matella* häufig im Raum (Petr. 47, 5). Wenn der Hausherr oder ein Gast mit den Fingern schnippste, eilte ein Sklave herbei und hielt den N. zum Urinieren hin (Mart. III 82, 15 ff.; VI 89; Kritik an diesem «schmählichen Dienst» übt Sen. ep. 77, 14); manch einer ließ sich auch im Schlafgemach so bedienen (Mart. XIV 119), Trimalchio sogar während des Ballspiels (Petr. 27, 3). Die gewöhnlichen N. waren aus Ton hergestellt; Luxus-Nachtgeschirr aus Silber war aber keine ausgesprochene Rarität (Petr. 27, 3; Plin. NH XXXIII 152; einen goldenen N. erwähnt Mart. I 37, 1). Als → Schimpfwort bezeugt ist *matella* bei Plaut. Persa 533 und Petr. 45, 8.

Neujahrsfest

Nach der Verlegung des Amtsantritts der Konsuln auf den 1. Januar (seit 153 v. Chr.) war es üblich, diesen Tag als Beginn auch des bürgerlichen Jahres zu begehen. Man wünschte einander ein glückliches Jahr und tauschte → Geschenke *(strenae)* aus: ursprünglich Palmzweige, Datteln, Feigen und Honig («Diese Süße soll den Dingen folgen, und das Jahr soll voll Annehmlichkeit den begonnenen Weg vollenden», erläutert Ov. fast. I 187 f.), in der Kaiserzeit zunehmend materiell kostbarere wie Geldstücke, → Lampen und → Spardosen; z. T. mit Inschriften wie *annum novum faustum felicem tibi* («ein glückliches Neues Jahr für dich»). In Rom wurde es auch üblich, dem Kaiser ein Neujahrsgeschenk zu machen; man durfte i. a. auf ein großzügigeres Gegengeschenk hoffen (Suet. Tib. 34, 2: vierfacher Wert). Ausgedehntes, fröhliches Feiern mit gutem Essen und Trinken wurde immer mehr Bestandteil des N.; schon am Tage vorher herrschte auf den Straßen ausgelassenes Treiben. → Würfelspiel und → Wein galten in der Spätantike als typisch für das N. (Augustin. serm. 198, 2), das den → Saturnalien damals den Rang abgelaufen hatte. Abgehärtete Zeitgenossen begrüßten das Neue Jahr dagegen mit einem Sprung in den Tiber oder in das eiskalte Naß der *Aqua Virgo* (Sen. ep. 83, 5).

QQ: Ov. fast. I 185ff.

O

Obst

Die Behauptung, «ganz Italien sei ein Obstgarten», ist sicher eine emphatische Übertreibung Varros (I 2, 6), aber sie läßt doch erkennen, welche Rolle das O. in der Ernährung der Römer spielte. Es war besonders als → Nachtisch beliebt, wie die sprichwörtlich gewordene Speisenfolge *ab ovo usque ad mala* («vom Ei bis zu den Äpfeln»; d. h. «von Anfang bis Ende»; Hor. sat. I 3, 6 f.) zeigt. Die wichtigsten O.-Sorten waren Feigen sowie Äpfel und Birnen, von denen bis zu 30 verschiedene Sorten gezüchtet wurden (Macr. sat. III 19, 6; Plin. NH XV 47 ff.), außerdem Quitten, Pflaumen, Granatäpfel, Maulbeeren, Pfirsiche, Aprikosen, Kirschen und Strauchbeeren. Citrusfrüchte waren zwar nicht völlig unbekannt, als Nahrungsfrüchte spielten sie aber keine Rolle. Neben dem Verkauf von Frisch-O. bemühten sich die Produzenten auch um die Herstellung getrockneter und mit Hilfe von → Honig kandierter sowie mit anderen Konservierungsmitteln haltbar gemachter Früchte (Plin. NH XV 60). Außer als Dessert wurde O. auch in Hauptgerichten und als Vorspeise verwendet; so kennt Apicius u. a. → Kochrezepte für Pfirsich- und Birnenaufläufe (IV 2, 34 f.), und sein Aprikosen-«Appetizer» liest sich nicht uninteressant (s. Zitat).

Der Vertrieb von O. lag z. T. in der Hand der Produzenten, die es auf nahe gelegenen Märkten anboten, z. T. wurde es von spezialisierten O.-Händlern (*pomarii;* CIL IV 202; VI 9822 f.) verkauft. O.-→ Geschäfte lagen in Rom u. a. am Circus Maximus sowie – offenbar die feinere Adresse – an der Via Sacra (Hor. sat. II 3, 227; Priap. 21). Einen Teil des Bedarfs deckten auch fliegende Händler ab. So zeigt ein Relief aus dem Museum St. Germain einen ambulanten O.-Verkäufer, der die in seinem «Bauchladen» aufgehäuften Äpfel anpreist *(mala!)* und sich dabei an die verehrte weibliche Kundschaft mit dem Ausruf «Damen! Meine Damen!» *(mulieres, mulieres meae!)* wendet. O.-Körbe waren offenbar auch als kleine → Geschenke beliebt; Ovid empfiehlt dem Liebhaber, seine «Herrin» ab und zu auch mit solch einer Aufmerksamkeit zu erfreuen – und dabei ruhig ein bißchen zu flunkern: «Sie seien dir von einem

Obst öffnet auch den Magen –
Apicius empfiehlt: Aprikosen-Vorspeise

Säubere gerade reife, feste Aprikosen, entsteine sie, gib sie in kaltes Wasser und lege sie in eine Pfanne. Stoße Pfeffer, getrocknete Minze, gieße *liquamen* (Fischsauce) dazu und gib Honig, Most, Wein und Essig dazu. Gieße es in die Pfanne über die Aprikosen, gib ein wenig Öl dazu und koche auf kleiner Flamme. Wenn es gekocht hat, binde mit Stärkemehl. Streue Pfeffer darauf und serviere.   Apicius, De re coquinaria IV 5, 4

Relief eines ambulanten Obstverkäufers, der seine *mala* (Äpfel) anpreist.

Landgut vor den Toren der Stadt geschickt worden, kannst du sagen, auch wenn sie in der Heiligen Straße gekauft sind» (ars am. II 261 ff.).

QQ: Cato r. r. 7 f.; 133; Verg. georg. II 69 ff.; Colum. V 10; X 400 ff.; Plin. NH XV 37 ff.; Mart. XIII 23 ff.; 42 f.; 46.

Lit.: Dosi-Schnell, A tavola 221 ff.; Brothwell, Manna und Hirse 181 ff.; André, L'alimentation 75 ff.

Öl

Als der hundertjährige Romilius Pollio einmal von Augustus empfangen wurde, erkundigte sich der Kaiser, welcher Lebensweise der Greis seine nach wie vor beeindruckende Frische verdanke. «Innen dem Honig-Wein», entgegnete Pollio, «und außen dem Öl!» (Plin. NH XXII 114). Der alte Herr hielt offenbar viel vom → Baden; denn dabei spielte das Öl *(oleum)* einerseits bei den gymnastischen Übungen eine wichtige Rolle, die dem eigentlichen Bad vorangingen – Öl, Schweiß und Staub wurden dann mit einer *strigilis* (Schabeisen) vom Körper entfernt –; andererseits diente es nach dem Bade dazu, der Haut wieder Fett zuzuführen. Es war zudem Grundlage der parfümierten → Salben (Lukr. II 847 ff.), mit denen man sich nach dem Bad eincremte bzw. eincremen ließ (Petr. 28, 2). Wegen seiner geringen Leitfähigkeit war das Öl auch gleichzeitig als Sonnen- wie als Kälteschutz beliebt (Plin. NH XV 19; Hor. sat. II 1, 7 f.). Kurzum, es war das wichtigste Mittel der Körperpflege, und so gehörte die *ampulla olearia*, das Ölfläschchen, zu den unabdingbaren Accessoires eines Thermen-Besuches – auch, wie die oben zitierte Anekdote zeigt, bei einfachen Leuten.

Noch bedeutsamer war das Öl im Ernährungsbereich. Neben → Brot, Käse, Salz und → Wein gehörte es zu den → Grundnahrungsmitteln, die auch auf Landgütern arbeitenden Sklaven zustanden (Cato r. r. 58). Es war als pflanzliches Fett beim Kochen mehr geschätzt als tierisches Fett; zu Butter griffen eher «Barbaren» (Strabo III 3, 7). Zum Anrichten von Salaten und Gemüsen (Ps.-Verg. Mor. 111 ff.) brauchte man es ebenso wie als Bestandteil von → Saucen und vielen anderen Speisen – wobei es erhebliche Qualitätsunterschiede zwischen den einzelnen Sorten gab, die sich deutlich auf den Geschmack der Speisen auswirkten (Hor. sat. II 3, 124 ff.). Der Großteil der Olivenernte wur-

Wie bekommt man das Öl vom Rücken? – Kaiser Hadrian weiß Rat

Hadrian badete häufig öffentlich und mit allem Volk... Als er eines Tages beobachtet hatte, wie ein ihm... bekannter Veteran sich den Rücken und den übrigen Teil des Körpers an der Wand abscheuerte, fragte er ihn, weshalb er die Marmorplatten benutze, um sich abzuscheuern. Als er hörte, dies geschehe in Ermangelung eines Sklaven, beschenkte er den Alten sowohl mit einem Sklaven als auch mit einer Geldbeihilfe. Als aber anderntags mehrere Greise sich an der Wand scheuerten, um des Kaisers Freigebigkeit zu provozieren, ließ er sie antreten und wies sie an, sich gegenseitig zu frottieren. Historia Augusta, Hadrian 17, 6

Oliven-Öl-Gemüse à la Cato

Gemüse zum Käse aus weißen, schwarzen und scheckigen Oliven mache so: aus weißen, schwarzen und gesprenkelten Oliven wirf die Kerne heraus. Mache sie so ein: zerschneide sie selbst, gib dazu Öl, Essig, Koriander, Kümmel, Fenchel, Raute, Minze; tue es in ein irdenes Tönnchen; das Öl soll darüber stehen. So genieße es.

Cato, De re rustica 119

de in Pressen zu Öl verarbeitet; ein kleinerer Teil wurde aber auch in Essig und Öl eingelegt (Cato r. r. 117 ff.) und als Hors d'oeuvres zum Essen gereicht (Apic. VI 9, 11).

Der dritte große Anwendungsbereich des Öls war seine medizinische Verwendung. Olivenöl galt insbesondere als Mittel gegen Kopfschmerzen, aber auch als oral eingenommene Arznei gegen Mundgeschwüre (Plin. NH XXIII 77 f.) sowie als blutstillendes Mittel und Heilmittel gegen verschiedene Nesselstiche (Petr. 98, 7; Plin. NH XXI 92); daneben war es natürlich ein auch aus medizinischer Sicht wärmstens empfohlenes Hautpflegemittel. Wie die römischen Ärzte auch andere Öle im Kampf gegen Krankheiten einsetzten, schildert Plinius ausführlich (NH XXIII 80 ff.).

Enorme Nachfrage nach Öl ergab sich ferner aus seiner Verwendung als Beleuchtungsmittel, das man in die charakteristischen, überall in der römischen Welt verbreiteten Öl-→ Lampen goß. Für diesen Zweck reichten natürlich die minderen Qualitäten (Hor. sat. I 6, 124), die man beim Speise-Öl allenfalls den wenig verwöhnten → Klienten zumutete (Juv. V 86 ff.).

Rekonstruktion einer Ölpresse *(torcular olearium);* Rom, Museo della Civiltà Romana.

Aufgrund der vielfältigen «Einsatzmöglichkeiten» wurde das Öl zu einem bedeutsamen Faktor im Wirtschaftsleben, neben → Wein und Getreide war es eines der Massengüter der Alten Welt, mit dessen Produktion, Transport und Vertrieb profitable Geschäfte zu machen waren. Durch die stete Ausweitung der Olivenbaumkulturen, ein reichhaltiges Markt-Angebot und einen intensiven Handel zwischen Italien und vor allem den am Mittelmeer gelegenen Provinzen blieb der → Preis des Öls relativ niedrig und stabil (Plin. NH XV 2 f.).

Bezeichnend für die Bedeutung des Öls im täglichen Leben aller Bevölkerungsschichten ist die Tatsache, daß Politiker schon sehr früh die popularitätsfördernde Wirkung unentgeltlicher Ölspenden an die hauptstädtische Plebs entdeckten. Im Jahre 213 v. Chr. machte sich Scipio, der spätere Bezwinger Hannibals, durch eine Gratisverteilung bei den Römern beliebt (Liv. XXV 2, 8; vgl. XXXVII 57, 11). Nach dem Hohlmaß *congius* (3, 3 l), das sich zunächst vor allem auf Ölmengen bezog, nannte man diese Spenden *congiaria*. In der Kaiserzeit wurden die *congiaria*-Leistungen dadurch vereinfacht, daß die ursprünglichen Naturalien- in Geldgeschenke umgewandelt wurden. Öl blieb gleichwohl auf der Agenda der verbilligt oder sogar kostenlos an Teile der Bevölkerung abgegebenen Produkte. Wie dicht das Vertriebsnetz der Öl-Händler *(olearii)* in Rom war, läßt die hohe Zahl von 2300 *mensae oleariae* (Öl-«Theken») im Stadtgebiet Roms erkennen – eine eindrucksvolle Bestätigung der in ihrer Prägnanz Bonmot-verdächtigen Laudatio des Älteren Plinius auf die beiden bedeutsamsten Flüssig-Stoffe im Leben von Griechen und Römern: «Zwei Flüssigkeiten sind dem menschlichen Körper am angenehmsten, der Wein von innen, das Öl von außen; beides ausgezeichnete Erzeugnisse der Gattung der Bäume. Die Flüssigkeit Öl aber ist notwendig» (NH XIV 150).

QQ: Cato r. r. 20 ff.; 58; 64 ff.; 118 ff.; 144 ff.; Lukr. II 847 ff.; Varro r. r. I 27; Hor. sat. I 6, 122 ff.; II 1, 7 f.; II 3, 124 ff.; II 4, 64 ff.; Ps.-Verg. Mor. 111 ff.; Colum. V 8 f.; XII 49 ff.; Plin. NH XIV 150; XV 1 ff.; XXIII 76

ff.; Mart. XIII 36; Juv. V 86 ff.

Lit.: H. Schneider, Art. «Speiseöl», DNP 12, 2 (2003), 1118 ff.; D. J. Mattingly, First fruit? The olive in the Roman World, in: G. Shipley (Hg.), Human landscapes in class. Antiquity, 1996, 213 ff.; Flach, Röm. Agrargeschichte; E. Rodriguez-Almeida, Il monte Testaccio. Ambiente, storia, materiali, Rom 1984; S. Panciera, Olearii, in: J. H. D'Arms / E. C. Kopff (Hg.), The seaborne commerce of ancient Rome, Rom 1980; André, L'alimentation 183 ff.; A. E. Pease, Art. *oleum*, RE XVII (1937) 2454 ff.

Opfer

Im Jahre 296 v. Chr. häuften sich schlimme Vorzeichen. Der Senat zögerte nicht lange; er beschloß ein zweitägiges Bußfest *(supplicatio)*. Die «Staatsbuße» sollte sich nicht nur auf öffentliche Rituale beschränken, sondern auch von den einzelnen → Familien gewissermaßen dezentral mitgetragen werden. Zu diesem Zweck verteilte man → Wein und Weihrauch kostenlos an die Haushalte (Liv. X 23, 2). Die Episode lenkt den Blick auf zwei häufig vernachlässigte Fakten: Zum einen gab es keineswegs nur die «großen», von Priestern durchgeführten bzw. beaufsichtigten staatlichen O., sondern natürlich auch die O. von Einzelpersonen und Gruppen wie Familien, Berufsverbänden u. ä. Und zum anderen waren keineswegs alle O. blutig.

Im häuslichen, alltäglichen Bereich überwogen sogar die unblutigen O. Dazu gehörten geringe Teile des Essens, die den Hausgöttern (Penaten) vom *pater familias* in einem Schüsselchen hingestellt wurden (Varro Men. 265); ähnliche O. waren auch im Totenkult üblich (Ov. fast. II 535 ff.; s. Artikel → Totengedenken). Eine andere, tagtäglich praktizierte Weise, die Götter durch ein Dank-O. an der Nahrung teilhaben zu lassen, waren Tisch-O. Meist vor dem → Nachtisch, aber auch zu den anderen Zeitpunkten während des → Abendessens spendete der Hausvater einen symbolischen Teil des Essens den Göttern, indem er ihn in den Flammen des Hausaltars verbrennen ließ. Am häufigsten waren das → Wein, wohlriechende Essenzen wie Lorbeer, Kräuter und natürlich Weihrauch, aber auch Früchte, → Honig, Salz, Brei, Spelt und andere Nahrungsmittel kamen in Frage. Weil das Wein-O. wohl am Anfang stand, nannte man diese Form *libamentum* (von *libare*, «ausgießen»). Die übliche Wiedergabe als «Trankopfer» greift angesichts der Fülle der anderen möglichen O.-Gaben zu kurz. Man backte sogar spezielle, honiggewürzte O.-Kuchen *(liba)*, «weil der Gott [Bacchus] an süßen Säften Gefallen findet» (Ov. fast. III 729 ff.).

Ein guter Tropfen für die Götter: Weinopfer bei Tisch

Andere decken mit Speisen den Tisch und kredenzen die vollen Becher, es flammt rings jeder Altar mit heiligem Feuer. Sprach seine Mutter: «Nimm diesen Kelch voll köstlichen Weines, spenden wir fromm dem Oceanus jetzt!» (…)
Dreimal tränkt sie den flammenden Herd mit lauterem Nektar, dreimal zückte zum Giebel des Dachs hellodernd die Flamme…

Vergil, Georgica IV 378 ff.

Unblutig waren auch die O., die sich mit Erstlingsgaben *(primitiae)* verbanden. Die Bauern pflegten den Göttern des Landbaus aus Dank und als «Ansporn» für eine gute Ernte die alljährlich ersten Früchte, von der Getreideähre über die Bohne bis zur Traube, zu opfern. Zu speziellen Festen oder besonderen Anlässen erhielten die jeweiligen Schutzgottheiten ein genau festgelegtes Deputat an O.-Gaben; so Iupiter Dapalis vor dem Beginn der Aussaat neben Bratenstücken und Früchten auch einen Krug Wein (Cato r. r. 132). Alle diese Spenden wurden durch den O.-Vorgang dem profanen Bereich entzogen und damit «heilig gemacht» – nichts anderes bedeutet das lateinische Wort für «O.», *sacrificium* (von *sacer* und *facere*). Daß dazu nicht unbedingt Blut fließen mußte, leuchtet ein. Tatsächlich ging die römische Überlieferung – vermutlich zu Unrecht – sogar davon aus, daß es in der Frühzeit *nur* unblutige O. gegeben habe (Plut. Rom. 12; Ov. fast. I 337ff.).

Blutige O., bei denen in der Regel ein einziges Tier getötet wurde, waren aufwendiger und teurer. Kein Wunder, daß sich manch einer bei einem Blut-O. größeren Erfolg ausrechnete, wenn er sich spendabel zeigte: → Erbschleicher, die es auf erfolgsversprechende «Objekte» wie kinderlose Reiche abgesehen hatten, waren in der satirischen Zuspitzung Juvenals bereit, ihr (Schein-)Interesse an der Gesundung ihres «geliebten» Mitmenschen mit Hekatomben-O. (100 Stiere) zu dokumentieren – leider gebe es in Rom ja keine Elefanten als käufliche O.-Tiere! –; für die Heimkehr eines armen Schluckers mit drei Kindern dagegen war ihnen selbst eine Henne oder eine Wachtel als O.-Tier zu schade (Juv. XII 93ff.). Natürlich spielte auch der Geldbeutel des einzelnen bei der Wahl des O.-Tieres *(hostia)* und auch bei der Anzahl von O.-Tieren eine Rolle (Juv. XII 10f.). Das preiswerteste O.-Tier war das Schwein, das stattlichste der Stier (Plin. NH VIII 183). Die Beliebtheit des Schafes als O.-Tier ging nicht zuletzt auf seine sprichwörtliche Eignung als friedliches «Opferlamm» zurück: Nach römischer Auffassung hatte ein O. nur Erfolg, wenn das O.-Tier sich willig in sein Schicksal fügte (Serv. ad Verg. georg. II 395); störrische, sich heftig gegen den Gang zum Schlachtaltar wehrende Tiere hatten eine gute Chance, als von der Gottheit «abgelehnte» *hostiae* mit dem Leben davonzukommen (Macrob. Sat. III 5, 8). Auch die Größe und das Alter des Tieres bestimmten seinen «Wert» als O.-Gabe: Zwischen einem bescheidenen Lamm *(humilis agna;* Hor. c. II 17, 32) und einem ausgewachsenen Widder, einem noch nicht entwöhnten Kälbchen und einem fetten Stier lagen beträchtliche Unterschiede. Neben Rind, Schwein und Schaf wurden gelegentlich auch andere Tiere wie Ziegen, Hunde, Pferde und Hühner geopfert; von der Größenordnung der Gesamtzahl her spielten sie indes nur eine untergeordnete Rolle.

Bei zahlreichen O. waren die Gattung des O.-Tieres sowie ihre Zahl vorgeschrieben. Ein paar Grundsätze waren bei allen *hostiae* zu beachten. Der wichtigste: Sie mußten makellos sein. Für wichtige Staatsopfer wurden deshalb Stiere bevorzugt, die auf besonders guten Weiden gemästet worden waren (Hor. c. III 23, 9ff.; Ov. fast. I 84). Eine weitere Regel bestand darin, weiblichen Gottheiten weibliche und männlichen Gottheiten männliche Tiere zu opfern. Auch die Farbe war wichtig. Weiße, möglichst schneeweiße Tiere opferte man den Himmelsgöttern, dunkle den Gottheiten der Unterwelt und des Todes. Das Prinzip der Auswahlkriterien ist offensichtlich: Das O.-Tier sollte möglichst gut zum Wesen und Funktionsbereich der Gottheiten passen (Serv. ad.

Verg. Aen. III 118).

O.-Anlässe gab es in Hülle und Fülle. Grundsätzlich lassen sich Huldigungserweise als Bitten oder Danksagungen einerseits und Sühn-O. *(piacula)* ande-

Auswahl des richtigen Tieres –
Grundlage für den «Opfererfolg»

Von den Stieren stammen die fettesten Opferstücke, und diese sind die kostbarste Versöhnung mit den Göttern. (…) Die Prüfung der Opfertiere verlangt…beim Kalb, daß es bis zur Kniekehle reiche; ist es kürzer, opfert man es noch nicht. Es wird auch bemerkt, daß Kälber, die auf den Schultern eines Menschen zum Altar gebracht werden, nicht gerade ein günstiges Opfer versprechen, wie sich auch die Götter weder durch hinkende noch durch ihnen fremde Opfertiere versöhnen lassen noch durch solche, die vom Altar wegziehen.   Plinius, Naturalis historia VIII 183

rerseits unterscheiden. *piacula* wurden dann für nötig erachtet oder angeordnet, wenn man sich im Umgang mit den Göttern etwas hatte zuschulden kommen lassen: Vergessene oder falsch praktizierte Gebete und O., Verstöße gegen die Feiertagsruhe, Zuwiderhandlungen gegen Bestattungsriten oder Nichtbeachtung kultischer Vorschriften und «eindeutiger» Vorzeichen waren durch O. zu sühnen.

Breiteren Raum im Leben der Römer nahmen alle jene O. ein, mit denen man sich die Huld und den Beistand von Gottheiten sichern bzw. sich für erwiese-

Entsühnung der Felder –
Die *suovetaurilia* als teures «Pflichtopfer» für jeden Bauern

Die Feldflur muß so entsühnt werden: Befiehl, daß Ferkel, Lamm und Kalb [*suovetaurilia* aus *sus*, «Schwein», *ovis*, «Schaf», und *taurus*, «Stier»] um die Flur getrieben werden. (…) Sprich zuvor feierlich mit einer Weinspende Janus und Jupiter an, dann sprich so: «Vater Mars, dich bitte ich flehentlich, daß du wohlwollend und geneigt seist mir, meinem Hause und unserer Hausgenossenschaft, wessenthalben ich um meine Feldflur, mein Land und mein Landgut das Schwein-, Schaf- und Stieropfer habe herumtreiben lassen, auf daß du Seuchen, sichtbare und unsichtbare Verwaisung und Verwüstung, Unheil und Unwetter fernhaltest, abwehrst und abwendest, und daß du Feldfrüchte, Getreide, Wein- und Obstgärten groß werden und gut gedeihen läßt.»
Cato, de re rustica 141, 1f.

ne Hilfe bedanken wollte. Neben den allgemein begangenen staatlichen Feiertagen, die sich aus dem Kult-Kalender ergaben und feste Daten für die einzelnen Gottheiten vorsahen, waren wichtige Ereignisse im Leben des einzelnen und seiner Familie übliche Anlässe für ein O.: → Geburt, das Anlegen der Männertoga, → Hochzeit, berufliche Erfolge und Tod. Hinzu kamen die vielen kleinen Bitten und Wünsche, die man an die Götter herantrug: Bewahrung vor oder Heilung von einer Krankheit, gesunde Rückkehr von Freunden,

Geschmückt auf dem Wege zum Opferaltar: Schwein *(sus)* und Schaf *(ovis)*. Zusammen mit dem Stier *(taurus)* bilden sie als Gruppe das «klassische» Suovetaurilia-Opfer. Außenseite der Anaglypha Traiani in Rom, 2. Jh. n. Chr.

Errettung aus Todesgefahr, Erfüllung in der Liebe, Schutz vor finanziellen Einbußen, gute Ernten, Abwendung von Unglück (z. B. bei einer Schiffsreise) usw. Angesichts der Vielzahl von feststehenden und ad-hoc-Anlässen waren O. und brennende O.-Altäre in den römischen Städten und Dörfern ein ganz alltäglicher Anblick; nicht nur, aber besonders an Feiertagen. Die Bedeutung von *sacrificia* im Leben der Römer erhellt sich schlaglichtartig aus der Tatsache, daß aus Freude über Caligulas Regierungsantritt in weniger als drei Monaten mehr als 160 000 O.-Tiere allein in der Hauptstadt getötet worden sein sollen (Suet. Cal. 14, 1). Und wie sehr das O.-Wesen auch ein Wirtschaftsfaktor war, zeigen die Klagen der Züchter und Verkäufer von O.-Tieren in Bithynien, als ihre Umsatzzahlen durch den Vormarsch des Christentums dramatisch sanken. Erst durch Plinius' Eingreifen als Statthalter wurde sichergestellt, «daß die lange ausgesetzten O. wiederaufgenommen werden und das Opferfleisch, für das sich bisher nur ganz selten ein Käufer fand, überall wieder Absatz findet» (ep. X 96, 10).

Opfer als betriebswirtschaftliche Fehlkalkulation
Mehren willst du dein Sach': schlägst tot den Pflugstier, durch Opfer dir Merkur zu gewinnen: «Gib Glück und Segen dem Hausstand, gib mir Vieh und den Herden Gedeihen!» Du Narr, und woher denn? Da dir in Flammen so oft das Fett deiner Kälber dahinschmilzt. Persius, Satiren II 44ff.

Die Durchführung des O. setzte einen Altar voraus. Das konnte entweder ein fest vor einem Heiligtum installierter Altar *(ara)* sein oder ein tragbarer Opferherd *(foculus)*, der ad hoc am Ort des O. aufgestellt wurde (Cic. de domo sua 123f.). Traditionsgemäß, als Erinnerung nämlich an die staatlichen Altäre der Frühzeit, lagen auf jedem Altar Rasenstücke *(caespites)*. Dorthin wurden die O.-Tiere, mit Kränzen, wollenen Stirnbändern, bunten Rückendecken und mitunter sogar vergoldeten Hörnern geschmückt, möglichst ohne den Anschein eines Zwanges geführt. Bei öffentlichen O. war stets ein Flötenspieler anwesend, der den gesamten Akt mit seinem Spiel begleitete und damit unerwünschte Geräusche übertönte, sowie ein Herold, der der O.-Gemeinde Schweigen gebot (*favete linguis!*; Don. ad Ter. Andr. 24). Der Opfernde, ein Priester, Magistrat oder bei Privat-O. der Familienvater, sprach die vorgeschriebenen Gebetsformeln. Das Ablesen dieser Formeln schützte vor Fehlern und Auslassungen, die das O. ungültig gemacht hätten (Plin. NH XXVIII 11). Zu erkennen war der Opfernde daran, daß er die Toga hinten über den Kopf gezogen trug; diese *capitis velatio* («Verhüllung des Hauptes») sollte ihn wohl vor allem vor Ablenkung schützen. Nach dem Gebet und einer rituellen Handwaschung wurden Wein und gesalzenes Dinkelmehl («Opferschrot») über das Tier geschüttet. Dieser Opferschrot hieß *mola salsa*, und welch zentrale Bedeutung diesem Teil des Ritus in der O.-Handlung zukam, zeigt sich an dem davon abgeleiteten *immolare*, «opfern» (Serv. ad Verg. Aen. II 133). Danach wurde das Tier seines Schmuckes entkleidet, und der Opferherr zeichnete mit dem O.-Messer einen symbolischen Strich vom Kopf bis zum Schwanz (Serv. ad Aen. XII 173).

Relief mit Opferszene. Der Opfernde ist als *capite velatus* («Kopfverhüllter») deutlich zu erkennen; in der Mitte eine Opferdienerin, die einschlägige Utensilien in einem Kästchen bereithält; rechts ein Flötenspieler, der die Zeremonie musikalisch untermalt.

Ein weiteres Gebet schloß sich an, danach folgte der blutige Akt des Rituals. Das O.-Tier wurde meist erst mit einem Hammerschlag betäubt und danach vom Opfernden bzw. seinen Gehilfen (*cultrarii*) mit einem Messer (*culter*) oder einer Axt (*securis*) getötet. Je mehr Blut auf den Altar spritzte, um so günstiger erschien das O. Zum Teil fing man das Blut auch auf und besprengte den Altar damit. Es folgten die Untersuchung der Eingeweide (*exta*) auf mögliche Anomalien. War alles in Ordnung, so galt das als Zeichen der *litatio*, des «glücklichen Opferns»; andernfalls mußte das O. wiederholt werden (der überlieferte «Rekord» liegt bei zwanzig «ungültigen» Versuchen; Plut. Aem. Paull. 17, 6). Die Eingeweide, d. h. Leber, Galle, Lunge und Herz, wurden zusammen mit «repräsentativen» Stücken des übrigen Fleisches (*augmenta*, Varro LL V 112) abgeschnitten, mit *mola salsa* bestreut, gekocht, zerkleinert und anschließend den Flammen des Altarfeuers übergeben. Der Rest des O.-Fleisches – und das war das meiste! – wurde wieder «profanisiert» (*profanare*; Varro LL VI 54), zubereitet und als O.-Schmaus (*daps*) von der O.-Gesellschaft verspeist – ein pragmatisch-ökonomisches Verfahren, das Mommsen zu der spöttischen Bemerkung von der «auch sonst vielfältig bezeugten innigen Wahlverwandtschaft der römischen Kirche und der römischen Küche» veranlaßt hat (Reden und Aufsätze 270).

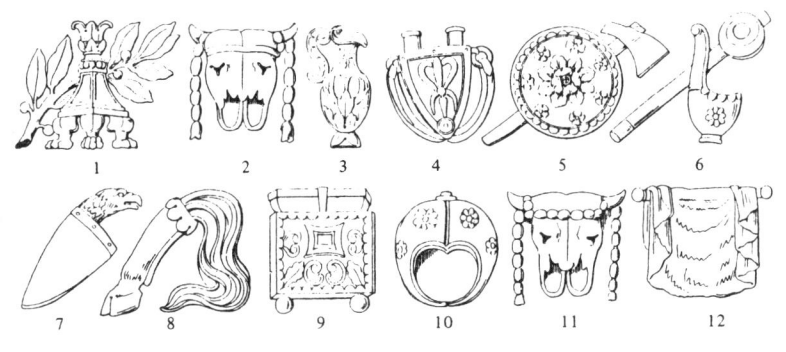

Opferutensilien:
1 Opferaltar mit Weihrauch
2 Bukranien (Stierkopf) mit Schmuckbinden *(vittae)*
3 Opferkrug
4 nicht identifizierbar
5 Axt *(securis)* mit Schüssel *(pelvis)*
6 Schöpfkelle für Wein und Hammer *(malleus)*
7 Opfermesser *(culter)*
8 nicht identifizierbar
9 Kästchen für Weihrauch
10 Priesterkappe aus Leder
11 wie 2
12 Handtuch *(mappa)*.

Den O.-Tieren konnte es freilich egal sein, wer sich an ihrem Fleische gütlich tat. Sie hatten nur «Interesse» am Überleben – was einen stark alkoholisierten Senator einst zu der Aussage verleitete, alle Stiere und Kälber wünschten, Kaiser Augustus möge *nicht* glücklich zurückkehren (Sen. ben. III 27, 1). Und unter dem sehr «opferfreudigen» Marc Aurel zirkulierte ein in Brieform gefaßtes, griechisches Spottepigramm: «Die weißen Stiere grüßen Kaiser Marcus. Wenn du wieder siegst, sind wir verloren» (Amm. Marc. XXV 4, 17).

QQ: Cato r. r. 132; 134; 139 ff.; Cic. div. II 37 f., Hor. c. II 23; Verg. georg. IV 378 ff.; Tib. I 10, 19 ff.; Ov. fast. I 72 ff.; II 631 ff.; trist. I 335 ff.; Luc. I 608 ff.; Plin. NH VIII 183; 187; XVIII 7; XXVIII 11 f.; Juv. XII 1 ff.; 93 ff.; Pers. Sat. II; Arnob. adv. gent. VII 18 ff.; Macrob. Sat. III 5 f.; CIL VI 2065; Quellensammlung: V. M. Warrior, Roman religion. A sourcebook, Newburyport 2002, 37 ff.

Lit.: Aldrete, Daily life 143 ff.; U. Egelhaaf-Gaiser, Kulträume im röm. Alltag, Stuttgart 2000; F. Fless, Opferdiener und Kultmusiker auf stadtröm. histor. Reliefs, Mainz 1995; J. Scheid, La religione a Roma, Rom / Bari 1983; J. Bayet, Croyances et rites dans la Rome antique, Paris 1971; K. Latte, Römische Religionsgeschichte, München ²1967, 375 ff.; R. v. Schaeven, Römische Opfergeräte, Berlin 1940; Krause, Art. *hostia*, RE Suppl. V (1931) 236 ff.; K. Latte, Art. *immolatio*, RE IX (1914) 1122 ff.; S. Eitrem, Opferriten und Voropfer der Griechen und Römer, Kristiana 1915, ND 1977.

Parfum

Die zur Zeit der Republik als moralisch anstößige Luxuswaren bekämpften (Plin. NH XIII 24) P. und parfümierten → Salben (der lateinische Begriff für beides ist *unguentum*) erfreuten sich vor allem in der Kaiserzeit bei Frauen und Männern großer Beliebtheit. Die kostbarsten Riechstoffe wurden aus dem Mittleren und Fernen Osten (Arabien, Indien) im Werte von 100 Mio. Sesterzen pro Jahr eingeführt (Plin. NH XII 84); preiswertere P. bis hin zu Fälschungen exquisiter Rezepturen wurden in Kampanien hergestellt. Die Liste der um 100 n. Chr. bekannten Aromastoffe, die z. T. in unterschiedlichen Kompositionen zu flüssigen P. verarbeitet wurden, umfaßt 60 Namen (Faure, Magie der Düfte 240 f.). Luxusparfums wie Balsam aus Judäa kosteten bis zu 2 Denaren pro Gramm (etwa zwei Tageslöhnen eines Arbeiters entsprechend); in der mittleren Preislage zahlte man 5–17 Denare pro Pfund à 327 g (Plin. NH XII passim). Im Höchstpreis-Edikt Diokletians vom Jahre 301 finden sich u. a. folgende Maximalpreise pro römischem Pfund: Arabischer Safran 2000 Denare, Myrrhe und Narde 200 Denare, Rosenöl erster Güte 80 Denare, Hennaöl 50 Denare, Iris 25 Denare (Tageshöchstverdienst eines Landarbeiters: 20 Denare; edict. Diocl. V 34). Man bevorzugte schwere, würzige und relativ süße P. Diese von einigen Autoren ausdrücklich bezeugte Vorliebe hat sich bei einer modernen «Rekonstruktion» antiker Rezepturen bestätigt (Aphrodite's scents 23 ff.). Als Vorzug eines P. galt, daß «sein Duft, wenn eine Frau vorübergeht, sogar die anlockt, die gerade anderweitig beschäftigt sind» (Plin. NH XIII 20). Bei zu aufdringlichem P. konnte sich allerdings der Verdacht mangelnder Hygiene einstellen (Plaut. Most. 273; Cic. Att. II 1, 1; Mart. VI 55); er lag besonders bei intensiv nach billigem P. riechenden Prostituierten nahe (Mart. XI 93).

Parfümflakon in Gestalt eines Fisches; 1. Jh. n. Chr.

In der Parfümerie «Cosmus»
Balsam habe ich gern. Das ist das Parfüm für die Männer, Cosmus' feines Parfüm gebe euch, Frauen, den Duft! Martial XIV 59

QQ: Plin. NH XII 102 ff.; XIII 1–25; Dioscur. de mat. med. I 4–68; Dig. XXXIV 2, 21, 1.

Lit.: Weeber, Luxus I 115 ff.; S. Stewart, Cosmetics and perfumes in the Roman world, Stroud 2007; G. Donato (Hg.), The fragrant past. Perfumes and cosmetics in the ancient world, Katalog Atlanta 1998; P. Faure, Magie der Düfte, Zürich / München 1990; Aphrodite's scents. Profumi e cosmesi nel mondo antico, Ausstellungskatalog der Fondazione Oriele Sotgiu di Ghilarza, Rom 1986/87, Turin 1986; weitere Literatur s. unter «Salbe».

Perücke

Die Benutzung von P. *(capillamentum, galerus)* hauptsächlich durch Frauen ist gut bezeugt. Die Motive waren unterschiedlicher Art: schlechter Haarwuchs oder Haarausfall, übertriebenes Färben und dadurch Verderben des natürlichen Haares oder ein zu rücksichtsloser Gebrauch der Brennschere *(calamistrum;* Ov. am. I 14). P.-Teile gehörten außerdem zu bestimmten Hoch-→ Frisuren. Um ihr Inkognito zu wahren, benutzten auch Männer eine P. (so die Kaiser Caligula und Nero; Suet. Cal. 11; Nero 26, 1), andere wie der Kaiser Otho verbargen ihre Glatze durch das Tragen einer P. (Suet. Otho 12,1). Zugleich als Tarnung und als sexuelles Reizmittel diente eine blonde P. der Kaiserin Messalina, wenn sie ihre schwarzen Locken darunter verbarg, bevor sie sich als Dirne ins Bordell begab (Juv. VI 120 f.). Beliebt waren blonde P., die aus den abgeschnittenen Haaren gefangener Germaninnen hergestellt wurden (Ov. am I 14, 45 f.). Fachgeschäfte für P. lagen in Rom in der Nähe des Circus Flaminius (Ov. ars am. III 167 f.); dort konnte man sicher auch künstliche Augenbrauen kaufen (Petr. 110).

QQ: Ovid am. I 14 (grundlegend); ars am. III 161 ff.; 243 ff.; Mart. VI 12; XII 23.

Schönheit hat ihren Preis...

«Die Frau zeigt sich in der Fülle gekauften Haares und eignet sich für Geld anderes an...» Ovid ars am. III 165 f.

Polizei

Eine reguläre Schutz- und Ordnungs-P. im modernen Sinne kannten die antiken Staaten nicht; ein umfassendes Konzept öffentlicher Ordnung, zu dem die ständige Präsenz von P. als vorbeugender Schutz vor alltäglicher Kriminalität gehört hätte, ist auch für die Kaiserzeit nicht erkennbar. In republikanischer Zeit nahmen in Rom vor allem die Ädilen polizeiliche Aufgaben wahr: Marktaufsicht, Kontrolle von Bädern, Garküchen und → Bordellen; Aufsicht über die öffentlichen «Spiele»; baupolizeiliche Funktionen. Ähnliche Kompetenzen hatten die Ädilen in Land- und Provinzstädten (s. Zitat).

Die Ädilen verfügten nur über wenig Hilfspersonal – ebenso die *tresviri capitales,* eine Dreimänner-Behörde, der vor allem die Verwaltung der Gefängnisse und die Aufsicht über Exekutionen oblagen (Cic. leg. III 6; Sall. Cat. 55, 1 ff.); daneben waren die ihnen unterstellten Staatssklaven im nächtlichen Patrouillengang für Brandschutz zuständig (Dig. I 15, 1). Bei größeren Verstößen gegen die öffentliche Ordnung schritten im Einzelfall auch höhere Beamte ein, die kraft ihrer Autorität oder durch Anwendung von Zwangsmaßnahmen (vor allem

Wogegen und wie Ädilen als «Polizei» nachweislich eingeschritten sind:

- Zerstörung von Waren, die, auf der Straße abgestellt, den Verkehr behinderten (Dig. XVIII 6, 13)
- Konfiszierung bzw. Vernichtung überteuerter oder verbotener Waren (Plaut. Rud. 371 f.; Apul. Met. I 24 f.)
- Zerstörung falscher Meßgefäße (Pers. I 129 f.; Juv. X 100 f.)
- Verwendung anderer «Wurfgeschosse» als Obst zur Artikulation des Unmuts bei öffentlichen Spielen (Macr. Sat. II 6, 1)

Anordnung von Verhaftung; Dig. I 2, 2, 16) polizeiliche Befugnisse wahrnehmen. Im übrigen kam dem Selbstschutz des einzelnen Bürgers erheblich größere Bedeutung zu als in modernen Staaten. Wohlhabende ließen sich in der Dunkelheit zur Abschreckung von Rowdys und Kriminellen von einem ansehnlichen Gefolge begleiten; für einfache Leute konnten die Straßen der Hauptstadt nachts nicht als sicher gelten (Juv. III 282 ff.; Tac. Ann. XIII 25; vgl. Art. → Straßenkriminalität). Private Wachdienste, etwa aus der eigenen Sklavenschaft rekrutiert, schützten die Häuser reicher Leute nachts vor Dieben und Einbrechern (Juv. XIV 305 f.); in manchen Städten bildeten sich Bürgerwehren, die Alarmglocken bei sich trugen, «um im Notfall den Einwohnern ein Zeichen geben zu können» (DC LIV 4, 4). Gegen die politisch motivierte Kriminalität am Ende der Republik, als bewaffnete Banden Rom terrorisierten, setzten prominente Politiker ebenfalls auf «Selbstschutz»; so ließ sich Cicero z. B. aus Furcht vor einem Attentat seitens der Catilinarier von einer vor allem aus → Klienten bestehenden Schutztruppe begleiten (Cic. Cat. I 11; III 5).

In der Kaiserzeit entstanden mit den Prätorianern und vor allem den Stadtkohorten *(cohortes urbanae)* militärisch organisierte Apparate, die z. T. Aufgaben der heutigen Bereitschafts-P. übernahmen. Die Prätorianer stellten vornehmlich die persönliche Leibwache des Kaisers; sie wurden nur in Ausnahmefällen zur Unterdrückung schwerer Ausschreitungen eingesetzt. Die Stadtkohorten, deren Anzahl und Stärke variierte (zunächst drei bzw. vier à 1000 Mann; Tac. Hist. II 93, 2), waren als Posten *(stationarii)* über die gesamte Hauptstadt verteilt (Dig. I 12, 1, 12); sie standen unter dem Kommando des Stadtpräfekten *(praefectus Urbi),* in dessen Auftrag sie wichtige polizeiliche Kompetenzen wahrnahmen: «Ruhe und Ordnung» bei den «Spielen» zu sichern, sich um Probleme im Verhältnis zwischen Herren und Sklaven zu kümmern, gegen überhöhte Fleischpreise einzuschreiten u. ä. (Dig. I 12). Bei allen Aufgaben scheint deutlich die Funktion der Herrschaftssicherung für den Kaiser durch. Im Rahmen ihrer nächtlichen Patrouillen zur Einhaltung der Feuerschutzbestimmungen wurde auch die → Feuerwehr *(vigiles)* mitunter polizeilich tätig, wenn sie Einbrecher, Diebe oder andere Kriminelle auf frischer Tat ertappte (Dig. I 15, 3).

Polizeiliche Funktionen außerhalb der Hauptstadt oblagen in den Städten lokalen Beamten (Ädilen, s. o.), mitunter auch Bürgerwehren. Der Schutz des flachen Landes war im Prinzip Aufgabe der Provinzkommandeure und damit der regulären Truppen. Sie wurden aber meist nur in besonderen Notsituationen eingesetzt, so daß dort von einer P. im heutigen Sinne noch weniger die Rede sein kann als in den Provinzstädten und in Rom.

QQ: Apul. Met. I 24 f. (Marktpolizei); Tac. Ann. XIII 25; Prop. II 29 (keine nennenswerte P.-Präsenz im nächtlichen Rom); Plaut. Amph. 153 ff. (Aufgreifen flüchtiger Sklaven); Dig. I 12; I 15 (Kompetenzen).

Lit.: J.-U. Krause, Kriminalgeschichte der Antike, München 2004; E. Lo Cascio (Hg.), Roma imperiale, Rom 2000; W. Nippel, Aufruhr und «Polizei» in der römischen Republik, Stuttgart 1988; H. Freis, Die cohortes urbanae, Köln 1967; ders.; Art. *urbanae cohortes,* RE Suppl. X (1965), 1125 ff.

Post

«Aber dabei fällt mir ein, daß Mario mir nur einen Brief bringen kann, und ich erwarte doch zahlreiche. Du könntest also und wirst auch bitte dafür sorgen, daß (mein Sklave) Acastus Tag für Tag zum Hafen geht. Viele werden sich finden, denen du gut einen Brief anvertrauen kannst und die ihn mir gern überbringen. Ich meinerseits lasse niemanden vorbei, der nach Patras geht!» In diesem Ausschnitt aus einem → Brief Ciceros (fam. XVI 5, 1f.) finden sich die wichtigsten Aussagen dazu, wie die römische P. funktionierte. Oder besser der P.-Ersatz; denn eine reguläre, Privatleuten offenstehende P.-Organisation gab es nicht. Die Versendung von Nachrichten und Schreiben war reine Privatsache. Wohlhabende Römer hatten unter ihrer Sklavenschaft den einen oder anderen Unfreien, der regelmäßig als *tabellarius* («Briefbote») eingesetzt wurde (Cic. fam. XIV 18, 2; Petr. 79, 6). Innerhalb der Stadtgebiete waren solche Kuriergänge kein großes Problem; auch über kurze und mittlere Entfernungen hinweg ließ sich diese private Zustellung gut organisieren. Auf Briefe, die man morgens in Rom einem *tabellarius* für einen Empfänger im 27 km entfernten Tusculum übergab, konnte man abends schon mit einer Antwort rechnen (Ricpl 141). Je weiter indes die Entfernungen waren, um so aufmerksamer mußte man sich nach einem zuverlässigen Kurier (*diligens*; Plin. ep. VIII 3, 2) umsehen. Kaufleute, Schiffskapitäne und andere Reisende kamen als Überbringer in Frage. Da man aufeinander angewiesen war, schlug kaum jemand die Bitte ab, einen solchen Dienst zu übernehmen; er galt als Selbstverständlichkeit – zumal man einen freundlichen Empfang erwarten durfte (s. Zitat). Ansätze zu einem Verteilungssystem ergaben sich dadurch, daß der Empfänger eines Brief-«Pakets» seinerseits für die Weiterleitung der an seine Bekannten und Freunde gerichteten P. sorgte (Cic. Qu. fr. III 1, 8).

Wie in Ägypten erhaltene Papyri zeigen, beschränkte sich die private P.-Übermittlung nicht auf die gesellschaftlich führenden Kreise; auch einfache Leute suchten und fanden Gelegenheiten, ihre Briefe einem Reisenden mitzugeben. Auf weiten Entfernungen war die Laufdauer der P. natürlich schwer zu kalkulieren. Bei wichtigen und eilbedürftigen Mitteilungen machte man daher schon einmal Kopien eines Briefes und gab sie verschiedenen Kurieren mit; dadurch verringerte sich auch das Risiko, daß P. durch Unglücks- oder Raubüberfälle verlorening. Die Beförderungszeiten schwankten erheblich; auf langen Strecken konnte die P. viele Monate lang unterwegs sein. Die Durchschnittsgeschwindigkeit über Land lag bei ca. 30 römischen Meilen, also 45 km pro Tag.

Persönlicher Post-Service

Für uns ist der Postbote heute eine Maschine, die regelmäßig geht wie der Zeiger an der Uhr, und wir sind ihm im Prinzip wohlgesinnt, geben aber auf seine Person oft kaum noch acht. Im Altertum war schon, wenn er sich von weitem zeigte, freudige Erregung; er wurde im Haus festgehalten, gespeist, beschenkt, in gute Stimmung versetzt, denn man wollte ihm neue Post mitgeben, und dabei wurde zugleich sein Charakter, seine Zuverlässigkeit erprobt. In den dicken Bündeln, die er trug, steckten oftmals Briefe von vielen Händen. Th. Birt, Leben der Antike 75

Aufgrund ihrer Regelmäßigkeit und einer guten Infrastruktur war die staatliche Dienstpost *(cursus publicus)* etwas schneller. Augustus hatte sie ins Leben gerufen (Suet. Aug. 49, 3), und in den nächsten Jahren erwies sie sich als ein effizientes System für die Beförderung von P. und Angehörigen der staatlichen Verwaltung. Für den Privatsektor stand der *cursus publicus* grundsätzlich nicht zur Verfügung. Die Erteilung von Reisescheinen für die staatliche P. *(diplomata; evectiones)* wurde streng kontrolliert. Gleichwohl kam es wohl relativ häufig vor, daß Privatpersonen sich die Beförderung in Wagen der Staatspost durch Beziehungen oder Korruption erschlichen. Die drastischen Sanktionen, die widerrechtliche Benutzung bedrohten – bis hin zur Todesstrafe auf einschlägige Bestechungen (Cod. Theod. VIII 5, 8; 12; 41) – zeigen die Attraktivität des *cursus publicus* und die davon ausgehenden Versuchungen deutlich auf. Unter diesen Umständen kann man sich schon vorstellen, daß nicht wenige Privat-Briefe unter die offizielle Akten-P. «gemischt» wurden und sich mancher kaiserliche Kurier mit diesem streng verbotenen Extra-Service ein Zubrot verdiente. Über diese «graue» P. schweigen die Quellen freilich beharrlich – verständlicherweise.

QQ: Plaut. Mil. glor. 130ff.; Cic. fam. XIV 5, 22; XV 17, 1; XVI 5, 2; Att. VIII 14, 1; XI 9, 2; Qu. fr. II 10; III 1, 8 und 23; Plin. ep. II 12, 6; VIII 3, 2; Suet. Aug. 49, 3; Symm. ep. I 46, VI 54 f.; Cod. Theod. VIII 5.

Lit.: C. van Tilburg, Traffic and congestion in the Roman Empire, London 2006; A. Kolb, Transport und Nachrichtentransfer im Röm. Reich, Berlin 2000; P. Stoffel, Über die Staatspost, 1994; Casson, Reisen 213 ff.; 258 ff.; H. G. Pflaum, Essai sur le cursus publicus sous le Haut-Empire Romain, Paris 1940; G. Reincke, Art. *Nachrichtenwesen*, RE XVI (1935) 1524 ff.; Birt, Leben der Antike 75 ff.; W. Riepl, Das Nachrichtenwesen des Altertums, Leipzig / Berlin 1913.

Postlaufzeiten – privat und dienstlich

private Post:
Rom – Tusculum (27 km): ½ Tag
Rom – Antium (56 km): 1 Tag
Rom – Arpinum (120 km): 2 Tage
Rom – Neapel/Pompeji: 4–6 Tage; 3 Tage: «äußerst schnell» (Cic. Att. XIV 18, 1)
Rom – Athen: 21–46 Tage
Syrien – Rom: 50–100 Tage
Afrika – Rom: 20 Tage
Brindisi – Rom: 27–34 Tage
Patras – Brindisi: 15 Tage

kaiserliche Dienstpost:
Rom – Brindisi: 7 Tage
Rom – Byzanz: 25 Tage
Rom – Antiochia: 40 Tage
Rom – Alexandria: 45 Tage

Quellenbelege bei Riepl, Nachrichtenwesen 121 ff.

Preise und Löhne

Über die Welt der Reichen und Superreichen, die einen Bevölkerungsanteil zwischen einem halben und einem Prozent ausgemacht haben dürften (Grenzlinie: die Zugehörigkeit zum Dekurionenstand, der Oberschicht in den Provinzstädten, mit einem Mindestvermögen von 100 000 Sesterzen), sind wir, auch was ihre Einnahmen und Ausgaben angeht, viel besser informiert als über die wirtschaftlichen Verhältnisse der großen Mehrheit der Bevölkerung. So etwa, daß die reichsten Männer ein Vermögen von 400 Millionen Sesterzen angehäuft hatten (Sen. ben. II 27; DC LX/LXI 34, 4) und Seneca mit dem stattlichen Vermögen von 300 Millionen der vermutlich wohlhabendste Philosoph aller Zeiten war (Tac. Ann. XIII 42, 4; eine Liste der größten Vermögen der Kaiserzeit bei Duncan/Jones, Economy 343f.). Und auch was sie sich ihr Luxusleben kosten ließen, ist in vielen konkreten Angaben überliefert: vom → Gastmahl für 200 000 Sesterze, das der Feinschmecker Lucullus ausrichtete (Plut. Luc. 41, 7), über Tische zu Phantasiepreisen zwischen 1 und 1,3 Millionen (Plin. NH XIII 92f.) bis zum Purpurmantel für 10 000 Sesterze (Mart. IV 61, 4f.) und zum → Schmuck, bei dem Caesar schon einmal eine Perle im Wert von 6 Millionen erstand (Suet. Caes. 50, 2) und die Kaiserin Lollia Paulina sich der Aufmerksamkeit klatschsüchtiger Hof-«Reporter» sicher sein konnte, wenn sie sich zu relativ unspektakulären Anlässen mit Geschmeiden im Gesamtwert von 40 Millionen Sesterzen behängte (Plin. NH IX 117f.). Wer sich für weitere einschlägige Informationen interessiert, erhält in Friedländers «Sittengeschichte» erschöpfende Auskunft (Kap. XI: «Der Luxus»; II 266ff.).

Im Rahmen der alltagsgeschichtlichen Konzeption dieses Lexikons wenden wir uns dagegen im folgenden der breiten Masse der armen Bevölkerung (Sen. Helv. 12, 1) zu und orientieren uns eher an der Grenze des Existenzminimums. Die einzige Einkommensangabe, die in einer ansonsten frustrierenden Quellensituation (Stambaugh, Roman city 154) einigermaßen zuverlässig ist, betrifft den Tagesverdienst eines Lohnarbeiters *(mercennarius; operarius)*. Er lag bei knapp einem Denar oder 4 Sesterzen (= 16 Asse) pro Tag (Cic. Rosc. com. 28: 12 Asse; Matth. 20, 1f.), nach der Mitte des 1. Jh. n. Chr. wohl etwas höher (1 Denar zuzüglich Verpflegung; CIL IV 6877). Für zwei Asse am Tag könne man notfalls satt werden, meint Seneca (ep. 18, 7) – und empfiehlt seinem Schüler Lucilius ein drei- bis viertägiges «Armutstraining» («wir können mit größerer Ruhe im Reichtum leben, wenn wir wissen, wie leicht es im Grunde ist, arm zu sein»; ep. 18, 8). Rechnet man → Kleidung, → Miete und andere Lebenshaltungskosten dazu, so war es für einen Alleinverdiener mit dem Minimum-Einkommen schwer, über die Runden zu kommen. Kein Wunder, wenn die römischen → Familien i. a. wenige Kinder hatten und → Frauenarbeit vielfach als zusätzliche Erwerbsquelle das Familien-Budget aufbessern mußte. Zwar kamen die Hauptstädter in den Genuß kostenloser Getreidezuweisungen *(frumentationes;* → Sozialleistungen), doch wurde dieser scheinbare Bonus dadurch wieder zunichte, daß das sonstige Preisniveau in Rom deutlich höher war als in der Provinz (Juv. III 165ff.; Mart. IV 66, 1f.; X 96; Duncan-Jones, Economy 345ff.).

In pompejanischen Inschriften sind einige konkrete Preise überliefert; hier eine Liste, die sich auf die Angaben mehrerer Graffiti stützt (CIL IV 1697; 4227f.; 4000; 4888; Etienne, Pompeji 215f.):

1 *modius* (6,5 kg)	Roggen	12 Asse
1 *modius*	Weizen	30 Asse
1 *modius*	Lupinen	3 Asse
1 Pfund (0,33 kg)	Öl	4 Asse
1 Maß (wohl *sextarius* zu ca. 0,5 l)	Landwein	1 As
1 Maß	Spitzenwein (Falerner)	4 Asse

Weinpreise pro halbem Liter – nach Qualität gestaffelt

Hedone gibt bekannt:

Hier trinkt man für 1 As,

zahlst du 2 Asse, wirst du besseren Wein trinken,

zahlst du 4 Asse, wirst du Falerner trinken.

Kneipen-Werbung; CIL IV 1679

Einkaufsrechnung aus Pompeji:
PAN[em] A[ssibus] II,
PVLM[entarium] A[ssibus] III
OLEVM A[s] I…
«Brot für 2 Asse, Fleisch für 3 Asse, Öl für 1 As» etc.
(CIL IV 8566).

1 Pfund Brot	ca. 1 As
Teller	1 As
Kleines Trinkgefäß	2 Asse
Tonlampe	1 As
Tunica	15 Sesterze (60 Asse)
Reinigung einer Tunica	4 Sesterze (16 Asse)
Maultier	520 Sesterze (2080 Asse)

Eine andere Liste (CIL IV 5380) überliefert eine Art Haushaltsbuch einer pompejanischen Familie, die inklusive eines Sklaven aus drei Personen bestand. Für neun Tage sind dort überwiegend die Lebensmitteleinkäufe verzeichnet: Neben → Brot, → Öl und → Wein auch Käse, Spelt, Datteln, Zwiebeln und Lauch. Der Tagesverbrauch pro Person lag bei etwa 8 Assen für Lebensmittel. Die Familie dürfte – das zeigt auch der Besitz eines Sklaven – etwas wohlhabender gewesen sein als ein Arbeiterhaushalt (Etienne, Pompeji 216ff. mit der kompletten Liste in Übersetzung).

Eine «Branche», in der die Preise besser dokumentiert sind als in jeder anderen, ist die → Prostitution. Der Standardpreis für ein – allerdings kurzes – Vergnügen im → Bordell lag in Pompeji bei zwei Assen (in 16 von 28 einschlägigen «Tarif»-Angaben). Eine gewisse Tyche («Glück»), die sich am 11. November 3 v. Chr. (so exakt hielten die Herren es fest!) für Sex mit gleich drei Männern zur Verfügung stellte, ließ sich von jedem 5 Asse bezahlen (CIL IV 2450); die teuerste Dame des Gewerbes war eine Fortunata: «Die Glückliche» forderte – und erhielt offenbar – 23 Asse pro Rendezvous (CIL IV 8034; vgl. auch CIL IX 2689; dazu den Art. → Hotel). Wohl aufgrund einer scharfen Konkurrenz-Situation waren *diese* Tarife in der Hauptstadt vergleichbar; es gab dort sogar Dirnen, die sich mit einem As zufrieden gaben (Mart. I 103, 10; Petr. 8, 4; 2 Asse: Mart. II 53, 7; 1 Denar: Mart. IX 32, 3).

Einkaufsrechnung aus Pompeji:
VINVM A[s] 1
PORCIN[um] A[s] 1
VIINVM (!) A[ssibus] semis
CASIVM A[ssibus] semis...
«Wein für 1 As, Schweinefleisch für 1 As, Wein für 1½ Asse, Käse für 1½ Asse» etc. (CIL IV 8566).

Die Preise, die man in Pompeji zahlte, dürften als *Größenordnung* auf das gesamte Reichsgebiet übertragbar sein. Allerdings ist mit z. T. deutlichen regionalen Differenzen zu rechnen. Ebenso handelt es sich natürlich nicht um statische Größen. Die Preise waren flexibel und reagierten auf wirtschaftliche Entwicklungen und politische Ereignisse. Die Teuerung, die nach dem großen → Brand des Jahres 64 n. Chr. in Rom einsetzte, wurde durch staatliche Maßnahmen wie eine starke Subventionierung des Getreidepreises zumindest teilweise aufgefangen, um die Unruhe in der obdachlos gewordenen Bevölkerung nicht noch zu schüren (Tac. Ann. XV 39). Solche behördlichen Interventionen gegen plötzliche Preisanstiege bei → Grundnahrungsmitteln waren in der politisch sensiblen

«Früher war alles besser!» –
und Brot wurde einem geradezu nachgeworfen

Weiß Gott, ich habe heute keinen Happen Brot auftreiben können. Und wie die Dürre anhält! Schon ein Jahr dauert die Hungerleiderei: Unsere (!) Ädile soll das Genick brechen, die mit den Bäckern das Spielchen machen «Hilfst du mir, helf ich dir!». So müssen also die kleinen Leute büßen; denn die Fettbäuche da feiern alle Tage Karneval (…). So war dazumal der Kornpreis ein Dreck. Hätte man sich für einen Groschen (As) Brot gekauft, hätte man es nicht zu zweit verdrücken können. Heutzutage: Ich habe schon Ochsenaugen gesehen, die größer waren.

Tafelgespräch bei der opulenten *cena Trimalchionis*; Petr. 44, 2f.; 10f.

Hauptstadt üblich und wurden zur Not auch von der Plebs im Circus oder Theater lautstark gefordert (Tac. Ann. VI 13; Übersicht über politische Eingriffe in Mangelsituationen bei P. Garnsey, Famine and food supplies in the Graeco-Roman world, Cambridge 1988, 218ff.).

Über Löhne und Gehälter von Normalverdienern im Zivilbereich liegen für die ersten Jahrhunderte der Kaiserzeit kaum verwertbare Angaben vor. Eine gewisse Ausnahme bilden → Arbeitsverträge aus dakischen Bergwerken, die für das Jahr 164 n. Chr. einen Jahresarbeitslohn zwischen 140 und 210 Denaren vorsehen. Das war eine akzeptable Entlohnung, die es den Arbeitnehmern sogar erlaubte, sich ab und zu Fleisch zu gönnen. Da die Preise für einige Fleischsorten aus demselben Raum bekannt sind, läßt sich errechnen, daß der Besserverdienende 9 Tage arbeiten mußte, um ein Lamm zu erwerben, und 12 Tage für ein Ferkel (A. Berger, A labor contract of A. D. 164, ClPh 43, 1948, 213ff.).

Mit den Gagen der Stars des römischen Show-Geschäfts (→ Massenunterhaltung) halten diese Facharbeiterlöhne freilich keinen Vergleich aus. In Rom konnten Spitzenjockeys bis zu 50 000 Sesterze Preisgeld pro Wagenrennen gewinnen und zu Multimillionären aufsteigen. Anhänger dieser Großverdiener haben darüber sozusagen inschriftlich Buch geführt (CIL VI 10047ff.; dazu Weeber, Panem et circenses 54ff.). Im militärischen Bereich war soviel nicht zu verdienen. Allerdings lagen Welten zwischen dem Sold des einfachen Legionärs und dem eines hohen Offiziers. Der *primipilus* als ranghöchster *centurio* (Anführer einer Hundertschaft) erhielt mindestens 4500 Denare Jahressold, also etwa 50 Sesterze pro Tag, sowie ein Entlassungsgeld von 150 000 Denaren. Der Legionär bekam im 1. Jh. n. Chr. eine einmalige Einstellungsprämie von 75 Denaren und einen Jahressold von 225 Denaren – ein Zwanzigstel vom Gehalt eines *primipilus;* ein Tagessold von knapp 2 ½ Sesterzen – sowie eine Abfindung von 3000 Denaren beim Ausscheiden aus dem Dienst. Im 2. Jh. n. Chr. wurde der Sold auf 300 Denare erhöht. Das *stipendium* wurde jedoch nicht voll ausbezahlt, sondern um den «Eigenanteil» der Soldaten zur Verpflegung, Kleidung und «Sozialabgaben» (Beitrag für Bestattungsvereine) gekürzt – und um die Bestechungssumme für den *centurio,* der Diensterleichterungen gewähren konnte (M. Junkelmann, Die Legionen des Augustus, Mainz 1986, 120ff.).

Während die Preise im 1. und 2. Jh. n. Chr. relativ stabil blieben, erlebte das 3. Jh. eine tiefe Wirtschaftskrise mit einem dramatischen Währungsverfall (durch Münzverschlechterung; vgl. den Art. → Geld). Zur Stabilisierung der aus den Fugen geratenen Ökonomie erließ Kaiser Diokletian im Jahre 301 n. Chr. ein Höchstpreisedikt, das im gesamten Reich gültig war. Es sollte der «entfesselten Raubgier» und der «hinterhältig lauernden Frechheit» der Preistreiber Zügel anlegen. In rund 1000 Positionen wurden für Preise, Löhne und Dienstleistungen Obergrenzen festgelegt, die auf keinen Fall überschritten werden durften. Nach unten war jeder Spielraum erlaubt – in der Theorie jedenfalls.

Wie sinnvoll und effizient in ökonomischer Hinsicht dieses Mittel einer staatlichen Wirtschaftslenkung gewesen ist, sei dahingestellt. Als Quelle für die Relationen der Preise untereinander sowie im Vergleich mit den Löhnen ist das Preisedikt von unschätzbarem Wert – wenngleich vieles offen bleibt, weil der von der Verordnung festgelegte Rahmen noch durch konkrete Variablen gefüllt werden mußte. So war z. B. das → Lehrer-Honorar auf das monatliche Schulgeld eines Schülers abgestellt, das tatsächliche Einkommen ergab sich aber erst aus der individuell unterschiedlichen Zahl der Schüler.

Die folgenden Beispiele dienen der Dokumentation; eine Analyse ist in diesem Rahmen nicht möglich. Die Rechnungseinheit ist der spätantike Denar; Maßeinheiten sind der «Lagerscheffel» *(castrensis modius)* zu 17,5 l, bei Flüssigkeiten der Sextar zu ca. 0,55 l und bei Gewichten das italische Pfund zu 327 g.

1. Preise

Weizen	100
Gerste	100
Kichererbsen, Linsen	100
Leinsamen	150
Pfund Schweinefleisch	12
Rindfleisch	8
gemästete Gans	200
nicht gemästete Gans	100
Hase	150
Turteltaube	16
Pfund Wildschwein	16
Pfund Lamm	12
Pfund Ziege	12
Meeresfisch, 1. Qualität	24
Meeresfisch, 2. Qualität	16
Süßwasserfisch, 1. Qualität	12
Süßwasserfisch, 2. Qualität	8
100 Austern	100
5 Köpfe Salat, 1. Qualität	4
Pfund Bohnen	4
25 Möhren	6
100 Kastanien	4
50 Walnüsse	4
10 Pfirsiche	4
10 Äpfel, 1. Qualität	4
40 Kleine Äpfel	4
30 Pflaumen, 1. Qualität	4
4 Eier	4
40 Feigen, 1. Qualität	4

Frischer Käse (Sextar)	8
Trockenkäse (Pfund)	12
Olivenöl, 1. Qualität	40
Olivenöl, 2. Qualität	24
Honig, 1. Qualität	40
Honig von Datteln	8
Essig	6
Sauce *(garum)*, 1. Qualität	16
Salz (Scheffel)	100

2. Tages- bzw. Stücklöhne

Landarbeiter mit Verpflegung	25
Maurer mit Verpflegung	50
Mosaikarbeiter mit Verpflegung	60
Tischler mit Verpflegung	50
Freskenmaler mit Verpflegung	150
Bäcker mit Verpflegung	50
Hirt mit Verpflegung	20
Maultiertreiber mit Verpflegung	25
Friseur pro Kunde	2
Kloakenreiniger mit Verpflegung	25
Schneider pro seidenem Gewand	50
Schneider pro halbseidenem Gewand	30
Färber, Reiniger pro Frauentunica	16
Grundschullehrer pro Schüler monatlich	50
Hochschullehrer pro Student monatlich	250
Bademeister pro Badegast	2
Schuster für ein Paar Schnürschuhe	100
Schuster für weibl. Schnürschuhe	60
Schuster für Kinderschnürschuhe	30
Schuster für Sandalen mit doppelter Sohle	80
Schuster für Sandalen mit einfacher Sohle	50

3. Frachttarife pro Lagerscheffel

Alexandria–Rom	16
Alexandria–Byzanz	12
Alexandria–Sizilien	10
Alexandria–Ephesus	8
Syrien–Rom	18
Syrien–Africa	16
Syrien–Spanien	20
Syrien–Sizilien	6
Africa–Sizilien	6

Africa–Spanien	8
Africa–Gallien	4

Dem aufmerksamen Leser wird aufgefallen sein, daß *eine* Dienstleistung, die sonst so exakt dokumentiert ist, fehlt: der Dirnenlohn. Der unterlag, Wirtschaftskrise hin, Höchstpreisedikte her, immer noch der freien Vereinbarung.

QQ: Cic. Rosc. com. 28; Sen. ep. 18, 7; Mart. IV 66; X 96; Juv. III 165ff.; CIL III 948; IV 1697; 2450; 4000; 4227f.; 4888; 5380; 8034; VI 10047ff.; IX 2689; Höchstpreisedikt: S. Lauffer, Diokletians Preisedikt (mit Kommentar), Berlin 1970.

Lit.: U. Fellmeth, Pecunia non olet. Die Wirtschaft der antiken Welt, Darmstadt 2008; H. Kloft, Die Wirtschaft des Imperium Romanum, Mainz 2006; W. Szaivert / R. Wolters, Löhne, Preise, Werte. Quellen zur röm. Geldwirtschaft, Darmstadt 2005; Drexhage, Wirtschaft; D. MacKenzie, Pay differentials in the early Empire, Class. World 76 (1983), 267ff.; Etienne, Pompeji 215ff.; R. Duncan-Jones, The economy of the Roman Empire. Quantitative studies, Cambridge ²1982 (vollständigste Erfassung von Preisangaben in epigraphischen und literarischen Quellen); A. Chastagnol, Remarques sur les salaires et rémunérations au IV siècle, in: Les «dévaluations» à Rome, Rom 1980, 215ff.; E. Frézouls, Prix, salaires et niveaux de vie: quelques enseignements de l'Etat du Maximus, Ktema 3 (1977), 253ff.; St. Mrozek, Prix et rémunérations dans l'occident romain, Gdansk 1975; J. Szilágyi, Prices and wages in the Western provinces, Acta antiqua 11, 1963, 329ff.; W. Krenkel, Währungen, Preise und Löhne in Rom, Altertum 7 (1961), 167ff.; J. A. Brunt, Pay and superannuation in the Roman army, PBSR 18 (1959), 50ff.

Prostitution

Ciceros Empörung ist tief, jedenfalls gut gespielt: Eine Absteige für Abschweifungen *(libidinum deversorium)* habe er aus dem ehrwürdigen Landhaus des Universalgelehrten Varro gemacht, schleudert er dem verhaßten Marc Anton entgegen, eine Lasterhöhle, in der «vom frühen Vormittag an gesoffen, gespielt und gekotzt wurde». Und auch gehurt: Freigelassene hätten es dort mit Strichjungen getrieben, und zwischen «gemieteten» Dirnen und freigeborenen Frauen habe man bei Orgien dort nicht mehr unterscheiden können: «Armes Haus!» (Phil. II 105). Ein gutes Jahrzehnt früher hatte es, zumindest was den «Anklagepunkt» P. angeht, noch viel milder geklungen. Da fand Cicero warme Worte des Verständnisses für einen jungen Mann – den von ihm verteidigten Caelius –, der sich mit einer käuflichen Dame eingelassen hatte: Dirnenliebschaften *(amores meretricii)* abzulehnen, zeuge zwar von höchster Sittenstrenge, sei aber angesichts der großzügigen Sexualmoral nicht nur seiner eigenen Zeit, sondern auch schon der Vorfahren eine welt- und lebensfremde Forderung (Cael. 48). Mißt Cicero mit zweierlei Maß? In gewisser Weise schon, indem er die moralische Dimension der P. dem jeweiligen Anliegen seiner Rede entsprechend im einen Falle dramatisiert, im anderen verharmlost. Andererseits orientiert er sich schon an der allgemeinen Einschätzung von P.: Als sexuelles Notventil gleichsam für junge Männer, die sich auf diese Weise ruhig «die Hörner abstoßen» sollten (Ter. Andr. 187f.), war sie weitgehend anerkannt. Wenn sie indes zu umfassendem «Lotterleben» mit exzessivem Verprassen von Vermögen führte

A[nte] D[iem] XI K[alendas] DECEMBR[es] EPAPRA ACVTVS AVCTVS AD LOCVM DVXSERVNT MVLIEREM TYCHEN PRETIVM IN SINGVLOS A[sses] V [fuit] M. MESSALA L. LENTVLO CO[nsulibus].

«Am 21. November 3 n. Chr. haben Epapra, Acutus und Auctus die Frau Tyche hierhin gebracht. Der Preis war für jeden 5 Asse.» (CIL IV 2450).

und von Jünglingen aus «gutem Hause» nicht diskret genug «gehandhabt» wurde oder wenn sich wie bei den freizügigen Partys Marc Antons die Unterschiede zwischen ehrbaren Matronen und käuflichen, gesellschaftlich geächteten Dirnen zu verwischen drohten, dann entsprach das zumindest nicht mehr den offiziellen gesellschaftlichen Normen. Daß zwischen denen und der Lebenswirklichkeit in Sachen P. auch in der römischen Gesellschaft eine tiefe Kluft lag, steht auf einem anderen Blatt: Die P. war im Alltagsleben fest – und deutlich sichtbar – verankert, eine gesellschaftliche Selbstverständlichkeit und keineswegs nur ein zähneknirschend toleriertes, aus dem allgemeinen Bewußtsein verdrängtes Freigehege für die sexuellen Nöte junger, unverheirateter Römer.

Spätestens seit dem frühen 2. Jh. v. Chr. florierte die P. in Rom. Die Komödien des Plautus und – zurückhaltender – des Terenz sind voll von Szenen der → Bordell-P. Das Motiv des leidenschaftlich in eine unfreie Prostituierte verliebten jungen Mannes, der seine Geliebte aus den Fängen des habgierigen, unbarmherzigen Bordellwirts *(leno)* bzw. des reicheren Nebenbuhlers befreien möchte und dabei selbst den Konflikt mit dem gestrengen Herrn Papa in Kauf nimmt, wird immer aufs neue variiert, ebenso wie der *deus ex machina* für das *happy end* häufig strapaziert wird: Es stellt sich heraus, daß die Dirne ein Findelkind ist, das der Zuhälter aufgezogen und – juristisch völlig in Ordnung – als → Sklavin zur P. gezwungen hat. Sobald jedoch ihre Geburt als Freie zweifelsfrei nachgewiesen ist, hat der Ziehvater sein Herren-«Recht» verloren (Lakt. div. inst. IV 20; → Kindesaussetzung). Daß die Darstellung dieser P. nicht nur ein Reflex griechisch-hellenistischer Verhältnisse ist, sondern auch die Alltagswirklichkeit im Rom des 3./2. Jh. v. Chr. spiegelt, läßt die verständnisvolle Haltung des alten Cato gegenüber einem jungen Bordell-Besucher (Hor. sat. I 2, 30ff. mit Komm.) ebenso erkennen wie die Geschichte von der ehrbaren «Dirne» *(scortum nobile)* Hispala Faecenia, die im Jahre 186 v. Chr. ein «für das Vermögen und den Ruf des jungen Mannes keineswegs schädliches Verhältnis» mit einem Aebutius unterhielt (Liv. XXXIX 9, 5f.). Die P. in Rom gewann im Zuge der allgemeinen Veränderungen und Horizonterweiterungen durch den verstärkten Kontakt mit der griechischen Welt – von Moralisten als Lockerung oder gar Verfall der altrömischen Sitten beklagt – rasch an Boden; ob sie, wie die das alte Rom stark stilisierenden Quellen suggerieren, in der Zeit davor gänzlich unbekannt war, ist zu bezweifeln. Von Nachtschwärmerei und Schlägereien im späteren «Rotlicht-Viertel» Roms, der Subura, berichtet Livius jedenfalls schon für das 5. Jh. v. Chr., ohne allerdings Dirnen ausdrücklich zu erwähnen (III 13, 1ff.).

Kauf dir ruhig, was käuflich ist –
Grundsätze römischer Sexualmoral

Niemand wird dir's wehren noch verbieten, wenn, was öffentlich
zum Kauf geboten wird, du für dein Geld dir kaufst.
Niemand verwehrt zu gehen auf öffentlicher Straße dir.
Wenn nur durch ein umzäuntes Grundstück du den Weg
nicht suchst, von Ehefrauen, Witwen, unbescholtenen
Jungfrauen und freigeborenen Knaben fern dich hältst,
so magst du lieben, was du willst.

Plautus, Curculio 33ff.

In spätrepublikanischer Zeit und in der Kaiserzeit war P. allgegenwärtig. Die Straßendirnen «lauerten» überall auf «Freier»: In der Subura, wo sie sich vor oder in den → Bordellen aufreizend zur Schau stellten (Mart. XI 61, 3) ebenso wie in den Gewölben des Circus und der Theater (Juv. III 65), an der Stadtmauer (Mart. I 34, 6), vor Tempeln (Juv. IX 22ff.) und Badeanstalten (Dig. III 2, 4, 2) und sogar auf → Friedhöfen (Mart. I 34, 8; III 93, 5). Der Homosexuellen-«Strich» der Hauptstadt war der *vicus Tuscus* in der Nähe des Forums (Plaut. Curc. 482). Man fand *pueri meritorii* (Strichjungen) aber ebenso wie weibliche Prostituierte auch in normalen Freudenhäusern sowie in Absteigen (→ Hotel), Kneipen und → Gaststätten, in denen die P. vielfach geradezu zu Hause war. *pueri cauponii,* «Kaschemmen-Jungs», nennt Plautus sie einmal (Poen. 1298) – die männlichen Pendants zu all den Servierinnen, «Barfrauen» und Gastwirtinnen, die im Neben- oder sogar Hauptberuf für ihren Arbeitgeber, seltener auf eigene Rechnung, «anschafften» (Evans, War, women and children 133ff.).

Die meisten Dirnen waren Sklavinnen, die von ihren Besitzern zur P. genötigt wurden, und → Freigelassene, die «ihren Lebensunterhalt öffentlich mit ihrem Körper verdienten» *(mulier, quae palam corpore quaestum facit* als «amtliche» Bezeichnung). Freigeborene Römerinnen, die der P. nachgingen, mußten sich in der Kaiserzeit beim Ädilen registrieren lassen (Tac. ann. II 85). Die erhoffte abschreckende Wirkung ging davon offenbar nicht aus. Außer materieller Not war zumindest bei einigen Frauen auch der eigene Lustgewinn ein Motiv, als Dirne zu arbeiten; die berühmteste Hure aus Neigung war die Kaiserin Messalina (Juv. VI 130ff.). Prostituierte hatten als unübersehbares Zeichen gesellschaftlicher Stigmatisierung eine «Berufs»-Kleidung *(vestis meretricia)* zu tragen, eine Tunica ohne Bordüre und eine dunkle Toga (Hor. sat. I 2, 63 mit Komm.). Wie weit sie dieser Verpflichtung folgten, sei dahingestellt. Die Damen der gehobenen Halbwelt bevorzugten jedenfalls durchsichtige koische Seidengewänder, «wenn man da von ‹Gewändern› sprechen darf, wo nichts den Körper und das Schamgefühl verhüllen kann», wie Seneca griesgrämig anmerkt (ben. VII 9). Prostituierte allerdings, die an den Feierlichkeiten «ihres» Festes zu Ehren ihrer Schutzgöttin Venus, den Vinalia am 23. April (Ov. fast. IV 863ff.), teilnahmen, hatten die Hurenkleidung zu tragen. Offiziellen Dispens davon erhielten sie nur an einem anderen Fest, den Floralia: Da mußten sie auf Verlangen und unter Gejohle des Publikums auf der Theaterbühne alle Hüllen fallen lassen (Val. Max. II 10, 8; Sen. ep. 97, 8; s. Zitat).

Strafe, Volksvergnügen und Werbeveranstaltung – Prostituierte stellen sich im Theater vor

Selbst auch Dirnen läßt man als Opfer öffentlicher Wollust auf der Bühne auftreten – noch elendere Geschöpfe in Gegenwart der ehrbaren Frauen, denen allein sie unbekannt waren –, und sie werden vor den Augen von Zuschauern jedes Alters und Standes vorgeführt; ihre Adresse, ihre Preise und ihre besonderen Eigenschaften werden auch für diejenigen, die es nicht zu hören bräuchten, laut vorgetragen; sogar Angaben…, die in der Dunkelheit und in ihren Lasterhöhlen verborgen bleiben sollten, damit sie das Licht des Tages nicht besudeln.

Tertullian, De spectaculis 17, 3

Die «Tarife» für die käufliche «Liebe» waren in der Straßen- und Bordell-P. sehr niedrig, in vielen Fällen für jedermann erschwinglich. Der Standard-Lohn in Pompeji betrug 2 Asse, etwa soviel wie zwei Laibe Brot oder ein halber Liter → Wein gehobener Qualität kosteten (Quellen: → Preise und Löhne); bei einer gewissen Lahis war dabei sogar *fellatio* inklusive (CIL IV 1969). In Rom fand man Dirnen, die noch weniger nahmen; der Mindestlohn lag bei einem As (Mart. I 103, 10). Je nach Sonderwünschen und Umfang des «Service», aber auch nach Aussehen und Attraktivität der Dirne betrug der Preis natürlich ein Vielfaches davon. In Pompeji lag er bei maximal 23 Assen, in Rom noch darüber (CIL IV 8034; Mart. IX 4). Bei älteren Prostituierten konnte der Kunde feilschen: «Wenn mit ihrem Aussehen nichts mehr los ist und sie seit eh und je ein Flittchen und 'ne Dirne war: gib ihr 'ne Mark – und es geht los». Und wie es losgeht!: «Sie wird rackern, als ob sie mit ihren Schenkeln Getreide schwinge» (Lucil. frg. 338ff. K.; vgl. Mart. X 75). Der Staat verdiente übrigens mit am Liebeslohn, seit Caligula eine Dirnensteuer in Höhe des «Gewinns aus einem Beischlaf pro Tag» eingeführt hatte (Suet. Cal. 40). Erheblich höher lagen die «Tarife» im Bereich der «gehobenen» P. Das waren Halbwelt-Damen, die außer sexuellen Diensten auch noch Kulturelles zu bieten hatten: Sängerinnen, Tänzerinnen, Flöten- und Kitharaspielerinnen, Schauspielerinnen, die von wohlhabenden Männern für → Gastmähler und → Trinkgelage oder auch zum verschwiegenen Tête-à-tête engagiert wurden. Sicherlich liegt bei diesen Berufen keine völlige Deckungsgleichheit mit dem Arbeitsfeld P. vor. Nicht alle Frauen in der Unterhaltungsbranche arbeiteten auch als Dirnen; außerdem ist mit einer erheblichen Bandbreite zu rechnen, was sozusagen den Grad und Standard der P. angeht. Sie reichte von gebildeten Kurtisanen – im Niveau vergleichbar mit den griechischen Hetären – , die sich eine Zeitlang von einem einzigen Liebhaber aushalten ließen und dann zu einem neuen «Freund» wechselten wie etwa die Schauspielerin Cytheris – «dieses Kleinod war durch manche Hand gegangen» (Kroll, Erotik 102; s. Zitat) – bis zu den deutlich weniger anspruchsvollen famosen Mädchen aus Gades *(puellae Gaditanae),* die mit ihren aufreizenden Tänzen «sogar cincn Pelias, den zitternden Greis, erregen konnten» (Mart. VI 71, 3; vgl. XIV 203) und ihm dann wohl auch Entspannung verschafften (vgl. Juv. XI 162ff.).

Als Edel-Prostituierte kann man jene Frauen am besten bezeichnen, die in der lateinischen Liebeselegie eines Gallus und Catull, Properz, Tibull und Ovid «Gegenstand» glühendster Verehrung und Liebesleidenschaft von seiten der Dichter sind. Die Künstler ließen sich von diesen kultivierten Schönen des *demi-monde* faszinieren und zu großer, unsterblicher Liebeslyrik inspirieren;

Einladung zum Glück:
«Künstlernamen» pompejanischer Dirnen

Felicia, Faustilla	das Glückssternchen
Eutychis, Fortunata	die Glückliche
Spes, Helpis	die Hoffnung
Victoria	die Siegerin
Optata	die Ersehnte
Suavis	die Süße
Iucunda	die Angenehme
Callidrome	die mit dem schönen Gang
Serena	die Heitere
Veneria	Liebling der Venus
Phoebe	die Strahlende, Reine
Parthenope	die Jungfräuliche

den Damen aber reichte diese Dichtung als «Geschenk» gewöhnlich nicht aus (Tib. II 4, 13ff.; Prop. IV 5, 54ff.; dagegen Prop. II 26, 21ff.): «Gedichte lobt man, aber große Geschenke will man haben. Wenn er nur reich ist, gefällt sogar ein Barbar» (Ov. ars am. II 275ff.; vgl. III 533ff.; Prop. II 16). Es waren zwar feste Beziehungen, die diese «Libertinen» gewöhnlich mit einem Liebhaber eingingen, und gewiß waren dabei auch auf ihrer Seite Gefühl und Zuneigung, Leidenschaft, selbst Liebe im Spiel, doch fehlte es der Liaison an Stabilität. Kam ein anderer, der spendabler war und sie zu einem Luxus-Urlaub ins mondäne Kurbad Baiae einlud (Prop. I 11), so wurden diese Damen schnell schwach. «Unbeständigkeit» und «Treulosigkeit» waren noch eher freundliche Umschreibungen für diese Mentalität. Daß in diesen bohemienhaften Kreisen «Liebe» auch als «Spiel» verstanden werden konnte, verwundert unter diesen Umständen nicht. Ausdruck eines solchen Verständnisses ist die berühmte «Liebeskunst» *(ars amatoria)* Ovids; sie führt in dieses Milieu im Spannungsfeld von P. und Liebe ebenso anschaulich wie amüsant ein – ohne sich damals wie heute ausschließlich an diese «Zielgruppe» zu wenden.

Ein bißchen peinlich war's ja schon, aber auch ganz nett... – Cicero und die Dame der Halbwelt

Links von Eutrapelos lag Cytheris auf dem Speisesofa. «Also bei *so* einem Gelage findet man den berühmten Cicero!», wirst du sagen (...). Ich ahnte weiß Gott nicht, daß sie dabeisein würde. Indessen, auch Aristipp, der Sokratiker, errötete nicht, als man ihm vorhielt, er habe die Lais [die berühmteste griechisch Hetäre]: «Ja», sagte er, «ich habe sie, aber Lais nicht mich!» Auf Griechisch klingt's hübscher, wenn du willst, kannst du dir's ja übersetzen. Nun, mich haben nicht einmal in jüngeren Jahren diese Dinge berührt, geschweige denn jetzt im Alter...

Cicero, Ad familiares IX 22,2

Die Edel-Prostituierten der Elegie sprachen die Dichter rücksichtsvoll als *amicae* («Freundinnen») oder *dominae* («Herrinnen») an. Die gewöhnlichen Huren wurden drastischer als *lupae* («Wölfinnen»; weil sie räuberisch hinter dem Geld her waren; *a rapacitate,* Isid. XVIII 12, 2; vgl. Tib. II 3, 51ff.) oder als *scorta* («Felle», weil sie so zäh und abgenutzt waren, Varro LL VII 84) bezeichnet. Die häufigste Bezeichnung war jedoch *meretrix* («Verdienerin»). Sie bestätigt überraschend die Redewendung vom «ältesten Gewerbe der Welt». Für Frauen jedenfalls war in Rom die P. offenbar ursprünglich die einzige Erwerbsquelle gewesen, die alleinige Möglichkeit, ihren Lebensunterhalt selbst zu «verdienen» *(mereri;* D. Daube, Roman law, Edinburgh 1969, 10).

QQ: Plaut. Cist. 306ff.; Curc. 27ff., Men. 338ff.; Merc. 816ff.; Poen. 265ff.; 832ff.; Ter. Andr. 70ff.; Cic. Cael. 48ff.; Liv. XXXIX 9, 5ff.; Hor. c. I 25; sat. I 2, 80ff.; II 7, 46ff.; Prop. II 16; IV 5; Ov. fast. IV 863ff.; ars amatoria; Sen. ep. 95, 24; Mart. I 34; II 33; 51; III 75; VI 50; 66; 71; VII 58; X 75; XII 55; 65; Juv. VI 115ff.; XI 162ff.; Suet. Tib. 35; Cal. 40f.; Tac. Ann. II 85; Gell. I 8; Tert. spect. 17; Luk., Dialogi meretricii («Hetärengespräche»); Apul. Met. VII 10; CIL IV 1374ff.; 2173ff.; 7862ff.; 8238ff. (Bordell-Graffiti).

Lit.: J. R. Clarke, Ars erotica, Darmstadt 2009, 59 ff.; W. Schuller, Die Welt der Hetären, Stuttgart 2008; Th. A. J. McGinn, The economy of prostitution in the Roman world, Ann Arbor 2004; ders., Prostitution, sexuality and the law in ancient Rome, New York/Oxford 1998; B. E. Stumpp, Prostitution in der röm. Antike, Berlin 1998; V. Vanoyeke, La prostitution en Grèce et à Rome, Paris 1990; W. A. Krenkel, Pueri meritorii Romani, in: I. Weiler (Hg.), Soziale Randgruppen und Außenseiter im Altertum, Graz 1988, 191 ff.; H. Herter, Die Soziologie der antiken Prostitution im Lichte des heidnischen und christlichen Schrifttums, JbAC 3 (1960), 70 ff.; ders., Art. *Dirne,* RAC 3 (1957), 1149 ff.

Prügelstrafe

Als Bestandteil des Strafrechts, in dem die P. sowohl als begleitende als auch bei minder schweren Vergehen als eigentliche Strafe vorgesehen war (Dig. XLVIII 19), fällt das Stichwort aus dem Rahmen dieses Lexikons heraus; über diesen Aspekt informiert ausführlich M. Fuhrmann, Art. *verbera*, RE-Suppl. IX (1962) 1589 ff. Im Alltag wurde die P. an Sklaven und Kindern vollzogen. Instrumente waren die Rute *(virga)*, der Knüttel *(fustis)*, der (Rohr-)Stock des Lehrers *(ferula)*, seltener die Peitsche *(flagellum)*. Sklaven waren häufig Opfer der P.; sie war die geringste Form der dem Herrn zustehenden körperlichen Züchtigung und wurde zweifellos ausgiebig praktiziert (Strafandrohungen bei Plaut. Capt. 650; 658; Pseud. 145; 1240; Aulul. 48). Bei schwereren Vergehen wurden Sklaven vorher gefesselt und an einem «Marterpfahl» aufgehängt (Plaut. Poen. 146). Bei der Arbeit wurden viele von den Aufsehern geprügelt (Apul. Met. IX 12; Cato r. r. 21, 4; lieber Worte als Schläge empfiehlt allerdings, «sofern das zum gleichen Ergebnis führt», Varro r. r. I 17, 5). Haussklaven mußten oft als «Blitzableiter» bei Zornesausbrüchen ihrer Herren herhalten (Sen. de ira III 24; 32); mancher Herr verletzte sich dabei selbst (Galen 5117 K.).

Im Rahmen seiner unbegrenzten *patria potestas* (väterlichen Gewalt) durfte der *pater familias* neben den Sklaven auch seine Frau und seine Kinder körperlich züchtigen (DH II 26, 4); daß viele davon teilweise exzessiv Gebrauch machten (Totprügeln der Ehefrau, allerdings als absolute Ausnahme überliefert, Plin. NH XIV 89; der spätere Kaiser Otho wurde noch als Jüngling von seinem Vater geprügelt, Suet. Otho 2), ist anzunehmen und ergibt sich indirekt auch aus der Distanzierung Catos: «Wer Frau oder Kinder schlage, sagte er, vergreife sich an den höchsten Heiligtümern» (Plut. Cat. mai. 20, 3). Bei übermäßiger Strenge in der Wahrnehmung der *patria potestas* schritt der Censor ein (DH XX 13, 3).

In der → Schule war die P. gang und gäbe; als erzieherische Maßnahme galt sie ebensowenig wie zu Hause als Übergriff im juristischen Sinne (*iniuria*, Dig. XLVIII 19, 16, 2). Der von Horaz unsterblich gemachte *plagosus Orbilius* («schlagreiche O.»; epist. II 1, 70 f.; Suet. gramm. 9, 3) hatte zahllose Kollegen, die ihre Schüler mit dem Stock traktierten (Mart. XIV 80; IX 68, 4; X 62, 8 f.; August. conf. I 9). Besonders schmerzhaft war die Praxis, den Stock auf die Finger der Knaben niedersausen zu lassen (Ov. am. I 13, 17 f.; Juv. I 15). Der Protest Quintilians gegen die P. als unpädagogisch und als «schimpflich und sklavisch» (*deforme atque servile;* I 3, 14) verhallte weitgehend ungehört; realistischer spiegelt die gängige Praxis eine Malerei aus Herculaneum wider, die den Vollzug der P. an einem Jungen zeigt, der von zwei Mitschülern festgehalten wird (Abb. S. 237).

Lit.: C. Laes, Childbeating in Antiquity, in: K. Mustakallio u. a. (Hg.), Hoping for continuity ..., Rom 2005, 75 ff.; R. R. Saller, Corporal punishment, in: B. Rawson (Hg.), Marriage, divorce and children, Canberra/Oxford 1991, 144 ff.; Bonner, Education 143 ff.; Marrou, Erziehung 502 ff.; Marquardt, Privatleben I 182.

S

Salbe

Die Sitte, den Körper mit einfachem Fett oder Öl einzureiben, war sehr alt. «Zwei Flüssigkeiten sind dem menschlichen Körper am angenehmsten», sagt Plinius, «der Wein von innen, das Öl von außen» (Plin. NH XIV 150). Dabei diente das Öl einerseits dazu, die Haut nach dem morgendlichen Waschen (Hor. Sat. I 6, 123) oder einem Vollbad wieder geschmeidig zu machen, andererseits auch als Schutz vor Kälte und Erkältungskrankheiten (Gal. X 481). Manche Leute salbten ihren Körper mehrmals täglich (Sen. ep. 86, 12). Reiche brachten zum Thermenbesuch einen eigenen Sklaven mit, der ein Salbgefäß trug: «Trimalchio, von Salböl überströmt, ließ sich abtrocknen, nicht mit Badetüchern, sondern mit Decken aus kuschelweicher Wolle» (Petr. 28, 2). Mit zunehmendem Wohlstand griffen immer mehr Römer zu parfümierten Salben *(unguenta)*. Der Vertrieb solcher *unguenta exotica* wurde zwar als Ausdruck orientalischer Verweichlichung durch zensorisches Edikt 189 v. Chr. untersagt und von einer restriktiven Anti-Luxus-Gesetzgebung noch im 1. Jh. v. Chr. behindert, in der Kaiserzeit aber setzte sich der Gebrauch parfümierter S. endgültig durch. Ihr Anwendungsbereich erweiterte sich auf Festmähler, bei denen man eingesalbt erschien oder vom Gastgeber mit kostbaren S. zum sofortigen Gebrauch beschenkt wurde (Hor. epod. 12, 8; Athen. XV 686c; Petr. 70; Wein, Salben und Rosenkränze als Chiffren für Lebensfreude, Hor. c. II 3, 13 f.), auf kultische Verrichtungen und – seltener – auf die Einbalsamierung von Leichen (Tac. Ann. XVI 6, 2). Als besonders extravagant galten das Salben der Fußsohlen sowie das Einreiben wohlriechender S. auf Wände und Wannen privater Bäder (Plin. NH XIII 21 f.). Manche Leute benetzten auch ihre Wäsche mit S. (Mart. VIII 3, 10). Allgemein üblich war es dagegen, die Haare zu salben – nicht nur des Wohlgeruchs wegen, sondern auch um des glänzenden Aussehens willen (Hor. c. III 7, 8; Mart. XII 38, 3). Zahlreiche Salbgefäße *(unguentaria, balsamaria)* aus Blei, Ton und Glas in den Vitrinen der Antikenmuseen bezeugen den weitverbreiteten Gebrauch von S. überall in der römischen Welt.

Als S.-Grundlage diente eine aus öligen Früchten (Olive, Nuß, Mandel) gepreßte Fettsubstanz *(corpus)*, in die ätherische Öle *(sucus)* als Riechmittel eingearbeitet wurden. Hinzu kamen Färbemittel und Harz oder Gummi als Geruchsfixateure (das Destillationsverfahren war unüblich) sowie Salz als Konservierungsmittel gegen ein Ranzigwerden der Fettsubstanz (Plin. NH XIII 7).

Gläserner Salbenbehälter in Form eines Gladiatorenhelms; aus Köln, 3. Jh. n. Chr.

Der Preis einer S. war von der Anzahl und Verfügbarkeit ihrer Riechstoffe abhängig. Zu den am weitesten verbreiteten und einigermaßen erschwinglichen S. gehörten die auf der Basis von Rosenöl hergestellten. Das «Rosenland» Kampanien mit seiner Hauptstadt Capua war eine der Hauptproduktionsstätten für S. Erheblich teurer waren die aus Ägypten und Judäa eingeführten S., die z. T. mehrere Dutzend Ingredienzien hatten. Besonders geschätzt war die Narden-S., deren → Parfum häufig in Fälscher-Labors nachgeahmt wurde (Plin. NH XIII 16); als Spitzenprodukt galt der für die Parther-Könige hergestellte und deshalb so genannte Königsbalsam (*unguentum regale*), der sich aus 25 Substanzen, darunter Narde, Myrrhe, Zimt, Henna, Krokus, Majoran und Lotos, zusammensetzte (Plin. NH XIII 18).

Die meisten S. zählten zu den ausgesprochenen Luxusartikeln (*luxuriae materies*, Dig. XV 3, 3, 6) und die → Salbenhändler und -fabrikanten zu den wohlhabenden Gewerbetreibenden. In einigen reichen Haushalten gab es Bedienstete, die nur für die Verwaltung der S. zuständig waren (*ab unguentis*, CIL VI 9098; vgl. auch Petr. 74). Weitere Informationen s. unter → Parfüm.

Salben-, Parfüm- und Ölfläschchen; aus Trier, 3. Jh. n. Chr.

QQ: Plin. NH XIII 1–26; Dioskur. I 4–68; Athen. XV 685c–692 (vorwiegend über die griechische S.-Kultur).

Lit.: P. Faure, Magie der Düfte. Eine Kulturgeschichte der Wohlgerüche von den Pharaonen zu den Römern, Zürich/München 1990; Forbes, Studies III, 1 ff.; F. Hug, Art. *Salbe*, RE I A 1851 ff.

Salbenhändler

S. *(unguentarii)* werden bereits in republikanischer Zeit erwähnt; Cicero zählt den Berufsstand zu den «niederen Gewerben» (*sordidae artes*, off. I 150). Entsprechend der in der Kaiserzeit zunehmenden Wertschätzung von → Salben stieg die Zahl der S. an; bezeugt ist für Rom eine «Parfumstraße», an der viele Läden von S. lagen *(vicus unguentarius)*. S. sind für die gesamte römische Welt inschriftlich belegt; sie waren oft wie andere Berufe in Innungen zusammengeschlossen (CIL IV 609; 2184 für Pompeji). Angesichts der hohen Preise für Salben und → Parfums handelte es sich um ein einträgliches Gewerbe. Betrügereien in Form von Herstellung und Verkauf billiger Fälschungen besonders exquisiter Parfums kamen vor (Plin. NH XIII 19). Ob die S. sich bei der Beratung ihrer Kundschaft auch als Heiratsvermittler betätigt haben, wie man aus Petr. 74 hat schließen wollen (Hug, RE I A 1860), ist fraglich. Innerhalb des Berufsstandes des *unguentarius* gab es eine große Bandbreite, die vom Großhändler bis zum unfreien Verkäufer reichte. Auch Fabrikanten von Parfums und Salben werden als *unguentarii* bezeichnet. Das Zentrum der italischen Salbenfabrikation lag in Kampanien (Capua, Neapel). Ein pompejanisches Fresko aus der Casa dei Vettii zeigt den Produktionsprozeß bis zum Verkauf der Salben: Die Herstellung der Salbengrundlage durch das Auspressen von Olivenöl, das Aufkochen des Öls, in das die Aromastoffe geworfen werden, und den Verkauf der in einem Schrank aufbewahrten Flakons.

Sänfte

Massenverkehrsmittel kannte die Antike ebensowenig wie irgendwelche Formen öffentlich organisierten Personen-Transports in den Städten. Das ganz selbstverständliche Mittel, sich innerhalb einer Stadt fortzubewegen, war, zu Fuß zu gehen. Da dort das Reiten und die Benutzung von → Wagen erheblichen Restriktionen unterlagen (→ Fußgängerzone), waren die S. *(lectica)* und der Tragsessel die einzigen Alternativen zur üblichen Mobilität *per pedes* (Suet. Claud. 25, 2). Freilich war auch ihre Verbreitung viel eingeschränkter, als vielfach angenommen wird. Für Rom sind S. erstmals für das 2. Jh. v. Chr. bezeugt (Liv. XLIII 7, 5; Gell. X 3, 5); im 1. Jh. v. Chr. bedienten sich neben den Spitzen der Gesellschaft (Cic. Verr. V 27) auch Angehörige des gehobenen *demi-monde* der S. (Cat. c. 10). Caesar sorgte durch ein Anti-Luxus-Gesetz für eine deutliche Reduktion der S.: Nur Matronen über 45 Jahre durften sich danach noch einer S. bedienen (Suet. Caes. 43, 1; frg. 357 R.) – das Gesetz wurde zwar hier und da umgangen und mißachtet (Ov. ars am. I 488; Hor. sat. I 2, 98), führte aber doch – auch bei Männern – zu einer allgemein faßbaren Zurückhaltung, eine S. zu benutzen. Auch als diese Hemmungen seit neronischer Zeit fielen, waren S. immer noch etwas Außergewöhnliches im Stadtbild Roms: Nur sehr reiche Leute konnten sich dieses Beförderungsmittel leisten, für das man mindestens vier, oft aber sechs bis acht unfreie Träger brauchte (Luk. Gall. 10; Mart. II 81, 1; IV 51, 2; Cic. Qu. fr. II 8, 2; Schol. Juv. I 121). Außer den Kaisern und den Senatoren war es begüterten Bürgern wie erfolgreichen Rechtsanwälten oder reich gewordenen Erben vorbehalten (Juv. I 32; 159) – *sie* konnten es sich freilich inmitten des Menschengewühls und der

Rekonstruktion einer Sänfte; Rom, Kapitolinische Museen.

Tod in der Sänfte

Die Mörder kamen schon heran, der Centurio Herennius und der Kriegstribun Popilius..., begleitet von ihren Schergen. (...) Ein Freigelassener seines Bruders Quintus namens Philologus soll dem Kriegstribunen verraten haben, daß Ciceros Sänfte durch die dichtbewachsenen, schattigen Laubengänge zum Meer hinuntergetragen werde. (...) Cicero bemerkte das Kommen des Herennius, befahl den Trägern, die Sänfte an Ort und Stelle niederzusetzen, und schaute selbst... mit starrem Blick auf die Mörder, von Staub bedeckt, mit ungeschorenem Haar und Bart und das Gesicht von Kummer verzehrt, so daß die meisten sich verhüllten, als Herennius ihn abschlachtete. Er erhielt den tödlichen Hieb in den Hals, den er aus der Sänfte vorstreckte, im 64. Lebensjahr.

Plutarch, Cicero 48

berüchtigten Fußgängerstaus in der City von Rom hoch über den Köpfen der Fußgänger-Plebs in ihrer gepolsterten S. gemütlich machen und sich den Weg durch Lesen, Schreiben, Diktieren oder auch durch ein Nickerchen verkürzen (Juv. III 239 ff.). Die Mehrzahl der S. war aus Holz gefertigt; viele waren mit Purpur und Edelmetall-Applikationen prächtig geschmückt. Die meisten hatten ein Verdeck mit Vorhängen *(vela, pallia)* an den Seiten, die sich in Fenster-Form öffnen ließen. Im Inneren waren sie mit einer Matratze und Kissen ausgekleidet, die sie zu einem komfortableren Beförderungsmittel machten als die meist ungefederten Reisewagen.

Etwas weniger exklusiv war der Tragsessel *(sella; sella gestatoria),* der häufig von nur zwei Trägern «bedient» wurde. Ebenso wie bei S. gab es auch Sonderanfertigungen, in denen zwei Personen Platz fanden (Plin. ep. III 5, 15; Suet. Nero 9); auch der Tragstuhl war wohl nur selten offen, sondern meistens mit einem Verdeck gebaut, von dem Vorhänge herunterhingen. Man nutzte ihn für kürzere Wege in der Stadt und auf dem Lande; als reich geschmücktes → Statussymbol diente er protzigen Reichen auch als demonstrativ zur Schau gestellter Komfort-Beweis im eigenen Haus (s. Zitat). Mag sie auch als etwas weniger vornehm als die Trage-S. angesehen worden sein, so wurde doch auch die *sella* nur von einem kleinen Kreis Privilegierter genutzt.

Ob es Miet-S. und Miet-Tragsessel gab, die man sich in den größeren Städten und zumal in Rom zusammen mit Trägern ausleihen konnte, ist umstritten. Der einzige konkrete Beleg dafür ist Juvenals satirischer Hinweis auf eine «Dame», die sich neben Kleidung und Freundinnen (!) u. a. eine *sella* mietet *(conducit;* VI 352) – ob von einem kommerziell betriebenen Verleih-Unternehmen, ist in diesem Zusammenhang äußerst fraglich. Gleichwohl ist doch prinzipiell mit der Möglichkeit zu rechnen, daß gewerbsmäßige S.-Träger ihre Dienste in Rom dort anboten, wo wichtige Einfallstraßen ins bebaute Stadtgebiet mündeten und Reisewagen wegen des Fahrverbotes am Tage anhalten mußten. Daß Tragsessel und S. gleichwohl im ganzen ein eher ungewöhnlicher Anblick waren, mag auch die Tatsache illustrieren, daß den ca. 300 literarischen Erwähnungen von S. ein völliges Fehlen von Bilddokumenten gegenübersteht (RE XII 1099) – wobei sich indes die Exklusivität dieses Verkehrsmittels auch auf eine mitunter fragwürdige Vermögens-Elite erstreckte, die in einem Edikt Domitians erwähnt wird: Im Zuge eines moralischen *austerity*-Programms verbot er «Frauen von schlechtem Ruf» – «einkommensstarken» Prostituierten also – die Benutzung von S. (Suet. Dom. 8, 3).

Tragsessel *(sella gestatoria);* Nachzeichnung eines Reliefs aus Pompeji.

Tragsessel als Persönlichkeitsstütze

Ich höre, jemand von diesen Genußmenschen... habe, als er aus dem Bade auf Händen getragen und in einen Tragsessel gesetzt worden war, gefragt: «Sitze ich schon?»

Seneca, De brevitate vitae 12, 7

QQ: Cat. c. 10; Cic. Verr. V 27; Sen. brev. vit. 12, 7; Mart. II 57; IV 51; IX 22; XI 98, 11 f.; Juv. III 239 ff.; IV 20 f.; VI 352 ff.; Suet. Caes. 43, 1; Claud. 28; Nero 9; Dom. 8, 3; frg. 357 R.; Gell. X 3, 5.

Lit.: G. Pisani Sartorio, Mezzi di trasporto e traffico (Vita e costumi dei Romani antichi 6), Rom 1988, 31 ff.; H. Lamer, Art. *lectica,* RE XII 1 (1924) 1056 ff.

Saturnalien

Die S. waren das beliebteste römische Fest. Anfangs auf den 17. Dezember beschränkt, wurde es in augusteischer Zeit auf drei Tage und bis zum Ende des 1. Jh. auf sieben Tage (17.–23. 12.) verlängert. Man feierte das zunächst nur stadtrömische Fest in der Kaiserzeit wohl im gesamten Imperium (für Athen bezeugt bei Gell. XVIII 2, 1). An den S. war – keineswegs selbstverständlich für Festperioden – sogar schulfrei. Ursprünglich waren die S. die Feier zum Abschluß der Ackerarbeit des vergangenen Jahres bzw. der Winteraussaat zu Ehren des Landbau-Gottes Saturn (Etymologie von *serere*, «säen», wahrscheinlich). Seit 217 v. Chr. begann das Fest mit einem Opfer und einem großen Gelage (*lectisternium*, «Götterbewirtung») am Saturn-Tempel, das sich bis tief in die Nacht hinzog.

Wesentliche Charakteristika der S. waren erstens ein egalitärer Grundzug und zweitens eine fröhliche Ausgelassenheit, in beiden Fällen also ein Ausbrechen aus der Normalität. Hervorstechendes Merkmal der saturnalischen *licentia* («Zügellosigkeit») war die Redefreiheit der → Sklaven: sie durften ihrem Herrn einmal ungestraft die Meinung sagen (anschauliches Beispiel: Hor. sat. II 7). Die sozialen Barrieren fielen an diesem Fest: Man speiste gemeinsam, teilweise bedienten die Herren die Sklaven dabei sogar – ein Brauch, der aus dem griechischen Bereich stammte (Athen. XIV 369 b). Ob allerdings die Sklaven auf den Latifundien und die unfreien Arbeiter in Produktionsbetrieben und im Bergbau dieselben «Privilegien» genossen wie die Haussklaven, ist fraglich. Immerhin erhielten auch sie gewisse Vergünstigungen: Cato empfiehlt, den in der Landwirtschaft tätigen Sklaven an den S. eine ansehnliche Extraration Wein zu geben (r. r. 57). Die den Sklaven eingeräumte vorübergehende «Freiheit» diente als «Überdruckventil» für Unmut und Frustration und stellte so im Grunde ein stabilisierendes Moment für das Institut der Sklaverei dar.

Auch und gerade für die Freien waren die S. ein Fest, an dem man sich gehen lassen durfte. Gerichte und Schulen blieben geschlossen; jedermann genoß die *madidi dies* («feuchte Tage»; Mart. XIV 1, 9). Bei den üppigen → Gastmählern, zu denen man sich gegenseitig im Verlaufe der Feiertage einlud, floß der → Wein in Strömen: Wer keinen Rausch hatte, fiel auf, sagt Horaz mit nur geringer Übertreibung (sat. II 3, 5). Man trug legere Kleidung und trieb bei den ausgedehnten Gelagen allerlei Unsinn: Ein *rex bibendi* («Trinkkönig») sorgte beim weinseligen Treiben vor allem durch alberne, törichte Befehle («Spring ins kalte Wasser!» u. ä.) zusätzlich für Stimmung. Gebildete Leute bemühten sich, gelehrte Tischgespräche über «Gott und die Welt» zu führen (Beispiel für die darauf fußende Symposienliteratur: Macrobius, Saturnalia) oder anspruchsvolle Rätsel zu lösen (Gell. XVIII 2); doch war der Charakter des Festes i. g. durch laute Fröhlichkeit, närrische Aktivitäten und Zügellosigkeit bis hin zum nur an den S. erlaubten → Glücksspiel geprägt. Wer Pech hatte und über die Dauer des Festes hinaus in einer Kneipe beim Glücksspiel erwischt wurde, mußte mit sofortiger Inhaftierung rechnen (Mart. V 84). Der Ausnahmecharakter der S. wird auch in der fast sprichwörtlichen Warnung deutlich: *non semper Saturnalia erunt* («die S. werden nicht ewig dauern»; Sen. Apoc. 12).

Während die Züge der «tollen Tage» und der «Egalität» im Karneval fortleben, ist ein anderer Brauch der S. auf das christliche Weihnachtsfest übergegangen: Man beschenkte sich gegenseitig. Besonders von Wohlhabenden konnten die → Klienten recht wertvolle → Geschenke erwarten, die z. T. geschickt, z. T. zu einem Gastmahl mitgebracht wurden – häufig mit einer kleinen Widmung (Hunderte von Beispielen für solche Aufschriften bei Martial, B. XIII und XIV). Ursprünglich waren nur Tonpuppen *(sigillaria)* und → Kerzen *(cerei)* rituelle S.-Gaben. Im Laufe der Zeit erweiterte sich der Kanon der Geschenke: Er reichte von Gewürzen, Gemüse und Obst sowie Fleischwaren (Schinken, Spanferkel, Ente) und Fisch (Muräne, Barsch, Austern) über Haushaltswaren (Schüssel, Becher, Löffel) bis zu Kleidung, Büchern oder Kosmetika. Für S.-Geschenke gab es einen eigenen Markt im Luxus-Einkaufsviertel der Saepta (Juv. VI 153 ff.) – nicht weit von der Piazza Navona entfernt, wo heutzutage im Dezember der berühmteste römische Weihnachtsmarkt aufgebaut wird. Die deutlichen Einflüsse der S. auf das Weihnachtsfest sind wohl durch Vermischung mit dem nahen Fest der Wintersonnenwende, das später als Geburtstag des Sol Invictus gefeiert wurde, zu erklären.

gravitas ade!
In diesen sieben Tagen ist es nur nicht erlaubt, irgendetwas Ernsthaftes und Wichtiges zu verrichten: Mich betrinken, jauchzen, würfeln, Festkönige bestellen, Sklaven bewirten, nackt singen und tanzen, mir auch das Gesicht mit Ruß beschmieren und mich in kaltes Wasser werfen lassen – das alles kann und darf ich, soviel ich will... Lukian, Saturnalia

QQ: Hor. sat. II 7; Mart. IV 46; V 84; VII 53; XII 81; XIV 79; Gell. XVIII 2; Lukian, Saturnalien; Kronosolon; Saturn. Briefe; Macrob. Sat. I 7, 14–11, 16.

Lit.: Toner, Popular culture 92 ff.; S. Döpp, Saturnalien und latein. Literatur, in: Karnevaleske Phänomene in antiken und nachantiken Literaturen, Trier 1993, 145 ff.; Scullard, Röm. Feste 247 ff.; M. P. Nilsson, Art. *Saturnalia*, RE II A (1921) 201 ff.

Sauce

«Man salze in einem Gefäß die Eingeweide von Fischen ein und füge dem alles mögliche kleine Fischzeug wie Sardinen, Meerbarben, Laxierfische und Seeschmetterlinge hinzu, die man ebenfalls salzt; dann lasse man das Ganze an der Sonne ziehen, wobei man es öfters einreibe. Ist es gut durchgefault..., so treibe man alles durch ein Sieb. Die Masse, die im Sieb zurückbleibt, heißt *alec*; die Flüssigkeit, die durchläuft, ist das *liquamen*» (Geopon. XX 46). Besonders appetitanregend liest sich die Rezeptur für *liquamen* – häufiger noch findet sich die Bezeichnung *garum* – nicht gerade, und doch war dieser Fischextrakt *das* Universalgewürz der römischen Küche, ein Synonym geradezu für «S.», ähnlich «omnipräsent» wie in anderen Küchen etwa Worchestersauce oder Tomatenketchup. Die salzig-pikante Brühe war Bestandteil zahlreicher → Kochrezepte, wobei sie z. T. mit Wein, Öl und Essig vermischt wurde. Das *garum* hatte wahrscheinlich eine gelbliche Farbe, sein Geruch war, um es vorsichtig auszudrücken, streng (Mart. VII 94; Apic. I 7), wie es angesichts einer «Jauche aus verwesender Masse» *(putrescentium sanies)* – so Plinius durchaus ohne kritischen Unterton (NH XXXI 93) – nicht weiter verwundert.

Es gab allerdings erhebliche Qualitätsunterschiede, die sich z. T. aus der Art der verwendeten Fische und anderen Zutaten, z. T. aus dem Stadium des Herstellungsprozesses ergaben. Als *flos* («Blüte») *gari*, gewissermaßen jungfräuliches *garum* entsprechend dem «jungfräulichen» Olivenöl, wurde die geseihte S. auf den Krügen und Amphoren angepriesen, in denen das *garum* überall in der römischen Welt gehandelt wurde; an «Bio-Produkten» interessierte Käufer spricht ein Hersteller mit dem Zusatz *gari flos per se*, «ohne Zusatz!», ausdrücklich an (CIL IV 5673). Die *al(l)ec* genannten Rückstände waren dagegen qualitativ schlechter; diese Billig-S. konnte sich auch die ärmere Bevölkerung leisten.

Das beste *garum* kam aus Spanien *(garum sociorum;* Plin. NH XXXI 94; Hor. sat. II 8, 46). Martial rühmt die «vorzügliche Lake» als «teures Geschenk» (XIII 102). In Italien erfreute sich das pompejanische *garum* großer Beliebtheit; die S.-Produktion war ein nicht unbedeutender Gewerbezweig der kampanischen Stadt. Die wirtschaftliche Bedeutung der Fisch-S. stieg auch dadurch, daß die römischen Ärzte sie in vielfacher Hinsicht als Heilmittel einsetzten. So sollte *garum* u. a. bei Appetitlosigkeit und Magenbeschwerden helfen (Plin. NH XX 17; XXX 44). Das wiederum hielt Seneca für eine Legende: «Wie? Glaubst du nicht, daß das berühmt-berüchtigte, von den Bundesgenossen importierte *garum*, diese kostbare Jauche aus verfaulten Fischen, mit seinem Salzgehalt die Eingeweide verbrennt?!» (ep. 95, 25). Wie sehr er mit dieser Einschätzung Außenseiter blieb, zeigt sich überraschend klar an der Mönchsregel des Pachomios: Ihr zufolge war es in Ausdruck von *Askese*, seine Mahlzeiten *nicht* mit dieser «kostbaren Jauche» zu würzen (Migne PG XL 949).

QQ: Hor. sat. II 8, 46; Apicius, passim; Plin. NH XXXI 93 ff.; Mart. VII 94; XIII 102 f.; Edict. Diocl. III 6 ff.; Isid. XX 3; Geopon. XX 46; CIL IV 5673 ff.; 9388 ff.; XV 4686 f.

Lit.: G. E. Thüry / J. Walter, Condimenta, Wien 1997, 42 ff.; R. I. Curtis, Garum and Salsamenta, Leiden 1991; Dosi-Schnell, A tavola 210 ff.; Etienne, Pompeji 150 ff.; M. Ponsick / M. Tarradell, Garum et industries antiques de salaison dans la Méditerranée occidentale, Paris 1965; P. Grimal / Th. Monod, Sur la véritable nature du garum, REA 54 (1952), 27 ff.; Zahn, Art. *garum*, RE VII (1910) 841 ff.

Scheidung

Eine Ehe konnte in «beiderseitigem Einverständnis» oder durch einseitige Willenserklärung eines Partners geschieden werden. Ob die Begriffe *divortium* und *repudium* («Sich-voneinander-abwenden» bzw. «Zurücktreten», «Verstoßen») diese beiden Möglichkeiten begrifflich präzisieren, ist umstritten; *divortium* ist jedenfalls der umfassendere Ausdruck. Eine Begründung war formal ebensowenig erforderlich wie die Einschaltung einer staatlichen oder juristischen Instanz. Als tatsächliche Gründe kam eine breite Palette von Motiven – von Kinderlosigkeit über Fehlverhalten des anderen bis zum Wunsch, sich einem neuen Partner zuzuwenden – in Frage. Die traditionelle Formel einer einseitig gewollten Sch. war *tuas res tibi habeto* oder *tuas res tibi agito* («habe deine Sachen für dich» bzw. «kümmere dich um deine Dinge»; Dig. XXIV 2, 2, 1). Zu den «Dingen» gehörte dabei auch der Besitz des einzelnen Partners; bei der Frau vor allem die Mitgift *(dos),* zu deren Rückerstattung der Mann verpflichtet war. Einzige Ausnahme: Bei nachgewiesenem Ehebruch der Frau hatte der Mann das Recht, je nach Schwere des Falles die gesamte Mitgift oder einen Teil davon zu behalten (ein Mißbrauchsfall absichtlicher Bereicherung bei Val. Max. VIII 2, 3). Dem Mann dagegen erwuchsen aus Ehebruch bei der Sch. keine Nachteile. Die älteste, wohl schon im Zwölftafelrecht verwendete Formulierung für ein Sch.-Verlangen scheint die Rückforderung bzw. das Wegnehmen der Hausschlüssel gewesen zu sein (*claves adimere* bzw. *exigere;* Cic. Phil. II 68). Die Kinder blieben nach der Sch. beim Mann.

Sch. kamen in der frühen und mittleren Republik selten vor; der erste überlieferte (!) Fall datiert ins Jahr 306 v. Chr. (Val. Max. II 9, 2). Im ersten vorchristlichen Jahrhundert wurden Sch. erheblich häufiger (übertrieben, aber als Indiz wertvoll Laud. Tur. I 27: «Lange, nicht durch Sch. aufgelöste Ehen sind selten»). Auch Frauen trennten sich seitdem häufiger von ihrem Mann; in der Mehrzahl der Fälle ging das Sch.-Begehren allerdings vom Ehemann aus. Sch. kamen in den sog. besseren Kreisen erheblich öfter vor als in den anderen sozialen Schichten. Auch in der Kaiserzeit waren Sch. trotz der augusteischen Sittengesetzgebung nichts Außergewöhnliches. Wenn Satiriker vor allem «scheidungsfreudige» Ehefrauen aufs Korn nehmen (Juv. VI 227f.; Mart. VI 7; X 41; vgl. auch Sen. ben. III 16, 2), so ist das Ausdruck jener Doppelmoral, die von Frauen eine positivere Einstellung zur Ehe erwartet als von Männern.

Römische Doppelmoral – die Einsicht eines Juristen
«Es erscheint äußerst ungerecht, daß der Ehemann von seiner Frau moralische Untadeligkeit verlangen kann, der er selbst nicht entspricht.» Ulpian Dig. XLVIII 5, 14, 5

Enthüllungen beim Ehekrach:
Warum sich Trimalchio nicht hat scheiden lassen
«Dabei hätte ich Zweigroschen-Blödmann eine mit 10 Millionen kriegen können! (...) Der Salbenhändler Agatho hat mich noch kürzlich beiseite genommen und gesagt: ‹Ich gebe dir einen guten Rat: Laß dein Geschlecht nicht aussterben!› Aber ich, immer schön anständig, um bloß nicht leichtlebig zu erscheinen, habe mir die Axt selber ins Bein gejagt!» Petron. 74, 15 f.

QQ: Plaut. Amph. 839 ff.; 925 ff.; Val. Max. VI 3, 10 ff.; Gell. IV 3; Dig. XXIV 2 f.

Lit.: König, Vita Romana 42ff.; J. E. Gibbs, Women and the law in the Roman Empire, London 2002; K. G. v. Wächter, Über Ehescheidungen bei den Römern. Rechtsgeschichtl. Versuch, 1998; B. M. Rawson (Hg.), Marriage, divorce and children in ancient Rome, Oxford 1991; A. Mette-Dittmann, Die Ehegesetze des Augustus, Stuttgart 1991; O. Robleda, Il divorzio in Roma prima di Costantino, ANRW II 14 (1982), 347ff.; Pomeroy, Frauenleben 240ff.; I. Kajanto, On divorce among the common people of Rome, REL 47 (1970) 99ff.; E. Levy, Der Hergang der römischen Ehescheidung, Weimar 1925; Marquardt, Privatleben I 68ff.

Schimpfwort

In der Benutzung von Schimpfwörtern waren die Römer alles andere als zurückhaltend und zimperlich. Kraftausdrücke und Verbalinjurien waren das Salz jedes Streits, der auf dem Markt, in der Kneipe oder auch im «trauten»

Heim (vgl. etwa den Ehekrach zwischen Trimalchio und Fortunata, Petr. 74) ausbrach. Ein fast unerschöpfliches Reservoir an Sch. bieten die Komödien des Plautus; in ihnen wird auf manch einen eine nicht enden wollende Schimpfkanonade abgeschossen – von *caenum* (Drecksack) über *bustirapus* (Leichenfledderer) bis zu *parricida* (Vatermörder; Pseud. 377ff.; vgl. auch Persa 405ff.). Sicher spiegelt sich in diesen Szenen die Sprache des einfachen Mannes. Sch. gehörten indes auch zum Arsenal der politischen Polemik. Römische Politiker gingen erheblich rüder miteinander um, als es heute vorstellbar ist: Viele Ausdrücke zielten bewußt unter die Gürtellinie. Jemanden als «Jauche des Staates» (*sentina rei publicae*, Cic. Cat. I 12) zu bezeichnen, gehörte ebenso zum schlechten Ton wie das Aufrollen der persönlichen Skandalchronik des Gegners und die Entlarvung seiner «Perversionen» («verfressener Schlund»; «faules Stück Fleisch», Cic. Pis. 19; 82). Cicero selbst wiederum mußte sich in einer Invektive u. a. als «Ausbund an Frechheit» und «Erzverbrecher» titulieren lassen (Ps.-Sall. Inv. 1, 1). Wenn in der «großen» Politik mit so harten Sch.-Bandagen gekämpft wurde, braucht man sich über entsprechende Gossenausdrücke in pompejanischen Graffiti nicht zu wundern.

> **Wie ein Rohrspatz: Cicero über politische Gegner**
>
> *parricida, sicarius, veneficus, sacrilegus, latro, praedo, fur, pirata, archipirata, gladiator* – Hochverräter, Meuchelmörder, Giftmischer, Tempelschänder, Räuber, Gangster, Dieb, Pirat, Erzpirat, Bandit...
>
> nach Fink, Schimpf und Schande 151

Sch. wurden weitgehend denselben Bereichen entnommen wie in den modernen Sprachen: Vergleich mit einem Tier: *hircus* (Bock, «Stinker», Lüstling), *asinus* (Esel); geistige und körperliche Defekte: *stultissimus* (Dummkopf), *homullus* (Zwerg); Kriminalität: *perforator* (Messerstecher), *gladiator* (Gangster); Fäkalsprache: *cacator* (Kacker); Sexualität: *amasiuncula* (Flittchen), *impudicus* (Lustmolch); moralisch «anstößiges» Verhalten: *ganeo* (Freßsack), *gulo* (Schluckspecht).

Lit.: K.-W. Weeber, Wie Caesar in die Fanmeile kam, Freiburg 2009, 38ff.; G. Fink, Schimpf und Schande. Eine vergnügliche Schimpfwortkunde des Lateinischen, Zürich/München ²1991; R. MacMullen, Roman social relations, New Haven/London 1974, 138ff. («The lexicon of snobbery»); I. Opelt, Die lateinischen Schimpfwörter und verwandte sprachliche Erscheinungen, Heidelberg 1965; G. Hoffmann, Schimpfwörter der Griechen und Römer, Berlin 1892.

Schirm

Dem englischen Gentleman, der seinen unvermeidlichen *umbrella* bei sich trägt, dürfte i. a. kaum bewußt sein, daß er sich damit eines Gegenstandes bedient, der bei den Römern erstens nur von Frauen gebraucht wurde und der zweitens seiner ursprünglichen Bestimmung nach ein Schutz gegen die Sonne, nicht gegen Regen sein sollte: *umbella* (Nebenform *umbrella*) und *umbraculum* sind Verkleinerungsformen von *umbra*, «Schatten». Damen der vornehmen Gesellschaft, die auf ihren hellen Teint achteten, pflegten solche bunten Sonnen-Sch. zu benutzen. Sie hatten entweder die uns vertraute rund-gewölbte Form mit hochstellbaren Speichen (*virgae*; Ov. ars am. II 209) oder bestanden aus einem festen, rechteckigen Lederstück. Wer es sich leisten konnte, ließ

Was die feine Dame braucht: Schirm, doppelreihiger Kamm und Parfümflakons; Relief aus Avezzano.

den Sonnen-Sch. von einer Sklavin tragen (Mart. XI 73, 6). Daß sich die *umbella* auch für das Wetter eignete, an das der englische Gentleman eher denken dürfte, bezeugt neben Juvenal (IX 50) auch Martial: «Nimm hier den Schirm, der die heftige Glut der Sonne dir mildert! / Und ist es windig, du hast dennoch dein Schutzdach für dich» (XIV 28).

QQ: Ov. ars am. II 209 f.; fast. II 311; Mart. XIV 28; Amm. Marc. XXVII 4, 18; Bildquellen: Abb. bei Paoli, Leben LII/LIII.

Schlüssel

«Was ist das denn?», fragt der von einer Geschäftsreise zurückgekehrte Theopropides in der Plautus-Komödie Mostellaria, «die Tür ist am hellichten Tage verschlossen? Ich werde klopfen. He, öffnet da wohl bald mal einer die Tür?!» (Most. 444 f.). Die Szene zeigt, daß man tagsüber wohl eher mit offenen Haustüren rechnen konnte – in den «besseren» Häusern keine Einladung für Langfinger, weil dort ein *ianitor* («Türsteher») den Zugang (und Ausgang!) kontrollierte. Theopropides freilich konnte – und sollte – nicht ahnen, daß sein Haus gleich doppelt, von innen und von außen (V. 425 f.), verschlossen war, um eine zünftige «Fete» seines lebenslustigen Sohnes mit Wein und Mädchen zu tarnen...

Innen hatten die jungen Leute vielleicht nur einen Riegel *(sera)* vorgeschoben – die ursprünglichste und einfachste aller Türsicherungen –; von außen hatte sich der clevere Sklave Tranio, der das Lügenmärchen vom verspukten und deshalb verschlossenen Gespensterhaus ersonnen hatte, den Sch. geben lassen und hatte abgeschlossen.

Die römische Antike kannte drei Sch.-Typen. Der simpelste war ein gebogener Metallstab, der durch Schieben oder Stoßen einen Querriegel bewegte. Komplizierter und am meisten verbreitet war der selten aus Holz, meist aus Eisen oder Bronze gearbeitete Haken-Sch. mit Bartstiften, die waagerecht in die Riegelöffnung geschoben wurden und beim Aufschließen die Sicherungsbolzen *(pessuli)* von unten aus dem Riegel stießen. Einfachere Modelle hatten zwei oder drei Zinken *(dentes),* aufwendigere bis zu einem halben Dutzend. Da der Schlosser bei der Anordnung der Bartstifte freie Hand hatte, gab es eine praktisch unbegrenzte Zahl unterschiedlicher Stift-Kombinationen. Tatsächlich ist keiner der rund 300 in der Saalburg gefundenen Sch. mit einem anderen «baugleich» (vgl. Arat Phain. 192 f.).

Die Hebelarme dieser Sch. waren z. T. recht lang. 20–30 cm waren nicht ungewöhnlich, so daß man diese Sch. an einem Gürtel trug.

Funktionsweise eines Bolzenschlosses.

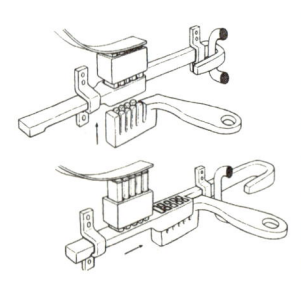

Schloßbeschlag und Drehschlüssel. Die kurzen Schlüssel wurden als Fingerring getragen; aus Xanten.

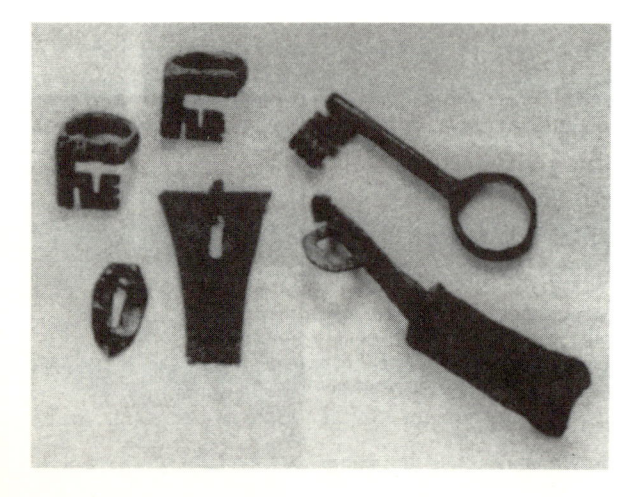

Mit der Zeit wurden die Sch. allerdings insgesamt handlicher; Sch. für Schränke und Truhen (Hor. sat. II 3, 146) waren deutlich kleiner als Haus- und Zimmertür-Sch. Als dritter Typ kam relativ spät der unserem heute üblichen entsprechende Dreh-Sch. auf. Im archäologischen Material sind diese Dreh-Sch. aber deutlich in der Minderzahl gegenüber den offensichtlich beliebteren Hebe-Sch., die die Griechen Balanos-Sch. nannten, weil die in den Riegel als Sperren greifenden Klötzchen wie *balanoi*, «Eicheln», aussahen.

Man kannte auch schon Sch. für Vorhängeschlösser sowie Nach-Sch. Deren beliebteste Verwendung geht aus ihrem gängigen Namen hervor: *claves adulterae* oder *adultoriae*: «Ehebrecher-Schlüssel» (Ov. ars am. III 643; Sall. Iug. 12, 3).

QQ: Plaut. Most. 425 f.; 444 ff.; Stich. 308 ff.; Sall. Jug. 12, 3; Tib. II 4, 31 ff.; Ov. ars am. III 643 ff.; Petr. 28, 8–29, 1; Apul. Met. I 11, 5; 14, 7; IV 10; IX 20.

Lit.: A. Hug. Art. *Schlösser* und *Schlüssel*, RE II A (1921) 557 ff.; 565 ff.; Neuburger, Technik 338 ff.; Marquardt, Privatleben I 231 ff.

Hebeschlüssel – sicher, aber nicht schnell

Ich nehme mein Ränzlein, stecke den Schlüssel unter die Riegel und will sie zurückstoßen; aber diese trefflich-treue Tür, die in der Nacht von selber aufgesprungen war, geht jetzt nur mit Ach und Krach, als ich den gehörigen Schlüssel immer wieder einschiebe, endlich auf. Apuleius, Metamorphosen I 14, 7

Schmuck

Der einzige mögliche Sch. für Männer war in republikanischer Zeit der Siegelring, der meist am Ringfinger der linken Hand getragen wurde. In der Kaiserzeit stieß man gar nicht so selten auf Männer, die als Ausweis ihres Wohlstandes z. T. mit Edelsteinen besetzte Ringe an mehreren Fingern trugen (Mart. V 11; Quint. XI 142); manche protzten mit auffällig groß gearbeiteten, schweren Goldringen (Mart. XI 37). Abgesehen von goldenen Gewandfibeln, die aber in erster Linie funktionalen, nicht dekorativen Zweck hatten, trug der «normale» Mann keinen Sch.; es waren wohl nur wenige Männer, die sich nicht scheuten, sich mit goldenen Armreifen zu schmücken (Plin. NH XXXIII 39).

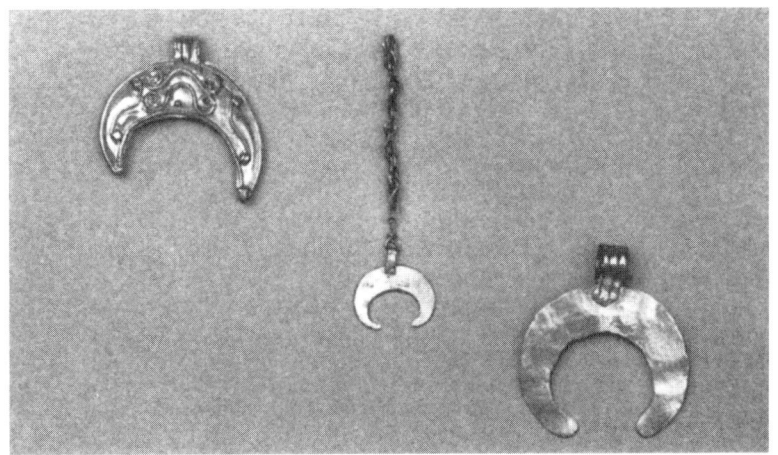

Mondsichelförmige Anhänger *(lunulae)* aus Gold; aus Köln, 1./2. Jh. n. Chr.

Ganz anders sah es dagegen bei den Frauen aus: «Die römische Matrone fand nichts Seltsames dabei, als wandernder Juwelierladen aufzutreten» – so bringt ein moderner Gelehrter die offensichtliche Lust der Römerinnen am Sch. auf den Punkt (Paoli, Leben 130). Bedurfte es erst der Aufhebung von Anti-Luxusgesetzen wie der *lex Oppia* im Jahre 193 v. Chr. (Liv. XXXIV 1) und mochten sich auch später noch (männliche) Moralisten über die Luxus- und Verschwendungssucht schmuckbehangener Frauen ereifern (Plin. NH XXXIII 40; Sen. ben. VII 9, 4; Juv. VI 457 ff.), so änderte das doch nichts daran, daß Römerinnen aller Gesellschaftsschichten gern und reichlich Sch. trugen: Die archäologischen Sch.-Funde und die in Ägypten gefundenen Mumienporträts, die Frauen mit kostbarem, teilweise exquisitem Sch. zeigen, sprechen da eine eindeutige Sprache. Oft waren es auch die Ehemänner, die ihre Frauen zu Repräsentationszwecken und Zurschaustellung ihres Wohlstandes großzügig mit Sch. «ausstatteten» (s. Zitat) – kein Zweifel, daß aufwendiger Sch. in Rom als → Statussymbol aufgefaßt wurde.

Vorzeige-Schmuck: Neureiche «Damen» unter sich

Dann kam es soweit, daß Fortunata ihre Spangen von den fettgepolsterten Armen zog und der staunenden Scintilla zeigte. Schließlich machte sie sogar die Beinreifen los und ein goldenes Haarnetz, das nach ihrer Angabe aus Feingold war. Trimalchio bemerkte dies, ließ sich alles bringen und sagte: «Da seht ihr die Fesseln eines Frauenzimmers; so werden wir Idioten ausgeplündert...». Auch nicht besser zog sich Scintilla ein güldenes Medaillon vom Hals, das sie ihren Glücksmann nannte. Daraus brachte sie zwei Ohrgehänge zum Vorschein, gab sie umgekehrt Fortunata zum Anschauen und sagte: «Dank der Großmut meines Gatten hat niemand bessere...».

Petron 67, 6 ff.

Viele Schmucktypen blieben über die Jahrhunderte hinweg unverändert; selbst zu heutigem Sch. weisen viele römische Stücke deutliche Parallelen in Form, Dekor und Funktion auf. Die häufigsten Sch.-Stücke waren Ringe *(anuli)*, Ohrringe *(inaures)*, Armreifen *(armillae* bzw. *spintera*, die um die Oberarme geschlungen wurden), Halsketten *(monilia)* mit und ohne Anhänger sowie golddurchwirkte Bänder, die kunstvoll ins Haar geflochten wurden *(vittae)*. Literarisch bezeugt sind auch Schenkelspannen bzw. Knöchelreife *(periscelides*; Hor. epist. I 17, 56) und Hüftketten (Plin. NH XXXIII 40: *catenae circa latera*). → Haarnadeln und Gewandfibeln waren Gebrauchsgegenstände, die häufig auch als Sch. dienten.

Wichtigstes Material war Gold, daneben Silber und Elektron, eine natürliche oder künstlich erzeugte Legierung von drei bis vier Teilen Gold und einem Teil Silber. Edelsteine *(gemmae)* wie grüne Smaragde, blaue Saphire, rote Granite, aber auch Opale und Diamanten – diese aber nur ganz selten – konnten in alle Schmuckstück-Formen eingearbeitet sein oder in zarter Goldfassung den eigentlichen Sch. darstellen. Üblich war auch aufwendig in Granulations- oder Ziseliertechnik gearbeiteter Gold-Sch.; als weitere Verzierungstechnik erfreute sich das *opus interrasile* seit dem 2. Jh. großer Beliebtheit. Dabei wurde die Goldfläche mit feinen Grabsticheln perforiert, das «überflüssige» Material herausgestochen und so ein dekoratives Netzwerk geschaffen. Als Inbegriff von höchstem Sch.-Luxus galten Naturperlen *(margaritae)*; sie wurden seit augusteischer Zeit in großer Menge aus dem Orient importiert und gern in rötliches Gold gefaßt. Lollia Paulina, die Frau des Kaisers Caligula, erregte Aufsehen damit, daß sie bei einer relativ unbedeutenden Gelegenheit mit einem kombinierten Perlen- und Smaragd-Sch. im Werte von 40 Millionen Sesterzen erschien (Plin. NH IX 117).

Im Alltag der meisten Römerinnen ging es natürlich erheblich bescheidener zu – wenn auch nicht gerade schlicht. Wer sich keine teuren Edelsteine und Perlen leisten konnte, wich auf Achat-, Bernstein-, Korallen- oder Gagat-Sch. aus; Frauen der Unterschicht und Sklavinnen trugen auch Edelstein-Imitate oder Schmuck-Stücke aus billigem buntem Glas.

Perlen-Fieber

Es ist der Ehrgeiz der Frauen, sich Perlen an die Finger und zwei oder drei an die Ohren zu hängen (...); auch die Armen begehren bereits danach und sagen, eine Perle sei auf der Straße der Liktor der Frau. Ja, man befestigt sie sogar an den Füßen, und zwar nicht nur an den Schuhriemen, sondern auch an den ganzen Schuhen.
Plinius, Naturalis historia IX 114

Sch. war wie → Kleidung und → Frisur auch bestimmten Modetrends unterworfen; auch regionale Geschmacksvarianten lassen sich aufgrund der Bodenfunde nachweisen. So findet sich der – auch heute bei vielen noch beliebte – Münzschmuck, bei dem Goldmünzen, gefaßt und mit Ösen versehen, als Halsband- oder Armband-Anhänger dienen, nur in den Provinzen des Reiches, nicht aber in Italien. Aus der Vielfalt der – häufig sehr individuell gestalteten – Formen seien einige besonders auffällige bzw. beliebte Typen herausgegriffen: Bei Armreifen und Fingerringen war die Schlangenform recht populär; als Kettenanhänger waren die der Mondsichel nachgebildeten *lunulae* weit verbreitet; sie wurden wie Ringe auch gern zum → Geburtstag verschenkt (Plaut. Epid. 639f.). Besonders erwähnenswert sind schließlich die als Kameen oder Gemmen geschnittenen Edelsteine, die meist Fingerringe oder Ketten schmückten; neben der dekorativen Wirkung kam ihnen vielfach auch Schutzfunktion als Talismane zu.

Verschiedentlich finden sich kurze Inschriften auf Sch.-Stücken, die der Eigentümerin gute Wünsche aussprechen; so etwa ein *utere felix* («benutze ihn glücklich!») auf einem Goldring des Kölner Museums oder auch die Ring-Widmung *amo te merito*: «Ich liebe dich, wie du es verdienst» – was sicherlich trotz der Liebe der Römerin zum Sch. als Hommage an die Trägerin, nicht als Hommage der Trägerin an den Sch. zu verstehen ist.

Sch. wurde gern getragen und zur Schau gestellt. Ohrringe, Collier oder Kette sowie Fingerringe scheinen zur Alltagsgarderobe zumindest der wohlhabenden Römerin gehört zu haben. Sch.-Stücke, die man gerade nicht trug, wurden in – innen unterteilten – Sch.-Kästen aufbewahrt, die ihren heutigen Pendants ähneln. In diesem Punkte konnten nun auch die Männer wieder «mithalten»: Ausgesprochene «Ringsammler» waren stolze Besitzer von Ring-Kästchen, die man Daktylotheken nannte: In ihnen war, so der Spötter Martial, jeder Ring sicher, «der schwer durch sein Gewicht vom fettigen Finger gleitet» (XIV 123; vgl. Dig. XXXII 1, 53).

QQ: Plaut. Men. 524 ff.; Mart. V 11; XI 37; XIV 123; Petr. 22. 67, 6 ff.; Plin. NH IX 106. 112 ff.; XXXIII 39 ff.; Sen. ben. VII 9, 4; Dig. XXXIV 2, 25, 10. Archäologische Schmuck-Funde in allen bedeutenden Antiken-Museen; besonders reich die Sammlung des RGM Köln; Funde aus den Vesuv-Städten im Nationalmuseum Neapel; Fundstätten-Verzeichnis: Higgins 228 ff.

Lit.: Weeber, Luxus I 115 ff.; G. Schenke, Schein und Sein. Schmuckgebrauch in der röm. Kaiserzeit, Leuven 2003; A. Böhme-Schönberger, Kleidung und Schmuck in Rom und den Provinzen, Aalen 1997; I. G. Damm / B. Schneider, Goldschmuck der römischen Frau, Museums-Katalog Köln 1993 (= Kölner Mus.-Bull. 2, 1993, 4 ff.); L. Pirzio Biroli Steffanelli, L'oro dei Romani. Gioielli di età imperiale, Rom 1992; R. Higgins, Greek and Roman jewellery, Berkeley / Los Angeles ²1980; H. Hoffmann / H. v. Claer, Antiker Gold- und Silberschmuck, Mainz 1968.

Schreibmaterial

In den ersten Juli-Tagen des Jahres 1875 gelang den Ausgräbern von Pompeji ein aufsehenerregender Fund: In einem Haus an der Via Stabiana stießen sie auf mehr als 150 hölzerne, einst mit Wachs überzogene Täfelchen *(tabulae ceratae)*, die zur Buchhaltung des Bankiers L. Caecilius Iucundus gehörten (CIL IV Suppl. S. 275 ff.). Es war weniger der Beschreibstoff selbst – *tabulae ceratae* finden sich in allen Antiken-Museen – als die Fülle der Tafeln und ihr Informationsgehalt hinsichtlich der Transaktionen des Bankiers, die das Sensationelle der Entdeckung ausmachten. Gleichwohl: Auch das Sch., dessen er sich dafür bediente, ist ebenso bemerkenswert wie bezeichnend. Für derartige Abrechnungen und Quittungen, aber auch für andere Textsorten des Alltags wie → Briefe, Protokolle, Notizen, Mitteilungen und Übungen im Schulunterricht griff man meist zu hölzernen Tafeln mit einem Format von 10–20 cm Breite und 6–15 cm Höhe, auf deren – häufig geweißter – Oberfläche man zunächst mit Tinte schrieb. Sie wurden rasch abgelöst durch die besser «recyclebaren» Wachstafeln, bei denen die gegenüber den Rändern etwas tiefer liegende Holzfläche mit meist schwarzem Wachs ausgegossen wurde. In ihn ritzte man mit Hilfe eines spitzen Griffels aus Bronze oder Knochen *(stilus; graphium)* die Schrift ein. Wollte man das Geschriebene wieder löschen, so wurde das Wachs mit der spatelförmig verbreiterten Oberseite des Griffels wieder geglättet. *stilum vertere*, den Griffel umdrehen, wurde so zum Synonym für «ausradieren» (Hor. Sat. I 10, 72).

Meist wurden zwei oder mehr Tafeln mit einer Schnur zu *diptycha, triptycha* oder *polyptycha* («Zwei-, Drei-, Vieltafeln») zusammengebunden; kleinformatige Tafeln wurden auch als *codicilli* oder *pugillares* bezeichnet (Cat. c. 42). In alter Zeit nannte man diesen «Zusammenschluß» *caudex* oder *codex* (Sen. brev. vit. 13, 4): die Vorform des in der Spätantike über die Papyrusrolle triumphierenden Codex-→ Buches – von der Form her auch insofern, als beim *diptychon* nur die inneren Seiten mit Wachs bestrichen wurden, die äußeren also als «Einband» dienten. Wer einen Brief oder ein anderes Schriftstück geschrieben

Zwei Sekretäre protokollieren auf Polyptychen den Vortrag des auf einem Podest stehenden Mannes; im Hintergrund gestikulierende Zuhörer. Relief aus Ostia, 2. Jh. n. Chr.

hatte, das nicht für aller Augen bestimmt war, brachte an der Stelle, wo der Faden geknüpft war, ein Wachssiegel an (Plaut. Bacch. 748; Cic. Cat. III 5). Das war natürlich bei vertraulichen Schriftstücken wie → Testamenten, die nicht selten auch auf Wachstafeln geschrieben wurden (Hor. sat. II 5, 51 ff.; Dig. XXXVII 11, 1 pr.), stets der Fall, oder auch bei → Liebesbriefen, die nicht in falsche Hände geraten durften.

Als Beschreibstoff für längere, namentlich literarische Texte, aber auch für alle Arten privater und öffentlicher Urkunden, Protokolle, Briefe, Rechnungslisten usw. diente

Die Dame hat's nicht verdient – Rückforderung von Schreibtäfelchen

Kommt, Elfsilbler, wieviele ihr auch seid,
alle, von überall her, wieviel ihr auch alle seid!
Glaubt die schändliche Dirne, mich verspotten zu können,
und weigert sich, mir meine Täfelchen zurückzugeben? (...)
Schändliche Dirne, gib die Schreibtafeln zurück,
gib sie zurück, schändliche Dirne, die Schreibtafeln! (...)
Aber wir erreichen nichts. Nichts rührt sie.
Also müssen wir die Art und Weise ändern,
wenn ihr so vielleicht mehr erreichen könnt:
Keusche und Brave, gib die Schreibtafeln zurück!

Catull c. 42

der Papyrus. Er war, bis das Pergament ihn in der Spätantike abzulösen begann, das Sch. der Antike schlechthin – in unseren Wörtern «Papier», «Karte» und «Karton» (*charta* als üblicher Ausdruck für Papyrus als Beschreibstoff) lebt die Erinnerung an seinen Rang weiter: «Denn der Gebrauch des Papiers *(charta)* ist von größter Bedeutung für die menschliche Kultur; sicherlich für das Wissen von der Vergangenheit» (Plin. NH XIII 68).

Die aus dem Stengelmark der ägyptischen Papyrusstaude hergestellten Blätter kamen aneinandergeklebt als Rollen zu 6–10 m Länge und unterschiedlichen Breiten auf den Markt. Es gab mehrere Qualitätsstufen zwischen besonders fein und sehr grob (Plin. NH XIII 74 ff.). Farblich variierte der Papyrus zwischen weißgelb und braun. Der Bedarf an Papyrus war in der römischen Kaiserzeit so groß, daß künstliche Pflanzungen angelegt wurden und das Papier zeitweise rationiert werden mußte (Plin. NH XIII 89). Diese mitunter angespannte Versorgungslage in Sachen Sch., aber auch der relativ hohe Preis des Papyrus führten allgemein zu einem sparsamen Umgang mit Papier. So verwendete man nicht selten einen Bogen Papyrus zweimal, indem man dann auf der «Rückseite» (verso) schrieb, die wegen des senkrechten Verlaufs der Fasern nur zweite Wahl war. Hin und wieder löschte man auch den ursprünglichen Text und beschrieb den Papyrus neu (Cic. fam. 18, 2; Cat. c. 22, 5 f.). Solche Palimpseste («wieder abgekratzte» Blätter) wurden beim Papyrus allerdings erheblich seltener «produziert» als beim Pergament. Diesen aus Tierhaut hergestellten Beschreibstoff nannten die Römer *membrana*; sein heutiger Name kommt nur in spätantiken Quellen vor (Edict. Diocl. VII 38) – er scheint auf einen mit dem Kö-

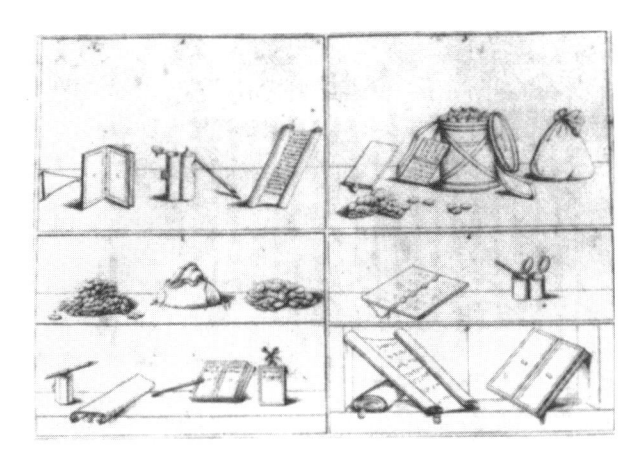

Nachzeichnung eines pompejanischen Wandbildes mit Schreibutensilien, Büchern und einem Behälter für Papyrusrollen *(capsa).*

nigshof von Pergamon in Verbindung stehenden Verfeinerungsprozeß dieses alten, aber erst ab dem 4. Jh. mit dem Papyrus in ernste Konkurrenz eintretenden Sch. zurückzugehen (vgl. Plin. NH XIII 70; Isid. VI 11, 1).

Auf Pergament und Papyrus schrieb man mit Schreibfedern aus Schilfrohr oder – seltener – aus Bronze *(calami)*. Der stumpf gewordene *calamus* wurde mit einem kleinen Messer *(scalprum)* angespitzt; wer zügig weiterschreiben wollte, nahm statt dessen weitere *calami* aus seinem Schreibnecessaire, in dem sich häufig auch ein Tintenfaß *(atramentarium)* befand. Die Bezeichnung des Tintenfasses zeigt schon an, daß man gewöhnlich mit schwarzer, aus Ruß und Gummi arabicum hergestellter Tinte *(atramentum* von *ater,* «schwarz») schrieb. Daneben benutzte man rote, aus Mennige gewonnene Tinte – und ab und zu für ganz vertrauliche Schriftstücke wie Liebesbriefe unsichtbare Geheimtinten.

Polyptychon, Wachstafel, Griffel *(stili)* und Tintenfass, aus Köln.

Wer sich verschrieben hatte oder größere Partien löschen wollte, benutzte dazu einen nassen → Schwamm *(spongia)* – daher die geistreiche Antwort des Augustus auf die Frage, wie weit er mit seinem – wohl etwas verunglückten – Tragödienstück «Aiax» vorangekommen sei: *Aiam suum in spongiam incubuisse* («sein Aiax habe sich in den Schwamm gestürzt» – und nicht, wie im Mythos, ins Schwert; Suet. Aug. 85, 2). Die exquisiteste Methode, Geschriebenes zu löschen, ließ sich freilich Caligula einfallen: Er zwang anläßlich eines literarischen Wettbewerbs die seiner Meinung nach schlimmsten Verseschmiede, ihre Elaborate mit der Zunge vom Papier abzulecken (Suet. Cal. 20).

Geheimtinten für amouröse Botschaften

Sicher sind auch und entgehen den Augen Schriftzeichen aus frischer Milch;
berühre sie mit Kohlenstaub, und du wirst sie lesen.
Täuschen wird auch die Schrift mit der Spitze eines feuchten Leinstengels,
das Täfelchen ist leer und trägt doch geheime Botschaft.

Ovid, Ars amatoria III 627 ff.

QQ: Plin. NH XIII 68 ff.; XXXV 41 ff.; Mart. XIV 3 ff.; 38; Isid. Etym. VI 9 ff.

Lit.: M. Reuter / M. Schulz, Alles geritzt. Botschaften aus der Antike, München 2005; H. Blanck, Das Buch in der Antike, München 1992, 40 ff.; A. K. Boerman, The Roman writing tablets from Vindolanda, London 1983; Paoli, Leben 201 ff.; H. Hunger (Hg.), Die Überlieferungsgeschichte der antiken Literatur und der Bibel, Herrsching 1961, 27 ff.

Schuhe

Wenn ein Politiker schon am Nachmittag in einer obskuren Kneipe verschwindet und dort bis zum Abend durchzecht, dann verwundert es auch kaum noch, wenn der sich seinen Wählern bei der Bewerbung ums Konsulat in Pantoffeln präsentiert – so einer der Vorwürfe, mit denen Cicero seinen Intimfeind Marc

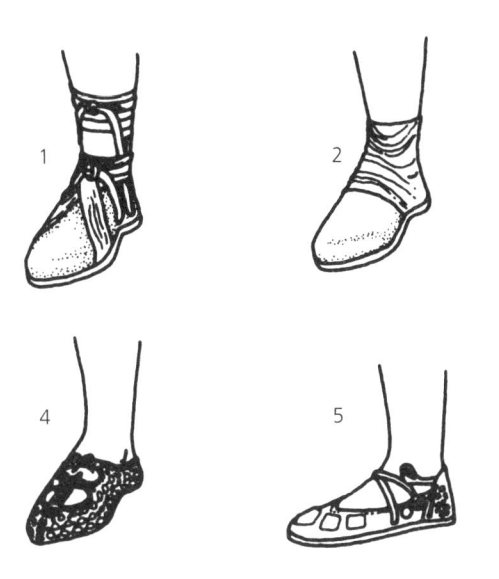

Römische Fußbekleidung:
1. Patrizierschuh *(calceus patricius)*
2. Normalschuh *(calceus)*
3. Stiefel *(caliga)*
4. Schuh, bei dem Sohle und Oberleder aus einem Stück geschnitten sind *(carbatina)*
5. Soldatenschuh, später in feinerer Form Schuh der Oberschicht: Der mit Riemchen geschlossene *compagus*
6. Hochgewickelte Sandale, in der Spätantike von Bauern und Arbeitern getragen.

Anton, für ihn die Verkörperung des haltlosen, unrömischen Bruders Leichtfuß, überschüttet (Phil. II 76). Die Kritik wirft ein Schlaglicht auf die – bei allen Unterschieden im einzelnen – grundsätzlich doch stark standardisierte Fußbekleidungs-«Ordnung» der Römer. Man unterschied prinzipiell zwischen Sandalen *(soleae; sandalia)*, Schuhen *(calcei)* und Stiefeln *(caligae)*.

Sandalen bestanden aus einer Sohle, die mit weichen Riemen am Fuß befestigt war. Die Gestaltung des Riemenwerkes war sehr unterschiedlich, in jedem Fall blieb aber ein Großteil des Fußes unbedeckt (Gell. XIII 22, 5). Sandalen waren bequem zu tragen; sie dienten als Pantoffeln im häuslichen Bereich, in die man, sobald man nach Hause gekommen war, hineinschlüpfte (Cic. Mil. 20). Sie in der Öffentlichkeit zu tragen, verstieß gegen die guten Sitten. Mit einer Ausnahme: Auf dem Wege zum Gastmahl waren sie als Sch. «statthaft» – der Weg gehörte ebenso wie das gesellige Beisammensein selbst zur Privatsphäre. Wer sich zu Tisch legte, zog die Sandalen aus bzw. überließ diesen Dienst einem Sklaven *(demere soleas)*. Wollte man die Gesellschaft verlassen, so verlangte man entsprechend nach seinen Sandalen *(poscere soleas*; Plin. ep. IX 17; Mart.

Soldatenstiefel *(caligae);* Detail eines Reliefs, um 90 n. Chr. Rom, Vatikanische Museen.

III 50, 3). Die Farbe der Sandalen variierte ebenso wie die Dicke der Sohlen (Edict. Diocl. 9, 12 ff.); an kalten Tagen griff mancher gern zu wollgefütterten Pantoffeln (Mart. XIV 65).

Der zur Toga gehörige Ausgehschuh war der *calceus*, ein festerer, über den Knöchel reichender, geschlossener Schuh aus weichem Oberleder. Die einfachste, robuste Ausführung für den «kleinen Mann» nannte man *pero*; geflickte Sch. sah man an den Füßen armer Leute und Unfreier häufig (Juv. III 149 f.; Mart. I 103, 5). Als Standesabzeichen trugen Patrizier und Senatoren besonders auffällige Sch. – in schwarzer bzw. roter Farbe; der *calceus senatorius* wurde zusätzlich mit Riemen bis etwa zur Mitte des Schienbeins aufgebunden. Männer trugen in der Regel naturfarbene Sch. Nicht in der Form, wohl aber im weicheren Leder und in der Farbe unterschieden sich die Sch. der Frauen von denen der Männer. Sie konnten weiß oder farbig sein; finanziell gut gestellte Frauen trugen auch mit Perlen, Gold oder Edelsteinen geschmückte *calcei* (Plin. NH IX 114; Hist. Aug. Heliog. 4, 4). Über Männer, die in Eleganz oder Pracht der Sch. mit der Damenwelt in Konkurrenz zu treten versuchten, rümpfte mancher Zeitgenosse die Nase (s. Zitat).

Sehr exquisit – aber nur ganz unten

Schmutziger noch als Dreck ist die Toga, doch Cinna, dein Schuh ist weißer sogar als der Schnee, wenn er nur gerade erst fiel. Weshalb läßt du, du Tor, das Gewand herab auf die Füße? Cinna, raff das Gewand! Sieh, du verdirbst ja den Schuh!

Martial VII 33

Die dritte Schuh-Sorte, der Stiefel *(caliga)*, wurde meist von Bauern, Fuhrleuten und vor allem von Soldaten getragen. Wie selbstverständlich er zum militärischen Bereich gehörte, zeigt die «Umbenennung» des Kaisers Gaius in Caligula. Der → Spitzname («Stiefelchen») setzte sich durch; er ging darauf zurück, daß der spätere Kaiser einen großen Teil seiner Jugend in Militärlagern verbrachte (Suet. Cal. 9). Bis auf die höchsten Offiziere, bei denen *calcei* als Rangabzeichen dienten, trugen alle Soldaten die Stiefel-Sandalen, die ein festes, bis deutlich über die Knöchel reichendes Riemengeflecht stabil machte. Die Sohlen bestanden aus ca. 8 mm dickem Rindsleder und waren mit je 80–90 halbkugelförmigen Eisennägeln besetzt. Moderne Experimente haben eine «Lebensdauer» der Nägel von 500–1000 km Marschleistung erwiesen; das Anlegen der *caligae* nahm zwischen drei und vier Minuten in Anspruch (Junkelmann 159). So hilfreich die schweren Nagel-Sch. im Gelände waren, so unangebracht waren sie freilich im bürgerlichen Leben: Im Menschengewühl Roms waren sie der Schrecken der Zivilisten: «Fußtritte gibt's von allen Seiten, und der Nagel eines Soldatenstiefels bleibt mir im Zeh stecken» (Juv. III 247 f.).

QQ: Hor. Sat. I 6, 27 f.; Ov. ars am. III 271 f.; Jos. Bell. Iud. VI 1, 8; Mart. XIV 65; 141; Suet. Aug. 73; Gell. XIII 22.

Lit.: J. L. Sebesta / L. Bonfante (Hg.), The world of the Roman costume, Madison 1994; M. Junkelmann, Die Legionen des Augustus, Mainz 1986, 158 ff.; O. Lau, Schuster und Schusterhandwerk in der griech.-röm. Literatur und Kunst, Diss. Bonn 1967; R. Forrer, Archäologisches zur Geschichte des Schuhes aller Zeiten, Schönenwerd 1942; Marquardt, Privatleben II 588 ff.

Schule

Wie gemütlich und entspannt Sch. doch sein kann! Wie beneidenswert klein und überschaubar die Lerngruppen! Wie motiviert und wohlerzogen die Schüler! So mag es manchem beim Anblick der berühmtesten Sch.-Darstellung aus dem römischen Altertum durch den Kopf gehen: des Neumagener «Schulreliefs» aus dem Trierer Landesmuseum, das in unzähligen Publikationen abgedruckt ist und dem Mitteilungsblatt des Deutschen Altphilologen-Verbandes bezeichnenderweise als «Logo» dient. Da sitzt der bärtige – also «weise» – Herr Lehrer in der Mitte des Bildes, flankiert von zwei Schülern, die in bequemen Sesseln ordentlich, aber keineswegs steif Platz genommen haben und artig in ihre aufgerollten Papyrusrollen (→ Buch) schauen. Ein dritter Schüler, der sich offenbar verspätet hat, ist gerade in den Schulraum gekommen und grüßt den → Lehrer mit erhobener rechter Hand – ein Muster an Höflichkeit und Wohlerzogenheit! Das Ganze strahlt eine entspannte, von wahrer *humanitas* durchdrungene Arbeitsatmosphäre aus. So, ja *so* muß Schule sein!, seufzt da mancher – als Lehrer oder Schüler – leidgeprüfte moderne Betrachter auf.

Neumagener Schulrelief vom Ende des 2. Jh. n. Chr.; Trier, Rheinisches Landesmuseum.

Indes: Das Idyll trügt. Eine so vorbildhafte Lernsituation mag es hier und da im häuslichen Privatunterricht gegeben haben. Die Wirklichkeit in den meisten römischen Sch. war dagegen erheblich nüchterner. Sch. «ereignete sich» da in aller Öffentlichkeit, in dunklen, vom Blaken funzliger Öllampen verrußten (Juv. VII 227; s. Zitat) Ladenlokalen oder Bretterbuden *(tabernae)* auf vielbesuchten Foren, vom Gedränge und → Lärm der City nur durch einen Vorhang getrennt (Augustin. conf. I 13, 22), oder auch als *open-air*-Veranstaltung in einer Säulenhalle, an einer Kreuzung, auf einem Platz oder direkt «auf der Straße, wo nichts vom Lehren und Lernen abhält, nicht einmal der noch so dichte Verkehr» (DC XX 9). Das Brüllen der Lehrer war in der ganzen Nachbarschaft zu hören, ebenso das laute Buchstabieren der Schüler und ihre Schmerzensschreie, wenn es wieder einmal Prügel setzte (Mart. IX 68; XII 57, 4; Liv. VI 25) – und umgekehrt «befruchteten» natürlich auch die Gespräche der Passanten, das laute Waren-Anpreisen fliegender Händler, die Darbietungen von Straßenmusikanten, der Applaus für Gaukler und die Flüche der im Verkehrsgetümmel steckengebliebenen Maultiertreiber den Unterricht auf ganz pikante Weise. Es war im wahrsten Sinne *trivialis scientia* («an der Straßenecke erworbenes Wissen»), das man in den meisten Grund-Sch. lernte (Quint. I 4, 27).

Grund für die ärmliche Ausstattung der Sch., in denen die Schüler oft in Gruppen von 20 bis 30 auf Schemeln ohne Bänke rings um den Katheder des Lehrers saßen, war die Tatsache, daß Schulbildung Privatsache war. Bis auf ein paar Hochschulprofessuren und einige von der öffentlichen Hand besoldete *gram-*

matici kümmerte sich der Staat nicht darum. Die Eltern mußten den Unterricht aus eigener Tasche finanzieren. Auf dem Lande gab vielleicht hier und da der Großgrundbesitzer einen Zuschuß, ähnlich wie Plinius den von Eltern gebildeten Trägerverein einer höheren Schule in seiner Heimatstadt Comum mit einem Drittel der Kosten unterstützte (ep. IV 13) – doch sind das nur Vermutungen (vgl. allerdings die «Subventionierung» eines Lehrers im Bergwerksort Vipasca, CIL II 5181; 57). Schulpflicht gab es nicht, so daß man in vielen Familien angesichts des knappen finanziellen Spielraums überlegen mußte, ob man die Kinder überhaupt zur Sch. schicken sollte. Die einzige Möglichkeit, ja zu einer Elementarausbildung zu sagen und trotzdem relativ wenig Geld dafür auszugeben, war, am Honorar für den Lehrer zu sparen. Tatsächlich war die Zahlungsmoral vieler Eltern schlecht. Lehrer galten als notorisch unterbezahlt (Ov. fast. III 829; Juv. VII 189ff.) – an ansprechende Schulräume war unter diesen Bedingungen nicht zu denken.

Der Unterricht begann sehr früh am Morgen, im Winter noch bei Dunkelheit. «Du betrügst die Knaben um ihren Schlaf», wirft Ovid der Morgenröte vor, «und lieferst sie den Lehrern aus, damit ihre zarten Hände grausame Schläge über sich ergehen lassen» (am. I 13, 17f.). Während sich andere noch im → Bett wälzten, gingen Schüler und Lehrer schon an die Arbeit – was dann freilich die Nachbarschaft rasch aus ihren süßen Träumen riß (Mart. IX 68). Der Unterricht dauerte bis zum Mittag und ging nach einer → Mittagspause weiter (Apul. Met. X 5, 1; CGL III 646f.). Über Pausen berichten die Quellen nichts; sie dürften aber selbstverständlich gewesen sein – inklusive der «obligatorischen» Pausenschlägereien (Plut. Brut. 9). Die → Schulferien beschränkten sich wohl auf nur wenige Tage im Jahr, die → Saturnalien und andere hohe Feiertage – wobei freilich Eltern und Schüler als «Selbstzahler» über individuelle Ferienverlängerungen und freie Tage selbst entscheiden konnten.

Jungen und Mädchen wurden gemeinsam unterrichtet (Liv. III 44, 6; Mart. IX 68; VIII 3, 15). Auch wenn ausdrückliche Quellenzeugnisse fehlen, ist für die Grund-Sch. doch wohl mit einem fast gleich hohen Anteil von Jungen und Mädchen zu rechnen. Der Mädchen-Anteil ging allerdings in den weiterführenden Sch. deutlich zurück. Der → Alphabetisierungsgrad der Stadtbevölkerung war relativ hoch; der größere Teil der Kinder hat wohl eine Elementar-Sch. besucht, und zwar etwa vier Jahre lang im Alter zwischen ungefähr 7 und 11 (Quint. I 1, 15). Im Alter von 11 oder 12 Jahren war die Schulzeit für die allermeisten römischen Kinder beendet.

Es ist nicht gerade beeindruckend, was sie dann in diesen rund vier Jahren auf der untersten Stufe des dreiphasigen Schul-«Systems» (Apul. Flor. 20) gelernt hatten. Wer aufgepaßt hatte, konnte danach einigermaßen lesen, schreiben

---

Rußüberzogene Dichterbüsten als Ansporn?

Es sei nicht umsonst, daß du so viele Lampen gerochen, wie dich Knaben umstanden, wobei sich verfärbte der ganze Flaccus [Horaz] und Ruß überzog auch die Büste des schwärzlichen Maro [Vergil].

Juvenal, Satiren VII 225ff.

und rechnen (Augustin. conf. I 13: *illas primas, ubi legere et scribere et numerare discimus*). Als «lästig und peinvoll» empfand Augustinus die Grund-Sch. – und nicht nur sie! Das lag nicht nur an der Angst einflößenden, weitverbreiteten Brüll- und Prügelpädagogik (→ Prügelstrafe), sondern auch an der demotivierenden, auf monotone «Gründlichkeit» und Langsamkeit setzenden Unterrichtsmethodik. Lesen lernten die Schüler ganz kleinschrittig: zunächst die Einzelbuchstaben vor- und rückwärts im Alphabet, dann einzelne Buchstabenverbindungen, Silben, Wörter und kleine Sätze, bevor es endlich an das Lesen zusammenhängender Texte ging. In die Kunst des Schreibens wurden sie eingeführt, indem ihnen entweder der Lehrer beim Buchstaben-«Malen» auf Wachstafeln die Hand führte oder sie auf Holztafeln vorgeritzte Buchstaben nachziehen mußten (Sen. ep. 94, 51; Quint. I 1, 27). Einige fortschrittliche Lehrer bauten auch spielerische und anschauliche Elemente in den Lernprozeß ein, indem sie die Schüler mit Holzbuchstaben oder sogar Gebäck in der Form der gerade zu erlernenden Buchstaben motivierten (Quint. I 1, 26; Hor. sat. I 1, 25f.). Gleichwohl: Als «Spiel» dürften die wenigsten Kinder die Grund-Sch. trotz ihres entsprechenden Namens *(ludus litterarius)* empfunden haben.

→ Bücher waren teuer; sie kamen daher als Unterrichtsmaterialien in der Regel nicht in Frage. Also wurde vieles diktiert, vieles wieder und wieder nachgeschrieben und vor allem auswendig gelernt. *Ein* Gegenstand des Gedächtnistrainings – und der historisch-juristischen Allgemeinunterweisung – scheint in vielen Sch. das Zwölftafelgesetz, die Grundlage allen späteren römischen Rechts aus der Mitte des 5. Jh. v. Chr., gewesen zu sein. Cicero jedenfalls berichtet, er habe diese Gesetze als Knabe pauken müssen, allerdings mit dem Zusatz: «die jetzt keiner mehr lernt» (leg. II 59). Ein Hindernis auf dem Wege zu zügigerem und effizienterem Lernen war auch der Umstand, daß Schüler unterschiedlichen Alters und verschiedener «Klassen»-Stufen meist zusammen in einer Gruppe unterrichtet wurden. Nur wenn eine Sch. außergewöhnlich großen Zulauf hatte, konnte der *magister* daran denken, einen Hilfslehrer *(hypodidascalus)* einzustellen und wirkliche Klassen zu bilden (Cic. fam. IX 18, 4; Quint. I 2, 23).

In die Anfangsgründe der Mathematik wurden die Schüler zunächst mit Hilfe des → Fingerrechnens und dann des Rechenbretts *(abacus;* Juv. IX 40f.) eingeführt. Vielfach mögen sich die Rechenkünste am Ende der Schulzeit auf Addition und Subtraktion beschränkt haben; manchmal konnte es, z. B. mit Prozentrechnen, auch ein bißchen mehr sein. Hauptsache, das «Bildungsziel» wurde einigermaßen erreicht: Sich in einer Alltags- und Arbeitswelt, die kei-

---

Motivationsdefizit... – Die Klage einer Mutter

Wo die Wohnung des Lehrers liegt (…), das kriegt man kaum aus ihm heraus; die Glücksspielhölle aber, wo sich die Eckensteher und die entlaufenen Sklaven herumdrücken, die weiß er flugs einem jeden zu zeigen. Und die arme Tafel, die ich jeden Monat mühsam mit Wachs ausglätte, liegt verwaist am letzten Fuß des Bettes, direkt an der Wand. Erblickt er sie, so schaut er sie an, als wär's die Unterwelt…

Aus einem Mimiambus (frg. 3) des Herodas (3. Jh. v. Chr.; in der Sache auf spätere römische Verhältnisse übertragbar)

ne besonders hohen Anforderungen an die Kenntnisse und berufliche Qualifikation der großen Masse stellte, mit Basiskenntnissen im Lesen, Schreiben und Rechnen durchschlagen zu können. «Ich habe solches Zeug wie Geometrie, Literaturkritik und den Nonsens à la ‹Singe den Zorn› nicht gelernt», bekennt ein Teilnehmer an Trimalchios «erlauchter» Tafel ganz selbstbewußt, «aber Plakatbuchstaben kann ich, Prozente sage ich her beim Kleingeld, beim Pfund, beim Taler» (Petr. 58, 7).

Höhere Schulbildung: Das hieß Unterricht beim *grammaticus* bis etwa zum 16. Lebensjahr. Das Ambiente änderte sich gegenüber der Grund-Sch. kaum – und auch die eher eintönige Methodik nicht. Unterrichtsgegenstand war vor allem der Ausbau der grammatischen und literarischen Kenntnisse. Neben dem Erlernen des Griechischen, das nicht jedem leicht fiel, das aber mit Drohungen und Strafen unerbittlich gepaukt wurde («ich haßte es!», bekennt Augustin; conf. I 9, 14f.), standen korrektes Latein sowie das Kennenlernen und Auslegen wichtiger Dichter und Prosa-Schriftsteller (*recte loquendi scientia; narratio poetarum*; Quint. I 4) auf dem Lehrplan. Der Literaturunterricht gliederte sich in drei Schritte: Der Lehrer (*grammaticus*) las einen Text mit deutlicher Betonung vor, die Schüler sprachen ihn nach oder schrieben ihn auf, und schließlich erfolgte die weitgehend antiquarisch-realienkundliche «Interpretation». Metrische und grammatische Einzelfragen wurden genauestens – Kritiker meinen: übergenau (s. Zitat) – geklärt, mythologische Anspielungen und historische Details erläutert, geographischen und völkerkundlichen Angaben aufmerksam nachgegangen. Die lebendige, eigene interpretatorische Auseinandersetzung der Schüler mit dem Text war kein didaktisches Anliegen in der Ausbildung beim *grammaticus*: Der Respekt vor den Klassikern war dafür zu groß. Die bedeutendsten Schulautoren waren Vergil, Terenz, Sallust und Cicero. Daß die Sch. die älteren Autoren zu einseitig bevorzuge, kritisiert Horaz (epist. II 1, 63ff.); andererseits wurde der Kanon doch auch zügig durch die Aufnahme prominenter zeitgenössischer Dichter erweitert (Hor. sat. I 10, 75; Pers. I 28 f.), wenn sie denn seriös genug waren. Martials frivole Epigramme erfüllten diesen Anspruch nicht (I 35, 1f.) – aber der war, wie er der Muse im Zwiegespräch mit ihm selbst in den Mund legt, auch gar nicht erpicht darauf, «daß ein geschwollener Lehrer mit rauher Stimme

---

Lateinunterricht in Rom –
am Beispiel des ersten Aeneis-Verses

Skandiere den Vers: *Arma vi / rumque ca / no Tro / iae qui / primus ab / oris*. Wieviel Zäsuren hat er? – Zwei. – Welche? – Die Penthemimeres und die Hephthemimeres [*semiquinaria, semiseptenaria*, sagt Priscian in barbarischem Latein]. – Welche sind sie? – Die Penthemimeres: *Arma virumque cano /*; Hephthemimeres: *Arma virumque cano Troiae /*. – Wieviel «Figuren» hat er? – Zehn. – Warum? – Weil er aus drei Daktylen und aus zwei Spondeen besteht [Priscian vernachlässigt den End-Spondeus]. – Wieviel Wörter [Satzteile]? – Neun. – Wieviel Nomina? – Sechs: *Arma, virum, Troiae, qui* [sic], *primus, oris*. – Wieviel Verben? – Eins: *cano*. – Wieviel Präpositionen? – Eine: *ab*. – Wieviel Konjunktionen? – Eine: *-que*. – Studiere die Wörter eines nach dem anderen. Nehmen wir *arma*: was für ein Bestandteil der Rede? – Ein Nomen. – Seine Eigenschaft? – Appellativ. – Welcher Art? – Allgemeines. – Welchen Geschlechts? – Sächlich. – Warum? – Alle Wörter, die in der Mehrzahl mit *a* enden, sind sächlich. – Warum gebraucht man *arma* nicht in der Einzahl? – Weil dies Nomen zahlreiche und verschiedene Gegenstände bezeichnet usw.

Priscian, Gramm. lat. III 459f.; zitiert nach Marrou, Erziehung 515f.

dich vorliest, dich die erwachsene Maid haßt und ein redlicher Knab» (VIII 3, 13ff.).

In Martials Versen schimmert durch, was mancher Schüler von der strengen philologischen Methode und dem vielen Auswendiglernen gehalten hat – und von den rigorosen Maßnahmen, mit denen der langweilige Unterricht vor Störungen durch frustrierte Schüler geschützt werden sollte. Als «Klagemauern» blieben ihnen nur die Wände des Schulzimmers und seiner Umgebung. Die einen reagierten sich dort ab, indem sie die immer wieder traktierten Verse Vergils – vor allem den allerersten Aeneis-Vers (*arma virumque cano…*; «die Waffen besinge ich und den Mann…») – oder Verhunzungen davon (*fullones ululamque cano, non arma virumque…*; «Walker besing ich und's Käuzchen, nicht Waffen und den Mann…»; CIL IV 9131; vgl. IV 5002; 7131) ins Mauerwerk ritzten. Die Aggressiveren zahlten es dagegen dem Lehrer mit Graffiti-Schmähungen und ironischen Prügelstatistiken heim.

Schläge vom «Wollüstling» – Graffiti auf Schulwänden

Iulius cinaedeus	[der Lehrer] Iulius [ist ein] Wollüstling [Päderast]
Iulius necuam [= *nequam*]	[der Lehrer] Iulius [ist ein] Nichtsnutz
Iulius fellator	[der Lehrer] Iulius [ist ein] Sauger [im obszönen Sinn]
si tibi Cicero dolet, vapulabis	Wenn Cicero dich [!] Schmerzen macht, wird's Prügel geben.
vapula	Du verdienst Schläge!
III vapulo	Dreimal Prügel bezogen.

CIL IV 4201; 4211; 4209; 4208

Viel Freude an diesen Verhältnissen, die ein Terracotta-Relief anzüglich als Unterricht eines Esels vor Affen persifliert, kam allerdings auch bei den Lehrern nicht auf. Das Lebensgefühl des *grammaticus* P. Attilius Septicianus bringt seine Grabinschrift zum Ausdruck: «Den Krankheiten und übergroßen Übeln des Lebens bin ich entkommen. Ich kenne keine Strafen mehr, ich genieße Ruhe und Frieden» (CIL V 5278).

Die dritte und höchste Stufe des römischen Bildungs-«Systems» war die Ausbildung beim Rhetor – eher ein *College* oder eine Universität als eine Sch. Auf die intensive Sprach- und Literaturschulung des *grammaticus* aufbauend, brachten die Rhetorik-Lehrer *(rhetores; oratores)* den Studenten die für jede gehobene gesellschaftliche Stellung fast unabdingbare Redekunst bei, die es ihnen erlaubte, bei Debatten im Senat den eigenen Standpunkt ebenso wirkungsvoll zu vertreten wie als Anwalt vor Gericht. Im Alter von etwa 16 bis 20 erlernten die jungen Männer der Oberschicht – Frauen waren in den Hoch-Sch., wenn überhaupt, dann nur als verschwindende Minderheit präsent – ihr rhetorisches Rüstzeug in Übungsreden *(declamationes)*, deren mangelnder Realitätsbezug notorisch war (Tac. dial. 35, 4f.); angehende Politiker konnten sich dabei in mehr oder weniger eindrucksvollen «Fensterreden» üben.

Andere Fachlehrer arbeiteten dem Rhetorik-Professor zu; vor allem Juristen, aber auch Philosophen, Mathematiker, Mediziner, Musik-, Architektur- und Geschichtslehrer sowie Geometrie- und Astronomie-Dozenten. Sie alle brachten den Studenten die *artes liberales* bei, die als Bildung im Sinne der für freigeborene (höhere) Bürger schicklichen «Künste» galten. Daß sich die jungen Herren ihrem Stande als Bildungselite der Gesellschaft gemäß verhalten hätten, kann man nicht unbedingt behaupten: Was Augustin und Libanios über das Studentenleben in der Spätantike berichten (Augustin. conf. V 8, 14; Lib. or. 1, 21f.; 3, 11; 58, 4f.), wirkt vielfach wie ein Sich-Austoben, eine bewußte Rache für die körperlichen Peinigungen und psychischen Qualen, die die Sch. ihren Zöglingen viele Jahre lang zugefügt hatte. Und manch einem dämmerte wohl auch, daß Senecas Kritik an überflüssiger, eitler Selbstzweck-Unterweisung in bestimmten Philosophie-Kollegs durchaus verallgemeinert werden konnte: «nicht für das Leben, sondern für die Schule lernen wir» (ep. 106, 12).

QQ: Herodas frg. 3; Liv. V 27; VI 25, 9; Hor. ars poet. 325 ff.; sat. I 6, 71 ff.; Petr. 58, 7; Quint. I 1 ff.; Mart. VIII 3, 13 ff.; IX 68; XIV 223; Juv. VII; Plin. ep. IV 13; Augustin conf. I 9, 14f.; III 3, 6; V 8, 14; AP XI 139; CGL III 33 ff.; 377 ff.; 645f. *(colloquia scholastica);* Cod. Theod. XIV 9; CIL IV 4201 ff. Quellensammlung: M. Joyal (Hg.), Greek and Roman education, London 2009.

Lit.: Christes, Erziehung; K. Vössing, Geschichte der röm. Schule, Gymn. 110, 2003, 455 ff.; Rawson, Children 158 ff.; E. Eyben, Restless youth in ancient Rome, London / New York 1993, 115 ff.; 128 ff.; A. M. Reggiani, Educazione e scuola (Vita e costumi dei Romani antichi 10), Rom 1990; Th. E. J. Wiedemann, Adults and children in the Roman Empire, London 1989; J. Christes, Staat und Schule in der griechisch-römischen Antike, in: H. Kloft (Hg.), Sozialmaßnahmen und Fürsorge. Zur Eigenart antiker Sozialpolitik, Graz 1988, 55 ff.; W. V. Harris, L'analfabetismo e le funzioni della parola scritta nel mondo Romano, Quaderni di storia 27 (1988), 5 ff.; St. F. Bonner, Education in ancient Rome. From the elder Cato to the younger Pliny, Berkeley/Los Angeles 1977; H.-I. Marrou, Geschichte der Erziehung im klassischen Altertum, München 1977; M. J. Clarke, Higher education in the ancient world, London 1971; E. Eyben, Les parents romains soucieux de l'instruction scolaire de leurs fils, Studia Hellenistica, FS W. Peremans, 1968; s. auch Art. → Lehrer.

Schulferien

Wenn es stimmt, daß das Schönste an der → Schule die Ferien sind, dann hätten sich die römischen Schüler noch erheblich mehr über ihre Sch. freuen müssen als ihre modernen «Leidensgenossen». Denn die Zahl der freien Tage im Laufe eines römischen Schuljahres war mit hoher Wahrscheinlichkeit erheblich – mancher würde urteilen: dramatisch – geringer. Ob das stimmt, hängt freilich von der umstrittenen Deutung eines Martial-Epigramms ab, in dem der Dichter einen wenig geliebten, weil «schlagfertigen» Lehrer auffordert, die «einfältige Schar» seiner Eleven vom heißen Juli an bis Mitte Oktober zu «verschonen» (X 62). Gilt diese Mahnung nun einem übereifrigen Schulmeister, der seine Schule im Unterschied zu seinen Kollegen auch während der Sommermonate nicht schließt – so die übliche Auffassung der Stelle –, oder liegt die Pointe der Empfehlung darin, daß dieser Lehrer seine Popularität und Zahl seiner Schüler im «neuen» Schuljahr (V. 2 f.) dadurch steigern könnte, wenn er den Schülern anders als die «Konkurrenz» ausgedehnte Sch. gewährte? So versteht K. Nicolai die Stelle, und er bewegt sich damit eher in den Bahnen

Martial-spezifischen Humors (Feiertage 208 f.). Da – bis auf eine textkritisch problematische Horaz-Stelle (s. Zitat) – keinerlei weiteres Quellenmaterial vorliegt, ist eine mehrmonatige Sommerpause in römischen Schulen nicht bezeugt – was nicht ausschließt, daß die ja von keinerlei staatlicher Reglementierung betroffenen reinen Privat-Schulen mit ihrer zahlenden Elternschaft individuelle Vereinbarungen über Sch. getroffen haben.

Ganz sicher schulfrei gab es nur an den → Saturnalien, die sich im Dezember über etwa eine Woche erstreckten (Mart. V 84, 1f.; Plin. ep. VIII 7, 1), und an den Quinquatrus, die vom 19. bis zum 23. März gefeiert wurden (Hor. epist. II 2, 197 f.). Darüber hinaus wurden sicherlich in den einzelnen «Instituten» – ähnlich wie in den hellenistischen Schulen – an bestimmten Festen freie Tage verabredet.

Ferien in Abhängigkeit von der Textkritik...

ibant octonos referentes Idibus aeris

Sie (die Schüler) gingen, jeweils acht As Schulgeld an den Iden zahlend

ibant octonis referentes Idibus aeris

Sie gingen, an jeweils acht Iden Schulgeld zahlend

Horaz, Satiren I 6, 75 (von der Qualität der Überlieferungsträger her nicht zu entscheiden)

Sch., die gewissermaßen automatisch an alle Feiertage gekoppelt waren, gab es jedoch angesichts der Vielzahl dieser – auch im übrigen Arbeitsleben vielfach durchaus als → Werktage gezählten – Anlässe nicht – ebensowenig wie ein «freies Wochenende». Die einzigen, die alle acht Tage von den *nundinae* («Markttagen») profitiert zu haben scheinen, waren die Eleven der Grundschule (Varro Men. frg. 279 B.) – deswegen, weil im Gedränge und Lärm des Marktes ein ordentlicher Unterricht kaum möglich war – doch ist auch diese «schülerfreundliche» Deutung nicht unumstritten.

QQ: Hor. sat. I 6, 71 ff.; epist. II 2, 197 f.; Mart. V 84; X 62; Symm. ep. V 85.

Lit.: K. Nicolai, Feiertage und Werktage im römischen Leben, Saec. 14 (1963), 194 ff.; St. F. Bonner, Education in ancient Rome, Berkeley/Los Angeles 1977, 139 f.; Marrou, Geschichte der Erziehung 496 f.; L. Halkin, Le congé des nundines dans les écoles romaines, RBPh 11 (1932), 121 ff.

Schwamm

Schwämme *(spongiae)* wurden zur Reinigung des Hauses und der → Möbel (Mart. XIV 144) sowie von Außenwänden (Plaut. Stich. 347) und Fässern u. dgl. (Colum. XII 18, 30) benutzt. An einem Holzstab befestigt, dienten sie als Reinigungsgerät in den → Toiletten (Sen. ep. 70, 20; Mart. XII 48, 7). Auch bei der Körperreinigung verwendete man sie, ebenso zum Auswischen in der Malerei (Plin. NH. XXV 103) und von mit Tinte Geschriebenem. Von seiner mißglückten Tragödie «Ajax» sagte Augustus, der Held «habe sich in den Schwamm gestürzt» (Suet. Aug. 85, 2). Schwämme wurden vor allem im östlichen Mittelmeer und an der afrikanischen Küste gefunden. Über die gefährliche Arbeit des Schwamm-→ Tauchens informieren Plinius und Oppian.

QQ: Plin. NH IX 148–153; Oppian, Halieut. V 612–674.

Lit.: DS Art. *spongia*, IV 2, 1442 f.; Gossen-Steier, RE II A (1921) 777 ff. s. v. *Schwamm*.

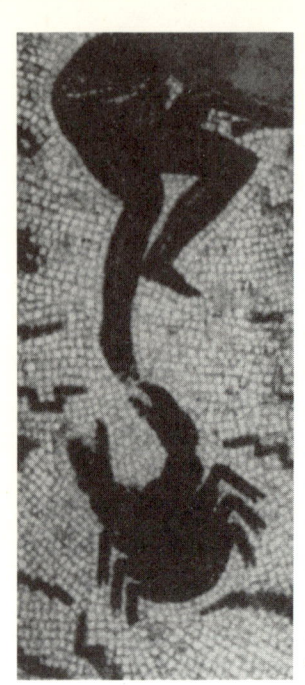

Krabbe, die sich dem Fuß eines Schwimmers nähert; Mosaik aus Nordafrika.

Schwimmen

Die meisten Römer – und wohl auch Römerinnen (allerdings kaum Belege dafür) – konnten schwimmen. Schwimmunterricht, u. U. mit → Schwimmring, gehörte bei Knaben zum «kleinen Einmaleins» der Erziehung (Plut. Cato maior 20; Suet. Aug. 54, 2: Augustus lehrte seine Enkel «Lesen und Schreiben, Schwimmen und andere Grundlagen»; *natare* als Lesart allerdings nicht völlig sicher). Sch. war auch Teil der militärischen Ausbildung (Veget. de re mil. I 10).

Die jungen Männer Roms trafen sich zu sportlichen Aktivitäten auf dem Marsfeld und am Tiber. «Die ganze Jugend kommt dorthin zum Schwimmen», sagt Cicero (Cael. 36); erschien einer nicht, so vermutete man Liebeskummer (Hor. c. I 8, 8). Das Sch. in Flüssen und im Meer war auch außerhalb Roms üblich (Plin. ep. VIII 8, 6; IX 33, 3); ein ausgelassenes «Schwimmfest» von Satyrn und Najaden in der Mosel beschreibt anschaulich Ausonius (Mos. 169 ff.). In der Kaiserzeit schwamm man auch in den meist brusttiefen Schwimmbecken *(piscinae)* der öffentlichen Thermen oder privater Bäder; nicht jeder Besuch eines Bades mußte indes angesichts der vielen dort angebotenen → Freizeit-Vergnügungen dem Sch. dienen.

Von den Schwimmstilen war das Kraulen wohl am verbreitetsten. Daneben finden sich in bildlichen Darstellungen und literarischen Texten das Brust- und Seiten-Sch. Rücken-Sch. ist nicht ausdrücklich bezeugt, wurde aber sicher praktiziert. Organisierte Schwimm-Wettkämpfe gab es nicht; wohl aber Wett-Sch. in spielerischer Form (Hor. c. III 7, 25; Sil. Ital. II 410). Über Rettungs-Sch. und die dabei üblichen Griffe ist nichts überliefert.

QQ: Manil. Astron. V 423–436 (Schwimmstile); Liv. II 10 (Horatius Cocles); II 13 (Cloelia); Vegetius de re mil. I 10; Auson. Mos. 169–187.

Lit.: G. Lukas, Der Sport im Alten Rom, Berlin 1982, 101 ff.; Harris, Sport 116 ff.; E. Mehl, RE Suppl. V (1931) 847 ff. s. v. *Schwimmen*.

Schwimmring

Als Hilfsmittel beim Erlernen des → Schwimmens wurden Sch. aus der Rinde der Korkeiche (Hor. sat. I 4, 120) und Binsengürtel (Plaut. Aul. 595 f.) verwendet, vielleicht auch aufgeblasene Tierhäute *(utres)*, wie sie Soldaten bei der Überquerung von Flüssen benutzten (Suet. Caes. 57; Front. Strat. III 13, 6; Liv. XXI 27, 5). Wie üblich Sch. wohl waren, zeigt sich an der sprichwörtlichen Wendung *nabis sine cortice* («du wirst ohne Korkring schwimmen») als Metapher für das Erwachsensein nach dem Ende der Erziehung durch den Vater (Hor. sat. I 4, 120).

Seife

Eigentliche S. *(sapo),* eine Mischung aus Ziegenfett und Pflanzenasche (Seifenkraut, *struthium,* oder Birke), wird erstmals im 1. Jh. n. Chr. erwähnt; sie galt als gallische, auch von den Germanen benutzte Erfindung (Plin. NH XXVIII 191) und wurde zunächst zum Färben der Haare (Mart. XIV 27), erst später als Reinigungsmittel verwendet. Als S.-Ersatz dienten u.a. Lupinenmehl (*lomentum;* Plin. NH XVIII 117; Cic. fam. VIII 14,4), Natron und Soda. Die Benutzung eines Schwammes *(spongia)* zur Körperreinigung war üblich; nach dem Waschen rieb man → Salben in die Haut ein.

QQ: Ov. ars III 163; Strabo III 3, 6; Plin. NH XXV 20 f.; Mart. VIII 33, 20; XIV 10; 26 f.; Iuv. XI 204.

Lit.: K. Vössing, Die Geschichte der röm. Schule – ein Abriss vor dem Hintergrund der neueren Forschung, Gymn. 110, 2003, 455 ff.; ders., Schule und Bildung im Nordafrika der Röm. Kaiserzeit, Brüssel 1997; Forbes, Studies III, 180 f.

Sexualität

Blättert man arglos in älteren Catull-, Martial- oder Juvenal-Ausgaben oder erhofft sich Erklärungen in wissenschaftlichen Kommentaren zu diesen Autoren, so erlebt man vorzugsweise in Werken aus dem englischen Sprachraum hier und da eine Überraschung oder Enttäuschung: Manche Gedichte fehlen darin, wobei mal die Auslassung mit Sternchen diskret markiert, mal, noch diskreter, gar nicht gekennzeichnet wird. Erst eine aufmerksame Lektüre des Vorwortes gibt an versteckem Ort den Grund für den erstaunlichen Befund an, so etwa, daß der Juvenal-Text «gereinigt worden ist, damit er in den gemischten Klassen unserer modernen englischen *Colleges* sicher zu benutzen ist» (Pearson-Strongs Juvenal-Komm., Oxford ²1892, 8), oder der lakonische Hinweis, daß ein paar Catull-Gedichte, «die sich für eine Kommentierung in englischer Sprache nicht anbieten, ausgelassen worden sind» (Catull-Komm. von C. J. Fordyce, Oxford 1961[!]). Ein Blick in vollständige Textausgaben bestätigt den aufkeimenden Verdacht: Hier hat die Zensur moderner Gelehrter zugeschlagen, die allzu freizügige, derb-sexuelle Passagen schlicht unterschlagen hat, um die noch ungefestigte Jugend in Schule und Universität davor zu bewahren, in den moralischen Sumpf gezogen zu werden, der sich da ins hehre literarische Terrain der Klassiker eingeschmuggelt hat. Auch im Gymnasialunterricht des deutschsprachigen Raumes sind die Römer lange Zeit fast ausschließlich nur als gewissermaßen geschlechtslose Wesen vorgekommen, die von Politik, Kriegführung und Rhetorik eine Menge verstanden – und natürlich von Grundwerten wie Disziplin, Tapferkeit, Arbeit, Mäßigung, Selbstbeherrschung und Bescheidenheit. Der literarischen Zensur entsprach die archäologische: Kunstgegenstände mit erotisch-sexuellen Darstellungen wurden in «geheime Kabinette» von Museen (so in Neapel) oder in die Magazine verbannt, die sich dadurch kräftig füllten. Denn die römische Alltagskunst – Tonlampen, Kleinplastiken, Reliefs, Vasen und Wandmalereien – weist «obszöne» Motive in geradezu rauhen Mengen und «in beinahe lexikalischer Vollständigkeit Formen geschlechtlichen Verhaltens» auf (Siems, Sexualität 3). Wenn man alles, was auf Liebe, Erotik und erst recht auf S. im Leben der Römer deutet, so sorgfältig «versteckt» und ausklammert, braucht man sich über das entsprechend einseitige Römerbild ebensowenig zu wundern wie über das extrem gegenteilige Zerrbild, in dem Ausschweifungen und Orgien – Stichwort: So toll trieben es die alten Römer... – augenzwinkernd-sensationslüstern als Ausdruck von Alltagsnormalität suggeriert werden.

Die entscheidende Ursache für die Probleme, die sich in Forschung wie Vermittlung lange Zeit im Umgang mit dem Aspekt S. ergeben haben und noch ergeben, dürfte in der christlichen Prägung der abendländischen Zivilisation liegen. Was S. und Sexualmoral angeht, so brachte der Sieg des Christentums einen Paradigmenwechsel mit sich. S. wurde in der römischen Gesellschaft zumindest seit der späten Republik viel unverkrampfter als etwas Selbstverständliches, Natürliches gesehen, das es nach Möglichkeit auszuleben – und nicht zu unterdrücken – galt. Religiös bedingte Tendenzen, die «Fleischeslust» zu bekämpfen und bestimmte Formen des Sexualverhaltens als «sündig» zu ächten, gab es nicht; auch religiös motivierte Askese war, sieht man von einzelnen Ausnahmen ab (Vestalinnen hatten nur während ihrer «Dienstzeit» keusch zu sein und hatten nach Ausscheiden aus dem Priesteramt keine asketischen Verpflichtungen mehr), «kein Thema». Die im frühen Rom geforderte «Selbstbeherrschung» war kein Postulat der Religion, sondern Ausdruck einer durchaus prüden bäuerlich-bürgerlichen Moral, die S. zumindest als öffentlich sichtbares Phänomen ablehnte. Man entkleidete sich nicht, wenn ein anderer zuschaute, und der Bräutigam löschte das Licht, wenn er sich zu seiner jungen Ehefrau ins Bett legte (Val. Max. II 1, 7; Plut. Mor. 279 E); Ehebruch und → Scheidung waren in Roms Frühzeit – angeblich – unbekannt; eine vermeintlich heile Welt, in der S. strikt Privatsache war oder jedenfalls sein sollte.

Die seit dem 3. Jh. v. Chr. sich intensivierenden Kontakte zur griechisch-hellenistischen Welt weiteten den Horizont der Römer auch in Sachen S. Eine Gestalt des Übergangs ist hier wie in manch anderer Hinsicht der Alte Cato. Als Zensor brachte er es fertig, einen verdienten Politiker aus dem Senat zu werfen, nur weil der seine Frau vor den Augen der gemeinsamen Tochter geküßt hatte (Plut. Cato mai. 17; Mor. 139 E). Derselbe Cato zollte einem jungen Mann, den er aus einem → Bordell kommen sah, demonstrativ Beifall für diese «harmlose» Form der Triebbefriedigung (Hor. sat. I 2, 32ff. mit Komm.), und er fand auch nichts dabei, nach dem Tode seiner Frau ein Verhältnis mit einer Sklavin zu unterhalten (Plut. Cato mai. 24).

In der Tat waren → Prostitution und kraft Herren-«Rechts» erzwungene sexuelle Beziehungen zu Sklavinnen und → Sklaven gesellschaftlich weitgehend anerkannte Formen außerehelicher S. «Schamlosigkeit *(impudicitia)* ist bei einem Freigeborenen ein schlimmer Vorwurf, bei einem Sklaven eine Notwendigkeit *(necessitas)*», bringt ein Redner die schichtspezifische Ausübung von S. auf den Punkt (Sen. mai. contr. IV pr. 10).

Sklaven – ein «legitimes» Objekt sexueller Begierde
All deine Sinne sind im Aufruhr, und ein Dirnchen, ein junger Sklave ist zur Hand, die dir sogleich zu Willen sind; magst du dann lieber bersten vor ungestillter Gier? Horaz, Satiren I 2, 116ff.

Diese beiden Ventile wurden auch deshalb nicht in Frage gestellt, weil sie entscheidend dabei halfen, die «Schutzzonen» zu verteidigen, mit der die römische Sexualmoral freigeborene junge Mädchen und Knaben, verheiratete Frauen und Witwen umgab. Diese Personengruppen waren tabu (oder sollten es jedenfalls nach allgemeiner Auffassung sein): «Hältst du dich von *ihnen* fern, so magst du lieben, was du willst» (Plaut. Curc. 37ff.). Daß zumal «junge Männer dem Penis ergeben» seien, wußte man (Cic. fam. IX 22, 2) – und schuf ihnen deshalb gesellschaftlich nicht geächtete Möglichkeiten, ihre S. auszuleben, ohne sich an den gewissermaßen sexuell Schutzbefohlenen der Gemeinschaft zu vergehen (vgl. Cic. Cael. 48). Masturbation als Form sexueller Bedürfnisbefriedigung war üblich und galt als normal. Niemandem wurden deshalb Schuldgefühle gemacht. Man sprach indes nicht darüber und paßte nur gut auf, daß Onanie nicht in der Öffentlichkeit praktiziert wurde. Eltern erwarteten von den → Lehrern ihrer Kinder, daß sie in der Schule «die Hände so vieler Knaben bewachen und die Augen, die zittern in höchster Erregung» (Juv. VII 7, 239ff.; dazu W. Krenkel, Masturbation in der Antike, WZ Rostock 28, 1979, 159ff.).

Sexuelles Vergnügen auch außerhalb der Ehe zu finden, deren Sinn weniger in der Erfüllung von S. als in der Erzeugung legitimer Nachkommen gesehen wurde (Gell. IV 3, 2), war für viele Römer eine Selbstverständlichkeit. Käufliche «Liebe» war ausgesprochen preiswert zu haben; an → Bordellen bzw. Kneipen und Absteigen, in denen Kellnerinnen und «Barfrauen» im geradezu natürlichen Zweitberuf der Prostitution nachgingen, mangelte es nicht (Dig. XXIII 2, 43, 9). Juristisch gesehen beging, wer sich mit den Damen dieses Gewerbes einließ, keinen Ehebruch (Cod. Theod. IX 7, 1). Der wurde in altrömischer Zeit bei Frauen mit der – vom Ehemann ohne Gerichtsverfahren vollziehbaren – Todesstrafe bedroht (Gell. X 23, 4f.). Eine umfassendere Sexualstrafgebung schuf erst Augustus mit der *lex Iulia de adulteriis coercendis* (Suet. Aug. 43; DC LIV 16), der zufolge Ehebruch *(adulterium)* und Geschlechtsverkehr mit unverheirateten freigeborenen Frauen *(stuprum)* mit hohen Geldstrafen und Verbannung auf eine Insel geahndet werden konnten. Diese Kriminalisierung bestimmter Formen außerehelicher Verhältnisse stand ganz im Dienste bevölkerungspolitischer Zielsetzungen. Eine «Verbesserung» der Sexualmoral vor allem in der Oberschicht sollte im Zusammenwirken mit anderen Gesetzen eine Erhöhung der Geburtenziffern erzielen. Eine Fülle von Nachrichten zeigt, daß diesen Bestrebungen kein Erfolg beschieden war und die Strafandrohungen kaum Auswirkungen auf das tatsächliche Sexualverhalten hatten. Die juristische Norm war in der Kaiserzeit kein Spiegel der – durchaus freizügig – ausgelebten S. Für Frauen gilt diese Feststellung allerdings nur eingeschränkt. Sicher gab es

Luststeigernde Wirkung von Verboten

Keinen gab's in der Stadt, der umsonst deine Frau zu buhlen
    Lust hatte, Caecilian, als es ganz frei war erlaubt.
Aber jetzt, da du Wächter bestellt, ist riesiger Zulauf
    von Bewerbern für sie. Bist doch ein pfiffiger Kerl!

Martial I 73

gerade auch in der Oberschicht – und erst recht am Kaiserhof – zahlreiche Frauen, die sich «souverän» über das, was die Gesellschaft ihnen als Normbild weiblichen Anstands vorgab – immer noch galt z. B. das obsolete Ideal der *univira*, der Frau, die sich in ihrem Leben nur einem einzigen Mann hingibt –, hinwegsetzten. Im ganzen jedoch waren die Freiräume für die weibliche S. deutlich enger als für die der Männer. Die – von Männern bestimmte – Sexualmoral forderte von Frauen viel stärker Enthaltsamkeit und Zurückstellung ihrer sexuellen Bedürfnisse. Einen bemerkenswerten Versuch, die S. auch der Frau stärker zu ihrem Recht kommen zu lassen, unternahm die «elegische Generation»: Die Kritik eines Catull, Properz und Tibull an den aus ihrer Sicht verlogenen gesellschaftlichen Idealen schloß auch ein Aufbegehren gegen die tradierte, vor allem auf die sexuelle Entfaltung von Frauen repressiv wirkende Sexualmoral ein. Die *ars amatoria* Ovids ist in mancher Hinsicht ein Plädoyer dafür, auf die S. der Frauen größere Rücksicht zu nehmen.

«Gleichberechtigung» in der körperlichen Liebe – Auszug aus einer der «anstößigsten» Passagen von Ovids «Liebeskunst»

Hast du die Stellen gefunden, deren Berührung der Frau Freude macht, so stehe die Schamhaftigkeit dir nicht im Wege, sie zu berühren; du wirst Augen anschauen, die in zitterndem Feuer erglänzen, wie die Sonne oft auf klarem Wasser widerscheint (...). Und laß du nicht die Geliebte im Stich, indem du ihr mit vollen Segeln vorauseilst, und auch sie soll nicht deiner Fahrt vorausein. Eilt gemeinsam zum Höhepunkt, dann ist die Lust vollkommen, wenn Mann und Frau gleichzeitig überwältigt daliegen.

Ovid, Ars amatoria II 719ff.

Von der Prüderie der frühen Jahrhunderte waren die Römer der späten Republik und der Kaiserzeit weit entfernt. Sexuelles war im Alltagsleben allgegenwärtig, im hauptstädtischen Prominenten-→ Klatsch ebenso wie in der deftigen Zote und dem anzüglichen → Witz, in drastischen → Graffiti genauso wie im literarisch anspruchsvollen Epigramm. Daß Urbanität, Eleganz und Sensibilität auch Manifestationen kernig-drastischer Verbal-S. nicht ausschlossen, zeigt, um nur zwei Beispiele zu nennen, die Poesie eines Catull und eines Horaz: Wer Gedichte wie c. 16 oder 80 oder die achte Epode des Horaz für bedauerliche pornographische «Ausrutscher» hält, hat von der römischen Unverkrampftheit und selbstverständlichen Haltung gegenüber dem breiten Spektrum menschlicher S. wenig verstanden und urteilt vor dem Hintergrund christlicher Sexualmoral.

Einen offeneren Umgang mit S. dokumentieren auch die ungezählten Gegenstände des Kunsthandwerks und des täglichen Bedarfs, die man mit erotisch-sexuellen Motiven verzierte, angefangen von billigen Tonlämpchen, die vielfach durch außerordentlich freizügige Darstellungen «aufgewertet» wurden, über einschlägige → Möbel-Applikationen, stimulierende Wandmalereien, Statuetten, Trinkgefäße und anderes mit sexuellen Darstellungen geschmücktes → Geschirr bis hin zu → Broten und → Kuchen, die gelegentlich in anzüglichen Formen gebacken wurden. Über Geschmack läßt sich bekanntlich streiten; hier gilt es nur festzuhalten, daß sich dergleichen in den Haushalten aller Bevölkerungsschichten fand – und nicht etwa schnell weggeräumt wurde, wenn Besuch kam.

Was die Formen der Ausübung von S. angeht, so kann man einfach auf das berühmte (wenngleich nicht auf den spezifischen Bereich gemünzte) terenzische *homo sum; nihil humani a me alienum puto* (Heaut. 77) verweisen: «Ich bin ein Mensch; nichts Menschliches ist mir fremd». Dazu gehörte auch Homo- bzw. Bi-S. Sie wurde – wie im griechischen Raum, aber nicht mit der gleichen gesellschaftlichen Akzeptanz und Selbstverständlichkeit – vor allem als Knabenliebe praktiziert. «Objekte» dieses sexuellen Verlangens waren vorrangig hübsche Sklaven, die Wohlhabende sich eigens dafür «hielten» (Petr. 74, 8f.), bzw. (meist unfreie) *pueri meritorii*, «Strichjungen», die ihr Besitzer auf den Straßen, im Bordell oder in der Kneipe «vermietete». Homosexuelle Kontakte zwischen erwachsenen Männern waren sicher nicht unüblich, wurden aber doch weithin abgelehnt und verspottet (Juv. IX), insbesondere wenn sie mit effeminiertem Verhalten einhergingen (Gell. VI 12, 5). Lesbische Verhältnisse waren nicht weit verbreitet; Martial gibt wohl die allgemeine Einschätzung wieder, wenn er von «unnatürlicher Liebe» (*prodigiosa Venus;* I 90, 8) spricht. Allerdings dürfen Martials Schmähungen und Verspottungen bestimmter Sexualpraktiken wie *fellatio* und *cunnilingus* nicht zu der Auffassung verleiten, «oraler Sex» sei allgemein als etwas Widernatürliches angesehen und selten praktiziert worden. «Anomal» – und insofern ein beliebtes Thema der volkstümlichen Zote wie der literarischen Pointe – war er wie andere Praktiken nur deshalb, weil er nicht unmittelbar der Fortpflanzung diente.

Für sexuell mehr oder weniger deviantes Verhalten von Exhibitionismus (dazu W. Krenkel, WZ Rostock 26, 1977, 613ff.) über Vorliebe für besonders junge oder alte Sexualpartner bis zu «Gruppensex» finden sich zahlreiche Beispiele in der literarischen Fiktion (s. dazu die Quellenangaben), aber auch in Historiker-Berichten «aus dem wirklichen Leben»: Wer Spaß an der Lektüre solcher – durch Hofklatsch und Sensationsgier noch phantasievoll angereicherten – Berichte über die sexuellen Präferenzen und «Deviationen» römischer Kaiser hat, findet in Suetons Biographien reichlich Lesestoff.

QQ: Plaut. Curc. 37ff.; Lukr. IV 1030ff.; Cat. c. 16; 69; 79; Cic. Cael. 48ff.; Hor. sat. I 2; epod. VIII; Ov. am. I 5; III 7; ars am. II 667ff.; Sen. contr. IV pr. 10; carmina Priapea (Ausgabe mit Übers. von B. Kytzler / C. Fischer, Zürich/München 1978); Mart. I 34; 73; 90; II 51; 62; 89; III 32; 73ff.; 98; IV 37; 84; V 6; 37; VII 58; 67; IX 41; XI 104; XII 95f.; Juv. VI; IX; Gell. IV 3, 2; VI 12, 5; X 23, 4f.; Plut. Cato mai. 17; M. Johnson / T: L. Ryan (Hg.), Sexuality in Greek and Roman literature and society. A sourcebook, London 2004; Th. K. Hubbard (Hg.), Homosexuality in Greece and Rome. A sourcebook of basic documents, Berkeley 2003; Bildquellen: A. Dierich, Erotik in der röm. Kunst, Mainz 1997; A. Mulas (Hg.), Eros in Antiquity, New York 1978; Chr. Marcadé, Roma Amor; G. Vorberg, Luxu et voluptate, Schiden ³1966.

Lit.: J. R. Clarke, Ars erotica, Darmstadt 2009; R. Langlands, Sexual morality in ancient Rome, Cambridge 2006; Krenkel, Naturalia non turpia; T. Ryan, Sexuality in Greek and Roman society, London 2005; J. G. Younger, Sex in the ancient world, from A to Z, London 2005; Ph. Moreau, Corps romains, Paris 2002; E. Cantarella, Pompeji. Liebe und Erotik in einer röm. Stadt, Stuttgart 1999; A. Rousselle, Der Körper und die Politik. Zwischen Enthaltsamkeit und Fortpflanzung im alten Rom, in: G. Duby/M. Perrot, Geschichte der Frauen I (Antike), Frankfurt 1993, 323ff.; E. Cantarella, Secondo natura. La bisessualità nel mondo antico, Rom 1988; A. Rousselle, Der Ursprung der Keuschheit (frz. Ausg. «Porneia», 1983), Stuttgart 1989; S. Lilja, Homosexuality in Republican and Augustan Rome, Helsinki 1983; N. J. Adams, The Latin sexual vocabulary, London 1982; H. Cancik-Lindemaier/H. Cancik, Gesellschaftliche Bedingungen der römischen Erotik, in: L. Hieber/R. W. Müller (Hg.), Gegenwart der Antike, Frankfurt 1982, 29ff.; G. Vorberg, Glossarium eroticum, Stuttgart 1932 (ND Hanau 1965); W. Kroll, Römische Erotik (1930), in: Siems, Sexualität (s. o.) 70ff.

Sklaven

Begleiten wir einige Abschnitte lang einen fiktiven, nicht allzu wohlhabenden, aber doch deutlich jenseits der Schwelle des Existenzminimums lebenden Römer durch seinen – heute nicht sehr arbeitsreichen – Tagesablauf. Nach dem Frühstück verläßt er das Haus. Die Straßen sind schon voll; dicht gedrängt wälzt sich ein Menschenstrom durch die engen, verwinkelten Gassen der City. Mitten im Gewühl fluchende Lastenträger und Maultiertreiber, die sich einen Weg durch die Masse der Passanten zu bahnen versuchen. Fliegende Händler preisen ihre Waren an: Kuchen, Süßigkeiten, lukanische Würstchen, Wasser, Wein. An der Straßenecke rasiert ein → Friseur einen Kunden – in aller Seelenruhe inmitten des wogenden Fußgängerverkehrs. Unser Mann kommt an Handwerksbetrieben und → Geschäften vorbei, die im Erdgeschoß der Mietskasernen liegen. Ab und zu bleibt er stehen, erkundigt sich bei den Verkäufern nach den aktuellen Preisen, hält hier und da ein Schwätzchen mit einem Goldschmied oder einem Bildhauer – ihre Ateliers sind ja ebenfalls nur durch eine Verkaufstheke von der Straße getrennt. Kurz darauf trifft er einen Bekannten; man unterhält sich eine Weile, muß dabei aber gegen das Geschrei eines → Lehrers ankämpfen, dessen mächtiges Organ aus einer «open-air-Schule» in der nahegelegenen Säulenhalle herausdringt.

Endlich ist er am beruflichen Ziel seines Morganganges angelangt: einem kleinen Ladenlokal, in dem er seine → «Bank» betreibt. Der Angestellte grüßt ihn höflich, legt ihm die Rechnungsbücher zur Kontrolle vor und informiert ihn über die geschäftlichen Aktivitäten der letzten zwei Tage. Ein knappes Wort der Anerkennung, dann bricht unser Mann wieder auf. Zahnschmerzen plagen ihn; die Praxis des Dentisten ist nicht weit. Was sich dort abspielt, übergehen wir lieber – die Betäubungsmittel waren deutlich schlechter als die chirurgischen Instrumente der römischen Zahnärzte.

Auf dem Rückweg nach Hause schaut unser Ex-Patient noch in einem großen Weinkontor vorbei; zur Linderung seiner Schmerzen will er sich etwas Gutes tun und ein paar Flaschen guten Falerner-→ Wein bestellen, die ein Bote der Firma ihm möglichst rasch ins Haus liefern soll. Der Geschäftsführer mustert ihn arrogant von oben bis unten und lehnt den Auftrag mit knappen Worten ab: «Wir sind ein reiner Großhandel, beliefern nur Wiederverkäufer und Wirte».

Zu Hause erwartet ihn neuer Ärger. Irgendetwas stimmt mit der → Wasserleitung nicht; es tröpfelt nur aus den Hähnen. Aufgabe für den Sekretär, der üblicherweise zu dieser Stunde vorbeischaut und sich nach Arbeit erkundigt: eine Eingabe an die kaiserliche Wasserbehörde. Ein Inspektor des Amtes möge sich schnell um die Sache kümmern, am besten unverzüglich ein paar Arbeiter der Behörde mit der Reparatur beauftragen. Nach dem einfachen, schnell eingenommenen → Mittagessen eine kleine Siesta, dann der übliche Gang in die Thermen. Unterwegs hört er donnernden Applaus aus dem Colosseum schallen – offenbar tüchtige Gladiatoren, denkt er instinktiv, das Publikum ist

zufrieden. Die Thermen sind wie immer gut besucht; im Umkleideraum stehen ein paar junge Männer vor den Fächern. Sie bewachen die dort abgelegte Kleidung vor dem Zugriff der berüchtigten Badeanstaltsdiebe. Vor dem Baden frönt unser Bankier seiner sportlichen Leidenschaft: Schnell findet er eine Gruppe von Ballspielern, der er sich anschließen kann. Eine sehr gemischte Truppe, denkt er, als er hört, daß einige Mitspieler nicht gerade akzentfrei Latein sprechen, aber beim → Sport spielt das keine Rolle. Nach dem ausgiebigen → Baden verschwindet er für kurze Zeit in einem nahegelegenen → Bordell; er ist dort bei einer gewissen Lycoris Stammkunde.
Auf dem Heimweg hält ihn eine Prozession auf: wieder so ein neuer Mysterienkult, murmelt er, als er die Anhänger, Männer wie Frauen, in orgiastischer Verzückung über das Pflaster taumeln sieht. Er freut sich auf den Abend. Der Koch weiß Bescheid, er hat alles für ein → Gastmahl in «kleiner Besetzung» vorbereitet – zusammen mit zwei Küchen-Aushilfen, die er ebenso wie einen Kellner beim Einkauf auf dem Markt engagiert hat. Die Sängerin und den Flötenspieler, die die Runde beim Tafeln und Zechen unterhalten sollen, hat der Hausherr persönlich angeworben. Es sind Bekannte und Freunde, die den Abend mit ihm gemeinsam verbringen werden: ein paar kleine Geschäftsleute wie er, außerdem zwei → Handwerker, die er kürzlich kennengelernt hat – → Freigelassene zwar, aber tüchtige, ehrgeizige Männer, die sich in den letzten Jahren eine solide Existenz aufgebaut haben. Wird auch der eine oder andere Unfreie an der Tafel unseres Bankiers mitspeisen? Nein – Sklaven doch nicht! Das ginge ja denn doch zu weit!
Warum eigentlich?, würden wir aus heutiger Sicht fragen. Warum diese gesellschaftliche Ausgrenzung, wo doch S. *(servi; mancipia)* in der Arbeitswelt auf allen Ebenen und in allen Branchen voll integriert waren und auch zu Kulten, zu all den → Freizeit-Aktivitäten und den beliebten → Massenunterhaltungen Zutritt hatten? Denn alle Berufstätigen, denen unser Bankier im Laufe des – konstruierten, aber an einschlägige Quellen (Juv. III 232ff.; Mart. I 41; XII 57; Hor. epist II 1, 200ff.; II 2, 65ff.; Colum. r. r. I 8, 2) angelehnten – Tages begegnet ist, *konnten* durchaus Unfreie sein. Genau ließ sich das bei keinem sagen. Daß Sklaven in subalternen Positionen wie als Haushaltshilfen, ungelernte Arbeiter und Marktschreier eingesetzt und zur → Prostitution gezwungen wurden, wird rasch mit «Sklavenarbeit» assoziiert und ist allgemein bekannt. Weniger bekannt ist, daß viele S. zumal in der Kaiserzeit in ausgesprochenen Vertrauensstellungen als Geschäftsführer und «Manager» von Betrieben sowie in der staatlichen Administration tätig waren und der S.-Anteil an «akademischen» Berufen wie dem des → Arztes, des → Lehrers und des literarisch gebildeten Sekretärs wahrscheinlich höher war als der der Freien. Entsprechend begabte S. ließen ihre Herren in solchen Berufen ausbilden. Das war beileibe nicht uneigennützig gedacht, versprachen besser qualifizierte Unfreie doch einen höheren Profit, wenn sie im eigenen Handwerksbetrieb eingesetzt wurden oder wenn sie ein Geschäft, eine Praxis, Bank oder Schule weitgehend

in eigener Regie führten und die Einkünfte an ihren Herrn abführten (A.D. Booth, The schooling of slaves, TAPhA 109, 1979, 11ff.; vgl. auch Forbes, TAPhA 86, 1955, 321ff.).

Dabei war in der Regel äußerlich keineswegs zu erkennen, ob man es mit einem S. oder einem Freien zu tun hatte. Zumindest das einfache Volk trug dieselbe → Kleidung wie die S. (App. b. c. II 17; Sen. clem. I 24, 1). Das einzige Kleidungsstück, das Sklaven nie tragen durften, war die Toga, das exklusive «Ehrenkleid» römischer Vollbürger – das aber die meisten aus Gründen der Bequemlichkeit ohnehin selten anlegten. Aus schäbiger, abgewetzter, dunkler Arbeitskleidung konnte man nicht zweifelsfrei auf den unfreien Rechtsstatus ihres Trägers schließen. Das Gros der armen freien Bevölkerung war auch nicht besser angezogen (Calp. Sic. VII 26; 80ff.). Umgekehrt lag es schon im Eigeninteresse des Besitzers, einem in leitender Position tätigen Unfreien ein ansprechendes, vertrauenerweckendes äußeres Erscheinungsbild zu ermöglichen. Die Rechtsprechung der Kaiserzeit verpflichtete ihn sogar dazu; ebenso schränkte sie das ursprüngliche Herren-«Recht» ein, ganz nach Gutdünken über den beruflichen Einsatz eines besonders qualifizierten S. zu entscheiden (s. Zitat).

Privilegierte Sklaven – vom Gesetzgeber geschützt

Ein Legat über das Nutzungsrecht auch an Sklaven darf man nicht mißbräuchlich wahrnehmen, sondern entsprechend ihrer (bisherigen) Stellung (im Arbeitsprozeß). Denn wer einen Buchhalter aufs Land schickt und zwingt, Kalk in einem Korb zu tragen, einen Schauspieler zum Bademeister oder einen Musiker zum Türsteher macht oder einem Gymnastiklehrer die Reinigung von Latrinen überträgt, der mißbraucht offensichtlich sein Eigentum. Man muß statt dessen solche Sklaven gemäß ihrer Stellung und Würde *(secundum ordinem et dignitatem)* ernähren und kleiden.

Ulpian, Digesten VII 1, 15, 1f.

Unter diesen Umständen waren zumal in der Großstadt Freie und S. nicht auf den ersten Blick zu unterscheiden. Und oftmals auch auf den zweiten nicht: Ein Mit-Freigelassener Trimalchios renommiert sogar damit, er sei «vierzig Jahre lang Sklave gewesen; trotzdem: keiner hat gewußt, ob ich Sklave bin oder freier Mann» (Petr. 57, 9). Wenn ein Unfreier bewußt falsche Angaben über seinen Rechtsstatus machte, konnte das zu juristischen Verwicklungen besonders im Familienrecht führen: S. durften zwar, falls der Herr seine Zustimmung gab, eine → Lebensgemeinschaft mit einem Partner *(contubernium)* eingehen, aber keine rechtmäßige → Ehe schließen. Kompliziert wurde die Sache, wenn die Wahrheit herauskam und zudem Kinder aus der Beziehung hervorgegangen waren (Dig. XXIV 3, 22, 13; vgl. XVIII 1, 5). Die Strafen für solche Täuschungen waren empfindlich. Wer sich als S. schuldhaft ins Militär «einschlich», mußte bei Entdeckung mit der Todesstrafe rechnen (Plin. ep. X 29f.).

Natürlich waren solche Verschleierungsmanöver nur da möglich und durchführbar, wo der S. sich aufgrund seiner beruflichen Verwendung relativ unkontrolliert bewegen konnte. Das war besonders bei den «freien» Berufen mit hoher Eigenverantwortlichkeit und innerhalb größerer Sklavenschaften in vornehmen Stadthaushalten der Fall. Da blieb dem einzelnen schon mal der Freiraum, mit oder ohne Wissen des Herrn im Theater, in den Thermen, in der

Kneipe oder im Bordell Pause zu machen (Hor. epist. I 14, 21ff.). Grundsätzlich jedenfalls waren Unfreie vom Besuch dieser Massenunterhaltungen nicht ausgeschlossen – aus der Sicht eines Großgrundbesitzers ein Ärgernis, das für *familiae urbanae* (Sklaven-«Familien» in der Stadt) «typisch» sei und das man auf dem Lande gar nicht erst «einreißen» lassen dürfe (s. Zitat). Als bestes Mittel dagegen empfiehlt Columella nicht nur eine strenge Überwachung, sondern ein kontinuierliches Arbeitspensum (I 8, 9ff.: «Es gibt keine bessere Kontrolle als Einforderung von Leistung»). Schon der alte Cato hatte in seinen Ratschlägen an Landwirte überlegt, «was geschehen kann, wenn schlechtes Wetter ist» – damit bloß nicht gefaulenzt wurde (*ne cessetur;* r. r. 39).
Ob freilich das «Faulenzen» das Hauptcharakteristikum städtischer S. war, ist mit Fug zu bezweifeln. Die tendenziöse Darstellung

Geht es Stadtsklaven zu gut? –
Die Sicht eines Agrar-Unternehmers
Deshalb sei vorweg davor gewarnt, einen Verwalter aus der Zahl der körperlich ansehnlichen Sklaven oder auch der Klasse, die in den geselligen Annehmlichkeiten des städtischen Lebens zuhause ist, zu wählen: denn das ist eine unbekümmerte und verschlagene Sorte von Sklaven, die, an Müßiggang, Sportplätze, Circus, Theater, Würfelspiel, Kneipen und Bordelle gewöhnt, immer von demselben Schnickschnack träumt...
Columella, De re rustica I 8, 1f.

Columellas dokumentiert eigentlich nur eine im ganzen liberalere Behandlung der *familia urbana* und das engere Verhältnis zwischen Herren und S., das sich aufgrund des tagtäglichen persönlichen Kontaktes zwangsläufig ergab. Einzelne S. wurden dort zu engen Vertrauten ihrer Herren, und der Typ des *servus callidus*, des «schlauen», «verschlagenen S.», der in den Komödien des Plautus seinem Herrn intellektuell überlegen ist und ihn ab und zu geradezu nach seiner Pfeife tanzen läßt (z. B. Epid. 257ff.; Most. 387ff.; dazu P. Spranger, Historische Untersuchungen zu den Sklavenfiguren des Plautus und Terenz, Mainz 1961), kam sicherlich auch in der Wirklichkeit vor.
Ein amüsantes Beispiel für eine andere Art von Vertrauensverhältnis ist die «Gardinenpredigt», die Horaz seinem Sklaven Davus in den Mund legt – allerdings anläßlich des → Saturnalien-Festes, an dem S. traditionell ungestraft alles sagen durften, was ihnen schon lange auf der Seele brannte (sat. II 7). Gerade unter den Haussklaven gab es auch genügend helle Köpfe, die ihre Anpassungsstrategie auf die von Publilius Syrus pointiert formulierte Einsicht abstellten, daß «ein geschickter Sklave am Herrenrecht partizipiert» (Q 44).
Ein geradezu herzliches, persönliches Verhältnis entwickelte sich häufig zwischen unfreien Ammen und Pädagogen (Erziehern) einerseits und den ihnen anvertrauten Sprößlingen und späteren Herren andererseits (Quint. I 1, 4ff.; Tac. dial. 29, 1; Dessau ILS 4999; 8532; 8549; dazu Vogt, Sklaverei und Humanität 72ff.). Selbst mit den «dienstbaren Geistern», die z. B. als Küchenpersonal in den Haushalten eher im Hintergrund wirkten, gab es dann und wann oberflächliche Kontakte. Von daher erklärt es sich, daß die Chancen von Angehörigen einer *familia urbana*, später einmal freigelassen zu werden, in der Kaiserzeit sehr hoch waren (→ Freigelassene) – was natürlich ebenso wie kleine Belohnungen zum Aufbau eines bescheidenen S.-Vermögens *(peculium)*,

«Vergünstigungen» wie die Genehmigung zur Familiengründung (die daraus hervorgehenden Kinder waren «natürlich» Haussklaven, *vernae,* die dem Herrn der Mutter gehörten) und berufliche Aufstiegsmöglichkeiten starke Anreize zu angepaßtem Verhalten und guter Führung bot. «Aufsässigkeit» und Rebellion wurden kurzfristig bestraft und zahlten sich auch auf längere Sicht nicht aus: «Ein widerwilliger Sklave wird unglücklich, bleibt aber trotzdem Sklave» (Publ. Syr. Q 64).

Bevor allerdings ein zu rosiges Bild der Sklaverei entsteht, seien auch die ganz dunklen Seiten dieser Institution skizziert, die niemand in der Antike – auch kein Sklave – grundsätzlich in Frage gestellt hat. Die häßliche Fratze der Sklaverei zeigt sich nicht nur in der jahrhundertelang geübten, menschenverachtenden Praxis, unfreie Menschen gegen ihren Willen zum Gladiatorendasein und -tod (Gaius I 13) sowie zur → Prostitution (CIL IV 4023ff.; Dig. XXXVIII 1, 38) zu verdammen (daß das nicht mehr ohne «stichhaltigen Grund» geschehen dürfe, soll Hadrian verfügt haben [Hist. Aug. 18, 8; vgl. Dig. I I 6, 2]; aber fand, wer es darauf anlegte, nicht rasch einen «stichhaltigen Grund»?) – sondern auch wenn das Herren- (bzw. Herrinnen-)«Recht» auch für den sexuellen Mißbrauch von weiblichen und männlichen S. herhalten mußte. Das war abstoßend und entwürdigend, und es wurde von den S. sicher auch so empfunden (Suet. Vit. 12) – auch wenn das Bett ihrer Herrschaft für einige wenige das Sprungbrett zu Karriere und Reichtum wurde (Plin. NH XXXIV 12; s. Zitat).

Die vielen kleinen Drangsalierungen des Alltags, die gesellschaftliche Verachtung, der der gesamte Stand ausgesetzt war, die Arroganz, mit der viele Freie S. behandelten (Sen. ep. 47, 5ff.), die durch Stimmungsumschwünge und Zornesausbrüche jederzeit drohende Gefahr von Willkürmaßnahmen und sadistischen Eruptionen (Gal. an. affect. IV 6ff.; Juv. VI 219ff.), die ständige Sorge, nach dem Tode des Herrn womöglich auf dem Sklavenmarkt zu landen und sich dort begaffen und befühlen lassen zu müssen mit einer Tafel um den Hals – die Nationalität, Krankheiten und andere «Mängel» auflistete (Gell. IV 2, 1; Dig. XXI 1, 31, 21) – oder als Teil der Erbmasse an einen brutalen «Zweitbesitzer» überzugehen, überhaupt das Bewußtsein, als Ware *(res mobilis)* in jedem Augenblick verkauft, vermietet, vererbt und ausgeliehen werden zu können, die Stigmatisierung durch Tragen einer → Sklavenmarke, die der Flucht verdächtigen Unfreien *(fugitivi)* um den Hals gehängt wurde, und schließlich die entwürdigende Zurschaustellung beim Gastmahl als → Statussymbol auf einer Stufe mit goldenem Hausrat und teurem Schmuck (Apul. Met. II 19, 1-3; dazu Friedländer, Sittengeschichte II 369ff.) – das und manche andere Er-

Befehl ist Befehl – und Trimalchio macht das Beste draus

Trotzdem habe ich vierzehn Jahre den Schatz vom Prinzipal gemacht. Es ist ja keine Schande, was der Herr befiehlt. Ich stellte trotzdem auch die Prinzipalin zufrieden. Ihr wißt, was ich meine: ich schweige, weil ich keiner von den Protzen bin. Im übrigen, wie es der Himmel so will, bin ich Herr im Haus geworden und habe, stellt euch vor, meinem Prinzipal den Kopf verdreht. Wozu viel reden? Als Miterben hat er mich neben dem Kaiser eingesetzt, und ich habe ein Vermögen wie ein Fürst gekriegt.

Petron 75, 11–76, 2

niedrigung und Schikane waren der tägliche Terror, unter dem auch «ordentlich» behandelte S. litten.

Allgemein gültige Aussagen über die Behandlung der S. lassen sich nicht treffen; zu sehr unterschieden sich ihre individuellen Lebenssituationen. Sicherlich ist nach der vergleichsweise scharfen Repression der letzten Jahrhunderte der Republik eine Tendenz zur Rückkehr zu patriarchalischen Umgangsformen nachzuweisen (Sen. ep. 47; Plin. ep. VIII 16; «Humanisierung» im Recht: Sanktionen gegen die Aussetzung kranker Sklaven; Verbot der Kastration; Warnung vor «grausamer» Behandlung; Suet. Claud. 25, 2; Dig. XLVIII 8, 6; I 6, 2; dazu Thébert, Der Sklave 180ff.). Körperliche Strafen wie Ohrfeigen, Prügel aufs Hinterteil, Fußtritte, Essensentzug, Fesselung und Einsperren waren indes als Zurechtweisungen und Strafen nichts Ungewöhnliches. Gegen Brutalitäten, die dieses Maß überstiegen, konnte der Staat einschreiten – *wenn* eine Behörde, etwa durch Flucht eines drangsalierten S. zu einer Kaiserstatue, die ihm vorübergehendes Asyl gewährte, davon erfuhr (Tac. Ann. III 36, 1 über «Asylmißbrauch»). Ordnungsrufe des Prätors handelte sich z. B. der Sklavenbesitzer ein, der mit einem Unfreien so umsprang wie noch Kaiser Augustus mit seinem Privatsekretär: Dem ließ er wegen Indiskretion die Schienbeine brechen (Suet. Aug. 67, 2). Folterungen von S. konnten durch Gerichte angeordnet werden; das erschien dem Gesetzgeber in bestimmten Fällen als «effektivstes Mittel zur Wahrheitsfindung» (Dig. XLVIII 18, 8 pr.).

Keinen Pardon kannte die Gemeinschaft der Freien bei Anschlägen von Unfreien auf das Leben ihrer Herren. Da traten dann auch Männer wie der Jüngere Plinius, die sonst für Humanität im Umgang mit S. plädierten, für eine bedingungslose Solidarität aller Freien ein. Auch wenn sich Larcius Macedo, selbst übrigens der Sohn eines ehemaligen S., noch so arrogant und grausam *(superbus... dominus et saevus)* gegenüber seinen Unfreien verhalten hat: Das von einem Sklaven auf ihn verübte Attentat verurteilt Plinius scharf – bis hin zur Larmoyanz: «Du siehst», beschwert er sich beim Empfänger seines Briefes, «welch mannigfachen Gefahren, Entwürdigungen, Verhöhnungen wir ausgesetzt sind, und niemand darf sich in Sicherheit wiegen, weil er ein nachsichtiger, milder Herr ist...» (ep. III 14, 5).

«Wir» – das bedeutet hier gewissermaßen die «Notgemeinschaft aller Sklavenbesitzer». Ihren unmißverständlichen Ausdruck hat diese Mentalität im *senatus consultum Silanianum* gefunden. Dieser Senatsbeschluß bedrohte alle S., die «unter demselben Dach» mit einem von einem ihrer Mitsklaven ermordeten Herrn lebten, mit der Todesstrafe (Dig. XIX 5, 1 pr.; Tac. Ann. XIII 32, 1). Im Jahre 61 n. Chr. trat der Ernstfall ein – und die gesetzliche Bestimmung wurde gnadenlos befolgt. Nachdem der Stadtpräfekt L. Pedanius Secundus dem Mordanschlag eines seiner S. zum Opfer gefallen war, wurden sämtliche 400 S. des Haushalts trotz Protesten der Bevölkerung unter Militär-«Schutz» exekutiert (Tac. XIV 42ff.) – ein Racheexempel, das die Staatsraison *(utilitas publica;* dazu H. Bellen, Antike Staatsräson, Gymn. 89, 1982, 449ff.)

über Mitleid und Gerechtigkeitserwägungen und auch über juristische Vorbehalte wegen des staatlichen Eingriffs in das Herren-«Recht» des einzelnen stellte.

Trotz allem: die Lebensbedingungen der Stadtsklaven waren, auch wenn sie nicht über einen Leisten geschlagen werden dürfen, im ganzen besser als die der in größeren Produktionseinheiten, Manufakturen oder gar in den Bergwerken arbeitenden Unfreien. Zumindest in republikanischer Zeit waren die in den Minen eingesetzten S. arme Teufel, die «infolge der unerträglich harten Arbeitsbedingungen» nach kurzer Zeit starben (Diod. V 38, 1). Einiges deutet darauf hin, daß sich zumindest in einigen Regionen (Südportugal, Dakien) die Lage – nicht zuletzt im Interesse der ebenfalls unter Tage schuftenden *freien* Lohnarbeiter – etwas verbessert hat (CIL II 5181: *lex metalli Vispacensis*).

Ein Großteil der Sklaven war in der Landwirtschaft eingesetzt – wie viele, wissen wir auch als Annäherungsgröße nicht, wie denn überhaupt quantitative Angaben ohne hochspekulative Elemente nicht möglich sind. Den Angehörigen dieser *familiae rusticae* ging es durchweg schlechter als Stadtsklaven. Die – selbst meist unfreien – Verwalter *(vilici)* waren gehalten, auf eiserne Disziplin zu achten. Faulenzertum wurde nicht geduldet; nur wer wirklich arbeitsunfähig und krank war, durfte sich im Krankensaal ausruhen (Colum. XII 3, 8). Die → Arbeit begann am frühen Morgen und endete bei Einbruch der Dunkelheit. Arbeitsscheue, renitente oder der Flucht verdächtige S. wurden in der «Freizeit» in Ketten gelegt (Cato r. r. 57); *ergastula*, «Arbeitshäuser», nannte man diese speziellen Gebäude für tatsächlich oder vermeintlich «gefährliche» S.; «Zuchthäuser» wäre ein passenderer Begriff. Um Willkürakte und persönliche Abrechnungen von Vorarbeitern oder Verwaltern auszuschließen, behielten sich gewissenhafte Grundbesitzer die Entscheidung über diese Art vorübergehender oder dauernder Bestrafung selbst vor und inspizierten die *ergastula* regelmäßig (Colum. I 8, 16ff.). Ob alle Herren so pflichtbewußt waren, darf bezweifelt werden, und ebenso die Wirksamkeit einer Anordnung Hadrians, alle diese Privatgefängnisse zu schließen (Hist. Aug. Hadr. 18, 10).

Denn noch einige Zeit später kann Apuleius definieren: «15 freie Menschen machen ein Volk aus, ebenso viele Sklaven eine *familia*, ebenso viele in Ketten Gelegte ein *ergastulum*» (apol. 47, 4). Von gefesselten Mühlensklaven weiß er ebenso zu berichten – und den anderen Torturen, denen diese armen Menschen ausgesetzt waren (s. Zitat). Die starke Unterdrückung auf dem Lande, verbunden mit einer zeitweise völligen Vernachlässigung unfreier Hirten, die nicht einmal Nahrung und Kleidung gestellt beka-

De profundis – Sklavenarbeit in der Mühle

Guter Gott, was gab es da für Kreaturen! Die ganze Haut mit blauen Striemen gezeichnet, den verprügelten Rücken mit ein paar verschlissenen Fetzen mehr betupft als bedeckt, einige nur mit einem winzigen Lendenschurz – alle jedenfalls so angezogen, daß die Knochen durch die Lumpen zu sehen waren! Die Stirn gezeichnet, der Kopf halbrasiert, die Füsse beringt: weiter, von Geisterblässe entstellt, die Lider vom Qualm und Dunst in der Stockfinsternis entzündet bis zur Trübung des Augenlichts; und wie Boxer, die sich zum Kampf mit einer Sandkruste pudern, alle vom Mehlstaub schmutzigweiß! Apuleius, Metamorphosen IX 12, 3f.

men, hatte in republikanischer Zeit zu den großen sizilischen Sklavenaufständen (135–132 v. Chr., 105–101 v. Chr., Hauptquellen: Diod. XXXIV/V 2; XXXVI 2ff.) geführt und auch dem Gladiator Spartacus einige Jahrzehnte später (73–71 v. Chr.; Hauptquellen: Plut. Crass. 8ff.; App. b. c. I 116ff.; Flor. II 8) viele Anhänger von Feldern und Weiden in die Arme getrieben. Den Rebellen war es damals nicht recht gelungen, auch die Unfreien in den Städten für ihre Sache zu mobilisieren. Aufgrund der viel zu unterschiedlichen Lebens- und Arbeitsbedingungen und der daraus resultierenden Interessengegensätze war jeder Versuch, eine breit angelegte Solidaritätswelle unter den S. auszulösen, von vornherein zum Scheitern verurteilt. Das Stadt-Land-Gefälle in Sachen Sklavenbehandlung bestand in der Kaiserzeit fort. Bezeichnend dafür ist neben den schon erwähnten Indizien auch die Tatsache, daß der einzige Plan einer organisierten Sklavenrebellion, der aus der Kaiserzeit berichtet wird, im ländlichen Kalabrien ventiliert worden ist, wo ein gewisser Titus Curtisius «die rohen Landsklaven in weiten Gutsgebieten zur Freiheit aufrief» (Tac. Ann. IV 27, 1). Die geplante Verschwörung wurde indes durch einen Zufall entdeckt und im Keim erstickt.

Den S., das zeigt auch dieser knappe Überblick über die alltäglichen Lebensbedingungen der Unfreien in römischer Zeit, hat es nicht gegeben. Gemeinsam war allen S. nur ihr juristischer Status als der Gewalt *(potestas)* ihres Herrn (bzw. ihrer Herrin) Unterworfene. Der S. stand im Range einer Sache. Zunehmend wurde aber auch sein Personen-Charakter anerkannt, so daß aus der ursprünglich totalen Verfügungsgewalt des Herrn zumindest juristisch eine leicht eingeschränkte wurde: «Heutzutage ist weder römischen Bürgern noch irgendwem sonst im Herrschaftsbereich des römischen Volkes gestattet, seine Sklaven maßlos und ohne Grund grausam zu behandeln», stellt der Jurist Gaius um 160 n. Chr. nicht ohne einen gewissen Stolz fest. Die konkreten Folgen aus dieser – i. g. vielleicht doch noch etwas idealisierten – Sachlage waren für den einzelnen S. sehr unterschiedlich. Sie richteten sich stark nach dem sozialen und beruflichen Umfeld, in dem er lebte. Angesichts dieser Heterogenität ist «Sklave» als Begriff sozialer Ortung irreführend. Es gab ein breites Spektrum verschiedener sozialer Lagen (Vittinghoff, Wirtschafts- und Sozialgeschichte 182ff.). So gesehen erscheint selbst Epiktets *prima vista* verharmlosend bis zynisch klingende «Verklärung» des unfreien Daseins für eine bestimmte, privilegierte Schicht von S. im Vergleich mit den armseligen Lebensbedingungen eines Teils der freien Unterschicht-Bevölkerung nicht ganz unrealistisch: «Einer wünscht sich… sehnlich seine Zeit als Sklave zurück: ‹In welcher Hinsicht ging es mir denn damals schlecht? Ein anderer kleidete mich, ein anderer pflegte mich bei Krankheit, nur in wenigen Dingen hatte ich ihm zu dienen. Jetzt aber, in meinem Leid, was habe ich nicht alles zu erdulden als Sklave mehrerer Herren, nicht mehr eines einzelnen?›» (IV 1, 36f.). Von den Auswirkungen der Unfreiheit auf die Psyche des Menschen ist hier freilich nicht die Rede.

QQ: Plaut. Men. 77 ff.; Aulul. 587 ff.; Most. 387 ff.; Varro r. r. II 10; Diod. V 36 ff.; XXXIV/V 2; XXXVI 2 f.; Hor. sat. II 7; epist. I 14, 21 f.; Colum. I 7 f.; XII 1 ff.; Sen. ep. 47; ben. III 18 ff.; ira III 40, 2 f.; Petr. 53; 57; 68 f.; 75 f.; 103; 126, 5 ff.; Plin. ep. III 14; V 19; X 29 f.; Frontin. aqu. 116 f.; Tac. Ann. IV 27; XIV 42 ff.; dial. 29, 1; Juv. VI 219 ff.; Plut. Crass. 8-11; Gell. IV 2, 1; App. b. c. I 116 ff.; Suet. Aug. 67, 2; Plut. Cato mai. 5, 1; 21, 3; Apul. Met. IX 12, 3 f.; Flor. II 8; Dig. XXIX 5; CIL VI 5197 (kaiserliche Sklaven); VI 7281 ff. (Sklavenpersonal einer Senatorenfamilie); XIV 255 (Sklaven im öffentlichen Dienst von Ostia); Quellensammlungen: W. Eck/J. Heinrichs (Hg.), Sklaven und Freigelassene in der Gesellschaft der römischen Kaiserzeit, Darmstadt 1993 (Quellentexte mit dt. Übers.); Th. Wiedemann (Hg.), Greek and Roman slavery, London 1981 (Quellentexte in engl. Übers.).

Lit.: K. Brodersen, Ich bin Spartacus, Darmstadt 2010; E. Flaig, Weltgeschichte der Sklaverei, München 2009; E. D. Augenti, Il lavoro schiavile a Roma, Rom 2008; J. Andreau/R. Descat (Hg.), Esclave en Grèce et à Rome, Paris 2006; St. Knoche, Sklavenfürsorge im Röm. Reich, Hildesheim 2004; E. Herrmann-Otto, Sklaven und Freigelassene in der griech.-röm. Welt, Hildesheim 2004; H. Bellen/H. Heinen (Hg.), Bibliographie zur antiken Sklaverei, 2 Bde, Stuttgart 2002; L. Schuhmacher, Sklaverei in der Antike, München 2001; K. R. Bradley: Slavery and society at Rome, Cambridge 1994; W. Z. Rubinsohn, Die großen Sklavenaufstände der Antike. 500 Jahre Forschung, Darmstadt 1993; Y. Thébert, Der Sklave, in: Giardina, Mensch der röm. Antike 158 ff.; E. Vittinghoff, Europäische Wirtschafts- und Sozialgeschichte der römischen Kaiserzeit, Stuttgart 1990, 176 ff.; W. Backhaus, Servi vincti, Klio 71 (1989), 321 ff.; G. Alföldy, Antike Sklaverei. Widersprüche, Sonderformen, Grundstrukturen, Bamberg 1988; J. C. Dumont, Servus. Rome et l'esclavage sous la République, Rom 1987; K. R. Bradley, Slaves and masters in the Roman Empire, Oxford/New York 1987; J. Vogt, Sklaverei und Humanität, Wiesbaden 1983; L. Schumacher, Servus index. Sklavenverhör und Sklavenanzeige im republikanischen und kaiserzeitlichen Rom, Wiesbaden 1982; W. Eder, Servitus publica, Wiesbaden 1981; M. Marabito, Les réalités de l'esclavage d'après le Digeste, Rom 1981; H. Heinen, Aspekte der Sklaverei in der römischen Welt, GWU 28 (1977), 321 ff.; S. Lauffer, Die Sklaverei in der griechisch-römischen Antike, Gymn. 68 (1961), 370 ff.

Sklavenmarke

Um einer Flucht vorzubeugen oder das Wiederbringen eines entflohenen Sklaven *(fugitivus)* zu erleichtern, mußten fluchtverdächtige Unfreie eine runde, in Funktion und Form heutigen Hundemarken vergleichbare Plakette *(bulla)* oder ein Halsband *(collare)* tragen. Die meisten der rund drei Dutzend bisher gefundenen Marken und Halsbänder sind aus Bronze und stammen aus Rom und Umgebung, einige wenige aus Nordafrika. Eingraviert war eine weitgehend formelhafte Inschrift, die den Namen des Besitzers und seine Adresse sowie den Hinweis enthielt, daß es sich um einen *fugitivus* handle: tene me, quia fugi / ne fugiam («halte mich fest, weil ich geflohen bin / damit ich nicht fliehe»); revoca me («bring mich zurück»). Auf einer Marke wird eine Belohnung von einem Solidus ausgelobt, auf einer anderen an die gesetzlich festgelegte Pflicht der «Ablieferung» eines *fugitivus* erinnert (CIL XV 7194; 7171).

Sklavenhalsband und -marke. Auf der Plakette wird der «Finder» aufgefordert, den flüchtigen Sklaven ad Flora[m] ad to[n]sores («zum Flora-Tempel bei den Friseuren») zurückzubringen (CIL XV 7172).

QQ: CIL XV 7171 ff.; Dessau ILS 8726 ff.

Lit.: H. Bellen, Studien zur Sklavenflucht im römischen Kaiserreich, Wiesbaden 1971, 27 ff.

Sozialleistung

Manche Schlagwörter entwickeln eine ungeahnte Eigendynamik. Sind sie rhetorisch griffig und bringen sie eine Tendenz oder einen Sachverhalt in prägnanter polemischer Verallgemeinerung auf den Punkt, so haben sie gute Aussichten, daß sich ihre wenig differenzierte Perspektive im allgemeinen Bewußtsein durchsetzt. Eine der folgenreichsten «historischen» Kurzformeln dieser Art ist Juvenals berühmtes Wort von *panem et circenses* («Brot und Circusspiele») – das seien die einzigen beiden Dinge, die das römische Volk in der Kaiserzeit nach dem Verlust seiner politischen Rechte «ängstlich wünscht» (X 80f.; vgl. Fronto, princ. hist. 17). Die *panem-et-circenses*-Formel hat, aus ihrem satirischen Kontext isoliert und sozusagen als Tatsachen-Behauptung mißverstanden, erheblich zu dem immer noch weitverbreiteten Zerrbild beigetragen, daß zumindest die stadtrömische Bevölkerung in der Kaiserzeit ein ebenso sorgen- wie arbeitsfreies, da weitgehend durch staatliche Subventionen finanziertes Leben geführt und ihre im Übermaß vorhandene → Freizeit hauptsächlich in den Konsum von → Massenunterhaltungen «investiert» habe – die römischen Pendants gewissermaßen zur angeblichen «sozialen Hängematte» plus Kabel-Fernsehen in unserer Zeit. Den *panem-et-circenses*-Slogan und verwandte Schlagwörter als objektive Beschreibung tatsächlicher sozialer und politischer Verhältnisse ernstzunehmen, ist genauso abwegig wie das Wort vom vermeintlichen «kollektiven Freizeitpark» als eine zutreffende Zustandsschilderung für das Deutschland des Jahres 1994 für bare Münze zu nehmen. Beide Bon- bzw. Mauvaismots verkürzen die erheblich komplexere Realität in bewußter polemischer Absicht; sie wollen warnend und wertend auf gesellschaftliche Trends hinweisen, aber sie ersetzen die notwendige differenziertere Analyse der wirklichen Verhältnisse nicht.

In der Tat war die soziale Situation der allermeisten Römer keineswegs so rosig, wie das Schlagwort es suggeriert. Von einem «Wohlfahrtsstaat» kann – auch im Hinblick auf die Bezieher kostenlosen Getreides – nicht annähernd die Rede sein; das wäre geradezu ein Hohn auf die stets an der Schwelle des Existenzminimums lebende Mehrheit der Bevölkerung. Auch der Begriff der «S.» ist im Grunde ein unzutreffender, zumindest anachronistischer Terminus: Eine staatliche Sozialpolitik im modernen Sinne als Ausdruck einer besonderen Verpflichtung des Staates oder der Gemeinschaft gegenüber den sozial Schwachen und Benachteiligten hat es nie gegeben. Solche Vorstellungen lagen jenseits des Denkhorizonts der Antike. Die setzte da ganz auf das Selbsthilfe-Prinzip, d. h. die Unterstützung Bedürftiger durch Angehörige oder andere großzügige Privatleute: Freiwillige Wohltätigkeit anstelle verbriefter S.

Eine Sonderstellung nahmen allerdings die *frumentationes,* die Getreidespenden, ein. Die Sicherung einer ausreichenden Versorgung der Bevölkerung mit → Grundnahrungsmitteln war traditionell eine wichtige Aufgabe der Politik gewesen. Der Getreidepreis wurde als politischer Preis angesehen: Stieg er steil an und zeichneten sich Versorgungsengpässe ab, so intervenierten schon in republikanischer Zeit die Behörden z. B. durch staatliche Korn-Zukäufe parallel zum freien Handel (Liv. II 9, 6; IV 52, 5; X 11, 6; XXVII 3, 9) und energische Bekämpfung von Preistreiberei (Liv. XXXVIII 35, 5). Waren im Zuge gewonnener Kriege oder territorialer Erwerbungen große Mengen an Getreide verfügbar, so wurden sie in Einzelfällen auch schon einmal zu Billigpreisen von den Ädilen «ans Volk verteilt» (*populo discribere*; z. B. Liv. XXX 26, 5;

Öffentliche Getreideverteilung; Mosaik aus Ostia, 4. Jh. n. Chr.

XXXIII 42, 8). Im 2. Jh. v. Chr. verschlechterte sich die Versorgungslage jedoch durch die massive Landflucht und den starken Anstieg der stadtrömischen Bevölkerung. Viele der Bauern-Krieger, die durch ihre Entbehrungen, jahrelangen Kriegsdienst und die dadurch bewirkte soziale Entwurzelung den militärischen Triumph Roms erkämpft hatten, drohten als «Herren der Welt» zu Hungerleidern herabzusinken, denen nicht einmal das tägliche Brot sicher war. In dieser Situation setzte C. Gracchus 123 v. Chr. das erste Getreidegesetz *(lex Sempronia frumentaria)* durch, das jedem Bürger monatlich eine vom Staat subventionierte Getreideration garantierte. Voraussetzung für den Bezug war die persönliche Meldung jedes Berechtigten (Cic. Tusc. III 48).

Der nächste Schritt – von der Subvention zur kostenlosen Abgabe von fünf *modii* (ca. 52 l) Getreide pro Anspruchsberechtigtem (Sall. hist. III 48, 19) – lag nahe. Im heftigen innenpolitischen Kampf der ausgehenden Republik war die gesetzliche Festschreibung dieser «S.» ein probates Mittel der Popularen, um ihre Klientel an sich zu binden. Im Laufe der Zeit führte das zu einem solchen «Wildwuchs», daß Caesar sich genötigt sah, die Zahl der Empfänger von 320 000 auf 150 000 zu reduzieren (Suet. Caes. 41). Seit augusteischer Zeit pendelte sie sich auf ca. 200 000 Bezieher kostenlosen Getreides ein (DC LV 10; Aug. Mon. Anc. 15).

Die staatliche Gewalt ging in der Kaiserzeit auf den Princeps über – und mit ihr die staatliche Fürsorgeverpflichtung: Der Kaiser sah sich als Patron der stadtrömischen Plebs, und deshalb wurden die Ausgaben für die Getreidespenden an seine vielköpfige → Klienten-Schar «selbstverständlich» aus dem *fiscus* bezahlt, der «amtlichen Privat-Kasse» des Kaisers (und nicht aus dem *aerarium,* der Staatskasse). Die kostenlosen Kornverteilungen galten damit als Ausdruck kaiserlicher *liberalitas* («Freigebigkeit»), und als solche wurden sie auch propagandistisch genutzt.

Voraussetzungen für den Bezug dieser «S.» waren der Wohnsitz in Rom und der Nachweis der Bedürftigkeit. Da die Zahl der Antragsteller die Richtzahl von ca. 200 000 übertroffen haben dürfte, entschied das Los darüber, wer in die offizielle Liste der Berechtigten aufgenommen wurde. Beim Tode eines Berechtigten wurde eine «Nachlosung» *(subsortitio)* durchgeführt. Um eine ordnungsgemäße Verteilung zu ermöglichen, wurden darüber hinaus Ausweismarken *(tesserae frumentariae)* ausgegeben. Ihre Vorlage berechtigte zum Bezug der monatlich ausgegebenen Fünf-Scheffel-Ration.

Konnte die von diesen S. begünstigte *plebs frumentaria* («getreidebeziehende Plebs») davon leben? Sicher nicht! Denn der tägliche Ernährungswert der Getreideration lag zwischen 3000 und 4000 Kalorien. Damit konnte man eine Durchschnitts-→Familie von 3–4 Köpfen nicht satt bekommen, von den übrigen Lebenshaltungskosten ganz zu schweigen. Auch wer als Klient noch auf private Zuwendungen seines Patrons hoffen konnte, kam in der Regel ohne zusätzliche Arbeit nicht aus. Die Vorstellung von 200 000 «Sozialhilfe-Empfängern», die ihren Lebensunterhalt ausschließlich durch S. bestritten, hat mit der rauheren Alltagswirklichkeit wenig zu tun.

Daran änderten auch die *congiaria* nichts, die die Kaiser von Zeit zu Zeit verteilen ließen. Ursprünglich waren das Naturalgeschenke hauptsächlich in Form von → Öl-Spenden *(congius* war ein Hohlmaß von gut 3 l) gewesen. Daraus entwickelten sich aber schnell Geldleistungen, die zu besonderen Gelegenheiten wie Regierungsübernahme, Thronjubiläum, bedeutenden Siegen, großen Staatsfesten oder Einweihung öffentlicher Prachtbauten ausbezahlt wurden. Der Empfängerkreis war i. a. mit dem der Getreidebezieher identisch. Der auf den einzelnen entfallende Betrag lag meist bei einigen hundert Sesterzen. Er wurde mitunter einem kleinen Teil der Bezieher werbewirksam vom Kaiser selbst oder hohen Beamten in bar ausgehändigt, in der Regel aber erhielt man eine Wertmarke *(tessera nummaria)*, die an den bekannten Getreide-Ausgabestellen gegen Bargeld einzutauschen war. Die einzelnen *largitiones* («Schenkungen») waren zwar großzügig bemessen, doch konnte niemand solche ganz unregelmäßigen «S.» fest in sein Haushaltsbudget einplanen. Und die Ausschüttung erfolgte eben auch nur alle Jubeljahre: In den 45 Jahren seiner Regierungszeit ließ Augustus sieben *congiaria* im Gesamtwert von 2280 Sesterzen oder 570 Denaren pro Empfänger austeilen. Bei einem durchschnittlichen Arbeitslohn von ca. einem Denar pro Tag entsprach das für einen Lohnarbeiter, der in den Genuß aller sieben *congiaria* kam, etwa zwei zusätzlichen Jahreslöhnen. Auf das einzelne Jahr umgelegt, stellte der durchschnittliche *congiaria*-Gegenwert knapp zwei Wochenlöhne dar – sicherlich eine willkommene Aufbesserung der Haushaltskasse, aber doch keine Grundlage für ein Leben ohne Arbeit. Und im übrigen zeigten sich längst nicht alle Kaiser so spendabel wie Augustus (Zusammenstellung der *congiaria* nach Kaisern bei Weeber, Panem et circenses 164), wenngleich sich kein Kaiser der Erwartungshaltung der Plebs gänzlich zu entziehen wagte (vgl. DC LIX 2).

Waren schon die *congiaria* vom Wesen moderner S. weit entfernt, so erst recht die gelegentlich an Festtagen organisierten Massen-Bewirtungen, die während mancher Theater- und Circusaufführungen verteilten → Geschenke und Gra-

Berechtigungsmarke für kostenlosen Getreidebezug *(tessera frumentaria)*: ex liberalitate Ti[berii] Claud[ii] Cae[saris] Aug[usti] («der Freigebigkeit des Kaisers [Tiberius] Claudius entsprechend»). Andere Seite: Porträt der Antonia, Mutter des Kaisers.

congiarium-Münze Nervas. Beamte führen mit Tabelle und Rechenbrett Buch über die Geldgeschenke; Sesterz aus dem Jahre 97 n. Chr.

tisessen (Suet. Cal. 18, 2; Stat. silv. I 6, 26 ff.) und ähnliche Formen popularitätsfördernder Freigebigkeits-«Aktionen». Das alles waren nach heutigen Begriffen eher Almosen als Leistungen im Sinne einer Sozialhilfe; in römischen Augen sozusagen *sportulae*, «Spenden», des kaiserlichen *patronus* an seine hauptstädtische «Klientel».

Das kaiserliche Füllhorn leerte sich zum größten Teil über der Hauptstadt aus. Dort, im Zentrum der Macht, wo Unzufriedenheit oder gar Hungerrevolten besondere politische Brisanz entfalten konnten, sicherte sich der Kaiser geradezu ein Wohltätigkeits-Monopol; dort unterdrückte er private *liberalitas*-Konkurrenz nach Kräften (DC LIV 2; Veyne, Brot und Spiele 586 ff.).

Großzügiger gegenüber der Großzügigkeit anderer zeigte er sich dagegen im übrigen Italien und in den Provinzen. Dort wurden private Sponsoren ausdrücklich ermuntert, sich z. B. in der Stiftung von → Kindergeld-Programmen zu engagieren. Vielerorts schufen vermögende Bürger und Honoratioren private «Sozialprogramme» zur Unterstützung der ärmeren Bevölkerung oder bestimmter Randgruppen der Gesellschaft wie Witwen und Waisen. Diese private Wohltätigkeit sah durchaus auch regelmäßige Leistungen an einen genau definierten Empfängerkreis vor; die lokale Verwaltung wurde meistens mit der Organisation und Überwachung solcher Stiftungen betraut (Plin. ep. VII 18, 1 f.).

Als wesentliche Aufgabe der Stadtgemeinden wurde überall die Sicherstellung einer Grundversorgung der Bevölkerung mit Lebensmitteln zu erschwinglichen Preisen angesehen. Den örtlichen Magistraten oblag dort wie der *annona*-Behörde in Rom, die – unabhängig von den unentgeltlichen *frumentationes* – für ein ausreichendes und preislich akzeptables Getreideangebot zu sorgen hatte, die Kontrolle des «Marktes», auf dem sie notfalls durch zusätzliche Lieferungen oder rechtzeitige Vorsorge bei sich abzeichnender Kornverknappung intervenieren mußte. Auch hierzu trugen private Spenden erheblich bei. In ein paar Städten gab es sogar Gratis-Kornverteilungen wie in der Hauptstadt, so etwa im ägyptischen Oxyrhynchos, wo die Gemeinde an 4000 von etwa 25 000 Einwohnern monatlich 39 l Getreide zum Null-Tarif ausgab. Die eindrucksvolle bürokratische Verwaltung dieser kommunalen S. illu-

Warnung vor Anspruchsdenken
Ein anderes Mal, als das Volk eine ihm versprochene Geldspende verlangte, antwortete Augustus, daß er schon Wort zu halten wisse. Als es aber eine Spende forderte, die ihm gar nicht zugesagt worden war, bezeichnete er dies in einem öffentlichen Erlaß als eine gemeine Unverschämtheit und erklärte, daß er nun nichts geben werde, obschon er es im Sinn gehabt hätte.
Sueton, Augustus 42, 2

Ein Antrag auf «Sozialhilfe» aus dem Jahre 270 n. Chr.
An Aurelius Plution, den Schreiber der Kornverwaltung, von Aurelius Abinoumis... aus der bedeutenden Stadt der Oxyrhynchiten. Ich bin im Stadtteil Gymnasiumstraße registriert; die Untersuchung des Bürgerstatus erfolgte im 11. Jahr; ich bin im gegenwärtigen Jahr 20 Jahre alt. Nachdem ich durch Losverfahren gemäß Beschluß des hochmächtigen Rates einen freigewordenen Platz erhalten habe, nehme ich für meine Person den Platz des Tryphon ein, des Sohnes des Apollonios, Enkel des Apollonios, Mutter Xenarchis, der im gleichen Stadtteil geführt und nun gestorben ist. Ich stelle für meine Person den Antrag auf Aufnahme in die unentgeltliche Getreideverteilung.
Papyrus Oxyrhynchos 2894 III 1 ff.; Übersetzung: H. Kloft

striert eine Reihe einschlägiger Papyri (P. Oxy. 2892 ff.), darunter zahlreiche Eingaben von Antragstellern (s. Zitat).

Oxyrhynchos war – wie Alexandria und später Konstantinopel, wo Konstantin an 80000 Bewohner des «zweiten Roms» kostenloses Getreide verteilen ließ (Socrat. hist. eccl. II 13), sowie ein paar andere Kommunen – sicherlich eine Ausnahme in Sachen Gratisgetreide. Wer in den Genuß dieser S. kam, lebte, verglichen mit der gesamten Bevölkerung des Römischen Reiches, insofern privilegiert. Das wurde von Nicht-Hauptstädtern durchaus neidvoll «anerkannt»: «Die Zyklopen wurden..., ohne daß sie etwas taten, ohne daß sie säten und ernteten, von der Erde ernährt», berichtet der Grieche Philostrat, und er fährt mit einem Seitenhieb fort: «Es war wie auf dem Forum Boarium» – dort befand sich, wie allgemein bekannt war, die Zentralverteilung der *annona*, der Getreide-Kontrollbehörde von Rom!

Indes waren in der Hauptstadt die Lebenshaltungskosten bedeutend höher (Juv. III 223 ff.). Und auch dort reichten die kaiserlichen «S.», wie oben dargelegt, für ein arbeitsfreies Leben keineswegs aus. *Wie* wenig, zeigt die Tatsache, daß mancher Kaiser als verantwortungsbewußter «Patron» gerade darauf achtete, daß seinen Klienten die → Arbeit nicht ausging: «Einem Ingenieur, der ihm versprach, für wenig Geld riesige Säulen aufs Kapitol zu schaffen, beschenkte Vespasian mit einer beträchtlichen Summe, ließ dann aber die Ausführung des Projekts fallen mit der Bemerkung, er möge ihm gestatten, auch das arme Volk von Rom verdienen zu lassen» (Suet. Vesp. 18).

QQ: Sall. hist. III 48, 19; Cic. Tusc. III 48; Aug. Mon. Anc. 15; Juv. X 80 ff.; Suet. Caes. 41; Aug. 42; Galba 17; Stat. silv. I 6, 26 ff.; Plin. Pan. 25 f.; ep. VII 18; X 116 f.; DC LV 10, 1; LIX 2; Hist. Aug. Hadr. 7, 3; P. Oxy. XL 2892 ff.; Quellen zu privater Wohltätigkeit in engl. Übers.: Hands, Charities 175 ff.

Lit.: Weeber, Luxus II, passim; U. Fellmeth, Brot und Politik, Stuttgart 2001, 158 ff.; P. Herz, Studien zur röm. Wirtschaftsgesetzgebung. Die Lebensmittelversorgung, Stuttgart 1988; Weeber, Panem et circenses 156 ff.; P. Veyne, Brot und Spiele..., Frankfurt 1988, 582 ff.; H. Kloft (Hg.), Sozialmaßnahmen und Fürsorge. Zur Eigenart antiker Sozialpolitik, Graz 1988, bes. 1 ff.; 123 ff.; G. Rickman, The corn supply of ancient Rome, Oxford 1980; J.-M. Carrié, Les distributions alimentaires dans les cités de l'Empire, MEFRA 87 (1975), 1070 ff.; A. R. Hands, Charities and social aid in Greece and Rome, London 1968.

Spardose

Neben dem Spartopf, in dem man Geld aufbewahrte (der Titel *Aulularia*, Verkleinerungsform von *aula, olla*, «Topf», einer Plautus-Komödie spielt auf den Geldtopf eines alten Geizhalses an; vgl. auch Cic. fam. IX 18, 4), kannte man

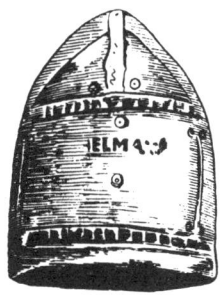

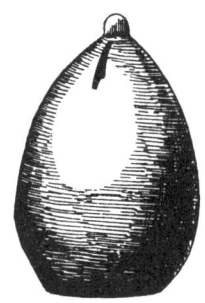

Formenvielfalt wie heute: römische Spardosen.

kleinere S., in die man Geld durch einen Schlitz warf. Sie waren meist aus Ton und von ebenso unterschiedlicher Form wie heute (krug-, becherförmig; Nachbildung einer Schatztruhe oder einer Tempelfassade), oft mit Figuren verziert. Mitunter trugen sie Glückwünsche zum Neuen Jahr, waren also als → Geschenk zum → Neujahrsfest, vielleicht mit einer Art «Glückspfennig» darin, beliebt. Exemplare sind u. a. in Pompeji, Rom, Köln und Trier gefunden worden.

Lit.: J. Schmidt, Art. *Sparbüchse*, RE Suppl. VII (1940), 1222 ff. (mit Abb.).

Spaziergang

Daß man nicht immer arbeiten kann, sondern in seiner → Freizeit auch einfach einmal Zerstreuung und Ablenkung suchen muß, erkennt selbst der Stoiker Seneca an. Eine seiner Empfehlungen dafür: «Auch sollte man Sp. in freier Natur unternehmen, damit sich die Seele unter freiem Himmel und in frischer Luft kräftigen und aufrichten kann» (tr. an. XVII 8). Viele seiner Standesgenossen sahen das genauso: Zu ihren Land-Villen gehörten Säulenhallen, Wandelgänge und Promenaden, die für solche Sp. angelegt waren (Plin. ep. II 6, 17 f.; II 17, 14 f.; Stat. silv. II 2, 69 ff.). Man nutzte den Sp. *(ambulatio; gestatio)* zum Meditieren, aber auch zum Gespräch mit Gästen und Bekannten; Verdauungs.-Sp. nach der → Mittagspause und dem → Abendessen waren ebenso üblich (Plin. ep. IX 36, 3 f.) wie ausgedehnte Strand-Sp. «direkt am Rande des Wassers, das abwechselnd bald herantrieb und mit seinen Fluten unsere Füße überspülte, bald auf seiner Spur zurückwich» (Min. Fel. Oct. III 3). In der Stadt luden Säulenhallen (*porticus*), Parks, Lorbeer-, Buchsbaum- und Plantanengänge oder von Weinreben beschattete Spazierwege zum Schlendern ein (Vitr. V 11, 4; Plin. NH XIV 11). Martial zählt müßiges Promenieren ebenso zu den typischen Freizeit-Aktivitäten der Großstädter wie das → Baden, die sportliche Betätigung auf dem Marsfeld und das Lesen von → Büchern (V 20, 8 ff.): Man ging ziellos spazieren, setzte sich ab und zu in die milde nachmittägliche Sonne (Mart. III 20, 11 ff.) und wunderte sich allenfalls darüber, wie sich manche Snobs die Freude am ungezwungenen Sp. verdarben, weil sie nur zu regelmäßigen, genau festgelegten Zeitpunkten ihren «Sp.» absolvierten (Sen. brev. vit. XII 6). Daß der Sp. nicht nur eine hauptsächlich auf die Oberschicht und die Intellektuellen beschränkte → Freizeitgestaltung war, zeigen die Passagen der Liebesdichter, die die Säulenhallen wegen der vielen dort flanierenden Frauen als «Jagdrevier» oder unverdächtige Orte für Rendezvous wärmstens empfehlen (Ov. ars I 67 ff.; III 387 ff.; s. Zitat).

Annäherungsversuche beim Spaziergang

Oder wenn sie unbeschäftigt in der weiträumigen Säulenhalle
spazieren geht,
so halte auch du dich dort auf,
geh bald voraus, bald folge ihr nach,
bald beeile dich, bald schlendre langsam dahin.
Schäme dich auch nicht, an einigen zwischen euch liegenden
Säulen vorbeizugehen
oder auch Seite an Seite mit ihr zu wandeln.

Ovid, Ars amatoria I 491 ff.

Andere Römer verbanden ihren Sp. mit einem → Einkaufsbummel (Mart. IX 59). Weniger streßfrei waren dagegen die Sp., die «Typen» vom Schlage eines Selius kreuz und quer durch die Stadt unternahmen: Sie waren auf der Jagd nach Gastgebern, die sie zum kostenlosen Abendessen einluden (Mart. II 14).

QQ: Ov. ars am. I 67 ff.; 491 ff.; III 387 ff.; rem. am. 627 f.; trist. II 285 f.; Prop. II 32, 7 ff.; IV 8, 75; Plin. NH XIV 11; Sen. tr. an. XVII 8; Mart. III 20; V 20; IX 59; Plin. ep. II 6, 17 f.; IX 36, 3 f.; Fronto de fer. Als. 3, 1; Stat. silv. II 2, 69 ff.; Min. Fel. Oct. III 3 ff.

Lit.: Weeber, Baden, spielen, lachen 104 ff.

Spiegel

Die feine Dame läßt sich von einer Dienerin oder Freundin den Sp. vorhalten, um → Frisur und → Make-up zu überprüfen: Dieses *tenere* oder *porrigere speculum* (Prop. IV 7, 76) ist auch in einer Reihe von erhaltenen Abbildungen als typisches Merkmal weiblicher Schönheitspflege wiedergegeben – und jede Frau ist für diese Dienstleistung so dankbar, meint Ovid, daß sich auch der Liebhaber bei seiner Werbung um die Dame seines Herzens nicht zu schade dafür sein sollte, ihr den Sp. zu halten (ars am. II 215 f.).

Das Accessoire, das sich – zunächst – so eng mit der weiblichen Eitelkeit verbindet, war in den meisten Fällen ein runder, aus polierter Bronze gearbeiteter, z.T. mit Applikationen versehener Hand-Sp. mit gut handhabbarem Griff – dem modernen Toilette-Sp. sehr ähnlich. Daneben gab es ovale und viereckige Formen. Glasspiegel waren selten; sie werden erstmals im 1. Jh. n. Chr. erwähnt (Plin. NH XXXVI 193) und stellen im archäologischen Material nur einen kleinen Teil gegenüber der «Übermacht» der metallenen Sp. dar. Weiter verbreitet waren dagegen Silber-Sp.; selbst Sklavinnen hätten solche Edel-Ausführungen besessen, kritisiert Plinius (NH XXXIV 160; vgl. XXXIII 130). Manche Hand-Sp. hatten einen Deckel, den man für den Gebrauch abnahm oder aufklappte. Man kannte auch Stand- und Wand-Sp., in denen sich die Betrachter zur Gänze sehen konnten (Sen. nat. quaest. I 17, 8). Und diese Betrachter waren keineswegs nur Frauen: Spätestens seit der Kaiserzeit stieg die Zahl der Männer rapide an, die sich nicht nur im Friseur-Salon von ihrer Wirkung überzeugen wollten – mochten die Anhänger «altrömischer» Männlichkeit auch giften, das sei fürwahr «das richtige Gepäck im Kriege der Bürger»! (Juv. II 103).

Handspiegel aus versilberter Bronze; aus Xanten.

QQ: Vitr. VII 3, 9; Plin. NH XXIII 128 ff.; XXXIV 160; XXXVI 193; Sen. nat. quaest. I 16 f.; Petr. 128, 4; Juv. II 99 ff.; Apul. Apol. 416 ff.; Tert. cult. fem. II 8; Dig. XXX 6, 3; XXXIV 2, 19, 8.

Lit.: Forbes, Studies V, 184 f.

Spitzname

Eine Reihe von Beinamen *(cognomina)* bedeutender römischer Familien geht auf ursprüngliche Sp. zurück: Niger (dunkelhäutig) oder Rufus (rothaarig). Unter Ciceros Ahnen könnte ein Pflanzer von Kichererbsen *(cicera;* Plin. NH XVIII 10) gewesen sein. Andere Cognomina leiteten sich von Sp. einzelner Vorfahren her, die sich durch ein besonders ausgeprägtes oder auffälliges Körperteil ausgezeichnet hatten: Naso («Großnase», von *nasus*), Labeo («dicke Lippe», von *labrum*), Fronto («breite Stirn», von *frons*), Flaccus («Schlappohr»). Echte, d. h. individuelle Sp. sind für zahlreiche prominente Personen überliefert: Kaiser Aurelian z. B. nannte man wegen seiner Strenge *manu ad ferrum* («mit der Hand am Schwert»; Hist. Aug. Aur. 6, 2); als «goldenes Schaf» *(pecus aurea)* verspottete Kaiser Caligula den Verwaltungsbeamten Iunius Silanus wegen seiner Arglosigkeit (Tac. Ann. XIII 1, 1); «Caligula» selbst war auch ein Sp. («Soldaten-Stiefelchen»), den der spätere Kaiser sich als Knabe zugezogen hatte, weil er in Soldatenkleidung im Lager aufgewachsen war (Suet. Cal. 9, 1). Einen mythologischen Sp. erhielt Clodia, die Schwester des Volkstribunen Clodius Pulcher, wegen ihres unzüchtigen Lebenswandels: Mit «Clytaemnestra» brandmarkte man sie als Gattenmörderin; außerdem beschimpfte man sie als *quadrantaria* («Groschendirne»; Quint. VIII 6, 53). Sp. für bestimmte Gruppen waren ebenfalls üblich: so etwa für Dirnen, die ihre Dienste erst ab der neunten Stunde anbieten durften, die Bezeichnung *nonariae* («Neunstündlerinnen»; Schol. Juv. VI 115) und für Gladiatoren wegen ihrer einschlägigen Kraftnahrung *hordearii* («Gerstenfresser», Plin. NH XVIII 72). Auch wenn sich die Überlieferung weitgehend auf Prominente beschränkt, ist sicher anzunehmen, daß Sp. auch bei den einfachen Leuten weit verbreitet waren.

Lit.: I. Kajanto, The Latin cognomina, Helsinki 1965; Hug, Art. *Spitznamen,* RE III A (1929), 1821ff.; W. Schulze, Zur Geschichte der lateinischen Eigennamen, Berlin 1904.

Sport

Wenn jemand die Gladiatorenkämpfe als «die bei weitem widerlichste Art von blutigem Sport, die je erfunden worden ist», bewertet (M. Grant, Die Gladiatoren, Stuttgart 1967, 8), kann er der Zustimmung aller modernen Beurteiler sicher sein. Kritisch nachgefragt wird höchstens, ob man das blutige Geschehen in den Arenen der römischen Welt denn wirklich als «Sport» bezeichnen dürfe. Die Frage wird i. a. bejaht – sowohl von der Ausbildung, dem Training und der physischen Leistung der Akteure (und Opfer!) her als auch vom Publikum aus gesehen, das die Gladiatorenkämpfe *(munera)* ebenso als sportliches Geschehen ansah wie Wagenrennen und die Athletenwettkämpfe im Stadion *(certamina Graeca)*. Die Akteure waren professionelle «Sportler», die den Massen reinen Zuschauersport boten – eine Form passiven Sp.-Erlebens, die sich in unserem Zeitalter der elektronischen Medien noch intensiviert hat, weil die *live*-Atmosphäre kein unabdingbarer Teil des Schau-Spiels *(spectaculum)* mehr ist. Angesichts der Vielzahl der öffentlichen Spiele und ihrer Beliebtheit als → Freizeit-Vergnügungen aller Schichten kann kein Zweifel daran bestehen, daß Sp. in seiner Ausprägung als Zuschauer-Sp. ein kaum zu überschätzendes Alltagsphänomen in der römischen Welt war.

Es gab daneben aber auch die aktive sportliche Betätigung vieler Menschen;

sie dürfte indes hinter den Dimensionen heutigen Breiten-Sp. deutlich zurückgeblieben sein. Ansätze zu einem «Volks-Sp.» lassen sich aufgrund der hochentwickelten Badekultur der Römer im → Schwimmen erkennen – obwohl die eigentlichen Schwimmbecken der Thermen vergleichsweise klein waren. Besonderer Beliebtheit erfreute sich auch das → Ballspiel. In Rom bot das Marsfeld den jungen Männern – auch im Rahmen militärisch erwünschter Körperertüchtigung *(exercitatio)* – viel Raum für die Ausübung vor allem leichtathletischer Sportarten wie Diskus- und Speerwerfen, Laufen, Hoch- und Weitsprung, Reifentreiben sowie Ringen (Strabo V 3, 8). Frauen durften dagegen auf dem Marsfeld nicht trainieren (Ov. ars am. III 381 ff.; Prop. III 14) und trieben insgesamt wohl deutlich weniger Sp. als Männer. Wenn es die – meist chaotischen – Verkehrsverhältnisse in der Hauptstadt erlaubten, sah man mitunter auch Jogger auf den Straßen; in der Regel absolvierten die Langläufer ihre täglichen Trainingseinheiten aber auf Sportgeländen (Mart. VII 32, 11; II 14, 3 ff.). Andere junge Männer nahmen Boxunterricht; die Zahl der Faustkämpfer hielt sich aber wohl wegen der erheblichen Verletzungsgefahren besonders für Nase und Ohren in engen Grenzen (Mart. VII 32, 5 f.). Als Ausgleich für überwiegend geistige Arbeit galten neben Schwimmen und Spaziergängen auch leichte, kurze Übungen; Seneca empfiehlt Laufen, Armübungen mit Hanteln, Hoch- und Weitsprung und den sog. Salier-Sprung, eine Bewegung aus einem kultischen Tanz. Er warnt aber im gleichen Atemzug vor zu intensivem Sp., da «anstrengende Übungen ... den Geist geradezu erschöpfen und für angespannte, ernste Studien ungeeignet machen» (ep. 15, 3 ff.). Ganz anders Horaz: Für ihn gehören das körperlich fördernde Reiten sowie die schweißtreibende Jagd zu den Sportarten, denen sich vor allem die jüngeren Angehörigen der Oberschicht widmen sollten. Sicher gehörte gerade das Reiten auch angesichts seiner militärischen «Propädeutik» auch noch in der Kaiserzeit zu den bevorzugten nobleren Sp.-Disziplinen, doch scheint sich mancher junge Mann seit der späten Republik stärker auf den «unrömischen» Griechensport, die Leichtathletik und das Ringen, konzentriert zu haben (Hor. sat. II 2, 9 ff.; c. III 24, 54 ff.). Vielleicht hat auch dieser Trend Augustus bewogen, *collegia iuvenum*, «Jugendclubs», zu fördern, in denen die vornehmen jungen Männer der Landstädte sich vorwiegend zu «edlem» sportlichem Tun trafen (DC LII 26, 1), doch sind die Bedeutung und Zielsetzung dieser paramilitärisch organisierten Vereinigungen in puncto Sp.-Ausbildung umstritten (D. Ladage, Chiron 9, 1979, 319 ff.).

Wildschweinjagd; Mosaik aus Rom.

Nicht umstritten sein kann dagegen die Tatsache, daß Juvenals berühmte vermeintliche Forderung nach einer gleichgewichtigen Ausbildung eines gesunden Geistes in einem gesunden Körper (*orandum est, ut sit mens sana in corpore sano*; X 356) trotz jahrhundertelanger falscher, weil völlig aus dem Zusammenhang gerissener Rezeption, mit Sp. in Schule, Club und Freizeit nicht das geringste zu tun hat – auch wenn der kernige Slogan den Eingang so mancher gymnasialer Bildungsanstalt geziert haben mag.

QQ: Hor. c. I 8; III 12, 9 ff.; 24, 54 ff.; sat. II 2, 9 ff.; Prop. III 14; Ov. ars am. III 381 ff.; Strabo V 3, 8; Sen. ep. 15; Mart. II 14; VII 32; 67; Juv. VI 431 ff.; I. Weiler (Hg.), Quellendokumentation zur Gymnastik und Agonistik im Altertum, 6 Bände, 1991-1998.

Lit.: Z. Newby, Greek athletics in the Roman world, Oxford 2005; R. Wünsche (Hg.), Lockender Lorbeer. Sport und Spiel in der Antike, München 2004; J.-P. Thuillier, Sport im antiken Rom, Darmstadt 1999; R. W. Fortuin, Der Sport im augusteischen Rom, Stuttgart 1996; Neumeister, Das antike Rom 145 ff.; M. Junkelmann, Die Reiter Roms, 3 Bde, Mainz 1990/92; Weiler, Sport 232 ff.; Balsdon, Life und leisure 159 ff.; H. A. Harris, Sport in Greece and Rome, London 1972.

Spucken

Nach einem offenbar weit verbreiteten Aberglauben hatte das Sp. die Kraft, sowohl Unheil abzuwehren als auch es vorsorglich zu bekämpfen (apotropäische und prophylaktische Funktion). Aus Furcht vor Ansteckung spie man vor Epileptikern aus. In den rechten Schuh zu spucken, galt als Schutz vor Unglück; ebenso an einem Orte auszuspucken, an dem man zuvor schon eine Gefahr hatte bestehen müssen. Man spuckte sich selbst – meist dreimal – in den Gewandbausch *(in sinum spuere)*, um sich vor eigener Überheblichkeit und damit dem Neid der Götter zu schützen (Petron. 74, 13: Fortunata unterläßt es in ihrer Aufgeblasenheit). Drastischer Ausdruck der Verachtung und des Abscheus war es, vor einem anderen aus- bzw. ihm sogar ins Gesicht zu speien (Petron. 75, 3; 132, 3 f.).

QQ: Plin. NH XXVIII 35–39

Lit.: R. Muth, Träger der Lebenskraft. Ausscheidungen des Organismus im Volksglauben der Antike, Wien 1954, 26 ff.

Spuk

Was ist zu tun, wenn nach langem Auslandsaufenthalt der Vater überraschend zurückkehrt und seinen in Saus und Braus lebenden Sohn bei einem ausschweifenden Gelage zu ertappen droht? Der Sklave Tranio weiß einen Ausweg: Er verweigert dem «Alten» den Zutritt zu seinem eigenen Haus mit dem Lügenmärchen, man habe es verlassen müssen, weil es dort spuke. Ursache des Sp. sei die Rastlosigkeit eines vom Vorbesitzer des Hauses ermordeten, unbestatteten Gastfreundes, der sich eines Nachts dem Sohn im Traum offenbart und ihn zum Auszug aufgefordert habe (Plaut. Most. 476 ff.). Soweit der *plot,* der der «Gespensterkomödie» des Plautus ihren Namen gegeben hat (*Mostellaria [fabula]* als Verkleinerungsform zu *monstrum,* «Gespenst»). Die römischen Zuschauer werden ihre Freude an dem Intrigen-Stoff gehabt haben, den Plautus nach einer griechischen Vorlage mit dem wahrscheinlichen Titel *Phasma* («Erscheinung», «Gespenst») bearbeitet haben dürfte: *Sie* wußten ja, daß *dieser* Sp. eine reine «Notlüge» war.

Ohne einen «realistischen» Hintergrund freilich wäre dieser Gespenster-Idee der komische Erfolg versagt geblieben: Daß es Geister gebe, die nachts in den Häusern spukten, muß für einen nicht unerheblichen Teil der Bevölkerung festgestanden haben. Mochten sich auch «aufgeklärte» Geister darüber lustig machen, daß nur Kinder, Frauen und psychisch Gestörte an Sp. glaubten (Plut. Dio 2), so war doch dieser Aberglaube keineswegs auf die einfachen Leute beschränkt. Horaz deutet an, daß auch unter den Gebildeten genügend Zeitgenossen zu finden seien, die keineswegs über «Traumgesichter, magische Schrecken, Wunder, Hexen, nächtliche Gespenster und thessalische Vorzeichen» lachten (epist. II 2, 208 f.). Und auch ein Intellektueller wie Plinius zeigt sich geneigt, die von ihm erzählte Sp.-Geschichte für wahr zu halten und an die Existenz von *phantasmata* bzw. *larvae* (Gespenster) zu glauben (ep. VII 27).

Der Glaube an Gespenster verband sich – wie in der «Mostellaria» – meist mit der Vorstellung ruheloser Seelen von vor ihrer Zeit häufig unter Gewalteinwirkung verstorbenen oder unbegrabenen Menschen (Luk. Philops. 30 f.; Verg. Aen. VI 329; Porph. ad Hor. epist. II 2, 209). Wie sehr der Glaube an solche Erscheinungen im Bewußtsein vieler Römer verwurzelt war, läßt auch das Fest der *Lemuria* erkennen, das man am 9., 11. und 13. Mai beging. Um Mitternacht vollzog der Hausvater dabei Unheil abwehrende Riten, um die *lemures*, potentiell bösartige, als Sp. auftretende Totenseelen, aus dem Hause zu vertreiben (Ov. fast. V 419 ff.; Varro bei Non. 135). Zur Verbreitung und Festigung des Sp.-Glaubens trug im übrigen *eine* Berufsgruppe kräftig bei: Ammen, die widerspenstigen Kleinkindern mit der Heimsuchung durch häßliche, fratzenhafte Gespenster zu drohen pflegten (Fest. p. 129 M.).

> **Ein «klassisches» Spukhaus in Athen**
>
> In der Stille der Nacht hörte man Eisen klirren, und, wenn man schärfer hinhörte, Kettenrasseln, zuerst in der Ferne, dann ganz in der Nähe. Schließlich erschien ein Gespenst, ein alter Mann, abgemagert und von Schmutz starrend, mit langem Bart und struppigen Haaren; an den Beinen trug er Fußfesseln, an den Händen Ketten, die er schüttelte. Infolgedessen durchwachten die Bewohner aus Angst trostlose, grausige Nächte...
> (Ein mutiger Philosoph geht der Sache auf den Grund, verfolgt das Gespenst und markiert die Stelle, wo es verschwindet.)
> Am folgenden Tag geht er zu den Behörden und bittet, an der bezeichneten Stelle nachgraben zu lassen. Man findet in Ketten verstrickte Knochen, die der im Laufe der Zeit durch die Einwirkung des Erdreichs verweste Leichnam nackt und zerfressen übriggelassen hatte; man sammelt sie und setzt sie auf Staatskosten bei. Nachdem so die Seele des Toten gebührende Ruhe gefunden hatte, blieb das Haus fortan von ihr verschont.
> Plinius ep. VII 4–6; 11

QQ: Plat. Phaid. 81c–d; Plaut. Most. 454 ff.; Hor. epist. II 2, 207 f.; Ov. fast. V 419 ff.; Plin. ep. VII 27; Suet. Cal. 59; Luk. Philops. 30 f.; Plut. Dio 2; Apul. apol. 63 f.; Tert. de an. 56 f; Geister, Gräber und Gespenster. Antike Spukgeschichten, hg. v. B. Kytzler, Leipzig 1989. D. Ogden, Magic, witchcraft and ghosts in the Greek and Roman worlds. A sourcebook, Oxford 2002.

Lit.: M. Meischer, Funktion und Bedeutung antiker Gruselgeschichten, Gymn. 110, 2003, 237 ff.; D. Felton, Haunted Greece and Rome, Austin 1999; Luck, Magie 215 ff.; Latte RRG 99; Koch, Art. *larvae*, RE XII (1924) 878 ff.; Friedländer, Sittengeschichte III 320 ff.

Statussymbol

Zu den staatlich kontrollierten, zur Abgrenzung der sozialen Schichten voneinander institutionalisierten St. gehörten in erster Linie die Rangabzeichen für Senatoren und Ritter *(equites)*. Standesabzeichen der Senatoren waren u. a. ein breiter Purpurstreifen an der Tunica *(latus clavus)*, rote Schuhe und Ehrenplätze im Theater. Ritter durften den begehrten goldenen Ring *(anulus aureus)* und die Tunica mit schmalem Purpurstreifen *(angustus clavus)* tragen; auch sie hatten bei den Spielen privilegierte Sitzplätze.

Inoffizielle St., die nicht nur den gesellschaftlichen Rang dokumentieren, sondern die Mitbürger auch durch Zurschaustellung von Reichtum beeindrucken sollten – als Ausweis, «es geschafft zu haben» –, waren exquisiter Tafelluxus, der nach Möglichkeit zum Stadtgespräch werden sollte («Tucca, daß du ein Schlemmer bist, genügt dir nicht: Du willst auch so genannt werden und als solcher erscheinen», Mart. XII 41; vgl. auch → Klatsch), im Zusammenhang damit die Verpflichtung teurer Spitzenköche (Plin. NH IX 67; Porph. ad Hor. sat. I 1, 102), weiterhin ein prächtiges, palastartiges Haus mit verschwenderischer Ausstattung (vom Architekturschriftsteller Vitruv ausdrücklich als repräsentatives St. empfohlen: «Fürstliche, hohe Vorhallen, weiträumige Atrien und Peristyle, Gartenanlage und geräumige Spazierwege...», VI 5, 2); eine große Sklavenschaft und vor allem ein vielköpfiges Gefolge von → Klienten, die der Sänfte ihres Patrons folgten (Mart. II 57; III 46, 4 f.). Bei Frauen war → Schmuck ein wichtiges St.; für die beabsichtigte Wirkung nach außen tat es mitunter auch unechter (Plin. NH XXXVII 75 f.; 197 ff.). Als Ausweis, sich mehr «leisten» zu können als andere, waren bei Frauen auch weniger wohlhabender Schichten Perlen besonders beliebt; sie seien gewissermaßen der Liktor (Amtsdiener) der Frau auf der Straße, sagte man (Plin. NH IX 114). Soziale Aufsteiger benutzten gern teure Purpurkleidung als Blickfang. Wie Neureiche sich durch hemmungslosen, teilweise äußerst peinlich wirkenden Einsatz von St. Anerkennung zu schaffen versuchten, schildert Petron ebenso plastisch wie amüsant in der *Cena Trimalchionis*.

Der feine Unterschied...
Mögen die Frauen überall an den Armen und Fingern, am Hals, an den Ohren und im Haar Gold tragen, mögen Ketten ihre Hüften umgürten... – soll das Gold auch noch die Füße bedecken und so zwischen Patriziern und Volk diese Ritterklasse der Frauen als Mittelstand begründen? Plinius, Naturalis historia XXXIII 40

Lit.: Weeber, Luxus I 157 ff.; Eyben, Restless youth 98 ff. (Extravaganz Jugendlicher); F. Kolb, Zur Statussymbolik im antiken Rom, Chiron 7 (1977), 239 ff.; M. Reinhold, Usurpation of status and status symbols, Hist. 20 (1971), 275 ff.; ders., History of purple as a status symbol in Antiquity, Brüssel 1970.

Strandleben

Einfache Leute konnten wegen der geringeren Mobilität, des vergleichsweise teuren und unbequemen Reisens und ihrer finanziellen Lage, die keine längeren Ferien erlaubte, Sommertage nur dann am Strand verbringen, wenn sie nahe am Meer wohnten. Die Strände waren deshalb i. a. erheblich weniger bevölkert als heute. Wo ein Ort am Meer lag, bot sich indes ein ähnliches Bild wie heute: Man lagerte sich auf dem Strand, badete im Meer oder fuhr Boot (s. Zitat). Andere gingen am Strand spazieren, ließen dabei ihre Füße von den Wellen überspülen und schauten Kindern zu, die Steine über die Meeresfläche hüpfen ließen (Min. Fel. Oct. 3).

Die Reichen besaßen eigene Villen unmittelbar am Meer, in die sie vor allem im Frühjahr und Herbst reisten, während sie ihre Sommerferien lieber in den Bergen verbrachten. Den Golf von Neapel, die Haupturlaubsgegend in Italien, umsäumte eine Kette prächtiger Landhäuser und Paläste, von denen aus man z. T. direkt im Meer angeln konnte (Mart. X 30, 16 ff.; vgl. Plin. ep. IX 7, 4). Wohlhabende quartierten sich in den Pensionen und → Hotels der Badeorte ein. Man traf sich am Strand zu Picknicks und → Spaziergängen; beliebt waren bei Tag und Nacht Bootsfahrten auf bunt angemalten Barken und Gondeln (Juv. XII 80; Tac. Ann. XIV 5). Ausgelassene Feste mit erheblichem Weinkonsum waren an der Tagesordnung:

Strandleben im römischen Nordafrika

«Leute jeden Alters vergnügen sich hier mit Fischen, Kahnfahren und auch Schwimmen, besonders die Jugend, die ihre Freizeit und ihr Spieltrieb dazu reizt. Sie setzt ihren ganzen Ehrgeiz darein, möglichst weit hinauszuschwimmen ...»

Plinius, Briefe IX 33, 2

An den Ständen entlang irrende Betrunkene waren nach der Klage Senecas im Luxusbad Baiae ein ebenso üblicher Anblick wie Zechgelage auf Segeljachten, die vor der Küste kreuzten (Sen. ep. 51, 4). Schlemmerei in den Delikatessen-Restaurants an der Küste (Juv. XI 16) gehörte genauso zum Badeleben wie einfaches Nichtstun und Faulenzen (*pigritia*, Sen. ep. 71, 3). Ausgedehntes Sonnenbaden *(apricatio)* war deutlich weniger Bestandteil des S. als heutzutage; in Maßen genossen es vor allem ältere Männer (Plin. ep. III 5, 10; Cic. Att. 7, 11; beide Belege nicht auf S. bezogen). Viele Urlauber suchten eher Schatten (Amm. Marc. XXVIII 4, 18); vornehme Damen ließen sich von Unfreien einen Sonnen-→ Schirm *(umbraculum, umbella)* tragen (Mart. XI 73, 6). Die Feriensaison dauerte bis zum Herbst; im November wirkten selbst vielbesuchte, mondäne Urlaubsorte wie Baiae wie ausgestorben (von *solitudo*, «Einsamkeit», spricht Symm. ep. II 36).

QQ: Cic. de or. II 22; Plin. ep. IX 33; Sen. ep. 51, 4; Min. Felix Oct. 2–4; Auson. Mos. 208 ff.

Lit.: K.-W. Weeber, Pompeii und die röm. Goldküste. Ein Zeitreiseführer, Darmstadt 2011, 122 ff. (Baiae); Casson, Reisen 162 ff.; J. D'Arms, Romans on the Bay of Naples, Cambridge / Mass. 1970; Friedländer, Sittengeschichte I 407 ff.

Straßenbeleuchtung

Eine reguläre St. gab es in den römischen Städten bis auf wenige Ausnahmen nicht. Die Straßen waren nachts i. a. dunkel (Petr. 69). Passanten hatten eine → Lampe dabei; wohlhabende Bürger ließen sich von Sklaven → Fackeln oder Leuchter vorantragen (Juv. III 285 ff.; Suet. Caes. 31, 2; Aug. 29, 3). Bei besonderen Anlässen wurden – ganz selten – einzelne Plätze oder die wichtigsten Straßen der Innenstadt durch Fackeln erleuchtet; daß die Quellen diese Anlässe ausdrücklich erwähnen, läßt erkennen, wie außergewöhnlich dieser nächtliche «Luxus» war: Als besondere Attraktion bei Spielen (Lucil. I 23; Suet. Cal. 18, 2), bei Neros Rückkehr aus Griechenland (DC LXIII 20), in der Nacht, als die Catilinarier verhaftet wurden (Plut. Cic. 22). Die Brücke, auf der er in Puteoli speiste, ließ Caligula einmal durch Feuer «taghell» illuminieren (DC LIX 17, 8 f.). In Pompeji war die Hauptstraße durch Lampen beleuchtet, die im Abstand von ca. 10 m an den Läden angebracht waren; auch die wichtigsten Kreuzungen waren wohl etwas ausgeleuchtet. Für die Spätantike ist eine St. im syrischen Antiochia bezeugt (Amm. Marc. XIV 1, 9); auch die Prachtstraße von Ephesos, die Arkadiane, war nach Ausweis einer Inschrift auf über 500 m Länge mit 13 Beleuchtungskörpern, wohl Fackeln in Metallhalterungen, ausgestattet (W. Alzinger, RE Suppl. XII, 1970, 1597 mit Literatur).

Lit.: Weeber; Nachtleben 115 ff.; S. Spano, La illuminazione delle vie di Pompei, Atti Acc. Napoli 7 (1920), 3 ff.; Homo, Rome impériale 406ff.

Straßenkriminalität

Rom war nachts keine sichere Stadt. Begünstigt durch das Fehlen einer → Straßenbeleuchtung und einer für eine Millionenstadt ausreichenden Schutz- →Polizei, «gehörten» die Straßen nachts vielfach zwielichtigen oder regelrecht kriminellen Gestalten. Das Anpöbeln einsamer Passanten war noch vergleichsweise harmlos; es artete häufig in Schlägereien aus (Juv. III 288 ff.). Als Jugendlicher fand auch Nero an solch rowdyhaften «Zügen» durch die Stadt größten Gefallen: «Er pflegte Leute, die von einem Gastmahl heimkehrten, zu verprügeln und, wenn sie sich zur Wehr setzten, sogar zu verwunden und in Kloaken zu tauchen». Bei einer dieser «Aktionen» wäre er selbst einmal fast zu Tode geprügelt worden (Suet. Nero 26, 1 f.). Mit einschlägigem Terror anderer Jugendgangs mußte man stets bei einem Spaziergang durchs nächtliche Rom rechnen (Tac. Ann. XIII 25; 47, 2). Die Dunkelheit nutzten auch Diebe und Räuber, um wehrlose Passanten anzugreifen und ihnen ihre Wertsachen zu entreißen. Als besten Schutz vor solchen Überfällen empfiehlt Juvenal, ganz ohne Tasche oder Gepäck zu gehen (X 19 ff.). Wohlhabende Bürger schützten sich durch eine abschreckend wirkende Begleiterschar (Juv. III 283 ff.). Auch in dieser «Sparte» der St. soll Nero sich betätigt haben; auf sein Konto seien zahlreiche Raubüberfälle und Einbruchsdiebstähle gegangen, berichtet Sueton (Nero 26, 1). Zeitweise war der Bandenterror so schlimm, daß «es nachts wie in einer eroberten Stadt zuging» (Tac. Ann. XIII 56), zumal nach Einbruch der Dunkelheit auch noch viel lichtscheues Gesindel, darunter mitunter sogar Mörder, aus der Umgebung in die Metropole einsickerte (Juv. III 302 ff.). Die Quellenlage für die anderen Städte ist erheblich ungünstiger. Es ist indes zu vermuten, daß die St. dort eher noch größer war als in der Hauptstadt, in der Angehörige der Stadtkohorten und der → Feuerwehr zumindest in gewissen Abständen patrouillierten und dabei auch Kriminelle aufgriffen (Dig. I 15, 3, 1).

QQ: Plaut Amph. 153ff.; Trin. 313ff.; Prop. II 29; III 16; Juv. III 278 ff.; X 19 ff.; XIV 305 ff.; Tac. Ann. XIII 25; 47, 2; Suet. Nero 26; DC LIV 4, 4; LXI 8f.

Lit.: Weeber, Nachtleben 115 ff.; Eyben, Restless youth 107 ff.

Straßenschilder

Eines war allen Straßen, egal ob sie einen Namen hatten oder nicht, gemeinsam: Keine wurde durch ein St. markiert. Ebensowenig gab es Hausnummern. Entsprechend umständlich und schwierig konnte sich die Suche nach einem Haus gestalten. Wichtige Hilfen bei der Lokalisierung einer Adresse waren neben dem Namen des Hausbesitzers das Stadtviertel (in Rom seit augusteischer Zeit eine der 14 Regionen, einer der Hügel oder einer der 265 «Kreuzwege» *[compita, vici]*; Plin. NH III 66), die Anzahl der Häuser ab einem markanten Punkt, etwa einem Tempel oder Wasserbecken, auffälliger Schmuck der Straßen durch Statuen und Altäre, Schilder über den Geschäften und Werkstätten sowie Zeichnungen oder Graffiti auf Hauswänden an Kreuzungen (in Pompeji z. B. die Darstellung eines Esels, eines Phallus, eines Amphorenträgers; Etienne, Pompeji 325). Daß diese Angaben entweder einzeln oder kombiniert i. a. präzise genug waren, machen die Adressangaben auf sog. → Sklavenmarken und -halsbändern deutlich. Darauf war vermerkt, wo ein flüchtiger Sklave «abzuliefern» war: «..., Sklave des Praeiectus...; bring mich zurück zum Flora-Tempel, bei den Barbieren» (CIL XV 7172).

Wegbeschreibung oder Verwirrspiel?
«Kennst du das Haus des reichen Cratinus?» – «Ja!» – «Wenn du da vorbei bist, gehst du links die Straße hinunter. Am Tempel der Diana wende dich nach rechts. Noch vor dem Tor steht eine kleine Mühle nahe am Teich; gegenüber ist eine Werkstatt: Dort ist er.»
Terenz Ad. 581 ff.

QQ: Plaut. Pseud. 960 ff.; Ter. Ad. 569ff.; Auct. ad Her. IV 50 ff.; Plin. NH III 66; Mart. X 20; Suet. Aug. 30, 1.

Lit.: F. Castagnoli, Topografia e urbanistica di Roma antica, Rom 1969; Homo, Rome impériale 414ff.

Streik

Als organisierte Arbeitsniederlegung im heutigen Sinne kam der St. im Altertum so gut wie nicht vor; es gibt keinen spezifischen lateinischen Begriff dafür, allenfalls Umschreibungen wie *abire* («weggehen») oder *secessio* (politisch motiviertes «Weggehen» der Plebs in den Ständekämpfen). Spontane Artikulationen von Unmut und Unzufriedenheit über allgemein schlechte Lebensbedingungen, hohen Abgabendruck und gesellschaftliche Diskriminierung (Verweigerung des Bürgerrechts) mit streikähnlichen Zügen sind für das 2. und 3. Jh. n. Chr. vor allem in Kleinasien überliefert (Milet: Unruhen der Bauarbeiter; Ephesos: Arbeitsniederlegung der – selbständigen! – Bäcker). Eine in der Spätantike verbreitete Form des St. der Landbevölkerung war in manchen Regionen die Flucht aus den Dörfern wegen drückender Abgabenlast. Ein Kuriosum aus der Frühgeschichte Roms ist der – letztlich erfolgreich verlaufene – «Streik» der für staatliche Opfer unabdingbaren Flötenspieler: Wegen des Entzugs von Privilegien soll diese kleine Gruppe von Spezialisten Rom im Protest verlassen und so den Opferdienst eine Zeitlang lahmgelegt haben (Liv. IX 30).

Lit.: St. Mrozek, Lohnarbeit im klassischen Altertum, Bonn 1989, 106f.; B. Baldwin, Strikes in the Roman Empire, ClJ 59 (1963/4), 75ff.; M. Rostovzeff, Gesellschaft und Wirtschaft im römischen Kaiserreich, I, Leipzig 1929, 147ff.; W. H. Buckler, Labour disputes in Asia, FS W. R. Ramsay, Manchester 1923, 27ff.

Strümpfe

St. im heutigen Sinne kannten die Römer nicht. Nach strenger altrömischer Auffassung galt es als verweichlicht, die Beine außer durch Toga und → Schuhe gegen Kälte zu schützen (Varro bei Non. 108, 30). Wer indes – wie etwa der Kaiser Augustus – gesundheitlich anfällig war, griff zu Bändern aus Leinen oder Wolle *(fasciae)* und wickelte sie sich um Füße, Unter- und Oberschenkel *(tibialia; feminalia*: «Schienbein»- bzw. «Oberschenkel-Tücher»; Suet. Aug. 82, 1). Hirten, Bauern und Soldaten, die in rauhen Gegenden Dienst taten, dürften, wie bildliche Darstellungen vermuten lassen, solche *fasciae* regelmäßig benutzt haben. Im bürgerlichen Leben der Stadt waren sie dagegen wohl eher selten zu sehen: Wie andere «unrömische» Formen des Kälteschutzes könne allenfalls Krankheit das Tragen von «Schenkelbinden» bei einem öffentlichen Auftritt entschuldigen, warnt Quintilian angehende Redner (XI 3, 144).

Stunde

Manchen Lateinlehrer, der sich auf seine eigene Pünktlichkeit etwas zugute hält, könnten seine Schüler mit der Frage in Verlegenheit bringen, was eigentlich «Pünktlichkeit» auf lateinisch heiße. Auch angestrengtes Nachdenken wird nicht von Erfolg gekrönt sein: Es gibt in der Sprache der Römer kein Adjektiv oder Subjektiv, das die Eigenschaft eines in rein zeitlichem Sinne pünktlichen Menschen wiedergäbe; sie kannte lediglich ein auf einen konkreten Vorgang bezogenes «rechtzeitig» *(ad tempus; in tempore)*.
Die Erklärung für diesen sprachlichen Befund ist einfach: Die Sache an sich gab es nicht; konnte es nicht geben, da die Zeitmessung wenig exakt war und man deshalb bei allen Verabredungen und Veranstaltungen von einem für jedermann selbstverständlichen «Ungefähr» ausging.
Das galt in den frühen Jahrhunderten Roms noch mehr als in der Zeit nach 263 v. Chr., als erstmals eine – wenn auch ungenaue – → Uhr öffentlich in Rom aufgestellt und damit eine St.-Zählung möglich wurde (Plin. NH VII 214; Censor. 23, 6). Zuvor hatte man sich mit einer Grobeinteilung des Tages und der Nacht wie *gallicinium* («Hahnenschreizeit»), *mane* (frühmorgens), *ad meridiem* (vormittags), *de meridie* (nachmittags), *suprema* (zu ergänzen: *lux*; «letztes Licht»), *crepusculum* (abends, in der Abenddämmerung), *vespera* (abends), *concubium* («Schlafenszeit»), *intempesta nox* («tiefe Nacht») und ähnlich dehnbaren Begriffen verständigt (Censor. 24; Serv. ad Aen. III 567; Varro LL VI 4ff.). Immerhin: Die Menschen in einer Gesellschaft, die nicht unter dem Diktat der Uhr steht, entwickeln ein durchaus verläßliches Zeitgefühl

– und wenn es wie bei dem Parasiten einer plautinischen Komödie auch nur der knurrende Magen ist, der die Zeit «meldet» (s. Zitat).

Magenrhythmus versus Stundentakt
Die Götter sollen den zugrunderichten, der als erster die Stunden erfunden
und der hier als erster eine Sonnenuhr aufgestellt hat.
Der hat mir armem Kerl den Tag in kleine Stücke zerhackt.
Denn als ich noch ein Junge war, war der Bauch die einzige Uhr
– eine weitaus bessere und genauere als all das neumodische Zeug.
Plautus bei Gellius III 3, 5

Nur die Astronomen rechneten in der Antike mit 24 gleich langen St. Im bürgerlichen Leben wurden dagegen der Tag – von Sonnenauf- bis Sonnenuntergang – und die Nacht in jeweils 12 Stunden unterteilt. Der Beginn der 7. St. lag dabei genau auf dem Mittag (12 Uhr) bzw. auf Mitternacht (24 Uhr). Bis auf die beiden Äquinoktialtage des Jahres, den 23. März und den 23. September, an denen alle St. gleich lang waren (60 Minuten nach unserer Einteilung), differierte also die Länge der St. *(horae)* ganz erheblich. Erreichten die längsten Tages-St. im Sommer eine Dauer von maximal 75 Minuten, so verkürzte sich die Zeit einer Tages-St. im Winter bis auf 45 Minuten Dauer. Entsprechend kürzer bzw. länger waren die Nacht-St. Im Sommer arbeitete man folglich länger, im Winter ruhte man sich länger aus – ein durchaus natürlicher Rhythmus und eine Flexibilität, die die Moderne nur noch ansatzweise durch Kunstgriffe wie die Einführung der Sommerzeit u. ä. erreicht.

Leistungssteigerung à la saison
Simo: Ich glaube, Schuft, du söffest die vier ergiebigsten Weinlesen aus den
massischen Bergpflanzungen in einer einzigen Stunde weg.
Pseudolus: «In einer *Winter*stunde» – setze noch hinzu!
Plautus, Pseudolus 1302ff.

Aufgrund der relativen Länge römischer St. war ihre Dauer nicht nur von der Jahreszeit, sondern auch von der jeweiligen geographischen Lage eines Ortes abhängig – was indes angesichts des langsamen Tempos jeglicher Form von Kommunikation und der allgemein geringen Mobilität ebensowenig zu Problemen führte wie die ganz selbstverständlich akzeptierten und nirgendwo als störend beklagten «Schwankungen» und Ungenauigkeiten der antiken St.-Zählung.
Die zwölf Nacht-St. waren im militärischen Bereich in vier Nachtwachen *(vigiliae)* unterteilt, deren dritte um Mitternacht begann. Im zivilen Alltagsleben spielten die *vigiliae* kaum eine Rolle.

Im folgenden ein Überblick über die Länge der Tages- und Nachtstunden zu vier markanten Jahreszeit-Terminen; die Angaben beziehen sich auf Rom:

	Winter 21. Dezember	Frühling 21. März	Sommer 22. Juni	Herbst 21. September	21. Dezember		
	Mitternacht	Mitternacht	Mitternacht	Mitternacht			
	1^h15	1^h	0^h44	1^h	VII. h		
	2^h31	2^h	1^h29	2^h	VIII. h	tertia vigilia	
	3^h46	3^h	2^h13	3^h	IX. h	—	
		4^h	2^h58	4^h	X. h	—	
	5^h02	5^h	3^h42		XI. h	quarta vigilia	
	6^h17	6^h	4^h27	5^h			
	7^h33	7^h	5^h42	6^h	XII. h	—	
	8^h17	8^h	6^h58	7^h	I. h		
	9^h11		8^h13	8^h	II. h		
	9^h46	9^h	9^h29	9^h	III. h		
	10^h31	10^h	10^h44	10^h	IV. h		
	11^h15	11^h		11^h	V. h		
	Mittag	Mittag	Mittag	Mittag	VI. h		
	12^h44	13^h	13^h15	13^h	VII. h		
	13^h29	14^h	14^h31	14^h	VIII. h		
	14^h13	15^h	15^h46	15^h	IX. h		
	14^h58	16^h	17^h02	16^h	X. h		
	15^h42	17^h	18^h17	17^h	XI. h		
	16^h27	18^h	19^h33	18^h	XII. h		
	17^h42	19^h	20^h17	19^h	I. h		
	18^h58	20^h	21^h11	20^h	II. h	prima vigilia	
	20^h13	21^h	21^h46	21^h	III. h	—	
	21^h29	22^h	22^h31	22^h	IV. h	—	
	22^h44	23^h	23^h15	23^h	V. h	secunda vigilia	
	Mitternacht	Mitternacht	Mitternacht	Mitternacht	VI. h	—	

QQ: Varro LL VI 4 ff.; Plin. NH VII 212 ff.; Sen. Apoc. 2; Gell. III 3, 5; Serv. ad Aen. II 268; Censor. de die nat. 23 f.; Macrob. Sat. I 3, 12 ff.

Lit.: E. Bickermann, Chronology of the ancient world, London 1968.

Süßstoff

Der weitaus wichtigste S. des Altertums war der → Honig. Als weitere «Zucker»-Lieferanten dienten süße Früchte wie Datteln, Feigen und Weintrauben. Zum Süßen von Speisen und → Wein, aber auch zur Obstkonservierung diente Süßmost, der durch Aufkochen und Eindicken jungen Mostes hergestellt wurde. Je nach seiner Konzentration nannte man ihn *defrutum* (zur Hälfte verkocht), *sapa* (auf ein Drittel verkocht; Plin. NH XIV 80; anders Colum. XII 21, 1) oder *caroenum* (auf zwei Drittel verkocht; Pallad. XI 18). Süßmost war ein ausgesprochener, preiswerterer Ersatz-S. für Honig; Plinius bemerkt mißbilligend, er sei «zur Verfälschung des Honigs ersonnen worden» (NH XIV 80). Da er vorwiegend durch Aufkochen in Bleigefäßen produziert wurde (Colum. XII 20, 1), war er ein problematischer, weil bleiverseuchter S.

Zuckerrübe und Zuckerrohr dienten den Römern nicht als S. Die Zuckerrübe war ihnen überhaupt nicht bekannt, das Zuckerrohr dagegen *(saccaron)* wird zwar erstmals im 1. Jh. n. Chr. als in Arabien und Indien gebräuchlicher S. erwähnt (Plin. NH XII 32; Dioscur. II 104); es wurde aber als S. nicht genutzt: «Eine in Rohrhalmen angesammelte honigartige Masse, weiß wie Gummi, zerbrechlich zwischen den Zähnen, höchstens von der Größe einer Haselnuß und nur als Arznei verwendet» (Plin. NH XII 32).

QQ: Col. XII 19 ff.; Plin. NH XII 32; XIV 80 f.

Tanzen

Scipio Aemilianus war schockiert. Er hatte es nicht glauben wollen, daß im sittenstrengen Rom so anrüchige Örtlichkeiten existierten wie Tanzschulen *(ludi saltatorii)*. Aber nun sah er es mit eigenen Augen: «Ich erblickte mehr als fünfhundert Knaben und Mädchen; ich sah auch – und das Herz krampfte sich mir zusammen, wenn ich an die Geschicke des Staates dachte – den Sohn eines gewissen Mannes, der sich um das Konsulat bewirbt; es mochte ein Junge von nicht unter zwölf Jahren sein, und er tanzte, indem er sich selbst mit Kastagnetten begleitete, so schamlos, wie nicht einmal ein schamloser Sklave tanzen könnte, ohne Anstoß zu erregen» (Macrob. III 14, 7). Noch ein knappes Jahrhundert später stellt Cicero apodiktisch fest: «Kaum jemand tanzt in nüchternem Zustand, es sei denn ein Verrückter» (Mur. 13), und wenn ein führender Politiker bei einem → Gastmahl mit freiem Oberkörper vor seinen Gästen tanzte, so griffen seine Gegner diesen → Klatsch dankbar auf und fügten ihn in den Reigen jener Skandal-Vorwürfe ein, die man nur zu gern zu regelrechten Schmutzkampagnen bündelte (Cic. Pis. 22). Fast überflüssig anzumerken, daß in einem solchen Meinungsklima das T. von Frauen noch kritischer beurteilt und an der Schwelle zur «Buhlerei» angesiedelt wurde (Sall. Cat. 25, 2; Hor. c. III 21 ff.).

Der Zorn der Moralisten entzündete sich nicht etwa an der gegenseitigen Berührung von Tanzenden unterschiedlichen Geschlechts – diese Art des T. kannte man nämlich so gut wie gar nicht. In aller Regel handelte es sich um einen Solotanz, den man meist in einer weinseligen Runde vor den Augen der Gesellschaft «aufs Parkett legte», wobei man gern dazu sang und sich auf einem Musikinstrument begleitete. Was die auf römische Würde *(gravitas)* Bedachten daran so abstieß, war der exhibitionistische Charakter des T. mit seinen geschmeidigen, weichen Bewegungen, die auf manch einen lasziv und «verdorben» wirkten *(membra molliter movere,* «die Glieder geschmeidig bewegen»; Hor. sat. I 9, 24 f.; vgl. Sen. ep. 90, 19). Dieses T. orientierte sich vor allem an den so überaus populären Pantomimen-Darstellungen, die in der Kaiserzeit zu *der* Bühnengattung schlechthin aufgestiegen waren. Die Stars dieser *salticae fabulae* waren gefeierte Großverdiener – wenngleich bezeichnenderweise der Berufsstand sehr geringes Sozialprestige genoß –, und ihre Kunst bestand darin, einfühlsam und geradezu verführerisch zu tanzen (Juv. VI 63 ff.). Solch ein als «weibisch» empfundenes T., bei dem es auch auf die «weiche» Bewegung der Arme (*mollia bracchia*, Ov. ars am. I 595) besonders ankam, erschien den Kritikern als ausgesprochen unrömisch.

Gleichwohl erfreute sich das T. in allen Schichten der Gesellschaft ausgesprochen großer Beliebtheit – nicht bei gewissermaßen öffentlichen, «Bällen» vergleichbaren Veranstaltungen, wohl aber im privaten Rahmen eines *convivium* mit anschließendem Trinkgelage. → Wein und T. gehörten zusammen, und auch ein dem traditionellen Sittenkodex verpflichteter Horaz fordert bei besonderer Gelegenheit – dem Sieg über Kleopatra – zur tänzerischen Ausgelassenheit auf: *nunc est bibendum, nunc pede libero pulsanda tellus* («jetzt darf man trinken, jetzt mit freiem Fuße im Tanz die Erde stampfen»; c. I 37, 1). In Kreisen der Bohemiens machte man sich viel weniger Gedanken darüber, ob T. schicklich sei – man tat es einfach. Für Ovid muß «ein Mädchen – wer möchte das bezweifeln! – tanzen können, so daß sie, wenn der Wein auf dem Tisch steht, auf Befehl die Arme bewegt» (ars am. III 349 ff.; vgl. Prop. II 3, 17 ff.), und im Falle Trimalchios geht, nachdem er kräftig getrunken hat, seine Tanzleidenschaft *(saltationis libido)* so sehr mit ihm durch, daß es selbst seiner kongenialen Ehefrau Fortunata peinlich wird und sie ihn – mit geringem Erfolg – von diesen «Prolo-Manieren» *(humiles ineptiae)* abzubringen versucht (Petr. 52, 7 ff.). Hausklaven versüßten sich ihr Leben ganz selbstverständlich durch T. (Plaut. Stich. 754 ff.), und einfache Leute gaben sich dem Tanzvergnügen nicht nur in der Abgeschiedenheit einer Privatwohnung hin, sondern tanzten ab und zu – nicht zuletzt wegen der Enge ihrer vier Wände – auch in Kneipen und Lokalen – und beim Fest der Anna Perenna sogar in der Öffentlichkeit.

Mancher, der nicht selbst tanzen wollte oder konnte, genoß es, professionellen Tänzern zuzusehen. Solche *saltatores* bzw. *saltatrices* zur Unterhaltung der Gäste bei üppigen Gelagen zu engagieren, war durchaus üblich. Besonderen Zuspruchs erfreuten sich dabei Mädchen aus dem spanischen Gades, die unter Kastagnetten- oder Flötenbegleitung «ihre üppigen Hüften lüstern kreisen ließen» (Mart. V 78, 25 ff.; Juv. XI 162 ff.) – ein sinnliches «Angebot», das sich auch Gastwirte zunutze machten, um Kunden in ihre Schenken zu «locken» (Ps.-Verg. Copa 1 ff.). Zwar blickten traditionsbewußte Römer auch auf solche Tanz-Vorführungen mit Stirnrunzeln herab, doch änderte diese «offizielle» Mißbilligung an der Popularität und Selbstverständlichkeit solcher Einlagen ebensowenig wie an der weitverbreiteten «aktiven» Tanzlust. In der Theorie blieb das T. stets aus dem klassischen Römerbild verbannt (Nep. praef. 1), in der Alltagswirklichkeit aber war es fest verankert – eine Diskrepanz, die sich immerhin zu spitzen polemischen Pfeilen in der politischen Auseinderset-

Volksfest im Grünen: Picknick, Flirt und Tanz

An den Iden (des März) hat Anna Perenna ein frohes Fest,
   nicht weit von deinen Ufern, weiterströmender Tiber.
Das Volk kommt und trinkt, ringsum in grünem Gras verstreut,
   jeder lagert sich mit seiner Liebsten (...).
Da singen sie auch, was sie im Theater gelernt haben,
   leichte Gesten mit der Hand begleiten ihre Worte.
Sie stellen einen Krug auf die Erde und führen ungelenke Reigen auf,
   ein Mädchen tanzt im Putz mit losgelösten Haaren.

Ovid, Fasten III 523 ff.

Relief mit Tänzerin aus Aquincum.

zung nutzen ließ: So sagte man Afranius, dem Konsul des Jahres 60 v. Chr., nach, er «verstehe sich aufs Tanzen besser als auf die Politik» (DC XXXVII 49, 3).

QQ: Plaut. Stich. 754ff.; Cic. Mur. 13; Pis. 18; 20; Hor. c. I 36f.; III 6,21; Prop. II 3, 17ff.; Ps.-Verg. Copa 1 ff.; Ov. ars am. I 595; III 349ff.; fast. III 523ff.; Mart. V 78; XIV 203; Juv. VI 63ff.; XI 162ff.; Petr. 52; Luk., De saltatione; Macrob. Sat. III 14.

Lit.: R. Habinet, The world of Roman song, Baltimore/London 2005; N. Horsfall, The culture of the Roman plebs, London 2003, 34ff.; A. T. Fear, The dancing girls of Cadiz, G&R 38, 1998, 75ff.; Weeber, Panem et circenses 102ff. (Pantomimus); Paoli, Leben 268ff.; F. Weege, Der Tanz in der Antike, Halle 1926; Friedländer, Sittengeschichte II 137f.

Taschentuch

T. benutzten vor allem wohlhabende Männer und Frauen, um sich den Schweiß von der Stirn abzutupfen (*sudarium*, «Schweißtuch», als früheste Bezeichnung, Quint. VI 3, 60; XI 3, 148) oder um den Mund vor schädlichen Einflüssen zu schützen (Suet. Nero 25, 3; 48, 1; die übliche Bezeichnung für das T. wurde ab dem 3. Jh. n. Chr. *orarium*, «Mundtuch»). Man wischte sich auch die Hände mit einem T. ab (Petr. 67), nicht dagegen die Nase. Das Schneuzen erfolgte meist mit Hilfe der Finger (Mart. VII 37); ein spezielles Schneuztuch *(mucinium)* wird nur einmal erwähnt (Arnob. II 23). Als besonders teure T. galten die aus spanischem Leinen hergestellten (*sudaria Saetaba*, Cat. 12, 14). Bei öffentlichen Veranstaltungen, z. B. im Theater, galt das Winken mit dem T. als Beifallskundgebung. Aurelian soll als erster Kaiser *oraria* als «Winktücher» an das römische Volk verteilt haben (Hist. Aug. Aur. 48, 5).

Lit.: E. Schuppe, Art. *orarium*, RE XVIII (1939) 867ff.; E. Cahen, Art. *orarium* DS IV 223ff.; Marquardt, Privatleben II 485ff.

Tauchen

Daß man beim → Schwimmen mitunter auch tauchte, steht außer Frage. Als regelrechte sportliche Disziplin entwickelte sich das T. daraus nicht. Professionelle Taucher *(urinatores)* suchten nach Schwämmen, Austern und Perlen und wurden bei der Schiffsreparatur, im Kriege und zur Bergung verlorener oder zum Leichtern abgeworfener Ladungen eingesetzt. Die Taucher des Tiber-Flußbettes waren gemeinsam mit den Tiber-Fischern in einer berufsständischen Vertretung zusammengeschlossen (CIL VI 1872). Besonders gefährlich war die Tätigkeit der → Schwamm-Taucher. Sie wurden vom Schiff aus an einem um den Körper gewundenen Strick mit einem schweren Bleigewicht in der linken Hand ins Wasser gelassen, schnitten mit einer Sichel die Schwämme ab und ließen sich von ihren Gefährten wieder hochziehen. Dabei kam es immer wieder zu gefährlichen, mitunter tödlich verlaufenden Zwischenfällen mit Haien. Als wirksamstes Mittel gegen Hai-Angriffe galt, die Raubfische «direkt anzuschwimmen und sie von sich aus zu erschrecken» (Plin. NH IX 152).

QQ: Plin. NH IX 151–153; Oppian. Halieut. V 612–674.

Lit.: E. Mehl, Antike Schwimmkunst, München 1927.

Statuette eines Mannes, der im Begriff ist zu tauchen; Antikensammlungen München.

Testament

Für manchen Nicht-Römer stand fest, daß man in der römischen Gesellschaft zuviel Aufhebens von T. machte und sich allzu sehr mit dem eigenen und mit fremden T. beschäftigte. In polemischer Zuspitzung läßt Lukian einen griechischen Intellektuellen behaupten, «die Römer gäben in ihrem ganzen Leben nur einmal einen wahren Laut von sich – in ihren T. nämlich, als der einzigen Gelegenheit, wo es ihnen nichts mehr schaden könne, die wahren Gedanken ihres Herzens kund werden zu lassen» (Luk. Nigr. 31). Tatsächlich zeigen u. a. zahlreiche Erwähnungen von T. in der Korrespondenz Ciceros und Plinius', daß die römische Öffentlichkeit an diesen – nur scheinbar sehr privaten – Dokumenten des letzten Willens regen Anteil nahm. T. bekannter Persönlichkeiten waren Teil des Stadt-→ Klatsches (z. B. Plin. ep. VII 24).

Nicht nur die Eröffnung des T. vollzog sich öffentlich unmittelbar nach dem Tode des Erblassers durch einen Beamten – so konnte der Staat die ihm seit 6 n. Chr. zustehende fünfprozentige, äußerst unbeliebte Erbschaftssteuer (*vicesima hereditatium*; DC LV 25; Plin. Pan. 37) wirkungsvoll kontrollieren –, auch die Abfassung oder zumindest die Inkraftsetzung eines T. war an eine gewisse Öffentlichkeit – die Anwesenheit von fünf oder sieben Zeugen – gebunden. Erst mit der Unterschrift dieser Zeugen wurde ein T. gültig (Gaius II 104); geachtete Bürger mit großem Bekanntenkreis verbrachten nicht wenig Zeit damit, als T.-Zeugen zu fungieren (Plin. ep. I 9, 1). Der Rahmen, in dem diese juristische Zeremonie stattfand, war häufig festlich: Die gute → Kleidung, die man dabei trug (Plin. ep. II 20, 10), entsprach der feierlich-formalen Sprache, mit der die testamentarischen Verfügungen einzuleiten waren. So mußte die Einsetzung der Erben sprachlich in unmißverständlichem «Befehlston» erfolgen (*XY heres esto*; *XY heredem esse iubeo*; «XY soll Erbe sein»; «ich ordne an, daß XY Erbe ist»; nicht ausreichend war ein bloßes *volo*, «ich will» oder *XY heredem facio*, «ich mache XY zum Erben»; Dig. XXIX 7, 13, 1), und auch die Ansprache des Erblassers an die versammelten Zeugen war formelhaft-rituell (Gaius II 104). Daß der Inhalt der Verfügungen den Zeugen bekannt wurde, konnte man allerdings durch Abdecken der Schrift verhindern – wenn man es nicht mit besonders dreisten und neugierigen Zeitgenossen zu tun hatte! (s. Zitat).

Das T. bestand in der Regel aus Wachstafeln, die nach der Versiegelung im Hause selbst aufbewahrt oder an einem sicheren Ort, z. B. in einem Tempel, hinterlegt wurden. Testierfähig waren alle freien Bürger; für Frauen galt die Einschränkung, daß sie zuvor aus der «Hand» ihres Vaters, ihres Mannes oder eines anderen männlichen Angehörigen entlassen sein mußten und nach die-

---

Mangel an Diskretion

Aurelia, eine Dame der Gesellschaft, wollte ihr Testament versiegeln und hatte dazu ihre schönsten Kleider angezogen. Regulus erschien als Testamentszeuge und sagte zu ihr: «Vermache mir doch bitte diese Kleider!» Aurelia glaubte, der Mann mache einen Scherz, aber er bestand ganz ernsthaft darauf. Kurz und gut, er brachte die Frau dazu, die Urkunde noch einmal aufzurollen und ihm die Kleider, die sie anhatte, zu vermachen; er sah ihr beim Schreiben auf die Finger und überzeugte sich, ob sie es wirklich geschrieben habe. Aurelia lebt heute noch, er aber nötigte sie zu dieser Prozedur, als läge sie im Sterben.

Plinius, Briefe II 20, 10 f.

ser *manumissio* rechtlich selbständig waren. Zu Erben eingesetzt werden durften alle namentlich bezeichenbaren Personen (also keine «Zufallserben» nach dem Motto: «Wer dieses T. als erster findet, soll ... erben»); Sklaven waren nur dann erbfähig, wenn sie gleichzeitig testamentarisch freigelassen wurden (was recht häufig vorkam).

T. wurden von Angehörigen aller sozialen Schichten gemacht. Auch wer nur wenig zu vererben hatte, war häufig darauf bedacht, dieses Wenige durch letztwillige Verfügung auf möglichst «würdige» Erben aufzuteilen (T. eines einfachen Soldaten: Riccobono, Fontes III 47). Lag ein T. vor, so war damit die gesetzliche Erbfolge völlig ausgeschaltet; das Institut des «Pflichtteils» war im römischen Recht nicht vorgesehen. Die *licentia testamentorum*, die Testier-«Willkür» des Erblassers (Suet. Aug. 56, 1), war fast sprichwörtlich. Eine Enterbung von Söhnen mußte allerdings ausdrücklich durch Namensnennung im T. vollzogen werden – neben dem materiellen Verlust ein empfindliches gesellschaftliches Stigma für die Enterbten. Die Anfechtung von T. vor Gericht wegen «pflichtwidrigen» Testierens *(querela inofficiosi testamenti)* war allerdings möglich und wurde oft genug praktiziert; bei spektakulären Erbschaftsprozessen waren die Zuschauertribünen der Gerichtssäle bis auf den letzten Platz gefüllt (Plin. ep. VI 33, 2 f.). Wie sehr Streitigkeiten aus Erbschafts- und T.-Angelegenheiten in das Alltagsleben der Römer eingriffen, lassen zwei statistische Angaben erkennen: Von den 50 Büchern der großen Rechtssammlung der Digesten beschäftigen sich 11 mit dem Erbrecht, und nach modernen Schätzungen hatten rund zwei Drittel aller zivilen Rechtsstreitigkeiten mit der Erbfolge zu tun (Champlin 199).

Natürlich stellte die weitgehende Testierfreiheit einen idealen Nährboden für → Erbschleicherei *(captatio)* dar – dies um so mehr, als auch mancher Erblasser der Versuchung nicht widerstand, über sein T. zu plaudern und sich durch Andeutungen oder Versprechungen noch zu Lebzeiten «Freunde» zu machen (Mart. IX 48; XII 73. Irreführung noch auf dem Totenbett: Val. Max. VII 8, 5). Allgemein sprach man wohl – mit oder ohne Hintergedanken – recht häufig über das eigene T., zumal zu vorgerückter Stunde nach reichlichem Weingenuß (Plin. NH XIV 141).

Mochten manche Erblasser mit ihrem letzten Willen auch ein mitunter frivoles Schindluder treiben (Petr. 141, 2 ff.) oder sich zu Bestimmungen versteigen, die den

Testamentseröffnung zu Lebzeiten: Tue Gutes und sprich darüber

Von diesem Streit in gute Laune versetzt, sagte Trimalchio: «Freunde, auch Sklaven sind Menschen (...). Kurz und gut, ich lasse sie alle in meinem Testament frei (...). Und all das gebe ich jetzt bekannt, damit meine Dienerschaft mich jetzt schon so liebt, als wäre ich bereits tot.» Als alle angefangen hatten, ihrem Herrn für seine Güte zu danken, machte der endgültig Ernst und ließ eine Kopie seines Testaments herbeischaffen und las es unter ständigem Aufstöhnen der Dienerschaft ganz vor, vom ersten bis zum letzten Buchstaben.

Petron 71, 1–4

Betrachtern als der helle Wahnsinn *(furor;* Val. Max. VII 8, 2) erschienen, so beugte sich doch das Gros der Testierwilligen dem auf ihnen lastenden sozialen Erwartungsdruck. Die meisten wußten, was sie ihren nächsten Angehörigen und deren gesellschaftlichem Ansehen «schuldig» waren. T., die diese Erwartungen erfüllten, galt der Beifall der «Öffentlichkeit», wenn «Anhänglichkeit, Treue und Zartgefühl (dem Erblasser) ein T. diktiert hatten, durch das alle seine Verwandten je nach Verdienst den Beweis seiner Erkenntlichkeit erhielten» (Plin. ep. VIII 18, 7).

Wer einen großen Bekanntenkreis hatte, setzte neben seinen Haupterben auch eine Reihe von Personen ein, denen er als «Anerkennung» ein Legat zukommen ließ. Die Gefühle, die der Erblasser gegenüber den Bedachten hegte, fanden sich in vielen T. ausgedrückt: Man nutzte T. so als Ausdruck seines *supremum iudicium* («letzten Urteils»; Suet. Aug. 66, 4) über Verwandte, Freunde und Bekannte. Viele Menschen verwendeten große Mühe und viel Zeit darauf, ein differenziertes, «faires» T. zu entwerfen – auch weil ihnen der davon ausgehende, über ihren Tod hinausreichende Einfluß ein tiefes Gefühl der Befriedigung verschaffte (*voluptas*; Sen. ben. IV 11, 4 ff.). Wer sich dagegen über die T.-Erwartungen seiner Umgebung hinwegsetzte, konnte damit Unmutsäußerungen der Enttäuschten an seinem Grabe provozieren... (Juv. I 144 ff.).

Im T. dachte man jedoch nicht nur an andere. Ein Teil der Verfügungen betraf auch das eigene Grab, seine Gestaltung, seinen Schutz und seine Pflege. Die Erben erhielten z. T. detaillierte Anweisungen, wie und für wieviel Geld die Grabanlage zu gestalten sei; daher erklärt sich die häufige Abkürzung *EX T* oder *EX T F C* u. ä. auf Grabinschriften (*ex testamento; ex testamento faciendum curavit*: «entsprechend testamentarischer Anordnung ließ ... errichten»). Die wohl bekannteste Inschrift dieser Art findet sich auf der Cestius-Pyramide in Rom: Die Erben ließen sie gemäß dem T. des Cestius in 330 Tagen errichten (CIL VI 1374). Die sehr ins Einzelne gehenden Anordnungen Trimalchios, der sogar einen permanent tätigen Wächter für seine Ruhestätte bestimmt, «damit die Leute nicht zum Kacken hinter mein Grabmal rennen» (Petr. 71, 8), muten wie eine satirische Verzerrung an, doch zeigt das Unverständnis von Nicht-Römern gegenüber der testamentarischen «Regelungswut» römischer Erblasser, wie sehr solche Bestimmungen gang und gäbe waren (s. Zitat).

Die testamentarische Vorsorge für das eigene Grab betraf häufig auch die Regelung der Eigentumsfrage – der Grabplatz *nicht* als Teil des Erbes! – und, wie etwa im inschriftlich überlieferten T. des «Dasumius», dem längsten, wenngleich nur fragmentarisch erhaltenen römischen T. überhaupt, die Bestellung eines Verwalters, dem Pflege und Schutz des Grabes obliegen (CIL VI 10229). Und selbst Marcus Grunzer Corocotta, das Ferkel, wünscht sich in seinem «Testament», einer anonym tradierten satirischen Persiflage auf römische T. aus dem 3. oder 4. Jh.

Inschrift auf einer vor der Cestius-Pyramide in Rom aufgestellten Basis. Die zu Anfang aufgeführten Erben des Cestius entstammten alle der Aristokratie. Ein Teil des für den Bau der Pyramide benötigten Geldes stammte, erläutert die Inschrift, aus dem Verkauf von Attalica, golddurchwirkten Decken und Stoffen aus Pergamon (CIL VI 1375).

Das Testament –

ein «schriftliches Denkmal römischer Torheit»?

So verordnen z. B. die einen in ihrem Testament, daß ihre schönsten Kleider oder was ihnen sonst von ihren Sachen das Liebste gewesen, mit ihnen auf demselben Scheiterhaufen verbrannt werde; andere, damit es ihnen auch nach ihrem Tode nicht an Bedienung fehle, daß gewisse von ihren Sklaven neben ihren Gräbern wohnen, und noch andere, daß die Grabsteine immer mit frischen Blumen bekränzt werden müßten.

Lukian, Nigrinus 31

n. Chr., ein Denkmal mit Goldlettern – und daß man «mit meiner sterblichen Hülle anständig verfahrt: Würzt sie gut mit guten Gewürzen wie Nüssen, Pfeffer und Honig, auf daß mein Name genannt werde in alle Ewigkeit!» Der Intention vieler tatsächlicher T. kommt dieser letzte Wunsch sehr nahe.

QQ: Cic. or. I 180; Plin. ep. I 9, 1; II 20, 10 f.; VI 33; VII 24; VIII 18; Gaius II 101 ff.; Val. Max. VII 8, 1 ff.; Petr. 71; 141; Mart. IX 48; XI 67; XII 40; XII 73; Sen. ben. IV 11, 4 ff.; Luk. Nigr. 20 ff.; CIL VI 10229 (Testamentum «Dasumii»); FIRA III 45 ff.; Dig. XXIX 1 ff. sowie die folgenden Bücher; Testamentum Porcelli (dazu Champlin, Phoenix 41, 1987, 174 ff.); Quellensammlung lat.-dt.: E. Scharr, Röm. Privatrecht, Zürich/Stuttgart 1970, 686 ff.

Lit.: B. Santa Lucia, Diritto ereditario romano. Le fonti, 2 Bde, Mailand 1998; E. Champlin, Final jugdments. Duty and emotion in Roman wills 200 B. C. – A. D. 250, Berkeley / Los Angeles 1991; ders., Why the Romans made wills, ClPh 84 (1989), 198 ff.; R. Syme, The Testamentum Dasumii. Some novelties, Chiron 15 (1985), 41 ff. (= Roman papers V, Oxford 1988, 521 ff.); M. Kaser, Röm. Privatrecht II, München ²1975, 477 ff.

Tischsitten

Dem Wissenschaftler war es geradezu peinlich, seine gebildete Leserschaft aus dem Bürgertum über manche T. der Römer aufzuklären: «Und ein so feiner Weltmann wie Kaiser Otho hätte wirklich mit der Hand ins Frikassee gelangt? Mit der Hand hätte ein Augustus die Rehkotelette aus der Schüssel geholt? Eine Agrippina die Endivien mit den Fingern zum Munde geführt? Freilich so ist es», seufzt Theodor Birt und faßt diese und andere Eigenarten römischer T. als «schlimme Tatsachen» zusammen (Aus dem Leben der Antike, S. 42 f.). Das von Birt vermutete «Schockpotential» dürfte sich bei heutigen Lesern deutlich reduziert haben. Was indes bleibt, ist der Eindruck vergleichsweise großer Fremdheit und Andersartigkeit römischer Tafelmanieren gegenüber modernen T. – obwohl auch die sich von Land zu Land teilweise erheblich unterscheiden.

Der auffallendste Unterschied liegt in der Haltung der Teilnehmer eines → Gastmahls *(convivium)* bzw. eines den Kreis der Familie übersteigenden → Abendessens *(cena)*: Man saß nicht, sondern man *lag* zu Tisch – jedenfalls in historischer Zeit (Isid. XX 11, 9). Wenn Frauen dagegen – was zunächst nur in Ausnahmefällen vorkam – an einer Tafelrunde teilnahmen, so hatten sie aus Gründen der Schicklichkeit zu sitzen (Val. Max. II 1, 2). Die Kaiserzeit brachte hier eine deutliche Lockerung der Sitten mit sich (Petr. 67, 1 und 5; Plut. Mor. 712 e). Jenseits der Alpen setzte sich diese spezifisch mediterrane T. des Liegens *(accubare)* nicht in gleicher Weise durch; eine Reihe von Bilddokumenten mit aufrecht sitzenden Tafelnden läßt erkennen, daß dieser Aspekt der Romanisierung dort nur eingeschränkt übernommen wurde. Die liegende Haltung, bei der man sich mit dem linken Arm auf ein Kissen stützte (Hor. c. I 27, 7 f.; vgl. den Art. → Bett), mag aus heutiger Sicht unbequem erscheinen. Die darin «geübten» Römer empfanden das nicht so. Im Gegenteil: Gerade das Liegen erschien ihnen als Ausdruck einer genußvollen, streßfreien Unbeschwertheit, die sich auch in anderen T. widerspiegelt. Eine steife, würdevolle Etikette paßte nicht zum Gastmahl. Deshalb traf man sich dort auch in «Freizeit»→ Kleidung: Die seriöse Toga legte man schon zu Hause ab und zog statt dessen die *synthesis* oder *vestis cenatoria* («Speisekleidung»; Mart. IV 66, 4; X 87, 12), ein bequemes Gewand aus grünem oder lila Kattun oder Seide, an. Wenn man auf dem Speisesofa Platz nahm, zog man zudem die Sandalen aus *(soleas deponere)* bzw. ließ sie sich von seinem mitgebrachten Sklaven ausziehen *(soleas demere*; Plaut. Truc. 367). Umgekehrt war der Ruf nach den → Schuhen *(soleas poscere*; Hor. sat. II 8, 77) das Signal zum Aufbruch.

Das Waschen der Hände – häufig auch der Füße – vor dem Essen war üblich; auch dazu standen Sklaven – die eigenen oder die des Gastgebers – bereit. Bedienstete des Hauses brachten auch die Speisen und Getränke ins Eßzimmer, stellten sie auf Tische oder reichten sie herum. Bei bestimmten Gastgebern war das Verteilen freilich weniger ein zusätzlicher Service als eine Gelegenheit, dem Hausherrn und seinen Favoriten die besten Stücke und Weine zuzuschanzen (Mart. VII 48). Üblicher war es deshalb, daß die Gäste sich aus gemeinsamen Schüsseln selbst bedienten. Alles war in mundgerechte Häppchen geschnitten; Tischbestecke waren weitgehend unbekannt, da mit der einen freien Hand auch nicht handhabbar. Die einzigen Hilfsmittel waren Löffel, mit denen man Saucen und Mehlspeisen nehmen konnte – außer den Fingern natürlich, die man denn auch ganz ungeniert benutzte. Wer es zu eilig hatte, verbrannte sie sich mitunter (Mart. V 78, 6), aber immerhin nicht so schnell den Mund – obwohl auch das vorkam, wobei das Kühlen der Speisen durch den Atem als unfein galt (Mart. III 17). Daß bei diesen Eßpraktiken → Servietten *(mappae)* unabdingbar und das Waschen der Hände nach jedem Gang höchst willkommen waren, versteht sich von selbst. Vorsichtiges und appetitliches Zugreifen mit den Fingerspitzen galt gleichwohl als Zeichen guter Tischmanieren (s. Zitat).

Die – teilweise selbst mitgebrachten – Servietten dienten im übrigen noch einem anderen Zweck: In sie wickelte man Speisen, vor allem wohl Leckeres vom Dessert-Büffet («Mein kleiner Hausklave macht mir eine Szene, wenn ich ihm nichts mitbringe..»; Petr. 66, 4) ein, die man mit nach Hause nehmen wollte. Diese «Vorsorge-Mentalität» verstieß *nicht* gegen die T. (Luk. conv. 19) – wenn sie sich im Rahmen hielt und sich jemand nicht «die Serviette mit tausend Diebstählen» vollstopfte (Mart. VII 20, 13) oder sich gar auf das Stibitzen feiner Mundtücher spezialisiert hatte wie Hermogenes, der «zum Mahl nie eine eigene Serviette mitbrachte, stets aber vom Mahl eine nach Hause mitnahm» (Mart. XII 28, 22f.). Wie wenig der normale Gastgeber gegen «Servietten-Mitbringsel» im üblichen Rahmen einzuwenden hatte, zeigt sich auch an der T., den Gästen im Verlaufe des Essens kleine Aufmerksamkeiten und → Geschenke überreichen oder zulosen zu lassen. Es wa-

Benimmregeln bei Tisch für die an Männerbekanntschaften interessierte «Dame»

Nimm die Speisen mit den Fingerspitzen – Tischmanieren sind wichtig – und verschmiere dir nicht das ganze Gesicht mit unsauberer Hand. Nimm auch vorher zu Hause kein Essen zu dir, aber hör auf, bevor dein Fassungsvermögen erschöpft ist: Iß etwas weniger, als du essen kannst. Sähe Priamos' Sohn Helena gierig essen, würde er voll Abscheu sagen: «Es war eine Dummheit, sie zu rauben!» Ovid, Ars amatoria III 755 ff.

ren alle möglichen nützlichen (oder auch überflüssigen) Gegenstände – häufig → Salben und → Parfüms (Petr. 60) –, die der Hausherr so als Tafelgeschenke (*apophoreta*; «Wegzutragendes», vgl. Mart. XIV 1) verteilte.

Zum guten Ton eines römischen Gastmahls gehörte es, die Essensreste auf den Boden fallen zu lassen. Knochen, Gräten, abgenagte Weintrauben, Nußschalen, Salatblätter und vieles andere wurden dann später von Sklaven als sog. *analecta* («Aufgesammeltes») weggefegt. Der pergamenische Künstler Sosos entdeckte dieses Motiv als Stilleben, das man fortan *asarotos oikos* («ungefegter Raum») nannte und gern als Bodenmosaik in Speisesälen verwendete (Plin. NH XXXVI 184).

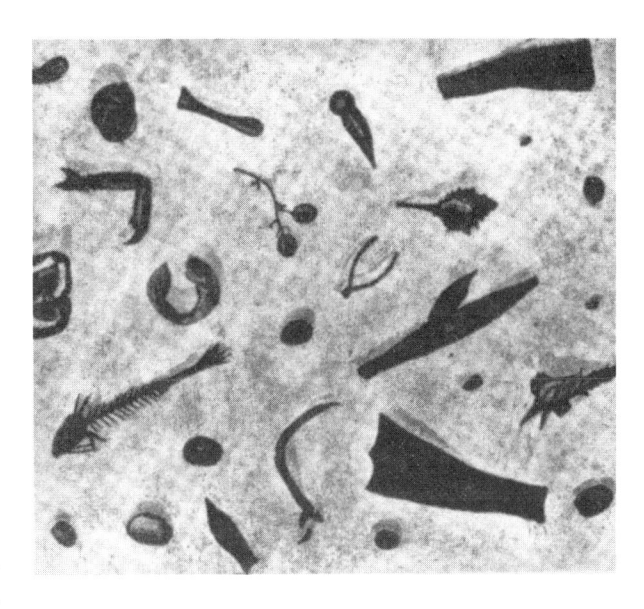

Asaroton-Motiv: So sah der Boden nach einem Gastmahl aus; Mosaik aus einer Villa bei Rom, 2. Jh. n. Chr.

Zur selbstverständlichen Großzügigkeit eines Gastgebers gehörte es auch, den Eingeladenen das Mitbringen weiterer unangekündigter Gäste zu gestatten. *umbrae* («Schatten») nannte man diese Überraschungsgäste, für die man Stühle ins Eßzimmer stellen ließ (Hor. sat. II 8, 22; Plut. Mor. 706ff.). Mitunter fanden sie auch noch auf den Speisesofas Platz, aber dann bestand, wenn es zu viele waren und man ins Schwitzen geriet, die Gefahr, daß «ein allzu enges Gastmahl von stinkendem Ziegengeruch bedrängt wird» (Hor. epist. I 5, 28).

Damit haben wir einen weniger appetitlichen Aspekt der T. gestreift. Wie hielten es die Römer mit der Hygiene beim Tafeln? Die Antwort mag alle enttäuschen, deren Phantasie von der berühmt-berüchtigten Vorstellung «typisch» römischer «Schlemmer-Orgien» beflügelt wird: Im Prinzip entsprachen die römischen T. in diesem Punkte weitgehend den modernen. Sich die Finger nach den einzelnen Gängen zu waschen, war ebenso selbstverständlich, wie die Toilette *außerhalb* des Speisezimmers aufzusuchen (Petr. 41, 9; 47, 5). Wenn Gastgeber oder

Archäologischer Glücksfall – dank der Bequemlichkeit des «frühschweizerischen» Hauspersonals

Lustiges Detail der Augster Küche: Die hölzerne Schwelle im Vorraum war hohl konstruiert, und nur zu oft hat die Dienerschaft den Abfall auf dem lehmigen Küchenboden unter diese Schwelle gekehrt, statt ihn zu entfernen. Die mangelnde Sorgfalt des Küchenpersonals wurde 1700 Jahre später zum Glücksfall für die Archäologen: Im Küchenboden eingetreten und vor allem unter der ehemaligen Holzschwelle kamen zahlreiche kleine Tierknochensplitter zutage, die uns den Speisezettel der Stadtvilla-Bewohner verraten.

A. R. Furger, Vom Essen und Trinken im römischen Augst, Archäologie der Schweiz 8, 1985, 182

Gäste ihre Liegen zum Urinieren nicht verließen, sondern sich von Sklaven ein Gefäß bringen und sich zudem «das weinvolle Glied des trunkenen Herrn halten» ließen (Mart. III 82, 15 ff.) oder sich sogar in Gegenwart von Frauen das Wasser abschlugen (Luk. conv. 18), so galt das schlicht als ungehöriges Benehmen. Es mag nicht wenige solcher ungehobelter Klötze gegeben haben, aber sie waren gleichwohl nicht die Repräsentanten der üblichen römischen Tischkultur.

Ähnlich verhielt es sich mit der «Einstellung» gegenüber Flatulenzen. Ihre Duldung bei Tisch entsprach *nicht* dem römischen Comment. Angesichts der meist üppigen Tafeleien führte das freilich zu mancherlei Schwierigkeiten und «Konflikten», zumal es als unhöflich galt, während der das Essen begleitenden Musikdarbietungen und Rezitationen aufzustehen (Luk. merc. cond. 12). Als großzügiger Gastgeber erlaubt es Trimalchio daher seinen Gästen – aber eben *wider* die T.! –, sich im Triclinium zu erleichtern, denn «die Ärzte verbieten das Anhalten» und «die Flatulenz geht ins Gehirn und verursacht im ganzen Körper Aufruhr» (Petr. 47, 5). Wie sehr es freilich grundsätzlich verpönt war, seinen Blähungen «freien Lauf» zu lassen, zeigt die – dann allerdings nicht in die Tat umgesetzte – Überlegung des selbst von Winden geplagten Kaisers Claudius, die Erlaubnis zu «leisen und lauten Blähungen bei Tisch» per Rechtsedikt auszusprechen (Suet. Claud.32; Sen. Apok. 4, 3). Daß wohlriechende → Salben an die Tafelnden verteilt und die Luft im Raum durch Parfümbesprengungen «aufgefrischt» zu werden pflegte (Mart. III 12), hat im übrigen mit diesem Gesichtspunkt nichts zu tun. Diese Wohlgerüche sollten wohl hauptsächlich dem unangenehmen Qualm und Geruch der Öllampen entgegenwirken. Schließlich das Stichwort → Brechmittel. Auch die Einnahme solcher Vomitive gehörte keinesfalls zu den normalen T. der Römer – auch nicht im Kreise der Wohlhabenden, die bei diesem Stichwort natürlich ganz im Vordergrund stehen. Über die T. der einfachen Leute berichten die Quellen wenig. Mit Ausnahme der religiösen «Umrahmung» des Essens: Das Tischgebet zu Beginn des Mahles (*deos invocare;* Quint. decl. 301) dürfte auch bei ihnen eine Selbstverständlichkeit gewesen sein, und ebenso das Larenopfer vor dem → Nachtisch, bei dem man den Hausgöttern Salzkörner darbrachte (Stat. silv. I 4, 130; Acro ad Hor. c. II 16, 44). Deshalb gehörte auch in ärmeren Haushalten ein Salzfäßchen *(salinum)* auf den Tisch, das vielfach zum Familienerbstück avancierte (Hor. c. II 16, 13; Plin. NH XXXIII 153). Wobei die Römer pragmatisch genug waren, das geschmacklich Angenehme mit dem kultisch Notwendigen zu verbinden: Natürlich griff man auch während des Essens zum Salzfaß, um die Speisen nachzuwürzen.

Verhaltensregeln beim Gastmahl als «Erinnerungsstützen»
Mit Wasser wasche die Füße und danach trockne sie ein Sklave. Ein Tuch bedecke die Liege; man beschmutze unsere Leinenwäsche nicht. Vermeide begehrliche Äußerungen und Blicke gegenüber Frauen anderer. Die Zunge bewahre Zurückhaltung. Vermeide möglichst Streit und verschiebe gehässige Auseinandersetzungen, andernfalls gehe nach Hause!
Wandinschrift aus der Casa del Moralista in Pompeji; CIL IV 76989 a–c (mit Ergänzungen von A. Maiuri)

QQ: Hor. sat. II 8; Ov. ars am. III 755 ff.; Plin. NH XXXVI 184; Plin. min. ep. I 15; Mart. III 17; 50; 82; V 78 f.; VII 20; 48; XII 28; 87; XIV 1; 120 f.; 136; 139; 141; Petr. 31 f.; Val. Max. II 1, 2; Plut. Mor. 697 ff. (Quaestiones convivales); Luk. Convivium; De mercede conductis; CIL IV 7698.

Lit.: Stein-Hölkeskamp, Röm. Gastmahl; J. B. Gold / J. F. Donahne (Hg.), Roman dining, Baltimore 2005; Faas, Around the Roman table 48 ff.; Neumeister, Antikes Rom 170 ff.; Balsdon, Life and leisure 32 ff.; Paoli, Leben 119 ff.; Marquardt, Privatleben I 300 ff.

Toilette

Das üblichste lateinische Wort für T., *latrina,* ist aus *lavatrina* entstanden, ursprünglich ein von der Küche abgetrennter Waschraum (Varro LL IX 68). In pompejanischen Häusern findet sich die T. tatsächlich häufig, getrennt vom kleinen Bad, nahe der Küche. Abflußrohre führten in eine Klärgrube oder einen Graben; da in den meisten Städten ein ausgedehntes Kanalisationsnetz fehlte, kam ein Anschluß der T. an ein Abwassersystem nur selten in Frage.

Im Unterschied zu den Privathäusern gab es in Miethäusern *(insulae)* keine eigenen T. Die Bewohner waren auf → Nachttöpfe und öffentliche Bedürfnisanstalten angewiesen. Zur Sammlung von Urin standen unter den Treppenverschlägen vielfach auch große Bottiche, die von Gerbern dort aufgestellt und von Zeit zu Zeit geleert wurden.

Ähnliche Amphoren, deren Hälse für diesen Gebrauch zweckmäßigerweise abgeschlagen waren, fand man spätestens seit dem 2. Jh. v. Chr. in manchen Seitenstraßen Roms; sie wurden von Männern offenbar damals schon rege frequentiert (Macrob. Sat. III 16, 15). In der Kaiserzeit gehörten diese *dolia* zum Stadtbild (Prop. IV 5, 73; Lukr. IV 1026). Sie wurden von Walkern und Gerbern «betrieben», die für diesen kostenlosen «Rohstoff» von Vespasian zu einer Urin-Steuer herangezogen wurden (Suet. Vesp. 23, 3: daher das berühmte *non olet;* [das Geld] stinkt nicht!).

Reguläre, allen Bürgern zugängliche Bedürfnisanstalten waren über das gesamte Stadtgebiet verteilt; in Rom gab es davon im 4. Jh. n. Chr. 144. Spuren von zwei dieser *latrinae (foricae) publicae* sind im Zentrum entdeckt worden. Besser erhalten haben sich zahlreiche in bzw. nahe bei Thermen gebaute öffentliche Toilettenanlagen (u. a. in Ostia, Pompeji, Nizza, Timgad). Sie bestehen in der Regel aus an drei Wänden in Hufeisenform angeordneten marmornen Sitzbänken mit Löchern und davor eingelassenen Schlitzen. Unter den Bänken verläuft eine Rinne, durch die kontinuierlich frisches Wasser zum Wegspülen der Fäkalien lief. Mehr als 20 Sitze direkt nebeneinander waren keine Seltenheit; Trennwände gab es nicht, so daß die Latrinen auch als «Treffpunkte» dienten, an denen man mit anderen Bürgern ins Gespräch kam. In ironischer Überspitzung beschreibt Martial einen gewissen Vacerra, der ganze Tage auf öffentlichen T. verbringe, um dort von Zufallsbekanntschaften Einladungen zum Essen zu erhalten (mit der Pointe: *cenaturit Vaccera, non cacaturit;* «essen will V. da, nicht kacken!», XI 77). Man nahm sich offenbar Zeit; manche Benutzer kritzelten → Graffiti auf T.-Wände (*Secundus hic cacat,* «S. kackt hier», CIL IV 3146) oder versuchten sich dort als Poeten (Mart. XII 61, 7 ff.). Zum Waschen der

Toilettenanlage in Dougga, Tunesien, und schematische Darstellung einer römischen Toilette (nach L. Hugot, BJbb 159, 1959, 378).

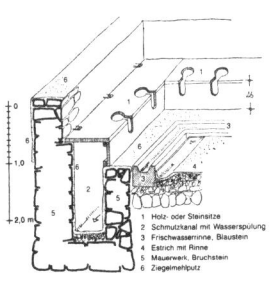

Hände diente ein Wasserbecken oder eine zweite, vor den Sitzen verlaufende Rinne. Über weitere Details der T.-Hygiene fehlen eindeutige Quellenbelege; der von Seneca erwähnte lange Stab mit → Schwamm (ep. 70, 17; Mart. XII 48, 7) diente eher der Reinigung der T. als der des Körpers. Die erhaltenen großen T.-Anlagen vor allem in den Thermen sind aufwendig ausgestattet (Marmorsitze, manchmal mit Hypokaustenheizung, Mosaikfußböden); sie lassen einen recht hohen hygienischen Standard erkennen, den die – z. T. von Pächtern unterhaltenen und gegen geringes Entgelt zu benutzenden (Juv. III 38) – einfachen Latrinen nicht unbedingt boten.

Daß manch einer den «einfacheren» Weg wählte und gar keine T. aufsuchte, zeigen eindringliche Warnungen pompejanischer Hausbesitzer und nicht minder drastische Grabinschriften, die den «Schmutzfinken» alle möglichen Strafen androhen: Vom nicht weiter definierten *malum* («Übel») über den Zorn der Götter bis zum Hinweis auf unangenehme Brennesseln (CIL IV 3782; 7716; Dessau ILS 8202 f.). Weil auf den Straßen außerhalb der Städte große Grabanlagen besonders zum Mißbrauch als T.-Ersatz einluden, will Trimalchio einen Wächter vor seinem Grab postieren, «damit das Volk nicht zum Kacken dorthin rennt» (Petr. 71, 8).

Warnung vor Mißbrauch des Bürgersteigs
«Mistkerl, geh ein Stück weiter zur Mauer! Wenn du erwischt wirst, setzt's unweigerlich Strafe. Paß bloß auf!»
Graffito aus Pompeji (CIL IV 7038)

QQ: Mart. XI 77; XII 61; Suet. Vesp. 23, 2; Macrob. Sat. III 16, 15.

Lit.: B. Hobson, Latrinae et foricae, London 2009; Weeber, Luxus II 119 ff.; G. Jansen, Stiller Ort mit Aussicht, AW 36, 2005, 55 ff.; R. Neudecker, Die Pracht der Latrine. Zum Wandel öffentl. Bedürfnisanstalten in der kaiserzeitl. Stadt, München 1994; A. Scobie, Slums, sanitation and mortality in the Roman world, Klio 48 (1986), 407 ff.; Friedländer, Sittengeschichte IV 310 f.; H. Thédenat, Art. *Latrina*, DS III 986 ff.

Totengedenken

Das Andenken an einen Verstorbenen durch einen Besuch auf dem → Friedhof sowie durch Pflege und Schmuck seines Grabes wachzuhalten, sind in unserer Welt die wichtigsten Ausdrucksformen «tätigen» T. Bei den Römern war das nicht viel anders. Solche Formen des T. waren bei ihnen eher noch umfangreicher und stärker ritualisiert, und sie waren außerdem Teil eines Totenkultes, der neben der Pietätsempfindung auch die Scheu der Lebenden vor einer nicht genau faßbaren «Macht» der Totengeister *(Manes)* zum Ausdruck brachte. Dieses *Manes placare* («Versöhnen», «Friedlichstimmen der Totengeister»; Ov. fast. II 533; Hor. epist. II 1, 38) verlieh dem römischen T. die spezifische religiöse, durchaus auch von abergläubischen Vorstellungen gespeiste Dimension, die über die bloße Pflege des Andenkens hinausging.

Das Grab war grundsätzlich ein *locus religiosus,* ein «geweihter Ort» (wenngleich Entweihungen durch → Graffiti-Schreiber, → Prostituierte oder ihre Notdurft verrichtende Reisende u. ä. absolut nichts Ungewöhnliches waren; vgl. Petr. 71, 8). Zu einem solchen wurde es nach Beendigung aller → Begräbnis-Rituale, die mit einem Leichenmahl am Grabe abgeschlossen wurden. Dazu trafen sich die Familienangehörigen wahrscheinlich neun Tage nach der

Totenmahlszene: Auf einer Kline ruhend der Verstorbene, links auf einem Sessel sitzend (s)eine Frau mit einem Saiteninstrument. Dienerinnen bringen in Schüsseln Brot, Geflügel und Wildbret herbei, eine trägt einen Weinkrug. Sarkophag des P. Caecilius Vallianus aus Rom, Ende 3. Jh. n. Chr.

Bestattung (Porph. ad Hor. epod. XVII 48) zu einem Leichenschmaus, bei dem dem Toten Speisen und Getränke geopfert wurden. Dieses → Opfer wiederholte sich während der jährlichen Totenfeier an den Parentalia (von *parentes*; «Elterngedenktage»), die vom 13. bis 21. Februar begangen wurden. Der eigentliche Gedenktag und Höhepunkt lag auf dem letzten Tag der Festperiode. Er hieß Feralia, nach einer kaum haltbaren Etymologie deswegen, weil «man dann die Speisen für diejenigen, denen man das Elternopfer darbringt, zum Grab *trägt* (von *ferre,* «tragen»; Varro LL VI 13). Das konnten Brot und Früchte, Kuchen und Wein, aber auch Weihrauch und Blumen sein; nur «kleine Geschenke», meint Ovid und präzisiert das als z. B. «einen Ziegel, umhüllt mit Opferkränzen, ausgestreute Früchte, ein wenig Salzkörner und Brot, in Wein geweicht, und lose Veilchen» (fast. II 537 ff.).

In wohlhabenden Familien stellte man sich nicht nur diese Gaben in einem Tonkrug ans Grab oder goß die Opfergetränke durch eine Öffnung hinein, sondern ehrte den Toten auch mit einem gemeinsamen Mahl in der Grabanlage. In einer Reihe von Grabbereichen haben sich gemauerte Ruhebänke gefunden, die offenbar zu solchen Mählern genutzt wurden (v. Hesberg, Grabbauten 17). Neben diesem allgemein begangenen Feraliafest dienten individuelle Anlässe, vor allem der Jahrestag des → Geburtstages eines oder einer Verstorbenen, für das T. der Verwandten am Grab. Die Mittel für diese Feiern und die Grabpflege stellten viele Römer testamentarisch in Form einer Stiftung bereit, deren Erträge allein diesem – von ihnen selbst zu Lebzeiten angeordneten – T. dienten: Ausdruck des weitverbreiteten Wunsches nach einer Form des Weiterlebens und des Nachruhms. Weniger Betuchte konnten sich dieses «organisierte» T. durch die Mitgliedschaft in einer Art Sterbekasse *(collegium funeraticium)* sichern. Mit den jährlich eingezahlten Beiträgen hatte das Mitglied nicht nur Anspruch auf ein würdiges Begräbnis, sondern in vielen Collegien auch auf Schmücken seines Grabes und kultische Mahlzeiten der überlebenden «Genossen», die bezeichnenderweise als *comestores, convictores* oder *sodales ex symposio* («Mitglieder an gemeinsamer Essenstafel»; CIL IX 3693; III 1825; V 6492) bezeichnet wurden.

Anweisungen für den Ernstfall: Totenkult als Testamentsauftrag

Ich will, daß das Grab, das ich habe errichten lassen, nach dem von mir gegebenen Entwurf fertiggestellt wird (...). Die Pflege sollen drei Gärtner mit ihren Gehilfen übernehmen (...). Mein Enkel Aquila und seine Erben sollen zu diesen Kosten beisteuern. (...) Alle, die ich zu meinen Lebzeiten oder durch Testament freigelassen habe, sollen anteilmäßig einen Betrag von... im Jahr beitragen. Mein Enkel Aquila und sein Erbe sollen jedes Jahr den Betrag von... für die Zubereitung der Speisen und Getränke zahlen, die man unter und vor dem Grabmal aussetzen soll..., und sie sollen sie hier an dieser Stelle verzehren und bleiben, bis alles aufgebraucht ist. Zu diesem Zweck sollen sie Treuhänder bestimmen, denen in jedem Jahr diese Aufgabe übertragen wird (...). Ich gebe diesen Auftrag dem Priscus, Phoebus, Philadelphus und Verus: Nach meinem Tode sollen sie jedes Jahr zusammen mit den benannten Treuhändern die Zeremonien auf dem Altar durchführen jeweils am ersten Tag im April, Mai, Juni, August und Oktober... Auszüge aus CIL XIII 5708

Im Mai und Juni feierte man – zu nicht genau festgelegten Tagen – die Rosalia, das Rosenfest. Die ersten Rosenblüten bedeuteten den Beginn der wärmeren Jahreszeit – und an dieser Freude ließ man die Verstorbenen gewissermaßen teilhaben, indem man ihre Gräber mit Rosen schmückte. Oft verbanden sich dieses Ausstreuen von Rosenblüten und Niederlegen von Rosenkränzen ebenfalls mit einem üppigen Schmaus der Hinterbliebenen am Grab (Belege in RE I A [1914], 1113f.); auch das Aufstellen von Kerzen und Fackeln zu dieser und anderen Gelegenheiten ist inschriftlich bezeugt (Dessau 8366).

Die Rosalia waren indes kein ausschließliches Totenfest – im Unterschied zu den Parentalia und den Lemuria, die am 9., 11. und 13. Mai begangen wurden. Zwar begaben sich die Angehörigen wohl am ersten dieser drei Lemuria-Festtage zum Grab, um dort kleine Gaben niederzulegen (Ov. fast. V 425 ff.), doch spielte sich der bedeutendere Teil des kultischen Geschehens in den *Häusern* ab: aus Furcht vor dem → Spuk der Lemuren, wie die Totengeister an diesen Tagen genannt wurden, hatte sich ein apotropäisches Ritual herausgebildet, das der Hausvater vollziehen mußte. Unter anderem warf er schwarze Bohnen als Opfergaben hinter sich und rief neunmal die Formel *manes exite paterni!*, «Seelen der Väter, geht aus dem Hause!» – eine sozusagen exorzistische Form des T., mit dem man die Verstorbenen zur Rückkehr in ihre Gräber zu bewegen suchte...

QQ: Ov. fast. II 533 ff.; V 419 ff.; Auson. epist. 31; CIL XII 5708.

Lit.: S. Braune, Convivium funebre, Hildesheim 2008; I. Morris, Death-ritual and social structure in class. Antiquity, Cambridge 1992; H. v. Hesberg, Römische Grabbauten, Darmstadt 1992, 16 f.; Duval, Gallien 346 ff.; J. M. C. Toynbee, Death and burial in the Roman world, London 1971, 61 ff.

Tourismus

Der römische T. war hauptsächlich ein Bildungs-T. derer, die über genug Vermögen und → Freizeit verfügten. Innerhalb dieser Oberschicht waren solche Reisen beliebt. Ein touristischer Aufenthalt vor allem in den griechisch sprechenden Provinzen konnte Bestandteil einer rhetorischen oder philosophischen Ausbildung sein (Cic. Brut. 314 ff.); er ließ sich aber auch mit dienstlichen Pflichten in Administration oder Heerführung verbinden (Tac. Ann. II 53). Die Flucht vor einer unglücklichen Liebesbeziehung mochte den einen oder anderen im T. Trost finden lassen (Prop. III 21); die meisten aber brachen zu einer Bildungsreise auf, weil Neugier sie trieb oder es einfach «dazu gehörte». Reisen war mühsam und langsam; römische Touristen mußten sich deshalb, wenn sie Italien verließen, viel Zeit nehmen. Monatelange Reisen waren so keine Seltenheit, sondern eher die Regel.

Abenteuer-T. war die Sache der Römer nicht; es reizte sie daher nicht, sich als Touristen außerhalb des «zivilisierten» Imperiums zu begeben – auch das römische Germanien lockte keine Touristen an. In den stärker romanisierten westlichen Provinzen wie Gallien und Spanien gab es einen gewissen, aber schwerlich sehr ausgeprägten T. Auch Landschafts-T. war unterentwickelt. Allenfalls bekannte Flüsse wie Nil und Mäander, literarisch berühmte Landschaften wie das Tempetal oder kultisch verehrte Quellen und Grotten stellten landschaftliche Attraktionen dar, die man sich nicht «entgehen» ließ, wenn man in der Nähe war; im Zentrum des touristischen Interesses standen sie jedoch nicht.

Dieses richtete sich vielmehr auf den Osten des Reiches. Genauer gesagt: auf die Meisterwerke der griechischen Kunst, die Städte, in denen die bedeutendsten Köpfe der Geistesgeschichte gewirkt hatten, und die Stätten, die sich mit den Höhepunkten griechischer Geschichte und Mythologie verbanden. «Kultorte», die auf keiner Bildungstour fehlen durften, waren u. a. Athen, Delphi, Korinth, Olympia, Delos, Rhodos sowie Ephesos und Smyrna in Kleinasien. Man besuchte die Gräber von Heroen und Heroinen – etwa das «Grab Helenas» auf Rhodos – ebenso wie die historischer Persönlichkeiten, Pindars Grab in Theben oder Alexanders Grab in Alexandria. Häuser berühmter Männer standen ebenso auf dem touristischen Programm wie Schlachtfelder – so vor allem das 35 km von Athen entfernte Marathon – und klassische Kunstwerke: die Zeus-Statue in Olympia, die Aphrodite von Knidos oder die Bronzekuh des Myron auf der Akropolis von Athen. Museen im heutigen Sinne gab es nicht; wer viele bedeutende Werke der plastischen Kunst sehen wollte, mußte in Griechenland und Kleinasien Tempel um Tempel aufsuchen. Was Touristen interessierte,

Touristen...
Wir pflegen Reisen zu unternehmen, das Meer zu überqueren, um Dinge kennenzulernen, die uns, wenn wir sie immer vor Augen haben, nicht interessieren (...). Von vielem in unserer Stadt und ihrer Umgebung haben wir weder je etwas gesehen noch auch nur gehört, was wir, befände es sich in Achaia, Ägypten, Asien oder sonst einem beliebigen Lande, das reich an Wundern ist und für sie Reklame zu machen weiß, längst gehört, gelesen und besichtigt hätten. Plinius, Briefe VIII 20, 1 f.

war die große Vergangenheit, nicht die – in vielen Fällen kümmerliche – Gegenwart Griechenlands. Die meisten Touristen hatten nur Augen für die historischen Leistungen früherer Generationen, nicht für die Nöte der gegenwärtigen.

Zum Kanon der klassischen Besichtigungsstätten gehörte natürlich auch das an der kleinasiatischen Küste gelegene Ilion, das man mit dem vor Urzeiten zerstörten Troja gleichsetzte. Patriotisch gesinnte Römer besuchten voller Ehrfurcht den Ort, aus dem einst die überlebenden Trojaner geflohen sein sollten, um in Italien ein neues, glücklicheres Troja aufzubauen. Die Bewohner Ilions verstanden es geschickt, den Strom römischer Touristen auf der Suche nach ihrer «Urheimat» in ihre Stadt zu lenken: Sie zeigten den Besuchern eine Reihe von Gräbern, in denen angeblich die von Homer besungenen Helden beigesetzt waren (Luc. Phars. IX 961 ff.; Strabo XIII 1, 34 f.).

Als touristisches «Traumland» erfreute sich Ägypten großer Beliebtheit. Seine jahrtausendealte Tradition verlieh dem Nilland einen exotischen Reiz, weil dort noch vieles anders war als im klassischen griechisch-römischen Kulturraum. Jeder Ägypten-Tourist genoß die Attraktionen Alexandrias: den Leuchtturm, das Grab Alexanders des Großen, die Bibliothek innerhalb des Museions, das als Forschungsinstitut weltberühmt war. Alexandria war das schon relativ stark griechisch geprägte Eingangstor; «ägyptischer» wurde es, je weiter die Touristen nilaufwärts fuhren. Weitere Zentren des Ägypten-T. waren Memphis als Ausgangsbasis für eine Pyramiden-Besichtigung, die Felsgräber im Tal der Könige und die Ruinen von Theben. Dort fand das sog. tönende Bild des Memnon die besondere Aufmerksamkeit der Touristen, von denen viele nur wegen dieses «Wunders» den weiten Weg auf sich genommen hatten: Bei Sonnenaufgang erklang aus einer in Trümmern liegenden Riesenstatue ein Ton, der dem einer zerspringenden Saite ähnlich war (Strabo XVII 1, 46; Plin. NH XXXVI 58). Wie besucht diese Stätte war, zeigt eine große Zahl von → Graffiti, die Touristen der römischen Kaiserzeit dort – wie auch an den Königsgräbern – hinterlassen haben (CIL III 30 ff.; vollständig bei Bataille, Memnonia).

Das Staunen weitgereister Besucher über besonders exotische «Kunststücke» war von jeher eine gute Fremdenverkehrswerbung. So auch in Ägypten: Im Ort Dusiris bei Memphis hatten sich ein paar Einheimische auf das Erklettern der Pyramiden spezialisiert (Plin. NH XXXVI 76) – vermutlich vor den Augen zahlungswilliger Touristen. Und auch die furchteinflößenden Krokodile wurden geschickt zur Ankurbelung des T. eingesetzt: Man «trainierte» sie, sich füttern zu lassen, ja sogar stillzuhalten, wenn Priester ihnen das Maul öffneten und ihnen die Zähne putzten (Strabo XVII 1, 38; Plut. Mor. 976 b). Die Touristen schauten diesem Spektakel gebannt zu – und konnten daheim wundersame Geschichten zum besten geben (s. Zitat).

Wie informierten sich die Touristen? Es gab zwar Reisebücher wie die sehr detaillierte (und sehr langweilige) «Beschreibung Griechenlands» aus der Feder des Pausanias (2. Jh. n. Chr.) – der einzige erhaltene Reiseführer der Antike –

... mit eigenen Augen gesehen!

Kürzlich kam unser guter Philinos von einer Reise nach Ägypten zurück und erzählte uns, er habe in Antaeopolis eine alte Frau auf einem niedrigen Lager direkt neben einem Krokodil schlafen sehen – und das habe neben ihr in sehr dekorativer Weise ausgestreckt gelegen! Plutarch, Moralia 976 b

, doch bediente sich das Gros der Touristen einer tatsächlich oder vermeintlich authentischeren Informationsquelle: Nicht nur in den großen Touristenzentren, sondern auch in kleineren Orten boten Fremdenführer, in Tempeln häufig die Priester, ihre Dienste gegen Bezahlung an (Cic. Verr. II 4, 132; Strabo XVII 1, 29). Aufdringlichkeit gehörte dabei ebenso zum «Geschäft» wie heute: «Hätte mich doch Zeus vor seinen Fremdenführern in Olympia, Athena mich vor ihren Reiseführern in Athen geschützt!», läßt Varro einen entnervten Touristen aufseufzen (Men. 34). Gefürchtet war auch die Langatmigkeit mancher Führer, die die Besucher mit ihrem enzyklopädischen Wissen geradezu erschlugen (s. Zitat). Andererseits richteten sich die Erklärungen oft nach dem, was die Touristen hören wollten. Die Erwartungshaltung der Fremden, die sich am Wunderbaren und Wundersamen einer großen Vergangenheit berauschen wollten, siegte dann oft genug über die weniger spektakuläre Wirklichkeit: Ohne die alten Legenden müßten die griechischen Fremdenführer Hungers sterben, meint Lukian, «da die Fremden die bloße Wahrheit nicht einmal umsonst hören wollen» (Philopseud. 4).

Fremdenführung als Martyrium
Die Führer (in Delphi) spulten ihr übliches Programm ab, ohne sich um unsere Bitten zu kümmern, ihre Ausführungen zu kürzen und den Großteil der Inschriften nicht zu erläutern.
Plutarch, Moralia 395 a

Die Andenken, die Touristen von ihren Reisen mitbrachten, unterschieden sich im Prinzip wenig von den heutigen Souvenirs: Typische Produkte einer Region wie hymettischer Honig aus Athen, syrisches Glas oder Papyrus aus Alexandria, ein Fläschchen «heiligen» Nilwassers, Miniaturkopien berühmter Kunstwerke oder auch originalgroße Repliken, Glasflaschen, auf denen Sehenswürdigkeiten eines Touristengebiets abgebildet waren, und ähnliche Produkte, bei denen die Grenzen zwischen Kunsthandwerk und Kitsch fließend waren. Welche Bedeutung dem Wirtschaftszweig Souvenir-Produktion und -Verkauf zukam, zeigt schlaglichtartig der wütende Protest, mit dem die Hersteller und Verkäufer von Andenken auf die Predigten des Apostels Paulus in Ephesos reagierten. Ihr Anführer war der Goldschmied Demetrios, der silberne Modelle des berühmten Artemis-Tempels herstellte und um seinen Absatz fürchtete, wenn die «neue» Religion an Boden gewinnen sollte (Apg. 19, 23 ff.).
Wer die Mühen einer Reise von Italien in den Osten scheute, kam, zumindest was Meisterwerke griechischer Kunst angeht, auch in der Hauptstadt selbst auf seine Kosten. Daß Rom ein florierendes T.-Ziel für Besucher aus den Provinzen war und sogar Touristen aus fernen Ländern anzog (Mart. VII 30), versteht sich von selbst. Vor allem die öffentlichen «Spiele» waren ein einzigartiger Publikumsmagnet, so daß dazu «die ganze weite Welt in der Stadt war» (Ov. ars am. I 174; Suet. Caes. 39, 4). Daneben boten Tempel und Thermen, Säulenhallen und Theater reiche Sammlungen vorzüglicher Kunstwerke, von denen die meisten nicht ganz freiwillige «Leihgaben» der früheren griechischen Eigentümer waren (Überblick bei Plin. NH XXXIV 54 ff.). Touristen, denen

der Sinn nach leichterer Bildungs-Kost stand, wurden ebenfalls nicht enttäuscht: Sie konnten im Marstempel das Schwert Caesars bewundern oder im Concordia-Heiligtum sogar den (angeblichen) Ring des Polykrates (Suet. Vit. 8, 1; Plin. NH XXXVII 4).

QQ: Cic. leg. II 4; Brut. 314 ff.; Prop. III 21; Strabo XIII 1, 27; 32; XVII 1, 38; Liv. XXXVII 54, 20; XLV 27, 5 ff.; Luc. Phars. IX 950 ff.; Plin. ep. VIII 20, 1 f.; Tac. Ann. II 53 f.; Plut. Mor. 395 a; 396 c; 976 b; Luk. Amores 8 ff.; Philopseud. 3 f.; Touristen-Graffiti in Ägypten: A. Bataille, Les Memnonia, Kairo 1952.

Lit.: M. Klee, Lebensadern des Imperiums. Straßen im Röm. Reich, Stuttgart 2010; J. Elsner / J. Rutherford, Pilgrimage in Graeco-Roman and early Christian Antiquity, Oxford 2005; W. Heinz, Reisewege der Antike, Stuttgart 2003; E. Künzl / G. Koeppel, Souvenirs und Devotionalien. Zeugnisse des ... Tourismus im Römerreich, Mainz 2002; E. Olshausen / H. Sonnabend (Hg.), Zu Wasser und zu Land. Verkehrswege in der antiken Welt, Stuttgart 2002; C. Adams / R. Laurence, Travel and geography in the Roman Empire, London 2001; W. H. Gross, Bildungsreisen in der röm. Kaiserzeit, in: E. Olshausen (Hg.), Der Mensch in seiner Umwelt, Stuttgart 1983, 47 ff.; H. Bender, Röm. Reiseverkehr. Cursus publicus und Privatreisen, Aalen 1978; Casson, Reisen 268 ff.; Friedländer, Sittengeschichte I 391 ff.

Traumdeutung

Der Traum galt in der gesamten Antike als eine Form der Berührung mit dem Übersinnlichen. Weil sich die Seele, so die Lehre der Orphik schon im 7. Jh. v. Chr., im Schlaf vom Körper befreit, kann sie dann ungehindert mit höheren Wesen in Kontakt treten. Der Traum ist daher eine wesentliche Erkenntnisquelle für die Zukunftsdeutung. Plutarch bezeichnet sie als «ältestes Orakel der Menschheit». Nicht allen Träumen schrieb man allerdings diese mantische Qualität zu. Der T. oblag es, «wahre» von «falschen» Träumen zu unterscheiden sowie «wahre» Träume angemessen auszulegen. Der Traumdeuter konnte dabei auf eigene Erfahrungen und in der Fachliteratur veröffentlichte Lehren zurückgreifen; er mußte aber auch die persönlichen Umstände des Träumenden (Beruf, Gewohnheiten, frühere Träume) berücksichtigen. Je höher die soziale Stellung des Träumenden bzw. der im Traum erscheinenden Gestalt war, um so größere Bedeutung kam ihm zu («Königstraum»). Man unterschied zwischen unverschleierten und allegorischen Träumen (z. B. Abgrund als Chiffre für «Gefahr»; blühender Baum als Vorzeichen für Glück und Erfolg). Einen anschaulichen Einblick in die Praxis der T. gibt das «Traumbuch» des griechischen Autors Artemidor (2. Jh. n. Chr.), in dem er 1200 Träume mit ca. 3000 Deutungen analysiert.

Der Glaube an die mantische Bedeutung von Träumen war weit verbreitet; auch unter den Philosophen bildeten Skeptiker eine Minderheit. Manche Leute suchten nach jedem Traum einen Traumdeuter auf (Theophr., Der Abergläubische). Entsprechend groß war der Bedarf an Traumdeutern. Sie boten ihre Dienste auf öffentlichen Märkten und Festen an. Ihre Buden hatten großen Zulauf, auch wenn der Berufsstand wegen der vielen Scharlatane nicht sehr geachtet war. Als qualifizierter Traumdeuter galt, wer neben einer einschlägigen Schulung auch über eine natürliche divinatorische Anlage verfügte. Die Herkunft aus bestimmten Gegenden (z. B. dem Sabinerland oder dem sizilischen Hyblaia) sprach für besondere Eignung.

Politiker und Herrscher benutzten die Traumdeutung gern, um – meistens im nachhinein – wichtige Entscheidungen oder ihre Stellung zu legitimieren (z. B. Caesars Inzesttraum vor Überschreitung des Rubikons: Er werde sich der

«Mutter» Erde bemächtigen, analysierten die Traumdeuter; Suet. Caes. 7, 2; Plut. Caes. 32, 6).

Auch die → Medizin nahm die Träume ernst und bezog sie im Rahmen einer ganzheitlichen Behandlung in die Diagnose und Therapie ein. Dem Medizinhistoriker Galen (2. Jh. n. Chr.) zufolge taucht die Seele im Schlaf in die Tiefe des Körpers und nimmt so die wirkliche körperliche Verfassung wahr. Die berühmteste Traumheilstätte noch in der Kaiserzeit war das Asklepios-Heiligtum in Epidauros, wo Träume mit Hilfe von Techniken der Auto-Suggestion zur Heilung genutzt wurden. Freud und seine Schule beziehen Erkenntnisse der antiken T. in ihre Analyse von Träumen ein.

QQ: Artemidor, Das Traumbuch; Synesios, Über Träume.

Lit.: B. Näf, Traum und Traumdeutung im Altertum, Darmstadt 2004; Chr. Walde, Antike Traumdeutung und moderne Traumdeutung, Düsseldorf 2001; L. Hermes, Traum und Traumdeutung in der Antike, Krummwisch 3. Aufl. 2002; G. Luck, Magie und andere Geheimlehren in der Antike, Stuttgart 1990; K. Brackertz (Hg.), Artemidor von Daldis, Das Traumbuch, Zürich/München 1979, 349ff.; N. Lewis, The interpretation of dreams and portents, Toronto/Sarasota 1976; R. Herzog, Die Wunderheilungen von Epidauros, 1931; B. Büchsenschütz, Traum und Traumdeutung im Alterthume, Berlin 1868.

Trinkgelage

Das T. *(comissatio)* war Teil eines → Gastmahls, sozusagen der zweite Akt, der sich an das gemeinsame → Abendessen *(cena)* anschloß. Das meist reiche Tafeln hatte eine «Grundlage» geschaffen, auf der sich gut weitertrinken ließ. Neue Gäste und Nachtschwärmer, die einen Ort zum Weiterzechen suchten, waren willkommen (Petr. 65). Ursprünglich waren T. reine Herrenabende, zu denen allenfalls leichte Mädchen – wie beim griechischen Vorbild, dem Symposion, nicht unüblich – geladen waren.

In der Kaiserzeit lockerten sich die Sitten, und es nahmen mitunter auch ehrbare Frauen wie etwa die Herrin des Hauses teil (Petr. 63; 65; Plin. NH XIV 141). In weniger traditionsbewußten Kreisen jüngerer Menschen war das schon in augusteischer Zeit ganz üblich geworden: Ovid empfiehlt dem auf Freiersfüßen wandelnden Galan auch das T. als «Jagdgrund», wo «es noch etwas außer dem Wein gibt, das du dir dort holen kannst» (ars am. I 230; vgl. Prop. II 34, 55ff.).

Bacchus und Amor Hand in Hand – das Gelage macht's möglich

Wenn also die Gaben des Bacchus für dich aufgetischt sind und eine Frau dein Speisesofa teilt, dann bete zum Vater der Nacht und seinen nächtlichen Weihen, daß sie den Wein deinem Kopf nicht schaden lassen. Hier darfst du vieles in geheimer Zeichensprache sagen, von dem sie spüren soll, daß es ihr gilt, leichte Schmeicheleien mit klarem Wein niederschreiben, damit sie auf dem Tisch lesen kann, daß sie die Dame deines Herzens ist.

Ovid, Ars amatoria I 565ff.

Kränze, wohlriechende → Parfüms und → Salben gaben dem T. seinen heiteren, schmuckvollen Rahmen. Häufig wurde ein «Trinkkönig» *(rex, arbiter, magister bibendi)* ausgewürfelt (Hor. c. II 7, 21ff.), der den Trinkcomment festlegte. Er bestimmte das Mischverhältnis zwischen → Wein und Wasser und forderte die einzelnen Teilnehmer zu individuellen Beiträgen zur Unterhaltung auf, die nicht selten dem Prinzip «verrückter Regeln» *(insanae leges;* Hor. sat.

II 6, 69) verpflichtet waren. Das Ex-Trinken einer bestimmten Anzahl von *cyathi* (1 *cyathus* = 0,45 dl) gehörte dazu, begleitet von gegenseitigem Zutrinken und dem Ausbringen von → Trinksprüchen.

Dem hohen Anspruch griechischer Symposien, bei denen man sich (idealiter) über mehr oder weniger wichtige Fragen kultiviert unterhielt, wurden die meisten römischen T. nicht gerecht. Nur wenige Gastgeber ließen dramatische oder lyrische Werke vortragen (Juv. XI 179ff.) – oder zumindest anspruchsvolle Unterhaltungsliteratur (s. Zitat). Manche Hausherren gaben – bei gewissen Freizeit-Dichtern eine gefürchtete Vorstellung! – eigene poetische «Ergüsse» zum besten (Mart. III 50). Die meisten Gäste zogen jedoch solcher seriösen oder wenigstens seriös sich gebenden literarischen Kost die leichte Muse der Unterhaltung vor: Possenreißer, Clowns und Sketche, aber auch musikalische Darbietungen professioneller Musiker und Sänger (Plin. ep. IX 17; Petr. 32f.; 36; Hor. epod. II 2, 9). Ein beliebter Höhepunkt war der Auftritt spanischer Tänzerinnen, die mit Kastagnettenbegleitung «ihre üppigen Hüften lüstern in geübtem Zittern schwingen ließen» (Mart. V 78, 26ff.; Juv. XI 162).

War die Eigeninitiative der Teilnehmer mehr gefragt, so wurde das Pokulieren von angeregten Gesprächen, → Würfelspiel oder dem Lösen von Rätseln begleitet (Athen. X 448b ff.). Zu vorgerückter Stunde bekam der eine oder andere auch Lust, sich mit einer → Gesangs- oder → Tanzeinlage zu produzieren – wobei nicht alles stubenrein war, was da gesungen wurde (Quint. I 2, 8). Manche T. entwickelten sich zu regelrechten Saufabenden, die sich bis zum frühen Morgen hinzogen; wieder andere mündeten in einen lautstarken Umzug durch die nächtlichen Straßen (Plaut. Most. 317ff.; Stich. 686ff.) oder endeten in Trunkenheit und handfestem Streit, in dessen Verlauf reichlich Blut fließen konnte (Luk. conv. 43ff.; s. Zitat).

Gegenüber solch gewalttätigen «Ausklängen» eines T. war das, was einer Runde junger Männer im sizilischen Agrigent anläßlich eines feucht-fröhlichen Zech-Abends widerfuhr, noch geradezu harmlos. Sie hatten sich in stundenlangem T. einen solch mächtigen Rausch angetrunken, daß sie torkelnd und schwankend glaubten, auf hoher See zu fahren. Um ihr vom «Sturm» gebeuteltes «Schiff» vor dem Kentern zu bewahren, gab ihr «Steuermann» die Parole aus, Ballast abzuwerfen. Und so flogen Möbel und Bettsachen in hohem Bogen aus dem Fenster. Das lockte neugierige Passanten an, die prompt anfingen, das kostbare Mobi-

---

Martial an die Muse seines «Büchleins»

Deine Stunde ist das, wenn Bacchus schwärmt erst,
wenn die Rose regiert, die Haare duften.
Läs mich dann doch sogar ein strenger Cato.

Martial X 20, 19ff.

Die Trink-«Schlachten» des Statthalters Verres

Die Saufgelage gingen daher so aus, daß der eine inmitten eines Handgemenges aus dem Gastmahl wie aus einer Schlacht herausgebracht, der andere wie ein Gefallener zurückgelassen wurde und die meisten überall verstreut ohne Bewußtsein und ohne jedes Gefühl da lagen, so daß jeder bei diesem Anblick glauben mußte, er habe da nicht das Gastmahl eines Prätors, sondern eine Schlacht von Cannae der Nichtsnutzigkeit vor Augen.

Cicero, Gegen Verres V 28

liar wegzutragen. Am nächsten Tag klärte sich die Sache nach Recherchen der örtlichen Polizei auf; das Haus aber hatte seinen Spitznamen: Von Stund an hieß es im Volksmund «Das Schiff» – eine heitere Gelage-«Story», die Athenaios einen Teilnehmer seines (literarischen) Symposions der philosophischen Trinkerrunde erzählen läßt (II 37 b ff.).

QQ: Cic. Verr. V 28; Cat. c. 27; Prop. II 34, 55ff.; Hor. c. II 7, 21ff.: III 19; Ov. ars am. I 229ff.; 565ff.; Plin. NH XIV 139f.; Mart. III 50; 82; V 78; Petr. 65ff.; Juv. V 24ff.; XI 162ff.; Plin. ep. IX 17; Luk. Convivium.

Lit.: K.-W. Weeber, Die Weinkultur der Römer, Düsseldorf 3. Aufl. 2005; Weeber, Nachtleben 85 ff.; E. Salza, L'arte del convito nella Roma antica, Rom 1983; G. Hagenow, Aus dem Weingarten der Antike, Mainz 1982, 39ff.; Balsdon, Life and leisure 48ff.

Trinkspruch

Bei einem Gelage *(comissatio)* war es üblich, Trinksprüche auf die Gesundheit eines oder mehrerer Mittrinker auszubringen *(propinare,* «zutrinken», von griech. προπίνω). Die schlichtesten Formeln waren *bene tibi* oder *bene te* («es gehe dir gut!»), *vivas* («du sollst leben!»), χαῖρε («zum Wohl!»). Der Freundin konnte man mit einem *bene dominae* («der Herrin zum Wohl!») zuprosten (Ov. ars am. I 601). Die ganze Gesellschaft läßt ein Sklave in einer Komödienszene hochleben: *bene vos, bene nos, bene te, bene me, bene nostram Stephanium* («euch, uns, dir, mir und auch unserer Stephanium zum Wohl!», Plaut. Stich. 709). Der T. konnte sich auch auf die Gesundheit des Kaisers oder anderer nicht anwesender Personen beziehen (Ambros. de Hel. 17; Hor. c. III 19, 9 ff.). Bei einer besonderen Variante des T. waren so viele kleine Becher *(cyathi)* zu leeren, wie der Name des «Gefeierten» Buchstaben hatte (Mart. I 71; IX 93, 3). T.-artige Aufschriften – gewissermaßen als Wunsch des Gastgebers oder des Wirts – finden sich auf zahlreichen erhaltenen Bechern; z. B. *salus* («Gesundheit!»); *hilaris vivas* («lebe heiter!»), *bibe, vivas multis annis* («trink und lebe viele Jahre!»); daneben auch griechische Formeln wie z. B. auf einem Kölner Diatretglas πίε, ζήσεις καλῶς ἀεί («Trinke! Lebe stets gut!»; CIL XIII 10018).

Diatretglas aus Köln mit dem Trinkspruch: «Trinke! Lebe stets gut!», in griechischer Schrift und Sprache. Auf dieser Seite zu erkennen: καλῶς, «schön», «gut».

Lit.: K.-W. Weeber, Die Weinkultur der Römer, Düsseldorf 3. Aufl. 2005; S. Künzl, Die Trierer Spruchbecherkeramik, Trier 1997; G. Hagenow, Aus dem Weingarten der Antike, Mainz 1982, 136ff.; M. Bös, Aufschriften auf Trinkgefäßen der Römerzeit, Kölner Jb. für Vor- u. Frühgesch. 3 (1958), 20ff.; Marquardt, Privatleben I 336f.

Triumph

Der T. *(triumphus;* über das Etruskische vermutlich auf griech. θρίαμβος, «Festzug», zurückgehend) war die höchste militärische Auszeichnung, die der Senat für einen siegreichen Feldherrn beschließen konnte. Voraussetzung war, daß in einem Krieg gegen ein anderes Volk mindestens 5000 Feinde gefallen waren (andernfalls kam nur die *ovatio,* der «kleine Triumph», in Frage; bezeugt seit dem 1. Jh. v. Chr.). In der Kaiserzeit blieb diese Ehrung dem Kaiser selbst vorbehalten.

Ursprünglich eine rituell-magische Prozession (Reinigung des Heeres vom Krieg, verbunden mit Dank an die Götter), entwickelte sich der T. schon in republikanischer Zeit zu einer prunkvollen Demonstration römischer Macht. Der repräsentative Charakter des T. zeigt sich vor allem in der Fülle kostbarer Beutestücke, die im Zuge zur Schau gestellt wurden, und auch in dem «informierenden» Teil der Prozession: großen Tafeln mit den Namen der besiegten Völkerschaften und Städte sowie Darstellungen von «Höhepunkten» des Kriegsgeschehens. Auf einer solchen Tafel verkündete Caesar u. a. sein berühmtes *veni, vidi, vici* während seines Pontischen T. (Sept. 46 v. Chr.).

Während des T., der bei wichtigen Siegen bis zu drei Tagen dauerte, herrschte in Rom eine Art feierlicher Volksfeststimmung, die gewisse Parallelen mit der modernen «Konfetti-Parade» aufweist: Große Mengen von Schaulustigen jubelten dem Zug zu (*io triumphe!* «Hurra! Triumph!») und bewarfen ihn mit Blumen. Moderne Schätzungen der Zuschauerzahlen gehen von einer «Kulisse» von bis zu 400 000 Menschen aus (Künzl 71ff.). Nach dem abschließenden Opfer wurden bei einem öffentlichen Festmahl häufig auch Soldaten und Bürger bewirtet. (Zur Atmosphäre während eines T. vgl. das Zitat.)

Die Route des T.-Zuges führte über mehrere Kilometer durch das Zentrum Roms. Sie begann an der Porta triumphalis nahe dem Marsfeld, führte wahrscheinlich weiter über den Circus Flaminius und das Velabrum, passierte das Forum über die Via Sacra, berührte den Circus Maximus und das Forum Boarium und endete auf dem Kapitol.

Die Prozession gliederte sich in drei Teile. Trompeter führten den Zug an und begleiteten ihn. Die erste «Abteilung» diente der Zurschaustellung des Sieges: Beutestücke und veranschaulichende Tafeln *(tituli)*, teils getragen, teils auf langen Wagenkolonnen gefahren; dahinter die Geiseln und Gefangenen in Ketten. Den Mittelteil des Zuges bildeten der Triumphator und sein Gefolge: Amtsdiener, Magistrate und Senatoren schritten seinem Wagen voran; dahinter ritten ältere Kinder und andere männliche Verwandte. Der Triumphator selbst stand auf einem von vier Pferden (seit Caesar: Schimmeln) gezogenen, prächtig geschmückten Wagen. Er trug den alten Königsornat (mit Goldstickerei durchwirkte Purpurgewänder, Lorbeerkranz auf dem Haupte; darüber hielt ein Sklave eine schwere Goldkrone; in der rechten Hand ein Lorbeerzweig, in der linken ein Elfenbeinszepter) und erschien den Zuschauern in diesem Prunk wie ein Ebenbild des Jupiter. Wohl eher, um den «Neid» der launischen Fortuna abzuwehren, denn als Warnung vor Überheblichkeit for-

Plutarch über den Triumph des Aemilius Paullus (28.–30. Nov. 167 v. Chr.)

Man feierte den Triumph auf folgende Weise. In den Theatern für Pferderennen ... und um das Forum schlug sich das Volk Gerüste auf, besetzte auch alle anderen Teile der Stadt, von wo man einen guten Blick auf den Festzug hatte, und schaute in sauberer Festkleidung zu. Jeder Tempel war geöffnet und voll von Kränzen und Räucherwerk, und viele Diener und Schutzleute drängten diejenigen, die ohne Ordnung in der Mitte zusammen- und durcheinanderliefen, beiseite und hielten die Straße frei. Der festliche Umzug war auf drei Teile verteilt, von denen der erste kaum für die erbeuteten Bildsäulen, Gemälde und Kolossalstatuen ausreichte, die auf 250 Wagen vorbeigefahren und zur Schau gestellt wurden (...). Hinter den Wagen mit den Waffen marschierten 3000 Männer mit Silbergeld in 750 Gefäßen von je 75 kg Gewicht, deren jedes von vier Mann getragen wurde...

Plutarch, Aemilius Paullus 32

Weg des Triumphzuges vom Sammelpunkt auf dem südlichen Marsfeld bis zum Kapitol.

Silberbecher von Boscoreale mit der Darstellung des Triumphzuges von Tiberius im Jahre 12 n. Chr. Neben Tiberius der Staatssklave, der die Goldkrone über dem Kopf des Triumphators hält. Der auf dem Zuge noch festlich geschmückte Stier wird in der unteren Szene vor dem Jupiter-Tempel geopfert.

derte der Sklave auf seinem Wagen ihn bei Akklamationen auf: «Schau hinter dich! Denke daran, daß du Mensch bist!» *(respice post te! hominem te esse memento!)*

Den Schlußteil der Prozession bildeten die in militärischer Rangordnung marschierenden, von ihren Offizieren angeführten Soldaten mit ihren Waffen und Ehrenabzeichen. Sie stimmten abwechselnd Götterhymnen sowie Lob- und Spottlieder auf den Triumphator an. Die derben *ioci militares* («Soldatenwitze») hatten ebenfalls unheilabwehrende Funktion. Bei Caesars Triumphen nahmen die Soldaten vor allem die amourösen Eskapaden ihres Feldherrn aufs Korn: Sie spotteten über seine homosexuellen Affären ebenso wie über seine Liebschaften mit verheirateten Frauen während des gallischen Feldzuges: «Städter, bringt eure Frauen in Sicherheit: Den kahlen Buhlen bringen wir. Das Gold, das du hier geliehen, verhurtest du in Gallien!» (Suet. Caes. 51).

Höhepunkt des T. war das → Opfer, das der Triumphator vor dem Kapitolinischen Jupiter-Tempel darbrachte. Es wurde vollzogen, sobald die Nachricht eingetroffen war, daß einer oder mehrere der vorher im Zug mitgeführten Anführer des besiegten Gegners im «Tullianischen Kerker» hingerichtet worden seien.

Zur Erinnerung an einen T. wurden, z. T. schon während der Republik für einige Feldherren, vor allem aber in der Kaiserzeit zahlreiche Ehrenbögen für den Kaiser oder nahe Verwandte von ihm in Rom, Italien und den Provinzen errichtet. Der Bau dieser reinen Repräsentationszwecken dienenden Bögen setzte allerdings nicht immer einen T. voraus; er konnte auch Anerkennung für eine andere bedeutende militärische oder politische Leistung sein. Das zeigt sich auch an der üblichen Bezeichnung *arcus* («Bogen»). Der Ausdruck *arcus triumphalis* («Triumphbogen») ist in der Antike nur wenige Male (und nicht vor dem 3. Jh. n. Chr.) belegt; er bürgerte sich erst im Mittelalter ein.

QQ.: Liv. XXXIV 52, 2ff.; Flav. Jos., Bell. Iud. VII 3ff.; Juv. Sat. X 37 ff.; Suet. Caes. 37; 49; 51; Tib. 17; 20; Nero 25; App. XII 17, 116f.; Plut. Rom. 16, 5ff.; Aem. Paull. 32ff.; Luc. 37; Pomp. 45; Caes. 55; Marc. 22.

Lit.: M. Beard, The Roman triumph, London 2007; T. Itgenshorst, Tota illa pompa. Der Triumph in der Röm. Republik, Göttingen 2005; E. Künzl, Der römische Triumph, München 1988; H. Kähler, Triumphbogen, RE VII A 1 (1939), 373 ff.; H. S. Versnel, Triumphus. An inquiry into the origin, development and meaning of the Roman triumph, 1970.

U

Uhr

Ein Leben ohne U.? Heutzutage unvorstellbar. In besonders hektischen Situationen vielleicht ein schöner Wunschtraum, aber eben nicht praktikabel: eine Utopie. Für die Römer war diese Utopie bis zur Mitte des 2. Jh. v. Chr. Realität. Und zwar eine Realität, mit der man offensichtlich gut leben konnte – es gibt keine Klagen über etwaige Schwierigkeiten in einer uhrlosen Gesellschaft. Im Gegenteil: Die einzige, freilich nicht ganz ernst gemeinte Klage ist die über die «Tyrannei» der U. und der damit verbundenen Einführung von → Stunden (Plaut. bei Gell. III 3, 4).

Die erste allgemein zugängliche Sonnen-U. *(horologium solarium)* wurde im Jahre 263 v. Chr. in Rom aufgestellt; sie war ein Beutestück aus der sizilischen Stadt Catania – und damit, weil für einen anderen Breitengrad berechnet, ein sehr ungenauer Chronograph. Trotzdem dauerte es noch 99 Jahre, bis sie «Gesellschaft» durch eine genauere U. erhielt. Damals scheint es allgemein in Mode gekommen zu sein, U. an verschiedenen Orten der Stadt, in öffentlichen Gebäuden und vornehmen Privathäusern aufzustellen (Gell. III 3, 48: *oppletum oppidum est solariis,* «die Stadt ist voll von Sonnenuhren»; diese Angabe muß allerdings kontextentsprechend relativiert werden). Sicherlich nahm die Zahl der U. stetig zu. Das zeigen Funde aus den verschütteten Vesuvstädten ebenso wie Inschriften, die die Stifter öffentlicher U. in vielen Städten des Imperiums rühmen (Dessau, ILS 5617 ff.). Die größte Sonnen-U. aller Zeiten ließ Augustus auf dem Marsfeld bauen; ihr Zeiger (Gnomon) war der rund 30 m hohe Obelisk, der heute auf der Piazza Montecitorio steht (Plin. NH XXXVI 72). Trotz der zunehmenden Verbreitung waren nur die wenigsten Privathaushalte mit einer eigenen U. ausgestattet. Wie sehr die U. manchen Wohlhabenden als Statussymbol galt, zeigt ihre Gewohnheit, sich die Stunden von Sklaven laut ausrufen zu lassen (Mart. VIII 67, 1; Juv. X 215 f.; Petr. 26, 9: Trimalchio beschäftigt dafür sogar einen Trompeter).

Eine technische Verfeinerung stellten tragbare Sonnen-U. dar, die seit dem 3. Jh. n. Chr. in Ge-

Anaximander, griechischer Philosoph des 6. Jh. v. Chr., mit einer Sonnenuhr. Deren Erfindung wurde ihm zugeschrieben. Mosaik aus Trier, 3. Jh. n. Chr.

Tragbare vertikale Sonnenuhr, Museum of the History of Science, Oxford.

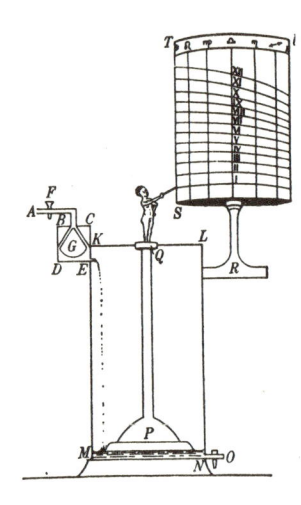

Schematische Darstellung der Wasseruhr des Ktesibios (nach Diels).

brauch kamen. Sie bestanden aus dem Gnomon (Schattenstab) und Zifferblättern, auf denen man das Datum und den Breitengrad einstellen konnte. Freilich: Auch noch so einfallsreiche Verbesserungen halfen dort nicht weiter, wo das Prinzip der Sonnen-U. nicht funktionierte: Bei bedecktem Himmel und des Nachts versagte jede Sonnen-U. notwendigerweise. Als Alternative kam daher – ebenfalls seit dem 2. Jh. v. Chr. – die Wasser-U. in Gebrauch (Plin. NH VII 215; Censor. 23, 7). Die einfachste Form ist die vom Prinzip der Sand-U. bekannte: aus einem Gefäß läuft Wasser in ein darunter gestelltes zweites ab. Nachteil dieser «U.» war es, daß sie nur eine relative Zeitdauer angab, nicht aber die absolute Zeit. Im Gerichtswesen freilich, wo sie vorrangig eingesetzt wurde, erfüllte sie ihren Zweck, indem sie den beiden Parteien gleich lange Redezeit zumaß (Mart. VI 35; VIII 7; Plin. ep. II 11, 14). Das war schon bei griechischen Prozessen üblich gewesen; von daher erklärt sich der Name *clepsydra* («Wasserstehler»), den die Römer übernahmen. Die entscheidende Weiterentwicklung der *clepsydra* zu einer U. im eigentlichen Sinne gelang dem alexandrinischen Ingenieur Ktesibios im 3. Jh. v. Chr. Durch einen Schwimmer in dem Gefäß, in das das Wasser floß, konnte der jeweilige Wasserpegel mit einer Skala in Beziehung gesetzt werden, auf der die → Stunden als Linien markiert waren. Eine vertikale Unterteilung der Skala nach den einzelnen Monaten bzw. Tierkreiszeichen bezog die je nach Jahreszeit unterschiedliche Länge der Stunden ein. Änderungen der Skala oder eine Regulierung der Zuflußdüse erlaubten es, eine Wasser-U. an die geographische Lage jedes Ortes anzupassen. Den nicht unkomplizierten Aufbau der U. des Ktesibios erläutert Vitruv ausführlich (IX 8, 2). Wasser-U. wurden mitunter auch als *(horologium) solarium* bezeichnet (Cic. nat. deor. II 87); sie standen auf öffentlichen Plätzen oder in allgemein zugänglichen Gebäuden (Plin. NH VII 215; Luk. Hipp. 8), wurden aber auch von Privatleuten und vor allem im militärischen Bereich verwendet (Veget. III 8).

Beide U.-Systeme erlaubten indes nur eine relativ grobe Zeitmessung, in der Einheiten wie Minuten keine Rolle spielten. Sie waren zeitliche Orientierungshilfen, keine exakten Chronometer. Und an ihrer Zuverlässigkeit konnte man wohl Zweifel hegen: «Es wird leichter sein, zwischen Philosophen Übereinstimmung zu erzielen als zwischen Uhren», sagt Seneca (Apok. 2). Er wußte, wovon er sprach: Er *war* Philosoph.

QQ: Varro LL 4; 89; Vitr. IX 7 f.; Plin. NH VII 212 ff.; XXXVI 72 f.; Mart. VI 35; Gell. III 3, 5; Censor. 23 f.

Lit.: B. Cech, Technik in der Antike, Mainz 2010, 24 ff.; Oleson, Handbook of engineering 740 ff.; AU-Heft «Zeit», 48, 5 (2005); G. Dohrn-van Rossum, Art. «Uhr», Neuer Pauly 12/I, 2002, 969 ff.; Dilke, Mathematik 89 ff.; E. Buchner, Die Sonnenuhr des Augustus, Mainz 1982; Sh. L. Gibbs, Greek and Roman sundials, New Haven/London 1976; H. Diels, Antike Technik, Leipzig [2]1950, 155 ff.; Marquardt, Privatleben II 788 ff.

Unterhaltungsmusik

«Bei jedem Gang zur Schule schäme ich mich der Menschheit», ruft Seneca pathetisch aus. Die Ursache des Kulturpessimismus: Er muß am Theater vorbei, und dort drängen sich die Menschen, um griechische Trompeter zu hören und leidenschaftlich über die «Hitparade» der besten Flötenspieler zu streiten. Im philosophischen Hörsaal dagegen fast gähnende Leere – nur eine Handvoll Interessierter verliert sich in dem Raum, «wo man über das Wesen des sittlich tüchtigen Mannes diskutiert» (ep. 76, 4).

Es mag eine ausgleichende Fügung der Geistesgeschichte sein, daß Seneca heute immer noch gelesen wird und sogar als Lebenshilfe-Lektüre für Manager und für Gestreßte entdeckt worden ist (hg. von G. Schoeck, Zürich ¹¹1990; G. Fink, Zürich 1993), während die römische Musik als kulturelles Phänomen gänzlich untergegangen ist. Ob es so etwas wie U. bei den Römern überhaupt gegeben habe, mag manch einer verwundert fragen.

Es hat. Die Bitterkeit Senecas rührt ja gerade daher, daß die U. in der Kaiserzeit so beliebt war. Die Ursprünge dieser Popularität reichen aber weit in die Republik zurück. Im frühen römischen Theater, der Tragödie ebenso wie der Komödie, waren → Gesangseinlagen mit Flötenbegleitung, die *cantica* («Lieder»), gang und gäbe. Flötenspieler traten zudem schon vor der Aufführung und in den Pausen auf (Cic. Luc. II 20; Don. ad Ter. Andr. pr. 2, 3), und in den Stücken gab es genügend Szenen, die zu Singspiel-Partien einluden – in der Komödie etwa «Gesänge und Tänze beim Bankett nach errungenem Siege, prahlerische Monodien des trunkenen Sklaven, eine Canzonette des Liebhabers, der nächtlicherweise… vor das Haus zieht, das seine Freundin birgt, und die hartverschlossene Tür mit flehenden Worten ansingt» (E. Fraenkel, Plautinisches… im Plautus, Berlin 1922, 367).

Mit dem Siegeszug des Mimus, einer burlesk-realistischen Posse, und des Pantomimus in den römischen Theatern kam der Bühnenmusik noch größere Bedeutung zu. Zur Flöte *(tibia)* traten weitere Instrumente, die sich zu einem Orchester aus Becken und Lyren, Kitharen und Pauken, Trompeten und Cymbeln vereinigten. Die Musik dieser Stücke wird – ähnlich wie der damit einhergehende → Tanz – als weich, sanft und eingängig beschrieben (Colum. XII 2, 4; Cic. de or. III 98; Sen. ep. 90, 19); den auf Würde *(gravitas)* bedachten Traditionalisten als unrömische, da griechisch-orientalisch beeinflußte «Kunst» ein Dorn im Auge, vom Theaterpublikum indes heiß geliebt. Die «Hits» des Theaters entwickelten sich zu populären Schlagern, die man auf den Straßen summte und in fröhlicher Runde nachsang (Ov. ars am. III 315 ff.), und die Stars der Bühne, unter ihnen die großen Kitharoeden, die ihren Gesang auf der Kithara begleiteten, waren gefeierte Virtuosen (CIL VI 7946; Juv. VI 379 ff.).

Unterhaltungsmusiker mit Doppelflöte und Fußklapper sowie Tänzer mit Kastagnetten. Mosaik aus Rom.

Schönheitskonkurrenz unter Musikbegleitung – Das «Parisurteil» als Pantomimus

Doch die andere, welche der Waffenschmuck zu Minerva gemacht hatte, wurde von zwei Knaben als waffentragenden Begleitern der Kriegsgöttin eskortiert (...). Hinten aber spielte ein Flötenbläser eine dorische Kriegsmelodie, mischte dumpfe Baßtöne mit hellem, trompetenhaftem Geschmetter und brachte dadurch einen schwungvollen und lebhaften Reigen in Gang (...).

Da steht Venus unter lautem Beifall des Theaters mitten auf der Bühne hold lächelnd in lieblicher Haltung da (...). Flöten lassen jetzt aus all ihren Löchern den süßen Schwall lydischer Weisen erklingen. Während diese die Herzen der Zuschauer in Entzücken setzten, begann, weit entzückender noch, Venus sich anmutig zu bewegen; mit zögernd verhaltenem Schritt... schritt sie dahin, ging auf die weichen Flötenklänge mit sanften Bewegungen ein und... tanzte mitunter nur mit Blicken.

Apuleius, Metamorphosen X 32

Auch im Circus und Amphitheater wurden Teile der Darbietungen mit U. untermalt. Bei Gladiatorenkämpfen spielte dabei neben der Flöte, die mitunter als «Anfeuerungsinstrument» für die Kämpfer eingesetzt wurde (CIL X 4915, 7f.), vor allem die Wasserorgel die entscheidende Rolle: Ihr gewaltiger Klang war überall im weiten Rund der Arena zu hören – zu den Klängen dieses späteren Hauptinstruments der Kirchenmusik sind ungezählte Gladiatoren tot in den Sand der Arenen gesunken.

Gesungen, getanzt und Musik gespielt wurde – auf weniger professionellem Niveau natürlich – in vielen Schenken und → Gaststätten. Die U. dieser – in vielen Fällen heutigen Etablissments im Rotlichtmilieu vergleichbaren – Lokale bestand meist im Flöten- und Kastagnettenspiel «leichter Damen»; mitunter sorgte auch die Wirtin selbst mit musikalischen und tänzerischen Einlagen für Stimmung und Umsatz (Ps.-Verg. Copa 1ff.). Die Kneipe in der Nachbarschaft *(vicina taberna)* die stets «Wein und eine gefällige Flötenspielerin» *(meretrix tibicina)* bereit hielt, zählt Horaz zu den «Errungenschaften» des Stadtlebens (epist. I 14, 24f.); offensichtlich fühlten sich viele Römer – nicht nur der unteren sozialen Schichten – in diesem Ambiente recht wohl.

Wer indes fröhliche Feste und Trinkgelage *(comissationes)* lieber in den eigenen vier Wänden feierte, brauchte auf U. auch nicht zu verzichten. Man engagierte Flöten- und Lyraspieler und -spielerinnen als Tafelmusiker (Hor. epod. II 2,

Orgelspieler und Tubabläser «untermalen» das blutige Geschehen in der Arena; Detail des Gladiatorenmosaiks von Nennig, 3. Jh. n. Chr.

9; Plin. ep. I 15, 2; IX 17, 3; Plut. Mor. 713 F). Ein beliebter Höhepunkt der Unterhaltung war dann der Auftritt von Tänzerinnen aus dem spanischen Gades, die zum Klang von Kastagnetten «ihre üppigen Hüften lüstern in geübtem Zittern schwingen» ließen (Mart. V 78, 26 ff.; vgl. Juv. XI 162).

Besonders wohlhabende und musikliebende Hausherren hatten ihre eigenen – meist unfreien – Musikanten, die zum Essen und zur sich anschließenden Weinrunde aufspielten. Chrysogonus, der reiche Günstling Sullas, verfügte schon im ersten Jahrhundert v. Chr. über eine eigene Musikertruppe, die er Tag und Nacht spielen ließ – ein Musikberieselungs-Terror für die gesamte Nachbarschaft (Cic. Rosc. 134). Ein solcher «Terrorist» als Gastgeber ist auch (die Romangestalt) Trimalchio – nichts, aber auch gar nichts findet bei seinem Gastmahl ohne U. statt: Die gesamte Dienerschaft hat stets ein «Liedchen» auf den Lippen, der – verspätete – Eintritt des Gastgebers in den Speisesaal vollzieht sich unter den Klängen eines ganzen Orchesters, die Speisen werden unter einem Fortissimo der «Hausband» serviert (Petr. 31, 6f.; 32, 1; 36, 1), und schließlich «zermetzelte der Trancheur unter Orchestermusik mit Fechterhieben das Gericht in einer Weise, daß man hätte meinen können, ein Gladiator führe nach den Klängen der Wasserorgel einen Wagenkampf» (Petr. 31, 6f; 32, 1; 36, 1 und 6).

Vorbereitung zu einem Konzert; Wandmalerei aus Stabiae, 1. Jh. n. Chr.

Daß solch aufdringliche Hintergrundmusik bei Gelagen ab und zu einem Gast auf die Nerven ging, kann man gut nachvollziehen. Wenn dann noch der Gastgeber oder seine Gattin selbst zur Kithara griff und einen mehr oder weniger melodischen Gesang anstimmte, mag sich mancher Gast an Martials Stoßseufzer erinnert haben, das beste Gastmahl sei das, «wo keine Musik zu hören ist» (IX 77,5).

QQ: Cic. Rosc. 134; Hor. epist. I 14, 24 ff.; ars poet. 214 ff.; Prop. IV 8, 38 ff.; Sen. brev. vit. 12, 4; ep. mor. 12, 8; 51, 4; 76, 2; 84, 9 f.; Petr. 31 ff.; Juv. III 60 ff.; VI 379 ff.; Luk. salt. 26; Suet. Cal. 11; Nero 20; Apul. Met. X 31 f.; Claud. carm. 17, 311 ff.; Amm. Marc. XIV 6, 8; CLE 113 f.

Lit.: Laurence, Roman passions 115 ff.; AU-Heft «Latein und Musik», 52, 2 (2009); N. Horsfall, The culture of the Roman plebs, London 2003, 31 ff.; J. G. Landels, Music in ancient Greece and Rome, London/New York 1999; Weeber, Panem et circenses 103 ff.; M. P. Guidobaldi, Musica e danza. Vita e costumi dei Romani antichi 13, Rom 1992; M. Bonaria, La musica dal mondo latino al Medioevo, Viterbo 1983; A. Bandot, Musiciens romains de l'Antiquité, Paris 1973; G. Wille, Musica Romana. Die Bedeutung der Musik im Leben der Römer, Amsterdam 1967; Friedländer, Sittengeschichte II 175 ff.

V

Vergewaltigung

Die Aufnahme des Stichwortes «V.» in dieses Lexikon mag Befremden hervorrufen. Deshalb zu Beginn eine Klarstellung: Damit soll nicht suggeriert werden, daß V. ein gleichsam selbstverständlicher, «normaler» Aspekt römischen Alltagslebens gewesen oder in der römischen Gesellschaft häufiger vorgekommen wäre als in modernen Gesellschaften. Das dürftige Quellenmaterial läßt dazu keine fundierten Aussagen zu. Daß aber sexuell motivierte Gewalttaten hauptsächlich gegen Frauen nichts Ungewöhnliches waren, lassen sowohl Aufgabenstellungen zu einschlägigen Delikten für angehende Rhetoren (Sen. contr. 1, 5; 3, 5; 7, 8; Quint. decl. 262; 349) als auch die fiktive literarische Überlieferung erkennen.

Im Mythos ist die V. von Mädchen und Frauen durch Götter gang und gäbe, diese V.-Sagen dienen meist zur Erklärung aitiologisch-genealogischer Sachverhalte und werden häufig ganz «wertneutral» wiedergegeben. «Das diesbezügliche Sündenregister der Götter ist eindrucksvoll» (Doblhofer 90), und an seiner Spitze steht mit großem Abstand der höchste Gott Zeus/Jupiter persönlich mit weit über einem Dutzend V. Dem mythologischen Stoff entsprechend finden sich so in Ovids «Metamorphosen» über 50 V.-Erzählungen, zehn sind es in den «Fasten». Die Beliebtheit des Motivs mag mit dem überragenden Status der Götter zusammenhängen, dem eine «normale» Annäherung an sterbliche Frauen als «unstandesgemäß» zuwidergelaufen wäre; befriedigend wirkt diese Erklärung indes nicht. V. finden sich aber auch im bürgerlichen Ambiente der altrömischen Komödie – nicht so häufig wie in der Welt der Götter, aber doch viel öfter, als verharmlosende Übersetzungen und Interpretationen es wahrhaben wollen (Packman, Call it rape 50).

Wie sehr die juristische Beurteilung einer V. vom sozialen Status der Frau abhing, zeigt eine Szene aus dem «Eunuchus» des Terenz. Darin gibt der Vergewaltiger vor, er habe das Mädchen irrtümlich für eine Sklavin gehalten (856 ff.). Das hätte ihm eine Anklage wegen «Wertminderung» oder «Sachbeschädigung» und eine entsprechende Geldbuße eingebracht – mehr nicht (Dig. XLVII 1, 2, 5). Die V. einer eigenen Sklavin scheint dagegen in der Republik straffrei gewesen zu sein, und wenn sich in der Kaiserzeit erste Kritik dagegen erhebt, so beschreibt doch Seneca die allgemeine Auffassung eindeutig so: «Unkeuschheit ist für den Freigeborenen ein Verbrechen, für den Sklaven ein Zwang und eine Pflicht für den Freigelassenen» (contr. IV pr. 10).

Weitgehend akzeptiert war auch die V. im Krieg (DC frg. 30–35, 102, 9). Als bei der gallischen Eroberung Roms im Jahre 387 v. Chr. die *römischen* Frauen die Opfer dieses Kriegs-«Rechts» zu werden drohten, schickte man Sklavinnen ins Lager der Gallier – eine «Kriegslist», die auf den Vorschlag der unfreien Hausmädchen selbst zurückgegangen sein soll (Plut. Mor. 313 a; vgl. aber Plut. Cam. 33; Macrob. Sat. I 11, 35 ff.). Im übrigen stand ja am legendären Anfang der Geschichte Roms in Form des berühmt-berüchtigten Raubes der Sabinerinnen eine Massen-V., die nur im militärischen Kontext als «Notwehr-Maßnahme» des zunächst frauenlosen Römer-Staates legitimiert werden konnte.

Die «geraubten Mädchen» waren damals allerdings nach Ovids Worten eine *genialis praeda*, eine auf das Ehebett abzielende Beute (ars am. I 125). Nach römischem Verständnis lag die V. einer Freien aber nur in dem umgekehrten Fall vor, wenn durch sie gerade die «Ehefähigkeit» des Opfers Schaden nahm. Das wichtigste Kriterium waren nicht die Gefühle des Opfers, sondern die soziale Dimension des Geschehens. Eine vergewaltigte Ehefrau bot keine «Garantie» mehr für die Legitimität der Nachkommen; insofern war V. faktisch und in den gesellschaftlichen Folgen gleichzusetzen mit Ehebruch: «Die Spuren eines fremden Mannes sind in deinem Bett, Collatinus!», stellt die vergewaltigte Lucretia sachlich fest. «Zwar ist nur mein Körper verletzt, die Seele aber nicht schuldig» (Liv. I 58, 7); die auf der Familie lastende Schande glaubt sie aber nur durch den – von der Tradition als heroisch und geradezu vorbildhaft gefeierten – → Freitod tilgen zu können. Angesichts der zu befürchtenden gesellschaftlichen Isolation vergewaltigter Frauen war die Selbsttötung nicht nur in der Sage ein denkbarer «Ausweg» aus der Schande (Quint. decl. 270; Sen. contr. 3, 5). Der legendäre Fall der Verginia zeigt, daß die Familie notfalls zur Selbstjustiz auch gegenüber dem Opfer griff, um den Makel zu rächen bzw. gar nicht erst geschehen zu lassen: Bevor sie einem Mann als Sklavin zugesprochen wird und ihm damit sexuell zu Willen sein muß, tötet ihr Vater Verginia eigenhändig, «weil er glaubte, es sei besser, Kinder durch den Tod als durch Schande zu verlieren» (Liv. III 50, 6).

Wie wenig V. im allgemeinen aus der Perspektive der betroffenen Frau, ihrer Selbstachtung und ihrer persönlich, nicht gesellschaftlich definierten Sexualität gesehen wurden, machen wichtige lateinische Äquivalente des Begriffs «V.» deutlich. Einen deckungsgleichen Begriff gibt es nicht; statt dessen bezeichnete man den Vorgang als *flagitium* (Schande), *stuprum* («Unzucht») und *vitium* («Makel, Laster») – die Faktizität beschreibende, «objektive» Tatbestände. Daneben wurden mit *vim inferre* («Gewalt antun») und *violare* («verletzen, vergewaltigen») Ausdrücke verwendet, die immerhin die kriminelle Intention des Täters deutlich benannten.

Die «Beschädigung» *(vitium)*, die einer unverheirateten Frau durch eine V. widerfahren war, konnte am «elegantesten» durch eine Heirat zwischen Täter und Opfer in Ordnung gebracht werden. Strafcharakter hatte diese Zwangsehe für den Mann auch dadurch, daß er keinen Anspruch auf eine Mitgift hatte (Ter.

Ad. 728 f.). Waren das Opfer – und der Täter – dazu nicht bereit, mußte der Vergewaltiger in der Kaiserzeit mit der Todesstrafe rechnen (Quint. decl. 251; Dig. XLVII 11, 1, 2). Zum Ende der Antike hin wurde dieser Strafrahmen zunehmend ausgeschöpft, während viele Täter in früheren Zeiten wohl auch mit einer bloßen Geldstrafe davongekommen sind (Luk. Hermot. 81).

Trotz der gelegentlichen Mitleidsbezeugungen für das Opfer sah die Antike jede V. vornehmlich unter dem Blickwinkel der durch sie gestifteten sozialen Unordnung. Lediglich Ovid gelingt es in seiner Behandlung des Lucretia-Stoffes, sich in die Psyche der verletzten Frau zu versetzen, indem er ihre Unfähigkeit betont, das Erlittene in allen Einzelheiten zu schildern (fast. II 827). Derselbe Ovid stellt sich freilich in der «Liebeskunst» an den Anfang einer unheilvollen Tradition, die die V. durch augenzwinkernde Uminterpretation des Nein der Frau als ingeheimes Ja verharmlost: «Vielleicht nennst du es Gewalt, willkommen ist diese Gewalt den Mädchen; was Vergnügen bereitet, wollen sie oft nur gezwungen geben» (I 673 f.). So anstößig diese (und die noch deutlicheren folgenden) Verse auf moderne, durch kritische feministische Anfragen (Richlin, Reading Ovid's rapes) zusätzlich sensibilisierte Betrachter auch wirken mögen, so sei doch darauf hingewiesen, daß für den Ovid der *Ars amatoria* Liebe ein «Spiel» zwischen den Geschlechtern ist, das *beiden* Partnern erotische Erfüllung sichern soll. Diesem Ziel dient auch der problematische Rat, in bestimmten Situationen zur Gewalt zu greifen. Von dem «normalen» V.-Begriff der Antike hebt sich Ovid dadurch ab, daß er auch von der Frau und ihren «Bedürfnissen» aus denkt. Das war – bei aller daraus sprechenden männlichen Anmaßung – eine durchaus untypische, aus heutiger Sicht eher fortschrittliche Perspektive.

QQ: Plaut. Aul. 740 ff. Ter. Ad. 306 ff.; 466 ff.; 719 ff.; Eun. 856 ff.; Liv. I 57 ff.; III 44 ff.; Ov. ars am. I 99 ff.; 663 ff.; fast. II 721 ff.; Met. VI 511 ff.; Sen. contr. 1, 5; 3, 5; 7, 8; Quint. decl. 251; 259; 301; 343; Dig. XLVII 1, 2, 5; 11, 1, 2.

Lit.: S. Deacy / K. F. Pierce (Hg.), Rape in Antiquity. Sexual violence in the Greek and Roman world, London 2002; S. Dixon, Rape in Roman law and myth, in: Reading Roman women, London 2001, 45 ff.; G. Doblhofer, Vergewaltigung in der Antike, Stuttgart / Leipzig 1994; J. M. Packman, Call it rape. A motif in Roman comedy and its suppression in English-speaking publications, Helios 20 (1993), 42 ff.; A. Richlin, Reading Ovid's rapes, in: A. R. (Hg.), Pornography and representation in Greece and Rome, Oxford 1992, 158 ff.; L. C. Curran, Rape and rape victims in the Metamorphoses, Arethusa 11 (1978), 213 ff.

Verkehrsmittel

Das Gros der Bevölkerung kam im Zivilleben kaum mit V. in Berührung. Die übliche Art der Fortbewegung war es, zu Fuß zu gehen. So auch in den Städten und der Hauptstadt selbst: Es gab keinerlei Art eines «öffentlichen Personennahverkehrs»; auch längere Wege wurden zu Fuß zurückgelegt (Hor. sat. I 9, 8 ff.). Zu Fuß Reisende waren auch auf den großen Fernverkehrsstraßen ein ganz alltäglicher Anblick. Nur wenigen Privilegierten standen innerhalb und außerhalb des Stadtgebiets → Sänften oder Tragsessel zur Verfügung; das Reiten war in den Innenstädten ebenso untersagt wie das Fahren mit → Wagen (Suet. Claud. 25, 2). In Rom galt für Privatwagen ein Fahrverbot von Sonnenaufgang bis zum späten Nachmittag (CIL I² 260, 56 ff.; vgl. den Art. → Fußgängerzone). Übliche V. zu Lande waren Pferde, Maultiere und Wagen; das Schiff nutzten vor allem Handeltreibende, in der Verwaltung des Reiches Tätige und Touristen (→ Tourismus).

Lit.: D. Mertens (Hg.), Stadtverkehr in der antiken Welt, Wiesbaden 2008; Casson, Reisen 173 ff.; 206 ff.; Friedländer, Sittengeschichte I 333 ff.

Verlobung

Der → Hochzeit konnte eine V. *(sponsalia)* vorausgehen, bei der sich meistens die Väter über eine spätere, z. T. erst nach zwei Jahren zu schließende Ehe ihrer Kinder einigten (Plaut. Aul. 255 ff.; Trin. 1157 ff.). V. wurden wohl vor allem in den Familien der Oberschicht geschlossen. Mehr als eine feierliche Absichtserklärung *(spondere:* geloben, versprechen) war die V. in juristischer Hinsicht nicht; sie konnte einseitig aufgekündigt werden (Dig. XXIV 2, 2, 2). Der V.-Ring *(anulus pronubus)* aus Eisen oder Gold, den der Bräutigam der Braut überreichte, hat sich aus dem ursprünglich üblichen Handgeld *(arra)* bei Vertragsabschluß entwickelt; er wurde also nur von der Braut – und zwar wie heute am vierten Finger – getragen. Eine V.-Feier mit Gästen und Geschenken für die Braut war in der Kaiserzeit wohl üblich (Plin. ep. I 9, 2).

QQ: Varro LL VI 68 ff. *(spondere);* Plin. NH XXXIII 12 (Ring); Dig. XXIII 1.

Lit.: König, Vita Romana 29 ff.; J. Hallett, Fathers and daughters in Roman society, Princeton 1984; S. Treggiari, Digna condicio: betrothals in the Roman upper class, Echos du Monde Classique: Classical views 28 (1984), 419 ff.; F. J. Doelger, Anulus pronubus, AuC 5 (1936), 188 ff.; Marquardt, Privatleben I 39 ff.

W

Waage

Weniger als Ausdruck einer «ausgewogenen» Ernährung denn als notwendige Folge seines geschmackvollen Einfalls, jedes Sternbild durch ein passendes Gericht zu veranschaulichen, mußte der Küchenmeister Trimalchios im Falle der W. auf *zwei* Gerichte zurückgreifen: Er benutzte «eine Standwaage mit einer Pastete in der einen und einem Kuchen in der anderen Schale» (Petr. 35, 4). Solche gleicharmigen Standwaagen *(librae)* mit waagerechtem Balken und zwei Schalen *(lances)* mit der Last auf der einen und genormten Gewichten auf der anderen Seite bildeten den ältesten W.-Typ. Erst in hellenistischer Zeit kamen die ungleicharmigen Schnell-W. *(staterae)* auf, die dann genauso weite Verbreitung fanden. Bei ihnen hing die Schale oder der Haken mit dem zu wiegenden Gegenstand an einem kürzeren Hebelarm, während auf einem längeren das Gegengewicht hin- und hergeschoben wurde, bis sich ein Gleichgewicht einstellte. Auf einer Skala (oder mehreren Skalen, wenn andere Laufgewichte verwendet oder wenn sie an einem anderen Punkte angehängt wurden) las man das Gewicht ab.

Gewichte und Skalen wurden von Eichbeamten, meist von Ädilen in ihrer Funktion als Marktaufseher, kontrolliert. Wer Zweifel an der Zuverlässigkeit einer im Handel verwendeten W. hatte, konnte ein *ponderarium*, eine Maß- und Gewichtsstätte, die in vielen Städten am Rande des Marktes lag (ein schlichter Eichtisch oder ein eigens dafür errichtetes Gebäude; RE XXI [1952] 2425 f.), konsultieren. Die «Ur-W.», auf die sich die Eichbeamten bezogen, scheint die im Saturn-Tempel in Rom aufgestellte alte W. gewesen zu sein (Varro LL V 183).

Gleicharmige Waage aus Kaiseraugst.

Das römische Gewichtssystem war auf das Pfund *(libra)* als größte Einheit hin orientiert. Eine *libra* entsprach 327,45 g. Die Abstufungen erfolgten nach einem duodezimalen System, in dem die Unze als ein Zwölftel des Pfunds (27,3 g) den entscheidenden Bezugspunkt bildete. «Pfund», *pound* usw. sind

Links: Kalksteinrelief mit Händler und großer Schnellwaage, an der ein schweres Bündel hängt; aus Neumagen.
Rechts: Teilweise rekonstruierte Schnellwaage, mit der man Gewichte bis zu 25 kg wiegen konnte; aus Kaiseraugst.

im übrigen Lehnwörter, die auf das Lateinische *pondo* («an Gewicht») zurückgehen – schon die Römer verwendeten *P* als Abkürzung für das Pfund *(librae pondo)*.

Wie allgegenwärtig W. in der römischen Welt waren, zeigen Museumsexponate. In kaum einem bedeutenden Antikenmuseum fehlt unter den Gegenständen des Alltagslebens eine W. Kein Wunder, stellte doch schon der römische Architekturschriftsteller Vitruv klar, daß «die Erfindung, mittels der Schnellwaagen und anderer Waagen das Gewicht zu prüfen, das Leben vor Übervorteilung durch Mindergewicht schützt» (X 1, 6).

QQ: Varro LL V 183; Vitr. X 1, 6; 8, 4; Suet. Vesp. 25; Isid. Et. XVI 25, 3 f.

Lit.: W. F. Richardson, Numbering and measuring in the classical world, Bristol 2. Aufl. 2004; A. Mutz, Römische Waagen und Gewichte aus Augst und Kaiseraugst, Augst 1983; E. Michon, Art *libra*, DS III 1222 ff.

Wagen

Vornehmer zweirädriger Reisewagen *(carpentum)*. Sesterz des Tiberius von 22/23 n. Chr. zu Ehren der Kaisermutter Iulia Augusta (= Livia, Witwe des Augustus).

Es gab eine Reihe unterschiedlicher römischer W.-Typen – und noch mehr Bezeichnungen dafür, die sich z. T. gar nicht mehr mit einem konkreten Aussehen in Verbindung bringen lassen. Großer Beliebtheit erfreuten sich W. gleichwohl nicht – weder bei denen, die sie benutzten und dabei trotz des sehr guten Straßensystems erhebliche Strapazen ertragen und sich in Geduld üben mußten (Durchschnittsgeschwindigkeit: 5 Meilen = 7,5 km in der Stunde) noch bei denen, die den → Lärm der eisenbeschlagenen Räder auf dem Basaltpflaster als nächtliche Tortur empfanden: Im mondänen Badeort Baiae (Sen. ep. 56, 4) ebenso wie in der Hauptstadt, wo der wegen des Tagesfahrverbots auf die Nachtstunden konzentrierte *strepitus rotarum* («Lärm der Räder»; Hor. epist. I 17, 7; Mart. IV 64, 20) manch einen Bewohner mit schweren Schlafstörungen terrorisierte (Juv. III 232 ff.) – es sei denn, man wohnte in einer Villa am Stadtrand, von der aus man «auf der Via Flaminia und der Via Salaria die Reisenden sieht, ohne daß dort ein Wagen lärmt oder ein rasselndes Rad den sanften Schlaf stört» (Mart. IV 64, 18 ff.).

In der folgenden Übersicht über die wichtigsten W.-Typen werden die für den Kult, den → Triumph-Zug und die bei Wagenrennen des Circus eingesetzten «Sondermodelle» nicht berücksichtigt.

Zum Warentransport wurden vor allem das *plaustrum (plostrum)* und der *carrus* verwendet. Das *plaustrum* war ein zweirädriger, schwerer, meist von zwei Ochsen gezogener Last-W., der gewöhnlich auf Scheibenrädern mit Eisenringen lief. Er wurde in der Landwirtschaft ebenso eingesetzt wie zur Beförderung wichtiger Lebensmittel – Öl, Wein, Getreide, Früchte und Gemüse – in die Städte (Vitr. X 1, 5; Plaut. Aul. 505), aber auch zum Transport von Baumaterialien und zur Abfuhr von Unrat (CIL I² 206, 56 ff.). Das mitunter erwähnte *sarracum* unterschied sich wohl nur geringfügig vom *plaustrum;* möglicherweise konnte es noch etwas schwerere Lasten befördern (Juv. III 254 ff.). Der *carrus* war ein – mit Ochsen, Pferden oder Maultieren bespanntes – längliches Fuhrwerk mit vier großen Speichenrädern. Die Seitenwände waren herunterklappbar. Mitunter wurde er zum Planwagen umgerüstet; in der Regel aber blieb die Ladefläche offen. Der *carrus* diente im zivilen wie im militärischen Bereich dem Transport von Gütern aller Art, die z. T. mit Netzen zusammengehalten und mit Planen gegen den Staub der Straße geschützt wurden.

Im Personen-Reiseverkehr dominierten unter den vierrädrigen W. die *rheda (reda; raeda)* und die *carruca*. Wer mit reichlich Gepäck und in Gesellschaft unterwegs war (Juv. III 10 f.), wählte mit der robusten *rheda* einen Fahrzeugtyp, den die Römer wie manche anderen W. von den Galliern übernommen hatten. Die Reisenden saßen auf hintereinander oder gegenüber angeordneten Bänken; außer dem Kutscher *(mulio)* fanden vier bis sechs Personen auf ihr Platz. Der schwere W. wurde zwei- oder vierspännig gefahren, bei schlechten Straßenverhältnissen oder wenn die gesetzlich festgeschriebene Maximallast von 1000 Pfund (330 kg) überschritten wurde – was wohl häufig genug vorkam – wurden bis zu zehn Maultiere oder Esel eingesetzt (Cod. Theod. VIII 5, 8). Die wenig komfortablen *rhedae* hatten selten ein Verdeck; aufgrund ihrer Schwere kamen sie i. a. nur langsam voran (Ven. Fort. III 17). Trotzdem waren sie als Miet-W. wohl auch wegen ihrer Zuverlässigkeit sehr gefragt. Daß Caesar einmal über mehrere Tage hinweg in einer *rheda* – natürlich bei ständigem Wechsel der Zugtiere – eine Tagesstrecke von 150 km zurücklegte, galt als Rekord einer «unglaublichen Schnelligkeit» (Suet. Caes. 57). Eher der Normalität entsprachen indes die 15 Tage mit einem Durchschnitt von 36 km pro Tag, die Maecenas im Jahre 37 v. Chr. für die Strecke von Rom nach Brundisium benötigte (Hor. sat. I 5, 86).

Gewissermaßen die Komfort-Version der *rheda* war die *carruca*. Die – meist – zwei Insassen fanden auf der Rückbank relativ viel Platz; auf der vorderen Bank saß der Kutscher. Hohe Beamten bedienten sich

Den Karren in den Dreck fahren … – schon im römischen Sprichwort vorgeprägt

Perii, plaustrum perculi! Ich bin verloren; ich habe den Wagen umgestürzt!

Plautus Epidicus 592

plaustrum perculi (ich habe die Sache verfahren) pflegten die Alten von denen zu sagen, die einen Wagen umstürzen ließen – was dann zu einer sprichwörtlichen Redewendung wurde.

Festus p. 230 M.

Gedeckte Reisecarruca *(carruca dormitoria);* Grabrelief aus Virunum bei Klagenfurt.

Oben links: Rekonstruktion einer *carruca dormitoria* im Römisch-Germanischen Museum Köln.

Unten links: Alter Mann auf einem kleinen «Cabrio» *(cisium)*; Grabrelief aus Trier, 3. Jh. n. Chr.

Rechts: Straßenszene mit leichtem, von zwei Pferden gezogenem Reisewagen *(essedum).* Ein Reiter begleitet den Wagen. Sarkophag aus Rom, 4. Jh. n. Chr.

ihrer auf Dienstfahrten; entsprechend repräsentativ waren solche *carrucae* mit Reliefs oder Bronze- und Silber-Applikationen geschmückt (Plin. NH XXXIII 140). Besonderen Schutz gegen die Unbilden der Witterung und des Straßenverkehrs boten die mit Leder oder Leinwand überdachten *carrucae dormitoriae* («Schlaf-*c.*»; Dig. XXXIV 2, 13), die z. T. mittels einer elastischen Konstruktion aus Metallbügeln und Lederriemen über eine Federung der Karosserie verfügten – ein zusätzliches Plus an Bequemlichkeit, das solche Versionen der *carruca* vielfach zu einem «Nobel-W.» der Reichen und Mächtigen aufwertete (Mart. III 62, 5; Amm. Marc. XIV 6, 9).

Der vornehmste unter den zweirädrigen W. war das *carpentum*, ein in der Regel mit zwei Maultieren bespannter, von einem gewölbten Dach bedeckter W. *(currus arcuatus),* in dem häufig Frauen fuhren (Ov. fast. I 619) – weibliche Angehörige der kaiserlichen Familie ebenso wie Damen der Halbwelt vom Schlage einer Cynthia, die sich ein seidengepolstertes *carpentum* von einem reichen Verehrer ausleiht (Prop. IV 8, 23).

Für verhältnismäßig schnelle Reisen stand das *essedum* zur Verfügung, ein aus dem gallisch-britannischen Streitwagen hervorgegangenes leichtes, offenes Fahrzeug für zwei Personen, das für Spazierfahrten und Überlandfahrten gleichermaßen genutzt wurde. Gewöhnlich wurde es von einem Kutscher gelenkt, doch war es wohl – anders als beim vornehmen *carpentum* – durchaus üblich, daß ein Reisender die Zügel selbst in die Hände nahm (s. Zitat S. 391).

Ein noch leichteres und deshalb schnelleres «Cabrio» war das *cisium* (Cic. Phil. II 77). Der Reisende konnte es ebenso wie den verwandten *covinnus* (Mart.

XII 24) selbst lenken; die Berufsbezeichnung *cisiarius* für professionelle Kutscher macht es allerdings fraglich, ob das der Normalfall war – wobei übrigens überhöhte Geschwindigkeit schon damals nicht untypisch für diesen Berufsstand gewesen zu sein scheint (Dig. XIX 2, 13, pr.)...

Ob im prächtigen Schlaf-W. oder im flotten Cabriolet, ob mit Kutscher oder als «Selbstlenker» – Fahrten und Reisen im W. waren ein mühevolles, zeitaufwendiges Unterfangen. Wer wollte es da einem Kaiser Commodus verdenken, wenn er sich in seine Staats-W. Sonderausstattungen wie Drehsitze sowie Zeit- und Streckenmesser einbauen ließ, oder einem dem → Würfelspiel verfallenen Claudius, wenn er seinen Reise-W. zum Spielzimmer umfunktionierte, indem er durch eine technische Vorrichtung sicherstellen ließ, daß die Würfel auch bei holpriger Fahrt nicht durcheinander gerieten (Hist. Aug. Pert. 8; Suet. Claud. 33, 2)?

Fahrten ohne Kutscher

1. Sehnsüchtige Aufforderung an die Geliebte

Und schüttle selbst ohne Säumen die Zügel über den Mähnen der hurtigen Pferdchen,
damit sie den kleinen Wagen (*essedum*) in rasender Fahrt ziehen.
Aber ihr, ragende Berge, senkt eure Gipfel, wo sie kommt,
und in den gewundenen Tälern seid leicht befahrbar, ihr Wege!
Ovid, Amores II 46, 49 ff.

2. Ein Konsul auf Abwegen

An der Asche und den Gebeinen seiner Ahnen vorbei saust in flinkem Rennwagen (*carpentum*) der dicke Lateranus, und selbst, ja selbst bremst mit dem Hemmschuh das Rad der Maultierkutscher – ein Konsul! Nacht zwar ist es, doch sieht es der Mond, und Augenzeugen sind die Sterne. Juvenal, Satiren VIII 146 ff.

QQ: Prop. IV 8, 20 ff.; Hor. sat. I 5 (Reise nach Brundisium); Verg. Catal. 8, 1 ff., Ov. am. II 16, 49 ff.; Mart. III 47; III 72; XII 24; Juv. III 232 ff.; VIII 146 ff.; Cod. Theod. VIII 5, 8; Isid. Etym. XX 12; CIL I² 206, 56 ff.; Bildquellen: Junkelmann, Reiter I 64 ff.; Pisani Sartori, Mezzi (s. u.), passim.

Lit.: Oleson, Handbook of engineering 580 ff.; Junkelmann, Reiter I 64 ff.; G. Pisani Sartori, Mezzi di trasporto e traffico (Vita e costumi dei Romani antichi 6), Rom 1988; Ch. W. Röhring, Untersuchungen zu römischen Reisewagen, Koblenz 1983; H. Bender, Römischer Reiseverkehr, Aalen 1978; Casson, Reisen 206 ff.

Wahrsager

Wer sich heute in Rom sein Horoskop stellen, seine Hand lesen lassen oder auf andere Weise etwas über seine Zukunft in Erfahrung bringen will, schlendert abends zur Piazza Navona: An einer der Seitenstraßen bieten W. ihre Dienste an – und unter den vielen Besuchern des berühmten Platzes finden sich genug Kunden. Im antiken Rom hatten sich die W. ebenfalls einen stark frequentierten Standort ausgesucht; die meisten gingen ihrem Gewerbe am Circus Maximus nach. Cicero nennt sie abfällig *astrologi de circo*, «Winkelastrologen», und macht deutlich, daß er sie für Scharlatane hält, die ihren Kunden lediglich das Geld aus der Tasche ziehen (div. I 132). Auch Horaz traut den W. nicht: Er nennt die ganze Circus-Gegend *fallax*, «trügerisch» – was ihn freilich nicht hindert, bei → Spaziergängen durch die City dort auch mal bei den W. stehenzubleiben (sat. I 6, 113 f.).

Die Techniken der W. waren neben dem Losorakel (*sortes*; Weiterentwicklung später zu den Tarot-Karten) und dem Lesen der Handlinien (Juv. VI 583 f.) vor allem die auf Astrologie gegründete Weissagung. Die führenden unter den Astrologen wurden nach ihrer babylonischen Heimat Chaldäer genannt. Die

Zahl der Menschen, die W. konsultierten, war groß, und sie nahm im Laufe der Kaiserzeit stetig zu – quer durch alle Schichten der Gesellschaft. Die einfachen Leute gingen zum W. am Circus oder an der Stadtmauer, die Betuchteren ließen sich einen W. ins Haus kommen, und die ganz Reichen – darunter auch eine Reihe von Kaisern – hielten sich ihren Privat- bzw. Hofastrologen. Viele erwarteten Entscheidungshilfen von den W. und waren bereit, sich nach ihrer Auskunft zu richten: Ob sie einen Bau beginnen, einen Vertrag unterzeichnen, eine Reise antreten sollten oder, im Falle einer etwas entscheidungsschwachen Frau, «ob sie den Kneipwirt verlassen und den Tuchhändler heiraten soll» (Juv. VI 591). Fragen über die Zukunft betrafen u. a. die eigene → Lebenserwartung, aber auch schon mal den Tod des Erbonkels.

Politisch waren die W. allerdings suspekt. Man mißtraute ihrem Einfluß und mutmaßte, sie könnten mit ihren Weissagungen Unruhe in die Bürgerschaft tragen. Richteten sich diese Bedenken in republikanischer Zeit noch auf eine mögliche «Zersetzung» altrömischer Religion durch diesen fremdländischen Geheim-«Spuk» (Liv. XXXIX 16, 8), so fürchteten die Kaiser des frühen Prinzipats, daß ihre Herrschaft durch Spekulationen über ihren bevorstehenden Tod oder astrologisch «fundierte» Ermunterung möglicher Usurpatoren an Stabilität verlieren könne. Und so wurden seit der ersten einschlägigen Maßnahme Agrippas im Jahre 33 v. Chr. (DC IL 43, 5) W., Astrologen und Zauberer mit schöner Regelmäßigkeit alle paar Jahre aus Rom, teilweise mit Wirkung für ganz Italien, vertrieben – und mit ebenso schöner Regelmäßigkeit kehrten sie einige Zeit später wieder nach Rom zurück. Zwischen 33 v. Chr. und 93 n. Chr. kam es zu rund einem Dutzend derartiger Aktionen, die z. T. mit noch gravierenderen Repressionsmaßnahmen – Haft oder Todesurteil – verbunden waren, wenn der Verdacht auf Hochverrat bestand (Tac. Ann. II 32, 3; XII 52). Die Verbrennung von mehr als 2000 Bänden einschlägiger Wahrsagungs-Literatur im Jahre 12 v. Chr. war ebenfalls Teil dieser politisch motivierten «Säuberungen» (Suet. Aug. 31, 1) – die im übrigen einige ihrer Urheber nicht daran hinderten, sich persönliche Geheim-Horoskope stellen zu lassen.

Für die W. waren diese Vertreibungen – die bezeichnenderweise nur für die politisch sensible Hauptstadt bezeugt sind – sicher alles andere als angenehm. Aber sie hatten auch ihre gute Seite: Einige von ihnen machten offenbar ausdrücklich Werbung mit ihrem Martyrium: «Der hervorragendste unter ihnen», spottet Juvenal, «ist natürlich der, der am häufigsten verbannt ward (...); vertrauenswürdig seine Kunst, wenn ihm Handschellen an beiden Händen klirrten und er in weiter Ferne im Militärgefängnis gesessen hat» (VI 557 ff.).

QQ: Cic. div. I 152; II 87 ff.; Liv. XXXIX 16, 8; Hor. Sat. I 6, 113 f.; Prop. IV 1; Juv. VI 542 ff.; Plin. NH II 21 ff.; Gell. XIV 1.

Lit.: R. Beck, A brief history of ancient astrology, Malden/Oxford 2007; M. Th. Fögen, Die Enteignung der Wahrsager, Frankfurt/M. 1997; T. Barton, Ancient astrology, London 1994; Luck, Magie 324 ff.; 383 ff.; R. MacMullen, Enemies of the Roman order, Harvard 1966, 128 ff.; F. H. Cramer, Astrology in Roman law and politics, Philadelphia 1954.

Wasserrohr

In den für die → Wasserversorgung der Städte wichtigen Aquädukten strömte das Wasser in der Regel in gemauerten Rinnen. Ab den Verteilerstellen (*castella*; «Wasserschlösser») in der Stadt wurde das Wasser bis zu den öffentlichen Endstellen oder privaten Verbrauchern in W. geführt, die je nach Beschaffenheit der Gebäude und Beschädigungsrisiko unter- oder oberirdisch verliefen. Die W. waren entweder aus Ton – *tubuli fictiles* von mindestens 3, 7 cm Durchmesser, die ineinander gesteckt wurden (Vitr. VIII 6, 8) – oder, wohl häufiger, Bleiröhren, die aus rechteckigen Bleiblechen zu runden oder dreieckigen Körpern gebogen und verlötet wurden *(fistulae plumbeae)*. Die Bleirohre waren genormte Markenartikel, die in Längen von 10 römischen Fuß (29, 5 m) und in unterschiedlichen Durchmessern zwischen ca. 1, 3 und ca. 57 cm produziert wurden. Bei öffentlichen Leitungen trugen sie den Namen des Kaisers und der zuständigen Beamten, bei privaten den des Eigentümers, der die Kosten für die Zuleitung zu seiner Verbrauchsstelle aus eigener Tasche zahlen mußte. Zur Berechnung des kontinuierlichen Durchflusses und damit des Verbrauchs wurden den W. bronzene Düsen von gut 20 cm Länge vorgesetzt – Bronze als Material deshalb, weil es sich von «Wasserbetrügern» nicht so leicht verbiegen ließ. Auf der Außenseite trugen die Düsen den Stempel eines Eichbeamten. Die kleinste Düse – und gleichzeitig die Standardeinheit für die Messung größerer Durchmesser – war die «fünfzöllige» *(quinaria)* mit einem Durchmesser von etwa 2, 3 cm (Landels 61).

Beide Materialien, Ton wie Blei, waren bei zu hohem Druck anfällig für ein Bersten der W. Dergleichen kam offenbar gar nicht so selten vor (s. Zitat); Tonrohre hatten den Vorteil, daß jedermann sie reparieren konnte (Vitr. VIII 6, 10).

Ein weiterer, erheblich gewichtigerer Vorteil von Tonleitungen wurde indes von den römischen Ingenieuren geflissentlich übersehen, obwohl schon der Architekturschriftsteller Vitruv in augusteischer Zeit vor möglichen Gesundheitsrisiken durch Bleirohre warnte: «Auch ist das Wasser aus Tonröhren gesünder als das durch Bleiröhren geleitete, denn das Blei scheint deshalb gesundheitsschädlich zu sein, weil aus ihm Bleiweiß entsteht

Oben: Wasserrohr aus Blei mit Namen des Besitzers (oben) und des Herstellers (unten; fec[it], «stellte es her»); aus Lucus Feroniae.
Unten: Wasserrohr aus Ton, hergestellt von der 14. Legion zwischen 70 und 92 n. Chr.; aus Mainz.

**Pyramus' tragikomischer Freitod –
ein anschaulicher, aber wenig geschmackvoller Vergleich**

Rücklings lag er so am Boden. Es spritzte das Blut hoch; anders nicht, als wenn ein Rohr, dessen Blei sich beschädigt, bricht und aus engem Riß im Strahle zischend das Wasser weit läßt schießen hervor und teilt in Stößen die Lüfte.

Ovid, Metamorphosen IV 121 ff.

(…). Daher scheint es ganz und gar nicht gut, daß man Wasser durch Bleiröhren leitet, wenn wir der Gesundheit zuträgliches Wasser haben wollen» (VIII 6, 10 f.).

Die weitverbreitete Verwendung bleierner W. trug denn auch tatsächlich als *ein* Faktor zu der chronischen Bleivergiftung bei, an der ein großer Teil der römischen Oberschicht litt: Die meisten privaten Wasserabnehmer gehörten ja den führenden Gesellschaftsschichten an. Wie stark der Anteil der *fistulae plumbeae* an dieser Erkrankung war, hing freilich vom jeweiligen Härtegrad des Wassers ab: Je härter das Wasser war, um so geringer war die Gefahr einer Kontamination durch Blei, weil sich dann sehr rasch eine isolierende Kalkschicht in den W. absetzte.

QQ: Vitr. VIII 6; Front. de aqu. 24 ff.; CIL XV 7235 ff. (Inschriften auf *fistulae*).

Lit.: B. Cech, Technik in der Antike, Darmstadt 2010, 127 ff.; Ö. Wikander, Handbook of ancient water technology, Leiden 2000; Weeber, Umweltverhalten 179 ff.; Kretzschmer, Röm. Technik 66 ff.; A. T. Hodge, Vitruvius, lead pipes and lead poisoning, AJA 85 (1981), 486 ff.; Landels, Technik 51 ff.

Wasserversorgung

Der griechische Geograph Strabo war beeindruckt. Zur W. der Hauptstadt notierte er: «Die Wassermengen, die in die Stadt geführt werden, sind so groß, daß ganze Flüsse durch die Stadt und die unterirdischen Kanäle strömen, daß nahezu jedes Haus Wasserbehälter und Wasserleitungen hat und reichlich sprudelnde Brunnen besitzt» (V 3, 8). Als diese Zeilen geschrieben wurden, verfügte Rom «erst» über sieben der großen Fernwasserleitungen, deren Zahl bis zur Mitte des 1. Jh. n. Chr. auf neun und bis zum Jahre 226, als die letzte gebaut wurde, auf elf anstieg. Die W. verbesserte sich also gegenüber der augusteischen Zeit noch, da der Anstieg der Bevölkerung langsamer verlief. Das gesamte Netz der römischen Aquädukte umfaßte über 500 km, und die Menge des Tag für Tag in Rom «einlaufenden» Trinkwassers dürfte bei mindestens 500 000 m³ gelegen haben – eine Schätzung eher am unteren Rande der Kapazität, die den Ausfall durch Reparaturen u. ä. relativ hoch veranschlagt. Bei einer realistischen Bevölkerungszahl von ca. einer Million Einwohner bedeutete das ein statistisches Pro-Kopf-Wasserdargebot von wenigstens 500 l – ein Wert, der erst wieder im 20. Jh. – und keineswegs überall – erreicht wird.

Freilich wurde nur ein vergleichsweise geringer Teil dieser gewaltigen Kapazität tatsächlich genutzt. Da das Wasser Tag und Nacht strömte, lief ein Großteil direkt aus den Speichern und Schöpfbecken in die Kanalisation, was freilich wegen der damit verbundenen Reinigung ein willkommener Nebeneffekt war (Front. aqu. 110 f.). Was tagsüber verbraucht wurde, teilte sich in drei Ver-

**Technische Wunderwerke –
auch von den Römern selbst bestaunt**

Wenn man den Überfluß an Wasser in der Öffentlichkeit, in Bädern, Fischteichen, Kanälen, Häusern, Gärten und Landgütern nahe bei der Stadt, die Wege, die das Wasser durchläuft, die errichteten Bögen, die durchgrabenen Berge und eingeebneten Täler sich genau vergegenwärtigt, wird man gestehen müssen, daß es auf der ganzen Erde nie etwas Bewundernswerteres gegeben hat. Plinius, Naturalis historia XXXVI 123

teilungs-«Kreise» auf: Den öffentlichen, der der Grundversorgung aller Bürger diente und Wasser unentgeltlich in Wasserbecken und Springbrunnen *(lacus; salientes)* bzw. mit dekorativen Fronten gestalteten Nymphäen bereitstellte, einen zweiten, der vor allem Bäder und Thermen versorgte, und einen dritten, der das Wasser über spezielle Leitungen bis zum Verbrauchsort in Privathäusern führte.

Nach Angaben Frontins, der im Jahre 97 zum *curator aquarum*, dem «Generaldirektor der Wasserversorgung Roms», bestellt wurde und dessen Werk über die W. *(de aquis urbis Romae)* die wichtigste einschlägige Quelle ist, sollen 44% der Gesamtmenge auf private Haushalte entfallen sein (Garbrecht 38). Der Prozentsatz der Bevölkerung, der zu den Privilegierten gehörte, bei denen das Wasser zu Hause aus der Leitung floß, war jedoch erheblich niedriger. Der direkte Anschluß an die W. mußte zur Zeit der Republik bei den Ädilen oder Censoren beantragt werden, in der Kaiserzeit war ein Gesuch an den Kaiser erforderlich (Front. aqu. 95; 99, 3; 103, 2). Die Genehmigungspraxis in der Republik war eher restriktiv (Liv. XXXIX 44, 4); die Kaiser erteilten die Konzessionen als *beneficia* («Wohltaten») vor allem an Angehörige der führenden Gesellschaftskreise (Senatoren, Ritter, kaiserliche Freigelassene). Die Genehmigung war an die Person des Antragstellers gebunden; nach seinem Tode war zumindest ein neuer Antrag zu stellen (Front. aqu. 107, 1). Ohne ausreichendes Vermögen hatte kein Privatmann die Chance, direkt an das Wassernetz angeschlossen zu werden: Die Zuleitungen von den Verteilern zu den Verbrauchsstellen mußten aus eigener Tasche bezahlt werden (Front. aqu. 106, 1; Mart. IX 18); die Wasserrohre *(fistulae aquariae)* trugen deshalb oft den Namen ihres Eigentümers.

Dagegen scheint auf das Wasser selbst in der Kaiserzeit in Rom keine Abgabe mehr erhoben worden zu sein – im Unterschied zur jährlich fälligen Wassersteuer in der Republik (Vitr. VIII 6, 2) und den Verhältnissen in anderen Städten, wo die Gemeinde den Privat-Abnehmern die Steuer nur in Ausnahmefällen erließ (vgl. CIL II 1643). Die Höhe der Wassergebühren konnte je nach dem Querschnitt der Leitungen variabel festgesetzt werden; konkrete Angaben sind allerdings nicht überliefert.

Für den größten Teil der Bevölkerung war der direkte Anschluß an die W. freilich ein unerfüllbarer Komfort-Traum. Die meisten Mietskasernen *(insulae)* hatten auch im Erdgeschoß keine eigene Zuleitung, geschweige denn in den höheren Stockwerken. Die meisten Römer mußten deshalb ihr Trink- und Brauchwasser aus Wasserbecken *(lacus, labra)* und Springbrunnen *(salientes)* schöpfen, die überall im Stadtgebiet aufgestellt waren. Sie boten frisches (Fließ-)Wasser und verfügten seit dem Ende des 1. Jh. n. Chr. vielfach über zwei Zuleitungen von unterschiedlichen Aquädukten, so daß sie auch bei Reparaturarbeiten an einer Leitung versorgt wurden (Front. aqu. 87, 5). Die Standard-Ausführung eines *lacus* bestand aus vier zu einem Viereck angeordneten, mit Eisenklammern verbundenen dicken Steinplatten. Der Zulauf lag häufig erhöht an einer der Längswände. Auf Hygiene wurde streng geachtet; für die Verunreinigung eines Brunnentroges wurden 10 000 Sesterze Strafe fällig. «Wachposten» wurden aus den Bürgern des jeweiligen Viertels rekrutiert, und als Anreiz zur Wachsamkeit erhielt wahrscheinlich jeder, der einen Übeltäter anzeigte, ebenso die Hälfte der verhängten Geldbuße wie im Falle einer Verletzung des «Schutzraumes» zu beiden Seiten einer Wasserleitung (Front. aqu. 97, 5 ff.; 127, 2).

Der Weg von der Wohnung zum nächsten *lacus* war meist kurz. Schon in augusteischer Zeit verfügte Rom dank der einmaligen Verdienste Agrippas um die W. der Hauptstadt über 700 Schöpf- und 500 Laufbrunnen (Plin. NH XXXVI 121); die Zahl der Schöpfbrunnen allein stieg bis ins 4. Jh. auf über 1200 an – fast pro Hektar Stadtfläche ein *lacus*. Um das mühevolle Treppensteigen mit gefüllten Wasserbehältern zu vermeiden, scheinen manche Bewohner höherer Stockwerke ihre Gefäße mit Netzen über die Fenster hochgezogen zu haben (Dig. IX 3, 5, 12). Wer sich die Mühe des Wasserholens ganz sparen wollte, konnte auf Tagelöhner zurückgreifen, die sich als Wasserträger *(aquarii)* verdingten – und bei manchen einsamen Damen, glaubt man dem Spötter Juvenal, eine ähnliche Rolle spielten wie in neuerer Zeit der legendäre Milchmann (VI 332).

In Rom dürfte es wegen der reichlichen Zuflüsse zu keinen Engpässen in der W. gekommen sein. Anderswo mußten bei Wasserknappheit Prioritäten in der W. gesetzt werden. Das geschah vielerorts – so etwa auch in Pompeji – durch

Vorrang der Sozialversorgung – per Senatsbeschluß

«Die Wasserbehörde hat dafür Sorge zu tragen, daß die öffentlichen Brunnen möglichst ohne Unterbrechung bei Tag und Nacht ihr Wasser zum Nutzen des Volkes fließen lassen».

Senatsbeschluß, zitiert von Frontin, de aquis 104, 2

Links: Schematische Darstellung der Wasserverteilung in Pompeji.
Rechts: Moderne und antike Wasserverteilung in der schematischen Darstellung von F. Kretzschmer.

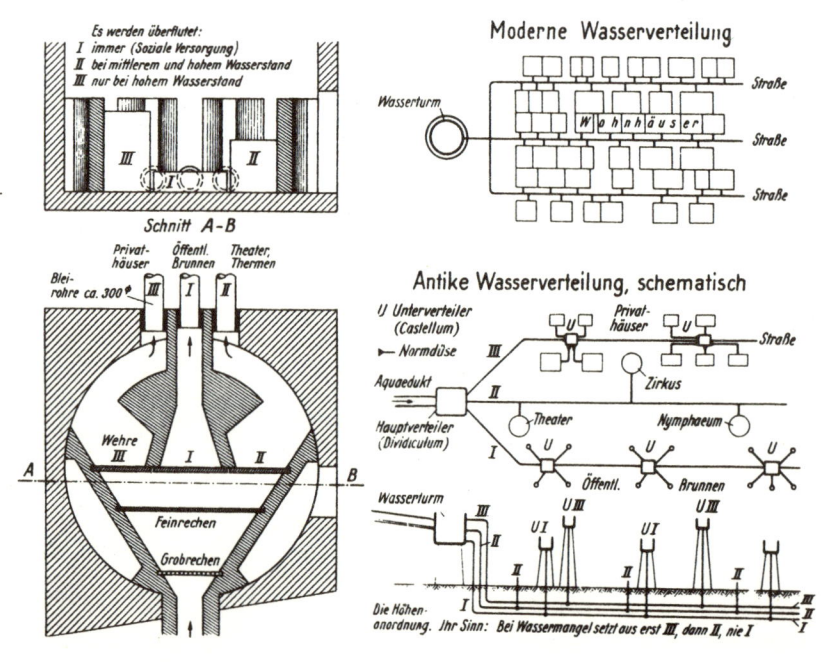

einen ebenso einfachen wie effizienten Verteilungsmechanismus. Die Fernwasserleitungen mündeten im Stadtgebiet in höher gelegene Wasserschlösser *(castella)*. Von dort wurde das Wasser über drei Äste verteilt. Die unterste Leitung speiste die öffentlichen Straßenbrunnen. Damit war selbst bei geringem Zufluß und dementsprechend niedrigem Wasserspiegel eine Grundversorgung aller Bürger gewährleistet. War der Sozialbedarf gesichert, dann wurden bei höherem Pegelstand auch die Badeanstalten und repräsentative Gebäude versorgt. Bei Privatabnehmern lief das Wasser nur dann aus dem Kran, wenn die Reservoirs gut gefüllt waren (Vitr. VIII 6, 1f.; s. Skizze).

Auch wenn die W. in anderen Städten nicht so üppig war wie in Rom, so waren doch Aquädukte in der Kaiserzeit fast überall eine zivilisatorische Selbstverständlichkeit. Die Kosten für den aufwendigen Leitungsbau trugen in der Regel die Kommunen; private Spender beteiligten sich häufig mit hohen Summen und ließen sich von ihren dankbaren Mitbürgern gern ein Denkmal ihrer Großzügigkeit errichten (CIL X 5807). Der Kaiser sprang ebenfalls mit Zuschüssen ein oder «spendierte» schon einmal einen ganzen Aquädukt (CIL V 47; X 4842; V 4307).

Neben der öffentlichen W. blieb auch in den Städten die private Wasservorsorge wichtig: Brunnen *(putei)* und Zisternen, in denen das Regenwasser gesammelt wurde, trugen in vielen Privathäusern zur Sicherung der W. bei – sogar in Rom! (Proc. Bella V 20, 28). Auf dem Lande war man natürlich in besonderer Weise auf Tiefbrunnen, Quellen und natürliche Gewässer angewiesen; dort blieb es bei den Verhältnissen, die Frontin für die ersten Jahrhunderte der Geschichte Stadt-Roms beschreibt: «441 Jahre lang nach der Stadtgründung waren die Römer zufrieden damit, Wasser zu benutzen, das sie aus dem Tiber, aus Brunnen oder Quellen schöpften» (aqu. 4, 1) – bis der Censor Appius Claudius Caecus im Jahre 312 v. Chr. durch den Bau der ersten Fernwasserleitung eine neue Epoche in der W. der «Ewigen Stadt» einläutete.

QQ: Vitr. VIII 1 ff.; Strabo X 3, 8; Plin. NH 121 ff.; Frontin, De aquis Urbis (Übers.), München 1972.
Lit.: K. Grewe, Meisterwerke antiker Technik, Mainz 2010, 25 ff., Cech, Technik 111 ff.; Oleson, Handbook of engineering 285 ff.; A. I. Wilson, Water for the Pompeians, Journ. Roman Archaeol. 19, 2006, 501 ff.; M. Döring, Wasser für den Sinus Baianus, AW 33, 2002, 305 ff.; D. De Kleijn, The water supply of ancient Rome. City area, water and population, Amsterdam 2001; Chr. Bruun, The water supply of ancient Rome, Helsinki 1991; R. Tölle-Kastenbein, Antike Wasserkultur, München 1990; W. Eck, Die Wasserversorgung im röm. Reich, in: Frontinus-Gesellschaft (Hg.), Die Wasserversorgung antiker Städte, Mainz 1987, 51 ff.; D. Werner, Rom, die wasserreichste Stadt des Altertums, Alt. 32 (1986), 36 ff.; Kretzschmer, Röm. Technik 57 ff.; G. Garbrecht, Sextus Iulius Frontinus, curator aquarum. Wasserversorgung im antiken Rom, München/Wien 1982; Landels, Technik 41 ff.

Wein

Neben Wasser war W. das häufigste Getränk der Römer; es wurde zu allen Mahlzeiten (selten zum → Frühstück; vgl. aber Hist. Aug. Sev. Alex. 30), vor allem aber zum → Abendessen getrunken. Seine Bedeutung als → Grundnahrungsmittel zeigt sich daran, daß alle Schichten der Bevölkerung W. konsumierten. Cato empfiehlt für die auf einem Gut arbeitenden Sklaven eine durchschnittliche Weinration von mehr als einem halben Liter pro Tag (aller-

Römische Trinkgefäße: *calix*, Schale mit Henkeln und Fuß; *cantharus*, Becher mit zwei Henkeln auf hohem Fuß; *cymbium*, nachenförmige Schale ohne Henkel; *patera*, flache Schale, vor allem für kultische Zwecke (Weinopfer) verwendet; *scaphium*, nachenförmige, henkellose Trinkschale.

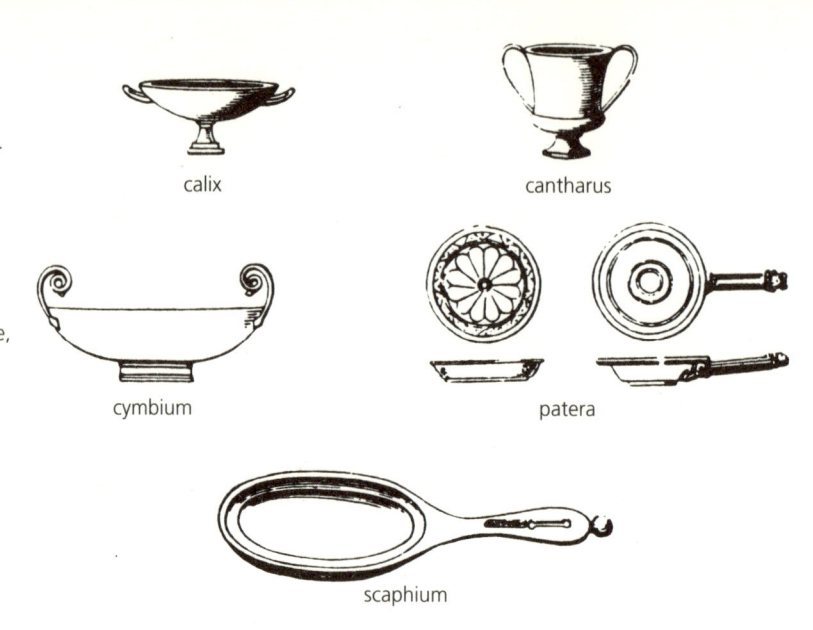

calix

cantharus

cymbium

patera

scaphium

dings vor allem den durch nochmaliges Keltern gewonnenen Tresterwein, die *lora*; r. r. 57). Der Pro-Kopf-Verbrauch für die stadtrömische Bevölkerung ist auf 0,8 bis 1 l täglich pro männlichem Einwohner geschätzt worden, für die Frauen auf etwa die Hälfte (Weeber, Weinkultur 91).

Daß der Wein als anregendes Genußmittel geschätzt wurde, zeigen neben dem Kult des «sorgenlösenden» Weingottes Bacchus (Lyaeus; Ov. met. IV 11; Hor. c. I 7, 22) und den zahllosen Hymnen auf ihn in der lateinischen Literatur (z. B. Hor. c. II 19; III 25; Tib. II 1) sprichwörtliche Wendungen wie daß «der wahrredende Wein das Innere öffnet» (Hor. sat. I 4, 89), die Aufforderung, «die Sorgen im Weine zu verscheuchen» (*nunc vino pellite curas*; Hor. c. I 7, 30) und die Einsicht, daß «Wahrheit dem Wein zugeschrieben wird» (Plin. NH XIV 141; eine Vorform des mittelalterlichen *in vino veritas*), aber auch Graffiti und Grabinschriften (CIL VI 15 258; vgl. Zitat) sowie die Aufschriften auf Trinkgefäßen, die den Benutzer zum Weingenuß animieren. Wegen seiner Hemmungen abbauenden Wirkung war der W. auch als Liebes-Stimulans geschätzt (Ov. ars am. I 525f.; 565ff.; die berauschende Wirkung ermutigt den zurückhaltenden Liebhaber zu Avancen, 607ff.; daneben dient der W. als «Schreibgerät», mit dem man Komplimente und Zärtlichkeiten auf den Tisch schreiben kann, 571f.)

Aufforderungen zum rechtzeitigen Weingenuß
Solange ich lebte, trank ich gern; trinkt auch ihr, die ihr noch lebt!
Grabinschrift CIL III 293

Hilaris sis!	Sei fröhlich!
gaudiamus felices!	Laß uns Spaß haben und glücklich sein!
bene tibi sit vita!	Das Leben meine es gut mit dir!
Bene te!	Auf dein Wohl!
Evivas!	Du sollst leben!
Fruere me!	Genieß mich!
Imple, copo, vinum!	Füll Wein ein, Wirt!
Reple me, copo, mero!	Fülle mich mit unvermischtem Wein auf, Wirt!

Aufschriften auf Spruchbechern aus dem römischen Germanien, CIL XIII 10018

Natürlich kannte man auch die Gefahren unmäßigen W.-Genusses; vor

Mißbrauch wurde häufig gewarnt (Hor. c. I 18, 7ff.; Plin NH XIV 137 mit abschreckenden Beispielen von Trunksucht, vgl. den Art. → Alkoholismus). Vor allem wohl wegen des als frauenspezifisch gesehenen Hangs zur Maßlosigkeit (vgl. etwa Cato bei Liv. XXXIV 14) war der Genuß von W. Frauen untersagt. Diese Bestimmung aus republikanischer Zeit (Plin. NH XIV 89ff.; Athen. X 440 e) wurde aber sicher schon damals nicht strikt befolgt und erst recht nicht mehr in der Kaiserzeit (Sen. ep. 95, 20); daß sich das Verbot nicht auf weniger starken Trester erstreckt habe, berichtet Gellius (X 23, 1ff.). Farblich unterschied man je nach Grad der Differenzierung zwischen Weiß- und Rot-W. (*vinum album* bzw. *atrum* oder *nigrum;* wörtl. «schwarzer W.», Plaut. Men. 915) oder nach vier Farben: *album, fulvum, sanguineum, nigrum:* «weiß, gelb, blutrot, schwarz» (Plin. NH XIV 80). Liebliche W. wurden offenbar bevorzugt; ein von den Römern als *austerum* («herb») empfundener Wein dürfte nach heutigem Geschmack eher als halbtrocken eingestuft werden. Alle Qualitätsweine waren schwer; sie konnten einen Alkoholgrad von 16–18 % erreichen. Viele W. wurden erst nach langjähriger Reifung getrunken; Horaz erwähnt einen vierjährigen Sabiner und einen neunjährigen Albaner (c. I 9, 7; IV 11, 1). Der begehrte Falerner, von allen W. der berühmteste überhaupt, galt zwischen 15 und 20 Jahren als ausgereift (Plin. NH XXIII 24). Als bester Jahrgang aller Zeiten wurde das *vinum Opimianum* gerühmt, benannt nach dem Consul Opimius aus dem Jahre 121 v. Chr. Zu Plinius' Zeit – rund 200 Jahre später – gab es noch ein paar Amphoren dieses Jahrgangs, aber da «hatte der Wein sich in eine Art von bitterem Honig verwandelt» (NH XIV 55). Die Legende vom *vinum Opimianum* (in satirischer Brechung bei Petr. 34, 6f.) zeigt, daß ein W. um so höher eingeschätzt wurde, je älter er war (Mart. III 62, 2; XIII 111). Die Amphoren mit den besseren Qualitätsweinen trugen Etiketten mit Angabe der Sorte, des Alters und des Erzeugers (Plaut. Poen. 836f.; Hor. c. III 8, 10ff.; Petr. 34); sie waren mit Gips oder Pech verschlossen und wurden häufig im oberen Stockwerk gelagert, möglichst über dem Bad, von dem aus Rauch in den Lagerraum drang, der das Altern des W.

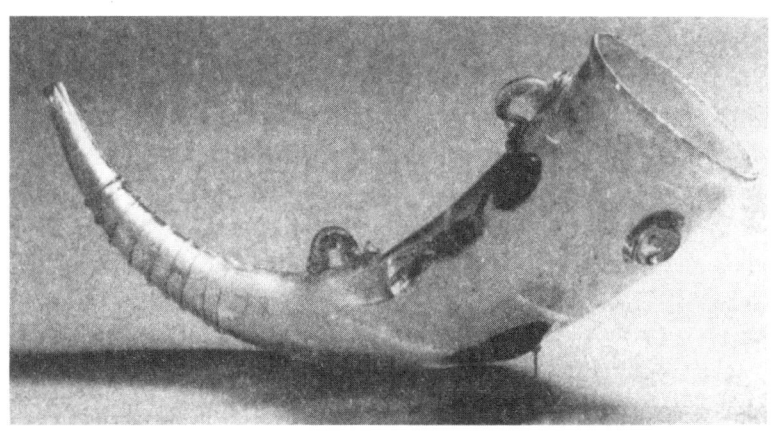

Mit Noppen verziertes, gläsernes Trinkhorn mit zwei Ösen zum Aufhängen; aus Köln, 4. Jh. n. Chr.

begünstigte (Colum. I 6, 20). Die Amphoren mit den weniger kostbaren W. wurden dagegen in der *cella vinaria,* dem «Weinkeller», möglichst kühl nach Norden hin gelagert (Plin. NH XIV 133). Um den W. nach Abschluß des Gärvorganges, der in offenen Fässern *(dolia)* stattfand, haltbarer zu machen, bediente man sich zahlreicher tatsächlicher oder vermeintlicher Konservierungsmittel; die «Patentrezepte» reichten von Aschenlauge und Salz über Marmorstaub, Schwefel und Harz bis zu Terpentin und Kreide – eine Verfälschungspraxis, die zwar von Experten als gesundheitsschädlich beklagt (Plin. NH XIV 127ff.; Colum. XII 19, 2), aber trotzdem emsig betrieben wurde. Für den von Martial als «furchtbares Gift» geschmähten, «geräucherten» W. aus Marseille wurden trotz allem hohe Preise bezahlt (Mart. X 36; VI 78).

Von der Masse der einfachen Tafel- und Landweine hoben sich nach Plinius' Angaben etwa 80 ausgesprochene Spitzenweine ab, die überall in der römischen Welt zu kaufen waren. Zwei Drittel von ihnen stammten aus Italien. Die berühmtesten W. waren der Falerner (s. Zitat) und der Caecuber (aus dem Grenzgebiet zwischen Kampanien und Latium) sowie der Mamertinus aus dem sizilischen Messina. Weitere Spitzenlagen waren vor allem im kampanischen Gebiet sowie in Latium beheimatet (Plin. NH XIV 58ff.). Von den außeritalischen W. genossen spanische, gallische (Marseille, s. o.) und griechische einen guten Ruf. Der → Weinhandel florierte im gesamten Imperium.

Die W.-Preise richteten sich natürlich nach der Qualität und den Transportkosten. Einfache W. waren preiswert; im 1. Jh. n. Chr. lag der Marktpreis für den billigsten Tafelwein bei weniger als einem Sesterz pro Liter (Colum. III 3, 10); Spitzenweine dagegen gehörten zu den Luxusartikeln, die sich nur die wohlhabende Oberschicht leisten konnte. Bezeichnend für die erheblichen Preisspannen zwischen «nur» guten und den besten W. ist die von Satirikern verspottete schlechte Angewohnheit mancher Gastgeber, sich selbst bei → Gastmählern und → Trinkgelagen einen besseren W. einschenken zu lassen als ihren Gästen (Mart. IV 85).

Vor dem Trinken wurde der W. durch ein Sieb oder einen leinenen Filtriersack geseit, um die Hefe abzutrennen. Danach wurde er in einen Mischkrug geschüttet – so vor allem bei einem Abendessen oder Gelage, bei dem einer der Teilnehmer zum *rex bibendi* («Trinkkönig»; Hor. c. I 4, 18; II 7, 25) gekürt wurde, der das Mischungsverhältnis mit Wasser bestimmte. War man allein, so entschied man darüber selbst, indem man sein Trinkgefäß einfach mit Wasser auffüllte. Gewöhnlich überwog der Wasser- den W.-Anteil (im Verhältnis 3:1, 2:1 oder 3:2; andere, individuell bestimmte Mischungsverhältnisse waren denkbar). Der vermischte W. *(vinum mixtum; v. dilutum)* verringerte einerseits den Alkoholgehalt, andererseits ermöglichte er es, größere Mengen aufzuneh-

Trierer Weinkeramik aus dem 2.–4. Jh. n. Chr. Neben Girlanden, Blüten und Trauben schmücken zum Weingenuß auffordernde Inschriften die Becher und Krüge.

Falernum Faustinianum: Spitzenwein aus «kontrolliertem Anbaugebiet»

Das falernische Gebiet nimmt an der kampanischen Brücke seinen Anfang, links von der Straße, wenn man zur sullanischen Kolonie Urbana geht, die jetzt zu Capua gehört. Das faustinianische Gebiet beginnt etwa 6 km vom Weiler des Caedicius, einem Dorf, das 9 km von Sinuessa entfernt liegt…

Plinius, Naturalis historia XIV 62

men. Trunkenheit resultierte deshalb oft genug auch aus diesem «Mischwein». Gleichwohl galt jemand, der unvermischten W. *(vinum merum)* trank, schnell als «Säufer» (Mart. IV 89); der trinkfreudige Kaiser Tiberius (Claudius Nero) wurde wegen seiner offensichtlichen Vorliebe für *merum* von seinen Soldaten als *Biberius Caldo Mero* («Säufer unvermischten Glühweins») verspottet (Suet. Tib. 42, 1). Eine dem W. sehr zugetane alte «Säuferin» *(vinosissima)* gibt sich in einer Komödie dadurch zu erkennen, daß sie *multibiba atque merobiba* ist («Viel- und Purtrinkerin»; Plaut. Curc. 77ff.). Besondere Gelegenheiten animierten allerdings auch «Normaltrinker» ab und an dazu, das verdünnende Wasser beiseite zu lassen und wie ein «Barbar» zu zechen: «Süß ist's mir, verrückt zu spielen: Ich habe den Freund ja wieder!» (Hor. c. II 7, 26ff.).

Auch ohne Wasser schmeckt der Wein...
Mundschenk, bringe Falerner alten Jahrgangs,
füll mit herberem Trunk die Becher! Denn so
will's Postumia, unsre Herrin, die des
Weines voller noch als die vollste Beere.
Ihr jedoch, fade Wässer, Weinverderber,
packt euch! Irgendwohin, zu den Philistern
wandert! Hier trinkt man puren Bakchianer!
Catull, carmen 27

Man trank den W. kalt oder sogar mit Schnee und Eis gekühlt (→ Kühlverfahren), öfter aber wohl mit warmem Wasser vermischt – je nach persönlichem Gusto bzw. nach dem Belieben eines jeden Gastes (Mart. XIV 105; Juv. V 63). Im Winter wurde der «Glühwein» *(calda)* auf jeden Fall bevorzugt; er galt auch als bekömmlicher und wurde als Therapie für Kranke empfohlen (Mart. IV 86; Sen. ep. 78, 23ff.) – wie der W. überhaupt als «Allround»-Heilmittel eingesetzt wurde, von äußerlicher Anwendung über ‹Trinktherapien› bei organischen und psychischen Erkrankungen bis hin zu Kombinationsanwendungen als Mittel zur Potenzsteigerung (Plin. NH XXIII 31ff.; Cels. III 19). Die Trinkgefäße waren sehr unterschiedlich geformt; sie reichten von Bechern über Schalen bis zu Trinkhörnern *(rhytia;* Mart. II 35).

Eine besondere Art von W. waren likörartige Moste, die durch Aufkochen und Eindicken des Saftes besonders ausgereifter Trauben hergestellt wurden. Als *sapa* bezeichnet Plinius einen W., der bis zu einem Drittel, als *defrutum* einen, der bis zur Hälfte eingekocht war (NH XIV 80). Weil man bei der Herstellung gern auf Bleitöpfe zurückgriff (Colum. XII 20, 1), waren die Moste häufig bleiverseucht. Sie verursachten Kopfschmerzen und Magenbeschwerden (Dioskur. V 9), waren aber wegen ihrer Süße beliebt. Über andere, z. T. mit Rosinen «veredelte» Süß- und Würzweine, die ihren Charakter durch Rosen, Veilchen, Minze, Anis, Fenchel u.ä. erhielten, informieren Plinius (NH XIV 81ff.) und Columella (XII 19ff.).

Kelle und Sieb zum Schöpfen des Weines aus größeren Behältnissen bzw. zum Herausfiltern von Kräutern, Geschmackszusätzen und Rückständen aus dem Gärungsprozeß; aus Brauneberg/Mosel, 4. Jh. n. Chr.

Bekömmlicher als diese Likörweine war das durch Zusatz von → Honig hergestellte *mulsum*. Es wurde vor allem zum → Mittagessen und als Aperitif vor der *cena* getrunken (Cic. Cluent. 166; Hor. sat. II 4, 24; als Mittel gegen Heiserkeit: Cic. de or. II 282). Das Mischungsverhältnis war unterschiedlich; es reichte von einem Drittel bis zu einem Fünftel Honig-Anteil. Seine positive Wirkung auf die Gesundheit bezeugt ein gewisser Romilius Pollio, der bei einer Kaiser-Audienz zur Feier seines 100. Geburtstages das Geheimnis seines hohen Alters so preisgab: «Durch *mulsum* für das Innere und Öl für das Äußere» (Plin. NH XXII 114).

QQ: Plaut. Curc. 75ff.; Merc. 544ff.; Pseud. 1246ff.; Cato r. r. 25; 57; 104; 109; 147f.; Cat. c. 27; Hor. c. I 9; 18; II 3; 11; 19; III 21; IV 13; Tib. II 1; III 6; Ov. ars am. I 229ff.; 565ff.; III 757ff.; Colum. XII 18ff.; Mart. I 26; 28; 106; III 49; VI 89; XII 17; 70; Juv. VI 300ff.; Plin. NH Buch XIV; Athen. 419ff.; Wein-Anthologie: Weeber, Weinkultur 99ff.; Bildquellen: Rhein. Landesmuseum Trier (Hg.), 2000 Jahre Weinkultur an Mosel-Saar-Ruwer, Trier 1987, 88ff.; S. Loeschke, Denkmäler vom Weinbau aus der Zeit der Römerherrschaft…, Trier 1933.

Lit.: G. di Pasquale (Hg.), Vinum nostrum, Ausstellungskatalog Florenz 2011; K.-W. Weeber, Die Weinkultur der Römer, Düsseldorf 3. Aufl. 2005; A.Tchernia, Le vin d'Italie romaine, Essai d'histoire économique d'après les amphores, Rom 1986; G. Hagenow, Aus dem Weingarten der Antike, Mainz 1982; Ch. Seltman, Wine in the ancient world, London 1957; P. Remark, Der Weinbau im Römerreiche, München 1927; F. v. Bassermann-Jordan, Geschichte des Weinbaus, I, Frankfurt ²1923.

Weinhändler

Der An- und Verkauf von → Wein war einer der bedeutendsten Zweige des römischen Handels. Der W. (*vinarius; mercator vinarius* u. ä.) war entweder als Grossist im regionalen oder im Fernhandel tätig oder als Einzelhändler, dessen → Geschäft *(taberna)* außen durch einschlägige Schilder zu erkennen war.

In Rom gab es einen eigenen Weinhafen (*portus vinarius*, CIL VI 9189 f.) und einen vermutlich direkt angrenzenden Spezialmarkt für Wein *(forum vinarium)*. Die erheblichen Umsätze der Branche sind u. a. an der Ausdehnung des berühmten römischen «Scherbenberges» (Monte Testaccio zwischen Aventin und Tiber) zu erkennen, auf den man jahrhundertelang die Scherben – auch – von Weinamphoren warf. Auch in Ostia kannte man einen Weinmarkt (CIL XIV 409); für andere Provinzstädte wird man das gleiche annehmen dürfen.

Das Weinschiff von Neumagen aus dem 3. Jh. n. Chr., vermutlich vom Grabbau eines Weinhändlers. Die Beförderung des Weins in Fässern war seltener als die in Amphoren.

Das Zentrum des Weinhandels war Italien, wo die W. spätestens seit dem frühen 2. Jh. v. Chr. regionenübergreifend tätig waren. Trotz protektionistischer Bestrebungen in der Wirtschaftspolitik zugunsten der italischen Winzer (Suet. Dom. 7,2; 14, 5; vgl. auch Colum. I praef. 20; Ende der Restriktionen durch Probus, Hist. Aug. Prob. 18, 8) umspannte der Weinhandel die gesamte römische Welt (Plin. NH XIV 73 ff.). Besonders gallische und spanische

Weine, aber auch Weine aus Griechenland und Kleinasien wurden nach Italien importiert; ebenso gelangten italische Weine in alle Provinzen; das wird u. a. durch eine Vielzahl aufgefundener Amphoren deutlich, nach deren Herkunftsstempeln man die Warenströme rekonstruieren kann. Gerade der Fernhandel scheint recht lukrativ, wenngleich nicht ohne Risiko (s. Zitat) gewesen zu sein.

Beim Seetransport wurde der Wein in Amphoren verschifft, auf Flüssen und zu Lande auch in Fässern. Anschauliche Darstellungen zum Transport und Verkauf des Weines sind auf einer Reihe von Reliefs aus dem Trierer Raum überliefert; die regen Aktivitäten der W. in diesem und im gallischen Gebiet sind auch inschriftlich belegt (Stiftung einer Statue für einen Trierer W. in Lyon: CIL XIII 1911). Die W. genossen generell keinen schlechten Ruf; es gab aber auch einige «schwarze Schafe» unter ihnen, die ihren Profit durch Manipulationen und Panschereien zu vergrößern trachteten. Durch altes, verstaubtes Aussehen der Amphoren einen älteren Jahrgang vorzutäuschen, war nicht ganz unüblich, ebenso das Verschneiden edler Sorten mit minderwertigen Weinen (Plin. NH XXIII 33 f.). Warum sich der W. Munna, Großimporteur massiliotischen Weines, in Rom nicht blicken ließ, glaubt Martial zu wissen: Damit er nicht zufällig einmal seinen eigenen «gräßlichen Wein» vorgesetzt bekomme (X 36).

Pleite am Anfang einer «Karriere» – Trimalchio als Weinhändler

«Ich hab' fünf Schiffe bauen lassen, sie mit Wein beladen – der wurde damals gegen Gold aufgewogen – und sie nach Rom geschickt. Man könnte glauben, ich hätte den Befehl dazu gegeben: Alle haben Schiffbruch erlitten, Tatsache, nicht gelogen. An einem einzigen Tag hat Neptun 30 Millionen geschluckt...».

Aus dem Schelmenroman des Petron (c. 76)

QQ: Rhein. Landesmuseum Trier (Hg.), 2000 Jahre Weinkultur an Mosel, Saar, Ruwer, Ausstellungskatalog Trier 1987, Abb. 49 ff.

Lit.: K.-W. Weeber, Die Weinkultur der Römer, Düsseldorf 3. Aufl. 2005, passim; de Martino, Wirtschaftsgeschichte 257 f.; A. Tchernia, Le vin d'Italie romaine, Rom 1986; ders., Quelques remarques sur le commerce du vin et les amphores, in: J. H. D'Arms / E. C. Kopff (Hg.), The seaborne commerce of ancient Rome, Rom 1980; M. Schuster, Art. *vinarius*, RE VIII A (1958), 218 ff.

Relief von einem Grabmal aus Trier. Oben: Ein Geschäft, in dem auch Wein verkauft wird; die geneigte Korbflasche könnte ein Hinweis auf südländischen Import-Wein sein. Unten: Weinhändler mit Wagen, auf dem ein Weinfaß transportiert wird. 2./3. Jh. n. Chr.

Werktag

Ein freies Wochenende, das nach fünf W. regelmäßig mit zwei arbeitsfreien Tagen winkt, wäre den Römern sehr fremd vorgekommen. Schon die Regelmäßigkeit und Striktheit, mit der die Juden nur *einen* Feiertag, den Sabbat, von aller Arbeit freihielten, begegnete völligem Unverständnis: Daß man auf diese Weise «fast ein Siebtel seines Lebens vertue», will Seneca nicht einsehen (Augustin. CD VI 11). Tacitus wird noch deutlicher: Er wirft den Juden schlicht «Freude am Nichtstun» und «Faulheit» vor (*inertia, ignavia*; Hist. V 4, 2; vgl. Juv. XIV 96 ff.).

Aus heutiger Sicht unglaublich erscheinen dagegen die vielen langen Festperioden und die Fülle der Feiertage, die sich die Römer gegönnt zu haben scheinen. Eine wahre Inflation von Feiertagen setzte mit der Kaiserzeit ein; zu gewissen Zeiten überboten sich Kaiser und Senat gegenseitig darin, Anlässe wie

Gedenk- und Geburtstage in der kaiserlichen Familie, militärische Siege und andere tatsächliche oder vermeintliche Erfolge zu Feiertagen aufzuwerten. Um die «durch die kriecherische Gesinung der Zeitläufe (gemeint ist Neros Regierungszeit) böse entstellten Kalender zu säubern», setzte Vespasian eine Kommission ein mit dem Auftrag, die Zahl der Feiertage deutlich zu reduzieren (Tac. Hist. IV 40, 2). Solche gelegentlich durchgeführten Revisionen zur Beschneidung des Feiertag-Wildwuchses hatten indes keinen durchschlagenden Erfolg: Die Zahl der offiziellen Festtage pendelte stets zwischen ca. 130 (am Ende der augusteischen Zeit) und 176 im Jahre 354 n. Chr. (Kalender des Philocalus; CIL I² 256 ff.), zeitweise sollen sie sogar «den größeren Teil des Jahres» eingenommen haben (DC LX 17, 1).

Die große Zahl der Feiertage hat in Verbindung mit den kostenlosen Getreideverteilungen *(frumentationes)* an rund 200 000 Bewohner der Hauptstadt und der *panem-et-circenses*-Politik der Kaiser zu der noch weitverbreiteten Vorstellung vom alten Rom als einer Art kollektivem Freizeitpark erheblich beigetragen. Sie beruht indes auf falschen Voraussetzungen. Eine davon ist die unbedachte Übertragung des modernen Verständnisses von Arbeitsruhe an Feiertagen auf die römische Welt. Auch heute bedeutet ja im übrigen ein offizieller Feiertag oder Sonntag keineswegs für jeden Arbeitnehmer automatisch einen arbeitsfreien Tag.

Für die römischen Verhältnisse gilt es, den Begriff des W. noch stärker aus der individuellen Perspektive des einzelnen bzw. unterschiedlicher gesellschaftlicher Gruppen zu fassen. Eine Pflicht zur Arbeitsruhe brachten Feiertage grundsätzlich nur für das öffentliche Leben mit sich. Aus religiösen Gründen war es an diesen Tagen untersagt, «irgendjemandem Gewalt zu tun» (Macrob. sat. I 15, 21); daher durften keine Gerichtsverhandlungen stattfinden (Cic. leg. II 19); auch Volksversammlungen wurden nicht anberaumt. Clevere Anwälte und Angeklagte mißbrauchten die Gerichtsruhe schon in der ausgehenden Republik, um Prozesse zu verschleppen oder gänzlich zu sabotieren (Cic. Verr. I 31). Wohl auch um solche trickreichen Manöver in einer Zeit mit noch mehr Festtagen zu verhindern, ließ Marc Aurel die Verhandlung dringender Angelegenheiten auch an Feiertagen zu (Dig. II 12, 2; vgl. auch § 6). Auch in Senatssitzungen erblickte man schon in der Republik keine Störung der Feiertagsruhe.

Wenn schon «der Staat» seine eigene Feiertagsregelung derart aufweichte, war von Privatleuten noch viel weniger Rücksichtnahme auf religiös gebotene Ar-

Und wann wird gearbeitet? –
Mutiges Plädoyer für mehr Werktage

Außerdem wurde die Einreihung der drei Tage – an dem der Sieg (Neros) errungen, an dem er gemeldet und an dem über ihn im Senat berichtet worden war – unter die Festtage beschlossen (...). Doch das alles überschritt das Maß so sehr, daß C. Cassius... dazu erklärte: Wenn man für die Gunst des Schicksals den Göttern Dank sagen wolle, so reiche auch das ganze Jahr nicht für Dankfeste. Daher müsse man die Festtage und die Geschäftstage trennen, an denen sie den Pflichten gegen die Götter nachkommen könnten, ohne die Erfüllung der irdischen Aufgaben zu hemmen.

Tacitus, Annalen XIII 41, 4

beitsruhe zu erwarten. In der Tat war es keinem verwehrt, seinen Laden offenzuhalten und seinem Handwerk nachzugehen. Die einzig denkbare Komplikation bestand darin, daß die Priester an Feiertagen keinen arbeitenden Menschen erblicken durften. Bei Zuwiderhandlungen wurden eine Geldstrafe und ein Sühneopfer fällig. Man behalf sich indes pragmatisch damit, daß die Priester ihr Herannahen durch einen Herold ankündigen ließen – das ermöglichte jedem, seinen persönlichen W. flugs für ein paar Minuten in den öffentlichen Feiertag einmünden zu lassen (Macrob. Sat. I 16, 9 ff.).

Wie sehr sich für die meisten Römer auch zahlreiche *feriae* als ganz normale W. gestalteten, zeigt ein Blick auf die Verhältnisse auf dem Lande. Man kannte auch dort das Verbot des *ferias polluere*, der «Entweihung von Feiertagen» (Gell. II 28, 3), doch bezog sich das nicht auf Arbeiten «über der Erde». So waren zwar z. B. Pflügen und Säen untersagt, nicht aber Ausbesserungs-, Reinigungs- und Transportarbeiten (Cato r. r. 2, 4). Die von den Agrarschriftstellern aufgelisteten Kataloge erlaubter Arbeiten lassen sehr deutlich erkennen, wie intensiv an fast allen Tagen auf den Landgütern gearbeitet worden ist (Colum. II 21). Von einer völligen Arbeitsruhe an Feiertagen kann daher keine Rede sein.

Feiertage als Werktage –
Leitfaden für ihre intensive Nutzung zur Arbeit
Selbst an Feiertagen zu schaffen hindert dich weder
Götter- noch Menschengesetz. Kein frommes Bedenken verwehrt dir,
abzuleiten den Bach, die Saat zu umhegen mit Hecken,
Vogelfallen zu stellen, in Flammen zu setzen den Dornbusch
und die blökende Herde zur heilsamen Schwemme zu führen.
Oft belastet mit Öl den Rücken des langsamen Esels
oder mit billigem Obst der Treiber, bringt den geschärften
Mahlstein heim aus der Stadt oder Klumpen klebrigen Pechs.
Vergil, Georgica I 286 ff.

Wenn sich also die vornehmen Herren an Feiertagen auf ihre Landgüter zurückzogen und sich mehr oder weniger sinnvoll → Freizeit-Aktivitäten hingaben – beileibe nicht jeder war ein *workaholic* wie Cicero, der die so gewonnene Zeit nutzte, «um meine Schriften zu vermehren» (leg. I 98; vgl. Planc. 66) –, so heißt das nicht, daß sie keine arbeitenden Menschen zu Gesicht bekommen hätten. Das Gegenteil war der Fall. Zumal für Sklaven bestand das Arbeitsjahr fast ausschließlich aus W. – auf dem Lande noch konsequenter als in der Stadt. Wahrscheinlich bekamen sie nur an wenigen Feiertagen arbeitsfrei, so sicherlich an den → Saturnalien, vermutlich auch an den Compitalien Anfang Januar (Cic. Att. VII 7, 3) und an ein paar weiteren Festtagen mit «Kleine-Leute-Charakter». Anspruch auf solche «Vergünstigungen» hatten sie nicht; daß Gutsbesitzer und Verwalter mit patriarchalischem Führungsstil den Arbeitern auch einmal an einem Regentag oder an allgemeinen Feiertagen freigaben, ist anzunehmen (vgl. Tib. II 1, 5 ff.).

Ein paar mehr freie Tage dürften sich freie Lohnarbeiter, Handwerker und Kleinhändler gegönnt haben – ohne Bezahlung, versteht sich. Neben den Saturnalien gab es eine Handvoll Feste, die von der gesamten Bevölkerung begangen wurden (Nicolai 213 f.). Daneben war gerade bei den unteren Schichten das Fest der Anna Perenna am 15. März ein beliebter Feiertag – ein wahres Volksfest, zu dem man zu Picknick und → Tanz, → Gesang und Flirt auf die Tiberwiesen strömte (Ov. fast. III 523 ff.).

Daneben stand es natürlich jedem Selbständigen frei, seine Arbeit ruhen zu lassen, wenn er das wollte und es sich finanziell erlauben konnte. Abhängig Beschäftigte mußten sich mit ihren Arbeitgebern einigen, wobei manche → Arbeitsverträge eine bestimmte Zahl freier Tage ohne Bezahlung vorsahen. Auf diese Weise konnte man sich auch für Familienfeste «Urlaub» nehmen: Der «normale» W. wurde dann zum individuellen Feiertag. Natürlich wirkten auch die öffentlichen Spiele als Zuschauermagneten: Wenn Wagenrennen und Gladiatorenkämpfe auf dem Festtags-Programm standen – und das war bei der Mehrzahl der *feriae* der Fall –, gönnten sich viele ihre «Feiertagsruhe».

Zu persönlichen Feiertagen wurden auch die Feste der Berufsvereinigungen *(collegia)*. Jedes *collegium* feierte z. B. den Geburtstag seines Schutzgottes, nicht selten durch einen Umzug und einen sich anschließenden Festschmaus. Für Angehörige anderer Berufsgruppen waren das jedoch ganz gewöhnliche W. Ein Standesfest genehmigten sich sogar die → Prostituierten. Am 23. April, dem Stiftungstag des Tempels der Venus Erucina, stellten die Dirnen von Rom für einen Tag ihre Arbeit ein – und bekamen dafür den Beifall nicht der Moralisten, wie man denken könnte, sondern ihrer Kunden, für die Ovid stellvertretend die Damen auffordert: «Ihr Mädchen von der Straße, feiert die Gottheit der Venus! Wenn sie recht gefeiert wird, ist Venus dem Erwerb der Dirnen günstig. Gebt ihr Weihrauch und erbittet Schönheit und die Gunst des Volkes, erbittet euch die Kunst der Schmeichelworte und den Witz der losen Rede!» (fast. IV 865 ff.) – *wer* sich vom nächsten W. der Damen des leichten Gewerbes *was* versprach, geht aus den zitierten Versen zweifelsfrei hervor.

Weihaltar eines Zimmermanns; oben Kultgeräte, unten Sägen und Äxte. Die Helme vor den Äxten lassen vermuten, daß die Berufsvereinigung der Zimmerleute auch als freiwillige Feuerwehr tätig war; aus Rom.

QQ: Cato r. r. 2, 4; 138; Varro LL VI 29 f.; Colum. II 21; Verg. georg. I 268 ff. mit dem Servius-Komm.; Sen. tr. an. 17, 4 ff.; Tac. Hist. V 4, 2; Ann. XIII 41, 4; Augustin. CD VI 11; Macrob. Sat. I 15 f.; Dig. II 12.

Lit.: Weeber, Panem et circenses 166 ff.; K. R. Bradley, Holidays for slaves, SO 54 (1979), 111 ff.; K. Nicolai, Feiertage und Werktage im römischen Leben, Saec. 14 (1963), 194 ff.

Werkzeuge

Für die Herstellung von W. wurden vorrangig Eisen und Holz verwendet, daneben auch Bronze sowie für Öl- und Getreidemühlen Stein. Eiserne W. sind in großer Zahl bei Ausgrabungen gefunden worden; eine wichtige Quelle stellen daneben vor allem Grabreliefs dar, auf denen der Verstorbene bei der Ausübung seines Handwerks dargestellt wird. Die Bezeichnungen vieler Spezial-W. sind durch literarische Überlieferung bekannt.

Zu den wichtigsten W. bei der Metallverarbeitung gehörten Hämmer und Zangen – die je nach Funktion unterschiedlich geformt waren – Amboß, Meißel, Feile und Lötkolben. Bei der Holzbearbeitung verwendete man Axt, Beil, Spaltmesser, Keile, Säge, Feile, Hobel und Bohrer; die Bearbeitung von Stein erfolgte vor allem durch Hammer und Hacke, Eisenkeile, Meißel, Steinsäge und Maurerkelle. In der Landwirtschaft wurden neben Pflug und Egge auch Spaten, Hacken aller Art, Gabel, Rasenstecher, Rebmesser, Sense, Sichel und Rechen eingesetzt. Zu den wichtigsten W. in der Vermessungs- und Architekturbranche gehörten Lineal, Zirkel, Winkel, Bleilot und Setzwaage.

QQ: K. D. White, Agricultural implements of the Roman world, Cambridge 1967 (mit Abb. landwirtschaftlicher Geräte); G. Zimmer, Römische Berufsdarstellungen, Berlin 1982.

Lit.: Schneider, Technikgeschichte 31 ff. (Quellen); W. Gaitzsch, Römische Werkzeuge (Schriften des Limesmuseums Aalen, Nr. 19), Stuttgart 1978.

Oben links: Werkzeugherstellung und -verkauf: Schere, Fleischerbeil, chirurgisches Besteck, Beil, Messer, Hacke, Winzermesser, Hammer, Zange, Amboß und Sägen; Grabrelief aus Ostia.

Mitte: Schusterwerkzeug; Urnenrelief aus Trier.

Rechts: Rekonstruierte Werkzeuge von der Saalburg.

Unten: Werkzeuge eines Vermessers oder Architekten; Altarrelief aus Aquileia.

Wette

W. *(sponsiones)* auf Pferde und Gladiatoren waren bei den öffentlichen «Spielen» *(ludi)* eine Selbstverständlichkeit: Dem Blick ins Programmheft folgte der Wetteinsatz *(pignus)* gegenüber anderen Zuschauern (Ov. ars am. I 167f.). «Geschrei und kühne W.» (Juv. XI 201 f.) bestimmten die Atmosphäre vor allem im Circus, der durch die Angespanntheit der vom Wettfieber gepackten Zuschauer (*populum ... de sponsionibus concitatum*; Tert. spect. 16) oftmals einem Tollhaus glich. Konkrete Einzelheiten über die Höhe der Einsätze und die Abwicklung der W. (Organisation über Buchmacher eher unwahrscheinlich) sind nicht überliefert. Es war aber durchaus üblich, auch im Vorfeld der Spiele außerhalb der Arena W. auf die tatsächlichen oder vermeintlichen Favoriten abzuschließen (Petr. 70, 13).

W.-Einsätze wurden auch beim → Glücksspiel getätigt; sie waren jedoch, abgesehen von der Ausnahmesituation der → Saturnalien, illegal und vor Gericht nicht einklagbar, weil es dabei im Unterschied zu sportlichen Wettkämpfen nicht um *virtus* («Tüchtigkeit») ging (Dig. XI 5, 2 f.). Freilich wußten die Gewinner auf andere Weise an ihr Geld zu kommen: Der inoffizielle «Spielerrat» *(aleonum consilium)* genoß in diesen Kreisen größeres Ansehen als der staatliche Richter... (Ambros. Tob. 11, 38).

QQ: Ov. ars am. I 167 f.; Petr. 70, 13; Tert. spect. 16; Dig. XI 5.

Lit.: K.-W. Weeber, Circus Maximus. Wagenrennen im alten Rom, Darmstadt 2010, 108 ff.

Witz

Daß Latein lernen besonders lustig und Caesar ein eminent humorvoller Autor sei, wird niemand so schnell behaupten. Wenn das – neben dem andachtsvollen Geraune manches Lehrers von der *gravitas* und *dignitas* als angeblichen Säulen des römischen «Nationalcharakters» – die einzigen und damit prägenden Eindrücke von der römischen Antike bleiben, braucht man sich über das traditionelle Römerbild nicht zu wundern. In ihm haben Humor und W. keinen Platz. Anders im wirklichen Leben der Römer: Sowohl in der Realität des Alltags als auch in der Literatur und Rhetorik spielten alle Formen des Witzigen *(ridiculum)* eine wesentliche Rolle – vor Gericht ebenso wie beim Wein, an der Tafel des Kaisers nicht weniger als im Theater.

In dieser Darstellung kann auf die breite literarische Dokumentation des römischen Humors nicht eingegangen werden. Es sei nur kurz auf die Komödien des Plautus und Terenz, die satirische Dichtung – ein genuines humorvolles Genus, das die Römer «erfunden» haben (Quint. X 2, 93) –, die Spottepigramme Martials, Petrons espritvollen Schelmenroman «Satyrica» und den feinsinnigen, urbanen Humor z. B. eines Ovid hingewiesen: ein Gutteil der überlieferten lateinischen Literatur besteht aus Variationen des Humorvollen. Und vieles davon ist durchaus ein Spiegel des ganz alltäglichen W. Manches Epigramm Martials ist der in sprachlich verdichtete, geschliffene Form gebrachte Reflex des angriffslustigen, derben «Volkswitzes», dem nichts und niemand heilig war: Spott und Bosheit nahmen alles aufs Korn, das nicht der üblichen Norm entsprach. → Außenseiter waren ebenso Zielscheiben des W. wie herausragende Persönlichkeiten. Körperlichen Anomalien wie Schielen, Zahnlosigkeit, Fettleibigkeit, Magersucht u. a. galt der beißende Spott der Römer ebenso wie sexuellen Vorlieben und Besonderheiten – und mag auch der kultivierte Quintilian dazu auffordern, bloß nicht «lieber auf einen Freund zu verzichten als auf eine witzige Bemerkung» (VI 3, 28), so dürfte manch einer genau entgegengesetzt gehandelt haben. Gelegenheiten, Pfeile des Spotts auszusenden und witziges Gift zu verspritzen, boten sich im Alltag genügend: → Gastmähler, bei denen kräftig gezecht wurde, würzte man durch W. verschiedenster Art und unterschiedlichsten Niveaus, → Hochzeiten wurden durch derbe, obszöne Scherze, die *versus Fescennini*, «humorvoll» begleitet (Cat. c. 61, 126 f.), an den → Saturnalien, einer Art römischem Karnevalsfest, dominierten W., Spott und Alberei alle Unterhaltungen. → Triumph-Züge hatten häufig Volksfestcharakter; und damit der Triumphator nicht allzu sehr über den irdischen Dingen schwebte, wurde ihm sein Menschsein durch z. T. recht drastische W. seiner Soldaten ebenso anschaulich wie ernüchternd in Erinnerung gerufen.

Soziologie des Witzes nach Quintilian

Nam in convictibus et cottidiano sermone lasciva humilibus, hilaria omnibus convenient.

Denn im freundschaftlichen Umgang miteinander und im Alltagsgespräch paßt frecher Witz zu den sozial niedriger Gestellten, heiterer Witz ziemt sich für alle.

Quintilian, Institutio oratoria VI 3, 28

Die Gebildeten waren zwar auch dem derb-vulgären W. nicht abhold (zumal wenn er wie bei Martial in brillanten Pointen gipfelte); sie schätzten daneben aber auch den feineren W. anekdotischen Charakters, der mehr zum wissenden Schmunzeln oder zur spöttischen Schadenfreude einlud als zu lautem Gelächter. Humorvolle Schlagfertigkeit war ein besonderes Kennzeichen solcher W., von denen die besten mündlich und schriftlich überliefert wurden. In der Ausbildung zum Redner bestand ein Teil des geistigen Trainings darin, solche «klassischen» W. zu lernen bzw. an ihnen die eigenen humoristischen Fähigkeiten zu schulen: Die Geschworenen im richtigen Zeitpunkt zum Lachen zu bringen, galt in der antiken Gerichtsrhetorik als wesentliches Qualifikationsmerkmal des guten Redners (Quint. VI 3, 22 ff.). Daß er in den Gerichtssälen wie in den Salons über eine solche Schlagfertigkeit verfügte, trug nicht wenig zum Ruhm des Redners Cicero bei.

Einzel-W. («kennst du den schon?») haben die Römer sicher auch gekannt; sie sind allerdings nicht überliefert. Daß es regelrechte W.-Sammlungen als private Aufzeichnungen oder sogar in Buchform gegeben hat, geht aus plautinischen Komödien hervor: Parasiten, die sich als unterhaltsame Gäste anbiedern und so zu einem kostenlosen Essen kommen wollen, greifen, wenn alles andere nicht mehr hilft, auf solche Witzbücher zurück: «Ich werd' mal eben zu den Büchern reingehen und von den besten Witzen 'was auswendig lernen», läßt einer die Zuschauer wissen (Stich. 400; vgl. 454 ff.; Capt. 482).

Kostproben ciceronischen Humors

Als Fabia Dolabella behauptete, sie sei dreißig Jahre alt, nickte Cicero und sagte: «Stimmt! Denn das höre ich schon seit zwanzig Jahren von ihr.»
Quintilian VI 3, 73

«Was ist das für ein Mensch, der sich *in flagranti* beim Ehebruch ertappen läßt?», fragte Pontidius in einer Gerichtsverhandlung. Unter schallendem Gelächter der Zuschauer beantwortete Cicero die Frage mit einem einzigen Wort: «Ein langsamer!»
Cicero, de oratore II 275

Metellus Nepos wurde nicht müde, den Aufsteiger Cicero mit der Frage zu «löchern», wer eigentlich sein Vater sei. Endlich riß Cicero der Geduldsfaden, und er konterte, auf den lockeren Lebenswandel der Mutter des Metellus anspielend: «Was dich angeht, so hat deine Mutter die Beantwortung dieser Frage für dich ausgesprochen schwierig gemacht!»
Plutarch, Moralia 205a

Solche Einzel-W. «spickten» wohl auch viele der auf der kaiserzeitlichen Theaterbühne so beliebten «Mimen», deren Regiebücher freilich – nicht zuletzt wegen der Seichtheit dieser Stücke – nicht erhalten sind. Den Endpunkt der Parasiten-Tradition bildeten im übrigen jene Possenreißer und «professionellen» Witzbolde, die sich mancher Kaiser je nach Gusto als dreiste Hofnarren oder witzige Unterhalter hielten (Juv. V 1 ff.; Friedländer, Sittengeschichte I 88 f.).

Eine einzige Sammlung von Einzel-W. hat sich aus dem Altertum erhalten: Das in griechischer Sprache verfaßte Witzbuch des Philogelos («Lachfreund»). Sie entstand in der römischen Kaiserzeit, wurde aber erst in der Spätantike in der überlieferten Fassung zusammengestellt. Das Gros dieser W. sind Dummheits-W., die entweder die Bewohner der antiken «Narrenburgen», vor allem die Abderiten – strukturell vergleichbar mit «den» Ostfriesen – verulken oder die «Scholastikoi» aufs Korn nehmen: weltfremde Trottel, die es in allen Berufen gibt und die durch «messerscharfe» falsche Analogien ihre Mitmenschen zum Lachen bringen. Die Abderiten- und ähnliche W. erzählte man sich zweifellos auch auf Lateinisch; als sprichwörtliche Erzdummköpfe und «Schildbürger» werden sie schon von Cicero erwähnt (Att. IV 19, 3; vgl. Mart. X 15). Aus den 265 W. des Philogelos abschließend zwei Kostproben. «Ein Scholastikos erblickte seinen Hausarzt und versteckte sich, um von ihm nicht gesehen zu werden. Als sein Begleiter ihn nach dem Grund für sein Verhalten fragte, erwiderte er: ‹Es ist jetzt lange her, daß ich das letzte Mal krank war, und ich schäme mich vor ihm.›» (Nr. 6). «Ein Abderit hatte seinen verstorbenen Vater, wie es üblich war, verbrannt. Dann lief er nach Hause zu seiner kranken Mutter und sagte: ‹Ein bißchen Holz ist noch übrig. Wenn du also willst und kannst, laß dich mit ihm zusammen verbrennen!›» (Nr. 123). Realistischer war da sicher der «Rat», den ein philosophierender Witzbold auf seinen Grabstein schreiben ließ: «Du, der du hier stehst und meine Grabinschrift liest: Spiele, scherze – und komm!» (CIL II 2262).

QQ: Plaut. Stich. 400; 454 ff.; Cat. c. 53; 56; Cic. de or. II 235 ff.; Quint. VI 3, 22 ff.; Macrob. Sat. II 1 ff.; Philogelos, griech.-dt. ed. A. Thierfelder, München 1968.

Lit.: K.-W. Weeber, Humor in der Antike, Stuttgart 2006; W. G. Schneider, Vom Salz Ciceros. Zum politischen Witz ..., Gymn. 107, 2000, 497 ff.; G. Vogt-Spira, Das satirische Lachen der Römer und die Witzkultur der Oberschicht, in: S. Jäkel (Hg.), Laughter down the centuries, Bd 3, 1997, 117 ff.; H. Greiner-Mai (Hg.), Der verliebte Zyklop. Humor und Satire in der Antike, Berlin 1989; Paoli, Leben 296 ff.

Woche

Die altrömische W. hat sich aus einem naheliegenden Rhythmus entwickelt: An jedem achten Tag wurde Markt abgehalten, zu dem die Bauern der Umgebung in die Stadt strömten, um ihre Produkte zu verkaufen um sich ihrerseits mit handwerklichen Gebrauchsgütern einzudecken und städtische Dienstleistungen – etwa die Konsultation eines Rechtsanwalts – in Anspruch zu nehmen. Der Markttag hieß *nundinae* (von *novem dies*, «neun Tage»: der Tag selbst wurde mitgezählt); der Zeitraum zwischen zwei Märkten folglich *nundinum*. In den → Kalendern wurde dieser W.-Rhythmus durch die Buchstaben A–H bezeichnet. Diese Nundinalbuchstaben dienten indes im Alltag nicht zur Kennzeichnung einzelner Tage; wenn überhaupt, dann verständigte man sich durch Zählen bis zum nächsten Markttag über den gemeinten W.-Tag («zwei Tage vor den *nundinae*» u. ä.; vgl. CIL IV 4182; Snyder, JRS 1936, 12 ff.). Daß die einzelnen Städte ihre W.-Märkte auf unterschiedliche Termine legten, machte eine Vereinheitlichung dieses W.-Begriffs als Datierungsinstrument im gesamten Reich oder selbst innerhalb einer Region wie Kampanien unmöglich. Ein «Ru-

Fragmente eines Steckkalenders mit Tierkreiszeichen und Abbildungen der Tagesgottheiten (erhalten ist «Venus» für den *dies Veneris* = Freitag); Tontafel aus Rottweil, 2./3. Jh. n. Chr.

hetag» im Sinne des modernen Sonntags waren die *nundinae* nicht: Zwar ruhte auf dem Lande die Arbeit (Varro r. r. II praef. 1), um so lebhafter ging es jedoch in der Stadt zu. Das bestätigt auch Macrobius ausdrücklich, der andererseits die Nundinen als Feiertag einstuft (Sat. I 16, 5 f.; 28 ff.). Wenn sich gerade die Landbewohner für den Besuch in der Stadt fein machten (s. Zitat), so unterstreicht das den Doppelcharakter der Nundinen als besonderer Tag der W.

Die ersten Indizien für einen allmählichen Übergang zur Siebentage-W. fallen in augusteische Zeit; auf zwei Kalendern findet sich neben der alten Nundinal-W. mit den Tagesbezeichnungen A–H auch die neue Zählung nach der «Planeten»-W. mit sieben Tagen, die folgerichtig nur mit A–G markiert sind (CIL I² 220). «Geburtshelfer»-Dienste für die neue, aus dem Orient übernommene W.-Einteilung haben offensichtlich die Juden geleistet, deren strikte Einhaltung ihres siebten W.-Tages, des Sabbats, als Ruhetag allgemein bekannt war (Ov. rem. 219 f.). Bezeichnend ist, daß die früheste Erwähnung eines «Planeten-Tages» bei Tibull (I 3, 18) der Tag des Saturn (Samstag) ist, der dem jüdischen Sabbat entspricht (Tac. Hist. V 4, 3). Es war sicher auch das überall zunehmende Interesse an Astrologie, das der Planeten-W. zu ihrem Siegeszug verhalf. Gegen Ende des 1. Jh. n. Chr. dürfte sich der siebentägige W.-Rhythmus weitgehend durchgesetzt haben – pompejanische Graffiti (CIL IV 6779; 6838; 8820) belegen das ebenso wie literarische Quellen (Plut. Mor. 672 c; DC XXXVI 18 f.). Damit hatten sich die Siebentage-W. und die Tagesbezeichnungen etabliert, die sich bis heute in den romanischen und germanischen Sprachen weitgehend erhalten haben (s. Übersicht).

Höhepunkt der Woche: Wie man die Nundinen «beging»

Man wusch zwar Arme und Beine, die natürlich bei der Landarbeit den ganzen Schmutz abbekommen hatten, täglich, nahm aber ein Vollbad nur an den Markttagen. Seneca, Briefe 86, 12

Sich die Nägel an den römischen Markttagen schweigend zu schneiden und mit dem Zeigefinger zu beginnen, ist nach Überzeugung vieler ein frommer Brauch. Plinius, Naturalis historia XXVIII 28

Die Amtsbewerber pflegten an den Nundinen aufs Comitium zu kommen (...), um sich dort von allen öffentlich anschauen zu lassen. Macrobius, Saturnalia I 16, 35

...diese Dreikäsehochs, die die Nundinen herbeisehnen, damit der Lehrer die Schule schließt... Varro, Satiren frg. 279

Siegeszug der «Planeten»-Woche

lateinisch:	deutsch:	französisch:	italienisch:
dies Solis (Sonne)	Sonntag	dimanche	domenica
abgelöst durch: *dies dominica* (Tag des Herrn)			
dies Lunae (Mond)	Montag	lundi	lunedì
dies Martis (Mars)	Dienstag (nach Mars/Thingsius)	mardi	martedì
dies Mercurii (Merkur)	Mittwoch	mercredi	mercoledì
dies Iovis (Jupiter)	Donnerstag (nach Jupiter/Donar)	jeudi	giovedì
dies Veneris (Venus)	Freitag nach (Venus/Freya)	vendredi	venerdì
dies Saturni (Saturn)	Samstag	samedi	sabato
jüdisch: *sabbati dies*	(Etymologie unklar)		

Übersicht über Markttage in Kampanien; in der ersten vertikalen Spalte die Woche vom *dies sat[urni]* bis zum *dies ven[eris]*. Daneben die Namen der Städte; die Daten in den nächsten Kolumnen lassen sich nicht deuten. Graffito aus Pompeji (CIL IV 8863).

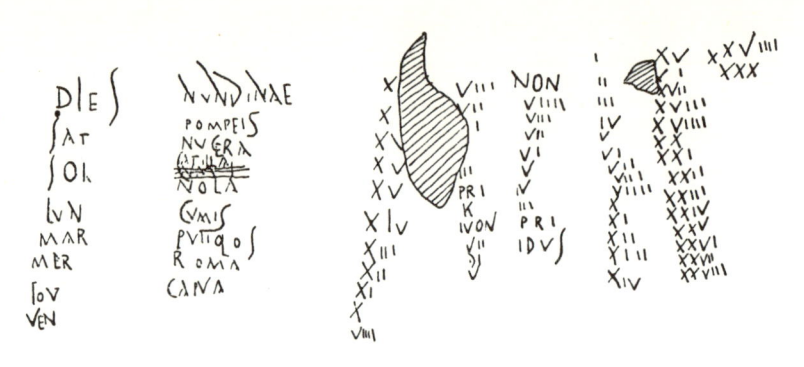

Eine «*weekend*-Zivilisation», wie sie sich in modernen westlichen Gesellschaften herausgebildet hat, kannten die Römer nicht. Die Vorstellung von einem für die meisten Menschen arbeitsfreien Wochenende oder einer Sonntagsruhe war ihnen fremd – wie fremd, das zeigen die abschätzigen Bemerkungen über den «Faulenzertag» *(lux ignava)* der Juden, die mit der Einhaltung des Sabbats «ein Siebtel ihrer Lebenszeit verplempern» (Juv. XIV 105 f.; Sen. bei Augustin. CD VI 11). Erst die Christianisierung des Reichs änderte das. Viele Christen begingen die *dies dominica*, den «Tag des Herrn», seit dem 3. Jh. als ihren «individuellen» Ruhetag, und diese Praxis machte Kaiser Konstantin im Jahre 321 für alle verbindlich. In zwei Edikten bestimmte er den Sonntag zum Tage des Gottesdienstes, an dem Arbeit und Gerichtstätigkeit zu ruhen hatten (Cod. Iust. III 12, 3; Cod. Theod. II 8, 1). Als einzige waren von dieser Regelung gerade jene ausgenommen, für die die altrömische Nundinal-W. noch einen arbeitsfreien Tag bereitgehalten hatte: die in der Landwirtschaft Tätigen.

QQ: Varro Sat. frg. 186; 279; r. r. II praef. 1; Tac. Hist. V 4, 3; DC XXXVII 18 f.; Auson. ecl. 8; 12; Macrob. Sat. I 16, 5; 28 ff.; CIL I² 220; IV 4182; 6779; 6838; 8820.

Lit.: J. Rüpke, Zeit und Fest. Eine Kulturgeschichte des Kalenders, München 2006, 165 ff.; L. de Light, Fairs and markets in the Roman Empire, Amsterdam 1993; Balsdon, Life and leisure 59 ff.; F. Boll, Art. *Hebdomas*, RE VII (1912) 2547 ff.; O. E. Hartmann, Der römische Kalender, Leipzig 1882, 101 ff.

Würfelspiel

Auch wenn es so gar nicht zum Klischeebild des «ernsten», «strengen» Römers passen will: Das W. *(alea)* war die Passion der Römer. «Infiziert» waren alle Schichten der Gesellschaft; vom Sklaven bis zum Kaiser. Gewürfelt wurde auf → Gastmählern und in Thermen, in Kneipen und sogar gewissermaßen als Vorspiel beim erotischen Abenteuer (Prop. IV 8, 45 f.). Selbst wenn man es nicht als – in der Regel verbotenes, nur an den → Saturnalien gesetzlich zugelassenes – → Glücksspiel mit hohen Einsätzen betrieb, ging es leidenschaftlich und laut zu (Sid. Apoll. ep. II 9). Während des Wurfes rief man eine Gottheit oder seine Geliebte als Glücksbringerin an (s. Zitat), waren die Würfel dann gefallen, reagierten viele mit Freudenrufen oder lauter Enttäuschung. Solch eine ty-

Würfelspiel als Dessert

Nachdem wir genug geschmaust hatten und gezecht,
verlangt' er Würfel, fordert mich zum Spielen auf.
Ich setze meinen Mantel, er seinen Ring.
er ruft Planesium [ein Mädchen] an (...).
Er wirft vier Geier. Ich
ergreif' die Würfel, rufe meinen Tafelgott,
den Herkules, an und werfe nun den Königswurf.

Plautus, Curculio 354 ff.

Würfel und Würfelbecher aus Gräbern bei Mainz.

pische Szene wird in einer Bilderfolge in einem pompejanischen Wirtshaus illustriert: Zwei Männer sitzen am Würfeltisch *(tabula aleatoria)*, einer ruft: «Gewonnen!», der andere entgegnet erregt: «Es ist keine Drei, es ist eine Zwei!» Der Streit eskaliert – und der Wirt setzt die beiden Kontrahenten an die frische Luft: «Hinaus mit euch! Tragt euren Streit draußen weiter aus!» (CIL IV 3494). Gespielt wurde gewöhnlich mit mehreren Würfeln aus Ton, Knochen, Elfenbein oder Metall *(tesserae)*, die im Aussehen weitgehend den heute üblichen entsprachen. Die Zahlen (1 bis 6) waren meist mit recht großen Kreisen markiert; erhalten – und in jedem Antikenmuseum zu sehen – ist eine große Zahl von Exemplaren. Um Betrügereien und Manipulationen vorzubeugen, bediente sich wohl eine Mehrheit der Spieler eines Würfelbechers *(fritillus)*; Würfe aus der Hand waren aber auch nicht unüblich (Mart. XIV 16). Die genauen Spielregeln sind nicht überliefert; es scheint aber, daß die Punkte aller gleichzeitig geworfenen Würfel zusammengezählt wurden und die höchste Punktzahl – also bei drei Würfeln dreimal die 6 – den Sieg brachte (Poll. VII 206). Anders verhielt es sich bei der ebenso beliebten Variante des W. mit Knöcheln *(tali)*; es konnte sich dabei um echte Tierknöchel (Verbindungsknochen zwischen Ferse und Wade) oder aus Stein, Ton und anderem Material nachgebildete «Fersen» handeln. Die *tali* konnten auf nur vier Seiten fallen, die die Werte 1, 3, 4 und 6 trugen. Als bestes Ergebnis galt der Venus-Wurf *(Venus; Venereus)*, bei dem die vier Spielwürfel alle unterschiedliche Werte zeigten; das schlechteste nannte man «Hund» *(canis*; wahrscheinlich viermal die 1). Sich über den «glückverheißenden Sechser» zu freuen und den «verfluchten Hund» zu verabscheuen, lernten schon die Kinder erheblich lieber als «die schwülstigen Reden des sterbenden Cato, die mein närrischer Lehrer so pries» – das war für ihn «das Größte» *(summum)*, bekennt Persius (III 45 ff.). Und noch im Greisenalter blieb das W., wenn alle anderen Vergnügungen und körperlich fordernden → Freizeit-Aktivitäten fortgefallen waren, seinen «Jüngern» als letzter Quell der Freude treu (Cic. sen. 58).

QQ: Plaut. Curc. 354 ff.; Cic. sen. 58; div. I 13, II 48; Mart. V 84; XIV 14 ff.; Juv. I 89 ff.; Pers. III 44 ff.; Suet. Aug. 71, 2; Claud. 32 f.; Amm. Marc. XIV 7, 25; XXVIII 4, 21; Dig. IX 5; Isid. Et. XVIII 65.

Lit.: Weeber, Nachtleben 43 ff.; M. Fittà, Spiele und Spielzeuge in der Antike, Stuttgart 1999, 108 ff.; M. Kurylowicz, Das Glückspiel im römischen Recht, ZSS 102, 1985, 185 ff.; J. Väterlein, Roma ludens, Amsterdam 1976; Marquardt, Privatleben II 847 ff.

Z

Zahnersatz

«Und er soll kein Gold beigeben, auch wenn jemandem die Zähne mit Gold befestigt sind. Läßt man ihn aber mit diesem Gold begraben oder verbrennen, soll dies ohne Nachteil sein.» Im Rahmen früher Anti-Luxusgesetzgebung verbieten die Zwölf Tafeln, das römische «Grundgesetz» aus dem Jahre 451/0 v. Chr., goldene Gegenstände als Grabbeigaben (tab. X 8; Cic. leg. II 24). Einzige Ausnahme sind Z. bzw. zur Befestigung von Zähnen dienender Draht aus Gold. Daß sich eine solche Zahnprothese für den Gesetzgeber überhaupt schon als «Problem» darstellte, verdankten die Römer ihren großen Lehrmeistern, den Etruskern. Etruskische Zahnärzte verstanden sich schon seit dem 7. Jh. v. Chr. auf die Anfertigung von Brücken und die Stabilisierung wacklig gewordener Zähne mit Golddraht; in etruskischen Gräbern ist eine Reihe solcher Arbeiten gefunden worden.

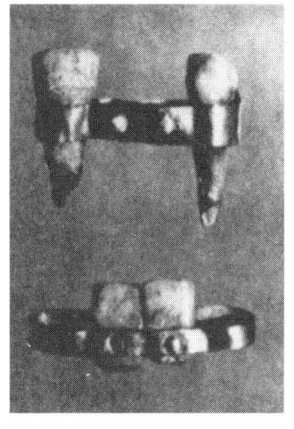

Etruskische Zahntechniker-Arbeiten; 5. Jh. v. Chr.

In römischen Gräbern kommen Skelette mit Goldkronen oder anderen Formen des Z. – Füllungen waren nicht bekannt – eher selten vor. Das mag mit der vom Zwölftafelgesetz verordneten «Sparsamkeit» zusammenhängen; möglicherweise war Z. aber selbst in der Oberschicht, die allein die Kosten dafür aufbringen konnte, weniger selbstverständlich als bei vornehmen Etruskern. Grund dafür mag auch die Tatsache gewesen sein, daß die Römer durchschnittlich erheblich bessere Zähne hatten als die heute lebenden Menschen. Untersuchungen an Skeletten haben diesen Befund erwiesen, der sich vor allem aus partiell gesünderer Ernährung erklären dürfte: Der «Zahnkiller» Zucker war noch nicht bekannt; Honig war der einzige verfügbare → Süßstoff (Jackson, Doctors 120).

18 cm lange, eiserne Zahnzange, Original und moderne Nachbildung; von der Saalburg.

Die von den Etruskern praktizierte Technik war allerdings auch den römischen → Ärzten bekannt: «Wenn Zähne durch einen Schlag oder einen anderen Unfall locker werden, müssen sie mit Golddraht an einen festsitzenden Zahn gebunden werden», empfiehlt Celsus (VII 12). Solchen konservierenden Maßnahmen gab man den Vorrang vor dem Ziehen eines Zahnes, das als *ultima ratio* angesehen wurde (Cels. VI 9, 5). Wenn es, weil die Zähne faulten oder der Schmerz zu groß wurde, zur Extraktion kam, wurde der gezogene Zahn gelegentlich durch einen aus Tierzähnen oder Elfenbein gefertigten

Z. ersetzt. Auf ihre Schönheit bedachte Damen konnten so aus der Not noch eine Tugend machen: «Thais' Zähne sind schwarz, schneeweiß Laecanias Zähne. / Wie das kommt? Eins sind eigene, die andern gekauft» (Mart. V 43).

QQ: Cic. leg. II 24 = lex duod. tab. X 8; Cels., VII 12; Mart. V 43.

Lit. R. Jackson, Doctors and diseases in the Roman Empire, London 1988, 119 f.

Zahnpflege

Morgendliche Mundhygiene scheint – zumindest in der Rudimentärform durch Ausspülen des Mundes mit Wasser – üblich gewesen zu sein (Ov. ars am. III 197 f.); das Putzen der Zähne *(defricare)* geschah durch Verreiben eines Zahnpulvers *(dentifricium)*, das meist auf der Basis von Natron hergestellt war. Andere, z. T. recht merkwürdige Rezepturen für Z.-Mittel überlieferte Plinius: u. a. Asche des Hasenkopfes mit Narde-Zusatz gegen Mundgeruch, Eselsmilch, Asche von Eselszähnen, Hirschhornpulver und Bimsstein (NH XXVIII 178–182; vgl. auch Scrib. Largus 59 f.). Als Zahnputzmittel der Keltiberer, das auch Römer benutzten, nennt Catull Eigenurin (39, 17 ff.).

Um Essensreste aus den Zähnen zu entfernen, benutzte man Zahnstocher *(dentiscalpia)*. Sie waren vorzugsweise aus Mastixholz (Mart. III 82, 9), aber auch aus Metall und Federkielen (Mart. XIV 22, 1); der neureiche Trimalchio benutzte einen aus Silber (Petr. 33).

Zahnpflege als Showeinlage
«Der da ganz unten auf dem Mittellager liegt, die ölige Glatze von drei Strähnen durchzogen, und sich mit dem Mastixholz im weiten Maule stochert, lügt…: Er hat ja gar keine Zähne!»
Martial VI 74

Das Sator-Kryptogramm in einer pompejanischen Inschrift (CIL IV 8623).

Zauberspruch

Magische Formeln *(incantamenta)* waren neben begleitenden Gesten und Handlungen der wichtigste Bestandteil des weit verbreiteten Heil- und Schadenzaubers. Trotz massiver Skepsis von Intellektuellen gegenüber der Wirksamkeit von Z. waren sie aus dem Alltagsleben nicht wegzudenken: «In der Allgemeinheit glaubt man zu jeder Stunde im Leben daran – und spürt doch nichts davon!» (Plin. NH XXVIII 10).

In der Heilmagie benutzte man Z., um Dämonen zu bedrohen bzw. sie auszutreiben und sich vor Übertragung von Krankheiten zu schützen. Der Z. konnte Buchstaben, Zahlen, seltsame Wörter und Symbole enthalten; häufig war er unverständlich. Der berühmteste – zugleich universale – Z. ist das seit dem späten 2. Jh. n. Chr. belegte, aber vermutlich ältere *abracadabra*. Gut bezeugt ist auch das sog. Satorquadrat:

SATOR
AREPO
TENET
OPERA
ROTAS

Dabei handelt es sich um einen von allen vier Ecken waagerecht und senkrecht lesbaren Z., der achtmal die gleiche Aussage ergibt (Palindrom in vierter Potenz): «Der Sämann Arepo hält die Werke», oder, um das sonst nirgends belegte *arepo* zu «umgehen», im Zickzack gelesen: *sator opera tenet (tenet) opera sator* – «Der Sämann hält (erhält, beherrscht) seine Werke, seine Werke (hält) der Sämann» –, eine sprachlich raffinierte Formel, in der «ganz einfach Seiendes ausgesagt» wird (Hofmann, RE Suppl XV 563).

Als Schadenzauber dienen meist auf Blei geritzte Verfluchungsformeln. Die Fluchtafeln (*tabellae defixionum*, ca. 1100 vom 5. Jh. v. bis 6. Jh. n. Chr. in griechischer und lateinischer Sprache erhalten) umfassen alle gesellschaftlichen Schichten vom Sklaven über den Handwerker bis zum Beamten; nicht weniger als 380 erhaltene Fluchtafeln wünschen auch Rennpferden der gegnerischen Partei(en) alles erdenklich Schlechte, indem sie ihre Opfer gleichsam «annageln», «festbinden» *(defigere)* wollen. Die Täfelchen wurden in der Nähe von Gräbern und Schlachtfeldern – als eine Art Hilfsappell an die dort «wirkenden» Geister der Toten – vergraben oder in Brunnen und Flüsse geworfen (Abb. S. 248).

Kompromißlos in seinem unbedingten Anspruch ist auch der Liebeszauber; er wirbt nicht, sondern will sein Opfer unterwerfen: «Daß Vettia, Tochter der Optata, mich nicht verachtet, sondern alles tut, was ich ersehne, ... vor Liebe zu mir nicht schlafen kann und keine Speise, keinen Bissen zu sich nehmen kann [es folgen Z. und magische Zeichen]. Möge Vettia, Tochter der Optata, ... von Stund an ihren Vater, ihre Mutter, ihre Verwandten, alle Freunde und anderen Männer aus Liebe zu mir vergessen; möge... sie nur mich im Kopf haben!» (Önnersfors Nr. 13 = Audollent Nr. 266).

> **... vertilgt sein Herz! – Fluchtafel aus dem Amphitheater von Karthago (3. Jh. n. Chr.)**
> Bachachych, der du in Ägypten ein großer Dämon bist, banne fest, banne ganz fest den Tierkämpfer Maurussus, Felicitas' Sohn; Ierki, nimm ihm den Schlaf, Maurussus, Felicitas' Sohn, soll nicht schlafen. Parparxin, allmächtiger Gott, führe Maurussus, Felicitas' Sohn, in die Häuser der Unterwelt...; führt ihn mit euch, bannt ihn fest, bannt ihn ganz fest...; nehmt weg, verschlingt, vertilgt das Herz, die Glieder, die Eingeweide, die Gedärme des Maurussus, des Sohnes der Felicitas.
> Önnersfors Nr. 20 A = Audollent Nr. 250

QQ: A. Kropp, defixiones, Speyer 2008; D. Ogden, Magic, witchcraft and ghosts in the Greek and Roman worlds. A sourcebook, Oxford 2002; A. Audollent, Defixionum tabellae, Paris 1904; Plin. NH XXVIII 10 ff.

Lit.: K. Brodersen / A. Kropp (Hg.), Fluchtafeln. Neue Funde ..., Frankfurt/M. 2004; F. Graf, Gottesnähe und Schadenzauber. Die Magie in der griech.-röm. Antike, München 1996; A. Önnersfors, Antike Zaubersprüche (mit Texten), Stuttgart 1991; Luck, Magie 60 ff.; H. Hofmann, RE Suppl. XV (1978) 477 ff. s. v. *Satorquadrat*.

Zeitung

Ein Fanatiker hat sich mit auf den Scheiterhaufen seines verstorbenen Wagenlenker-Idols geworfen (Plin. NH VII 186); im Kaiserpalast hat ein Prinz das Licht der Welt erblickt (Suet. Tib. 5; Cal. 8, 1), in der vornehmen Gesellschaft Roms ist es wieder zu aufsehenerregenden → Scheidungen gekommen (Suet. Cal. 36, 2), «verwundet in der Brust» gibt ein Hinterbliebener das Ableben eines Familienmitgliedes bekannt (Quint. IX 3, 17); die Großzügigkeit des Kaisers hat der Hauptstadt neue Großbauten beschert; die sakrale Stadtgrenze, das *pomerium*, ist ein Stück weiter ausgedehnt worden (Tac. Ann. XIII 31, 1; XII 24, 2) – solche und ähnliche Nachrichten fanden sich in den *acta diurna* (auch: *diurna urbis acta; diurna populi Romani* u. ä.). Caesar hatte im Jahre 59 v. Chr. diese amtliche Stadtzeitung ins Leben gerufen (Suet. Caes. 20, 1); sie kam aber in ihrer rund 300jährigen Geschichte kaum über das Niveau eines dann schnell von der kaiserlichen Bürokratie redigierten und zensierten (DC LVII 21, 5) Tagesanzeigers mit Nachrichten aus dem Kaiserhaus und der «feinen» Gesellschaft Roms sowie aus der Sparte «Vermischtes» hinaus. Hier und da wurden die vom Herrscher gewünschten politischen Informationen eingestreut, aber vornehmlich erwiesen sich die *acta diurna* als gehobenes Organ hauptstädtischen → Klatsches, das selbst in seinen republikanischen Anfangsjahren das Bedürfnis Abwesender nach handfester *politischer* Information aus Rom nicht hinreichend befriedigte (Cic. fam. VIII 1, 1; 2, 2). Wer sich indes zur gesellschaftlichen Elite zählte, legte Wert darauf, Familiennachrichten in den *acta* zu plazieren (Juv. IX 82 ff.).

Auch von der Produktion her ist «Z.» ein irreführender, jedenfalls anachronistischer Begriff. Die Tagesnachrichten wurden offenbar auf einer weiß gegipsten Tafel *(in albo)* in Rom (über ähnliche Z. in anderen Städten ist nichts bekannt) angeschlagen. Private «Verleger» ließen den Text von Kopisten abschreiben und vervielfältigen. Über die Art der Verbreitung und die Auflagenhöhe sind keine Angaben überliefert. Wohl aber erfahren wir, daß die Z. auch in den Provinzen und in den Garnisonen von denen gelesen wurde, die über die stadtrömischen Neuigkeiten auf dem laufenden bleiben wollten (Tac. Ann. XVI 22, 3). Wer freilich über diesen Tages-Kleinkram *(talia)* hinaus etwas über «herausragende Ereignisse» *(res illustres)* erfahren wollte, der mußte sich, empfiehlt zumindest der Historiker Tacitus, in Geschichtswerken informieren – diese Aufgabenteilung sei «der Würde des römischen Volkes entsprechend eingeführt worden» (Tac. Ann. XIII 31, 1).

«Sklave Mithridates ans Kreuz geschlagen» – Persiflage auf die Stadtzeitung

Der Buchhalter *(actuarius)* Trimalchios las wie aus dem Stadtanzeiger vor: «26. Juli: auf dem Landgut bei Cumä wurden geboren Knaben 30, Mädchen 40; von der Tenne auf den Speicher überführt Weizen 500 000 Scheffel; Ochsen eingefahren 500. Am gleichen Tag: der Sklave Mithridates wurde ans Kreuz geschlagen, weil er den Genius unseres Herrn Gaius gelästert hatte. Am gleichen Tag: In den Tresor wurden verbracht als nicht investierter Überschuß 10 Millionen. Am gleichen Tag: Es gab einen Brand im pompejanischen Park...» Petron 53, 1 ff.

QQ: Cic. fam. II 8; VIII 1, 1; 2, 2; Plin. NH VII 186; Sen. ben. III 16, 12; Petr. 53; Juv. II 135 ff.; IX 82 ff.; Tac. Ann. XIII 31; XVI 22, 3; Suet. Caes. 20, 1; CIL VI 8694 f.; VIII 11813.

Lit.: A. Kolb, Übermittlung politischer Inhalte im Alltag Roms, in: G. Weber (Hg.), Propaganda, Selbstdarstellung, Repräsentation im Röm. Kaiserreich, 2002; B. Baldwin, The acta diurna, Chiron 9 (1979), 189 ff.; W. Riepl, Das Nachrichtenwesen des Altertums, Leipzig/Berlin 1913; W. K. Kubitschek, Art. *acta urbis*, RE I (1893), 290 ff.

Zoo

Die Vorläufer des modernen Zoos waren die privaten Tierparks und Freigehege, die reiche Römer seit dem 1. Jh. v. Chr. nahe Rom anlegen ließen. Diese *vivaria* stellten eine Weiterentwicklung von Gehegen dar, in denen ursprünglich nur Hasen gehalten wurden (*leporia,* Gell. II 20); zum normalen Bestand gehörten Rot- und Schwarzwild, Wildziegen sowie -schafe. Die Parks dienten mehreren Zwecken: der Schaulust (ästhetische Motive: Colum. IX 1, 7) und dem Unterhaltungsbedürfnis der Eigentümer – so ließ ein Hortensius einen Pavillon inmitten seines privaten Zoos bauen, von dem aus er mit seinen Gästen beim Speisen den Tieren zuschauen konnte, die von einem als Orpheus verkleideten Sklaven durch Hornsignale angelockt wurden (Varro r. r. II 13) –, dem Jagdsport und auch Erwerbszwecken (Züchtung von Nutztieren, Colum. IX 1). Diese großen privaten, z. T. mehr als 10 Hektar Fläche umfassenden Tierparks waren für die Öffentlichkeit nicht zugänglich, zumal sie meist auf Landgütern lagen.

Die Neugier des einfachen Mannes gegenüber exotischen Tieren wurde in Rom durch deren Zurschaustellung vor allem bei den «Spielen» im Circus und Amphitheater befriedigt (→ Massenunterhaltung). Die meisten Tiere, die zuvor aufwendig geschmückt (mit vergoldeten Hörnern etwa oder sogar einer vergoldeten Mähne, Sen. ep. 41, 6) in Käfigen präsentiert wurden (Plin. NH VIII 65), fielen dann den «Jagden» der Arena zum Opfer. Besonders ausgefallene Tiere wurden für die hauptstädtische Bevölkerung eine Zeitlang auf Straßen und Plätzen gezeigt. So ließ M. Scaurus 58 v. Chr. eigens einen Wassergraben für das erste in Rom präsentierte Nilpferd und fünf Krokodile anlegen (Plin. NH VIII 96); Augustus eiferte ihm darin nach (s. Zitat).

Außerdem konnte man die in Zwingern untergebrachten, für die Tierhetzen bestimmten wilden Tiere an verschiedenen Plätzen

Straßen-Menagerie

«Sobald außer an Schauspieltagen etwas noch nie Gesehenes oder sonst Merkwürdiges nach Rom gebracht wurde, pflegte Augustus es an irgendeinem Ort dem Volk öffentlich zur Schau zu stellen, so z. B. ein Rhinozeros bei den Saepta [vornehmes Einkaufsviertel], einen Tiger auf der Bühne, eine Schlange von 50 Ellen [über 12 m] auf dem Comitium [Versammlungsplatz des Forums]». Sueton, Augustus 43, 4

des Stadtgebietes bestaunen (Plin. NH XXXVI 40). Mehrere Kaiser ließen Tiergärten anlegen (Suet. Nero 31, 1; Dom. 4, 4; Caligula soll die Raubtiere seines Zoos einst wegen hoher Fleischpreise mit Verbrechern füttern gelassen haben, Suet. Cal. 27, 1); die dort gehaltenen Tiere dienten allerdings häufig als «Material» für die Darbietungen des Amphitheaters. Auch die meisten der Tiere, die den Zoo Gordians III. bevölkerten – u. a. 32 Elefanten, 10 Elche, 10 Tiger, 60 zahme Löwen, 10 Hyänen, 6 Flußpferde, 10 Giraffen, 40 Wildpferde – waren für die Säkular-«Spiele» des Jahres 248 n. Chr. bestimmt (Hist. Aug. Gord. 33, 1); daß der Zoo öffentlich zugänglich war, ist anzunehmen. Der Gedanke der Erhaltung bedrohter Tierarten durch Züchtung im Zoo war der Antike fremd.

QQ: Varro r. r. III 12 f.; Colum. IX 1; Gell. II 20; Plin. NH VIII passim; Hist. Aug. Gord. 33.

Lit.: J. M. C. Toynbee, Tierwelt der Antike, Mainz 1983 (engl. Ausg. 1973), 2 ff.; P. Grimal, Les jardins romains, Paris ²1969, 290 ff.

Abkürzungen

a) Autoren und Werke

Acr.	Acro, Scholien zu Horaz
Ael. Arist.	Aelius Aristides
Ambros.	Ambrosius
Amm. Marc.	Ammianus Marcellinus
Anth. lat.	Anthologia Latina
AP	Anthologia Palatina
Apg.	Apostelgeschichte
Apic.	Apicius
App.	Appian
Apul.	Apuleius
Arist.	Aristoteles
Arnob.	Arnobius
Artemid.	Artemidor
Athen.	Athenaios
Auct. ad Her.	Auctor ad Herennium
Aug.	Augustus
August.	Augustinus
Auson.	Ausonius
Caes.	Caesar
Calp. Sic.	Calpurnius Siculus
Cat.	Catull
Cels.	Celsus
Censor.	Censorinus
Cic.	Cicero
Claud.	Claudian
Cod. Iust.	Codex Iustinianus
Cod. Theod.	Codex Theodosianus
Col.	Columella
Cypr.	Cyprian
DC	Dio Cassius
DChr	Dion Chrysostomos
DH	Dionys von Halikarnassos
Dig.	Digesten
Diod.	Diodor

Dioskur.	Dioskurides
Don.	Donat
Edict. Diocl.	Edictum Diocletiani
Epikt.	Epiktet
Epit. de Caes.	Epitome de Caesaribus
Fest.	Festus
Firm.	Firmicus Maternus
Flav. Jos.	Flavius Josephus
Flor.	Florus
Front.	Frontinus
Gal.	Galenos
Gell.	Gellius
Geopon.	Geoponika
Her.	Heron
Hier.	Hieronymus
Hist. Aug.	Historia Augusta
Hor.	Horaz
Hyg.	Hygin
Isid.	Isidorus
Jos.	Flavius Josephus
Juv.	Juvenal
Lakt.	Laktanz
Laud. Tur.	Laudatio Turiae
Lex XII tab.	Lex duodecim tabularum
Lib.	Libanius
Liv.	Livius
Luc.	Lucan
Luk.	Lukian
Lukr.	Lukrez
Macrob.	Macrobius
Manil.	Manilius
Mart.	Martial
Mart. Cap.	Martianus Capella
Min. Fel.	Minucius Felix
Mon. Anc.	Monumentum Ancyranum
Nep.	Cornelius Nepos
Non.	Nonius Marcellus
Ov.	Ovid
Pallad.	Palladius
Pers.	Persius
Petr.	Petron
Philogel.	Philogelos
Philostr.	Philostrat

Plat.	Platon
Plaut.	Plautus
Plb.	Polybios
Plin. (mai.)	Plinius (maior)
Plin. (min.)	Plinius (minor)
Plut.	Plutarch
Poll.	Pollux
Porphyr.	Porphyrios
Prop.	Properz
Prud.	Prudentius
Quint.	Quintilian
Sall.	Sallust
Salv.	Salvianus
Schol.	Scholien
Sen.	Seneca
Serv.	Servius
Sidon. Apoll.	Sidonius Apollinaris
Solin.	Solinus
Soran.	Soranos
Stat.	Statius
Stob.	Stobaios
Strab.	Strabon
Suet.	Sueton
Symm.	Symmachus
Tac.	Tacitus
Ter.	Terenz
Tert.	Tertullian
Theophr.	Theophrast
Tib.	Tibull
Val. Max.	Valerius Maximus
Veget.	Vegetius
Vell. Pat.	Velleius Paterculus
Venant.	Venantius Fortunatus
Verg.	Vergil
Vitr.	Vitruv

b) Zeitschriften und Reihen

AA	Archäologischer Anzeiger
Acta Class.	Acta Classica
AJA	American Journal of Archaeology
AmJAncHist	American Journal of Ancient History
Anc. Soc.	Ancient Society
ANRW	Aufstieg und Niedergang der Römischen Welt (FS J. Vogt)
Ant.	Die Antike
Athen.	Athenaeum
Atti Acc. Napoli	Atti dell'Accademia di Napoli
AU	Der Altsprachliche Unterricht
AuC	Antike und Christentum
AW	Antike Welt
BGU	Ägyptische Urkunden aus den Staatl. Museen zu Berlin
BJbb	Bonner Jahrbücher
CGL	Corpus Glossariorum Latinorum
CIL	Corpus Inscriptionum Latinarum
CLE	F. Buecheler, Carmina Latina Epigraphica
ClJ	The Classical Journal
ClPh	Classical Philology
ClQ	Classical Quarterly
Dessau, ILS	H. Dessau, Inscriptiones Latinae Selectae
DNP	Der Neue Pauly
EJ	Ehrenberg/Jones, Anletus Verrani, edd.
FIRA	Fontes Iuris Romani Anteiustiniani, edd. S. Riccobono et alii
FS	Festschrift
F&R	Fasti Rome
G&R.	Greece and Rome
GRBS	Greek, Roman and Byzantine Studies
GWU	Geschichte in Wissenschaft und Unterricht
Gymn.	Gymnasium
HStCP	Harvard Studies in Classical Philology
JbStCP	Jahrbuch Studies in Classical Philology

Jb.	Jahrbuch
JbAC	Jahrbuch für Antike und Christentum
JDAI	Jahrbuch des Deutschen Archäologischen Instituts
JRS	Journal of Roman Studies
LEC	Les Études Classiques
MEFRA	Mélanges d'Archéologie et d'Histoire de l'École Française de Rome
Migne, PG	J. P. Migne, Patrologia Graeca
Migne, PL	J. P. Migne, Patrologia Latina
ND	Neudruck
P&P	Past and Present
P. Oxy.	Papyrus Oxyrynchos
PBSR	Papers of the British School at Rome
Philol.	Philologus
Poet.	Poetica
Popul. Stud.	Population Studies
Quad. di Storia	Quaderni di Storia
RAC	Reallexikon für Antike und Christentum
RAL	Rendiconti dell'Accademia dei Lincei
RBPh	Revue Belge de Philologie et d'Histoire
RE	Paulys Realencyclopädie der classischen Altertumswissenschaft
REA	Revue des Études Anciennes
REL	Revue des Études Latines
RhMus	Rheinisches Museum für Philologie
RIDA	Revue Internationale des Droits de l'Antiquité
RM	Mitteilungen des Deutschen Archäologischen Instituts. Römische Abteilung
Saec.	Saeculum
SO	Symbolae Osloenses
StIt	Studi Italiani di Filologia classica
Suppl.	Supplement
TAPhA	Transactions and Proceedings of the American Philological Association
WJA	Würzburger Jahrbücher
WZ	Wissenschaftliche Zeitschrift
ZPE	Zeitschrift für Papyrologie und Epigraphik
ZSav	Zeitschrift der Savigny-Stiftung für Rechtsgeschichte

Bibliographie

G. S. Aldrete, Daily life in the Roman city, Oklahoma 2004 (= Aldrete, Daily life).

G. Alföldy, Römische Sozialgeschichte, Wiesbaden ³1984.

J. André, L'alimentation et la cuisine à Rome, Paris ²1981 (= André, L'alimentation).

J.-M. André, Griechische Feste, römische Spiele. Die Freizeitkultur der Antike, Stuttgart 1994 (= André, Freizeitkultur).

J. P. V. D. Balsdon, Life and leisure in ancient Rome, London ²1974 (= Balsdon, Life and leisure).

J. P. V. D. Balsdon, Die Frau in der römischen Antike, München 1979 (= Balsdon, Frau).

S. Barthèlemy / D. Gourevitch, Les loisirs des Romains, Paris 1975.

W. A. Becker / H. Göll, Gallus oder römische Scenen aus der Zeit Augusts. Zur genaueren Kenntnis des römischen Privatlebens, 3 Bde., Berlin 1880/82.

Th. Birt, Aus dem Leben der Antike, Leipzig ⁴1922 (= Birt, Leben der Antike).

H. Blanck, Einführung in das Privatleben der Griechen und Römer, Darmstadt 1976 (= Blanck, Privatleben).

H. Blanck, Das Buch in der Antike, München 1992 (= Blanck, Buch).

H. Blümner, Die römischen Privataltertümer, München ³1911.

H. Bolkestein, Wohltätigkeit und Armenpflege im vorchristlichen Altertum, Utrecht 1939 (= Bolkestein, Wohltätigkeit).

St. F. Bonner, Education in ancient Rome, Berkeley/Los Angeles 1977 (= Bonner, Education).

E. Brödner, Die römischen Thermen und das antike Badewesen, Darmstadt ²1992 (= Brödner, Thermen).

E. Brödner, Wohnen in der Antike, Darmstadt ²1993 (= Brödner, Wohnen).

L. Casson, Reisen in der Alten Welt, München 1976 (= Casson, Reisen).

J. Carcopino, Rom. Leben und Kultur in der Kaiserzeit, Stuttgart ⁴1992 (= Carcopino, Rom).

B. Cech, Technik in der Antike, Mainz 2010 (= Cech, Technik).

K. Christ, Die Römer. Eine Einführung in ihre Geschichte und Zivilisation, München ³1994.

J. Christes / R. Klein / Chr. Lüth (Hg.), Handbuch der Erziehung und Bildung in der Antike, Darmstadt 2006 (= Christes, Erziehung)

J. R. Clarke, Roma antiqua. Von Händlern, Hebammen und anderen Helden, Darmstadt 2007.

F. Coarelli, Rom. Ein archäologischer Führer, Freiburg 1975.

F. Coarelli, Pompeji. Ein archäologischer Führer, Bergisch-Gladbach ²1990.

J. A. Crook, Law and life of Rome, London 1967.

Ch. Daremberg/E. Saglio, Dictionnaire des Antiquités grecques et romaines, 5 Bde., Paris 1877/1918, ND Graz 1969 (= DS).

J. H. D'Arms, Romans on the Bay of Naples and other Essays on Roman Campania, Bari 2003.

A. Demandt, Das Privatleben der römischen Kaiser, Berlin 2. Aufl. 1997.

H. Diels, Antike Technik, Leipzig ²1920 (= Diels, Technik).

O. A. W. Dilke, Mathematik, Maße und Gewichte in der Antike, Stuttgart 1991 (= Dilke, Mathematik).

J. J. Dobbins/P. W. Fors (Hg.), The world of Pompeii, London/New York 2007 (= Dobbins, Pompeii).

A. Dosi/F. Schnell, A tavola con i Romani Antichi, Rom 1984 (= Dosi/Schnell, A tavola).

H.-J. Drexhage u. a. (Hg.), Die Wirtschaft des Römischen Reiches (1-3. Jh.), Berlin 2002 (= Drexhage, Wirtschaft).

G. Duby/M. Perrot (Hg.), Geschichte der Frauen, I (Antike), Frankfurt/New York 1993 (= Duby/Perrot, Geschichte der Frauen).

P.-M. Duval, Gallien. Leben und Kultur in römischer Zeit, Stuttgart 1979 (= Duval, Gallien).

R. Etienne, Pompeji. Das Leben in einer antiken Stadt, Stuttgart ⁴1991 (= Etienne, Pompeji).

E. Eyben, Restless youth in ancient Rome, London/New York 1993.

P. Faas, Around the Roman table. Food and feasting in ancient Rome, Chicago 1994 (= Faas, Around the Roman table).

G. G. Fagan, Bathing in public in the Roman world, Ann Arbor 1999 (= Fagan, Bathing).

P. Faure, Magie der Düfte. Eine Kulturgeschichte der Wohlgerüche. Von den Pharaonen zu den Römern, München/Zürich 1990.

R. J. Forbes, Studies in ancient technology, 9 Bde., Leiden ²1964/1972 (= Forbes, Studies).

L. Friedländer, Darstellungen aus der Sittengeschichte Roms in der Zeit von Augustus bis zum Ausgang der Antonine, 4 Bde., Leipzig ¹⁰1922/23, ND Aalen 1979 (= Friedländer, Sittengeschichte).

P. Garnsey/R. Saller, Das römische Kaiserreich. Wirtschaft, Gesellschaft, Kultur, Reinbek 1989 (= Garnsey/Saller, Röm. Kaiserreich).

A. Giardina (Hg.), Der Mensch der römischen Antike, Frankfurt/Main 1991 (= Giardina, Mensch der röm. Antike).

K. Greene, The archaeology of the Roman economy, Berkeley 1986.

P. Grimal, Liebe im alten Rom, Frankfurt 1981 (= Grimal, Liebe).

A. R. Hands, Charities and social aid in Greece and Rome, London 1968 (= Hands, Charities).

M. Harlow/R. Laurence, Growing up and growing old in ancient Rome, London/New York 2002 (= Harlow, Growing up).

H. A. Harris, Sport in Greece and Rome, London 1972 (= Harris, Sport).

G. Hermansen, Ostia. Aspects of Roman city life, Edmonton 1982.

L. Homo, Rome impériale et l'urbanisme dans l'Antiquité, Paris ²1971 (= Homo, Rome impériale).

R. Jackson, Doctors and diseases in the Roman Empire, London 1988.

M. Junkelmann, Die Reiter Roms, 3 Bde., Mainz 1990/92 (= Junkelmann, Reiter).

U. Kahrstedt, Kulturgeschichte der römischen Kaiserzeit, Bern ²1958 (= Kahrstedt, Kulturgeschichte).

M. Kaser, Das römische Privatrecht, 2 Bde., München ²1971/75.

T. Kleberg, In den Wirtshäusern und Weinstuben des antiken Rom, Darmstadt ²1966.

H. Kloft (Hg.), Sozialmaßnahmen und Fürsorge. Zur Eigenart antiker Sozialpolitik, Graz/Horn 1988 (= Kloft, Sozialpolitik).

H. Kloft, Die Wirtschaft der griechisch-römischen Welt. Eine Einführung, Darmstadt 1992 (= Kloft, Wirtschaft).

I. König, Vita Romana. Vom täglichen Leben im alten Rom, Stuttgart 2004 (= König, Vita Romana).

W. Krenkel, Naturalia non turpia. Schriften zur antiken Kultur- und Sexualwissenschaft, Hildesheim 2006 (= Krenkel, Naturalia non turpia).

A. Krug, Heilkunst und Heilkult. Medizin in der Antike, München ²1993.

Chr. Kunst, Leben und Wohnen in der römischen Stadt, Darmstadt 2006.

J. G. Landels, Die Technik in der antiken Welt, München ⁴1989 (= Landels, Technik).

K. Latte, Römische Religionsgeschichte, München 1967 (= Latte RRG).

R. Laurence, Roman passions. A history of pleasure in Imperial Rome, London 2009 (= Laurence, Roman passions).

G. Luck, Magie und andere Geheimlehren in der Antike, Stuttgart 1990 (= Luck, Magie).

R. MacMullen, Enemies of the Roman order. Treason, unrest, and alienation in the Empire, London/New York 1966.

R. MacMullen, Roman social relations 50 B. C. to A. D. 284, New Haven/London 1974 (= MacMullen, Social relations).

J. Marquardt, Das Privatleben der Römer, 2 Bde., Leipzig ²1886, ND Darmstadt 1990 (= Marquardt, Privatleben).

H.-I. Marrou, Geschichte der Erziehung im klassischen Altertum, München 1977 (= Marrou, Erziehung).

J. Martin (Hg.), Das antike Rom, München 1994.

F. de Martino, Wirtschaftsgeschichte des alten Rom, München ²1991 (= de Martino, Wirtschaftsgeschichte).

A. G. McKay, Römische Häuser, Villen und Paläste, Feldmeilen 1980 (= McKay, Röm. Häuser).

R. Meiggs, Roman Ostia, Oxford ²1973 (= Meiggs, Ostia).

A. Neuburger, Die Technik des Altertums, Leipzig ²1920, ND 1980 (= Neuburger, Technik).

Chr. Neumeister, Das antike Rom. Ein literarischer Stadtführer, München ²1993 (= Neumeister, Das antike Rom).

J. P. Oleson (Hg.), The Oxford handbook of engineering and technology in the classical world, Oxford 2008 (= Oleson, Handbook of engineering).

U. E. Paoli, Das Leben im Alten Rom, Bern/München ³1979 (= Paoli, Leben).

Th. Pekáry, Die Wirtschaft der griech.-röm. Antike, Wiesbaden ²1979.

S. B. Pomeroy, Frauenleben im klassischen Altertum, Stuttgart 1985 (= Pomeroy, Frauenleben).

M. Prell, Sozialökonomische Untersuchungen zur Armut im antiken Rom, Stuttgart 1997 (= Prell, Armut).

B. Rawson (Hg.), The family in ancient Rome. New perspectives, London 1986.

B. Rawson, Children and childhood in Roman Italy, Oxford 2003 (= Rawson, Children).

G. M. A. Richter, The furniture of the Greeks, Etruscans and Romans, London ²1966.

A. Rieche/H. J. Schaller, Colonia Ulpia Traiana. Arbeit: Handwerk und Berufe in der römischen Stadt, Köln 1987.

J.-N. Robert, Les plaisirs à Rome, Paris 1983.

M. Rostovtzeff, Gesellschaft und Wirtschaft im römischen Kaiserreich, 2 Bde., Leipzig 1931, ND Aalen 1985.

E. de Ruggiero, Dizionario epigrafico di antichità romane, Rom 1895 ff. (= de Ruggiero, Diz. epigrafico).

J. Scarborough, Roman medicine, London 1979.

W. Scheidel u. a. (Hg.), The Cambridge economic history of the Greco-Roman world, Cambridge 2007 (= Scheidel, Cambridge economic history).

H. Schneider (Hg.), Zur Sozial- und Wirtschaftsgeschichte der späten römischen Republik, Darmstadt 1976 (= Schneider, Sozial- und Wirtschaftsgeschichte 1976).

H. Schneider (Hg.), Sozial- und Wirtschaftsgeschichte der röm. Kaiserzeit, Darmstadt 1981 (= Schneider, Sozial- und Wirtschaftsgeschichte 1981).

H. Schneider, Einführung in die antike Technikgeschichte, Darmstadt 1992 (= Schneider, Technikgeschichte).

L. Schumacher, Sklaverei in der Antike. Alltag und Schicksal der Unfreien, München 2001 (= Schumacher, Sklaverei).

H. H. Scullard, Römische Feste. Kalender und Kult, Mainz 1985 (= Scullard, Röm. Feste).

A. K. Siems (Hg.), Sexualität und Erotik in der Antike, Darmstadt ²1992.

J. E. Stambaugh, The ancient Roman city, Baltimore/London 1988 (= Stambaugh, Ancient Roman city).

E. Stein-Hölkeskamp, Das römische Gastmahl, München 2005 (= Stein-Hölkeskamp, Gastmahl).

J.-P. Thuillier, Sport im antiken Rom, Darmstadt 1999 (= Thuillier, Sport).

R. Tölle-Kastenbein, Antike Wasserkultur, München 1990.

J. P. Toner, Popular culture in ancient Rome, Cambridge 1995 (= Toner, Popular culture).

J. M. C. Toynbee, Tierwelt der Antike, Mainz 1983 (= Toynbee, Tierwelt).

J. M. C. Toynbee, Death and burial in the Roman world, London 1971.

J. Väterlein, Roma ludens. Kinder und Erwachsene beim Spiel im antiken Rom, Amsterdam 1976 (= Väterlein, Roma ludens).

F. Vittinghoff (Hg.), Europäische Wirtschafts- und Sozialgeschichte in der römischen Kaiserzeit, Stuttgart 1990 (= Vittinghoff, EWSG).

K.-W. Weeber, Smog über Attika. Umweltverhalten im Altertum, Zürich/München 1990 (= Weeber, Umweltverhalten).

K.-W. Weeber, Panem et circenses. Massenunterhaltung als Politik im antiken Rom, Mainz 1994 (= Weeber, Panem et circenses).

K.-W. Weeber, Nachtleben im Alten Rom, Darmstadt 2004 (= Weeber, Nachtleben).

K.-W. Weeber, Luxus im Alten Rom. I: Die Schwelgerei, das süße Gift, Darmstadt 2. Aufl. 2007; II: Die öffentliche Pracht, Darmstadt 2006 (= Weeber, Luxus I und II).

K.-W. Weeber. Baden, spielen, lachen. Wie die Römer ihre Freizeit verbrachten, Darmstadt 2007 (= Weeber, Baden, spielen, lachen).

K.-W. Weeber, Ganz Rom in 7 Tagen. Ein Zeitreiseführer, Darmstadt 2008 (= Weeber, Ganz Rom).

K.-W. Weeber, Nachtleben im Alten Rom, Darmstadt 3. Aufl. 2011 (= Weeber, Nachtleben).

I. Weiler, Der Sport bei den Völkern der Alten Welt, Darmstadt ²1988 (= Weiler, Sport).

K. D. White, Greek and Roman technology, London 1984 (= White, Technology).

L. P. Wilkinson, Rom und die Römer. Bergisch-Gladbach 1979.

W. Will, Der römische Mob. Soziale Konflikte in der späten Republik, Darmstadt 1991.

G. Wille, Einführung in das römische Musikleben, Darmstadt 1977.

G. Wissowa, Religion und Kultus der Römer, München ²1912.

F. Yegül, Bathing in the Roman world, Cambridge 2010 (= Yegül, Bathing).

P. Zanker, Pompeji. Stadtbild und Wohnkultur, Mainz 1995.

G. Zimmer, Römische Berufsdarstellungen, Berlin 1982 (= Zimmer, Berufsdarstellungen)

Bildnachweis

Rheinisches Bildarchiv, Köln: S. 14, 93 oben, 258, 293, 303, 308, 390 oben links, 399.

Deutsches Archäologisches Institut, Rom: S. 27, 34, 38, 52, 92, 129, 148 oben, 168 links, 169, 180, 202, 407 oben links.

Bayerisches Landesamt für Denkmalpflege, München: S. 28.

Staatl. Museen zu Berlin – Preuß. Kulturbesitz, Antikensammlung: S. 32.

Ch. Daremberg / E. Saglio, Dictionnaire des Antiquités grecques et romaines, Paris 1877 ff.: S. 39, 54, 57, 74, 90, 138, 245, 267, 296, 335 oben.

Rheinisches Landesmuseum, Trier: S. 41 oben, 118, 154 unten, 156, 183 oben, 219, 294, 311, 377, 380, 388 oben links, 400, 401, 407 oben mitte.

P. Connolly, Pompeji, Nürnberg 1979: S. 41 unten.

Hirmer Verlag und Bildarchiv, München: S. 53, 95, 136, 137, 139.

Corpus Inscriptionum Latinarum: S. 60, 162, 282, 287, 412, 416.

G. Walser, Römische Inschriften-Kunst, Stuttgart 1988: S. 75, 98, 230, 358.

Rheinisches Landesmuseum, Bonn: S. 80.

Römisch-Germanisches Zetralmuseum, Mainz: S. 84 oben.

H. Blanck, Einführung in das Privatleben der Griechen und Römer, Darmstadt 1976: S. 117, 309 oben.

Antikenmuseum Basel: 124.

A. Rich, Dictionnaire des Antiquités Romaines et Grecques, Paris 1859: S. 135, 216.

M. Martin: Römermuseum und Römerhaus Augst (Augster Museumshefte 4), Augst 1987: S. 152, 210 unten, 220 unten, 228 unten links, 302 oben.

Westfälisches Museum für Archäologie, Münster: S. 153 oben, 154 oben.

A. Rieche, Regionalmuseum Xanten: S. 155, 225, 339.

Landschaftsverband Rheinland – Landesbildstelle Rheinland, Düsseldorf: S. 163, 302 unten.

G. Zimmer, Römische Berufsdarstellungen, Berlin 1982: S. 168 rechts.

Kantonale Schul- und Büromaterialverwaltung des Kantons Baselland, Liestal: S. 205, 206, 207, 209, 210 oben.

Ausstellungskatalog «Pompeji wiederentdeckt», Rom 1993: S. 227.

Rijksmuseum van Oudheden, Leiden: S. 260.

Lexikon der Alten Welt, Zürich 1965: S. 261, 262 oben, 263.

H. Koller, Orbis Pictus Latinus, Zürich 61993: S. 275, 398.

Paulys Realencyclopädie der classischen Altertumswissenschaften, Stuttgart 1893 ff.: S. 337.

E. Künzl, Der römische Triumph (Beck'sche Archäologische Bibliothek), München 1988: S. 374.

H. Diels, Antike Technik, Leipzig 21950: S. 378 unten.

A. Mutz, Römische Waagen und Gewichte aus Augst und Kaiseraugst (Augster Museumshefte 6), Augst 1983: S. 387, 388 oben rechts.

F. Kretzschmer, Bilddokumente römischer Technik, Düsseldorf 1958: S. 396.

Saalburg-Museum, Bad Homburg v. d. Höhe: S. 407 oben rechts, 415 unten.

Nicht vermerkte Abbildungen stammen aus dem Verlagsarchiv.

Register

Register der lateinischen Sachbegriffe

ab ovo usque ad mala 265, 267
abacus 259, 313
accubare 359
acta diurna 418
acus crinalis 165
ad
– bestias 247
– tempus 348
adulterium 321
advocata 94
aerarium 334
aes
– grave 136
– rude 136
– signatum 136
alea 412
alec 298f.
alimenta 200
alipilus 80
ambulatio 338
amica 230
amictorium 74
amicus 230
ampulla olearia 268
analecta 361
annona 336f.
anulus 304
– aureus 344
– pronubus 386
apodyterium 40
apophoreta 127, 150, 361
apricatio 345
aqua et igni accipere 181

aquarius 396
ara 273
arbiter bibendi 371
arca 138, 260
archiater 254
arcus 375
argentarius 44
argentum
– escarium 152
– potarium 152
armarium 259
armilla 304
arra 386
artes liberales 316
asarotos oikos 361
astrologus 391f.
atramentarium 308
atramentum 308
augmenta 274
auricularius 83
balnea mixta 40
balneaticum 40
balneum 40, 43, 106
balsamarium 293
barba 45
basium 223
bellaria 265
bucina 262
bulla 135, 332
bustum 53
cacare 12
caerulum 167
calamistrum 118, 278

calamus 308
calceus 309f.
– senatorius 310
calculus 154
calda 401
caldarium 40
calendarium 197
caliga 309f.
caminus 178
candela 49, 200
candelabrum 200
canis 154, 172, 413
canticum 144, 251, 379
cantrix 94
capillamentum 278
capitis velatio 274
capsa 70
captatio 80f., 357
caracalla 216
carbatina 309
carcer 249
carmen 144
– inconditum 144
carnifex 32
caroenum 351
carpentum 390f.
carruca 389f.
– dormitoria 390
carrus 388f.
castellum 393, 397
castitas 170
cathedra 258
caupo 129

433

caupona 187
causarius 48
cave canem 173
cella
– meretricia 60
– vinaria 400
cena 9ff., 42, 120, 128, 256, 265, 359, 402
– nuptialis 180
– recta 214
centurio 284
cereus 298
cerevisia 130
certamen Graecum 252, 340
cerussa 241
charta 307
chirurgus 83
cinctus 207
cisium 390
cista 260
civis Romanus 96, 205
clavis adultera 303
clavus
– angustus 208, 344
– latus 208, 343
clepsydra 378
cliens 211ff.
clientela 211
cloaca maxima 12
Coa vestis 208, 289
coactor 44f.
codex 70, 306
– rationum 45
codicilli 306
cognomen 97, 339
cohortes urbanae 279
collare 332
collegium 22, 94, 107, 169, 406
– funeraticium 365
– iuvenum 341
columba 173
columbarium 112

comissatio 10, 107, 371f., 373, 380
compitum 347
conclamatio 50, 56ff.
concubina 230
concubinatus 230
congiarium 269, 335
coniunx 230
contubernalis 230f.
contubernium 230f., 326
convivium 354, 359
copa 94, 129
cornu 262
crepundia 204
creta 241
crotulum 262
crumena 140
cucullus 216
culcitum 55
culina 219
culter 274
cultrarius 274
cultus 15
cursus publicus 281
cymbalum 263
cypros 165
daps 274
declamatio 315
deductio 180
defrutum 351, 401
deliciae 173
demere soleas 309
dentifricium 416
dentiscalpium 416
deos invocare 128
depositio barbae 46
deversorium 184
dextrarum iunctio 180
dies
– ater 195
– comitialis 198
– endotercisus 195
– fastus 195

– lustricus 135
– nefastus 195
digitus
– impudicus 133
– salutarius 47
dignitas 408
diploma 281
diptychon 306
discens 49, 168
discipulus 49, 168
dissignator 51
divortium 299
dolium 363, 400
dominus 213
domus 86, 219
domum servare 171
dos 88, 300
dulcia 182, 221
ebrietas 14
ebriositas 14
educatrix 93
eques 208, 343
ergastulum 330
essedum 390f.
evectio 281
ex
– arca solvere 138, 260
– testamento 358
excubatorium 90
exemplum 170
exercitatio 341
expositio 203
exta 274
faber 166
factio 248f.
familia 86, 219, 231, 253
– rustica 20, 96, 330
– urbana 327
far 67
fascia 348
– pectoralis 73, 208
fasti 197, 199
favete linguis 274

fax 49
fel 183
feles 172
feminalia 348
ferculum 126
feretrum 52
feriae 405f.
fermentum 67
ferula 237, 292
fibula 209
fides 142, 211
filum 226
fiscus 201, 334
fistula
– aquaria 395
– plumbea 393f.
flabellum 85
flagellum 292
flagitium 384
flammeum 180
flos gari 299
focaria 230
foculus 273
follis 43
forica 363
fornix 59, 128
forum vinarium 402
frigidarium 40
fritillus 154, 413
frumentatio 282, 333ff., 404
frumentum 67
fucus 242
fugitivus 328, 332
fuligo 242
fullo 172
funus 51
furor circi 249
fustis 292
Gaditana 94, 290
galerus 278
garum 215, 286, 298f.
gemma 304
gemmarius 193

gens 87f.
Germana herba 165
gestatio 338
grammaticus 232ff., 312, 314f.
graphium 306
gravitas 353, 379, 408
gustatio 9, 126
gustus 9, 126
habitus Romanus 209
harpastum 44
histrio 33
holus 9
honor 160
honorarium 31
hora 349
horologium solarium 377
horreum 148
hospitium 184
hostia 271
hydraulis 262
hypocaustum 177
hypodidascalus 313
ianitor 138, 302
iatreion 218
ientaculum 119
imago 52
inauris 304
incantamentum 416
incendium 62f.
infamia 32
in
– sinum spuere 342
– tempore 348
institia 208
insula 179, 363, 395
insularius 256
iocus militaris 375
ius
– clavi 208
– osculi 224
– togae 205
– trium liberorum 86
labrum 395

lacerna 209
laconicum 40
lactaria columna 203
lacus 395
lanificium 170f.
lanista 32
lanterna 228
largitio 335
larva 343
lasanum 265
laterna 228
laternarius 228
latrina 363
latro 188ff.
laudatio funebris 52f.
lautitiae 103
lavatrina 39
lectica 295
lectisternium 297
lector 239
lectrix 239
lectus 54ff., 124f., 258
– funebris 51
– genialis 181
– imus 125
– lucubratorius 56
– medius 125
– triclinaris 55
lemures 343
leno 60, 288
libamentum 270
liberalitas 201, 334, 336
liberta 96
libertini 96
libertus 96
libitinarius 51
libra 387
librarius 59, 71f.
libum 222, 270
licentia 297
linus 66
liquamen 215, 267, 298
litatio 274

litterator 233
locatio conductio operarum 25
locus consularis 125
lomentum 319
lora 398
lucerna 49, 225ff.
ludi
– circenses 245
– publici 104, 243ff., 407
– scaenici 104, 245, 251
ludus
– latrunculorum 154
– litterarius 313
– saltatorius 353
lunula 305
lupa 291
lupanar 59
luscinia 173
lychnuchus 226
– pensilis 226
macellum 148
magister 49f., 168, 313
– bibendi 371
– ludi 233
mamillare 74
Manes 364
mancipium 325
mangonicare 177
mansio 184
manum ferulae subducere 237
manumissio 96, 357
manus 75, 180
mappa 249, 360
margarita 304
margaritarius 193
maritus 230
marsupium 140
matella 265f.
mater familias 86, 89
matrimonium 75, 176, 180
– iustum 230
medica 93
medicina domestica 28

medicus 83
mel 182
membrana 70, 307
memoria 160
mendicus 56f.
mensa 259
– olearia 269
mensae secundae 10, 126, 265
mensis intercalaris 199
mercator vinarius 402
mercennarius 20, 23, 139, 282
meretrix 132, 291
meridiatio 257
merum 15, 401
meta 249
miare 12
mima 33, 94
mimus 33
miraculum 223
missile 151
modius 334
mola salsa 274
monile 304
monstrum 342
mors voluntaria 99
mos maiorum 140, 142
mulio 389
mulsum 9, 126, 182, 257, 402
mundus 241
munus 245ff., 340
muscarium 85
musica 94
mutatio 185
nasciturus 13
natalicium munus 150
naumachia 243
negotium sordidum 18
nenia 51, 145
nodus 116, 207
nomen gentile 97
nominalia 135
non olet 363
novacula 46

nuces
– castellatae 202
– relinquere 202
nummularius 44
nundinae 317, 410f.
nundinum 410
nuptiae 75, 180
nutrix 93
obsequium 97, 142
obstetrix 84, 93, 134
occentatio 145
ocularius 83
officina 167
– medici 218
officium 123
olearius 269
oleum 268
olla 112
operae 97
operarius 21, 23, 282
opifex 166
opus interrasile 304
orarium 355
orator 232, 234, 315
ornatrix 93, 114, 118
osculum 223
ossilegium 54
otium 100
ovatio 373
paedagoga 93
paenula 209
palla 209, 216
– galbeata 180
pallium 205f., 209, 296
pandura 261
panem et circenses 67, 104,
    246, 333, 404
panis
– candidus 67
– castrensis 67
– gradilis 38
– plebeius 67
– secundarius 67

436

pantomima 94
pantomimus 33
par–impar 202
passer 173
pater familias 28, 86, 88f., 96, 140, 258, 270, 292
patria potestas 75, 87f., 140ff., 292
patronus 97, 211ff., 219, 336
Pax Romana 188
pecten 199
peculium 87, 97, 327
pecunia 87, 136ff.
pecus 136
pergraecari 141
pero 310
phantasma 343
philosopha 94
piaculum 272
pica 173
pictor 94
pietas 87
pignus 407
pila 43
– Mattiaca 165
pilleus 95, 216
piscina 318
pistor 37
– dulciarius 38
pistrinum 37
placenta 222
plaustrum 388f.
plebs frumentaria 335
plectrum 261
poeta 94
pollinctor 51
polyptychon 306
pomarius 267
pomerium 111
pompa
– circensis 223, 249
– funebris 51f.
pomum 265

ponderarium 387
pontifex maximus 198
popina 128, 130, 187
popino 132
porticus 102, 338
portus vinarius 402
poscere soleas 310
praefectus
– vigilum 90
– urbi 279
praefica 51
praenomen 97
praetor urbanus 45
prandium 120, 256
primipilus 284
primitiae 270
prolusio 248
promulsis 10
pronuba 180
propinare 373
psaltria 94
psittacus 173
pudor 32
puer meritorius 33, 289, 323
pugillares 306
puls 9, 67, 162
pulvinus 55
purpurissimum 242
puteus 397
puticulus 113
quadra 68
quadrans 40
recitatio 101
repudium 299
reverentia 97, 142
rex 213
– bibendi 297, 371, 400
rheda 389
rhetor 232, 315
rhytium 401
rica 216
ridiculum 408
rogus 53

rostrum 226
saccaron 351
sacrificium 271, 273
saliens 395
salinum 362
saltator 354
saltatrix 94, 354
saltica fabula 251, 353
salutatio 47, 212, 224
sambuca 261
sandalium 309
sanguinolentus 203
sapa 351, 401
sapo 318
sarracum 389
savium 223
scabellum 55, 262
scalprum 308
scaphium 265
schola 169
scortum 291
scriba 17, 59
scrinium 70
scriptio continua 239
secessio 347
securis 274
sella 258
– gestatoria 296
sellularius 168
sepulchrum 54
sera 302
servus 96, 325
– callidus 327
sigillarium 298
sigillum 153
signum 66
silicernium 54
sinus 207
sistrum 263
soleas 309
– demere 360
– deponere 360
– poscere 360

solium 258
sophista 234
sparsio 245
spectaculum 104, 243ff., 252, 340
speculum 339
spina 249
splenium 242
spongia 308, 317, 319
sponsalia 386
sponsio 407
sportula 214f., 336
spuma Battava 165
stabulum 185
statera 387
statio 90
stationarius 189
stercus 12
stilum vertere 306
stilus 161, 306
stipendium 284
strena 150, 266
strigilis 268
stuprum 321, 384
sublatio 203
subligaculum 207
subsellium 55
sudarium 355
sudatorium 40
suovetaurilia 272
supplicatio 270
suspensura 177
synthesis 360
tabella 66
– defixionum 417
tabellarius 66, 280
taberna 44, 128, 130, 147, 149, 166, 311, 402
– libraria 72
– medica 30, 253
tabula 66
– aleatoria 413
– cerata 240, 306

– lusoria 155
tabulae nuptiales 180
taeda 49
– nuptialis 181
taenia 74
talus 154, 202, 413
tepidarium 40
tessera 44, 154, 413
– frumentaria 335
theatralis licentia 251
thermopolium 188
tibia 261, 379
tibialia 348
tibicina 94
titulus 69, 374
toga 51
– candida 205
   praetexta 205
– pulla 205
– pura 205
– virilis 135, 205
tonsor 46, 114f.
tonstrina 114
torus 55
tresviri capitales 278
triclinium 124.
trigon 44
triptychon 306
triumphus 373
tuba 262
tubulus 177
– fictilis 393
tunica 169
– angusticlavia 208
– Dalmatica 207
– laticlava 208
– manicata 207
– subucula 208
tutulus 116
tympanon 263
umbella 301f., 345
umbilicus 69, 239
umbo 207

umbra 56, 124, 361
umbraculum 301, 345
umbrella 301
unguentarium 293
unguentarius 294
unguentum 277, 293
univira 322
urinator 355
ustrinum 53
valetudinarium 218
vasa Corinthia 103
velum 245, 296
venatio 245ff.
Venus 154
verna 231, 328
versus Fescennini 181, 408
vestibulum 47
vestis
– cenatoria 360
– meretricia 289
– stragula 55
vicesima hereditatium 356
vicus 347
– unguentarius 294
vigil 90f., 279
vigilia 349
vilica 92, 171
vilicus 20, 330
vim inferre 384
vinarius 402
vindicta 96
vinum 106, 397ff.
– merum 401
– mixtum 400
virga 292
vitium 384
vitrum 157
vitta 116, 165, 216, 304
vivarium 418
volsella 46, 80
volumen 69, 239
xenia 150
zona 140

Register der deutschen Sachbegriffe

Haupteinträge sind fett gedruckt.

Abendessen **9ff.**, 42, 56, 106, 124, 126, 170, 185, 214, 265, 270, 338f., 359, 371, 397
Abfallbeseitigung **11ff.**
Abtreibung **13f.**, 78f., 86
Ädil 12, 17, 90, 158, 206, 278f., 283, 289, 333, 387, 395
Adresse 347
Affe 127, 172, 242, 315
Akrobat 127, 250
Aktivurlaub 102f.
Alimentarstiftung 200f.
Alkoholismus **14f.**, 399
Alltagsgespräch **15f.**, 104, 244
Alphabetisierungsgrad 57
Altar 259, 270, 273f.
Amme 93, 327, 343
Amphitheater 48, 94, 104, 243f., 258, 380, 419
Amphore 299, 363, 399f., 402f.
Ämterlaufbahn 160
Amulett 135
Analphabetismus **16f.**
Anekdote 409
Angeln 345
Apfel 182, 265, 267, 285
Apotheker 30
Aprikose 267
Aquädukt 63, 393, 394ff.

Arbeit **17ff.**, 92, 99f., 104, 119, 144, 168, 330, 337, 403ff.
Arbeitshaus 330
Arbeitslosigkeit 21, **22ff.**
Arbeitsruhe 404ff., 411
Arbeitsvertrag 20, **25**, 284, 406
Arbeitszeit **25ff.**, 37, 50
Architekt 158f., 168
Arena 32, 190, 225, 243, 245ff., 257, 340
Armreif 303ff.
Arznei 30f., 269, 351
Arzt 14, **27ff.**, 48, 64, 81, 83f., 91, 97, 134, 168, 176, 218, 235, 253f., 325, 410, 415
Ärztin 93
Astrologie 33f., 391f., 411
Athlet 102, 105, 250, 252
Athletin 94
Atrium 51f., 138, 178, 181, 212f., 220, 259
Augenarzt 83, 255
Außenseiter **31ff.**, 408
Aussteiger 34
Auster 265, 285, 355
Automat **35**
Axt 406
Bäcker 120, 166f., 227, 283, 286, 347
Bäckerei 22, **37ff.**, 61, 67, 179, 221

Backofen 38, 220
Bad 318, 399
Badeanstalt s. Thermen
Badekleidung **39**
Baden **39ff.**, 43, 102, 105, 124, 135, 174, 239, 268, 325, 338
Badeort 99, 345
Ballett 250
Ballspiel 39, 42, **43f.**, 102f., 104f., 155, 202, 266, 325, 341
Balsam 277
Bandit 33
Bank **44f.**, 97, 138, 149, 167, 306, 324
Bankett s. Gastmahl
Barfrau 94
Bart 34, **45ff.**, 114, 115, 134, 199, 259
Bauarbeit 21
Bauchtanz 127
Bauer 18, 20, 23, 26, 46, 92f., 120, 144, 147, 270ff., 310, 348, 410f.
Becher 152, 156, 298
Bedürfnisanstalt 363
Beförderungsmittel 295
Begräbnisverein 365
Begrüßung 47, 134, 206, 212, 224
Behinderte **48**, 57

439

Bekleidung 50
Beleuchtung 27, **48f.**, 63, 200, 225
Bergbau 24, 297
Bergwerk 21, 330
Berufsausbildung 24, 25, **49f.**
Berufsvereinigung 94, 107, 169, 193, 270, 406
Beschimpfung 145
Bestattung 21, 32, **50ff.**, 159
Besteck 360
Bett **54ff.**, 131, 181, 184, 258
Bettler 34, 48, **56f.**, 227
Bibliothek **57ff.**, 73, 102, 105, 368
Bier 130
Bikini 39
Bildungsreisen 103
Birne 182, 265, 267
Bisexualität 323
Blei 393f., 401, 417
Bleivergiftung 394
Blume 358, 365, 374
Bohne 130f., 162, 285
Bohrer 406
Bootsfahrt 345
Bordell **59ff.**, 88, 106, 132, 203, 218, 278, 283, 288ff., 320f., 325
Boxen 341
Boxer 252
Brand 30, **62f.**, 90, 149, 178, 179, 256, 278, 283
Brandbestattung 53
Bratfisch 182
Brechmittel 14, **64**, 162, 362
Brettspiel 154f.
Brief **64ff.**, 239, 255, 280f., 306
Brieftaube 66
Briefträger 280
Brot 37f., 57, **66ff.**, 119, 127, 131, 162, 164, 221, 256, 268, 283, 290, 322, 365
Brunnen 397, 417
Buch 58f., **68ff.**, 72f., 102, 126, 237, 238f., 259, 298, 306, 311, 313, 338, 409
Buchhandlung 71, **72f.**, 148
Bürgerrecht 96, 205, 236, 347
Bürgerwehr 279
Bußfest 270
Büstenhalter **73f.**, 208
Butter 268
Censor 292, 395
Chirurg 83f.
Chor 126
Circus 15, 48, 104, 107, 120, 225, 243f., 248ff., 284, 289, 327, 335, 380, 388, 392, 407, 419
Citrusfrucht 267
Compitalien 405
Daktylothek 305
Dattel 266, 283, 350
Decke 258, 260, 293
Dekurionen 281
Diamant 304
Dictator 17
Dieb 346
Dirnensteuer 290
Dolch 95
Edelstein 304, 310
Ehe 13, **75ff.**, 86, 88, 92, 96, 160, 176, 180f., 203, 230f., 299f., 321, 326, 384f., 386
Ehebruch 77, 94, 132, 250, 300, 320f., 384, 409
Ehestreit 158
Ei 9, 120, 130, 149, 162, 221, 256, 265, 267, 285
Einbruch 243, 279
Eingeweideschau 274
Einkaufsbummel 72, **78**, 106, 146, 149, 339
Einkaufszentrum 148f.
Einsturz 30, 62, 179, 256
Eintrittsmarke 247
Eis 222, 401
Eltern 235
Empfängnisverhütung **78**, 86
Empfehlungsbrief 65
Energiequelle **79f.**
Enthaarung 42, **80**
Erbschaft 159
Erbschaftssteuer 356
Erbschleicherei **80f.**, 255, 271, 357
Erbsen 162
Erdbestattung 53
Erziehung 141
Essig 267, 268f., 286, 298
Etikette 399
Ex-Trinken 372
Exhibitionismus 323
Facharzt **83f.**, 255
Fächer **85**
Fackel 49, 181, 345f., 366
Falerner 399f.
Familie 76, **85ff.**, 135, 136, 141, 145, 160, 201, 253, 270, 282, 292, 335, 384, 406, 418
Familienfest 179, 205
Familienplanung 78, 203
Faß 400, 403
Feier 365
Feiertag 100, 116, 147, 163, 195, 197, 200, 272f., 312, 317, 403f., 411
Feige 256, 265, 266, 267, 285, 350
Fenster 265
Feralia 365
Ferien 344
Fest 46, 48, 102, 106f., 135, 147, 195, 197, 245, 289,

297, 317, 343, 345, 354, 374, 380
Festtag 40, 104, 205
Feuerversicherung 63
Feuerwehr 63, **90f.**, 279, 346
Feuerzeug **91**
Fibel 209, 303f.
Fingerrechnen **91f.**, 313
Fisch 9f., 93, 120, 149, 163, 215, 285, 298, 299
Fischer 23, 355
Flasche 157
Flatulenz 362
Fleisch 9f., 120, 130f., 163, 215, 257, 275, 279, 284f., 298
Floralia 289
Flöte 144, 261ff., 274, 354, 379f.
Flötenspieler 181, 325, 347, 379
Fluchtafel 417
Folterung 329
Frauenarbeit 77, **92ff.**, 150, 167, 172, 282
Freigelassener 28, 38, 45, 60, 90, **95ff.**, 111, 128, 150, 151, 160f., 193, 208, 212, 216, 230f., 233, 244, 257, 287, 289, 325, 327, 383, 395
Freitod **99**, 170, 384, 394
Freizeit 25, 41, 43, **99ff.**, 123, 126, 129, 225, 244, 318, 333, 338, 340, 345, 405, 413
Fremdenfeindlichkeit **108ff.**
Fremdenführer 369
Friedhof 53, **110ff.**, 289, 364
Friseur 46, 49, 80, **114f.**, 118, 187, 199, 286, 324
Friseuse 93

Frisur 42, 114, **115ff.**, 165, 199, 242, 278, 305, 339
Früchte 126, 130, 182, 256, 270, 365, 389
Frühstück 37, **119f.**, 151, 185, 397
Fußgängerzone **120f.**
Gage 284
Gans 285
Garten 124, 136, 344, 394
Gästezimmer 186
Gastfreundschaft 186
Gasthaus s. Hotel
Gastmahl 9, 15, 55, 80, 101, 104, 106f., **123ff.**, 128, 131, 146, 212, 228, 265, 281, 290, 293, 297f., 309, 325, 328, 346, 353, 359, 361, 371f., 381, 400, 408, 412
Gaststätte 60f., 106, 123, **128ff.**, 184, 187, 289, 327, 380, 412
Gaukler 107, 127, 227, 311
Gebäck 37, 131, 221, 237, 313
Gebärden **133f.**
Gebärstuhl 134
Gebet 272, 274
Geburt 83, **134ff.**, 203, 229, 272
Geburtsregister 135
Geburtstag **136**, 145, 150, 163, 195, 197, 201, 222, 305, 365, 404
Geburtstagstorte 222
Geheimtinte 308
Geld 44f., 57, 99, **136ff.**, 140
Geldbörse 138, **140**
Geldbuße 137, 158
Gemüse 9f., 93, 119, 131, 146, 149, 162, 187, 215, 256, 268, 298, 389
Generationenkonflikt 87, **140ff.**

Gerber 363
Gesang 107, 129, **143ff.**, 185, 251, 261, 372, 379, 406
Geschäft 26, 78, 107f., 139, **146ff.**, 193, 257, 267, 278, 324f., 347, 402
Geschenk 53, 72, 80, 127, 135, 136, **150f.**, 200, 214, 226, 237, 266, 267, 269, 291, 298, 335, 338, 360, 386
Geschirr 103, **151ff.**, 156, 167, 188, 220, 259, 322
Gesellschaftsspiel 107, **154f.**, 202
Gesichtsmaske **155f.**, 242
Gespenst 343
Getränk 9
Getreide 37f., 67, 163, 241, 269, 272, 283, 333ff., 389, 406
Getreideverteilung 404
Gewicht 387
Gewürz 221, 298, 359
Gladiator 16, 31ff., 83, 104f., 127, 158, 244f., 247f., 257, 260, 262, 324, 328, 331, 340, 380f., 406, 407
Gladiatorin 94, 97
Glas 153, 155, **156f.**, 167, 228, 293, 305, 339, 369
Glücksspiel 154, **158**, 297, 407, 412
Glühwein 401
Goldschmied 193, 324, 369
Grab 358, 364, 366
Grabbeigabe 415
Grabinschrift 77, 95, 106, 110, 159, 168, 189, 193, 228, 315, 358, 364, 398, 410
Grabmal 98, 110ff., **158ff.**, 161, 169, 173
Grabschändung 111
Grabstein 92, 171

441

Graffiti 16, 32, 60, 132, 153, **161f.**, 182, 186, 236, 247, 282, 301, 315, 322, 363, 364, 368, 398
Graupen 68
Griffel 161, 306
Grundnahrungsmittel 38, 66, **162ff.**, 268, 283, 333, 397
Grundschule 233f.
Gürtel 140, 302
Gutshof 220
Gynäkologie 83f.
Haar 34, 46, 52, 80, 114, 115, 165, 180, 199, 231, 278, 293, 344, 372
Haarfärbung 117, **165**, 242
Haarnadel 92, 118, **165f.**, 304
Haarnetz 165, 216, 304
Hacke 406
Hafen 280, 402
Halsband 332
Halskette 304f.
Hammer 406
Händedruck 47, 134
Handel 21, 93, 147ff., 402
Handkuß 224
Händler 38, 41, 78, 97, 111, 166, 324, 405
Handwerk 21f., 49, 93, 150, 166ff., 193, 405, 406
Handwerker 28, 91, 97, 128, 144, 147, 149, 156, **166ff.**, 227, 234, 324, 417
Harfe 261
Harz 293
Hase 174, 285, 418
Haus 178, 344
Hausarbeit 89, 92, **170f.**
Hausarzt 253
Hauslehrer 232
Hausmeister 256
Hausnummer 347
Haussklave 328

Haustier **172ff.**
Hebamme 83f., 93, 134f.
Heilbad 102f., **174ff.**, 184, 228
Heilmittel 299, 401
Heirat s. Hochzeit
Heiratsalter **176f.**
Heizung 63, **177ff.**, 364
Henker 32
Henna 294
Herd 172, 178, 181, 187, 220f., 258
Hetäre 290
Hinrichtung 105, 190, 247, 258, 278
Hippokratischer Eid 254
Hobel 406
Hochhaus **179**, 216
Hochsprung 341
Hochzeit 77, 87, 135, 140, 145, 150, **179ff.**, 203, 204, 230, 272, 386, 408
Hochzeitsfackel 181
Holz 79
Homosexualität 323
Honig 9f., 38, 64, 79, 119, 126, 156, **182**, 221f., 241, 257, 266, 267, 270, 286, 350f., 359, 369, 399, 402, 415
Horn 262
Horoskop 392
Hotel 60, 106, **183ff.**, 228, 283, 345
Huhn 271
Humor 408ff.
Hund 12, 57, 172f., 214, 271, 413
Hut 216
Hypokausten 177f.
Iden 179, 196ff.
Imbißstube 123, 131, 172, **187f.**, 221
Inflation 138, 284

Innere Sicherheit 33, **188ff.**
Jagd 341, 419
Jockey 248f., 284
Jugend 140ff.
Juwelier 149, **193**
Kalenden 179, 196ff.
Kalender 179, **195ff.**, 245, 404, 410f.
Kamm 92, 115, **199**
Kanalisation 12, 363, 394
Kandelaber 200, 226, 259
Kapuze 216
Karikatur 161
Karneval 298
Käse 119, 130, 162, 221f., 256, 268, 283, 286
Kastagnetten 263, 354, 380f.
Kastanie 265, 285
Katze 172
Kellnerin 94, 132
Keramik 153
Kerze 49, 60, 63, 170, **200**, 225, 228, 298, 366
Kette 344
Kidnapping 190
Kind 86ff., 125, 135, 140f., 161, 174, 179, 182, 200f., 224, 292, 300, 312, 343, 344
Kindergeld **200ff.**, 336
Kinderlieder 145
Kinderspiel 181, **202f.**
Kindersterblichkeit 228f.
Kindesaussetzung 78, **203f.**, 288
Kissen 55f., 258, 260, 296, 359
Kithara 144, 260f., 379, 381
Klatsch 15, 64, 123, 169, **204**, 322f., 344, 353, 356, 418
Kleidung 22, 53, 57, 93, 127, 136, 150, 178, 200, **205ff.**, 212, 260, 282, 284, 289,

442

298, 305, 325f., 330, 344, 356, 360, 374
Kleinhandel 150
Klient 25, 47, 136, 151, 180, 204, 206, **211ff.**, 219, 224, 253, 258, 269, 279, 298, 334ff., 344
Knabenliebe 323
Koch 102, 123, 187, 219, 325, 344
Kochbuch 215
Kochrezept **215f.**, 221, 267, 298
Kohl 9, 28, 162
Kohlebecken 63, 178
Komödie 250, 288, 301, 327, 349, 379, 383, 401, 408f.
Kondolenzbrief 65
Konkubinat 88, 230ff.
Konservierungsmittel 400
Konsul 151
Kopfbedeckung 95, **216**
Kopfschmerzen 269
Kopftuch 216
Körperpflege 42, 80, 105, 210, 293, 317
Korruption 281
Kosename 48
Kosmetik 92, 155f., 182
Kosmetikerin 93
Kran 79, **216f.**
Krankenhaus 30, **217f.**, 253
Krankenversicherung 25, **218f.**, 253
Krankheit 24, 25, 50, 97, 416
Kranz 51, 371, 374
Kriminalität 188ff., 278f.
Küche 39, 172, 178, **219ff.**, 363
Kuchen 37, 53, 131, 136, 182, **221f.**, 265, 270, 322, 324, 365, 387

Kühlverfahren **222f.**, 401
Kunstreiter 250
Kuriositäten-Ausstellung **223**
Kuß 47, 50, 54, 106, **223f.**
Kutscher 391
Kyniker 34f., 46, 210
Lamm 284f.
Lampe 49, 51, 200, **225ff.**, 228, 258f., 266, 269, 283, 319, 345f., 362
Landarbeiter 286
Landgasthaus 185
Landgut 171, 178, 200, 214, 231, 254, 268, 272, 297, 394, 405, 419
Landwirtschaft 18, 182, 297, 330, 389, 405, 406, 412
Laren 362
Lärm 26, 38, 111, 120, 166, **227f.**, 229, 234, 311, 317, 388
Lastenträger 21, 128
Lastwagen 388f.
Laterne 49, **228**
Laufen 341
Laute 261
Lazarett 218, 254
Lebenserwartung 89, **228ff.**, 392
Lebensgemeinschaft 86, **230ff.**, 326
Lebenshaltungskosten 282ff.
Lebensmittelmarke 335
Lebensunterhalt 18
Legat 358
Legionär 67
Lehrer 70, 72, 97, 120, 227, **232ff.**, 244, 285f., 311ff., 316, 321, 324f., 411
Lehrling 49
Leibwäsche 208
Leichenmahl 54, 364
Leichenzug 51ff.

Leichtathletik 341
Lemuren 366
Lemuria 343, 366
Lendenschurz 39, 207, 330
Lesen 16, 56, 58, 69, 102, 233, **238ff.**, 296, 312f., 318
Lidschatten 242
Liebesbrief **240**, 307f.
Lied 144ff.
Likör 401f.
Lippenstift 242
Lockenstab 117f.
Löffel 152, 298, 360
Lohn 50, 139, 203, **281ff.**, 290, 335
Lohnarbeiter 97, 104, 128, 282, 405
Lorbeer 374
Lyra 144, 260f., 379
Magie 33f.
Mähmaschine **241**
Make-up 155, **241f.**, 339
Mandel 293
Mantel 206, 208ff., 214, 261, 281
Markt 148f., 410
Marsfeld 318, 338, 341
Maske 250
Massage 42
Massenunterhaltung 104, 131, **242ff.**, 284, 325, 327, 333
Masturbation 321
Matratze 60, 296
Matrose 128
Maurer 286
Medizin 28ff., 48, 182, 253f., 371
Medizinische Versorgung **253ff.**
Mehl 67, 146
Meißel 406
Metzger 166
Miete **255f.**, 258, 282

Mietshaus s. Mietskaserne
Mietskaserne 63, 147, 166, 178, 179, 187, 227, 255, 324, 363, 395
Milch 38, 54, 68, 119, 156, 163, 221, 308
Mimus 105, 144, 250f., 379, 409
Mindesteinkommen 282
Mineralwasser 175f.
Mischkrug 400
Mitgift 88, 203, 300, 384
Mittagessen **256f.**, 257, 324, 402
Mittagspause 25, 42, 147, **257f.**, 312, 338
Mittagsschlaf 257
Möbel 55, 78, 172, **258ff.**, 317, 322, 372
Möhren 285
Most 350f., 401
Motel 185
Mühle 37, 330, 406
Mühle-Spiel 155
Müll 12f.
Müllabfuhr 12, 120
Müller 37
Mundgeruch 416
Muschel 265
Museum 367
Musik 143ff., 362, 379ff.
Musikant 51, 372
Musikantin 94
Musikinstrument **260ff.**, 353
Musikschule 146, 261
Nachschlüssel 303
Nachtgewand 207
Nachtigall 173f.
Nachtisch 9f., 126, 128, 222, **265**, 270, 362
Nachttopf 13, 161, 186, 258, **265f.**, 363
Name 97, 135

Neujahrsfest 150, 226, **266**, 338
Neujahrstag s. Neujahrsfest
Nonen 179, 196ff.
Nuss 202, 256, 265, 293, 359, 361
Obdachloser 131
Obst 9f., 93, 162, 265, **267f.**, 272, 278, 298, 350, 405
Ofen 178
Ohrenarzt 83
Ohrring 304
Öl 28, 30, 38, 79, 80, 93, 115, 163, 181, 225f., **268ff.**, 282f., 286, 293, 295, 298, 335, 389, 402, 405, 406
Olive 119, 130, 149, 256, 293
Opfer 128, 136, 169, 180f., 206, 216, 222, **270ff.**, 297, 347, 362, 365, 374f., 405
Orchester 379, 381
Orgel 248, 262, 380f.
Pädagoge 233, 235, 327
Palimpsest 307
Panflöte 261
Pankratiast 252
Pantoffel 309
Pantomimus 16, 32f., 52, 105, 144, 250f., 262, 353, 379
Papagei 173f.
Papyrus 66, 68ff., 307f., 311, 369
Parentalia 365
Parfüm 93, 227, **277**, 294, 361f., 371
Patron 47, 97, 151, 206, 224, 257, 258, 344
Pauke 263, 379
Peitsche 292
Penaten 270
Pergament 66, 69f., 307f.
Perle 281, 304f., 310, 344, 355
Perücke 62, 118, **278**

Pfeffer 267, 359
Pferd 271, 417
Pfirsich 267, 285
Pflaume 182, 265, 267, 285
Pflichtteil 357
Pflug 406
Philosoph 34, 46, 57, 81, 97, 132, 316, 370, 378
Philosophin 93
Picknick 345, 354, 406
Pilz 256
Polizei 18, 63, 90, 190, **278f.**, 346, 373
Post 66, 184, 186, 255, **280f.**
Prätor 48, 100, 223, 329
Prätorianer 279
Preis 38, 45, 73, 107, 147, 150, 154, 157, 184, 226, 269, 277, **281ff.**, 294, 307, 400
Programmheft 407
Prostituierte 41, 60ff., 97, 105, 107, 116, 231, 277, **287ff.**, 340, 364, 406
Prostitution 32, 92, 94, 132, 185, 207, 283, **287ff.**, 320f., 328
Prozession 227, 249, 263, 325, 374
Prügelstrafe 87, 237, **292**, 313
Psykter 223
Puppe 202, 298
Querflöte 261
Quinquatrus 317
Quitte 182, 267
Rätsel 297, 372
Räuber 188ff., 346
Rausch 297
Rechenbrett 91, 313
Rechnen 16, 91, 233, 313f.
Reise 189, 344
Reiseführer 368
Reisen 366ff., 391

Reiten 341, 385
Reizwäsche 74
Restaurant s. Gaststätte
Rezitation 101, 107, 126, 240, 362
Rhetor 237f., 315
Rhetorik 315f., 409
Riegel 302
Ring 303ff., 344
Ringen 341
Ringer 252
Ritter 32, 208, 247, 343, 344, 395
Rohrstock 292
Rosalia 366
Rose 366, 401
Rosine 401
Sabbat 403, 411f.
Säge 406
Salat 9, 268, 285, 361
Salbe 53, 83, 242, 268, **293f.**, 361f., 371
Salbenhändler **294f.**
Salz 64, 162, 268, 270, 286, 293, 299, 361, 365
Salzfaß 362
Sandalen 92, 126, 309f., 360
Sänfte 120, 209, 213, **295f.**, 344, 385
Sänger 372
Sängerin 94, 290, 325
Sarkophag 53
Saturnalien 64, 72, 127, 150, 154, 158, 215, 216, 266, **297f.**, 312, 317, 327, 405, 407, 408, 412
Sauce 9, 127, 182, 215f., 268, 286, **298f.**, 360
Säulenhalle 102, 149, 232, 338, 369
Schabeisen 268
Schaf 180, 271f.
Schaufenster 148

Schauspiel 15, 104, 244ff., 262
Schauspieler 32f., 52, 160, 250ff., 326
Schauspielerin 92, 94, 231, 290
Scheidung 75f., 86ff., **299f.**, 320, 417
Scheiterhaufen 53, 358, 417
Schere 199
Schiff 49, 217, 386, 403
Schimpfwort 32, 266, **300f.**
Schinken 9, 257
Schirm **301f.**, 345
Schlafzimmer 58, 155, 227
Schlägerei 346
Schlagermusik 250f.
Schlaginstrument 262
Schloß 302f.
Schlosser 302
Schlüssel **302f.**
Schmiede 26
Schminken 42, 241f.
Schminkkoffer 241
Schmuck 22, 53, 78, 118, 150, 157, 165, 193, 199, 259, 281, **303ff.**, 344
Schmuckkasten 305
Schnecke 265
Schneekeller 222
Schneider 286
Schönheitspflaster 242
Schoßhund 173
Schrank 72, 259f., 303
Schreiben 16, 56, 233, 296, 312f., 318
Schreibgerät s. Schreibmaterial
Schreibmaterial 161, **306ff.**
Schreibtafel 70
Schriftsteller 97, 101
Schuh 60, **308ff.**, 343, 348, 360
Schule 16, 233ff., 257, 292, 306, **311ff.**, 324, 342, 411

Schulferien 312, **316f.**
Schulgeld 234f., 285, 317
Schüssel 152f., 157, 298
Schuster 22, 49, 166f., 286
Schutzgelderpressung 190
Schwamm 308, **317**, 319, 355, 364
Schwangerschaft 13, 78
Schwein 271f., 285
Schwimmen 102, **318**, 341, 345, 355
Schwimmring **318**
Seeschlacht 243
Seide 93, 360
Seife 165, **318f.**
Selbsthilfe 333
Senator 32, 45, 104, 121, 208, 230, 247, 310, 343, 395
Sense 407
Serviette 127, 265, 360
Sessel 258
Sexualität 106, **319ff.**
Sexualmoral 287ff., 321f.
Sieb 400
Siegelring 45, 303
Sklave 20, 26, 28, 32, 37, 40, 44, 45, 53, 60, 78, 84, 85f., 90, 95ff., 99, 105, 116, 123f., 127, 128, 150, 161, 163, 171, 189f., 193, 204, 206, 212, 217f., 219, 221, 231, 233, 235, 243, 253f., 257, 266, 268, 278f., 280, 283, 292, 297, 320f., 323, **324ff.**, 344, 354, 357f., 360, 397, 405, 417
Sklavenmarke 328, **332**, 347
Sklaverei 203
Sklavin 92, 95, 114, 165, 170, 288f., 383f.
Sofa 54ff.
Sold 284
Soldat 310, 348, 374f.

445

Sonnenbaden 43, 345
Sonnenschirm 301f., 345
Sonnenuhr 349, 377f.
Sonntag 412
Souvenir 78, 175, 369
Sozialleistung 23, 104, 200, 282, **332ff.**
Spardose 138, 266, **337f.**
Spaten 407
Spaziergang 102, 106, **338f.**, 341, 344f., 391
Speisenkarte 130
Speisezimmer 103, 124f., 220, 259, 361
Spiegel 93, 115, 119, 156, 160, 242, **339**
Spiel 202, 243ff., 262, 278f., 340, 344, 345, 369, 406, 407, 419
Spielschuld 158
Spielzeug 135, 180
Spitzname 132, 310, **339f.**, 373
Sport 42, 102, 252, 325, **340ff.**, 355
Spottgesang 145
Spucken **342**
Spuk **342**, 366
Stadion 94, 104, 243f., 252
Stammlokal 129
Statussymbol 53, 55, 59, 112, 121, 152, 210, 296, 304, 328, **343f.**, 377
Sterbekasse 112, 169, 365
Sterberegister 51
Stiefel 309f.
Stier 271f., 275
Stiftung 365
Stoiker 34, 46, 99
Stola 206ff.
Strandleben **344f.**
Strandpromenade 175

Straßenbau 21
Straßenbeleuchtung 49, 228, **345f.**
Straßenkriminalität 189, 279, **346**
Straßenschild 347
Streik **347f.**
Strichjunge 33, 287ff., 323
Strumpf **348**
Student 316
Stuhl 125, 131, 187f., 361
Stunde 212, 256, **348ff.**, 377f.
Süßigkeiten 131, 221, 324
Süßstoff 182f., **350f.**, 415
Symposion 371
Syrinx 261
Tablett 152
Tafelgeschenk 361
Tafelmusik 126, 145, 380
Tanz 107, 129, 143ff., 145, 185, 341, 372, 379, 406
Tanzen **353ff.**
Tänzer 52, 127
Tänzerin 92, 94, 129, 263, 290, 354, 372, 381
Tanzschule 353
Taschentuch **355**
Taube 173
Taubenschlag 173
Tauchen 317, **355**
Teller 152f., 157, 283
Teppich 260
Terra sigillata 153
Testament 59, 96, 159, 234, 307, **356ff.**, 365f.
Teuerung 283
Theater 15, 21, 104f., 144, 175, 187, 204, 216, 225, 243f., 247, 250f., 284, 289, 326f., 335, 344, 354, 355, 369, 378f., 408
Thermen 21, 25f., 39ff., 43, 80, 102, 105, 124, 131, 175,

177, 179, 184, 204, 213, 235, 326, 341, 363f., 369, 395, 412
Tierhetze 105, 243, 245, 247
Tinte 317
Tisch 72, 125, 131, 152, 187, 258f., 281, 360, 371
Tischgebet 362
Tischsitten 125, 152, **359ff.**
Todesanzeige 51
Todesstrafe 190, 281
Toga 169, 205ff., 213f., 216, 272, 274, 289, 310, 326, 348, 360
Toilette 132, 146, 161, 220, 265, 317, 361, **363f.**
Torte 265
Totenbahre 52
Totengedenken 54, 111, 145, 170, 270, **364ff.**
Totenlager 50f.
Totenrede 53
Tourismus 103, **366ff.**, 386
Touristen 65, 243
Tragödie 250, 308, 317, 379
Tragstuhl 296, 385
Transport 21, 400
Traumdeutung **370f.**
Trester 398f.
Triclinium 362
Trinkgefäß 152f., 182, 283, 322, 398, 400f.
Trinkgelage 9f., 15, 101, 106f., 125, 128, 204, 238, 266, 290, 354, **371ff.**, 380, 400
Trinkhorn 157, 401
Trinkkönig 371
Trinkkur 175
Trinkspruch 372, **373**
Triumph 105, 120, 145, 223, 245, 259, **373ff.**, 388, 408
Trompete 248, 262

Trompeter 377, 378
Truhe 260, 303
Tunica 39, 206f., 283, 286, 289, 343f.
Tür 302f.
Uhr 348, **377f.**
Unterhaltungsmusik 261, **378ff.**
Urin 139, 363, 416
Urlaub 50, 102, 291, 345
Venus-Wurf 413
Verbrecher 247
Verein 22, 204
Vergewaltigung **383ff.**
Verhaftung 279
Verhütungsmittel 79
Verkehrsmittel **385f.**
Verleger 71, 72
Verlobung 77, 140, **386**
Vinalia 289
Volksfest 408
Vorleser 239, 253
Vorspeise 9ff., 126, 267
Waage 137, 193, **387f.**
Wachs 306f.
Wachsmaske 52
Wachstafel 306f., 313, 356
Wagen 49, 52, 57, 120, 175, 186, 227, 241, 296, 374f., 385f., **388ff.**
Wagenlenker 417
Wagenrennen 104f., 158, 245, 248ff., 284, 340, 388, 406
Wahrsager 33f., 107, **391**
Walker 172, 363
Wandmalerei 260
Wandschrank 58
Waschen 360f., 364
Waschraum 39, 363
Wasser 39f., 54, 63, 64, 67, 79, 90, 119, 126, 130, 157, 162f., 174f., 223, 324, 363, 371, 394, 397, 400f., 416

Wasserrohr **393f.**
Wasserträger 396
Wasseruhr 378
Wasserversorgung **394ff.**
Weihnachtsfest 298
Weihrauch 53f., 270, 365, 406
Wein 9f., 14, 28, 30, 38, 54, 66, 79, 93, 106, 119, 126, 128f., 143, 145, 149, 163f., 170, 179, 182, 187, 214, 222f., 224, 257, 266, 267, 268, 269, 270ff., 282, 290, 293, 297, 298, 324, 345, 349, 350, 354, 357, 360, 365, 371f., 389, **397ff.**, 402f., 408
Weinhändler **402f.**
Weinkeller 400
Weinschenke 123, 128, 130
Weintraube 350, 361
Weitsprung 341
Weizen 282, 285
Werbung 130, 139, 148, 185, 245, 282, 367f., 392
Werktag 195, 197, 317, **403ff.**
Werkzeug 22, 166, 193, **406f.**
Wette 158, 244, 249, **407**
Wetter 16
Wintermantel 209
Wirt 129f., 158, 185, 188, 324, 354, 373, 398, 413
Wirtin 94, 132, 231, 289, 380
Witz 48, 132, 169, 214, 322, **408ff.**
Woche 195, **410ff.**
Wochenende 403
Wohltätigkeit 333ff.
Wohngemeinschaft 256
Wohnung 9, 49, 63, 107, 111, 172, 178, 186, 187, 214, 220f., 225, 255, 258, 265
Wollarbeit 170f.
Wolle 28, 55, 205, 209, 348

Würfel 102, 130, 154, 413
Würfelbecher 61, 108, 158, 413
Würfelspiel 43, 61, 104, 107, 129, 132, 154, 158, 185, 202, 238, 266, 327, 372, 391, **412f.**
Wurst 9, 324
Würzwein 401
Zahlungsanweisung 45
Zahnarzt 84, 324, 415
Zahnersatz 84, **415f.**
Zahnpflege **416**
Zahnpulver 416
Zahnstocher 85, 416
Zange 406
Zauberer 392
Zauberspruch 28, 113, **416f.**
Zeitmessung 348
Zeitung 134, **417f.**
Zelt 243
Ziege 271, 285
Zinsdarlehen 45
Zirkel 407
Zoo **418f.**
Zucker 182, 351, 415
Zukunftsbefragung 33
Zuschauersport 340
Zwerg 246
Zwieback 68
Zwiebel 162, 283
Zwölftafelgesetz 313, 415

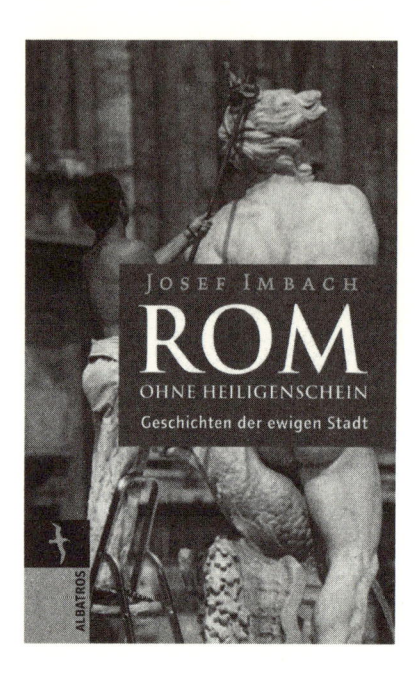

Josef Imbach bringt die steinernen Zeugnisse der Vergangenheit zum Sprechen. Er stellt Kurioses aus der Kunstgeschichte vor, fängt römische Lebensart ein und nimmt den Vatikan ins Visier: In Rom haben sich Sage, Legende und Geschichte verwoben, und jeder Winkel hat seine eigene geheimisvolle Vergangenheit. Mit viel Humor erzählt Imbach von dem Geist der ewigen Stadt und der Mentalität der Bewohner.

328 Seiten
ISBN 978-3-411-14507-2